JN070783

比類なき映画スタジオの
驚異的（マーベル）な逆転物語

MCU

THE REIGN OF MARVEL STUDIOS

［著］
ジョアンナ・ロビンソン
デイヴ・ゴンザレス
ギャヴィン・エドワーズ

［訳］
島内哲朗

［監修］
吉川悠

FILM ART
フィルムアート社

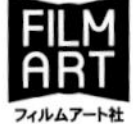

MCU

比類なき
映画スタジオの
驚異的（マーベル）な
逆転物語

THE REIGN OF MARVEL STUDIOS

［著］
ジョアンナ・ロビンソン
デイヴ・ゴンザレス
ギャヴィン・エドワーズ

［訳］
島内哲朗

［監修］
吉川悠

MCU: The Reign of Marvel Studios by Joanna Robinson & Dave Gonzales

Japanese translation published by arrangement with On Your Left, LLC c/o Levine Greenberg Rostan Literary Agency through The English Agency (Japan) Ltd.

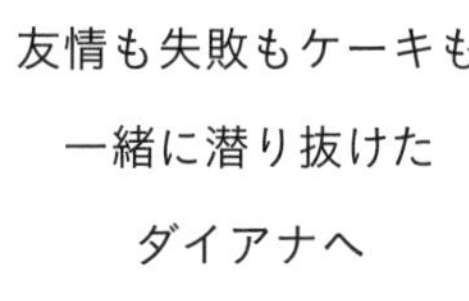

パンデミックと
出版の間
応援してくれたジャヴァへ

僕の大好きな映画ファン、
ダッシュへ

MCU — 目次

PHASE 2

PHASE 3

PHASE 4

MCUタイムライン

マーベル・シネマティック・ユニバースの公開日とマーベル・スタジオに関連する重要なイベントを時系列に沿って理解できるようタイムラインにしました。［ ］で記されているのは、マーベル・スタジオが製作していなくてもマーベルのキャラクターが登場する作品です。

1990S

1993年4月22日｜マーベルがアヴィ・アラッドを映画およびテレビ企画の責任者に任命
1996年8月｜マーベル・スタジオ創立
1998年6月28日｜アイク・パルムッターが経営するトイ・ビズ社がマーベルを買収、マーベル・エンタープライズと社名を変更
［1998年8月21日｜『ブレイド』公開］

2000

［7月14日｜『X-MEN』公開］
8月1日｜ケヴィン・ファイギ、マーベル社員としての初出社

2002

［5月3日―『スパイダーマン』公開］

2003

［2月14日―『デアデビル』公開］

［6月20日―『ハルク』公開］

2004

1月―デヴィッド・メイゼルがマーベル・スタジオの社長兼COOとして雇われる

［6月30日―『スパイダーマン2』公開］

2005

［7月8日―『ファンタスティック・フォー　超能力ユニット』公開］

9月6日―マーベル・スタジオがメリルリンチから融資を受ける件が確定する

2006

5月31日｜アヴィ・アラッドがマーベル・スタジオを去る

2007

［2月16日｜『ゴーストライダー』公開］
3月12日｜デヴィッド・メイゼルがマーベル・スタジオ会長に任命される
［5月4日｜『スパイダーマン3』公開］

2008

フェーズ1
5月2日｜『アイアンマン』公開
5月7日｜ケヴィン・ファイギがマーベル・スタジオの社長に任命される
7月13日｜『インクレディブル・ハルク』公開

2009

12月7日｜デヴィッド・メイゼルがマーベル・スタジオからの辞職を発表
12月31日｜ディズニーがマーベルを買収

2010

5月7日｜『アイアンマン2』公開

2011

5月6日｜『マイティ・ソー』公開
7月22日｜『キャプテン・アメリカ／ザ・ファースト・アベンジャー』公開

2012

5月4日｜『アベンジャーズ』公開
［7月3日｜『アメイジング・スパイダーマン』公開］

2013

フェーズ2
5月3日｜『アイアンマン3』公開
［9月24日｜『エージェント・オブ・シールド』ABCテレビで放映］
11月8日｜『マイティ・ソー／ダーク・ワールド』公開

2014

4月4日―『キャプテン・アメリカ／ウィンター・ソルジャー』公開

［5月2日―『アメイジング・スパイダーマン2』公開］

8月1日―『ガーディアンズ・オブ・ギャラクシー』公開

10月28日―エル・キャピタン劇場で「ケヴィン・コン」開催

2015

［4月10日―『デアデビル』ネットフリックスで配信］

5月1日―『アベンジャーズ／エイジ・オブ・ウルトロン』公開

7月17日―『アントマン』公開

8月31日―アイク・パルムッターがケヴィン・ファイギの直属の上司ではなくなる

2016

フェーズ3

5月6日―『シビル・ウォー／キャプテン・アメリカ』公開

11月4日―『ドクター・ストレンジ』公開

2017

5月5日―『ガーディアンズ・オブ・ギャラクシー：リミックス』公開
7月7日―『スパイダーマン：ホームカミング』公開
11月3日―『マイティ・ソー バトルロイヤル』公開

2018

2月16日―『ブラックパンサー』公開
4月27日―『アベンジャーズ／インフィニティ・ウォー』公開
7月6日―『アントマン&ワスプ』公開
〔12月14日―『スパイダーマン：スパイダーバース』公開〕

2019

3月8日―『キャプテン・マーベル』公開
4月26日―『アベンジャーズ／エンドゲーム』公開
7月2日―『スパイダーマン：ファー・フロム・ホーム』公開
10月15日―ケヴィン・ファイギがマーベル・エンタープライズのチーフ・クリエイティヴ・オフィサーに任命される
11月12日―ディズニープラス、サービス開始

2020

2月25日──ボブ・チャペックがボブ・アイガーの後を引き継ぎディズニーの最高経営責任者になる

2021

フェーズ4

1月15日──『ワンダビジョン』ディズニープラスで配信

3月19日──『ファルコン&ウィンター・ソルジャー』ディズニープラスで配信

6月9日──『ロキ』ディズニープラスで配信

7月9日──『ブラック・ウィドウ』公開

8月11日──『ホワット・イフ…?』ディズニープラスで配信

9月3日──『シャン・チー/テン・リングスの伝説』公開

11月5日──『エターナルズ』公開

11月24日──『ホークアイ』ディズニープラスで配信

12月17日──『スパイダーマン:ノー・ウェイ・ホーム』公開

2022

3月30日──『ムーンナイト』ディズニープラスで配信

5月6日―『ドクター・ストレンジ／マルチバース・オブ・マッドネス』公開
6月8日―『ミズ・マーベル』ディズニープラスで配信
7月8日―『ソー：ラブ＆サンダー』公開
8月18日―『シー・ハルク：ザ・アトーニー』ディズニープラスで配信
10月7日―『ウェアウルフ・バイ・ナイト』ディズニープラスで配信
11月11日―『ブラックパンサー／ワカンダ・フォーエバー』公開
11月20日―ボブ・アイガーがディズニーの最高経営責任者として復帰し、ボブ・チャペックが退く
11月25日―『ガーディアンズ・オブ・ギャラクシー ホリデー・スペシャル』ディズニープラスで配信

2023

2月17日―『アントマン＆ワスプ：クアントマニア』公開
3月17日―マーベル・スタジオの製作／ポスプロ／特殊視覚効果／アニメーション部門長のヴィクトリア・アロンソが解雇される
3月29日―マーベル・エンターテインメント会長アイク・パルムッターが解雇される
5月5日―『ガーディアンズ・オブ・ギャラクシー：VOLUME3』公開
［6月2日―『スパイダーマン：アクロス・ザ・スパイダーバース』公開］
6月21日―『シークレット・インベージョン』ディズニープラスで配信

PROLOGUE | ORIGIN STORY
はじまりの物語（オリジン・ストーリー）

ちゃんとやりたけりゃ、リストを作るんだ。
If you want to do something right, you make a list.
――アントマン＆ワスプ（２０１８）

未来には誰にも予想できないような特大の成功が待っている。マーベルのスーパーヒーローの１人になるまで、マーク・ラファロはそれを知る由もなかった。

２０１２年４月、マーベル・スタジオは『アベンジャーズ』のプロモーションのために俳優と制作関係者たちをヨーロッパに送り込んだ（同作はスペインでは『Los Vengadores』〔借りを返す者たち＝アベンジャーズの意〕と呼ばれ、60年代にテレビで同名のスパイ番組〔邦題『おしゃれ㊙探偵』（１９６１－１９６９）〕が存在した英国では、混乱を避けるために『Avengers Assemble』〔アベンジャーズ・アッセンブル〕と呼ばれた）。ロンドンでは、タータンチェックのジャケットに色眼鏡で決めた傾奇者（かぶきもの）ロバート・ダウニー・ジュニアが、得意のネタで記者会見に詰めかけたジャーナリストたちを魅了していた。彼が演じたキャラクターが着ていたブラック・サバスのTシャツを一着拝借したという話だ。「それで、どうしたかわかる？」とダウニーは冗談を飛ばす。「どこかに置いてきちゃったよ」

決して安くはつかないこの旅芸人一座は、マーベルを最近買収したウォルト・ディズニー・カンパニーによって賄われていた。一座の次の目的地はローマ。スペース・シネマ・モデルノ劇場の外で、主役級の俳優たちは歓声で迎えられた。群衆の中にはマーベル・キャラクターの衣装やその世界観に精通したファンも見られた。その1人、熱烈なロキのファンであるイタリア人は、『アベンジャーズ』のヴィラン、ロキ（狡猾で悪戯好きな北欧神話の神）を演じるトム・ヒドルストンにプレゼントを渡した。伝統的な舞台演劇の訓練を受けた英国俳優ヒドルストンは、そのファンから、ロキのコスプレをしたカエルのカーミットのぬいぐるみを受け取った。

マーベルが4年の歳月をかけてヒットさせた映画群によって不動の人気を得たスーパーヒーローたちが一堂に会した『アベンジャーズ』が、世界的なヒットを飛ばすのは間違いなかった。『アベンジャーズ』は、マーベルのプロデューサーと役員たちが過去10年に渡って成し遂げてきた仕事の集大成だった。その中にはマーベル・スタジオ社長のケヴィン・ファイギもいた。倒産の危機から脱するために自社が所有するキャラクターの財産権を複数抵当に入れてウォール街の金融機関から融資を受けたマーベルにとって、『アベンジャーズ』はまさに賭けに勝った証でもあった。融資された金はマーベル・スタジオが製作した初期の映画群の製作費に充てられたのだが、それはスタジオの将来をかけた大博打（ばくち）だったのだ。

4月21日の夜、イタリアでのプレミア上映が終わった後、ファイギは主演俳優とプロデューサー数名を招いて、アンティーカ・ピザという家族経営の食堂を訪れた。ブラック・ウィドウこと暗殺者ナターシャ・ロマノフを演じたスカーレット・ヨハンソンは花柄と蜂の巣模様をあしらったネイビーブルーのドレスを着ていた。髪をポニーテールに束ねたクリス・ヘムズワースは、北欧神話の神というよりはサーファーのあんちゃんだったが、それでも雷神ソーを想起せずにはいられなかった。繊細な科学者ブルース・バナー、そしてその別人格である巨大なハルクを演じたマーク・ラファロはスーツにネクタイという出で立ちだったが、勤務時間中に居眠りをしていて起こされた歴史の教授という印象だった。この夕食の時点でアカデミー賞候補経験者は、『キッズ・オールライト』（2010）でのラファロだけだった。アベンジャーズ組のテーブルにいたのは映画スターであって実際の神々やスーパーヒーローではなかったが、21世紀において、映画スターこそがむしろ神々なのだと多くの人びとが考えていた。

食事に招かれた俳優たちは全員、それぞれのキャラクターを複数のマーベル映画で演じる契約を結んでいた。ヘムズワースの場合は6本の映画に出演する義務があった。「まずは「とりあえず1本完成させよう」と考えていた」[2]と後にヘムズワースは回想している。「もし私がへまをせずに最初の1本を完成させられたら、もしかしたら最初のアベンジャーズに出してもらえるかもと思ってましたが、2本目のアベンジャーズがあるなんて思いもしなかった」。ヘムズワースはマーベル・スタジオを成功に導いているのは、その代表たるファイギの才能と先見の明だと本人に向かってそう言ったそうだが、ファイギが同意したかどうかは疑わしい。ヘムズワースの受けた印象によると、ファイギは自分の言葉を真面目に受け取ってもいなかった。

レストランは有名人のオーラに照らされていたが、遅い時間に始まった晩餐はさらに夜遅くまで続き、給仕担当者たちはアベンジャーズたちのテーブルをいささか心配そうに見守っていた。次々とワインが運ばれていく。そして、それは食事の最中に起きた。自家製プロシュートとズッキーニのヤギ乳チーズ焼きがテーブルに運ばれた後、ホウレン草とローズマリー風味のジャガイモを添えた牛肉が出される前のことだった。ファイギは自分が考えるマーベルの遠大な未来構想を披露し、その場に居合わせた全員の度肝を抜いた。

このときファイギはまだ38歳という若さだった。その立ち居ふるまいは、ハリウッド映画スタジオの社長というイメージからは程遠かった。同世代のプロデューサーで彼ほど成功した者はいないが、血生臭い戦いの末その地位を勝ち取った古参兵という様子もなかった。強いていえば、「アベンジャーズと食事をしよう」というラジオのコンテストで優勝した映画ファンという面持ちだった。しかしそんなファイギが、複数の映画シリーズが相互につながりを持ちながら1つの世界を構築するというマーベルの野心的な構想を、熱を込めて語り出したとき、同席した全員が沈黙した。

ファイギはこう言った。「すべてのコミックスを活用して、マーベル宇宙（ユニバース）を作りあげたいんだ」

「ファイギがマーベル・ユニバースという言葉を使ったのを聞いたのは、あのときが初めてだった」[3]とラファロが振り返る。「それを聞いて「うん、すごく野心的だよな。映画の歴史に残るくらい野心的」と思いました」

ファイギが思い描くマーベルの未来像は、直線的でも限定的でもなければ、安全でもなかった。マーベル・コミックスの歴史でもとくに奇妙なキャラクターたちが棲息する場所を隅々まで探索し、見つけ出した魔法使いやアフリカの王族たちを主役にした映画を作る。その可能性にファイギはわくわくしていた（『ドクター・ストレンジ』や『ブラックパンサー』そして『インヒューマンズ』として実現することになる）。「これから2年の間に15本の映画を製作するよ」

「衝撃でしたよ」とラファロは言う。「「この男、本気だ」とね」

「僕はあまり社交的ではないし、天気の話やスポーツの話が得意ではありませんから――自分が次に何をしたいか話すだけです」[4]とファイギは2007年に自分を評して言っている。「どうせ皆にホラ吹きだと思われていると、僕はいつも考えています。映画関係者にはそういう人が多いですから。歴史的に見ても、それが何であれ、ハリウッドの人が言ったことは95パーセント実現しません。自分のアイデアを誰かに売り込むときには、いつもそのことを自覚しています。「どうせハリウッドの残りの95パーセントと同じようにホラだと思っているだろう？でも実現するようにちゃんと仕事するんだからね」と考えながら話しますよ」

事実、すべてではないが、ファイギと仲間たちは、あの夜の誓いをことごとく実現していくことになる。実現への道すがら詳細が変わるものもあった。『インヒューマンズ』はテレビ・ドラマに割り当てられ、アベンジャーズの一編として構想された『シビル・ウォー』は、スーパーヒーローが大挙登場する『キャプテン・アメリカ』の1本として売り出されることになる。とはいえ、これらの変更はファイギの大構想の中では些細な局面にすぎない。2023年に本書の執筆を終えた段階で、マーベルは31本の映画を製作し、世界中で280億ドル以上の興行収入を上げているのだ。マーベル映画を全部まとめれば、疑いなく最も成功した映画シリーズと言える成績だ（2番目は、12作で103億ドル稼いだ「スター・ウォーズ」シリーズ）。複数の作品間で重なり合うようにプロットを共有し、10を超えるテレビ番組とも複雑につながっているマーベル映画は、大勢のキャラクターと彼らを取り巻く出来事、そして感情を昂らせる要素で織り上げられた広大なタペストリーだ。スーパーヒーローものというジャンルの伝統に従った作品もある一方で、その定義そのものを拡張した作品もある。SFジャンルの古い型にファンタスティックな設定を混ぜ込んだ作品群には、外宇宙での剣戟もあればメタフィクション的家族劇もある。1つの映画シリーズを使って、戦争映画も、スーパーヒーロー大乱戦映画も、妄想的政治スリラーも作れる。そんな可能性を試した者は、「キャプテン・アメリカ」シリーズまで存在しなかった。

たちまちMCUとして広く知られるようになったマーベル・シネマティック・ユニバース。毀誉褒貶はあるものの、それはスーパーヒーロー映画の代名詞となった。スーパーヒーローものというジャンルの型を自らに合う形に作り直し、攻めた品質管理を実行する一方で、常に観客を驚かせる仕掛けを怠らないマーベル・スタジオ。ファイギをはじめとするプロデューサーたちは、常に見据えた未来に向かって歩み続ける一方で、必要があれば調整し、展開とともに使えなくなったアイデアは放棄し、予想を裏切る方向に舵を切る柔軟性を持っていた。マーベル・スタジオ成功の核にあるものが何かと言えば、巨額の製作費にもかかわらず発揮されるこのような柔軟性だろう。

アベンジャーズの一員にキャンティのおかわりを注ぎながら、詮索好きなイタリア人のウェイターが小耳に挟んだMCUの「フェーズ1」は、すでに過去のものになった。巨額の収益を上げるエンターテインメント企業ならどこでも、厳格なセキュリティ・プロトコルによって管理される秘密厳守の規約を導入している。マーベル・スタジオもそれに倣った。世界的大スターの中には、マーベル関係の特ダネを探られたら肝を冷やす者もいるだろう。舞台裏を明かす映像を多数公開し、社史を扱う美麗で分厚い本も出版したマーベルだが、しかしそのすべてが語られたわけではない。かつてマーベルに関わった者、そして現在マーベルで働く者なら誰でも、そのことを知っている。「いつか、誰かがすべてを語らなければ。皆がそう思っているはずですよ[5]」と、あるマーベル内部の情報提供者は教えてくれた。

＊　＊　＊

本書の執筆を始めた頃、マーベル・スタジオからの妨害はなかった。少なくとも最初の数か月は。しかしやがて、ディズニーが関係者に、私たち執筆者と会って話をするなと伝えているという噂を聞くようになった。インタビュー拒否はあったが、マーベル・シネマティック・ユニバースを現在の形に作りあげた百人以上の人びとの声を聞くことができた。ケヴィン・ファイギを筆頭に、スターク・インダストリーズのロゴをデザインした女性、プロデューサー、監督、スター、特殊視覚効果の達人たち、スタントの代役（ダブル）、脚本家、アニメーター、ヘアメークのスタイリスト、美術監督、テレビシリーズのショーランナー、助手、アカデミー賞俳優、スターのトレーナー、果てはドクター・ストレンジの浮遊マント（クローク・オブ・レビテーション）に至るまで、インタビューを敢行した。そして明かされたさまざまな情報。秘密の部屋のこと。砂漠の啓示。飛行することがなかった空飛ぶ車のこと。水玉模様の馬のこと。妙に本数の多い紫色のペンの謎。殴り合いに発展しかねなかった大激論のこと。インタビュー以外にも、さまざまな書籍、雑誌の記事、そしてポッドキャストに情報を求めた。この本は、もちろんＭＣＵについて書かれた最初の本ではない。私たちの目標は、マーベル・スタジオの歴史を、今まで語られなかったさまざまなストーリーで補完し、決定版として出版することだ。

ケヴィン・ファイギは有名人になりたかったわけでも敵を作りたかったわけでもないが、結果として有名になり敵も作った。マーベル・スタジオは強固な覚悟を以て自らの存在を現実のものとし、次々とヒット映画を発表した。同じような方法で成功を目論んだハリウッドの競合相手は、ことごとく失敗した。しかしマーベル・スタジオの物語は、振り返って見れば決して連戦連勝の物語ではない。そこには一時的な資金確保のために売り飛ばされたキャラクターの使用権を奪い返す必死の戦いがあった。スタジオの親会社であるマーベル・エンターテインメントが、MCU構想を一方的に管理するためにクリエイティヴ委員会を設置したときも、マーベル・スタジオは自分たちが作りたい映画を作るための戦いを強いられた。キャラクター玩具の売り上げだけに固執したクリエイティヴ委員会は、マーベルのヒーローを演じる俳優は白人男性で名前はクリスのような者が好ましいとすら言ってきた。ファイギや同僚のプロデューサーたちは、非白人や女性のヒーローが主人公を務める映画を作ろうと何年も戦ってきた。創立から日の浅い頃のマーベル・スタジオは、頑迷な監督や喧嘩腰の俳優といった内部の人間とも格闘しなければならなかった。しかし、大ヒット映画連発の仕掛け人として認知されるようになってからも、ファイギには別次元の戦いが待っていた。ファンタジーの世界にしか存在しないような巨大な飛行要塞を建造するのは並々ならぬ挑戦だったが、競合他社が躍起になって撃ち落とそうとしてくるなか、より巨大な飛行要塞を建造しながら飛行を続けるのは、さらに至難の業だった。

元々ハリウッドのスタジオというシステムは、パラマウント、ワーナー・ブラザース、RKO、MGM、20世紀フォックスという、いわゆるメジャーとして知られる5つの企業複合体を中心に構築された。1930年代から40年代にかけてこの5社は、自社の撮影所を工場のように使って映画を量産し、しかも自社傘下の劇場チェーンを使って配給をコントロールしていた。そのような垂直的制限行為による独占は、1948年の最高裁判決で違法とされ解体された。スタジオを中心とした映画産業の仕組みは1970年代までしぶとく延命されたが、ついに自分たちのセンスの致命的な古さに気づくにいたり、若い世代の映画作家たちの創造力を外注することになったのだった。既存のリソースを即興的に活用してイノベーションを生むシリコンバレー的な起業の方法論と、旧来の映画スタジオというシステムを組み合わせて成長するマーベル・スタジオの様子は、本書に綴られているとおりだ。かつてのスタジオがそうしたように、俳優を長期契約で確保し、少数の専属脚本家を雇う。そして少数精鋭のアーティストを雇って、場合によっては監督が雇われる前に製作される映画のヴィジュアルを決めてしまう。かつてのメジャー映画スタジオにあってマーベルにないものといえば、作品を配給する仕組みだけだった。しかしその欠陥もディズニーによって補完された。2019年にディズニープラスとのつながりを持ったマーベル・スタジオは、それ以来この配信プラットフォームを通して、多くの家庭に直接配信できるようになったのだ（2022年時点では1・5億世帯）。

大量生産工場に成り果てる可能性があったマーベル方式だが、結果的に旧来のスタジオと同様、気晴らしにはもってこいの娯楽作から堂々たる傑作までが入り混じる映画群を生み出すことになった。マーベル・スタジオの理念は創立以来「一番いいアイデアが勝つ〔Best idea wins〕」だ。どの作品であっても、制作に関わる人の意見は聞く。いや、制作に関係のない人でも、たとえばたまたま居合わせた掃除の人や、スタジオ訪問中の子どもの意見でもだ。たとえば『ガーディアンズ・オブ・ギャラクシー』や『マイティ・ソー バトルロイヤル』そして『ブラックパンサー』。いずれも予算をたっぷり使って語られるスーパーヒーローの冒険譚であるが、そこに突拍子もない才能を持つクリエイターの個人的なヴィジョンが巧みに溶け込んでいる。そのような映画を可能にするのが、マーベル・スタジオの方法論なのだ。

マーベル・スタジオの勝利は金銭的な成功だけではないとはいえ、2019年に公開された『アベンジャーズ／エンドゲーム』は、世界中の興行収入によってまぎれもなく歴史上最も成功した映画となった（『アバター』（2009）は僅差で王位から蹴落とされるも、後に奪回）。スーパーヒーローのありうべき姿という伝統的な固定観念を、マーベル・スタジオは完全に吹き飛ばしてしまった。1960年代にマーベル・コミックスは、ヒーローたちに現実的な問題（宿題とか家賃とか）を与えた。そうすることで、読者に自分もヒーローたちの秘密の私生活を知っているかのような気分にさせ、スーパーヒーロー出版界を再び活況に導いた。そんなマーベル・コミックスの功績を、マーベル・スタジオは新時代に適した方法で再現した。映画に応じて、それから、ヒーローに応じて新鮮なトーンを見つけ出し、ポップカルチャーの今に精通していて、茶目っ気たっぷり。そして、そんな自分たちのユーモアについてこられると観客を信頼している。マーベル・スタジオは、製作した映画においても、その方法論においても、独自のスタイルを作りあげたのだ。

もちろん好意的な者ばかりではない。マーティン・スコセッシが２０１９年に、スーパーヒーロー映画は「映画じゃない」と言ったのは有名な話だ。スコセッシはさらに「正直、あの手のものが何に一番近いか考えてみたとき、思いつくのは……よくできているし、俳優はあんな環境でも精一杯頑張っているのはわかるが、あれは遊園地の乗り物だね。」と付け加えた。

フランシス・フォード・コッポラもこれに同意して「考えるのも嫌だ」と言った。気分を害したコッポラは、こう続けている。「昔はスタジオ映画があった。今はマーベル映画があるだけだ。それは一体何なんだ？　あれは映画のプロトタイプの１つで、その同じ型を、何度も何度も違った体裁で作り直しているのが、つまりマーベル映画だ[7]」

彼らの意見に嚙みついて反論した人たちが、映画は芸術だと証明したわけではなかった。しかし映画とは、少なくともよくできた映画とは、ウィットとスペクタクル、そして作品から溢れる制作に関わった者たちの情熱によって、自らの芸術性を証明するのである。そうは言っても映画ビジネスは確かに様変わりし、その原因の一端はマーベルにある。風変わりで野心的な映画は、ハリウッドの周辺部で作られ続けてはいる。しかし全部観たいと思ってもその数はあまりに多く、そのような作品を探したくても配信プラットフォームはあまりに多様だ。しかしながら、興行規模の大きい映画に限って言えば、ＩＰ（知的財産権）こそが王様であり、ことＩＰの価値に関する限りマーベルに敵う者はいない。何十年にも渡って書かれた何千もの物語を源泉にしたマーベルのＩＰは、当分枯渇する心配もない。

マーベルの支配力は、『ザ・ボーイズ』（2019－）や『インビンシブル～無敵のヒーロー～』（2021－）そして『ウォッチメン』（映画2009／ドラマ2019）といったマーベル以外の映画やテレビシリーズによって測りうるのかもしれない。いずれの作品も現存するスーパーヒーロー文化を、ときとして無礼と言っていいほど暴力的に、嬉々として解体している（そして、いずれも元々スーパーヒーロー・コミックスに対する批評を意図して描かれたコミックスを原作にしている）。しかし、現在マーベルが立ち向かうべき真の敵は、他作品でも他スタジオでもなく、自分たちなのだ。それは自らに課した品質基準に応える戦いだ。同時に、何十もの作品を観た後でも、なおスリルを求めて新作を観たいと人びとに思わせるという挑戦。次の作品を観るための宿題のように感じられたら負けだ。マーベル・スタジオが全速で突入したジレンマの海。それは、マーベルのお抱え脚本家やイラストレーターにはお馴染みのジレンマだ。どうやって物語をはっきりと終わらせずに続けていくか。どうやって、お馴染みになってしまったキャラクターに興味を持たせ続けるか。そして、どうやったら全体を再起動(リブート)させることなく、成功の方程式を新しく書き換え続けることができるのか。

ディズニーの命を受けて、マーベル・スタジオは加速度的に製作本数を増やしているが、あたかも、どんなにいい作品でもいつかは飽きられるという限界を試しているかのようだ。MCUのフェーズ1に属する映画は、約5年をかけて公開された。5年といえば、2021年の『ブラック・ウィドウ』から始まるフェーズ4、5、6の制作スケジュールを足したものより、少し短い程度だ。それが現在は、1年のうちに3本の映画と6本のテレビシリーズというペースになっており、その結果観客も制作者たちも疲れてしまった。MCUの成功は、ファイギを筆頭とするマーベル・スタジオの中心的な幹部たちが、どれだけ実地に現場に参加できるかにかかっているが、このモデルを大量生産にあわせて拡張することの限界が明らかになってしまった。ファンたちは『アントマン＆ワスプ：クアントマニア』は精彩を欠き、月並みなＣＧＩは耐え難いと不平を言ったが、しかしそれでも2

０２３年前半に何週間も全米興行収入1位となって何百万ドルも稼ぐことになった。

マーベルが製作した作品には、質の差はあれど多くの続編や、ブランド拡張を求めたものが多く含まれる。しかしそれでも足りないとでも言うように、白黒のゴシックホラー番組や、現実というものの本質を問うような超現実的なシリーズを作っている。まるで業界の覇者となった自分たちが、どこまでやりすぎたら視聴者に見捨てられるか試しているようだった。そして試してみてわかったのは、まだまだやりすぎる余地があるということだった。

サノスが自らを指して言ったように、ＭＣＵは運命のごとく絶対なのだ。少なくとも10年に渡って他に対して圧倒的優位を保ち続けたのはマーベル・スタジオしかないと感じられた。マーベル・スタジオがエンターテインメント業界における失敗を無効化する技を編み出したというわけではなさそうだが、まだ1歩や3歩くらい足を踏み外しても、苦もなく生き残れるに違いない。ＭＣＵという映画の宇宙（ユニバース）は、私たちの世界を完璧に乗っ取ってしまった。ＭＣＵが永遠に続かない時系列（タイムライン）の存在など考えられないほどだ。そんな現在の状況を知っていると、混沌に満ちたスタジオ誕生の物語に驚かずにはいられない。

PHASE 0

CHAPTER 1 PHOENIX SAGA
フェニックス・サーガ

始める前に聞く。降りたいやつはいるか？

Before we get started, does anyone want to get out?

——キャプテン・アメリカ／ウィンター・ソルジャー（２０１４）

失敗と破滅と破産から、マーベル・スタジオは始まった。

マーベルがスーパーヒーローのコミックスを出版し始めたのはスタジオ設立の数十年も前のことだが、その始まりは似たようなものだった。１９５０年代、アメリカ合衆国上院がおぞましい内容のホラー・コミックスに関する公聴会を開いて以来、コミックス業界は混乱していた。「タイムリー・コミックス」として１９３９年に刊行を始めたマーベルは、その後「アトラス」に名前を変えながら、他の出版社で人気のあったコミックスのジャンルを真似ることで商売していた。「Millie the Model（モデルのミリー）」のようなロマンスものや「Rawhide Kid（ローハイド・キッド）」のような西部劇もあった。しかし都合の悪いことに、１９５７年にアトラス社は毎月８種類のコミックスしか発行できないという新聞スタンドでの流通制限をかけられ、従業員のほとんどを解雇する羽目に陥ってしまう。当時スーパーヒーロー・コミックスの市場は、スーパーマン、バットマンそしてワンダーウーマンを抱えるＤＣが支配していた。

しかし１９６１年に、天才的なライターで口八丁のセールスマンでもあるスタン・リーと、働き者で天才的なアーティストのジャック・カービーが手を組み、ファンタスティック・フォーというスーパーヒーローのチームを創造した。突拍子もないＳＦ冒険譚と家族喧嘩が組み合わさったファンタスティック・フォーは、ＤＣのコミックスに欠けていた活きの良さとノリを持っており、刊行と同時に大人気を博した。そしてマーベルはすぐに何十ものコミックスを刊行し、やがてはスパイダーマンやアントマン、そしてアイアンマン（加えて女性ヒーローも数名）を含む何百ものスーパーヒーローを擁するにいたった。その後数十年の間に、マーベル・コミックス・グループはスーパーヒーロー文化の王国に成長した。重なりあいながら語られる何千もの物語。別々の物語世界で自在に客演しあうキャラクターたち。ニューヨークの下水道から外宇宙の果てまで広がる、それは気が遠くなるほど精巧に織りなされた、現代の一大叙事詩だった。

１９９１年、マーベルの旗艦とも呼ぶべきミュータントのチーム（「護ると誓った世界から恐れられ憎まれる彼ら！〔feared and hated by a world they have sworn to protect!〕」）を再起動したコミックス「Ｘ－ＭＥＮ」の創刊号が発売され、８１８万６５００部を売り上げた。この世界記録は今も抜かれていないが、それほどまでにマーベル人気は凄まじかった。８００万部以上売れたこの新規創刊号は、クリス・クレアモントがライター（ストーリー執筆）ジム・リーがアーティスト（作画）として起用された。カバーが５種類あったので、ファンは１冊３ドル95セントのこの本を何冊も買い求め、読んでページが折れたりしないようにビニール袋に入れたまま、投機用に保存した。

「Ｘ－ＭＥＮ」創刊号はコミックスにまつわる熱狂の極端な例だが、それ以外にも大ヒットしたコミックスはたくさんあった。アラン・ムーア（『ウォッチメン』）やフランク・ミラー（『バットマン：イヤーワン』）、アート・スピーゲルマン（『マウス――アウシュヴィッツを生きのびた父親の物語』）といった、暗く複雑でジャンルを爆発的に拡張したクリエイターたち。彼らを称賛する記事がメジャーな雑誌に掲載された。コミックスは子どもだけのものではないことを、彼らの作品が証明していた。マイケル・キートンとジャック・ニコルソンが主演し、ティム・バートン監督がポップ・ゴシック様式で描いた1989年の映画『バットマン』は、その年世界で最も稼いだ映画となり、さらに玩具からビーチ・タオル、そしてプリンスによるサントラ・アルバム（『Batman』）に至るまで、無限のタイ・イン商品をファンたちに消費させた。1991年には、バットマンが初登場した1939年発売のコミックス「ディテクティヴ・コミックス」27号が1冊競売に出され、5万5000ドルで競り落とされた。ニューヨーク・タイムズ紙は競りを扱った記事の見出しに（ロビンの台詞をパロディして）「びっくり仰天、記録破り！(Holy Record Breaker!)」と書いた。

「コミックス市場は買いです。これから急成長すると思います[1]」と「ディテクティヴ・コミックス」27号を競り落としたハロルド・D・アンダーソンは語った。

＊　＊　＊

小説家ニール・ゲイマンは、テレビ・ドラマ『グッド・オーメンズ』の原作者兼ショーランナー、そして神秘的なコミックス『サンドマン』（DC・ヴァーティゴ刊）の原作者としても知られるが、彼はアンダーソンには同意していない。1993年にコミックス小売り業者向けのコンベンションで登壇したゲイマンは、複数のカバーといった収集価値の高いコミックスを投資対象として扱う傾向は、17世紀オランダで起きたチューリップの投機バブルと同じで、いつかは弾けると警告した。

「あまりに多くのコミックス専門店がバブルとチューリップを当てにしすぎています[2]」とゲイマンは宣言した。「私はカッサンドラではないので予言はできませんよ。あんなに素敵な体でも脚でもありませんし……いつの日かバブルは弾け、チューリップは倉庫で枯れて腐ります。コミックスは90年代有数の投資商品だと今度誰かが持ちかけてきたら、お願いします、チューリップの話を教えてやってください」。業者たちは聞く耳を持たなかったが、ゲイマンの正しさはほどなく証明された。数年のうちにコミックス専門店の3分の2は潰れてしまったのだ。流通網は修羅場と化し、マーベル・コミックスは１９９６年に破産を申請した。

当時スタン・リーは依然としてマーベルの顔だった。マイティ・ソー、ドクター・ストレンジ、ブラックパンサー、そしてハルクなど、マーベルを代表するキャラクターの多くは、リーがアーティストと共同で創造したものだ。リーは何百というコミックスの原作も書いていた。しかし吹き出しの台詞だけでなく、実はコミックスの編集後記こそがリーの真骨頂だった。そしてお手紙のページで彼が書いたファンレターへの返事が、リーとファンたちを固い絆で結びつけた。リーの文章は親しみやすく活気に溢れ、「信じる者よ、前を向いて進め」とか「エクセルシオール！」といったキャッチーな文句が躍っていた。そして何より、リーは読者を煽てるのが巧かった。自分たちはコミックスという娯楽を理解する洗練された消費者だと思わせた。「アメイジング・ファンタジー」の15号で初登場したスパイダーマン（スタン・リー作、スティーヴ・ディッコ画）は、リーの次のような口上で始まった。「コスチュームを着たヒーローはお好き？　ここだけの話、コミックス業界で働いてる人はあいつらのことを「丈の長い下着のキャラクター」と呼んでるんだよ！　皆ご存知のように、あいつらヒーローは大勢いすぎて珍しくもない！　しかしだ、多分皆はこのスパイダーマンを読んで、こう思うかも……これは一味違う！」[3]

マーベルが破産を申請した頃、スタン・リーはすでに日常的な編集業務からは離れていたが、それでもマーベルから発行されるすべてのコミックスの表紙にはリーの名前があった。長年カリフォルニア暮らしを夢見てきたリーは、テレビ・ドラマ『超人ハルク』が人気を博すにいたってついにロサンゼルスに居を構えた（テレビの実写版ハルクではビル・ビクスビーが主人公デヴィッド・バナーを演じているが、テレビ局の重役たちが「ブルースという名前だと同性愛者みたいだから」というありえない理由で、デヴィッドに変えられた。バナーの筋肉質の分身はルー・フェリグノが演じ、番組は１９７７年から１９８２年までCBS局で放映された）[4]。「１９６０年代後半にマーベルがメディアの関心を集めて、勢いがつき始めた頃のことだ」[5]と『Marvel Comics: The Untold Story（マーベル・コミックス：語られなかった物語）』（2012）の著者ショーン・ハウがインタビューに応えて語っている。「ジャック・カービーと（リーが）一緒にカリフォルニアに拠点を移して映画業界に足を踏み入れようという話が、少なくとも本人同士の間であったらしい。コミックスにしがみついていても稼ぎにならないし、誰も理解してくれず、やりがいもないから」

スタン・リーは新しく創設された小さなスタジオの責任者としてロサンゼルスに移ったのだ。そのスタジオをマーベル・プロダクションズといった。1980年にバラエティ誌に載った「所有する知的財産権を使った企画の開発を自ら行い、専門的な知識や技術を他社と共有できるのを、楽しみにしています」[6]という広告とともに、新スタジオは業務を開始した。マーベルが生まれて間もない頃は、リーが即興的な思いつきでキャラクターや物語を作り、それをカービーやディッコ、その他のアーティストたちが素早く絵に仕上げた。リーは常に尽きせぬアイデアとストーリーテリングの泉であり続けたが、口八丁というだけで何かが起こせるほどロサンゼルスは甘くなかった。ハリウッドでスタン・リーの話を聞く者はいなかったのである。

1981年。CBS局の重役たちは、スパイダーマン単体では土曜午前のアニメ番組として主役を張る力がないと言い張っていた。そこで、新番組『スパイダーマン&アメイジング・フレンズ』では、アイスマンというミュータントと、ファイアスターという女性のヒーローを交えてチームを組むことになった。ナレーションを担当する羽目にもなったスタン・リーだが、番組のことは嫌っていた。ノース・キャロライナ州シャーロットで1984年に開催されたヒーローーズ・コン〔コンベンション〕でわざわざファンに向かってこう言ったほどだ。「迂闊にもスパイダーマンにチャンネルを合わせてしまった諸君は、スパイダーマンがアイスマンとファイアスターという女の子と3人でチームを組んでるのを観たと思います……。それについても、ここでちょっと謝らせてください。テレビの主要ネットワーク局の仕組みというのは、私が実写シリーズのコンサルタントだったときも同じでした。つまり、ネット局に出向いて「こういう番組をやりたいんだ。買ってくれるか？」と言うと相手は「よし、買うよ」と言う。でも、こちらが望むようには、やってくれないということなんですよ」[7]

ヒーローズ・コン会場でリーは、『バック・トゥ・ザ・フューチャー』（1985）のロバート・ゼメキス監督と脚本家のボブ・ゲールによって映画化されるドクター・ストレンジについてもぶち上げた。さらにコミックス・ライターのロイ・トーマスとゲリー・コンウェイが脚本を書いたX－MENの映画のことも。どちらの映画も実現はしなかったが、マーベル・プロダクションズは、『地上最強のエキスパートチーム G.I.ジョー』や『Muppet Babies（マペット・ベイビーズ）』など、他社のIPを使ったアニメーション番組を共同製作して成功を収めた。

マーベルが所有するキャラクターを使った映画やテレビ番組を作るためにハリウッドの興味を引こうと奮闘したスタン・リーの努力は、ほぼ報われなかった。マーベル・コミックスの後ろの方のページに掲載された「Stan's Soapbox（スタンの石鹸箱）」と呼ばれるコラムでは、しばしば興奮を抑えきれないリーが新しい映画やテレビ番組のことを書いたが、ほぼ実現しなかった。1989年の『パニッシャー』（ドルフ・ラングレンがパニッシャーを演じた）や、1990年に作られたアメリカ・ユーゴスラビア合作のビデオ専用映画『キャプテン・アメリカ 帝国の野望』など、マーベルのキャラクターを使った映画は何本か作られたが、観ない方がマシという代物だった。極めつけは1986年にジョージ・ルーカスがプロデュースした『ハワード・ザ・ダック／暗黒魔王の陰謀』で、ハリウッドでも名高い失敗作となった。

その2年前、ハンナ・バーベラの副社長だったマーガレット・ローシュがマーベル・プロダクションズの社長兼CEO（最高経営責任者）となったので、リーはローシュと一緒に、映画スタジオの重役相手に企画を売り込むことになった。「スタンは無礼な人ではないのですが」[8]とローシュは回想する。「企画売り込み会議が終わって相手が帰ると、スタンは「どうしてあいつらには想像力がないんだ？ どうして私の言うことが理解できないんだ？」と言ったものです」

マーガレット・ローシュはマーベル・プロダクションズでの日々をこう結論づける。「私とスタンは優秀なプロデューサーでした。でもマーベルが所有しているものをうまく扱えなかった。その意味では自分の仕事は失敗だったと感じましたね[9]」

＊＊＊

マーベルの運命を決めることになるのは、ロサンゼルスでのスタン・リーの仕事ではなかった。マーベルの未来は複雑怪奇な一連の経営陣の交代劇から生じることになる。その果てにマーベル・スタジオは生まれ、高く登っていくのだ。

1968年、マーベル・コミックスの発行人だったマーティン・グッドマンは、マーベルをパーフェクト・フィルム&ケミカル・カンパニーという企業（売却後にカデンス・インダストリーズと名称を変更する）に売却した。カデンスは1986年に清算の憂き目に会い、マーベルはニューワールド・ピクチャーズ（『恐怖の獣人』（1958）などB級映画の監督として有名なロジャー・コーマンが出資した低予算映画の配給会社）に買収された。1989年、ニューワールドはマーベル・エンターテインメント・グループを、ロナルド・ペレルマンに売却した。ペレルマンは化粧会社のレブロンの敵対的買収劇で有名になった大富豪だった。マーベルの編集者たちは、早速彼に「口紅野郎[10]」とあだ名をつけた。ペレルマンは、テクニカラーやスーパーマーケット・チェーンのパントリープライドなど、問題を抱えた企業を買い取る術に長けていた。買収した企業から利益を剝ぎとるか、他の企業を買収するためにその資産を使ってジャンク債を大量に購入するのだ。どの手を使うにしても、最終的には大量の現金が彼のポケットに入る仕組みだった。ペレルマンは高価な絵画コレクションと、ハンプトンズにある広大な屋敷をはじめ家を何軒も所有していた。豪勢なオフィスの一部屋には、リキテンスタインとウォーホルの巨大な絵が壁に掛けられ、その隣にはメッセージ入りの針編みクッションが2つ置いてあった。それぞれ「私を愛せ。私の葉巻も愛せ」、「幸せとは、キャッシュフローがプラスなこと」[11]と書かれていた。

ペレルマンはスタン・リーの給料を年間約100万ドルに増やしたが、情にほだされたからではなく、彼が「漢の中の漢スタン〔Stan the Man〕」と呼んだリーのブランド大使としての貢献に対する埋め合わせとしての増額だった。一方でペレルマンは、マーベルを使って他の企業、たとえばフリーアーとスカイボックス（いずれもスポーツのトレーディング・カードを扱う企業）や、パニーニ（子どもたちが買って集めるステッカーを製造するイタリア企業）を買収した。マーベルの収益は一気に急降下した。これは例のコミックスの投機バブルが弾けた結果ではなく、1994年から1995年シーズンに野球界で起きたストライキによってワールド・シリーズが中止されたとばっちりを、野球カード業界がもろに食らったからだった。

このような買収の結果、マーベルは返済能力をはるかに超えた7億ドルの負債を負わされた。ペレルマンは一時的にマーベルの株価を3倍に増やすことに成功したが、マーベルは1995年には損益上初の赤字を出し、その後も赤字は続くことになる。1996年12月、ペレルマンは米連邦破産法11条によってマーベルの民事再生を申請した。ペレルマンはマーベルが抱えた債務を「再編」、つまり借金の一部を帳消しにしたり、返済を遅らせることを望んでいた（少額でも何らかの形で返済される方が、利子ばかり高くて何も返ってこないより銀行にとってはマシなので）。

ペレルマンは、自分以外にマーベルに興味を持つ富豪がいるとは考えていなかった。しかしその男は現れた。その男、カール・アイカーンは「物言う株主」を名乗っていたが、世間一般の認識は名の知れた「乗っ取り屋」だった。アイカーンはTWA航空や家電メーカーのタッパンを乗っ取り、USスチールやパンアメリカン航空に敵対的買収を仕掛けた。ある企業を買収するために発生した負債を、買収した企業の資産を売却することで返済するのがアイカーンの手法だった。ペレルマンもアイカーンも「グリーンメイラー」として知られていた。2人とも乗っ取った企業の経営に口を出さない条件で多額の金銭を受け取っており、いずれも映画『ウォール街』（19

87）の登場人物で、貪欲さの価値を擁護するゴードン・ゲッコーのモデルと言われた。そしてペレルマンが発行したマーベルのジャンク債の3分の1を、アイカーンは黙って購入し、マーベルの経営権を手にした。

その後アイカーン、ペレルマン、そしてマーベルに融資した銀行の三者は、遅々として進まない法的な論争と緻密な財務的策略を、何か月にも渡って戦わせた。デラウェア州の破産事件裁判所の法廷内および外で、そして上告審裁判所で進められた審議は、マーベルの資産状況そっちのけで、2人の富豪の巨大な自我（エゴ）の熱い戦いの場となった。コミックス界らしい言い回しをするなら「口紅野郎VS乗っ取り屋」と言ったところだ。ペレルマンがマーベルに約束していた資金は結局投資されなかった。一方、アイカーンの手にかかればマーベルがバラ売りされるのも目に見えていた。１９９７年6月、結局アイカーンがマーベルを取得して勝利を収めた。

しかし、それで法的な処理が終わったわけではなかった。破産整理の手続きは続いており、動議も申し立ても訴訟案件も積み上がり、弁護士費用は時間換算で増える一方だった。そのとき、誰も予測していなかった挑戦者が現れた。規模的にはマーベルの4分の1以下という小さな玩具製造企業トイ・ビズが、マーベル獲得のための策を弄してきたのだ。トイ・ビズの会長もまた富豪だったが、ペレルマンやアイカーンとは違い、ゴシップ新聞の見出しになるような派手な男ではなかった。

その男、アイク・パルムッターについて公式に語りたがる者は少ない。私生活を極めて大事にするパルムッターは、35年間、誰にも自分の写真を撮らせなかった。パルムッターについて記事を書くライターは、まるでＦＢＩのお尋ね者でも扱うように、似顔絵を描いて雑誌に載せなければならなかった。そんな彼の写真もついに２０１６年12月に漏れた。彼がマール・ア・ラーゴに、当時大統領候補だったドナルド・トランプを訪れたときのことだった。

イザック〔Yitzhak〕・パルムッターは、１９４２年にイギリス委任統治領パレスチナで生まれた。イスラエルが独立したのは１９４８年、パルムッターが5歳のときだった。イスラエルで育った彼は軍に入隊し、エジプト、シリア、ヨルダンといった近隣アラブ諸国相手に六日間戦争を戦った（この従軍経験からパルムッターには噂がつきまとった。常に足首に拳銃を巻きつけて携行していると言う者もあれば、イスラエル諜報特務庁モサドのスパイだと言う者もあった）。六日間戦争終了後、パルムッターは軍を去り、やがてイスラエルをも後にしてアメリカ合衆国に移住した。１９６７年のことだったが、彼の目的はサマー・オブ・ラブ（同年にアメリカで起きたヒッピー／カウンター・カルチャーの一大ムーヴメント）ではなかった。パルムッターは富を築きにアメリカにやって来たのだ。

ニューヨークに着いたとき、彼のポケットには２５０ドルしか入っていなかった。家賃を払うために、ブルックリンの墓地に頻繁に出没した。ユダヤの祈りの本を持ちキッパーを頭に被ったパルムッターは、死者を弔うために聖なる祈りを暗唱することでお金を稼いだ。正統派のユダヤ教徒ではなかったが、ヘブライ語が流暢だったので遺族にばれることはなかった。[12]

パルムッターは名前をイザックからアイザック（Isaac）へとアメリカ風に変え、しばしばアイクという愛称を名乗った。パルムッターは卸値で手に入れた商品をブルックリンの通りで行商して売り捌き、ニューヨーク市北部にあるキャッツキル山地にあるリゾートで遊べるほどの金を稼いだ。そこで出会ったローラ・スパーラーという女性に一目惚れし、数か月後、１９７１年に2人は結婚した。

パルムッターの手腕にすっかり感心した新妻の家族たちは、多額の金を貸してくれた。それを元手にパルムッターはオッド・ロット・トレーディングと名づけた商売を始めた。倉庫を空けるために処分される超過在庫品を、人形から石鹸まで何でも買い取った。二束三文で引き取った品物に、市場価格以下の値段をつけて売り捌く。三文は何倍もの利益となって返ってきた。１９７０年代後半には、10を超えるオッド・ロットの店舗をニューヨーク市中に展開した。どの店舗も雑然とした割引商品の特売市場という体裁で、明るいオレンジ色の看板が「ブランド製品を定価より安く」と謳いあげていた。

ジョブ・ロット・トレーディングという同種の会社を経営していたサム・オスマンという商売敵によると、彼もパルムッターも同じ金銭感覚を商売のモデルにしている。つまり「他人の失敗が我々の商機[13]」なのだ。

パルムッター夫妻はパームビーチにリゾートマンションを1部屋と、ニュージャージーに別荘を1軒所有しているが、暮らしぶりは贅沢ではない。巨大な水槽とその中に泳ぐ熱帯魚が、夫妻にとって最大の散財と言えるかもしれない。パルムッター夫妻の典型的な夕食は、アイク本人が用意するさいの目に切られた野菜が盛られた、イスラエル風サラダだ。パルムッターは朝早く起きてテニスをし、日中は会社を経営し、取り引きをして過ごし、午後8時以降にかかってきた電話は無視する。ビジネスの勉強をしたことはないが、貸借対照表を読み取る鋭い勘と理解力を持っていた。

オッド・ロット・トレーディングの収益が好調だったので、1984年に薬局チェーンのレブコが1億9000万ドル分の株式譲渡によってオッド・ロットを買収した。パルムッターは、経営陣を解雇し替わりに自分を経営者にするように、レブコの取締役会を説得した。結果として、レブコ側はパルムッターに譲渡した株を1億2000万ドルで買い戻し、パルムッターを追い払った。向こう5年間、パルムッターが卸売り商に関わってはならないという、競業避止義務の熨斗（のし）をつけて。その1年後、パルムッターはレブコに3000万ドルを払って卸売りを行う権利を買い戻した。つまり、パルムッター（そして、当時ビジネス・パートナーだったバーナード・マルデン）は、売れ残りの石鹸で築いた帝国から1億1700万ドルを捻りだしたというわけだ。

こうして、パルムッターは余剰商品だけではなく、企業を丸ごと買える財力を得た。オッド・ロット時代に養った嗅覚によって玩具やゲームの目利きになっていたパルムッターは、経営難に陥っていた玩具メーカーのコレコを買収し、リストラ敢行の上さっさとハズブロに売り払い、4000万ドルほどの利益を上げた。そして1990年、パルムッターはトイ・ビズ社を買収した。以前はチャラン・トイ・カンパニーの名で知られていたこのカナダの小さな家族経営の企業は、キャベッチ・パッチ・キッズのような人気玩具のカナダ向けライセンスを取得して業務は好調だった。1989年に、トイ・ビズは思わぬ棚ぼたを経験する。玩具メーカーのケナー社がD

Cスーパーヒーローに関連した商品を製造するライセンス契約を更新し損なってしまったのだ。代わりにライセンスを受けたトイ・ビズは、その夏に公開された映画『バットマン』の商戦にぎりぎり滑り込んで参加できたのだ。

パルムッターは、自分ならトイ・ビズの利益をもっと上げられると信じており、その勘は正しかった。ニューヨークに必要最低限のものしかないオフィスを、そしてアリゾナに倉庫を借り、製造は中国に下請けに出した。そうして上げた従業員当たりの利益率は驚くべきものになり、やがて1人当たり200万ドルという利益を叩き出した。

＊　＊　＊

トイ・ビズ社（そしてより一般的な玩具商売）に深く関与するにつれ、パルムッターにとって自分が必要とする理想のパートナー像が明らかになっていった。それはアヴィ・アラッドという、世界有数の玩具デザイナーだった。パルムッターと同じく、アラッドはイスラエルからの移民で六日間戦争で従軍した経験を持つ。しかし2人の個人的なスタイルは似ても似つかなかった。パルムッターが細身の体をビジネススーツに包んだ肉食獣であるのに対して、アラッドは黒いレザーで身を固めた熊のような男だった。

アラッドの両親は第二次世界大戦後にポーランドを脱出した難民で、新天地イスラエルでの生活の安定に苦労していた。パルムッターより6つ年下のアラッドはヘブライ語に翻訳されたアメリカン・コミックスを読んで育った。「あのような生活から逃れて、もっとファンタスティックな何かを求めていたのかもしれませんね[14]」とアラッドは回想する。六日間戦争で負傷（本人の口からその詳細は語られなかった）したアラッドは、快復に要した15か月間を病院で過ごした。1970年に移民としてアメリカに到着したアラッドは、パーシー・ビッシ・シェリーとウォルト・ホイットマンの詩から学んだいくつかの言い回し以外には英語が話せなかった。アラッドは、トラックの運転とヘブライ語の教師をして学費を稼ぎながら、ロングアイランドにあるホフストラ大学で産業マネジメントを勉強した。卒業後の最初の就職先は、玩具メーカーだった。「イスラエルの子どもは、玩具ではなくて飛行機を作ることを考えて育ちますからね[15]」と言うアラッドは、玩具ビジネスへの就職を考えもしなかったが、就職先の会社が1個15ドルのミニ・ビリヤード台を100万個売るのを見て、考えを変えた。

やがてアラッドはフリーランスの玩具デザイナーに、しかも極めて優秀な玩具デザイナーになった。1993年にニューヨーク・タイムズ紙は、「子どもたちにわくわくを与える1人玩具工場」という見出しで、アラッドの特集記事を組んだ。アラッドがデザインした玩具によってヒット作を手にしなかったメーカーはないに等しかった。トロールウォリアーズ、マイ・プリティ・バレリーナ、消えるインク銃ザップイット。いずれも彼のデザインだ。「野球なら、3割打てばスーパースターですよね[16]」とアラッドは自慢する。「私は打率8割ですよ」

アラッドを他の玩具デザイナーから分かつ資質は、機械いじりの能力というよりはマーケティングをする彼のアプローチにある。市場にないものを見つけ出し、その隙間を埋める玩具を考案するのだ。アラッドが玩具メーカー相手に自分の企画をプレゼンするときには、マーケティングおよび宣伝の計画書も同時に発表した。アラッドは1つの製品を売り込んでいるのではなかった。玩具を取り巻くヴィジョンそのものを売ったのだ。

アラッドは革のブーツから革のベストまで、黒づくめでハーレーダビッドソンに跨った。「就業時間なんて意味がないですよ[17]」と彼は言う。「構造化されたものは、それが何であっても私には向いていないのです。構造はない方がいいですね。私は混沌を楽しむのです」。そう語るアラッドを、会社の所有権10パーセントという条件でトイ・ビズでフルタイムで働いてくれるようにパルムッターが説得した（正確には、アラッドと彼の22人の開発部全員を）。やがてトイ・ビズはパルムッターを取締役会長に据え、アヴィ・アラッドをCEOに任命することになる（デイヴィッド・エイハーンと交代）。

トイ・ビズに移ったアラッドが手にした初期の成功例に、マーベルのミュータントたちで構成されたスーパーヒーロー・チームの「X－MEN」がある。1991年に発売されたX－MENのおもちゃ（例の「X－MEN」新規創刊号と同年）は、3000万ドルの売り上げを出した。飛ぶように売れるマーベル玩具を目の当たりにして、当時トイ・ビズのCEOだったパルムッターはマーベルに風変わりな提案を申し入れた。トイ・ビズの所有権46パーセントと引き換えに、マーベルは所有するすべてのキャラクターを「ロイヤリティなしで永久かつ排他的に使用できるライセンス契約」をトイ・ビズと結ぶという提案だ。

「知的財産権に関するかぎり、これはミニ・ディズニーだと言ってもいい」[18]とパルムッターはマーベルを評して言った。「ディズニーのキャラクターの方がはるかに認知度が高く、柔らかい。一方私どものキャラクターはアクション・ヒーローなのです。現在マーベルでは、キャラクターを創造し、そのマーケティング計画を考案中なのです」

しかし、パルムッターがマーベル映画の製作に資源を回すことはなかった。映画がキャラクターの価値を高める可能性を認識してはいたが、長期間全力で関わることが要求される映画製作にマーベルが縛られることを、パルムッターは望まなかった。いざと言うときに、簡単に売り払えなくなるからだ。ペレルマンは映画化の噂を欲しがった（保有するIPの価値を高め、二次的な商品の販売に拍車をかけるのが目的）。しかし実際に映画を作ってしまうと、興行的に失敗してブランドに傷をつけかねない（ペレルマンの考え方は、それまでのマーベル映画の惨めな成績と一致している）。

玩具の売り上げに関して言えば、低予算のアニメーション番組の方が金のかかる映画1本より強力な影響を持つ可能性があった。1992年までに、マーガレット・ローシュはフォックス・キッズTVの番組編成部門の責任者になっていた。彼女はそこで「X－MEN」のアニメーション・シリーズを立ち上げた。マーベルにいたときには1本のアニメーション・シリーズ企画も通せなかったローシュだが、今や自らの判断でGOサインが出せるのだ。番組のエグゼクティヴ・プロデューサーとしてスタン・リーとアヴィ・アラッドが名を連ねたが、リーの関与は名ばかりだった。シリーズの脚本を担当したリック・ホーバーグによると「番組のことを話し合っているときに、どのキャラクターの話をしているか彼〔リー〕は理解してないと気づいたんです[19]」

「X-MEN」のプロデューサーの1人として番組を統括していたウィル・ムニョによると、リーが売り込んだのは「バンに乗って旅をする2人の男と犬が1匹という、伝統的な子ども向け番組[20]」だった。最後にリーは話をまとめてこう締めくくった。「プロフェッサーXとサイクロプックス……そしてセレブロ〔テレパシー増幅装置〕が装備されたバンに、動物のお供が1匹。ミュータントを探して国中を巡り歩く。「今週の新ミュータント」番組さ」

アラッドの記憶によると、リーは番組の打ち合わせ中あまり口を開かなかった。「誰かの発言が気に入れば首を縦に振り、疑問を抱いたときには横に振ってましたよ[21]」。アラッド本人はどうだったかといえば、「私は93年から97年まで番組に首を突っ込みました。自分もミュータントの1人という自覚があったからです[22]」と語っている。「皆がアクションフィギュアを集め出したので、トイ・ビズは熱狂していました」。スタン・リーと較べるとアラッドは番組にはるかに深く関わり、玩具の売り上げに貢献しそうなストーリーを積極的に提案した。

マーベルを巡るペレルマンとアイカーンの戦いが始まったとき、パルムッターとアラッドはペレルマンを応援した。もしアイカーンが勝ってしまったら、折角トイ・ビズが取得したマーベルのキャラクターを無限に無料で使える権利を、破産事件法廷に申し立てて無効にし、玩具化の権利を余所の企業に売りつける恐れがあったのだ。結局はアイカーンが勝利し、即座にトイ・ビズの役員人事を刷新した〔その法的妥当性について裁判が続けられた〕。それに対する反撃として、パルムッターはトーラー〔ユダヤ教聖書の最初にあるモーゼ五書〕をファックスするなど、変わった方法も用いた。ファックスされた旧約聖書の士師記第16章中の4ページは、怪力の士師サムソンの物語だった。頭髪を剃られて力を失い、囚われの身になり、最後にはペリシテ人の神殿を自らの上に倒壊させて自殺するまでの物語だ[23]。

情勢が変わったのは1997年10月1日のことだった。マーベルが負債を負っている複数の銀行が、返済に関するアイカーンの新しい申し出を受けるか否か決断することになった。しかしトイ・ビズはこの大事な決断の場に招かれなかった。パルムッターは、決断のために一同が会したオフィスに何度も何度も電話をかけたが、その都度うんざりした受付係に蠅(はえ)を払うようにいなされた。そこでトイ・ビズの弁護士ラリー・ミットマンが妙案を思いついた。直接オフィスに行ったらどうだろう。パルムッター、アラッド、ミットマン、そしてエイハーンはニューヨークのミッドタウンにあるトイ・ビズの事務所から飛び出して行った。マンハッタンの道路は相変わらず大渋滞していたので、パルムッターのリムジンを待たずに走った。パークアベニューから東53番街へ駆け抜けながら、黒い革ジャンを着たアラッドは汗だくだった。痩せぎすのパルムッターが先頭だった（すかさずアラッドはパルムッターに「ロードランナー」というあだ名をつけた）。

くたくたになった4人が会議室に現れたとき、居合わせた40人の銀行役員たちは仰天した。仰天はしたが、話す機会は与えてくれた。アラッドはアイカーンの申し出に異議を申し立てた。アイカーンは3億8500万ドルでマーベルを処分しようと考えているが、過小評価も甚だしい、その当時のマーベルの株式評価額は40億ドルだったが、それだけではない。

「スパイダーマンにいくらの価値があるかご存知ですか？」[24]。アラッドは役員たちに尋ねた。「もしスパイダーマンの権利を永遠に持っていたとしましょう。私の考えでは、スパイダーマン単体でも10億ドルの価値があります。いくつでも映画が作れる。ライセンスも無限。テレビ番組もだ。破産しようがしまいが、そのライセンスが素晴らしいことに変わりはない。小さな子どもがどうやってスパイダーマンのことを知るかご存知ですか？　パジャマですよ！　最も売れ筋のパジャマはスパイダーマンのパジャマなんです。スパイダーマンに年齢は関係ない。国も関係ない。世界中のどこでも通用します。世界を視野に入れた場合、最も認知された知的財産権と言ってもいいのかもしれません」（アラッドですらスパイダーマンのライセンス料を過小評価していたことが、後で明らかになる）。

アラッドは銀行役員たち相手に有名なマーベルのキャラクターの名前を1つ1つ挙げて懇願した。「皆さん。これで終わりではありませんよ。一緒にやりましょう！　これは絶対にデカくなる。とても特別なことが起きるのです。そのために必要なのは会社がちゃんと経営されることです。お願いだ、チャンスをください」[25]。誇張たっぷり大袈裟なのがアラッドのスーパーパワーだが、このとき彼はそのパワーを能力の限界まで使い倒した。

汗だくで一世一代の賭けに挑みながら、革製品に身を包んだこの玩具デザイナーは新しい力に目覚めた。会議室に居並ぶ銀行役員を相手にすることの快感。アラッドは後にこう言っている。「マーベルの価値を説くのは、楽しすぎるくらい楽しかったです」[26]

アイカーンが用意できるほどの資金をトイ・ビズが調達できなくても、彼らの提案には潜在的な利点があった。マーベルとトイ・ビズが合併し、そこから1億3000万ドルと会社の所有権40パーセント。これはアイカーンの提案よりいい条件だった。あくまでも、パルムッターとアラッドが事態を好転できればの話だが。ともかくいずれの銀行もその賭けにのる決断をした。その後数か月も続いた論争と審理が終わり、アメリカ合衆国デラウェア州地方裁判所のロデリック・マケルヴィ判事はついに第四修正計画と名づけられた取り決めを承認した。トイ・ビズは、マーベルと、マーベルに約束された夢を所有することになった。

CHAPTER 2 | GIFTED YOUNGSTERS
恵まれし子ら

うまくいくと信じて、持ち駒で何とかやっていくのさ。
You hope for the best and make do with what you get.
——アベンジャーズ／エイジ・オブ・ウルトロン（２０１５）

ここで話は遡り、時は１９９３年、マーベルの破産整理が始まる3年前のこと。マーベル・プロダクションズ（マーベルがハリウッドに食い込もうと設立した企業）はマーベル・フィルムズと改名され、トイ・ビズの役員として多忙だったアヴィ・アラッドがＣＥＯに任命された。「Ｘ－ＭＥＮ」アニメーション・シリーズでの相談役としてハリウッドを経験し、非常に優秀なセールスマンでもあるアラッドだが、玩具デザイナーを経営の責任者に据える以上、マーベルがハリウッドから何を欲しているかは明らかだった。玩具の売り上げを伸ばす助けになるテレビ番組や映画である。決め手は、業界の隠語で言うところの「玩具化可能性(トイエティック)」だった。

イスラエルで過ごした子ども時代からマーベル・コミックスのファンだったとふれ回るようになったアラッドだが、より本質的には、彼こそがスーパーヒーローという知的財産権の価値を最大化する方法、つまり、よい物語を生み出すことを考案した男だといえる。マーベルが抱えるすべてのヒーローへの熱意に溢れるアラッドだが、その興味はとくに認知度の高い2件のＩＰに注がれていた。Ｘ－ＭＥＮとスパイダーマンである。

マーベル・フィルムズは根本的なジレンマを抱えていた。マーベルのスーパーヒーロー（とその玩具）に対する大衆の関心を煽るには、多数の映画企画が承認される必要がある一方、『ハワード・ザ・ダック』のような恥ずかしい失態を犯さないように、アラッドは品質管理にも心を配らなければならない。アラッドが最初に立ち向かわなければならなかったのは、幻の映画版ファンタスティック・フォーだった。彼はこの映画について何も知らなかった。プエルトリコで休暇中、ファンタスティック・フォーのＴシャツを着ていたアラッドは、コミックスファンに話しかけられ、そのときこの映画が製作中だと初めて知ったのだ。

　アラッドは身構えた。この手の翻案作品に目を光らせるのは自分の仕事だった。方々に電話したアラッドは、１９９３年8月にサンディエゴで開催されたコミコンでこの映画の予告編が上映され、映画の製作者たちが１９９４年公開を謳っていることを知った。驚いたことに、この映画は合法的なものだった。ことの起こりは１９８０年代初頭、ベルント・アイヒンガーというドイツのプロデューサーが、ファンタスティック・フォーの映画化に必要な権利をマーベルから許諾され、ある報告によるとマーベルは見返りに25万ドル受け取ったという。映画化契約の期限が切れる１９９２年末までに、アイヒンガーは映画の製作を始める必要があった。アイヒンガーはメジャー・スタジオに売り込み続けたが叶わず、結局Ｂ級映画の帝王ロジャー・コーマンと、わずか１００万ドルでファンタスティック・フォーの映画を１本撮るという契約を結んだ。オリー・サッソンを監督に映画の製作が始まったのは１９９２年12月28日。権利が切れる直前だった。

　１９９０年代前半のこととはいえ、プロ水準のアクション映画を撮りたければ１００万ドルでは不足だった。ましてや、体の部位が伸び縮みするミスター・ファンタスティックや、燃えながら飛行するヒューマン・トーチ、そして全身がオレンジ色の岩石で覆われたザ・シングが出てくるなら、なおのことだ（インビジブル・ウーマン〔透明になる能力を持った女性〕の特撮は安上がりだったが）。燃えるヒューマン・トーチには同じ特撮ショットが何度も使いまわされ、ミスター・ファンタスティックの長く伸びた腕がどう見ても先端に手袋をはめた長い棹（さお）にしか見えない場面もあった。

この映画は「この世に生きているすべての人の、誰の目にも触れてはならない」[1]とスタン・リーが主張した。いつかちゃんとした予算でファンタスティック・フォーの映画を作りたかったアイヒンガーは、映画化の権利を維持するためだけに100万ドルを捨てたのだ。そう信じているリーは続けて言った。「この映画の製作に関わった人たちの不幸は、人目に触れないという前提を知らなかったことだ」

少なくとも口では絶対に公開する気だったと、コーマンは主張した。「皆、気に入ってくれたよ」[2]。その中にアラッドは入っていなかった。アラッドが何にも増して恐れたのは、1本の酷い映画のせいでマーベルのスーパーヒーローに安っぽいZ級のレッテルが貼られてしまうことだった。

アイヒンガーによると、ことの顚末（てんまつ）はこうだ。「アヴィ〈アラッド〉は、とても良い人ですよ。電話をくれて「やあ。よくやってくれたと思いますよ。あなたが映画にも基になったIPに対しても熱意を持っていることがわかりました。そこで相談です。あなたはこの企画にある額を投資し、ロジャー・コーマンもある額を投資した。そこで、取り引きしませんか?」と申し出たんです」[3]。アラッドは金で解決した。完成した映画に関わるすべての権利と上映用フィルムをすべて買い取った（とはいえ、ファンはいまだに海賊版の複製を回覧しているが）。そしてアラッドは、映画のネガフィルム原版を焼いたと宣言した。

ドキュメンタリー映画『Doomed! The Untold Story of Roger Corman's The Fantastic Four（お蔵入り決定！ロジャー・コーマンのザ・ファンタスティック・フォーの真実）』（2016）のマーティ・ラングフォード監督は、アラッドの主張に懐疑的だ。「絶対にネガフィルムはあると思います」[4]。低予算のスーパーヒーロー映画を焚火で燃やすのは芝居じみて酷い所業のように思えるが、マーベルの破産騒動で実行されたいくつかの策略に較べれば、よほど文明的だと言えるかもしれない。

マーベルが過去数十年間に渡ってハリウッドと商売をしてきた方法が、そもそも完全に間違っているとアラッドは考えた。マーベルのキャラクターが持つメリットを映画スタジオに納得させるのは難しく、企画開発も成果物もマーベルがコントロールするのは不可能だった。「大きなスタジオ相手に商売するとき、相手は何百という企画を動かしているので、こちらの企画は簡単に埋もれてしまうのです[5]」とアラッドは言う。「それではうまく運ぶはずがない。そんなやり方は金輪際ご免、これで終わりです」

1996年に、ロナルド・ペレルマンはトイ・ビズの所有権の一部を売り払った。それで得た現金を、マーベル・スタジオと呼ばれる新しい企業を作る資金とした。マーベル・スタジオに取って代わられ、マーベル・フィルムズは消滅した（アラッドはそのまま新スタジオのCEOになった）。新スタジオに期待されたのは、スーパーヒーローという知的財産権とマーベルの映画製作計画に乗ってくれた監督やスターを1つのパッケージとしてまとめ、メジャー・スタジオに供給することだった。これは、マーベルのキャラクターの魅力を信じてくれない映画スタジオの重役たちを迂回するための手段だった。さらにこの作戦によってアラッドはただのコンサルタントではなく、プロデューサーになれるのだ。「映画がうまくいけば、私もうまくいくという算段です。歩合制のセールスマンみたいなものですよ[6]」

アイアンマン、シルバーサーファー、そしてブレイドといった準主力級のキャラクターは、すでにいくつかの映画スタジオが映画化オプションを持っていたが、いずれもマーベル・スタジオの助言に興味はなかった。アラッドが10億ドルの価値があると喧伝したスパイダーマンはまさにクモの巣のように複雑怪奇な契約の網で身動きがとれなくなっていたが、「X－MEN」のアニメーション・シリーズの成功によって興味をそそられたフォックスは、X－MENの実写映画化企画を動かしはじめた。「アニメーション・シリーズがなかったら、実写のX－MENもなかったでしょうね[7]」と元マーベル・プロダクションズの社長でそのときフォックス・キッズのCEOだったマーガレット・ローシュは言う。映画の可能性を測るために、フォックスは「X－MEN」アニメーション・

シリーズを一晩だけゴールデンタイムに放送してみた。X－MENのキャラクターたちは幅広い人気を得られるはずというローシュの考えを、高視聴率が裏付けた。

しかしアラッドがハリウッドに何らかの痕跡を残す暇もなく、マーベルは破産してしまった。カール・アイカーンがマーベルの主導権を持った期間は短いが、その間アイカーンはアラッドをマーベル・スタジオのCEOから解任した。映画企画がアラッド抜きで進んだ。

話は戻って再び1998年。トイ・ビズがマーベルを吸収したときに、パルムッターはマーベルの経営組織を再編した。マーベル・スタジオ、トイ・ビズ、ライセンス部門（玩具と映画以外の製品を扱う）、出版部門（つまりマーベル・コミックス）の4つのグループが、マーベル・エンタープライズと名づけられた新しい親会社の下に置かれた。パルムッターは、マーベルの社員を多数解雇した。その中にはアイカーンの置き土産のジョー・カラマリ社長も含まれていた。出版部門の社員が解雇されるときには、他の社員によって私物検査が行われた。パルムッターはどんなコミックスもマーベルの所有物であると考えたので、私物の中にコミックスが発見されたら取り上げさせた。

パルムッターは倹約令を敷き、大小取り交ぜさまざまな禁欲的措置を実行した。スパイダーマンが彫られた会議室のガラスの扉を競売にかけて売り払い、紙クリップは絶対に使いまわすことを徹底した。士気を失った社員たちは、このままではパルムッターがマーベル・コミックスの制作を下請けに出すかもしれないと疑った。そして、借金を重ねながら規模を縮小し、ついには従業員の最後の1人が電話の前に座ってキャラクターの使用権を売るようになるだろうと、陰気な冗談を言い合った。「何にどう金を使っても、どうせ無駄だろ？」[8]というのが、マーベル社内の当時の空気だった。

マーベルの取締役たちは、マーベル・エンタープライズのCEOにはエンターテインメント関係の経験者を迎えるべきだと主張した。そこでパルムッターは、ブロードウェイ・ビデオとその親会社ゴールデン・ブックスの社長を歴任したエリック・エレンボーゲンを選んだ。金は使いたいように使うというエレンボーゲンのポリシーが、自分の方針と衝突したので、パルムッターはたった6か月で彼を首にし、ピーター・クニオ（パルムッターが剃刀メーカーのレミントンを所有していたときにレミントンのCEOだった男）を後釜に据えた。同時にパルムッターは、アラッドをCCO（チーフ・クリエイティヴ・オフィサー）に任命し、さらにマーベル・スタジオのCEOの席に戻した。

＊　＊　＊

1998年、アヴィ・アラッドは映画の世界に帰ってきた。ちょうどマーベル映画が1本公開されるタイミングだったが、その主役はその当時あまり知られていないキャラクターだった。ウェスリー・スナイプスは長いことブラックパンサーが映画になったら主役を張りたいと望んできたが、ブレイド主演で折れることにした。ブレイドとは、1970年代にマーヴ・ウルフマンとジーン・コーランが執筆／作画したマーベル・コミックスの『The Tomb of Dracula（ドラキュラの墓）』に出てきた準主役のヴァンパイア・ハンターのことだ。デヴィッド・S・ゴイヤーが脚本を書き、スティーヴン・ノリントンが監督したこの予算4500万ドルの映画に、独立系スタジオであるニュー・ライン・シネマは社運を賭けていた。

「映画製作に関する限りマーベルの存在感はとても薄かった。『ブレイド』の製作中にマーベルのオーナー企業が変わったんです」と『ブレイド』のプロデューサーの1人ピーター・フランクフルトは語る。「そこにアヴィ・アラッドが登場したといえばしたのですが、1本目の『ブレイド』の製作にはほぼ無関係です。確かマーベルは2万5000ドルを受け取りました。それだけ貰えれば悪くない取り引きだったようです。すべては私が雇われる前に、ニュー・ラインとマーベルの間で取り決められていました。マーベルの方は、とくに価値のある取り引きだと思っていなかったわけです」

スナイプスは、やがて自分のキャリアを決定づけることになるブレイド役を、非常に楽しんで演じた。ブレイドに成りきってインタビューを受けたほどだ。撮影中には、映画のエンディングをどうするかで揉めた。スティーヴン・ドーフが演じたディーコン・フロストというヴィラン吸血鬼が「血の神」に身を転じるのだが、それがただの真っ赤なＣＧＩの竜巻だったのである。追加で撮影されたクライマックスの剣戟が映画を救うことになり、国内だけで７０００万ドルの興行収入を上げ、ニュー・ラインが誇るヒット作となった。マーベルはまったく蚊帳の外だったので、映画の成功に乗じて玩具を発売することすらなかった。

「『ブレイド』は本当に風変わりな映画でした」[10]とフランクフルトは回想して続ける。「『プライベート・ライアン』（１９９８）の封切り２週目に公開されて、１位だった『プライベート・ライアン』を蹴落としたんです。皆驚いて「この映画は何だ？　ホラーか？　スーパーヒーロー映画か？　吸血鬼映画か？　カンフー映画か？」という感じでした。誰も『ブレイド』が何かはっきり言い表せなかった。ジャンルを捻ったんですからね。それが狙いでした」

玩具化可能性がとりわけ高いわけでもない『ブレイド』から、マーベルは大した金を稼がなかった。それでも再びマーベル・スタジオの指揮を取ることになったアラッドにとって、自分たちが所有するＩＰの成功は喜ばしいものだった。アラッドはあらためて自分の関心をスパイダーマンに戻した。スパイダーマンというキャラクターとその映画化に関連する権利は、マーベルが１９８５年にキャノン・フィルムズのプロデューサーであるメナハム・ゴーランに譲ってしまっていた。そしてキャノン・フィルムズが１９９０年に倒産したとき、カロルコという製作会社がゴーランからスパイダーマンの映画化権を買い取った。

同じく１９９０年に、爆発的に上昇するＸ－ＭＥＮの人気に乗じてマーベルは、『エイリアン２』（１９８６）や『ターミネーター』（１９８４）で有名なジェームズ・キャメロンが率いるライトストーム・フィルムズとの打ち合わせに臨んだ。映画版Ｘ－ＭＥＮの企画をキャメロンに売り込むのが目的だった。マーベルはスタン・リーと、Ｘ－ＭＥＮを長年執筆してきたクリス・クレアモントを送り込んだ。「いろいろお喋りをしていたときです[11]」とクレアモントが回想する。「スタンが急にキャメロンに顔を向けて「スパイダーマンがお好きとうかがってますよ」と言ったんです。キャメロンの目が輝き、スタンとキャメロンはスパイダーマンの話が止まらない。20分ほど経ち、ライトストームの連中と私は顔を見合わせました。Ｘ－ＭＥＮの企画は消えてなくなったと悟ったんです」

ジェームズ・キャメロン監督の『ターミネーター2』を製作したカロルコは、そのキャメロンがスパイダーマンの映画化に興味を示したと聞いて興奮を隠せなかった。カロルコは『ターミネーター2』と同様の条件でキャメロンと契約を結んだ。つまりプロデューサーとして最終決定権を持つという契約だった。キャメロンは「スクリプトメント」と呼ばれる、半分脚本半分トリートメント（小説のような形式で書かれた台詞のない映画のストーリー）を書いて、制作に向けて作業を開始した。驚異（アメイジング）のスパイダーマンすなわちピーター・パーカー役の第1候補は、レオナルド・ディカプリオ、ヴィランのドック・オックことドクター・オクトパス候補は、アーノルド・シュワルツェネッガーだった。

契約的にプロデューサーとしてクレジットされる条件だったゴーランの名前は、しかしながらどこにも見当たらなかった。ゴーランは訴訟を起こしたが、一方でカロルコも、スパイダーマンのテレビ放映権を持っていたバイアコムと、家庭用ビデオ配給の権利を持っていたコロンビア・ピクチャーズをそれぞれ起訴した。ゴーランが権利を切り売りしていたのだ。キャノンからスパイダーマンの権利を継承したと信じるＭＧＭも、お楽しみに乗り遅れまいと、関係者全員を詐欺で訴えた。しかし、スパイダーマンを巡る権利の帰属先が明確にされないまま、係争中の１９９５年にカロルコは倒産してしまった。

ライトストームは20世紀フォックスと取り引きがあったので、キャメロンはフォックスの介入を期待していた。「スパイダーマンを買い取るようにフォックスを説得したのだが、権利関係が不透明すぎたようだ[12]」とキャメロンは言う。「ソニーが何やら疑わしい条件でスパイダーマンの権利を差し押さえており、ピーター・チャーニン（元フォックス社長）は近寄ろうともしなかった。裁判沙汰はご免だと思ったんだろう。こっちにしてみれば「正気か？いくらの価値があると思ってるんだ？　10億ドルはいけるかもしれないんだぞ！」と吠えたくなるくらいだった」

複数の訴訟の決着に待ちくたびれたキャメロン（そしてディカプリオ）は、『タイタニック』の制作にかかり、映画は1997年に公開された。後にキャメロンはスパイダーマンを指して「私が撮らなかった最高傑作」と呼んだ。

1998年までには訴訟は終息に向かい、スパイダーマン映画化の権利のほとんどはマーベルに戻された。しかしコロンビア（とその親会社ソニー）は、家庭用ビデオ配給の権利に対する主張を曲げず、それがマーベルと他のスタジオの契約締結を邪魔していた。ソニーはマーベルに、1000万ドルプラス興行収入の5パーセント、さらに玩具収入の半分という条件を持ちかけた。対してマーベルは、自社で権利をコントロールできるすべてのキャラクターの映画化権という条件で応えた。その中にファンタスティック・フォーとX－MENは入っていなかったが、スパイダーマンに加えてキャプテン・アメリカ、ブラックパンサー、そしてドクター・ストレンジが含まれた。ソニーは、たった2500万ドルで未来のMCU映画のスターたちを手にする機会を逃したのだ。

マーベルは所有するキャラクターの未来を優先して管理する。アラッドは声高にそう喧伝したが、その方針とソニーとの取り引き内容は矛盾している。これはどういうことだろう。アラッドの原則は場当たり的ということだろうか。それとも、会社を切り売りして利益を上げる楽しみに慣れたパルムッターが、見通しのつかない映画部門のポテンシャルよりも、確実な資金注入を重視したから？　あるいは、破産直後のマーベルには現金が必要で、しかもパルムッターが自分の支出分を取り返したいと思っていたから？　当たり。当たり。全部当たりだ。幸いにもソニーはマーベルの申し出を拒否した。ソニー・ピクチャーズの重役ヤイール・ランドーはこう言った。「他のマーベルのキャラクターなんかどうでもいい。皆そう思っている」[13]

＊　＊　＊

スパイダーマンを巡る法的論争が続く最中、20世紀フォックスはX－MENの企画をローレン・シュラー・ドナーに預けた。彼女は、スーパーヒーローものとして大当たりした最初の映画である1978年の『スーパーマン』を監督した夫リチャード・ドナーとともに、ドナー／シュラー・ドナー・プロダクションズを経営していた。シュラー・ドナーは、アラッドやマーベルが話を持ってくるのを待たずに、実写版X－MENの企画を進めていった。1996年にフォックスは『ユージュアル・サスペクツ』を監督して2部門でアカデミー賞を獲得したばかりのブライアン・シンガーに、X－MENを監督しないかと持ちかけた。X－MENのことは聞いたこともなかったシンガーだが、共同製作者のトム・デサントがファンだった。デサントに背中を押されてシンガーは話を受けることにした。

X－MENに求められた水準の脚本を開発するのは、苦渋に満ちた道のりとなった。失敗が許されないアクション大作という側面と、ミュータントの存在をゲイとしての体験の象徴として描きたいというシンガーの希望を、シュラー・ドナーはうまく釣り合いが取れる形でまとめようとしたが、それは至難の業だった（すでに長い間、X－MENは周縁化された人たちの代弁者的存在だった）。シンガーとデサント、そしてシンガーの助手のデヴィッド・ヘイターが、コミックス版のファンの思い入れを裏切らないように工夫を凝らす一方で、シュラー・ドナーは行列ができるほど脚本家を雇った。その中にはクリストファー・マッカリーやジョス・ウェドン（ウィードン）もいた（結果としてデサントとシンガーは「ストーリー」のクレジットを、ヘイターは「脚本」のクレジットを与えられることになる（「ストーリー」は全米脚本家組合の規定により、その割合にかかわらず脚本の成立に貢献したとみなされる者に与えられるクレジット））。当初7500万ドルと設定された予算がずるずると増えるにつれて膨れあがるフォックスの重役たちの懸念を、シュラー・ドナーは鎮めてやらなければならなかった。

X－MENの脚本が改稿を重ね、積まれた山が高くなるにつれ、シュラー・ドナーの机に置かれるフィードバックの書類も増えた。その中には4年前にインターンとしてシュラー・ドナーの下で働き始めた助手が出した社内回覧メモもあった。「ローレンは部下にも敬意を持っている最高のメンターなので、絶対に読んでくれるから、提出しました」[14]と後に回想するその助手の名は、ケヴィン・ファイギといった。「そうしているうちにローレンは「私の隣に座って仕事したらいいわ」と言ってくれたのです。僕はX－MENのプロデューサーのトム・デサントと、雇われたばかりのブライアン・シンガー監督と椅子を並べて、彼らクリエイティヴ・チームの一部になっていったんです」

1973年にニュージャージー州ウェストフィールドの街で生まれたケヴィン・ファイギは、映画に憑りつかれて育った。16歳のファイギの部屋の壁は、『バック・トゥ・ザ・フューチャー2』（1989）など、ヒット映画のポスターで覆われていた。高校のプロムに行かずに映画に行った。マーベル・コミックスに親しんではいたが（「フィギュアは持ってました。アンダールー〔コスチューム風の下着〕も。テレビのアニメーションも観てました」[15]）、度を越えたファンというほどではなかった。なにより、ファイギの子ども時代には、コミックス原作のヒット映画はほとんどなかった。たとえば「リチャード・ドナーの『スーパーマン』（1978）」をファイギは例に挙げるが、「あの映画が、あの当時一番いい見本ですね。ティム・バートンの『バットマン』（1989）が公開されたとき、僕は16歳でした。代わりに僕には、スター・ウォーズや、スター・トレック、インディアナ・ジョーンズといったシリーズや、バック・トゥ・ザ・フューチャーなどのアンブリン製作の映画がありました。どれもコミックス原作でもありえるような内容でしたね」

そのような映画が描いたフィクションの世界（ユニバース）に執着したファイギは、どの劇場で観たか、劇場の音響設備はどうだったかといった詳細を、鑑賞した全作品に関して記した。この頃からすでにファイギの関心は、筋立て以上のものに向けられていた。「とてもオタク（ナード）っぽかったですね」[16]と彼自身認めている。

ファイギは続編に強い興味を覚えた。「自分が好きになったキャラクターが、成長して変わっていくのを見るのが楽しみでした。作品によってはがっかりしましたが。失望させられたときは、自分ならどうしただろうかと考えました。脚本として書きはしませんでしたが、頭の中でごちゃごちゃ考えているうちに、何かアイデアが出てくるんです[17]」

ソープ・オペラ『Guiding Light（ガイディング・ライト）』のプロデューサーだったファイギの祖父ロバート・E・ショートは、映画狂いの孫がテレビの撮影現場でインターンとして働けるように計らってやった。高校最後の年、ファイギが入学願書を出した大学は、たった1校だった。ジョージ・ルーカスを卒業生に有する南カリフォルニア大学だ。入学は許可されたが、映画学科ではなかった。そこでファイギはロサンゼルスに引っ越し、南カリフォルニア大学に入学した上で、翌春にもう一度同校の映画学科に願書を出した。そして再び拒否された。以降ファイギは、毎学期映画学科に願書を出しては、5回連続で落とされた。「友人たちや家族が、遠まわしに他の専攻にした方がいいのではと言うようになりました[18]」とファイギは言う。「南カリフォルニア大学はとても大きな学校で、映画以外にも素晴らしい学問領域の勉強ができるはずと言うので、皆が何の話をしているか理解できないと答えましたよ」。そして6度目の挑戦でファイギは南カリフォルニア大学映画学科に入学を許された。

晴れて映画学科の学生となったファイギが、1994年の秋に気づいたことがあった。「賢い学生たちは、インターンシップというのをやるんです。無賃で働いて大学の単位をもらい、実地の体験も得られるわけです。そこで僕は「どうせ無賃で働くのなら、尊敬する人のところで働いた方が楽しいよな」と考えました[19]」

自分に訪れた転機について語るファイギは、いかにも彼らしく映画的にその瞬間を描写した。南カリフォルニア大学内の壁に貼りだされたインターンシップ受け入れ企業の一覧の前に立つ自分。あたかもリチャード・アッテンボローの監督作に主演しているかのように、暗く落とされた照明の中に差し込む一条の光が照らすのは、ドナー／シュラー・ドナー・プロダクションズの文字。シュラー・ドナーのことはよく知らなかったが、ファイギは『リーサル・ウェポン』（１９８７）や『グーニーズ』（１９８５）など、リチャード・ドナー監督の映画が大好きだった。そして彼が「最も完璧なスーパーヒーロー映画[20]」と評する『スーパーマン』も。人生で初めて書いた履歴書を送った数週間後に、ファイギはドナー夫妻のインターンとして働き始めた。

残りの大学生活を、ファイギはドナー夫妻のオフィスで働きながら過ごした。人手が足りないところへいって、何でもやった。コピーを取るときも、テイクアウトの昼飯を取りに行くときでも、ファイギの信条は「失敗せずにちゃんとやる」だった。ある夏休みの間、ファイギは受付に座って給料をもらったこともあった。「電話が鳴ると興奮と緊張でアドレナリンがどっと出て、それを楽しんでました[21]」とファイギは回想する。

コーヒーや小包をリチャード・ドナーの事務所に届けに行くとき、ファイギはいつもドナーがドアの外にぶら下げた看板の下を通った。看板には「迫真性（Verisimilitude）」と書いてあった。「読めないけど、意味はわかっていました[22]」とファイギは言う。この迫真性こそが、ドナーの映画に命を与える鍵だった。『スーパーマン』の有名な宣伝文句は「人は飛べると信じるでしょう（You'll Believe a Man Can Fly. 日本でのキャッチコピーは「あなたも空を翔べる！」）」だった。

ファイギはやがて若手の同僚ジェフ・ジョーンズと友達になった。十数年後、２人はそれぞれスーパーヒーロー映画シリーズの成否を握る立場に立つことになる。ジョーンズは数年の間、ＤＣエンターテインメントの社長兼ＣＣＯも務めることになるが、ドナー／シュラー・ドナーでの２人は使い走りだった。「２人で洗車したり、犬を散歩に連れ出したりしました[23]」とファイギは言う。あるのんびりした木曜日の午後、ファイギは突発的にサンディエゴ・コミック・コンベンションに行って、年に一度のコミックスとポップカルチャーの巨大な祭典を見てこようと思い立ち、ジョーンズの自動車を借りて州間高速道路５号線を南に向かった。

映画学科での最後の学期のことだった。ドナー夫妻の事務所で、願ってもないような仕事の空きが出た。リチャード・ドナーとローレン・シュラー・ドナーが、２人とも助手を必要としていたのだ。監督を志望していたフアイギがインターン初日にこの選択を迫られたなら、リチャード・ドナーの助手になることを選んだだろう。しかし2年の経験がファイギに与えた洞察があった。「ディック〔リチャードの愛称〕は仕事がないときは、事務所には来ずに家でゆっくりしたり、次の製作が始まるまで家で仕事をしたりするのですが、ローレンは毎日必ず事務所に来て、複数の企画を開発しながら複数の映画を製作するんです[24]」。常に面白いことが起きている職場に惹かれたファイギは、シュラー・ドナーの助手になることを選んだ。

ファイギは、以前にも増してボスの活躍を至近距離から観察することができるようになった。経験の浅いプロデューサーのお目付け役として雇われたときに、デリケートな状況をどう切り抜ければいいのか。誰も手を出したがらない問題があっても進んで手を挙げるシュラー・ドナーから学べることは多かった。たとえば、１９９８年公開のロマンティック・コメディの古典『ユー・ガット・メール』の現場では、プロデューサーたちがトム・ハンクスが体重を減らすことを要望し、彼女がそれを本人に伝えた。「ローレンは、誰にも嫌われずにきちんと目的を達成できるんです」とファイギは回想して言う。「芸術的な手腕だと思いましたよ」

ファイギがシュラー・ドナーの下で働いたのは、彼女が『ユー・ガット・メール』と『ボルケーノ』（１９９７）をプロデュースしていたときだ。『ユー・ガット・メール』制作時のファイギの仕事の1つは、メグ・ライアンの家に行って本人にアメリカ・オンライン〔現ＡＯＬ〕にログインする方法を教えることだった。「僕もその1年前にＥメールの使い方を覚えたばかりだったんですけどね[25]」とファイギは白状している。数か月後、撮影初日の現場で「ケヴィン！」と呼ぶ声が聞こえた。振り向くとメグ・ライアンだった。ファイギは畏れ多さに震えた。「メグ・ライアンが僕の名前を憶えていてくれた！」

シュラー・ドナーが『Ｘ－ＭＥＮ』の企画を始動させた。ファイギはそれを、自分が観ながら育った大作と似たような映画の製作にどっぷり浸かるチャンスだと捉えた。長年マーベルのプロデューサーを務めているクレイグ・カイルによると「ケヴィンの〔そのような映画を作る〕旅路は、彼がドナー夫妻の助手として働いていたとき、

『X－MEN』の企画が動き出したときに始まっていたのです。ケヴィンは、その旅を可能にしてくれるのがマーベルだと考えていました[26]」

X－MENに登場するミュータントたちとその物語についてとくに詳しくなかったファイギだったが、瞬く間にその道のエキスパートになり、皆に長年のファンだと思われたほどだった。そして1999年。極めて入念な社内回覧メモを書き続け、微に入り細に入りコミックスの詳細を理解しているファイギを見たシュラー・ドナーは、彼を『X－MEN』の撮影が行われているトロントに送り込んだ。シュラー・ドナーの密偵として、現場の諸々に目を光らせる役目だった。「歩くマーベル事典ですから、ほかには得難い存在でした[27]」とシュラー・ドナーは言っている（ファイギに欠点はないのかとしつこく聞かれたシュラー・ドナーは「整理整頓が得意というわけではないようですね」と言った）。

ファイギがコミックスを深く知っていくほどに、その映画的な潜在能力（ポテンシャル）が明らかになっていった。「スタジオの重役や現場の皆の話に耳を傾けると、キャラクターをどう動かすかで悩んだり、キャラクター同士をどう結び付けるかで困ったり、アクション・シーンやキャラクターの性格に最低限の表面的な深みを与えることにすら苦しんでいたりするのが聞こえるんです[28]」。そう回想しながらファイギは続けた。「そこで座ってコミックスを読んでいる私は、こう言うんです。『これだよ。これをやればいいんだ。すごいよ、これは』」。ページ上でインパクトを持っているからといってスクリーン上でも同じインパクトを持つわけではないので、コミックスを映画に翻案するのは難しい挑戦だ。しかしファイギはこの早い段階ですでに気づいていた。困ったときは、原作のコミックスを信じればいいのだ。

ファイギは余計な口出しをするような頭の悪いこともしなかった。よく見て、学んで、絶対に必要なとき以外は介入しない。オーストラリア出身のミュージカル俳優ヒュー・ジャックマンは、コミックスでは通常小柄に描かれるウルヴァリンを演じるには背が高すぎると皆が思っていたが、ファイギは彼を擁護した。キャストにはハル・ベリーとイアン・マッケラン、そしてパトリック・スチュアートがいたが、マイケル・ジャクソンは外された。ジャクソンはプロフェッサー・チャールズ・エグゼビア〈プロフェッサーX〉役として強烈に自らを推薦したのだが、シュラー・ドナーにこれは白人の老人の役だと耳打ちされた。しかし「メイクすれば大丈夫[29]」とポップスターは応えた。

シンガー監督は、自分の世界観から皆が気を逸らさないように、『X－MEN』の撮影現場にコミックスの持ち込みを禁じた。しかしファイギは、演じるキャラクターをもっと深く知りたいと願う役者たちに、こっそりコミックスを渡した。「当時のケヴィンは、「本〈コミックス〉に近寄っていって大丈夫、本から逃げなくもいいんだ」という声の代弁者になってましたね」とクレイグ・カイルは語る。「第1作目の『X－MEN』は悲惨な出来になるかもしれなかった。ケヴィンがその運命から救ったんです。アヴィ・アラッドと緊密に連絡を取り合っていましたね[30]」。ファイギは、マーベル側の正式な調整担当だったアラッドと定期的に電話で連絡をとり、日々現場で下された判断を伝えた。「アヴィ、ちゃんとローガン〈ウルヴァリンの別名〉に見えなければいけないと、あなたは言ったじゃないですか。でも現場はそうしてませんよ。反対のことをしている」ファイギはアラッドにそう伝えたこともあった。「アヴィは電話をかけ直して怒ってる役を演じるわけです。フォックスの連中が耳を貸すのは、プロデューサー以外ではアヴィだけでしたから」とカイルは振り返る。

ウルヴァリンの撫で上げたようなふさふさの髪型に関して、ファイギは最後まで抵抗した。ヘア・スタイリストがファイギの頑な注文にうんざりしながらジャックマンの頭髪を高く、高く、コミックスのキャラクターそっくりに見えるまでヘアスプレーで固めるのを、現場を訪れていたシュラー・ドナーとアラッドは目撃した。「スタイリストはついに「もう知らん！」と言い放って、一番バカバカしいバージョンに仕上げたんです[31]」とファイギは回想する。「振り返ってみると」彼は続けながら認める。「確かに第1作目のウルヴァリンはバカみたいな髪型をしてます。でも、それがウルヴァリンなんです！」このときの経験をファイギは忘れない。「バカみたいに見えるからやらないという考え方は、私は嫌いですね」とファイギは語る。「コミックスに出てくるものは、どれもバカみたいに見える可能性を秘めています。だからといって、それでかっこよくできないという理由にはならないんです」

＊　＊　＊

2000年の夏に公開された『X－MEN』は、『ブレイド』をはるかに凌ぎ、世界中で3億ドルの興行収入を上げる大ヒットになった。シュラー・ドナーとフォックスは続編製作に向けていち早く動き出した。アヴィ・アラッドから電話を受けたシュラー・ドナーは、用件は当然『X2』のことだろうと推測した。ところが驚いたことに、ファイギをマーベルの正式社員にさせてほしいというのが、アラッドの用件だった。

自分が思い描く映画の野望を実現するために、アラッドには今より大規模な製作チームが必要だった。アラッドは、混沌とした『X－MEN』の撮影現場で常に集中力を失わず冷静だったファイギに、感銘を受けたのだ。『X－MEN』の制作期間中、2年か3年の間、僕とアヴィは連絡を取り合っていました[32]」とファイギは言う。「置いてけぼりにならないように情報や僕の意見を伝え続けました。その時点で僕はX－MENのこともマーベルのことも、何でも知ってましたからね」。シュラー・ドナーは巣立つファイギを快く見送り、『X－MEN』公開から3週間も経っていない2000年8月1日、ケヴィン・ファイギはマーベル・スタジオで働き始めた。

ファイギの新しいオフィスは、ロサンゼルスにあるトイ・ビズの子会社の、スペクトラ・スターという凧メーカーの一角に置かれた。スペクトラ・スターの同僚たちとは気が合ったが、たちまち勤務時間のずれに悩まされることになった。凧チームは風のある日には試作品を飛ばしに出ていってしまい、しかも新しい同僚のために午後6時以降にもオフィスを開けておくことすら躊躇(ためら)った。

ファイギが凧に囲まれて奮闘しているとき、当時コロンビア・ピクチャーズの会長だったエイミー・パスカルは映画版スパイダーマンの監督を探していた。ジェームズ・キャメロンのスクリプトメントは殺伐としすぎていると感じたパスカルは、デヴィッド・コープを雇って、若者の青春物語という原作コミックスのノリに近い話に書き直すよう依頼した。脚本家を確保したパスカルとアラッドは、クリス・コロンバスやデヴィッド・フィンチャーをはじめとする実績のある監督に接触した。ティム・バートンはやる気がなく、自分のことを「DC者（ガイ）[33]」と呼んで打ち合わせの日程すら組まなかった。この企画に非常に乗り気な監督は何人もいたが、「誰もが、自分がやりたい映画を作るという出発点に立っていました。「金を渡して口を出すな、最高の映画を作ってやるから」と言うわけです」。大物が並ぶ候補の中にあって、サム・ライミは『キャプテン・スーパーマーケット』（1993）のようなホラー・コメディ映画で有名な監督だった。彼の一番のヒット作は、その時点では『クイック&デッド』（1995）という一風変わった西部劇だった。頼み込んでようやく打ち合わせをさせてもらえたライミだが、長年のスパイダーマン・ファンらしい情熱溢れる売り込みの結果、監督に抜擢された。アラッドが言うには「サムは他にはいないタイプでした。サムの目的は金じゃない。作らずにはいられないから作る。そのために来たのです[34]」

パスカルは『スパイダーマン』の現場の日常業務を友人のローラ・ジスキンに預けた。ただの友人ではなく『プリティ・ウーマン』（1990）や『恋愛小説家』（1997）のエグゼクティヴ・プロデューサーであり、1999年に引退するまではフォックス2000の社長だったジスキンは、心機一転フリーランスのプロデューサーとして活躍する機会を探していた。「フォックスですべてを捨ててきたので[35]」とジスキンは言う。「こう言ったんです。「何でもいいから、一番大きなヤツを私によこして！」。大きな製作現場なら何でもいいから入りたかった。コミックスは人生で1冊も読んだことありませんでした」。2000年初頭、ジスキンとライミは、『スパイダーマン』の企画を動かし始めた。ジスキンと一連のスパイダーマン映画の付き合いは、2011年、彼女が61歳のときにがんで亡くなるまで続いた（2012年に『アメイジング・スパイダーマン』が公開されたときジスキンは亡くなっていたが、クレジットを与えられた)。

ファイギはシュラー・ドナーとジスキンのやり方を、実に細かく観察して身につけていた。シュラー・ドナーは当時を振り返ってそのことに気づいた。「男性のプロデューサーと女性のプロデューサーの違いは[36]」シェラー・ドナーが言う。「女性の方が少しだけ共感的で本能的ですね。そのスタイルを、ケヴィンは吸収してきたのかもしれません」

自分の意見をごり押ししまいと腐心するファイギのことを、アートディレクターのリック・ハインリクスが教えてくれた。「ファイギの知性は氷山みたいなものです。氷のように冷たいと言っているのではないですよ、彼は暖かい人です。でも彼の考えていることは1割しか見えない。その下でいろいろなことが起きているんです。彼の本能的判断をつなぐ道筋が見えたらどんなにいいかと思います。他の誰にも見えていない映画を取り巻く大きな何かが彼には見えているのですが、その瞬間に相手がやらないといけない仕事とか、演じているキャラクターに集中できるように、黙っていてくれるのです[37]」

『スパイダーマン』のプリプロダクションは2000年いっぱい続いた。ライミとジスキンが娯楽の可能性を最大限に活かすアイデアを叩き出す一方で、アラッドはコミックスのスパイダーマンを連想するような(そして玩具につなげられそうな)要素を推した。サム・ライミと仕事をして学んだことが2つあると、ファイギは言う。「仕事をして」と言っても、まあ「近くで見てた」ということですけどね[38]」。1つ目の教訓は、制作が終わったら「萎んだ風船のようになる」ほどに、映画作りに全身全霊をぶつけること。2つ目の教訓は、制作中のすべての判断は、自分の芸術的ヴィジョンで観客を圧倒するためではなく、観客に何を感じてほしいかで決めること。「観客の感情に変換できないなら、それは無意味なのです」とファイギは言う。「サムは常に、情熱的なファンの視点、そして観客の視点から、自分が持っているものをすべて注ぎ込んで、映画を作るのです」

次第に形になる『スパイダーマン』に興奮を隠せないアラッドは、マーベルの旗艦とも言うべきキャラクターがついに大作映画として扱われている証拠を、スタン・リーに見せてあげたいと思った。アラッドはリーの隣に座り、プリビズ映像〈VFXや編集などを事前に決定するための映像〉を再生した。スパイダーマンがマンハッタンの街中をスイングして跳び回るエキサイティングな場面がどのように視覚化されるか、デジタル・アーティストたちが赤と青のおおざっぱなアバターを使ってシミュレーションした映像だ。映像が終わった。普段は陽気なリーは凍り付いたような表情で画面を見つめていた。そして呟いた。「これか……？[39]」

アラッドは震え上がった。リーはプリビズ〈プリビジュアライゼーション〉というものを、それが劇場にかけられて観客が目にする完成品とは全然違うということを、理解していなかったのだ。「彼は技術面について、まだよくわかっていなかったんです[40]」とアラッドは語る。「本当にがっかりしていました。私は泣きたかったですよ！」

トビー・マグワイア、キルスティン・ダンスト、そしてウィレム・デフォー主演の『スパイダーマン』は2002年5月に封切られた。アラッドとパルムッターはヒット作を渇望していたが、この映画はその期待をはるかに上回った。それだけではない。すべての関係者の期待を上回り、封切った週末だけで1億ドルを稼ぎ出したのだ。「すげえ！[41]」ライミは回想する。「このキャラクターのことを好きな人がこんなに大勢いるなんて、誰にも想像できなかったよ」。一瞬にしてヒットしたのは、この映画がよくできているからではないと、ライミにはわかっていた。「だって誰にもわからないだろ？　1週目なんだから」

アラッドはバー設備のついたバスを借りて、マーベル・スタジオのスタッフをロサンゼルス市内で『スパイダーマン』を上映している映画館を巡るツアーに連れ出し、観客の反応を見て回った。映画に対する世界中の反応が、アラッドが銀行家たち相手に、スパイダーマンが持ち得る価値について述べた売り口上の正しさを証明した。映画の収益によってパルムッターは、マーベルが抱える借金の未払い分を完済することができた。そしてもうひとつ。パルムッターにとって何にも増して大事な結果が出たことを、アラッドは指摘した。「関連玩具が狂ったように売れたんです[42]」

CHAPTER 3 | ONCE UPON A TIME IN MAR-A-LAGO
昔々、マール・ア・ラーゴで

この世界のために、何でも吹っ飛ばすものを作る以上のことができると気づいたんだ。
I came to realize that I had more to offer this world than just making things that blow up.
——アイアンマン（2008）

2003年がまだ明けて間もないある日の昼食時のことだった。ドナルド・トランプが『アプレンティス／セレブたちのビジネスバトル』に主演する1年前、そして彼が第45代アメリカ合衆国大統領に就任する14年前のことだ。トランプはミス・ユニバースを部分的に所有していた。さらにアトランティックシティに破産寸前のカジノを数軒、そしてフロリダ州パームビーチにあるマール・ア・ラーゴという豪華なリゾート施設を所有していた。トランプはこの屋敷を1985年に購入し、プライベート会員制クラブに改装した。マール・ア・ラーゴはパームビーチに数ある高所得者向けのクラブとは違って、客が黒人でも、ユダヤ人でも、ゲイでも、10万ドルの会員料さえ払えば喜んで迎え入れた。

愛想を振りまきながらフロアを歩き回っていたトランプは、変わった2人連れのテーブルの脇を通りかかった。アイク・パルムッターとデヴィッド・メイゼルだった。トランプは、パルムッターのことはよく知っていた。友人であり、お互いニューヨーク市の非公認大富豪倶楽部のメンバーであるという絆があった。パルムッターはトランプの大統領選を支える有力な寄付者の1人となり、マール・ア・ラーゴを根城に退役軍人省を裏から操った3人組の1人にもなる（2021年にこの奇妙な事件が報道されたとき、パルムッターと他2名は「あくまでボランティアとして助力をしたのであり、金銭的な見返りは一切受け取っていない」と主張した[1]）。倹約家のパルムッターにとって、このマール・ア・ラーゴの会員権だけが公的に知られた唯一の贅沢だった。

トランプはパルムッターの連れが誰かは知らなかった。その男、デヴィッド・メイゼルはけっして熟練の社交家などではなく、それは本人も認めるところだ。ひょろりと背の高いメイゼルは40歳という年齢より若く見えた。彼の頭の中には、常にビジネスのプランと金融のスキームが渦巻いていた。アイデアの閃きが速すぎて言葉がついてこないこともあるほどだった。熱意溢れるメイゼルは、ときとしてつっかえながら早口で喋った。そして今、ドナルド・トランプの会員制クラブで、メイゼルは夢の職業をその手で摑むべく、その口八丁に拍車をかけていた。

パルムッターがこのクラブでの食事にメイゼルを誘ったのは、会員に課された年間2000ドルという最低食事料のノルマを減らすためだった。前菜が配膳される前に、メイゼルは売り込みを開始した。スーパーヒーロー映画の収益を、フォックス（X－MEN）やソニー（スパイダーマン）にもっていかれる代わりに、マーベルが独り占めできるとしたらいかがですか？　マーベル・スタジオがただの見栄えのいい制作会社ではなく、本物の映画スタジオになったら？　そしてパルムッターは一銭も使うことなしに、メイゼルがそれを実現できるとしたら？

デヴィッド・メイゼルはニューヨーク州北部のリゾートの街サラトガ・スプリングスで育った。「父がコミックスの専門店に連れていってくれても、母は宿題が先と絶対に譲らなかったのです[2]」とメイゼルは回想する。「トニー・スタークがいつも私のお気に入りでした。かっこいい暮らしだなと思いました」。大学はデューク大学とハーバード・ロー・スクールに行った。ふと思い出したかのようにメイゼルは言う。「母に言われたんですが、自分をうまく言い表すとすれば、ピーター・パンとトニー・スタークの混ざったような人間なんです。トニーのような財力はありませんが、知性を愛するところが彼と似てると思います」

1987年にMBAを取得し、数年間ボストンにあるコンサルティング企業で働いたが、1993年にマイケル・オーヴィッツを特集した雑誌の記事を読んだ。オーヴィッツは当時、ハリウッドで最も強力な影響力を誇ったタレントの代理人だった。メイゼルはなんとか5分間の就職面接の約束を取り付けた。「王様との5分間のために、3日ほど待たされましたけどね」とメイゼルは語る。

面接に先立ってメイゼルは、ホテルのお土産コーナーで高級腕時計を買った。かなり無理な買い物だったが、はめていればやり手に見えるかも、少なくとも運をもたらしてくれるかもと思ったのだ。腕時計が功を奏したか、あるいは経歴がものを言ったのか、メイゼルはオーヴィッツのエージェンシーであるクリエイティヴ・アーティスツ・エージェンシー（CAA）に雇われた。オーヴィッツが2年後にCAAを離れてディズニーの社長となったとき、メイゼルも一緒に移籍した。1997年、ディズニーがたった14か月でオーヴィッツを解雇したときも、メイゼルは一緒に辞めた。メイゼルがハリウッドに来た理由はありきたりだった。興奮を誘うグラマラスな環境、そして巨額の予算を使って物語を紡ぎたいという願望。ビジネスの才覚と、分厚い契約書の抜け穴や契約的な矛盾を見つけ出す才能によって、彼は頭角を現した。リヴェントというブロードウェイの劇団や、エンデヴァー・タレント・エージェンシーといったエンターテインメント企業を10年の間渡り歩いた後、メイゼルは自分相手に賭けをした。2年の間に、今まで自分がハリウッドで培ってきたすべてを駆使して、映画を作る側の人間になるための道筋を見つけるという賭け。映画制作のためのお膳立て稼業（パッケージ）とは、もうおさらばだ。そしてまさにそのとき、チェリーのような真紅の革で全身を包んだベン・アフレックが現れて、メイゼルの人生を変えたのだった。

アフレックは『デアデビル』（2003）の主役マット・マードックを演じた。マードックは超人的な知覚を備えた盲目の弁護士で、裏稼業として犯罪者と戦っていた。ジェニファー・ガーナー、コリン・ファレル、マイケル・クラーク・ダンカンといった出演者の中には、主人公の友人で口の悪い弁護士を演じたジョン・ファヴローがいた。マーベルとフォックスは、2003年製作のこの映画がX－MENに続くスーパーヒーロー映画シリーズになることを期待していた。しかし興行成績こそ悪くはなかったものの、この映画は批評家もファンも失望させてしまった。そして不満を抱いた者たちの中にはメイゼルもいた。

マーベル・スタジオのCEOアヴィ・アラッドが仕事をしなかったわけではない。彼は、仮に『デアデビル』の興行がうまくいかなくても、ライセンス料と版権商品の売り上げが間違いなくマーベルに入るようにしていた。仮にアン・リー監督の『ハルク』（これも２００３年、『デアデビル』の後に公開された）の成績が期待どおりにならなかったとしても、ユニバーサル・ピクチャーズが損を被る一方で、マーベルはハルク柄の下着を売ればいいのだった。このような商売のアプローチをアラッドは「レイヤリング」と呼んだ。マーベルの人気キャラクターが収益をもたらすのであれば、可能な限り多くの収益の層（レイヤー）が重なるようにしておくことによって、長期的な利益が保証されるとアラッドは考えたのだ。

『デアデビル』の失敗はメイゼルを行動に駆り立てた。子どもの頃からコミックスの愛好家だったメイゼルの目には、マーベルに秘められたポテンシャルが見えていた。大した保有数ではないが一応マーベルの株主の1人として、マーベルにどれほどの資金力があるのか知りたかった（自分の内なるコミック・ギークを悦に入らせるために、メイゼルはマーベル株を買ったのだ）。ハリウッドで築いたコネクションを使って、メイゼルはアラッドとの面会を取りつけた。そしてアラッドは、自分ではなくパルムッターに会うように計らったのだ。そして今ここマール・ア・ラーゴで、メイゼルはパルムッター相手に力説していた。アラッドの言うレイヤリングによりマーベルは継続的なキャッシュフローを確保し、破産騒ぎで生じた２５００万ドルの借金を完済することもできたが、マーベルはもっと稼げるとメイゼルは信じていた。マーベルの金の使い方の下手さは、メイゼルにとって見るも苦痛だった。２００２年に興行収入第1位だった『スパイダーマン』のおかげで「ソニーは9桁の収益を上げたでしょう。１億とか2億とか。加えて版権収入も懐に入れた。しかしマーベルの収入はたったの２、３０００万ドルでした」[3]

『スパイダーマン』の契約条件はソニーに有利だった。マーベルに入ってきた興行収入の歩合は、たった５パーセントにすぎなかった。『X－MEN』でフォックスとマーベルが同意した条件はさらに酷い。マーベルの取り分は1パーセントだった。「どうしようもなく酷い」[4]とメイゼルは言った。

もし自分がマーベルの経営者なら、デアデビルやハルクといったキャラクターの無駄遣いはしないと、メイゼルは主張した。そしてマーベルが軽視したキャラクターをもう1人挙げた。アイアンマンである。アラッドはトニー・スタークとその鋼の分身アイアンマンの使用権をニュー・ライン・シネマに許諾する契約を結んだが、なんと8年の間手つかずで放置されていた。「あなたのキャラクターは煉獄にいるも同然です。あなたの自由にできないんですよ」とメイゼルは訴えた。「ライセンスを与えてしまったら、その間アニメーションが一切製作できない。あれもこれもできない。自分の赤ん坊を他人に預けてしまうようなものです。何もできず、何も起こらない」

アラッドもケヴィン・ファイギも、レイヤリングの限界には気づいていた。何とか自分の力でマーベル映画に良い影響をと踏ん張るものの、最終的な発言権がない、もどかしい立場に置かれていた。製作のパートナーが尊敬に値する相手でも、それは同じだった。「話を持ちかけても、聞き入れてくれませんでした」[5]とファイギは後に語った。興行的に失敗したスーパーヒーロー映画が何だったかも、マーベルのキャラクターを雑に扱ったのがどのスタジオの誰だったかも、社交辞令として明らかにはしなかったが、その状況を表してこう結んだ。「我々はコントロールする立場にいなかった。それがとても嫌でした」

「マーベルで仕事を始めた瞬間から、ケヴィンはアヴィに、権利を取り戻そうと言い続けました」[6]とクレイグ・カイルは回想する。「アヴィは、マーベルのすべてを代表する立場にいました。ケヴィンは最高の映画を作れる男でした。でも、我々が映画製作そのものをコントロールできなければ、何も確約はできないわけです」

パルムッターは利益を出すことに関心はあったが、マーベルのキャラクターが出てくる映画の品質はどうでもいいと考えていた。そこでメイゼルは切り口を変えた。マーベルがスタジオを所有すれば、どのキャラクターを映画に出すかだけでなく、いつその映画を作るかもコントロールできる！「株式公開会社であるマーベルの経営は、玩具の売り上げにかかっています」とメイゼルは続けた。「でも、誰かが映画を作ってくれないと玩具は売れない。そしてその映画の公開時期も、こちらは決められない」。フォックスは予定より早く『X－MEN』を公開してしまったので、マーベルには関連商品を十分に市場に行き渡らせる時間がなかった。パルムッターはその件をいまだに根に持っているはずだというメイゼルの読みは、正しかった。[7]

メイゼルは、ブライアン・シンガーの作った『X－MEN』は、大人向きすぎる映画だったとも考えていた。『X－MEN：アニメーション・シリーズ』を観て玩具を買っていたような層が市場を構成しているはずだ。マーベルが自ら映画を製作できれば、売りたい玩具と親和性の高い映画にできる。そして最も玩具の売り上げを伸ばせるヒーローを映画の主役に据えることができる。メイゼルはそう論拠を示した。

それだけではない、とメイゼルはパルムッターに言った。時価2500万ドルのマーベルを、10億規模の企業に変えることすら可能だ、しかもパルムッターは一銭も出す必要はない。メイゼルはストック・オプションで働くと申し出た。つまり、パルムッターに金が入るまでメイゼルには一銭も入らないという条件だ。

テーブルを挟んで座っている神経質そうな男を見ながら、パルムッターはその男の中に自分と同様、仕事に粉骨砕身する人間を見た。そして雇うことにした。

＊　＊　＊

2003年も終わりに近づく頃、メイゼルはスペクトラ・スター社とオフィスをシェアするマーベル・スタジオに初出勤した。スタッフは自分たちの事務所を「凧工場(カイト・ファクトリー)」と呼んでいた。しかしマーベル・スタジオの新社長兼COOであるメイゼルは、CEOのアラッドと自分の考えが合わないことを、すぐに悟った。よしんばパルムッターに直接会う腹だったメイゼルだが、最初にアラッドに連絡を取ったときには自分の野望を隠していた。ディズニーでマイケル・オーヴィッツの下で働いた経験がある自分は、ブランド管理、知的財産権管理、そしてテーマパーク関係の諸権利を扱う適任者である。アラッドはメイゼルからそう聞いただけだった。新しいスタジオを立ち上げようというメイゼルの野望をアラッドが聞いたときには、メイゼルはすでに雇われた後だった。アラッドはショックを受けた。自分は不要になるかもしれない。さらに自分が手がけた映画化の契約がどれも良くないものだったと暗に示されたようで、気分を害した。

「『デアデビル』は好きですよ、面白いと思ったんですよ」[8]。2004年にフォックスが『エレクトラ』（2005）の製作を始めたとき、アラッドは困惑気味にそう言った。『エレクトラ』はジェニファー・ガーナーが女暗殺者を演じた『デアデビル』の姉妹版で、成績は惨憺たるものだった。封切り最初の週末の天候が悪かった。ベン・アフレックとジェニファー・ロペスの恋仲が客足の邪魔をした。デアデビルというキャラクターが思ったほど有名ではなかったなど、アラッドは『デアデビル』不振の口実をいろいろと並べた。

メイゼルにとって、興行不振はもっと明快に説明できた。「こう作れば当たるというやりかたで、映画が作られなかった。それだけです」[9]。メイゼルは、もっとうまくやるつもり満々だった。

アラッドとメイゼルの関係は最初から緊張に満ちていたが、すぐに悪化の一途をたどった。釵〈エレクトラはこの武器の達人〉を手に、駐車場で果し合いに臨みかねない勢いだった。パルムッターが連れてきた寵児メイゼルと彼の狂った計画が破綻しても、10年の歳月をマーベルとトイ・ビズで過ごした自分は生き残る、そして、マーベルを映画製作スタジオにするというあいつの長期計画は、失敗に向かう。アラッドはそう信じていた。さらに、何らかの資金源なくしてマーベルのスタジオ化は進められないとも確信していた。新参の邪魔者がその厳しい現実の壁に正面衝突するときを、アラッドは待った。

しかし、メイゼルはアラッドを無視した。アラッドが周旋した過去の取り引きの詳細にじっくり目をとおしながら、まだビデオ専用のアニメーション制作の権利が残っているマーベルのキャラクターを見つけ出した。メイゼルは早速ライオンズゲートと交渉し、マーベルのキャラクターを使ったＤＶＤスルーのアニメーションを4本製作する契約を結んだ。アラッドであれば、一定の現金およびクリエイティヴな意見を述べる限られた機会と引き換えに、キャラクターの使用を許諾して終わりだったろう。しかしメイゼルは、アニメーション作品1本につき30万ドルの予算をライオンズゲートが負担するように交渉した。マーベル・スタジオは、あらゆるクリエイティヴな要素を自ら管理しながら作品を製作し、完成した作品の宣伝、広告そして配給をライオンズゲートが担当するのだ。ライオンズゲートが予算分の支出を回収したら、それ以降の利益はマーベルと半々で分配する。

「こうして私たちは、初めて完全な製作責任を負うことになったのです」[10]とメイゼルは語る。「予算を超過せずに製作し、期日内にライオンズゲートに納品しなければならない。この取り引き内容を役員会とアイク（パルムッター）に報告したとき、資金は確実に入ると説明しました。１２０万ドルが入って来るだけでなく、製作もうちでやるわけです。お楽しみは、そこですよ」。ついにメイゼルは映画を作ることになったのだ。２００６年に発売された『アルティメット・アベンジャーズ』と『アルティメット・アベンジャーズ2：ブラック・パンサー・ライジング』は、合わせて１５０万枚を売り上げ、それぞれ子ども向けＤＶＤ売り上げランキングでベスト10に輝いた（マーベルとライオンズゲートの共同製作関係はその後も続き、8本のアニメーション映画を生み出すことになる）。

メイゼルは伝手を使ってテレビ・ドラマ製作の取り引きも進めた。エンデヴァー・タレント・エージェンシー時代の上司アリ・エマニュエルは、スーパーパワーを持つ探偵ジェシカ・ジョーンズを主役にした実写番組のパイロット版を作ってＡＢＣ局に売り込むため、ライセンス料として１００万ドルの前金をマーベルに支払った。結局この番組は製作されなかったが、メイゼルにとってそれは問題ではなかった。アラッドが大事に暖めてきたゴーストライダー（悪魔に憑依されたバイク乗り、ジョニー・ブレイズの物語）映像化の企画が開発段階で何年も立ち往生している間に、メイゼルは会社に１００万ドル貢献したのだ。メイゼルに賭けたのは果たして正解だったのかというパルムッターの疑念は、雲散霧消した。腹の内は探れなくても、利益が出るならパルムッターにとっては問題ないのだ。

このような成功を早々に収めたメイゼルは、マーベルの役員会で実写映画用の撮影施設の建設を提案した（それ以前の2003年に、アラッドはマーベル撮影所の建設を役員会で提案したが、「アイクは映画ビジネスに手を出すのを怖がっているので」[11]提案は却下されたと、アラッド本人が近年主張している。しかしマーベル内部でこの顚末を覚えている者はいない）。パルムッターと役員たちは、メイゼルの立案した長期計画を承認した。アラッドはこれ以降、取り引きを新規に交渉することも、他のスタジオにマーベルのキャラクターの使用許諾を与えることもできなくなった。こうして、メイゼルが自らの野望を実現する間、まだマーベルが使用権を売り渡していないキャラクターはマーベルに留まることになった。

この決断に、アラッドの怒りは収まらなかった。アラッドとパルムッターの間に生じた亀裂は、以後修復されることはなかった。しかしながら、パルムッターとてメイゼルに白紙の小切手を渡したわけではない。それどころか小切手も現金も一切渡さなかった。メイゼルはあの運命の会議が終わったときに、役員たちが言った言葉を回想する。「金の心配が少しでもあるうちは、二度と取締役会で映画の話はしないでくれ」[12]

＊　＊　＊

マーベルに自社資金を使う意思がない以上、メイゼルはマーベルのスタジオ立ち上げのために、どこかの大手金融機関に融資を頼むしかなかった。マーベルの新スタジオは借入金で映画を製作し、利子を返済できる程度に利益を上げていくというのが、彼の提案だった。それほど大きな額を借りる場合、担保もそれなりのものになると考えられ、マーベルのキャラクター10件の使用に関する諸権利が担保として提案された。融資してくれる銀行は、キャラクターを使って何かしようがしまいが、この10件の権利を永久に保持することができ、どこかのスタジオが欲しがればマーベルへの見返りなしに売却することもできる。それは危険な賭けだったが、マーベルには資金が必要だった。

マーベルの役員ジョン・トリツィンは複雑な銀行取り引きに精通していたので、この野心的な計画を監督する役を仰せつかった。肩書きはメイゼルよりも上だったが、トリツィンは自分をメイゼルの「助手」だと捉えていた。当時の様子を彼はこう説明している。「プロジェクトのほとんどは、メイゼルの「脳内で進められたのです。彼1人が頭の中でコンセプトを描き、発展させ、さまざまな道筋を追求したのです[13]」

しかし過去にアラッドがマーベルのキャラクターの使用権をあまりに見事に売り捌いていたので、大物キャラクターのライセンスはすでにハリウッドのスタジオが押さえていた。メイゼルは、手元に残った大物以外の駒で銀行との取り引きに臨まなければならなかった。彼が担保として提案することになるキャラクターは、後にマーベルの看板スターになるものばかりだが、当時はB級またはC級キャラクターとみなされていた。キャプテン・アメリカ、アベンジャーズ、ニック・フューリー、ブラックパンサー、アントマン、クローク&ダガー、ドクター・ストレンジ、ホークアイ、パワーパック、そしてシャン・チーの10件である〔アベンジャーズやパワーパックはそれぞれ1件扱い〕。メイゼルは2つの矛盾する理屈を操る羽目になった。銀行相手にこの10件のキャラクターが持つとてつもない価値を説く一方で、仮に銀行との取り引きがいい結果をもたらさず、キャプテン・アメリカと彼の超人の仲間たちを失うことになっても、大した損ではないとマーベルの役員たちには説明したのだ。

役員会を説得するのは、メイゼルの予想に反して簡単だった。この10件のキャラクターに興味を示す映画スタジオはなかったからだ。「赤と白と青の衣装、要するに、裁断したアメリカ国旗を着て頭に白い小さな羽根をつけて盾を持った、妙なキャラクター。ともかくヘン」と、コミックス版のキャプテン・アメリカのことを指してトリツィンは回想する。「それまでこの10件のキャラクターが登場する映画もテレビ番組も作られなかったのは、当然のことだったのです」

メイゼルは10のキャラクターのすべての使用権を担保として与えるのではなく、アメリカ国内での映画関係の権利に限定したのだが、これも役員の説得に有利に働いた。スパイダーマン（映画化の権利はソニーが持つ）やX－MEN（フォックスが映画化権を永久に保持）といった他のキャラクターと同じように、マーベルが商品化権、出版権、そしてアメリカ国外の映画化権を保持できることになる。現実的とは言えないにしても、もしマーベルが中国だけで公開される条件でスパイダーマンの映画を製作しようと思えば、ソニーの横槍なしでそれも可能なのだ。現実的には、巨額の予算を必要とする大作映画製作の必要に迫られて、ソニーとマーベルはアメリカ国内および全世界で公開される映画を共同で作らざるをえなくなるのだが。

「役員会に1円も求めずに、それでも利益が保証されていたということです[14]」と言いながらメイゼルは、悪戯っぽく微笑んだ。「関わる者全員にとって、こんなにわくわくする話ってありますか？」

しかし、トリツィンの記憶によると役員たちは疑心暗鬼だった。「映画製作のマイナスの面を考慮すると、会社としては実に恐ろしい計画でした。計画の遂行に対して役員レベルの抵抗が、かなりありましたね[15]」

メイゼルが銀行相手にマーベル・スタジオの計画を売り込み続けて1年以上経った。しかし誰からもいい返事はもらえなかった。彼の徒労に終止符が打たれたのは2005年の春、パルムッターがメリルリンチ（現在はバンク・オブ・アメリカ・メリルリンチ）との打ち合わせをセッティングしたときだった。最後のチャンスと悟ってか、メイゼルはこのプレゼンに賭けていた。1人のコミックス・ギークとして、ハリウッドのやり手エージェントとして、世界を股にかけた取り引きの達人として、すべての経験を注ぎ込んだ。居合わせたトリツィンは、こう回想する。「キャラクターたちがどれほど高い人気を誇っており、紡がれてきたストーリーがいかに深く、そしてそのことが何を支えることができるか。デヴィッドは滔滔（とうとう）と語りました。原作のコミックスに対する深い情熱を感じましたね」

会議室に居並ぶ懐疑的な面々を相手に、メイゼルは一歩も引きさがらなかった。キャプテン・アメリカは育ちすぎのボーイスカウト隊員というバカげたキャラクターかもしれないが、いつか映画の歴史に名を刻む象徴的存在になると、説得を続けた。とはいえ、たとえばヴィジョンのようなマイナーなキャラクターの認知度だけで自分の構想（ヴィジョン）を売るのは不可能だった。しかし皮肉にも、アラッドの功績がメイゼルに助け船を出すことになった。『デアデビル』のような中途半端な作品もあったが、『スパイダーマン』や『X－MEN』のように、アラッドがまとめた契約から生み出されたヒット映画があったおかげで、メイゼルはマーベルのキャラクターが持つ素晴らしい興行成績を何の誇張もなしに主張できたのだ。当時はどちらかというと裏方だったファイギが言うように「出資を受けられたのは、ほとんどすべての映画興行がうまくいっていたからです[16]」

6か月続いた厳しい交渉の末に、ついにメイゼルとメリルリンチの交渉は同意にこぎつけた。補欠スーパーヒーロー軍団を担保に、銀行が5億2500万ドルを融資することが決まった。それだけあれば4本の映画が作れると、メイゼルは踏んだ（さらに事業の運転資金も確保できる）。できたての新スタジオに、4本中少なくとも1本の映画をヒットさせる機会が与えられたということだ。メイゼルの言葉を借りるならば「4打席は打たせてもらえることになった[17]」のだ。また、メイゼルは同時にパラマウントとの取り引きを仲裁していた。うまく運べば、パラマウントが、控え目な興行収入の歩合と引き換えに、マーベル映画の配給と宣伝広告を受け持ってくれる。

ところが、2005年9月のある午後、銀行役員たちが急に尻込みした。「アイク、銀行が契約条項を変えようとしています」とメイゼルはささやいた。彼はメリルリンチの会議室からパルムッターに電話していた。メリルリンチは、融資額の3分の1をマーベルが調達するように要求してきたのだ。パルムッターと役員たちがそんな出費を承認するはずがないことは、メイゼルもトリツィンもわかっていた。トリツィンは椅子に深く背もたれてメモに使っていたペンを置き、今まさに消えようとしているマーベルの夢に思いを馳せた。「面白いプロジェクトだった」。彼はあらためて思った。「しかし、それももう終わりだ。このプロジェクトは死んだ[18]」

「今、会議室にいます[19]」とメイゼルは静かにパルムッターに告げた。「私は一歩も動きませんよ」。メイゼルは頑なに椅子から立つことを拒んだ。本人によると「小さな子どもみたいに息を止めて踏ん張りました」。不足分を補填する方策があることを、メイゼルは知っていた。マーベルが第三者企業（恐らく映画スタジオ）に頼んで投資者になってもらうのだ。しかし、この手を使ってしまうと、クリエイティヴな要素をマーベルがすべてコントロールするという目標が果たせなくなるので、メイゼルは口をつぐんだ。

しかし、息を止めすぎて顔面蒼白になる前に、メイゼルは解決策を思いついた。4本の映画がそれぞれ持っている海外5地域の配給権を、製作に先立って売りに出す。そうして支払われた資金を使い、製作費の一部を負担するのだ。メイゼルに説き伏せられてメリルリンチは、マーベルは予算の3分の1を保証する努力をすると契約文を書き直した。「義務」と書いてあったのを「目標」と書き換えて、問題解決です」。メイゼルは、そう言ってほくそ笑んだ。海外の配給権を売った結果が予算の3分の1に満たなかったとしても、マーベルが誠意をもって予算確保の努力をしたと見なされれば、メリルリンチは残額を融資するということで、決着した。

２００５年11月、マーベルとメリルリンチは契約を締結した。マール・ア・ラーゴでの昼食から2年半後、デヴィッド・メイゼルは自分の映画スタジオを手にしたのだ。マーベル映画の公式な配給会社になるという契約にパラマウントが署名し、メリルリンチが乗り越えるべき契約上のハードルはすべて乗り越えられた。というわけで、マーベル・スタジオが製作した6本の映画を配給する契約にパラマウントが署名したというファックスが届いたとき、凧工場は大騒ぎだった。ファックス機から吐き出される紙面をあたかもご神託でも賜ったかのように見つめながら、面々は心を新たにした。これで映画が作れる。何という素晴らしい機会、そして巨大な責任であることか。

ちょうど事務所に顔を出したアラッドは、仇敵の夢が叶う瞬間を目の当たりにした。そして持ち前の低い声で、厳かに警告を発した。「どうなっても知らんぞぉぉぉぉぉ[20]」〔デヴィッド・クローネンバーグ監督『ザ・フライ』の台詞“Be afraid”の引用〕

PHASE 1

CHAPTER 4 | PLAUSIBILITY
もっともらしさ

トニー・スタークは洞窟の中で、たった一箱の屑鉄からこれを作ったんだぞ。
Tony Stark was able to build this in a cave with a box of scraps.

——アイアンマン（2008）

アイク・パルムッターは、ニューヨークのオフィスからスピーカーフォン越しにケヴィン・ファイギを詰問していた。デヴィッド・メイゼルがメリルリンチとの取り引きで確保した5億ドルがドブに捨てられていないかどうか、確認するためだ。「それまで私はアヴィと話をしていたので、アイクと直接話したことはほぼありませんでした」とファイギは言っている（2005年後半のマーベル・スタジオにおいて、CEOはアヴィ・アラッド、ファイギは事業本部次長、そしてメイゼルは副会長に昇進したばかりだった。メイゼルの直属の上司はマーベル・エンターテインメントCEOとして居座ったパルムッターだけだった）。「文字どおりアイクは「本当に2年間でこの2本の映画ができるのか？」と私に聞いてきたのです」

メリルリンチによって与えられた4打席のうち、最低1本はホームランを打たなければ今後試合に出られなくなる。その4本の映画にどのキャラクターを出すかという極めて重大な疑問に対する答えを、マーベル・スタジオの幹部たちは模索していた。有力な候補は、アイアンマン（ニュー・ライン・シネマからようやく映画化権が返却された）、インクレディブル・ハルク（ユニバーサルがキャラクターに関わるいくつかの重要な権利を保持していたが、マーベルとの取り引きには乗り気だった）、そしてアントマン（エドガー・ライトが最高のトリートメント〔映画脚本に発展する前の散文で書かれたストーリー〕を書き上げていたのがおもな理由）の3人だった。

アイアンマンの一般的な認知度は低かった。マーベルが消費者調査を行った結果、アイアンマンの認知度は、ほぼゼロだった。しかし役員たちは、アイアンマンが強力な候補だと信じていた。いい玩具になると知っていたからである。マーベルは2005年に、市場調査のために子どもたちを集めた。調査のまとめ役が、子どもたちにマーベルのキャラクターについて説明する。スーパーヒーローになった経緯、人となり、特殊能力の説明。プレゼンが終わると、どのキャラクターの玩具で遊んでみたいか子どもたちに尋ねた。ジョン・トリツィンがこう回想している。「アイアンマンについての説明が終わると、8番人気から1番に一気に跳ね上がりました。かっこいいと子どもたちは思ったんでしょうね。空を飛べて、手のひらからビームを発射できるロボットを持てたら最高だと」[2]

ハルク・ブランドの関連商品はすでに順調に売れ続けていたので、玩具売り上げのポテンシャルという観点から、マーベル・スタジオはまずアイアンマンとハルクで行くことにした。

アラッドの電話の前に立ち尽くしたファイギは、パルムッターのあけすけな質問を黙って聞いていた。「ケヴィン！　ケヴィン！　2本の映画を本当に2年で作れるのか？」[3]ファイギはごくりと唾を飲み込み、できます、と宣言した。

2本の映画を立て続けに製作するには、凧工場は手狭だった。2005年10月に、マーベル・スタジオは大きめの事務所に引っ越した。以前プレイボーイのロサンゼルス本部だったその事務所は、改装もされず手つかずではあるが、ビバリーヒルズにあった。メルセデス・ベンツ販売店の2階にある、パーティションで仕切られた迷路のような事務所内に（仕切られたスペースのほとんどは空だった）、メイゼルとファイギは個室を与えられた。アラッドは一番広い個室を取った。他には、ジェレミー・ラッチャム（メイゼルの助手）、スティーヴン・ブルサード（ファイギの助手）、アリ・アラッド（アヴィ・アラッドの息子。父親に下級（ジュニア）プロデューサーとして雇われた）、そしてクレイグ・カイル（マーベルのアニメーション企画で多忙だった）が、新しい事務所に入った。

マーベル・スタジオが爪工場から引っ越したとき、アヴィ・アラッドはこの舞台からの退場を考えていた。自分は縄張り争いでメイゼルに負けた。アラッドが結んだライセンス契約からの収益に不満だったパルムッターは、アラッド流のマーベル映画製作の方法論を支持しないことにしたのだ。しかし1990年代からマーベルの経営を巡る戦争を戦ってきた戦友であり、イスラエルの朋友でもあるアラッドに、パルムッターは寛大だった。アラッドにオプションとしてマーベルから与えられた315万株は、2006年5月にベスティング期間が満了となったとき、6000万ドルで売却可能になった。こうしてハリウッドで成功したアラッドは、玩具デザイナーに戻る気はなく、代わりにアヴィ・アラッド・エンターテインメントという制作会社を作るつもりだった。アラッドは競業避止義務の契約に署名した。契約によるとアラッドは、他のスタジオがマーベルのキャラクターを使って製作する映画にアドバイザーとして参加することができた（たとえばアラッドが愛着を持っていた『ゴーストライダー』）。しかし、マーベルが所有する著作物とその権利に基づかないスーパーヒーローまたはファンタジー映画の製作はできなかった。『アイアンマン』と『インクレディブル・ハルク』の製作契約が成立したとき、アラッドはまだスタッフの一員だったので、プロデューサーのクレジットが与えられた。彼はまた『ヴェノム』や『モービウス』などのスピンオフも含むソニーのスパイダーマン映画にもプロデューサーとして関わり続けることになる（息子アリは、アヴィとともにマーベル・スタジオを去った）。

アラッドがマーベル・スタジオを去った理由は、本人の公的な主張を信じるなら「ついにある日「もうたくさんだ」と思ったのです。他に選択肢がなかったからです」[4]ということになっている。新体制が抱く野望をアラッドは一蹴した。「あの部門のCEO、この部門のCEOと会社が膨れあがり、実質的に仕事をしているのは私たちだけなのに、私が相手をしなければならない人が増えすぎたのです。しかも全員映画に関わろうとする。だれかれ構わず、全員です。掃除の人まで脚本を読もうとしてましたよ」

アラッドが去った頃、パルムッターと玩具メーカーのハズブロは、マーベル玩具製造のライセンス契約を結んだ。この契約により、玩具の売り上げがマーベルの純益に与える直接的なインパクトは小さくなった。しかし、マーベルの経営に関わるパルムッターの判断基準は、相変わらず玩具売り上げに貢献するか否かだった。一方、2005年の11月に映画製作会社ビーコン・ピクチャーズのCOOマイケル・ヘルファントが、ビーコンでの役職を維持したままマーベル・スタジオの新しいCOOとして迎えられた。そのときヘルファントはアラッドの副官と見なされていた。アラッドは「長い間この業界にいる人を招けば、安全だし安心させてもらえるから[5]」だと主張している。しかしヘルファントの任期は長続きしなかった。『アイアンマン』撮影初日にファイギが製作部門長に任命されたとき、ヘルファントは解任された（同じ日にメイゼルは会長に昇進した）。振り返って見れば明らかなことだが、ヘルファントは映画製作がファイギの手に負えなかった場合の保険だったのだ。

アラッドが去った後、彼の個室はスタッフ念願の会議室になった。一番広いスペースに短期契約のコンセプト・アーティストが入り始め、空を飛ぶアイアンマンや戦車と格闘するハルクのコンセプト画でそれぞれの作業スペースを飾り付けていった。作業スペースが不足したら、アーティストたちは半個室を作るために備え付けられたパーティションを部屋の隅にずらし、自分たちに与えられた多目的スペースを拡張していった。マーベルはこの時点ではまだ監督を雇っていない。ファイギとメイゼルが監督探しを続けていたこのときから、すでに最初の2作のヴィジュアルを模索する作業が始まっていたのだ。しかしマーベルは、映画の土台となる文化的な参照点をいくつか決めていた。近年の世界情勢の影響でスーパーヒーローがかつてないほど求められている。ケヴィン・ファイギはそう確信していた。

2002年に公開された『スパイダーマン』の最初のティザー予告編は、2001年の夏、劇場に投下された。予告編のためだけに撮影された映像だった。ニューヨークの銀行に一群の強盗が侵入して金庫を破る。グラップリング・フックを使って屋根に登り、ヘリコプターで逃走する。強盗たちは、マンハッタンの大通りをかすめるようにヘリで飛びながら、成功を祝う。しかしその刹那、ヘリコプターは粘着性の糸に捉えられ、世界貿易センタービルのツインタワーの間に張られたクモの巣に絡めとられてしまう。

2001年9月11日に起きたテロの後、不意を突かれて慌てたのは合衆国政府だけではなかった。エンターテインメント産業は、あたふたと適切と思われる対応を始めた。ソニーは『スパイダーマン』の予告編を中止し、スパイディ〔スパイダーマンの愛称〕の眼にニューヨークの街並み〔ツインタワーを含む〕が映っているポスターも剝がした。

＊　＊　＊

2001年11月、ジョージ・W・ブッシュ政権の政策・戦略担当上級顧問だったカール・ローヴと、アメリカ映画組合〔2001年当時の名称〕のジャック・ヴァレンティ会長が、ビバリーヒルズにあるペニンシュラホテルで会合を開き、総勢40名を超すメジャー映画スタジオとネットワーク・テレビ局の役員重役が参加した。2時間続いた会合中、ローヴが合衆国政府の見解を強調し、9・11に対するエンターテインメント産業の統一的対応を求め、次の6点を挙げた。

1. アフガニスタンにおける合衆国の軍事行動の敵はテロリストであって、イスラム教徒ではない。
2. 一般市民が戦争や、自分が属する共同体に協力しても問題ない。
3. 合衆国兵士とその家族は、支援を必要としている。

4．9・11は、全世界的な対応を必要としている。
5．これは悪に対する戦いである。
6．子どもたちは、身の安全を保障されなければならない。

（ローヴは、取ってつけたような7点目にも言及し、以上6点はプロパガンダにはならないと参加者に言った）「どのように戦争に貢献するのか、業界のリーダーである皆さんには、すでに考えがおありだと確信しています[6]」とローヴは言い放った。

会合が開かれてから、サム・ライミは『スパイダーマン』のクライマックスを追加撮影した。グリーンゴブリンと戦うスパイダーマンに加勢しようとニューヨークの人たちが集まってきて、その中にいるエキストラが「俺たちの仲間1人に手を出したら、全員が相手になるぜ」と、濃いニューヨーク訛り（なま）で言うのだ。さらにCGIのシークエンスも1つ追加された。マンハッタンをビルからビルへスイングして移動したスパイダーマンが、星条旗たなびく旗のポールの先端に着地する。当時の極めて愛国的な空気の中で人びとの心に響くものがあったこの場面は、最終版の予告編に無理矢理突っ込んで使用された。

たとえば『Xファイル』（1993－2002）のような、政府による数々の巨大な陰謀の存在を前提に作られていた番組は、突然時代遅れになった。『24』（2001－2014）や『エイリアス』（2001－2006）のように、アメリカのエージェントがアメリカの敵と戦う番組は、9・11以前から企画されていたのだが、そうした番組のクリエイターたちは、あの絶妙な時代の空気に最適な企画を自分たちが持っていることに、ふと気づいた。「あのような、若いアメリカ人を主人公にした愛国的な番組を、あのタイミングで制作するのは、日和見主義だと思われても仕方ないかもしれません[7]」と『エイリアス』のプロデューサーで監督でもあるJ・J・エイブラムスは言う。「本当のことを言うと、私はお約束を壊したかっただけです。邪悪な陰謀を操る政府という話には、興味がなかったので」

『ハリー・ポッター』や『ロード・オブ・ザ・リング』といった映画の成功が証明したように、この時期は善悪の境界が明快に描写された物語の方が、訴求力を持っていると思われた（9・11後、「ロード・オブ・ザ・リング」シリーズのピーター・ジャクソン監督は2作目のサブタイトルである「二つの塔」を変更すべきというプレッシャーと戦う羽目になったが）。それはまさに、スーパーヒーローの活躍にあつらえられたかのような瞬間だった。

2002年の興行収入記録を『スパイダーマン』が塗り替えたとき、ハリウッド中のスーパーヒーロー映画企画が加速した。すでにアヴィ・アラッドを介してマーベルのIPを映画にするオプション契約を結んでいたスタジオは、気張って製作に突入した。1997年に作られたスーパーヒーロー映画（『バットマン&ロビン Mr.フリーズの逆襲』とシャキール・オニール主演の『スティール』）が2本ともコケたので、ワーナーはしばらくスーパーヒーローから手を引いていたし、ニコラス・ケイジの主演が決まっていたティム・バートン監督版『スーパーマン』の製作すらキャンセルしていたが、DCスーパーヒーローのホームグラウンドとして、このとき再び参戦を望んだ。しかし何をやってもうまくいかなかった。ダーレン・アロノフスキーが脚本を書いた陰気な『バットマン：イヤー・ワン』は作られることなく終わり、『スーパーマン：フライバイ』で鋼の男をリブートさせる試みは失敗した。2002年、ワーナーのアラン・ホルンCOOは『バットマンVSスーパーマン』で両スーパーヒーローをまとめてリブートさせようと試みたが、アキヴァ・ゴールズマンが書いた脚本が暗すぎると判断した。『バットマンVSスーパーマン』がすでに押さえていた2004年の公開予定に穴が開かないように、1992年の『バットマン・リターンズ』のスピンオフ作品として脚本ができていた『キャットウーマン』が作られることになった。元々ミシェル・ファイファー主演の予定で書かれた脚本をハル・ベリー主演で撮影した『キャットウーマン』は、予定どおりに封切られ、そして失敗した。

結果的にワーナーは原点に返ることにし、バットマンをクリストファー・ノーランに預けた（そして大成功を収めた）。さらにX－MENからブライアン・シンガーを拝借して、スーパーマンの映画を1本撮らせた（可もなく不可もないという成績を残した）。一方で、降板したシンガーに替わってブレット・ラトナーが大慌てで『X－MEN：ファイナル ディシジョン』を撮影し、人気ミュータント映画の3作目を完成させた。「ブレイド」シリーズは2004年の『ブレイド3』をもって完結した。同年、もう1本マーベル関連の映画が公開された。暴力的であまり人気を獲得できなかった『パニッシャー』だ（これはアヴィ・アラッドがスタジオ相手にまとめたライセンス契約から実際に映画化された最後から2本目の映画だった。最後の1本は、ジョニー・ブレイズの大ファンであるニコラス・ケイジが主演した2007年の『ゴーストライダー』だった）。一方フォックスでは、ティム・ストーリーがファンタスティック・フォーを2本監督した。出来は決して悪くなかったものの、同じくスーパーヒーロー家族を描いたピクサー製作、ブラッド・バード監督の『Mr.インクレディブル』の前に霞んでしまった（他のスーパーヒーロー映画も同様だった）。

＊　＊　＊

マーベル・スタジオの映画第1号『アイアンマン』の製作は、このような状況を背景に開始された。アイアンマンというヒーローの背景もその神話も、大衆には馴染みのないものかもしれないが、マーベル・スタジオの幹部たちは『アイアンマン』が観客とつながる映画になるという自信があった。アイアンマンというキャラクターは長いこと冷や飯を食わされていたので、簡単に手に入るアイアンマンのコミックス・コレクションといえば、1979年に出版された『Demon in a Bottle（酒瓶の中の悪魔）』という酒に溺れ依存するトニー・スタークのエピソードをまとめた単行本（TPB）だけだった。このような状況だったので、マーベル相手に脚本のアイデアを売り込むためにキャラクターを理解しようとしていたハリウッドの脚本家たちは困惑した。新しいスタジオの船出ともいえる

1本目として、マーベルはスーパーヒーロー版『失われた週末』（1945）を作るつもりなのだろうか？

アルコール依存の件を除いても、優秀な兵器製造者で億万長者、軍需複合体の顔であるトニー・スタークは、複雑なキャラクターだった。「我々はイラクとアフガニスタンという2つの戦争を戦っている。ディック・チェイニー（当時の副大統領）は、兵器製造会社ハリバートン社のCEOだった[8]」と『アイアンマン』の脚本家チームの片割れマット・ホロウェイが指摘した。「そういう男をヒーローに仕立て上げるとしたら、一体どうすればいい？」（カール・ローヴなら恐らく一切心配しなかっただろうが）

脚本家チームを悩ませることになるアイアンマンの設定は、1963年、スタン・リーがアイアンマン創刊のときに自分に課した挑戦に由来していた（リーは、弟のラリー・リーバー、アーティストのジャック・カービーとドン・ヘックと共同でアイアンマンを生み出した）。「あれは自分を試すための挑戦だったんです[9]」。自分が即興的に下した判断を、何年も後に振り返って辻褄をあわせるかのように、リーはこう言った。「冷戦の緊張も高まっていた頃です。読者、とくに若い読者が何よりも嫌っていたのは、戦争です。軍隊です。だから私は、読者が嫌ったものすべてを代表するような男をヒーローにした。陸軍に武器を供給する兵器製造者で大金持ちの実業家。誰も好きにならないキャラクター。読者に嫌われるキャラクター。それを皆の喉に捻じ込んで無理矢理好きにさせるのは面白いだろう、そう思ったわけです」

これを現代という時代に大いに関わりのあるキャラクターを作りあげる機会と捉えたホロウェイは大喜びだった。「『こいつはかっこよくできるか？』とかいうレベルの問題じゃありませんでしたよ」と彼は言う[10]。「そうじゃなくて『マジかよ、すげえぞ、このキャラクター。とてつもない問題を抱えながら、とんでもないポテンシャルも持っていて、でもそのポテンシャルが無駄遣いされるか、誤った方向に使われてしまうようなやつ！』というレベルでした」。『アイアンマン』の舞台を現代ではなく過去にすることをマーベルが検討したこともあったが、ホロウェイと執筆パートナーのアート・マーカムはアイアンマン誕生の物語を現代に移した。トニー・スタークが外国の兵士たちに囚われる場所も、コミックスの設定であるベトナムから21世紀のアフガニスタンに変更された。この単純な変更によって『アイアンマン』は今この瞬間の政治状況の中に放り込まれた。ペニンシュラホテルでカール・ローヴが発表したプランに同意したわけではなくても、マーベル・スタジオに愛国的かつ好戦的な時代のムードを逆撫でする映画を作る気はなかった。そう判断したさまざまな理由の1つは、この映画が絶対に負けられない5億ドルの賭けだったからだ。

「『Ｘ－ＭＥＮ』のときに、スーパーヒーローを興味深い暗喩として使った物語が作れることが証明されました」[11]とマーカムは言う。「だからと言って、僕らは意識的に「なあ、現実のいろいろな問題に噛みつくような映画にしようぜ」と言いながら書いたわけではないんです」

マーク・ファーガス（後から脚本家チームに参加した）は、別の見方をしている。「基本的に、９・11とテロリズムがロシア人と冷戦に取って代わりましたね。ある1つの国に特定できないテロや姿の見えない敵を相手に戦っている現在、冷戦はとても古めかしいものに見えます。でもこれは、そのような現実にアメリカがどう反応するかという物語を書くチャンスなのです。武器を売ってそのような状況を作り出しているアメリカ。あるいは、ある国の政治的安定を壊して、次の敵を作り出してしまうアメリカ。そういう物語が書ける機会なんです」[12]

ホロウェイとマーカムが脚本の改稿を重ねる間、ファイギは意中の監督を口説いていた。ジョン・ファヴローである。今や特殊視覚効果満載の『ジャングルブック』（２０１６）、『ライオン・キング』（２０１９）、『マンダロリアン』（２０１９－）といったディズニー作品の監督として有名なファヴローだが、この頃は１９９６年公開のインディー映画『スウィンガーズ』（ファヴローが脚本を書いてヴィンス・ヴォーンと共演したが監督はしなかった）で、その名を知られていた。この時点でのファヴローが監督した最大のヒット作は、２００３年公開のウィル・フェレル主演『エルフ～サンタの国からやってきた～』だった。これは単なる現代版クリスマス譚ではなく、３３００万ドルの予算で製作されて2億２０００万ドルの興収を叩き出した映画だった。この映画の成功により、控え目な投資で高い収益を上げようと目論むスタジオ（要するに全スタジオ）が組みたい監督のリストの上位に、ファヴローは入ることになった。

この時点までファヴローは、俳優と映画監督という二足の草鞋を履きこなしてきた。2003年の『デアデビル』は関係者をがっかりさせたが、この映画に〝フォギー〟・ネルソンの役で出演していたファヴローは、そのときアヴィ・アラッドとつながった。2人は何年もの間、折に触れてキャプテン・アメリカを使ってコメディ寄りの映画ができないかとアイデアを転がしていた。1940年代の純朴なスーパーソルジャーであるスティーブ・ロジャースが、馴染みのない現代社会の諸問題と格闘するというアイデアだった。どこか似通った要素がある『エルフ』で成功を収めたファヴローならば、監督として適役と思われたが、結局マーベル・スタジオの映画第1弾として選ばれたのは、ダークな『アイアンマン』だった。しかしファイギとメイゼルは、それでもやはりファヴローが適任だと考えた。

「ソニーとローラ・ジスキンとアヴィがサム・ライミを監督として雇う経緯を目の当たりにし、フォックスがブライアン・シンガーを雇う経緯も見ていましたが、その経験を思い出してみると、いつも超大作を撮っている監督が次の超大作を撮りにきたという感じではありませんでした[13]」とファイギは語る。「小さめの予算で超興味深い映画を撮っていた2人が、より大きなプラットフォームに立ったというわけです」。つまりマーベル・スタジオはその誕生の瞬間から、スーパーヒーローというジャンルの拡張性と可能性を信じていたのだ。

マーベルにとってファヴローを選ぶということは、派手なアクション・シーンよりも、キャラクターの人間味が滲み出るような、些細な瞬間を尊重する監督を後押しするということだった。どの道、生まれたてのこのスタジオに、隅から隅までアクション満載の映画を撮る資金的余裕はなかったかもしれないが。「だからジョン・ファヴローはうちにとって最高の選択肢だったんです[14]」。デヴィッド・メイゼルは、役者を優先させるファヴローの能力をマーベルは大事にしたのだと説明しながらこう続ける。「クライマックスの大規模なアクション・シーンと同じくらい、台所のテーブルの周りで繰り広げられる場面を面白くできる男ですから」

プリプロダクションの最初期、作業のためにファヴローがオフィスに現れた初日のこと。古ぼけたマーベル・スタジオの新事務所に入った彼は、ホワイトボードに一言「もっともらしさ（Plausibility）」と書きつけた。これから作るのは空を飛ぶ男が出てくる映画だが、可能な限り地に足がついたものにしたかった。同じホワイトボードに何百というアイデアが書かれては消えていったが「もっともらしさ」だけは消されずに残った（ファヴローの「もっともらしさ」はリチャード・ドナーのドアの上にかかっていた「迫真性（Verisimilitude）」に呼応する言葉だった。そして少なくともこちらの方がファイギにとって発音しやすかった）。

そのときのマーベル・スタジオは、ようやく羽が生えそろってまさに巣立とうとしている雛だった。ファヴローにとって、そのような独立系映画スタジオと共同作業するのは魅力的だった。スケジュールどおり、そして予算どおりに映画を仕上げさえすれば、一般的なテントポール映画（スタジオの収益的な大黒柱となる映画）の監督と較べて、自由な仕事ができる。なぜなら、製作全体の管理とスタジオ側から降り注ぐメモ（要求）の集中砲火に煩わされずに済むからだ。「私たちはアウトサイダーでした[15]」。企業による監視が最低限だったこの興奮に満ちた始まりの日々を、ファヴローはそう振り返る。

マーベル・スタジオの幹部たちは、喜んでファヴローの好きにさせた。彼の仕事を信用していたが、それだけではない。資金をかき集めるのに忙しかったのだ。海外配給権を1ドルでも高く売れば、メリルリンチからの借入金を1ドル減らせるという事情があった。「皆忘れてますが、『アイアンマン』はインディペンデント映画なんです[16]」とファイギが後に指摘した。「海外のバイヤー相手に何十回も売り込みました。数字は忘れましたが、製作費のかなりの割合が、海外セールスにかかっていたのです。完成保証保険（未完成や予算超過の場合に、金融機関の貸し倒れリスクを負担するという保険）をつけましたからね。なにしろ、インディペンデント映画ですから」

スティーヴン・プラットは『アイアンマン』のコンセプト・アーティストの1人だった。彼は製作が始まって間もない頃にファヴローに言われた言葉を思い出す。「アクションを極限まですごいものに高めるのは、君たちに任せた。私はキャラクターに集中する。私はキャラクター係。でもアクション・シーンになったら、遠慮せずに目盛りを11まで上げてくれ。ともかくやってみよう。いいかどうかは、後で観て決めるから[17]（「目盛り11」は10までしかない目盛りのもっと上まで行くという比喩。映画『スパイナル・タップ』（1984）に由来）」

ファヴローは、さらに2人の脚本家を参加させた。その2人、マーク・ファーガスとホーク・オストビーは、ファヴローと一緒に結局製作されることのなかった『The Princess of Mars（火星のプリンセス）』の脚本を、エドガー・ライス・バロウズの原作から翻案した仲だった。4人の脚本家（プラス監督）が『アイアンマン』の脚本と格闘する一方で、ファヴローとマーベル・スタジオの関心は、もう1つの重要な問題に向けられた。それは皆で書いた台詞を、誰が読むのかという問題だった。

後にマーベル・シネマティック・ユニバースと呼ばれることになる世界に加わった最初の俳優は、トニー・スタークの親友兼良心でもある〝ローディ〟ことジェームズ・ローズ中佐を演じるテレンス・ハワードだった。まだ『Empire 成功の代償』（2015－2020）の主演男優として有名になる前のハワードは、『ハッスル＆フロウ』（2005）の演技でアカデミー賞候補になったばかりだった。「大物を釣り上げたよね[18]」とマーカムは振り返る。マーベル・コミックスのファンであるハワードは、3本の映画に出演する契約に署名した。自分が演じるキャラクターがウォーマシンというスーパーヒーローになる可能性を理解していたのだ。

トニー・スタークを演じる完璧な役者を探すのは、さらに重要な問題だった。「ハリウッドは筋肉バキバキの26歳を欲しがるだろうが、トニー・スタークは若造じゃない[19]」とはアヴィ・アラッドの言葉だ。その10年前、当時アイアンマンの権利を持っていた20世紀フォックスが、34歳のトム・クルーズがスタークを演じるという企画を転がしていた。しかしファイギによると、クルーズの要求する高額の出演料にフォックスは尻込みした。アイアンマンというその価値が未知数であるスーパーヒーローのＩＰは、フォックスほどの羽振りの良いスタジオにとっても大きすぎる賭けだったのだ。

「ネット上では、ジョニー・デップがトニー・スタークを演じるという噂で持ち切りでした[20]」と、「クイント」の名前でウェブサイト「Ain't It Cool News」に寄稿したエリック・ヴェスピーが、そう書いている。マーベル・スタジオには、「パイレーツ・オブ・カリビアン」シリーズのスターでもあるジョニー・デップやトム・クルーズのような、Aリストの中でもトップ俳優を雇う金はなかった。そこで挙げられたそれほど知名度が高くない俳優の名の中には、38歳のジム・カヴィーゼルがあった。『パッション』（2004）でイエス・キリストを演じたカヴィーゼルは、数年前に『X－MEN』のサイクロップス役を断っていた。しかし、HBOの『デッドウッド～銃とSEXとワイルドタウン』（2004－2006）で矛盾に苛まれた険しい表情でセス・ブロック保安官を演じるティモシー・オリファントを観たとたん「皆が彼を応援するようになった[21]」とマーベル内部の情報源の1人が教えてくれた。ファヴローにはもう1人候補がいた。ジョージ・クルーニー監督の『コンフェッション』（2003）で主演した、これも38歳のサム・ロックウェルだ。しかし、それはファヴローがロバート・ダウニー・ジュニアに出会う前のことだった。

何十年にも渡るハリウッドでの仕事、そして1992年のアカデミー賞候補（『チャーリー』）にもかかわらず、41歳だったダウニーのそれまでのキャリアは、ほぼ完璧な商業的失敗記録を更新していた。さらに薬物乱用者という評判も大きく報じられていた。最も有名なのは、1996年、薬物の影響下ではあったもののマリブにある隣人家族の家に不法侵入の上、その家の当時11歳だった子どものベッドで意識を失った事件だ。2001年には、再び薬物関係で逮捕され、テレビ・ドラマ『アリー my Love』（1997－2002）から降ろされた。しかし、その後ダウニーは生活態度をあらため、頭脳明晰なプロデューサーであるスーザン・レヴィンと結婚、真面目に仕事をしながらハリウッドの慈悲にあずかる立場を取り戻していった。問題がいろいろあったとしてもダウニーは映画産業の嫌われ者ではなく、一緒に仕事を続けることを望む者も多かった。

過去の諸問題を考慮すると、ダウニーの起用はリスキーだと考える者がマーベル内部では多かった。なにしろほんの2年前には保護観察の身だった俳優だ。しかしファヴローは、公の顔が問題だらけだからこそ、ダウニーはこの役に最適なのだと信じていた。驚くほどの才能に恵まれながら、自らの心の中に潜む悪魔と薬物乱用によってその功績に傷を負うトニー・スタークという男。ダウニーの顔には、トニー・スタークという人間の人となりが書き記されているようなものだった。

ダウニーこそがトニー・スタークだ。ファヴローは、マーベル・スタジオ幹部をそう説得した。しかし彼の熱意は、ニューヨークにいるマーベル・エンターテインメントの役員たちに共有されなかった。ダウニーにはリスクがつきまとうと感じられ、さらに何らかの財務的な障害となる可能性が憂慮された。ダウニーを擁護するファヴローの姿を脚本家のマット・ホロウェイが覚えている。「ジョンは、ロバートじゃなければ駄目だと骨の髄まで信じていたので、しまいには「彼を雇わなければ、私が辞める」とまで言いました[22]」。ファヴローもニューヨークの役員たちも一歩も譲らなかったので、製作は立ち往生した。前進の糸口を見つけようと、キャスティング・ディレクターのサラ・ヘイリー・フィンが、少なくともダウニーのオーディションを録画してはどうかと提案した。

ファヴローと同様ダウニーも、トニー・スタークを演じるのは自分しかいないと確信していた。オーディションまで3週間の猶予があった。「夜中に叩き起こされても、2倍速でオーディション用の台詞が空で言えるようになったと、奥さんに言われたよ[23]」。そう言えるまで、オーディションで演じることになる3つの場面の準備に明け暮れた。オーディションはハリウッドのラリー・スタジオに借りた一室で行われた。「最初のテイクの直前に、体から心が離脱したような感覚を覚えた。突然不安に襲われたんだ」とダウニーは言う。「でも次の瞬間、古いシュインのビーチ・クルーザー〔自転車〕で坂を惰性で降りていくみたいな気持ちになった。何をやっても大丈夫だと感じた」

演じたのは、レポーターと言い争いながらもお互いの気を引こうとする場面、ローズと対峙する場面、そして襲撃を受ける直前に、アフガニスタンを行くハンヴィー（高機動多用途装輪車両）の後部座席でアメリカ軍兵士たちとふざけ合う場面。軽薄に喋りまくるかと思えば、次の瞬間静かな激しさを内にたぎらせる。どれもダウニーの演技力の高さを存分に見せつける場面だった。ダウニーはトニー・スタークを「内面はぼろぼろに壊れた男[24]」だが「表向きは自信満々」として演じると、すでに決めていた。

「大勢の（トニー・スターク候補の）すごい俳優たちと会っていたところに[25]」スティーヴン・プラットがオーディションの日のことを回想しながら続けた。「トニー・スタークその人が部屋に入ってきたんです」

ダウニーのテスト映像を携えて、メイゼルとファイギはアイク・パルムッターとジョン・トリツィンをはじめとするマーベルの役員たちに挑んだ。「ロバートを推薦しましたよ[26]」とメイゼルは言う。「ケヴィンと一緒に推薦の理由を説明しました。冷や冷やしましたよ。公開会社としてのマーベルの未来は『アイアンマン』1本にかかっていました。ロバートはいろいろな賞を獲っていたが、興行的な成功に貢献したことがなかった。克服していたとはいえ、個人的な問題を抱えていましたし」

ところが、ファヴローによるとニューヨークの役員たちの反応はこうだった。「いかなる条件であっても、ダウニーを起用する意向はない[27]」

しかしファヴローはまったく動じず、ダウニーがトニー・スタークを演じる交渉中であるという情報を、匿名で漏らした。情報を吹き込まれたファンたちは激しく盛り上がり、それを見たニューヨークの役員たちはダウニーの起用を渋々認めた。

間違ってもこの映画が子どもだましのマンガになってしまわないようにできる「極めて才能豊かな人びとを次々と」引き寄せる「最高のビーコン[28]」としてダウニーは機能した。ダウニーの起用が決定した途端、ファヴローはそのことに気づいたのだ。グウィネス・パルトローとファヴローは古くからの付き合いだった（2人は1994年の『ミセス・パーカー／ジャズエイジの華』の現場で知り合った）。1998年『恋におちたシェイクスピア』の演技でアカデミー賞に輝いたパルトローだが、30代に入ってキャリアが失速してしまった（ハリウッド女優にありがちな現象だ）。ペッパー・ポッツの役は絶対にありがちな囚われの乙女にはならないからと、ファヴローはパルトローを説き伏せた。

デヴィッド・メイゼルは『アイアンマン』に秘められたダグラス・サーク的な心に気づいていた。「1950年代的なラブストーリーですよね。そこに10分とか15分のアクションがくっついている。40代の男性に人生の転期が訪れる。100万人の女性を選び放題なのに、グウィネス・パルトロー演じるペッパー・ポッツを生涯1人の女性として選ぶ決意をする。友達みたいな人は100万人もいますが、真の友人はテレンス・ハワード演じるローディーだけ。そしてジェフ・ブリッジスとは、父親と息子みたいな関係です[29]」

キャストの締めくくりは、スタークのメンターにして敵役のオバディア・ステインを演じるジェフ・ブリッジスだった。当初オバディア・ステインには、目くらましの役割りが与えられていた。つまり中国でのクライマックスに派手に登場するマンダリンという名のヴィランのダシとして考えられていた。2006年にサンディエゴで開催されたコミコンで、ファヴローはマンダリンが『アイアンマン』のヴィランになると発表している。「マンダリンがクリムゾン・ダイナモとして、地面を突き破ってスターク・エンタープライズに登場して皆を驚かせるという展開が考えられていたときもありました[30]」と、マット・ホロウェイは語る（クリムゾン・ダイナモは、コミックス版アイアンマンに頻出する敵役で、独自に開発したパワード・スーツを装着したロシアまたはソ連のエージェント）。

「アイアンマンの映画は1本しか作られないと思っていたので[31]」とホロウェイの執筆パートナーであるアート・マーカムが説明する。「すべての要素をぶち込まなければならなかったのです」

しかし脚本執筆中に、もう1組の脚本チームのマーク・ファーガスとホーク・オストビーが、マンダリンを頼むから出さないでくれと「泣きついた[32]」。差別的人種観に基づいて構築されたマンダリンというキャラクターは、ファヴローが掲げる「もっともらしさ」という規則を、目も当てられないほど台無しにしてしまう。2人はそう感じていた。そのときすでに長期的な展望を持ち始めていた上層部は、2人の意見に耳を傾けた。そして、ある重要な打ち合わせで、ファイギはマーカムに「マンダリンは他の映画にとっておこうか」と言った（2013年の『アイアンマン3』で偽者が登場した後、2021年の『シャン・チー／テン・リングスの伝説』でついにマーベル・スタジオ作品に本物のマンダリンが登場する。『アイアンマン』から実に13年も経過していた）。

この創作的判断は正しかった。3作目のX－MEN（2006）や3作目のスパイダーマン（2007）がそうだったように、スーパーヒーロー映画というものは、ともすればヴィランとプロットを詰め込みすぎてしまうのだ。それは同時に予算的な判断でもあったとメイゼルが指摘している。「撮らずに済んだ場面のおかげで、お金をたくさん節約できました」[33]

中国で撮影しないことで浮いた予算は、カリフォルニア州内で撮影するために回された。カリフォルニアでの撮影は、撮影助成金が出る他州より高くつくのだ（助成金を出す州にはたとえばジョージア、ノースカロライナ、ニューメキシコがあるが、いずれもその後マーベル映画が使うことになる）。カリフォルニアでの撮影を主張したのはファヴローだった。映画産業の仕事はロサンゼルスに留めるべきだとファヴローは信じており、加えて撮影中に家からあまり離れたくもなかったのだ。さらに審美的観点から、多くのスーパーヒーロー映画の舞台となるニューヨーク（フィクションの世界でメトロポリス〔スーパーマン〕やゴッサムシティ〔バットマン〕と名を変えて登場する）とは一線を画した、西海岸的な気分を『アイアンマン』に持たせたかった。マーベルは追加的な出費に気乗りしなかったが、交渉の結果ファヴローは、ロサンゼルスで撮影されることを確約するという項目を自分の契約条件に盛り込むことに成功した。

サンタモニカの桟橋近くにある観覧車にいたるまで地理的な信憑性にこだわったファヴローだったが、ヴィランの中にはあえて民族性がぼかされた者もいた。映画に登場するテロリスト集団テン・リングスは、断言できないまでもどことなく中東的な存在として描かれた。

拉致されたトニー・スタークが映っているビデオの背景に、テン・リングスのロゴをあしらった旗が見える。そのロゴをデザインしたダイアン・チャドウィックは、美術監督のJ・マイケル・リーヴァに、注意深くデザインするように依頼された。将来作られる映画に「このキャラクター（マンダリン）が、出るかもしれないから」[34]。この旗は、マーベル映画に仕込まれることになる多くのイースター・エッグ（何らかの関連性または参照性を持つ小ネタ）の最初のものだった。このロゴには、テン・リングスの勢力がアフガニスタンを越えて広がっていることを仄めかす役割があった。テン・リングスがマンダリンとつながっていること、そしてそのマンダリンはジンギスカンの末裔であると名乗っていることを、美術部は知っていた。そこでチャドウィックとリーヴァは、その血筋がどことなくわかるようなデザインにした。

重なる輪と剣、そして装飾的な輪郭をデザインしたのはチャドウィックだが、輪の中に書かれたモンゴル語に関しては、翻訳者と書家を探し出さなければならなかった。「実際にモンゴルで書家を見つけました」とチャドウィックは言う。「このような毛筆体で字が書ける人は、あまり残っていないのです」。最終的にロゴには、モンゴルとテュルク民族の部族の名前が書き込まれた。

まだ世界的なスーパースターになる前のロバート・ダウニー・ジュニアは、製作の進行を見学しにマーベルの質素なオフィスを訪ねるのが好きだった。

「まだ脚本もなかったし、よからぬ予感はありましたね」[35]とスティーヴン・プラットは言う（脚本家たちが書いたものは大量に存在したが、何も決まっていなかった）。「アクションの応酬もないし、何もない。文字どおり『アイアンマンが軍と戦う』みたいな感じでした」。プラットによると、美術部の仕事を見せてもらったダウニーは、壁に貼られたスケッチの前でありうべき場面を思い浮かべて一生懸命ポーズをとっていた。「クリスマスの日の子どもみたいでしたよ」とプラットは回想する。「早く仕事したくて、うずうずしてたんです」

CHAPTER 5 | PROOF OF CONCEPT
概念実証

絶対にもっと恥ずかしいところを見られてると思う。
Let's face it, this is not the worst thing you've caught me doing.
――アイアンマン（2008）

「脚本？　そんなもんないよ」[1]とジェフ・ブリッジスは不満そうに言った。「毎日現場に現れても、どんな台詞を言うのか誰も知らない。脚本家に電話して「どうなってんの？」と聞いたりね。準備したい。台詞を覚えたい。脳内で考え方を微調整した。「ジェフ、落ち着け。2億ドルの学生映画だと思え。楽しめ。気楽にいけ」」

『アイアンマン』の撮影が始まる前に、ジョン・ファヴローとスタッフたちは、ビバリーヒルズにあるメルセデス・ベンツの販売店の2階を占めるマーベル・スタジオの混雑から抜け出して、埃っぽいカリフォルニア州のプラヤビスタにあるハワード・ヒューズの古い撮影所に引っ越した（おかげで東海岸にいるマーベルの役員たちの監視の目からさらに一歩遠ざかれるというおまけもついた）。「土と埃。他に言い表しようがないのですが、ともかくそんな感じでした」[2]とヘア・デザイナーのニナ・パスコウィッツが言う。「そこに小屋がいくつかあって、家みたいなのがあって、それだけ」

メイク、編集、デザインといった部門がプラヤビスタの撮影所に出入りし始めたとき、作業の指針になるのは物語のアウトラインとコンセプト画だけだった。決定稿はいまだ存在しなかった。クリエイティヴな作業は山ほどあったが、孤立した環境はパーティー気分を盛り上げた。アート・ディレクターのデイヴ・クラッセンと美術監督のマイケル・リーヴァ（役職としては美術監督が上）は、ともにファヴローが2005年に撮った『ザスーラ』に参加した仲だが、その2人が後に語り草になるような〝カクテルの時間〟を夜な夜な催した。「マティーニ、ビール、何でもござれ[3]」とスティーヴン・プラットが懐かしむ。「最高でしたよ。士気が上がるから。でしょ？」

「そう言えば、ジェフ・ブリッジスが、ポーカーズという小さなプラスチックの豚がついてるゲームを持ってきました[4]」。『アイアンマン』のメイクアップ・アーティストであるジェミー・ケルマンがそう教えてくれた。「豚がサイコロ代わりで、それを転がして遊ぶんです。撮影準備の間に皆で遊んでいました。最近のマーベル映画の現場では、もうこういうのは無理じゃないでしょうか。主演俳優たちと座ってプラスチックの豚を転がしたりして。1匹の豚の鼻が別の豚のおしりに着地して「お、ベーコンにされるぞ」とか笑いながら。この頃の現場は気楽で楽しい雰囲気がありました。この頃は何万回も撮り直しませんでしたから。その後、何を撮るにも何万テイクみたいになりましたけどね」。脚本の次のページが上がってくるまで、ポーカーズで遊ぶ時間はたっぷりあった。

「頭がおかしいですよね。とは言っても、撮影前の準備期間に脚本がなかったと言うと末恐ろしいことに聞こえますが、実際にはそれほどでもありませんでした[5]」と脚本のアート・マーカムは言う。「他に素晴らしい素材がたくさん上がってきてましたし、トニー・スタークという素晴らしいキャラクターがいましたからね」

撮影開始も間近というとき、マーク・ファーガスとホーク・オストビーは、何年分ものブレストと、日の目を見なかったアイデアの山に目をとおし、そこから撮影に使える脚本を捻り出した。「目をとおせるものにはすべて目をとおしました。最初の草稿から、書かれたものにはすべて。10年とか15年前に書かれたものも読みました。皆がどんなことを考えたのか、すべて知りたかったんです[6]」とファーガスが言う。2人はたった12日で撮影稿を書き上げた。しかしファヴローは撮影稿を絶対視しなかった。ダウニーは即興の余地があると花開くタイプの役者だと気づいたからだ。ファヴローは、可能な限り臨機応変に撮影できるように段取った。

「改稿作業は、その後5か月の間、現場でずっと続けられました。休む暇もなくです。最高でしたね」[7]とマーカムは回想する。しかしそれは、誰にでも「最高」なスタイルというわけではなかった。ダウニーにとっては最高。パルトローはやがて順応した。しかしジェフ・ブリッジスにとっては落ち着かない現場となった。

「ジェフは現場に入る3か月前には脚本を読んでおきたいタイプだから」[8]とファヴローは言う。しかし『アイアンマン』の現場では3か月前どころの話ではなかった。「毎日、ロバートが現場に現れては、トレーラーに籠って1人で台詞をいじって遊んでいました」

「まあ、骨組み（アウトライン）はあった」[9]とブリッジスが嫌そうに認めている。

ロイド・カトレットは、長年ブリッジスのスタンドインを務めてきた（スタンドインとは、照明テストその他の技術面のリハーサル中に、俳優の替わりにカメラの前に立つ俳優と背格好や肌のトーンが近い役者のこと）。カトレットが撮影話を教えてくれた。「朝現場に入ります。するとジェフとファヴローと何人かのプロデューサー、脚本家が1人、そしてロバート・ダウニー・ジュニアが楽屋に入って、どっしり座ったまま4時間も5時間も出てこない。その間私たちは「今日はどんなことに決まったんだろうね」と考えながら、ぶらぶら休んだり昼飯を食べにいったりしていました。でもやっと出てくるときには、その日に撮る場面のすごく面白いアイデアを持って出てくるんです」[10]

ファヴロー組のスタッフは、しばしば素早い調整に応じることを要求された。大きな調整もあったが、細かいものもあった。パスコウィッツは、パーティーの場面でレスリー・ビブの髪型を「5秒で」[11]変えろと言われた。関連する場面が削除されたので、一度も使われないままセットが壊されることもあった。「脚本はすごく変わりました」[12]とアート・ディレクターのスーザン・ウェクスラーは言う。「私たちは、まずアイアンマンが誕生する洞窟のセットを組み始めたんです。絶対に使うセットがあるとすれば洞窟だとわかっていましたからね。けれど3分の

1ほど組んだところで、「洞窟はいらなくなるかもしれない」と言われました」。ウェクスラーによると、そこにマイケル・リーヴァが割って入り「セットはほとんどできてるんだけどね。あれを使わないのはバカみたいだと思うよ」と言ったそうだ。

トニー・スタークが意地にかけてアーマード・スーツを作りあげ、マーベル・スタジオの最初のスーパーヒーローとして生まれ変わったあの洞窟。あれがない『アイアンマン』はちょっと想像できない。あの場面があまりにも象徴的になったので、10年以上の歳月を経て作られた『アベンジャーズ／エンドゲーム』のエンド・クレジットの最後には、洞窟内に響くトニー・スタークのハンマーの音が使われたほどだ。

トニー・スタークとペッパー・ポッツを演じるダウニーとパルトローの相性の良さは演技を越えて本物だった。それに感づいたファヴローが猛烈なこだわりを見せた場面がある。ペッパーがトニーの胸郭に手を突っ込んで、アーク・リアクターを交換する場面。これは元々グロさが笑えるように書かれた場面だった。ダウニーの胸部に取り付ける特殊な胸のダミーをジェイミー・ケルマンが造形し、KYジェリー〔粘性と潤滑性のある水溶液で、元々性的な目的で使用される製品〕を流し込んでトニーの生体機械的な心臓部をべとべとにする段取りだった。しかしこの場面は感情的な重みを持つべきだとわかっていたファヴローは、脚本の該当部分を自分で書き直すことにした。

「ファヴローは、あれを2人が絆を結ぶ場面にしたかったんですよ」[13]とファーガスは説明する。「演出する自分も大いに楽しめる場面だと思ったんですね。どこか親密で、どこか気持ち悪くて、どこかセクシーで。ファヴローはこの瞬間が印象に残ることを本当に願って、時間をかけて書き直していました」。何百といる女友達の中でも、トニー・スタークが信用して心臓（ハート）をいじらせるのはペッパー・ポッツだけ。それをファヴローは強調したかった。

2人の間にロマンスを感じさせるためには、俳優2人の持つ頭の良さと魅力を引き出す演出が求められ、2人の俳優は少し盛った自分を演じる必要があった。コミックスのトニー・スタークスは大したユーモアの持ち主ではないが、ダウニーは持ち前のウィットをキャラクターに吹き込み、さらに皮肉屋という衣で包んだ。パルトローは、ダウニーほど自然に即興演技をこなせるわけではなかったが、彼女の個性を脚本に盛り込む術をファヴローが見つけていた。リハーサルの最中にパルトローが言ったことをファヴローは片っ端から書き留め、ペッパーの台詞に転用したのだ。

ペッパーがトニーの絵画コレクションについて助言する場面の通し稽古中に、パルトローがファヴローに対していくつか極めて細かい指摘をした。そこでファヴローは、ペッパーがトニーに対して同じことを言うように、脚本を書き直した（トニー・スタークが絵画コレクションを持っているという設定自体が、ダウニーの実生活に基いていた。セット装飾担当のローリー・ギャフィンのオフィスに、ある日ダウニーが「ふらりと現れて椅子に座った[14]」とき、彼のアートについての話が小一時間止まらなかったことを受けて、ギャフィンはセット用の絵画を集めたのだった）。パルトローが自分の体験を活かした場面もあった。ウォルト・ディズニー・コンサート・ホールで撮影された大規模なパーティ会場で、デオドラントをつけ忘れたとトニーに打ち明け、思わぬユーモアで観客を微笑ませた。

濃い青のドレスに身を包んだペッパーにトニーが魅了される場面は、それ以降のシリーズを通じて鳴り続ける反響のような力を持っていた。「あの場面の絵コンテを描く段階から、皆楽しんでいました[15]」と衣装デザイナーのローラ・ジーン・シャノンが言う。「ペッパーが振り向いて、トニーは自分の恋心に気づくんです。ようやく。観ている皆はとっくに気づいてますけどね。まあ、それが男ということで」

この場面の撮影は、全日程のちょうど真ん中だった。カオスな状態を何とか操りながらファヴローは撮影を続けたが、この場面がその真骨頂だった。「ジョンはやる気満々でした[16]」とギャフィンが思い出して言う。彼女も他のスタッフも、脚本もなく場面がどっちに向かって進んでいくかも見えていなかった。ダウニーとパルトローがキスするテイクもあった。「急にディズニー・ホールの屋上に行ってキスしたり。何だ？　どうなってるんだ？　と皆わけが分かりませんでした」

「朝の4時に10もテイクを重ねながら、俳優の前に走っていって、前のテイクと全然違うことをしてと指示を出したり大騒ぎです。そういうことは他にもありましたが、いつもスタジオの連中には、狂人を見る目で見られましたね」[17]とファヴローが回想する。編集段階でファヴローは、いくつかのテイクを組み合わせて、ペッパーとトニーがすれすれキスしそうでしない場面を作りあげた。2人のロマンスが花開く待望の瞬間は、マンダリンの登場と同様、お預けになった。

＊　＊　＊

遊び人、自意識過剰、そして兵器商人という3つの顔を持つトニー・スターク。その3番目の顔をそれらしく見せるには、アメリカ合衆国軍の助けを借りないわけにはいかなかった。もっともらしさがすべてという持説を遵守するためにファヴローは、軍の正式装備を使い、テレンス・ハワード演じるローズ中佐にちゃんと空軍士官の服装をさせたかったのだ。米軍の装備や階級をフィクションの映画に使用したければ、国防省の広報部の協力が必要だった。それはつまり、映画およびその脚本が軍によって仔細に確認の上承認されなければならないということだった。

映画スタジオがアメリカ国防総省（ペンタゴン）の協力なしで映画を撮ろうと考えたなら、大道具、小道具から衣装まで実物と違うものを用意しなければならない。合衆国政府が著作権を持っている、または政府によって商標として登録されているロゴ、フォント、その他あらゆるものを許可なしで出してしまうと、権利の侵害になってしまうからだ。ペンタゴンの協力なしで映画に兵器を登場させるということは、何百万ドルもする兵器を蒐集する個人のコレクターを探し出すか、アメリカ製の兵器を購入している国と交渉するしかないということなのだ。

これについて、ジャーナリストのシダント・アドラーカは次のように説明している。「アメリカ軍は、軍の協力または助言なしでは軍が出てくるアメリカ映画を作れなくしてしまいました。そのような映画を作りたい企業にとっては、それがペンタゴンと協力する動機になっています。協力を求められたペンタゴンは、脚本を最終的に承認する権限を持っています。国防省は、撮影現場に人を送り込み、「これは言ってもいいが、これはだめ」など、軍が良く見えるように、または悪く見えないように細かい判断をさせます[18]」

国防省は『アイアンマン』の脚本を承認し、エドワーズ空軍基地を3日間貸出して、本物の軍人をエキストラとして供給するなど惜しみなく協力してくれた。第31試験評価飛行隊のジョー・ギャンブルズ二等軍曹は、『アイアンマン』の3つの場面の背景に、それぞれ別の空軍兵の役で登場するが、マイケル・ベイ監督『トランスフォーマー』（2007）で似たような機会を逃したので、今回こそはと張り切った。「このようなチャンスをものにしなかったら、エドワーズ基地にいる意味がないと思いましたから[19]」と軍曹は言っている。

『アイアンマン』の国防省側のプロジェクト・マネージャーだったクリスチャン・ホッジ大尉は「これは素晴らしい映画になりますよ。アメリカ空軍がロックスターみたいにかっこよく見えるはずです[20]」と述べた。

軍側の連絡調整担当者は、国防省エンターテインメント・メディア・オフィスのフィル・ストラブだった（ペンタゴンで脚本の最終的な承認をする権限を持つのもストラブだった）。軍の印象を良くしたいという以外に、国防省としては行き当たりばったりなドラマの都合で軍の指揮系統を滅茶苦茶に描かれないように、配慮しなければならなかった。そして、そのことが後にマーベルと国防省の関係を決裂させることになる。軍としては、強力な架空の情報組織「S.H.I.E.L.D.」の存在を容認するわけにはいかなかったのだ。しかし『アイアンマン』の現場でファヴローと衝突したのは1回だけだったとストラブは回想する。それはたった1つの台詞をめぐる衝突だった。

「撮影が始まっても問題は解決されませんでした[21]」とストラブは言う。「エドワーズ基地内の、格納庫の前のフライトラインで200人が観ている前で、ファヴローと私はその件で口論していました。ファヴローの顔はどんどん赤くなり、私もウンザリしていました」

その台詞とは、空軍兵士の1人が、トニー・スタークのような素晴らしい境遇を手にできるなら「死んでもいい」というものだった。ダウニーと何週間も自由に台詞をぶつけ合って磨いたファヴローには、問題がどこにあるか理解できなかった。ファヴローにとっては普通の人が普通に使う言い回しにすぎなかったが、ストラブは軍人が自殺を軽くみて冗談を言うのは好ましくないと思った。「とても気まずい雰囲気になりました」とストラブは言う。

怒ったファヴローは言葉を返した。「なら「熱した石炭の上でも歩く」はどうだ?」

ストラブは即刻新しい台詞を承認した。「あまりにあっさり決まって(ファヴローは)驚いてました」

契約的制約から軍の名誉を傷つける表現が避けられただけでなく、架空の組織テン・リングスの構成員が中東出身の人びとであるかのような、紋切型の表現も避けられた。アフガニスタンの洞窟でトニー・スタークとともに監禁されるホー・インセンというあまり知られていないキャラクターは、イラン系アメリカ人のショーン・トーブによって演じられることになった。さらにテン・リングスのロゴにはモンゴル文字が書きこまれ、文化的多様性が拡張される。そして、テロリストの下部集団で使われる主要な言語は、アフガニスタンの人びとを悪者扱いしないために、なんとハンガリー語が使われたのだった。

ファヴローによると、脚本にはテン・リングスの構成員の1人がスタークの前に一揃えの木箱を並べて、最近のアメリカ大統領たちが世界中に武器を横流ししてきた事実をスタークに突きつける場面があったそうだ。「レーガン、クリントン、ブッシュ[22]」と言いながら、どの木箱がどの時代のものか構成員が示す。政治色が強烈すぎると判断されたこの場面が、撮影されることはなかった。

シダント・アドラーカは「(スタークは)武器を使った結果どういうことが起きるか自分の目で見られる立場にいます[23]」と説明する。「そのことに気づいていなかったというのは不自然ですが、ダウニー・ジュニアの演技に支えられて、この映画ではそれがうまく働いている。しかし、一歩後退すると見えてくることがあります。誤った人の手に武器が渡ってしまうと、人びとを傷つけることになるとスタークは学ぶのですが、この映画の場合その誤った人というのは、漠然と外国人的な容貌の、姿の見えないテロリスト集団のことであって、アメリカ人ではありません。つまり、アメリカ人やアメリカの利益を傷つけるから悪い兵器だ、という主張が見えるのです」

『Reel Power: Hollywood Cinema and American Supremacy（リールパワー：ハリウッド映画とアメリカの覇権）』（2014）の著者マシュー・アルフォードが、こう書いている。「『アイアンマン』が観る者の感情を揺さぶる力点は、「死の商人」を自称するトニー・スタークが武器製造に対する軽薄な態度をあらためるところに置かれている……。この映画のそのような読み方は、スタークが兵器を製造し続けているという事実をあからさまに無視している。違いといえば、秘密で製造される個人用の攻撃兵器としてのハイテク鎧になったということだけなのだ[24]」

一皮剝くとイデオロギー満載のこの鎧（アーマー）は、この映画に登場する最も輝かしい物体でもある（そして、当然マーベル商品展開の土台でもある）。アイアンマン・スーツなくしてアイアンマンはありえない。アディ・グラノフが自身が描いたコミックスのアートを基に、この派手なスーツをデザインした。ダウニーの体にぴったり合うように成形し、撮影現場で装着できるスーツを作るという難しい作業は、スタン・ウィンストン・スタジオに委ねられた。ジェームズ・キャメロン監督『ターミネーター』に登場する機械駆動の内骨格や、スティーヴン・スピルバーグ監督『ジュラシック・パーク』（1993）の機械仕掛けのティラノサウルスなどで有名なスタン・ウィンストンが経営する工房だ。

赤と金のアーマーを着るのがバカみたいだと思ったことは一度もないと主張した10年後、ダウニーは「テントウムシかよ[25]」とテレンス・ハワードに茶化されたことが忘れられないと白状している。スーパーヒーロー並みの鍛錬によって身体的には最高の状態にあったダウニーだが、それでもアーマーを試着した日には疲労困憊だった。完成したスーツの中は居心地が悪い上に動きも極端に制限されるので、実際にダウニーが全身にスーツをまとって演技している映像はほとんど使われなかった。『アイアンマン』でスーツを着た全身が映っているときは、ほとんどの場合スタントマンのマイク・ジャスタスなのだ。

『アイアンマン』以降、スーツの中に閉じこめられることを露骨に嫌がったダウニーだが、当時すでにそんな彼の苦痛を和らげてやれる程度にCGI技術は発達していた。ゴムっぽいハルクの緑の体を見ればわかるように、当時の最新技術をもってしても肌をリアルに表現するのは難しかった。しかし誰もが納得するような金属製のスーツを作るのは可能だった。『アイアンマン』の場合、現場で撮りこぼしたものは、デジタル特殊効果で拾うことになった。スーツが理想的に写っていなければ、デジタルの魔術師たちが撮影現場の照明を参照しながら問題を解決した（プロットの流れに穴が開いたような緊急事態には、まったく新しい場面をレンダーしてその穴を塞ぎすらした）。グルミラという架空の町で繰り広げられるアクション・シーンが良い例だ。明るい日中の現場で撮影された実物のスーツを見たファヴローは「これではパワーレンジャー（アメリカで有名な特撮戦隊ヒーロー）みたいだ[26]」と思った。そして実物のスーツを、CGIのスーツで完全に置き換えた。

コンピュータ・グラフィックスのおかげでファヴローは柔軟な制作ができるようになりはしたが、CGIのアイアンマンを見すぎると、観客の心がトニー・スタークから離れてしまうことに、ほどなく気がついた。キャラクターを軽んじるという失敗を犯したコミックス原作の映画を嫌というほど見てきたファヴローとファイギに、同じ失敗を犯す気はなかった。「わかっていない人が多いのですが、コミックスのキャラクターたちは驚くほど深いんです[27]」とファイギが説明する。「監督やプロデューサーとしてコミックス原作の映画を作っていた人たちですら、それがわかっていないんです」

主演俳優の顔が、表情のないマスクで覆われてしまうという問題を解決するために考案されたのが、HUD（ヘッド・アップ・ディスプレイ）だった。ファヴローは、マスクの内側にあるカメラで撮影したかのようにダウニーの顔を撮影した。ILM（インダストリアル・ライト&マジック。ジョージ・ルーカスが作った業界随一の特撮工房）のアニメーション監督マーク・チュウが、アイアンマンのHUDを説明してくれた。「現場でBロール（メインショットとは別に撮影する映像素材）として撮影されたダウニーが何かに反応しているショットが大量にあり、それにグラフイック素材を足してスーツ内にいるように見せました。そうすることで人間味も足せるんです[28]」

即興的な撮影によって現場は活力に溢れて自由だったが、てきぱき動くファヴローの現場には問題も発生した。アイアンモンガー（独自のアーマード・スーツを装着したジェフ・ブリッジスのキャラクター）から逃げるペッパー・ポッツを撮影中、グウィネス・パルトローが膝を捻ってしまった。そう伝えられたファヴローの反応をパルトローが覚えている。「「大したことない」と言わんばかりに、目をくるりと回し[29]」たので、痛みを押して数場面か撮影を続けた。撮影後、パルトローとファヴローそして彼の妻のジョヤ・ティィレムは一緒にピザを食べに行った。「私はジョンの妻の隣に座っていて」とパルトローが回想する。「膝がすごく腫れあがっていたので、ジョヤ（本業は医師）がお医者さんに診てもらった方がいいと言ってくれて。それでジョンは私の怪我を信じていなかったことを謝る羽目になって」

最後の決戦の撮影では、爆発するトニー・スタークの巨大なアーク・リアクターを模して、あるビルの屋上に爆破の仕掛けが施された。規則に従って消防や警察には事前に通達され、現場では安全確保のために人がよけられた。仕掛けは予定どおり午後10時に起爆されたが、爆発のあまりの凄まじさに、アーク・リアクターの眩い光として使用されていた18万ドル相当の照明が焼けてしまった。そしてたまたま近くを飛行していたヘリコプターとロサンゼルス市警察が巨大な爆発に気づき、災害の発生を危惧した警察官が現場に急行したのだった。

＊　＊　＊

撮影当日にトレーラーの中で俳優たちとその日の場面について、とことん時間をかけて話し合うファヴローだが、それでも4か月以内に主要な場面の撮影を終わらせた。主要撮影の終了とともに、デジタル加工を受けるために撮影済素材は複数のポストプロダクション施設に送られた。加工済の映像素材のあがりを関係者たちが待つ間、編集のダン・リーベンタールは3時間のラフカットに仕上げた。そして、この3時間バージョンを観たファヴロー監督とマーベル・スタジオは、困った発見をした。エンディングがうまくいっていない。まったくうまくいっていないのだ。

複雑な感情を反映した台詞をこなせる役者が欲しくて、ジェフ・ブリッジスとロバート・ダウニー・ジュニアを起用したファヴローだが、（脚本家たちと共同で）その2人のキャラクターが金属製のスーツを着て殴りあう場面で終わる物語にしてしまった。「基本的に、第3幕は2体のロボットがどつき合ってるだけだった[30]」とメイクアップ・アーティストのジェイミー・ケルマンが回想する。「どうしていいか誰もわからなかったので、試しにその場面をすごく短くしました」。しかし問題は解決されなかった。短縮された場面は、感情的な不満を残すだけでなく、盛り上がりに欠けていた。

それは２００７年の秋の出来事だった。『アイアンマン』の公開は２００８年の5月と決まっていて動かせず、終盤の場面を撮り直すのは気が遠くなるような作業だった。すでに壊されたセットを建て直し、俳優と制作スタッフを全員呼び戻すのは、一筋縄ではいかないだけでなく、金のかかることだった。しかし、まだ何とか手を打つ時間はぎりぎりあった。そして現状のエンディングでいいと思っている者は誰もいない。

5か月の間狂ったように改稿にあたった4人の脚本家たちは、全員すでに拘束を解かれていた。最初にこの映画に加わった脚本家のアート・マーカムとマット・ホロウェイは、自分たちが書いたドラマの脚本がテレビ局に売れたので、撮影中に『アイアンマン』から去っていた。マーベル・スタジオはそんな2人を新たに雇い直し、問題を説明して最新版の映像を見せた。観終わるとほぼ同時に、マーカムとホロウェイは問題から抜け出す方法を思いついた。物語の前半で出てくる場面に呼応する形でエンディングを構成し直すのだ。そのアイデアをファイギに提案したときのことを、ホロウェイはよく覚えている。「こういうのはどうだろう。ボコボコにされたアイアンマンは、オバディアはアイアンモンガー・スーツを自分で作ったのではなくて盗んだということを思い出す。つまり一定の高度まで上昇したときに氷結してしまうというスーツの欠陥をオバディアは知らないんだ[31]」。ファイギは気に入ったが、この当時はまだ自分が決断を下す立場にいると考えていなかったので、2人に「ジョンに提案してみて[32]」と言った。

『アイアンマン』を何とか予算内で収めようと必死だったファヴローは、提案されたアイデアに消極的だった。追加撮影には600万ドルかかる。しかしファヴローのためらいは、労働争議によって強制的に解消された。全米脚本家組合が全米映画テレビ製作者協会に対して契約条件の更新をめぐって交渉しており、動画配信サービスに関連する報酬などで揉めていた。脚本家組合のストライキは必至とみられる状況で、ファヴローは今提案されたもの以上のアイデアを練ることができない可能性に気づいたのだ。

「突然『君たち、さっきのアイデアだけど、今すぐ脚本にしてくれ』という展開になりました[33]」とホロウェイは語る。「ストライキの期日を締め切りにして仕上げました」。ホロウェイとマーカムは、2007年11月4日も終わる午前0時直前に、最終稿を提出した。脚本家組合のストライキは、翌11月5日から始まった（そして3か月以上続けられた）。

追加の場面をILMは仕上げなければならなかった。しかも最低限の予算で。「与えられた時間内で何ができるか、そしてどの撮影済みプレートが使えるか。それを決め込むのが鍵でした[34]」とILMのマーク・チュウは言う（プレートというのは特撮用語で、特殊視覚効果を合成するために用意した背景となる映像素材のこと）。ストライキが始まった以上エンディングはもはや書き直せず、ジェフ・ブリッジスが追加撮影に参加できない以上、特殊視覚効果班はすでに撮影済みの素材を可能な限り使い回さなければならなかった。

「あの時点で、うまくいかないかもと全員が思ってました」とチュウは、大変だったその数か月を振り返る。ダウニーの俳優としてのキャリアはこの映画の成功にかかっていたが、マーベルにとってこの映画はもっと巨大な賭けだった。そのことに気づいていたダウニーは「氷枕を夜な夜な腹にあてて腹痛を抑えていた人がいたとすれば、ケヴィンだったよね[35]」と考えている。「最善を尽くして立てた自分のプランがうまく運ぶよう祈りながらね」

それに応えてファイギは「ストレス対処法は人によって違うと思いますが、もしそれが比喩的な氷枕の話なら……[36]」。ファイギは間を置いてから続けた。「氷をお腹に当てても効かないと思いますね」。そういって彼は肩をすくめ、そして一言。「今ちょっと試してみようかな」

『アイアンマン』は、２００８年5月に公開され、最初の週末に国内だけで９８６０万ドルを稼ぐ大ヒットとなった。そして最終的に世界中で5億８５００万ドルを稼ぎだす。ここまでの道のりは、マーベルにとって負けの許されない賭けの連続だった。映画を製作するために自社のキャラクターを抵当に入れて融資を受け、ダウニーを起用し、一見行き当たりばったりだったファヴローに成功を託した。どの賭けの見返りも目を疑うほど素晴らしかったので、あのパルムッターすらハリウッドでのプレミア上映に現れた。パルムッターはプレミア・イベントのケータリング予算を削りたがったが、ケチらないように説得された（食事のメニューは「ポテトチップだけ[37]」にしたかったのだ）。レッドカーペットを歩いたりインタビューに応じる気はさらさらなかったマスコミ嫌いのパルムッターは、眼鏡と付け髭で変装してグローマンズ・チャイニーズシアターに忍び込んだ。

公開前、『アイアンマン』は好意的だが控え目な反応をもって迎えられた。生まれたばかりのスタジオが二軍のヒーローを主役に据えて製作した映画が大ヒットになると、誰に予想できただろうか。上回るべき期待値がそもそも低かったのが、マーベルにとって有利に働いた。『アイアンマン』という映画には豊かなウィットとハートがあった。そして観客を小バカにするそぶりは一度たりとも見せなかった。しかし公開されたその夏に一番ヒットしたスーパーヒーロー映画という座は、クリストファー・ノーランの『ダークナイト』に譲った。『ダークナイト』も9・11とその後の世界を扱ったが、主題の掘り下げ方はそれぞれだった。ヒース・レジャー演じたジョーカーはテロ時代のヴィランだった。動機なきままカオスを拡散させ、ゴッサムシティが誇る善人ですら堕落していていることを証明した。

女たらしで、我がままで、アメリカ有数の兵器製造者でもあるトニー・スタークという男に観客を共感させるのが、『アイアンマン』の製作意図だった。映画の尖った部分のいくつかは、製作中に円くなった。空を飛ぶもっともらしいスーパーヒーローを求めたジョン・ファヴローだが、大作映画製作につきものの要請（および国防総省の関与）により、世界の警察となるべく自分専用の武器運用システムを開発するテック界の大富豪と彼の倫理観に関する主張は、抑制されることになった。

映画は「私がアイアンマンだ〔I am Iron Man〕」というトニー・スタークの宣言で幕を引く。報道レポーターでごった返す部屋で彼がそう言った瞬間、スーパーヒーローは自分の仮の人格を何が何でも秘密にするという私たちの思い込みが粉砕される。それは、大予算で映画を製作することの制約を押しのけ、慣習に疑念を挟もうというマーベル・スタジオの方向性を表す1つの証拠だった。そしてその方向性はこれ以降も表現され続けていくことになる。

CHAPTER 6 | POST-CREDITS SCENE
ポストクレジット・シーン

アベンジャーズ計画について君と話しに来た。
I'm here to talk to you about the Avengers Initiative.
——アイアンマン（2008）

ケヴィン・ファイギには、『アイアンマン』のラスト・シーンで試してみたいアイデアがあった。1986年にジョン・ヒューズが監督したマシュー・ブロデリック主演『フェリスはある朝突然に』という意外な映画が、その着想の元だった。10代のファイギは、どんな人たちが今自分が観た映画を作ったのか見るためにクレジットを最後まで読むような、度を越えた映画狂だった。そうして『フェリス』のクレジットも最後まで観ていたファイギを驚かせることが起きた。ブロデリックが戻ってきて、映画はもう終わりだから早く家に帰れと、観客に直接語りかけたのだ。「こんな最高なことがあっていいのかと思いました」とファイギは回想する。「面白すぎると思いました。クレジットを最後まで観た僕へのご褒美みたいに感じました」（『フェリス』以前のポストクレジット・シーンのある名の知れた映画として『ナイト・オブ・ザ・リビングデッド』（1968）、『マペット・ムービー』（1979）、『ミートボール』（1979）、『フライングハイ』（1980）などが挙げられる）。

スタン・リーのカメオ出演と並んで、ポストクレジット・シーンはマーベル・シネマティック・ユニバースのトレードマークになった。クレジットの終わりに挿入される短い場面が、場違いな軽さを提供したり、新キャラへの興奮を掻き立てたり、複数の映画をつなぐ組織の役割を果たす。「基本的には、映画の最後にどんなオマケがついていたら楽しいかということです」とファイギは説明する。「その物語から少しだけ外れているけれど、より大きな物語につながっていく何か。最後まで座席に座ってすべての名前を観た人は、どんなご褒美に喜んでくれるか」

ＭＣＵ初のポストクレジット・シーンには、アイパッチをしたサミュエル・L・ジャクソン演じるS.H.I.E.L.D.のニック・フューリー長官が現れ、トニー・スタークに対してぶっきら棒に自己紹介する。ファンは大喜びだったが、この場面にはもっと大きな目的があった。フューリーが言及する「アベンジャーズ計画」により、マーベル・スタジオ製作の映画に登場する個別のキャラクターがリンクしながら、スーパーヒーロー・チームとしてまとまっていくというファイギの野望が明らかになったのだ（あくまでマーベルが権利を持っているキャラに限るのだが）。

クレジットが始まる前、2時間5分の上映時間中に、S.H.I.E.L.D.という組織は『アイアンマン』の物語にすでに導入されていた。クラーク・グレッグ演じるフィル・コールソン捜査官がペッパー・ポッツと会話するときに、S.H.I.E.L.D.という頭文字を口にする。本編中ではほんのわずかにしか触れられなかったが、クレジット後のシーンは本質的にマーベル・スタジオによるプレゼンだった。映画の世界がつながっていく、来るべき革命的な未来を垣間見せるプレゼン。このときはまだ高いギャラを貰ってクレジットカードのＣＭに出る前だったが、カリスマ性たっぷりのサミュエル・L・ジャクソンは、持てる才能を惜しみなく使った説得力溢れる演技で、与えられた30秒を最大限に活用した。

『アイアンマン』の撮影中ジョン・ファヴローは、ギーク向けのメディアに協力的だった。ちょうど映画関係のニュースを扱うウェブサイトが次第に影響力を持ちつつあった時期だ。そして、時折製作現場の写真をリークするパパラッチにも寛容だった。製作中のある夜、アイアンモンガーとアイアンマンの最後の対決場面の〈CGIチーム用の〉参照映像の撮影中、パパラッチの1人がアイアンマンのスーツを盗撮した。臨機応変なファヴローは、その写真を映画の中で使った（最後の場面でトニー・スタークが読んでいる新聞に載せられた）。しかし、2007年6月21日にリークされた写真には、さすがのファヴローも激怒した。

当時、映画関係の噂やレビューで人気の「Ain't It Cool News」というウェブサイトが強い影響力を持っていた。そのサイトに、ドルー・マクウィーニーが「モリアーティ」というハンドル名で書いた短い記事が載った。モリアーティはこう結論づけた。「ところが本日、ロバート・ダウニー・ジュニアは、ついにマーベルの大きな文脈に登場することになる俳優と数場面撮影した。これは嬉しいお膳立てだ。この新キャラが他の映画にも登場し、それぞれの映画の枠を超えた1つの大きな世界をマーベル・スタジオが描き始めることが期待される。アベンジャーズの映画が作られるという噂が、一歩大きく現実に近づいた。どの俳優かって？ 誰の役かって？ サミュエル・ジャクソンがニック・フューリーをだ[2]」

ジャクソンの存在を秘密にしようと手を尽くしたアイアンマンの制作チームの努力は、無駄骨になってしまった。しかも映画の公開は1年も先だ。それまでの間マーベル・スタジオの面々は揃って、人びとの関心が向かないようにリークに触れないようにした。あの男を除いて。アヴィ・アラッドを除いて。

6月にファヴローがマイスペース内（2007年も今は昔）の自分のブログに撮影最終日（場所はラスベガスのシーザーズ・パレス）のことを投稿した。「撮影させてくれた太っ腹のシーザーズ・パレスに、そしてお洒落（スワンク）な宿泊施設にも、感謝します[3]」と結んだ文章にはSだけ大文字で「Swank＝スワンク」と書かれていた。これは単なる打ちミスで大文字になったのかもしれないし、ファヴローが出演者を巡る噂を茶化したのかもしれない。ラスベガスの現場でエキストラとして出演していたステイシー・スタスがアカデミー賞受賞俳優ヒラリー・スワンクに似ていたので、スワンクがカメオ出演しているという噂が立っていたのだ。『アイアンマン』の製作に関わっていなかったアラッドは、この機に乗じてデマを流した。

ヒラリー・スワンクが『アイアンマン』に出ているかどうか、ＭＴＶムービーズ・ブログがアラッドに尋ねた。プロデューサーとしてクレジットされているアラッドなら知っていると踏んだのだ。アラッドは「どうして知ってるんだ？」[4]と応え、長い沈黙の後に「カメオ出演ですよ」と白状した。さらにサミュエル・Ｌ・ジャクソンが出演しているかどうかしつこく聞かれたアラッドは「それは言えない」と態度を硬化させてその場をしのいだ後、折れたかのように「サムの件は、秘密中の秘密だったんですよ。漏れるはずがのない情報だったのに」と言った。

＊　＊　＊

サミュエル・Ｌ・ジャクソンがニック・フューリー役を演じるまでには、長い長い紆余曲折があった。フューリーというキャラクターに、まず紆余曲折があった。スタン・リーがマーベルのハリウッド事務所を構えていた頃、すでにフューリーが主役の映画企画が検討されていた。その可能性に言及した一番古い記録は、パラマウントがフューリーを銀幕デビューさせるという１９８６年９月17日付バラエティ誌の記事だ。マーベルがとくに熱心に売り込んだ映画化企画の中でも、フューリーの映画は最も手が届きそうな企画だった。スーパーパワーの奥義を手にしたマーベルのスーパーヒーローたちの中で、フューリーはさまざまな秘密道具を持ったスーパースパイ、つまりコミックス版のジェームズ・ボンドのような存在だったからだ。

ニック・フューリーは１９６３年に、『Sgt. Fury and His Howling Commandos（フューリー軍曹と彼のハウリング・コマンドー部隊）』という第二次世界大戦を舞台にした戦争コミックスの主役として、スタン・リーとジャック・カービーの手で産み出された。読者の反応が良かったので、同年にはリーとカービーによって戦後の話が描かれ、フューリーは諜報機関S.H.I.E.L.D.のナンバー１スパイになった。やがて新聞スタンドに、１９４０年代と1960年代という2つの時代で活躍するフューリーのコミックスが毎月並ぶようになった。その数年後、マーベルはジム・ステランコという若く才能溢れるライター兼アーティストにニック・フューリーを任せた。ステランコはオプ・アート（錯視を利用した騙し絵のような表現）を使った革新的なスタイルと、悪の組織ヒドラとの大乱戦、そして見間違えようもない60年代的なかっこよさを、ニック・フューリーにもたらした。

1995年頃、デヴィッド・S・ゴイヤー（後にニュー・ラインの『ブレイド』の脚本を書くことになる）は、ニック・フューリーの映画の草稿を書くために20世紀フォックスに雇われた。「そのとき書いたニック・フューリーの脚本は、1本の劇場用長編映画の脚本でした[5]」とゴイヤーは言う。「ステランコ時代のニック・フューリーの代表的な物語を脚色しましたが、バロン・フォン・ストラッカーやサタンクローを盛り込んでアップデートした話にしました」（ここまでの数十年の間に、フューリーは大勢の助演キャラを得て、第二次世界大戦の古参兵とは思えない若さと活きの良さを保つインフィニティ・フォーミュラ（老化防止血清）などの驚嘆すべき発明品の数々を手にしていた）。「でも、形にはなりませんでした」とゴイヤーは続ける。「企画開発の煉獄から抜け出せなくなっている間に、スタジオが持っていた映画化権が失効してしまったのです。何年も経って『ブレイド』が作られた後に、こんな打診を受けました。「フォックスに売り込むために何本かバックドア・パイロット（シリーズ化を目論んでテレビ用に製作されるそれ単体でも成立する隠れパイロットフィルム）を作るんだが、いい報せだ。君が書いた『ニック・フューリー』を使う権利を買ったんだよ」というわけです」。問題は、ゴイヤーが劇映画として書いた脚本でテレビムービーを作ろうとしていることだった。自分が書いた脚本を劇映画として実現するには最低2000万ドルの予算が必要だとゴイヤーは考えていたが、テレビムービーの予算は500から600万ドルだった。「そんなわけで私は「忘れてください、関わりたくないです」と言いました。あちらは誰かを雇って私の脚本を書き直させ、私はテレビ版の件には一切関わってません」

そのテレビムービー『Nick Fury: Agent of S.H.I.E.L.D.（ニック・フューリー：エージェント・オブ・シールド）』は

デヴィッド・ハッセルホフがフューリーを演じ、1998年に放映された。「なんだかんだで製作が実現したとき、私は『スリープウォーカーズ』（1997）という短命のテレビ・ドラマのクリエイターとして忙しかったので[6]」とゴイヤーは続けた。「それから、ハッセルホフの起用には、ときめかなかったですね。できあがった作品は凡庸だと思いました。けれど、実は一番よかったのがハッセルホフでしたね。冗談を理解してくれた。おふざけの精神で書かれた脚本を、彼はちゃんとわかってくれました」

その後もニック・フューリー役を演じ続けたかったハッセルホフは、スタン・リーとアヴィ・アラッドに会って非公式だが承認を受けた。「私が演じたニック・フューリーは、スタン・リー本人と話しあって書かれた、誰かが勝手に変えてしまう前のいわば自然栽培のニック・フューリーだよ」とハッセルホフは言う。「おふざけとして成立するように書かれたニック・フューリー。葉巻をくわえた、かっこいいタフガイ……。スタン・リーは「君こそ究極のニック・フューリーだ」と言ってくれた。アヴィ・アラッドは（マーベルがトイ・ビズに吸収されたとき）「心配するな、君は永久にニック・フューリーだ」と言ってくれた。とんだ嘘つきだ[7]」（この件の、強いて言えば慰謝料として、ハッセルホフは『ガーディアンズ・オブ・ギャラクシー：リミックス』でピーター・クイルが理想とする父親として「デヴィッド・ハッセルホフの姿」とクレジットされてカメオ出演させてもらった）。

放映されたテレビムービーの視聴率は低く、フォックスはS.H.I.E.L.D.の実写テレビシリーズ化という計画を帳消しにした。それから5年ほど経ってから、アラッドはドリームワークス向けの映画としてニック・フューリーの脚本をゴイヤーに依頼した。他の企画が重複していなければゴイヤーは参加したと考えられるが、残念ながらクリストファー・ノーランの『バットマン・ビギンズ』（2005）のオファーを受けた後だった。「アヴィに電話しました[8]」とゴイヤーは回想する。「こう言いました「バットマンの仕事をオファーされたんだよ。子どもの頃からハリウッドに行ってバットマンの映画を作ると母に言ってたんだ。やらないわけにはいかない」。それを聞いたアヴィには「そうか、それはやった方がいいな」と言われました」

アラッドとマーベルはゴイヤーの代わりにアンドリュー・W・マーロウ（後にテレビシリーズ『キャッスル／ミステリー作家のNY事件簿』のクリエイターでありショーランナー〔テレビ・ドラマのすべてのクリエイティヴな判断をする監督より上の役職。通常脚本家がなる〕として成功する）に頼んで、ドリームワークスがニック・フューリーの映画化企画を進めたくなったときに備えて脚本を準備した。企画に関わった者のすべてが、1965年頃を舞台にした年代物のニック・フューリーのコミックスからアイデアを引き出しており、コミックスの世界に近年起きていた変化にも、ニック・フューリー本人に起きた変化にも、無頓着だった。

1999年7月にパルムッターは、マーベル・エンタープライズのCEOだったエリック・エレンボーゲンを解雇し、より節約志向のピーター・クニオを後釜に据えた。さらにパルムッターはビル・ジェマスを消費者生活製品、出版、ニューメディアの事業部門長に任命した。ジェマスに課された責任の1つは、コレクターによる投機熱が冷めて以来悪戦苦闘が続いているマーベルのコミックスが利益を出せるように立て直すことだった。

ジェマスは、ハーバード・ロー・スクールを卒業していた。編集会議に参加中、コミックスが持つにいたった過度に複雑な連続性を非難するときに、自分の学位を棍棒にして相手を殴った。「いいか、私はハーバード・ローを出てるんだ」とマーベルの編集者たちを殴る。「つまり、私にわからないことがあったら、問題は私ではないということだ」。何十年にも渡ってコミックス・シリーズが続くうちに、最初は10代だった、たとえばX－MENのミュータントたちやスパイダーマンがすっかり成人して、中には子どもすらいるという現状を、ジェマスは嫌った。これではコミックスの本質的なアピールが鈍ってしまう。それだけではない。映画版と話がずれでしまうとジェマスは考えた。映画を観てミュータントの誰かやウェブスリンガー〔スパイダーマンの愛称〕に心を奪われた子どもたちに、コミックスを手に取ってほしいのなら、せめて映画版のキャラクターとわずかでも似ているべきだ。

現存するにいたったマーベル・コミックスという宇宙を完全に破壊して、一から始める可能性を、ジェマスは真剣に考慮したが（同じく自らの歴史に束縛されていると感じていたDCコミックスは、1985年、50周年の年に『クライシス・オン・インフィニット・アース』というコミックスで、それを実行した）、思いとどまり、より過激ではない選択肢を採用した。マーベル・コミックスの「アルティメット」路線を打ち出し、それに登場するキャラクターを振出しに戻すのだ。そして現代の読者のためにアップデートされたヒーローの若い頃の物語を語る。そして、マーベルの歴史の中で最も人気の高いキャラクターとストーリーラインに注力する。

2001年にはX－MENの映画が、そして2002年にはスパイダーマンの映画が公開されるという予定を知っていたジェマスは、アルティメット・マーベル路線をX－MENとスパイダーマンで始めたいと考えた。そして編集長のジョー・カザーダに企画を託した。しかしマーベルは、「アルティメット・X－MEN」を映画と抱き合わせるタイミングを逸してしまった。コミックスの原稿が採用されなかった上に、フォックスが映画の公開日程を不意に半年早めて2000年に封切ってしまったからだ。それでもカザーダは、ブライアン・ベンディス（独立系の犯罪コミックスのライター。有名人ライターのケヴィン・スミス監督（マーベルは映画やテレビの監督、脚本家にコミックス原作を依頼することがある）が「デアデビル」の締め切りを破ったときに、穴埋めコミックスの原稿を書いた）を雇って「アルティメット・スパイダーマン」第1号を書かせ、作画はベテランのマーク・バグリーに担当させた。リブート企画第1号は大々的に宣伝された。抜かりないジェマスは、コミックス専門店だけでなく玩具店にも無料版を配布し、あっと言う間に成功を収めた。

マーベルの出版部門には、他にも問題が山積していた。映画『X－MEN』の成功に乗じて商売ができなかったことが、ジェマスには不満だった。「映画は20歳向け。玩具は10歳向け。玩具は売れなかった。テレビ（アニメ『X－MEN：エボリューション』）があったが、何とも抱き合わせにできないゴミだった。関連商品も何とも抱き合わせにできないゴミだった。映画が1本大ヒットした一方で、うちは会計的に大失敗。給料も払えないほど文無しだった[10]」

ジェマスとカザーダは長年マーベルで働いてきたライターや編集者を切り、より荒々しいコミックスを「ＭＡＸ」の名で立ち上げ、たとえばパニッシャーが悪態をついたり、頭を吹っ飛ばしたりできるようにした。さらに10を超すマーベルの古株キャラクターたちのアルティメット版を開始、伝統的なシリーズと同時に刊行し、加えて新しい才能も注入した。その中には英国人アーティストのブライアン・ヒッチとスコットランド人ライターのマーク・ミラーもいた。カザーダからの電話をヒッチは覚えている。「ここは狂人が経営する精神療養院。ちょっと遊びにおいでよ」[11]というカザーダの誘いを思い出してヒッチは笑う。「文字どおり、それが彼の誘い文句でした」

そしてその誘いは功を奏した。ミラーとヒッチはアベンジャーズを再発明する仕事を任された。嬉々として臨んだ2人は、アベンジャーズの名前をアルティメッツに変えるほど乗り気だった。キャプテン・アメリカは解凍された第二次世界大戦のスーパーソルジャーのままだが、ソーは自分のことを雷の神だと信じている精神的に不安定な環境活動家。ハルクはなぜかフレディ・プリンゼ・ジュニアに恨みを抱いている。２００２年の始動時、ＭＣＵはまだ地平線のはるか向こうに見えてすらいなかったが、アルティメッツのクリエイターたちは、馴染みのＩＰに新しいアングルを持ち込む手段として、このチームを映画にするならどんな風にするか話し合ったこともあった。「ジョニー・デップがアイアンマンで、ブラッド・ピットがソー。などなどです」とヒッチは回想する。

9・11のテロ攻撃が、アルティメット路線の方向性を、よりダークに変えた。「スーパーヴィランから、スーパーテロリズムの方向に行きました」とヒッチは言う。「トーンがまったく違うものになりましたね」。結果として、ニック・フューリーという人物の重要度も増した。今や彼は、マーベルが誇る精鋭対テロリズム機関S.H.I.E.L.D.の司令官となった。

ミラーは、「アルティメット・ファンタスティック・フォー」という別のシリーズに登場するニック・フューリーを黒人と設定した。「S.H.I.E.L.D.の長官という立場にいるニック・フューリーをアフリカ系アメリカ人にしたかったんです。なぜかというと、その当時現実世界で一番フューリーに近い肩書きを持っていたのは、コリン・パウエルだったので。それから、ニック・フューリーという名前が、いかにも1970年代に量産されたブラックスプロイテーション映画〔『黒いジャガー』（1971）など、黒人観客層を狙った黒人キャスト主体の搾取映画〕の登場人物みたいだとも思いました。そんな考えが脳内で融合して、とても明確なキャラクター像が浮かびました。元々ジム・ステランコが考案したのは、ラット・パック〔日本ではシナトラ軍団と呼ばれた、おもにフランク・シナトラを中心としたエンターテナーたちの緩い集団〕的なイメージに基いたアメリカ人のスーパースパイでした。いかにも60年代的な人物像だったので、必要なアップデートを施したんです」[12]

こうして考案されたニック・フューリー2・0を、ヒッチはサミュエル・L・ジャクソンそっくりに描いた。「アイパッチとシャフトの髭をつけました」[13]〔シャフトは『黒いジャガー』の主人公〕。写真を参照しながら描いたヒッチの画はリアルだったので、発想の源が誰かは一目瞭然だった。ジェマスとカザーダは、訴えられる可能性を心配したが、キャラクターがあまりにクールなので、訴訟の危険を冒す価値有りと判断した。

サミュエル・L・ジャクソンは子どもの頃からコミックスの愛好家だった。ジャクソンは1950年代にテネシー州チャタヌーガの街で、貪るようにコミックスを読みながら育った。ジャクソンのコミックス狂いを心配した祖母〔育ての親〕が、コミックスを5冊読んだらちゃんとした本を1冊読むという規則を作ったほどだった。2000年に公開された映画『アンブレイカブル』でキャリアの白眉とも言うべき演技を見せたジャクソンは、コミックスの画廊を経営する裏で実はスーパーヴィランのミスター・ガラスを好演した。ジャクソンは、ロサンゼルスにある有名なコミックス書店ゴールデン・アップルの常連客でもあった。

そういうわけで、ほどなくジャクソンは「アルティメッツ」を読んでいる最中に、そこに描かれた自分の顔を発見した。光栄に思いながらも困惑したジャクソンは代理人に電話して、使用許可を出したかどうか確認した。ヒッチによると「サム〔ジャクソン〕の関係者がマーベルに連絡してきて、「これは、こちらが訴えないといけないやつですかね」と聞いてきました」[14]。マーベルは告訴されるのを回避した。もしニック・フューリーが映画に登場することがあったら、ジャクソンが演じてよいという条件を出し、ジャクソンはそれを受け入れた（ジャクソンの妻ラターニャ・リチャードソン・ジャクソンは、ヒッチがコミックス用に描いたオリジナル画を購入して夫の誕生日に送った）。マーベルとしては、安くつく解決法だった。ミラーによると「マーベルが破産の危機から這い出そうと足掻いているときに、映画化なんてありえないと皆思ってましたね」[15]。アラッドが思いつきでデヴィッド・ハッセルホフと交わした口約束にもかかわらず、5年後に映画に登場したニック・フューリーとしてサミュエル・L・ジャクソンが起用されたのは、この取り引きの結果だった。ハッセルホフよりジャクソンの方が、スターとして有名であり役者として優秀なのは言うまでもないが。

「ニック・フューリーにはいろいろなキャラクターを結びつけるキャラクターになってほしいと思ったんです。でも映画の邪魔をしてほしくはありませんでした」[16]とファイギは言う。「だって、眼帯をしたサミュエル・L・ジャクソンが映画の真ん中に登場したら、すごい違和感でしょう。クレジットが終わるまで席を立たないような人なら、このアイパッチの男が誰か知ってるはずだと考えたのです」

ファヴローは「あれはファンへの純粋なラブレター。映画を最後まで観てくれた人が見つけて楽しいイースターエッグですよ」[17]と言っている。

1日で終了した撮影は、主要撮影が終わった数日後にまだ壊されていなかったスターク邸のセットで行われた。トニー・スタークが帰宅すると、待っていたフューリーにアベンジャーズのことを聞かされるという短い場面のために、ブライアン・マイケル・ベンディスは数バージョンの脚本を書いた。

スタークが「アベンジャーズ（復讐する者）って、誰に仕返しするんだ?」と言うバージョンもあった。使われなかったバージョンには、マーベルのIPが2つ、さらに撮影が迫っていたハルクの映画が示唆されるものもあった。「ガンマ線の事故やら、放射性クモに嚙まれた男やら、ミュータントの集団やら、そうでなくても大変なところに、協調性がなくて、玩具を独り占めにしたい金持ちのボンボンの相手とはな」

ファンたちが狂喜したであろうこの台詞は、しかしマーベルにとって達成不可能な目標でもあった。ファイギは、映画に登場させられないキャラクターの登場を仄めかしたくはなかったのだ。「マーベルはX－MENの映画化権を持っていませんでした。ファンタスティック・フォーもないし、スパイダーマンもない。でも他のキャラクターはすべてありました」[18]とファイギは説明する。「マーベルが持っているキャラクターを使った映画は1本も作られておらず、コミックスを読まない層がそのキャラクターを知らなかったとしても、スーパーヒーローを他のヒーローの映画に出演させるという、他に類を見ない試みを実行する機会だったんです」

ポストクレジット・シーンはファイギが直々に監修したとファヴローが言っている。「ケヴィンは隅から隅までどっぷりでしたね。なにしろニック・フューリーの台詞が、アベンジャーズ計画を前進させる力になるわけですから。あれで導火線に点火したわけです。ケヴィンは、より大きな計画に向けた準備を進めていたんです[19]」

＊　＊　＊

そしてマーベルは、ついに批評家と先行試写の観客に向けて『アイアンマン』を上映した。その上映プリントの最後には、フューリーの場面がなかった。サプライズを台無しにしないための最後の一手だった。ヒラリー・スワンクとサミュエル・L・ジャクソンのカメオ出演を期待していたジャーナリストたちは、2人とも出番はないと報じた。一般観客向けの公開が始まったときに、ボーナスの場面が付け加えられた。クレジットが終わるまで席を立たない方がいいという噂が、瞬く間に広まった。

ファイギが回想する。「あれを観たコアなファンたちが「待てよ。ということは……」と話を広げてくれたらいいなと思っていたのですが。しかし、公開直後にエンターテインメント・ウィークリー誌〔ウェブ版〕が、ニック・フューリーとは何者で彼の登場が何を意味するかという解説記事を出したんですよ[20]」。一般大衆の反応を思い出して微笑みながらファイギは言った。「あんなに勢いで拡散するとは予想外でした」

CHAPTER 7 | EXTRAORDINARY LEVELS OF TOXICITY
とんでもないレベルの毒性

お腹が空くと、僕は嫌な奴になるぞ。
You wouldn't like me when I'm hungry.
――インクレディブル・ハルク（2008）

ハルクは最強だった。そして、スパイダーマンに次いで2番目の人気を誇るこのキャラクターを、マーベルは映画製作に使えなかった。ロバート・ルイス・スティーヴンソンの『ジキル博士とハイド氏』（1886）のバリエーションとして1962年にスタン・リーとジャック・カービーが創造したハルクは、テレビ・ドラマ『超人ハルク』のおかげで、コミックスを読まない層にも知られていた。CBS局が1977年から1982年まで製作・放映した『超人ハルク』では、ビル・ビクスビーが演じたデヴィッド・バナー（テレビ向きにブルースから改名）という物憂げな科学者が、怒るとハルクと呼ばれる緑色の巨人に変身した。ハルクは体を緑色に塗ったルー・フェリグノが演じた（さらに『超人ハルク』のテレビ映画版が1980年代後半に数本製作された）。

「プラネット・ハルク」（後に『マイティ・ソー バトルロイヤル』に翻案された）を含むハルクのコミックスを多数手がけたグレッグ・パクのハルク観は、こうだ。「皆ハルクが大好きです。ぶっ壊しますからね。誰かが完全にキレて暴れるのを見ると、本能的なスリルを感じます。それは、やりたくてもできないことを代行してもらうスリルでもあります。でも、どんなにちゃんとした理由があっても、怒りに任せて暴れればその代償を払うことになります。だからハルクの物語は心に響くんです」[1]

常に人気の高いハルクは、とくに男児に人気だった。ハルク玩具の売り上げは、まるで常緑樹のように枯れることを知らなかった。「当時ハルクは、マーベルの消費者製品の中でも2番目によく売れていました」[2]とデヴィッド・メイゼルは言う。マーベル・スタジオが製作することになる最初の4本の映画の1本として、幹部たちは全会一致でハルクを選んだ。「ハルクですから」メイゼルは言う。「考えるまでもない」

簡単に先が読めてしまう野暮な展開を脚本家は「時計で計ったみたい」と言って嫌うが、マーベル・スタジオが製作した映画版ハルクの現場は、まさに時計で計ったみたいに悪い事が起きていく、出来の悪いシナリオのようだった。普段はおとなしい主演俳優が、制御の効かない巨大なカオスの使者となって暴れ回り、映画製作が収拾のつかないバトルに発展したのだ。成功が約束されていたはずの映画は崩壊寸前、興行収入だけでなく、業界内の地位を確立しようと格闘中のマーベル・スタジオの未来をも脅かした。２００８年の夏に公開されたエドワード・ノートン主演の『インクレディブル・ハルク』は、マーベルが企画した映画の中でも一、二を争う低評価を受けた。ＭＣＵ映画に途中から参加する人は、見ない方がいいと言われるのがこの作品だ。同時に、共同作業の限界という価値ある教訓をマーベル・スタジオに授けてくれた映画でもある。言い換えると、上位下達とクリエイティヴィティは必ずしも矛盾しないという教訓だ。

この教訓は、最終的には次のような言葉で要約された。「面倒くさい野郎はお断りというポリシーですよ」[3]とマーベル映画の出演者の1人が教えてくれた。

マーベル・スタジオがまだ爪工場と呼ばれていたときにプロデューサーとしてマーベル・スタジオに加わったクレイグ・カイルも同意してこう言った。「いいポリシーです」[4]

＊　＊　＊

ハルクが登場する劇映画は、ほんの数年前に作られたばかりだった。アン・リー監督、オーストラリア人のエリック・バナ主演の『ハルク』が公開されたのは2003年のことだ。野心的なアン・リー監督は芸術性の高いハルクを作り、好意的なレビューもあったがファンには好かれなかった。反応が芳しくなかったとはいえ、メイゼルの「4打席」計画に従ってマーベル・スタジオが映画化するキャラクターを選ぶとき、この『ハルク』の存在がマーベルに有利に働いた。「ハルクの映画はすでに1本作られており、それなりの興行収入を上げていました（全世界で2億4500万ドル）[5]とメイゼルが説明しながら続ける。「続編を作るときは、第1作目と大体同じ利益を上げることがわかっているのです。2作目の利益を劇的に上げるのも劇的に下げるのも難しいんです。私たちにとって『アイアンマン』は、いわばフェンスに向かって全力疾走しないと捕れない球でしたが、ハルクの成績は見当がつけられたんですよ」

2003年の『ハルク』はユニバーサル・スタジオによって配給された。ユニバーサルの社長だったロナルド・メイヤー（その前は共同創業者としてCAAにいた）とアヴィ・アラッドが、ハルクの使用を巡る取り引きを交わしていたのだ。2005年のある土曜日の午後、メイゼルがメイヤーに電話した。2人はCAAで働いていた時以来の仲だった。ユニバーサルやその親会社のゼネラル・エレクトリックの話を少ししてから、メイゼルがずばり聞いた。「お宅でもう1本ハルクをやる気はあるのかな」

「率直に言って」[6]。メイヤーは答えた。「それはうちの計画にはないね」

そこでメイゼルは、マーベル・スタジオがハルクの映画を製作するから、ユニバーサルが配給してはどうかと持ちかけた（『アイアンマン』のときはパラマウントがその役を担った）。マーベルは1億ドルほどの予算を見込んでいる。完成した映画が2003年の『ハルク』と同じくらい売れれば、ユニバーサルは2000万から3000万ドルほど儲けることになる。『アイアンマン』をパラマウントに配給させたときと違っていたのは、ユニバーサルが２００３年の『ハルク』の後でハルクのライセンス契約を更新していたということだった。マーベルは、他人が権利を握っているキャラクターで映画を製作することになる。創業間もないマーベルというスタジオにとって、これは禁忌に等しい条件だった。しかしメイゼルには秘策があった。

「ハルクの権利をマーベルに戻してもらって、既存のライセンス契約を破棄する。その上で、ハルクの映画をそちらが１本配給するという取り引きがしたい」[7]とメイゼルは提案した。話にのったメイヤーは、詳細を詰めるための会合を翌週設けることにした。

ハルクの映画化に関わる諸権利をすべてマーベルに戻すが、ハルクを主人公にしたシリーズの映画はユニバーサルが配給するという条件で、両者は合意した。つまりこれは、ハルクの名がタイトルに入っていなければ、ユニバーサルの関与なしでハルクを他の映画にカメオ客演させられ、スーパーヒーローチームにも参加させられるということだった。メイゼルが提示したこの条件こそが契約の肝だったことが、やがて明らかになる。映画のタイトルがハルクでなくても、マーベルにはハルクを使ってたっぷり引き出せる旨味がある。ユニバーサルには知る由のないことだった。この契約の諸条件がＭＣＵの在り方を定義づけることになる。高い人気にかかわらず単独のハルク映画が作られない理由が、この契約なのだ。

ユニバーサルとの同意の内容は、マーベル・スタジオだけでなく、他の部門にとっても願ったり叶ったりだった。ハルクが登場する次の映画の公開時期をマーベルが決められるからだ。フォックスが唐突に公開時期をずらしたせいで関連玩具を売れなかった『Ｘ－ＭＥＮ』の記憶に、アイク・パルムッターはいまだに頭を痛めていた。

マーベル・スタジオは、『アイアンマン』の撮影が終わったら即ハルクの映画を撮り始めると決めた。２００６年には丸１年をかけて両作品の製作準備が行われた。アン・リーと、彼が長年ともに作業してきた脚本家兼プロデューサーのジェームズ・シェイマスが『ハルク』の企画に手を出す以前に、すでにハルクというＩＰ映画化のために開発された脚本が何本も存在した。その中の1本はザック・ペンが書いていた。『X－MEN2』（2003）と『X－MEN：ファイナル ディシジョン』（2006）の脚本を書いたペンのことを、ケヴィン・ファイギは知っていた。マーベルはペンを雇い、彼の書いた古い脚本をリライトし、同時にデザイナーたちはスクリーンで暴れる緑色の巨人を表現する作業を始めた。

アン・リーの『ハルク』は、気分によって大きさが変わる点や、「コマ」に見立てた画面によってコミックスのページのような効果を出そうとした監督の狙いにいたるまで、さまざまな理由で批判されていた。しかし何よりファンにとって不満だったのは、アクションが少ないことだった。そこでマーベルは、ルイ・レテリエの起用を考えた。レテリエは内省的なドラマよりも格闘場面の演出で知られた監督で、『トランスポーター』（2002／香港のアクション監督コリー・ユンと共同監督）、『ダニー・ザ・ドッグ』（2005／ジェット・リー主演）、『トランスポーター2』（2005／1作目と同様ジェイソン・ステイサム主演）といった映画で知られていた。レテリエはCGIによる視覚効果よりも現場にある実物を使った特殊効果を好む監督だが、仕事をしながら新しいことを素早く学んでものにすることでも知られていた。

リュック・ベッソンの愛弟子でもあるパリ生まれのレテリエは、初めて会ったアラッドに『アイアンマン』を監督したいと伝えた。『アイアンマン』の監督はすでに決まっているとファイギが伝えると、レテリエはハルクに興味を示した。数十年の歴史の中で何度も変化してきたハルクというキャラクターだが、レテリエはジェフ・ローブが執筆しティム・セイルが描いた『ハルク：グレイ』に視覚的にも感情的にも惹かれていた。『インクレディブル・ハルク』の監督として雇われたレテリエは、ハルクの外見以上に重要な創作的判断はないという確信から、何にも優先してハルクのデザインを求め、マーベル・スタジオは、ベテランの特殊視覚効果監督カート・ウィリアムズの力を借りることにした。ウィリアムズは、10年ほど前の『バットマン フォーエバー』（1995）で、スーパーヒーロー映画の現場を経験していた。

「忘れられないのは[8]」とウィリアムズは回想する。「ハルクと同時に他の企画も同時に開発されていた、作戦指令室に足を踏み入れたときのことです。ルイ（レテリエ）とケヴィン（ファイギ）と3人で部屋に入ったときに、ケヴィンの壮大な野望が、私の目の前で炸裂したわけです」。ファイギが全体の大きなプランを掌握する一方で、細部にこだわるレテリエは映画の視覚的参考資料として、ハルクのコミックスからお気に入りのコマを抜き出した。ウィリアムズはコンセプト・アーティストでクリーチャー・デザイナーでもあるアーロン・シムズ（のちに『ストレンジャー・シングス』（2016－）の顔のないデモゴルゴンをデザインしてその名を馳せることになる）を参加させた。

2003年の『ハルク』と同じに見えないようにした方がいい。それは製作陣にとって明らかだった。ウィリアムズは2003年版ハルクの外見を描写して「巨大な赤ん坊」と言った。あれより筋肉質で、しかも柔らかい表情も見せられるハルクをレテリエが望んだので、暴れ狂っているところではなく、静止状態のハルクからデザインが始められた。「まず落ち着いた状態のハルクだけをデザインしたのですが」とシムズは続ける。「他の何よりも難しかったです[9]」。どこか一部でも望みどおりにできたときは、レテリエとシムズがそのデザインを、ウィリアムズとマーベルのプロデューサーたちに見せた。とことんこだわったデザインのプロセスは、俳優が雇われる以前に始まり、撮影終了後ポストプロダクションの最中まで、ほぼ1年間続いた。

ウィリアムズは、リズム＆ヒューズという特殊視覚効果制作会社を雇うことにした。『X－MEN：ファイナルディシジョン』や『ナルニア国物語／第1章：ライオンと魔女』（2006）といった大作映画で知られるリズム＆ヒューズだが、ウィリアムズの気を引いたのは、アカデミー賞を獲得した『ベイブ』（1995）での仕事だった。CGIで作った動物に筋肉をマッピングして、見事に喋っているように見せることに成功したリズム＆ヒューズなら、寡黙なハルクにも同様のことができるかもしれないと、マーベルは期待したのだ（もちろんハルクの語彙は羊飼いの豚、ベイブよりはるかに少なかった）。

2003年の『ハルク』でエリック・バナはいい仕事をした。しかしマーベル・スタジオは、新しいハルクはその続編ではないと明確に示したかったので、新しいブルース・バナーが必要になった。レテリエは、主演男優にはマーク・ラファロが欲しいと主張した。ちょうどデヴィッド・フィンチャー監督の『ゾディアック』（２００７）を撮り終えたラファロは、アイアンマン役に配役されたばかりのロバート・ダウニー・ジュニアと共演していた。しかし、マーベルは適役は別にいると確信していた。それがエドワード・ノートンである。

『真実の行方』（１９９６）や『ファイト・クラブ』（１９９９）など、二重性のある役柄で有名なノートンは、バナー役に最適と思われた。『インクレディブル・ハルク』の撮影が始まったときに37歳だったノートンは、その時点までに『真実の行方』と『アメリカン・ヒストリーX』（１９９８）で2度もアカデミー賞候補になっていた。

もしマーベルが『アメリカン・ヒストリーX』の現場で起きたことをしっかり把握していれば、『インクレディブル・ハルク』の撮影が制御不可能に陥ることを予測できたかもしれない。アメリカ国内に台頭するネオナチズムを扱った不穏で暴力的な『アメリカン・ヒストリーX』の構成を巡って主演のノートンと監督のトニー・ケイが対立したとき、製作会社のニュー・ライン・シネマはノートンの側についた。再編集する権利を与えられたノートンは、監督の編集によるタイトな95分バージョンに20分を付け加えた。ケイは「ノートンは自分の出番をたっぷり増やした[10]」と文句を言った。憤まんやる方のないケイは自分の名前をクレジットから削除し、映画祭での上映を取りやめさせようとしたが、その結果は自らのキャリアに傷をつけるだけだった。『アメリカン・ヒストリーX』は称賛を浴び、ノートンはアカデミー賞最優秀主演男優賞候補になった。

ノートンには監督、そして戯曲家としての経験があった。ノートンはサルマ・ハエックとつきあっていたが、ハエックが『フリーダ』（２００２）に主演したとき、自分が脚本を徹底的に書き直したと主張した。そういうわけでノートンは、『インクレディブル・ハルク』に主演することに同意する前に、ザック・ペンが書いた脚本を自分がリライトしてもいいという約束を、マーベルから取りつけたのだった。ノートンには野心があった。ハルクを、有名なＩＰが登場する薄っぺらい娯楽以上の映画にしたい。ハルクは劇的な重さに耐えうるキャラクターだと、ノートンは信じた。マーベルは、創造的に関わりたいというノートンの希望を、重荷ではなく恩恵と捉えた。ロバート・ダウニー・ジュニアとグウィネス・パルトローは『アイアンマン』に高い評判と輝きを与えたが、マーベルは同じ効果をエドワード・ノートンにも期待したのだ。

ハルクがデジタル・クリーチャーだということも、ノートンの気を揉ませた。出番の半分をデジタル・チームに預けてしまっては、自分の役なのに手が出せないと心配したのだ。本人の回想によると、ノートンはマーベルに対してこう言った。「僕自身がハルクを演じられないのなら、あまり興味を持てない。役者としては、演じることでその複雑さが出せるんだから」[11]。ウィリアムズは、最新のパフォーマンス・キャプチャー〔パフォーマンス・キャプチャーとは撮影された俳優の動きや表情のデータを「翻訳」して、クリーチャーや動物にその動きを反映できる技術〕を使うから大丈夫とノートンを安心させた。新しく開発されたMOVAという撮影システムを使えば、バナーもハルクも両方演じることが可能になる。

ノートンは出演契約にサインし、早速脚本のリライトを始めた。他の配役が決まっていくなか、定期的に制作部に顔を出した。〝サンダーボルト〟・ロス将軍を演じることが決まったウィリアム・ハートは、長年ハルクのファンだった。「昔からお気に入りのキャラクターでした」[12]とハートは語る。「息子に、2人ともハルクが好きだなんて面白いよね、何でだろうねと、いつも聞くんです。私もコミックスを読みますが、息子は筋金入りの大ファンなんです」。ハートの息子は、コミックスに登場するロス将軍の生い立ちと性癖をまとめて書き出し、ハートの役作りを助けた。

リヴ・タイラーが本作に関わる経緯にも、家族が絡んでいる。幼い頃、母親のビビ・ビュエルと一緒にテレビの『超人ハルク』を観ていたのだ。2004年に第一子で息子のマイロを産んだばかりのタイラーは、役者としてのキャリアを再スタートさせようとしているところだった。「ある夜、代理人が電話してきました」[13]とタイラーは回想する。「ちょうどマイロを寝かしつけたところで、夜の9時くらいでした。遅い時間に電話されるといつも不機嫌になるので覚えてます」。ベティ・ロスの役についてマーベル・スタジオが話し合いたがっているので、翌日ロサンゼルスに飛んでほしい、という用件だった。1日遅れてロサンゼルスに飛んだタイラーは、ファイギとレテリエと打ち合わせをした後、出演を決めた。

映画のヴィランはエミル・ブロンスキーという兵士だった。第3幕で彼はCGIの力を借りてアボミネーションに変身するのだが、レテリエはその役に、クエンティン・タランティーノ監督作品で知られたティム・ロスを望んだ。性格俳優を使うことで、コミックス原作の映画がバカげたセルフパロディになってしまうのを防げるとファヴローは考え、レテリエも同じ意見だった。有名な俳優を希望したファイギは当初ロスの起用に反対したが、レテリエとロスは2人でファイギを説得した。ローレン・シュラー・ドナーの下で修行したファイギは、自分とは違う視点に耳を傾けることの重要さを身をもって理解していた。ロスによると、ファイギは自分が最適な俳優だと説得してくれたことに感謝すらしたと言う。「このアボミネーションというヤツは、インディー映画みたいだと思ったよ[14]」とロスは回想する。「超大作インディー映画みたいだった」

アボミネーションをどのように演じるかレテリエと話し合ったロスは、俳優でモーション・コーチでもあるテリー・ノタリーを推薦した。『PLANET OF THE APES／猿の惑星』（2001）でロスが残忍なチンパンジーのセード将軍を演じたとき、ノタリーがコーチしてくれたのだ。ノタリーとカート・ウィリアムズ、そしてリズム&ヒューズは、早速プリビジュアライゼーション〔プリビズまたはプレビズ。本番前の準備的視覚化〕の作業に突入し、監督が思いついたイメージを片っ端からラフな映像にしていった。ハルクとアボミネーションが自動車を投げつけ合い、消火栓を破壊するというレテリエのアイデアを、ヴィジュアル・アーティストたちは素早く素描し、視覚化した。「思いついたものは何でも、チーム全員がすぐにその場で映像にしてくれるんですよ[15]」と感嘆したノタリーは語る。

プリビジュアライゼーションとモーション・キャプチャーのデータは、リズム&ヒューズに渡され、VFX（特殊視覚効果）の作業が始まった。データは、アーロン・シムズがハルクの外観デザインを詰めている美術部にも渡された。ＶＦＸアーティストたちはノートンの顔つきをハルクに反映させようと試行錯誤したと、シムズは言う。「でも、エドワード・ノートンは細面なので、拡げてしまうとどうやっても本人に見えなくなってしまう。やっているうちに、無理をしても良い事はないと気づきました。ハルクの目にノートンの面影を持たせましたが、それ以上のことはできませんでした。鼻の形ひとつとっても、骨格が違いすぎて、似せるのは不可能でしたから[16]」

撮影開始が迫る中、ノートンが自ら書き直した脚本を提出した。それが撮影台本になる予定だった。ノートンが現場で並外れた権限を発揮することに、レテリエは同意した。ノートンはスターで、プロデューサーで、現場付きの脚本家だった。共同作業が性に合うレテリエだったが、ノートンが自分より強い立場にいることは重々承知していた。初稿を書いたザック・ペンは、撮影現場に自分の居場所がないことに気づいた。「ちょっと傷つきましたね[17]」とペンは告白した。「仲間たちは仕事を続けていましたが、観念しました。だって、何もできないし、何も言えないから。主演俳優が脚本家もやるのなら、脚本家はお役御免ですよ」

２００７年７月、インクレディブル・ハルク組はロサンゼルスを後にして、撮影のためにトロントに向かった。その２週間後、サンディエゴ・コミコンで開かれるマーベル・スタジオのパネルに出席するために、主要な製作メンバーと俳優たちがカリフォルニアに戻った。参加したのはファイギ、とても口数の少ないアラッド、ユニバーサルを代表してゲイル・アン・ハード、ノートン、（撮影はまだだったが）タイラー、そして折れた左脚にギプスをはめて歩きにくそうなレテリエ監督だった。コアなファンたちの要望に応えて、この映画がアン・リーの『ハルク』の続編ではないことを全員が強調し、ファイギは現在撮影中の映画は「パート１[18]」だと言った。ハードは自分でプロデュースした２００３年の『ハルク』をこき下ろし、今度のハルクは「３つの違うサイズにはしない[19]」と約束した。

スーパーヒーロー映画に主演することになった経緯を問われたノートンの「僕が脚本を書いたからね[20]」という

答えに、会場から驚きの声が上がった。

ザック・ペンが見る限り、ノートンのリライトは表面的なものにすぎなかった。それは、映画の大半はすでに絵コンテに描かれ、プリビジュアライゼーションが終わっていたからかもしれないし、全米脚本家組合のクレジットに関する仲裁に対して優位な立場を確保しようというノートンの企てかもしれなかった。「バナーが青い帽子を被って東に歩いていると私が書いたとすれば、ノートンが赤い帽子で西に歩くと書き換え[21]」とペンは言う。「階下に住む隣人の名前をロリーナと書いたら、ノートンがマリーナに書き換えた、そんな感じです」

ペンは敗北したように続けた。「最後の方ですごく変えられた場面がありました。ロスがバナーを病院に迎えにいって、ヘリコプターから突き落とす場面が映画の前の方にあったんです。衝撃的な場面でしたよ。それをハーレムに飛び降りる場面に動かした。大きく違うといえば、そこですね。私が書いた場面はかっこいいと思いましたが、なぜバナーが自分の意思でハーレムに飛び降りるか理解できません。大勢を殺すことになるわけですから」

クレジットを決定する段になり、予想どおり全米脚本家組合の仲裁があった。組合の裁定により、ペンだけに脚本のクレジットが与えられることが決まった。これでペンは、傷ついたプライドを取り戻し、脚本の著作権者として再使用料を受け取ることになった。それでもノートンは、脚本は自分のものであり、自分の力によって脚本がプロメテウスの物語を土台とした神話性に染まったと信じ続けた。

レテリエが撮影前のエピソードを教えてくれた。「3週間、『リハーサル』というやつをやりました[22]」。キャストの中でもとくにウィリアム・ハートと気が合ったエドワード・ノートンだが、2人が一緒の場面は2つしかなかった。結果としてこの「リハーサル」は、レテリエによると「ウィリアムとエドワードのお喋りをティムとリヴと私が見ている」という3週間になった。

ジョン・ファヴローが率いた『アイアンマン』の現場を象徴するのが、「もっともらしさ」という旗印とカクテルの時間だとすれば、レテリエの現場は常に香港映画仕込みの躁状態だった。ウィリアムズによると「ルイと仕事をしてると、彼の凄まじい熱気が皆に伝わるのを感じます。行けるところまで行こうという気になりますね[23]」。現場では常に、スタント・チーム、ヘリコプター搭載のＢカメラ、台詞を読みながら演技する俳優たちと、複数のユニットが同時に稼働していた。

撮影開始から１か月の間、レテリエは脚にギプスをはめていたが、仕事の手を抜くことはなかった。片手に杖、片手に真っ赤な拡声器を握ったレテリエは、自分が必要とされる場所には抜かりなく現れた。撮影班と一緒にいられない事情があったら、主要俳優たちを信用し彼らの判断に委ねた。こうしてノートンとロスは、多くの場面で自分の役を思いどおりに演じることになった。「ルイは寝ながらでもアクションの演出ができますよ」とウィリアムズは言う。「恐らく彼にとっては、もっと繊細な場面を撮る方が大変なんでしょうね。２００人のスタッフがうろうろしていない静かな現場の方が撮影は簡単だと思いますが、台詞が難しければ繊細な配慮が必要ですからね」

出番がないときは、ロスもノートンもＶＦＸチームに呼び出されて参照用の映像を山のように撮られた。ＭＯＶＡという最先端の技術を使えば、顔に何十という点を描いてグリーンスクリーンの前で演技しなくて済んだ。代わりに２人は遊色効果〔光の角度によって色が変化する〕を持つ粉をスプレーされた。粉塵に反射した光が何千という正確な座標としてデータ化され、それに基づいて演技のデジタルマップが生成される。その利点をウィリアムズが説明してくれる。「ＣＧＩキャラクターの成否の分かれ目は、たとえば瞳の中の微細な動きや、表情筋や手の指などの細密な筋肉の動きです」

バナーもハルクも両方自分で演じることが、ノートンにとっては重要な契約上の条件だった。ハルクの身体の動きをデータとして採取するために、ノートンはモーション・キャプチャー用のボディスーツを装着してテリー・ノタリーやその他の役者たちと取っ組み合いをする必要があったのだが、いざとなるとノートンは興味を示さなかった。モーション・キャプチャーだけで済ませられる工程にＭＯＶＡを導入したのは、ハルクを演じたいというノートンの希望に沿うための妥協策だった。しかしMOVAで採取したノートンの表情データをCGIで作ったハルクのモデルに合うように変換してみると、ハルクのモデルが元々ノートンに似ていなかったせいで、うまくいかなかった。結局、CGIハルクに演技をさせるために必要な作業にノートンが非協力的だと分かった段階で、この問題は棚上げになった。

最終的に、ハルクの表情はすべてキーフレーム・アニメーション、つまり、キャプチャーされたデータを一切使用せずに1フレームずつアニメーターが「手で」動かすことになった。当時リズム&ヒューズのアニメーション監督だったキース・ロバーツは「できあがったハルクにはエドワード・ノートンの表情を使っていませんが、表情のタイミングが気味悪いほど似ています[24]」と社交辞令を述べている。

ノタリーはもっと明け透けだった。「ハルクを演じるということに関する限り、ノートンは大した興味を持てなかったんだと思います。自分で変身できたら話は別だったんでしょうけどね。ほとんど現場には来ませんでしたよ[25]」

一方ティム・ロスは、再びノタリーと仕事をする機会を思う存分楽しんだ。ときには自らモーション・キャプチャー用ボディ・スーツを着て「これやってみてよ![26]」とノタリーに呼びかけた。「仕事が好きで、自分がちゃんと見えることに気を遣い、自分の演じる役がちゃんと見えることに気を遣い、要するに役者中の役者ですね[27]」とノタリーは感想を述べた。

MOVAを使ってロスから採取したデータがノートンのデータより役に立ったのは、リズム&ヒューズにとって幸いだった。ウィリアムズによると「なぜなら、ロスがやろうとしていることが、とてもはっきり見て取れるデータだったからです[28]」

大衆受けするハルクの実現のために大勢のスタッフが労力を費やす一方で、アボミネーションに関しては演じるロスも製作チームも自由に裁量できた。「ハルクを誰もが思い浮かべるハルクにするのは最重要課題でしたが[29]」

とシムズが説明する。「アボミネーションは別でした。重要なキャラクターではありますが、スターではないので、必ずしもコミックスの絵に忠実である必要はなかったので」。さらに、アボミネーションとロスは似ている必要もなかった。シムズによると、ロスと彼が演じた分身は「ほぼまったく似ていない」ということだった。レテリエによると、ロスはアボミネーションに自分の痕跡を見つけて喜んだそうだ。微かではあるがロスと同じタトゥーが、確かに見えるのである。

＊　＊　＊

ブルース・バナーの血が混じったソーダをそうと知らずに飲んでしまう運の悪い男の役としてスタン・リーが出番を終えてほどなく、２００７年11月に撮影は終了した。レテリエ監督とヴィンセント・タバイロンが編集を開始したとき、エドワード・ノートンもその作業に加わった。特殊視覚効果チームは、２００８年夏の公開目指して作業を進めていた。撮影が始まったときにＣＧＩは６６０ショットと予想されたが、最終的には７５０になりそうだった。意図したわけではないとしても、ＣＧＩアーティストに対する猛烈に厳しい要求というマーベル・スタジオの伝統が、ここでまた１つ確立されてしまった。

レテリエとノートンがつなぎ終わった１３５分の映像は緩慢としていた。必要なものはすべてあるのだが、不機嫌なバナー博士の逃亡劇がアクションの影を薄くしていた。一からやり直すという意味を本作に込めたレテリエ監督は、バナーがハルクになる経緯を回想として最初の1時間に散りばめていたのだが、試写を観た人たちはこの回想シーンに混乱し、製作陣の意図に反して２００３年版『ハルク』から流用した映像だと勘違いした。観客が拍手喝采するようなわくわくする映画というマーベル・スタジオの希望に反して、できつつあるのは内省的で陰気な映画だった。

創業2年にも満たない若輩のマーベル・スタジオだが、映画のクライマックスにおける決戦がいかに重要であるかはすでに十分心得ていた。それは映画の外でも同じことだ。マーベルの幹部たちは、変更を求めて最後の戦いに赴かねばならなかった。戦う相手、エドワード・ノートンは、いわばマーベルが創り出してしまったハルクだった。状況がこれ以上悪くならないようにと、メイゼル、ファイギ、レテリエそしてノートンは話し合いの席を設けた。それ相応の裁量権を与えられるという条件で出演に同意したのだと、ノートンは言い張った。そして自分が作りあげた感情的な叙事詩を取るに足らない夏の娯楽映画にする気かと激昂した。

ノートンは、自分が作ろうとしているハルク像を説明するときに、プロメテウスの神話を引用した。自分を制御できない男の物語を構築し、続編でさらに深堀りできる複雑なキャラクターを創造し、自分がその続編を作りたいと言った。「一番いいアイデアが勝つ」という理念を持つマーベル側は、企画開発から撮影全般に渡ってノートンに好きにさせ過ぎてしまったと感じていた。ノートンは編集権を与えられたのをいいことに、自分の場面を過剰に増やしている、マーベル側はそう考えるようになった。「キャラクターを深める」というノートンの言い訳は、マーベル首脳部にとっては自己満足のご託にすぎなかった。

特殊視覚効果が公開ぎりぎりまで調整されていたとはいえ、ここで何かをやり直す余地はなかった。アクション・シーンの編集はすでに固まっていたので、議論はアクション以外の場面に集中した。たとえば、ノートン編集版はブルース・バナーが北極で自殺を試みる場面で始まっていた。死ぬ前にハルクに変身してしまうので自殺は未遂に終わる。そこでハルクが地震を引き起こしたときに、最初のイースターエッグがちらりと見える。ツンドラの大地の下で凍り付いたキャプテン・アメリカだ。基本的には冒険物語であるハルクが自殺の場面で始まるのは暗すぎると、マーベル側は感じた。その基本的な問題を解決するための代替案がいくつか提案されては却下され、マーベル・スタジオはコントロールを取り戻す必要をあらためて感じた。監督と主演俳優に自由な創作活動を保証した『アイアンマン』は素晴らしい結果を伴った。しかし『インクレディブル・ハルク』でマーベル・

スタジオは、同じアプローチが持つ危険な側面を自ら立証する羽目になってしまった。

並外れた創作的関与を求めたノートンだが、本人はその条件を最初から明らかにしていたと指摘し、さらにマーベルの幹部たちがその約束を反故にしたと責めた。ノートンは声を荒らげたが、ファイギは動じず、レテリエ主導でより短く商業的に成立するような編集を粛々と進めた。ノートンは編集から外された（最終的にヴィンセント・タバイロン、リック・シェイン、ジョン・ライトの3人が編集者としてクレジットされた）。激しくスピード感溢れる演出スタイルで知られるレテリエだが、トニー・ケイが犯した過ちから学んで公式の場では社交辞令に徹し、努めて現場の確執に私怨を持ち込まないようにした。「エドワードの失態ではありますが、マーベルも責めを負うべきだと思います[30]」とレテリエ監督は言った。「そして私もですね。結局皆のせいです！ ということは、誰のせいでもないということです。（マーベルとノートンが）同意にこぎつけて、一緒に仕事ができていたらとは思いますけどね」。ノートンは宣伝のための露出を契約的に規定された最低限まで減らしたが、恐らくそれが皆のためだったに違いない。

『インクレディブル・ハルク』は総尺112分になり、数週間前に封切られた『アイアンマン』の勢いに乗って、2008年の興行収入としてはそれなりの成功を収めた。2作目は1作目と大体同じ収入をあげるというメイゼルの考えは正しく、アン・リーの『ハルク』の2億4500万ドルに対して『インクレディブル・ハルク』は、場外乱闘を物ともせず世界中で2億6400万ドルを稼いだ。『アイアンマン』の5億8500万ドルの前には霞む数字だが、メリルリンチとの取り引きを正当化して十分な結果だった（マーベル・スタジオ製作の2本の映画が同じ宇宙（ユニバース）の中の物語だと強調するために、ロバート・ダウニー・ジュニアがトニー・スターク役で登場する即興的な場面が、ノートンの関与なしに映画の最後に付け加えられた）。

しかし、今後ハルクの映画を作ってユニバーサルが配給をするというプランは、棚上げになった。ノートンは今後マーベルと仕事をしたいと考えなかったし、逆も然りだった。マーベルが作品を重ねるにつれ、ファンたちはアベンジャーズが戯言ではなく当然の成り行きと考え始めた。そして、ノートンがハルクとして復帰してチームに参加するだろうと推測した。

普段は舞台裏のごたごたについて沈黙を貫くファイギだが、ノートンに関してはそうはいかなかった。2010年に出したプレス・リリースでエドワード・ノートンを排除し、他のスターたちに言及した。以下に引用するのは、マーベル・スタジオの最初の10年の歴史の中でファイギが発した最も率直な意見だと言える。

アベンジャーズでは、ブルース・バナー役としてエドワード・ノートンを起用しないことに決定しました。金銭的な理由ではありません。私たちにとって必要なのは、協働の精神をもって才能溢れる他の俳優たちの創造性を体現できる俳優であり、この決断の根底にはその考えがあります。集団の一部として活躍できる俳優が、アベンジャーズには求められます。ロバート・ダウニー、クリス・エヴァンス、クリス・ヘムズワース、スカーレット・ヨハンソン、そしてその他の才能あるキャストの皆さんが、その生き証人です。この必要条件を満たし、伝説的なその役を演じる熱意を持った有名俳優の名前を、数週間以内に皆さんにお伝えします。楽しみにお待ちください。[31]

「うん、安っぽいと思ったよ[32]」とノートンは言った。「保身をしながらこっちに汚名を被せて烙印(らくいん)を押すみたいな。結局、あいつらは長くて、ダークで、シリアスな映画を嫌がった。でもそれは関係ない。続編に関しては真摯に話し合いを重ねて、参加することで費やされる時間を天秤にかけて、その上でやらないことにしたんだ。僕に対してもっと金を出してもよさそうなものだったが、金が欲しくてハルクの続編をやりたいと思ったんじゃないから。僕はやりたいことをすべてやり切った。そしてケヴィン・ファイギが遂行したのは、恐らくエンターテインメント産業の歴史で最も価値あるビジネスプランだったんだよ。あなた〔ニューヨーク・タイムズ〕もディズニーの株主なんだから、マーベルの偉業に飛び上がって喜ぶべきだろ？」

CHAPTER 8 | SOME ASSEMBLY REQUIRED

一部組立が必要です

チームを編成してると言ったら、どう思います?

What if I told you we were putting a team together?

——インクレディブル・ハルク(2008)

ジョン・ファヴローは、マーベル・スタジオ最初のヒット映画を撮った監督という以上の存在だった。彼は事実上マーベル・スタジオの人事部長でもあった。『アイアンマン』製作の中心となるメンバーを集めたときには、過去に監督をした映画『ザスーラ』から経験豊かな人材を集めてきた。ファヴローに雇われた者の多くは、ファヴローが去った後もマーベル・スタジオに残り、なかにはスタジオの経営に関わる者もいた。

2005年に公開された『ザスーラ』は『ジュマンジ』(1995)の続編で、興行的にはあまり成功したとは言えなかった。家でボードゲームで遊んでいた子どもたちが、家ごと外宇宙に飛ばされるという設定の映画だ。多くの特殊舞台装置(たとえば、重力場に捕らわれて40度傾く家)が必要とされた撮影は複雑で困難だったが、現場の進行はスムーズだった。そういうわけで、『アイアンマン』の製作が始まったときにファヴローが最初に呼んだのは『ザスーラ』のエグゼクティヴ・プロデューサーであり、実質的に日々の制作進行管理を担当したルイス・デスポジートだった。

２００６年の春、ルイス・デスポジートはファヴロー、ケヴィン・ファイギ、アヴィ・アラッド、そしてアリ・アラッドと会った。「ケヴィンもアヴィもアリも、一言も話しませんでした[1]」とデスポジートは笑う。「ジョン〔ファヴロー〕と私が喋るのを皆が黙って聞いていたと思ったら、いきなり仕事をオファーされました」

１９５８年にニューヨーク州ブロンクスで生まれたデスポジートは、そのときすでに20年以上の映画制作現場歴を持つベテランだった。制作助手（『エンドレス・ラブ』（１９８１）や、ロドニー・デンジャーフィールド主演のコメディ映画『イージー・マネー／一獲千金』（１９８３）など）としてキャリアを始めたデスポジートは、『コーラスライン』（１９８５）や『イシュタール』（１９８７）といった興行的に失敗した大作のセカンド助監督を経て、１９８７年にはアベル・フェラーラ監督『チャイナ・ガール』（１９８７）のファースト助監督として、現場を仕切って監督を助けるポジションを手に入れた。その後の15年間に、ファースト助監督として20本以上の映画に参加した（『メジャーリーグ』（１９８９）や『ラストサマー』（１９９７）など）。この時点でデスポジートは、そのまま監督への階段を登らない決断をする。現場での問題解決に優れた才覚を示した彼は、２００３年以降、現場で手を汚すエグゼクティヴ・プロデューサーとして働くことにした。そして刑事ドラマの『Ｓ.Ｗ.Ａ.Ｔ.』（２００３）や、ウィル・スミス主演の『幸せのちから』（２００６）といった作品に携わった。

デスポジートは、マーベル・スタジオをクールに保つ中心的存在だった。文字どおり、自分のオフィスのエアコンを他より12度ほど低く設定してきんきんに冷やした。彼は、ビートルズからデヴィッド・リンチまでクリエイティヴな人びとを惹きつけてきた超越瞑想の実践者でもあった。創造的な扉を開き、驚くべき集中力を与えてくれるというこの瞑想法を、デスポジートはマーベル・スタジオの幹部たちにも勧めた。「各人が唱えるべきマントラ〔真言〕を与えられますが、他言してはいけないのです。多分、皆同じマントラをもらうんだと思いますけどね[2]」とデスポジートは語っている。

プロデューサーのクレイグ・カイルによると、マーベル・スタジオにはもっと世俗的なマントラが2つある。「苦痛は今だけ、映画は永遠[3]」そして「土曜日に出社する気がないヤツは、日曜日に来るふりをするな」。カイルが指摘する。「でも、どの映画も本当に本当に大変なんですよ」

デスポジートはTシャツにジーンズという格好で出社していた。マーベル映画が成功すればするほど、プレミア上映に現れるデスポジートの服装はカジュアルになった。縁の下の力持ちとして現場を円滑に保ち、キャラクターにぴったりの俳優が配役されることに気を配るのが、彼の領分だった。自分の好きなキャラクターを映画に登場させたければファイギに話をつけなければならないが、マーベル映画に出演したい場合、話をつける相手はデスポジートだ。

『アイアンマン』に参加したデスポジートは、プロダクション・デザイナーのJ・マイケル・リーヴァ、舞台装飾のローリー・ギャフィン、エグゼクティヴ・プロデューサーのピーター・ビリングスリーといった、『ザスーラ』での仕事仲間を雇った（『クリスマス・ストーリー』（1983）のチャーリー役などで知られる子役出身のビリングスリーは『アイアンマン』で小さな役を演じ、その役を2019年の『スパイダーマン：ファー・フロム・ホーム』で再演している）。もう1人デスポジートが連れてきたスタッフには、ヴィクトリア・アロンソという、肝っ玉で知られた特殊視覚効果監督がいた。

ヴィクトリア・アロンソは、1965年にブエノスアイレスで生まれた。アロンソが子どもの頃のアルゼンチンは、フアン・ペロンやその未亡人イサベル・ペロン、そして極右の軍事評議会による政治が続いていた。「軍による独裁政権の下で10代を過ごしました」とアロンソは語る。「デモ行進が好きで、先頭で旗を持って歩いていました[4]」。ある日、抗議デモに参加したときのこと。旗があまりに重かったので誰かに手渡して自分は先頭より少し後ろを歩いた。そのとき、軍がデモ参加者を銃で撃った。先頭にいなかったことで命拾いしたのだ。「1列目が撃たれ、2列目が撃たれ、3列目が狙われる頃には皆逃げました」

精神科医だった父親は、アロンソが6歳のときに亡くなった。「母は再婚しませんでした」[5]とアロンソは続ける。「市民が連れ去られたり殺されたりしていました」。しかし、教育省の高官だったアロンソの母は、家族の安全を守れる立場にいた。「母は私たちを守ってくれました。私たちに強くあれ、世界に向かって心を閉ざすなと教えてくれたのです」

19歳のときにアメリカにやって来たアロンソは、ワシントン大学に入学し、亡き父の面影を感じさせてくれる心理学に加えて演劇を専攻した。俳優になるという目標についてアロンソは「舞台演劇の中で私にできることは芝居だけだったので」[6]と説明している。

卒業後の半年間、シアトル周辺でオーディションを受けて過ごしたが、役はもらえなかった。その時期アロンソは2つの啓示を受けた。1つ目は、自分が本当に好きなのは芝居というより、物語を語るという行為そのものだということ。2つ目は、自分はプロデューサーの言いなりである役者より、プロデューサーになって物事を決めたいということ。ロサンゼルスに引っ越したアロンソは、午前中はアラスカ航空の早番、午後はパラマウント・ピクチャーズの雑用係、週末はブラックアンガス・ステーキハウスの給仕係と3つの仕事で生計を立てながら、業界へ足を踏み入れる策を練った（生活はかつかつだったが、アラスカ航空のファーストクラス用機内食の残飯に救われた）。どこにそんな時間があったかは謎だが、アロンソはバイリンガル・ファウンデーション・オブ・アーツでフリーダ・カーロを題材にした演劇をプロデュースした。それが映画製作現場での助手の仕事につながり、やがてデジタル・ドメインという特殊視覚効果制作工房にプロデューサーとして雇用されることが決まった。続く8年の間、アロンソは『シュレック』（2001）や『ビッグ・フィッシュ』（2003）など、次々と作品に参加しながら世界中を渡り歩いたが、やがて放浪の生活に疲れてしまった。

『アイアンマン』に参加する前、デスポジートとアロンソは、ウィル・スミス主演のスーパーヒーロー映画『Tonight He Comes（ヤツが今夜来る）』（後に『ハンコック』（2008）と改題）に参加していたが、この映画はなかなか開発が進まずにターンアラウンドされてしまったので、2人とも別の作品に移った（ターンアラウンドとは、あるスタジオが、開発中の企画を別のスタジオに預けて完成させること。作品は死なない代わりに制作は遅れる）。デスポジートから新しい仕事の依頼を受けたアロンソは、制作の拠点がロサンゼルスになると聞いて、作品名も聞かずに即決した。

ビバリーヒルズのメルセデス・ベンツ販売店の2階にあるマーベル・スタジオに呼び出されたアロンソは、面接が始まるのを待つ間、どこかしら見覚えのある巻き毛の男性とお喋りした。そこにデスポジートが入ってきて、こう言った。「ああ、もう監督との顔合わせは終わってるみたいだね」[7]。そう言ってデスポジートはあらためてジョン・ファヴローを紹介した。

アロンソは臆せずに言った。「思ってたより背が高いんですね」

「ああ、皆にそう言われますよ」とファヴロー。

アロンソは「何という作品なんですか?」

ファヴローは「スーパーヒーローもので、アイアンマンという映画です」と答える。

「やります。ロサンゼルスの中で撮るならば」（『アイアンマン』をロサンゼルス内で制作することに固執したファヴローの意思は、アロンソはじめマーベルに雇われた一部の人たちに受け継がれた）。

背が低く、身振り手振りを多用しながら物怖じせずに話すアロンソは、瞬く間に調整役としての役割を発揮した。マーベル映画の最初の2本の監督はコンピュータ・グラフィックスの経験が乏しいか、皆無だった。この2人が、デジタル工房の暗い部屋の中でハイエンドのワークステーションと格闘する何百というCGIアーティストたちと連絡を取り合うには、間に入るアロンソが必要不可欠だった。予算に見合う結果を引き出せるようにCGI制作プロセスを導く方法を、ファヴローはアロンソに教わったのだ。

「彼女は宝物ですよ」[8]とクレイグ・カイルは言う。「マーベルの秘密？　それはあの人以外にありえません。ポスプロの人ですからいつも暗いところで仕事してますが、眩いほどの活力があって、手に負えないほど素晴らしい人です。あんな人には会ったこともない。どんな相手も大事に扱ってくれて、どんな不可能も可能に変えてしまうんです」

そんなアロンソが取り乱したときのことを、メイクアップ・アーティストのジェイミー・ケルマンが覚えている。コンピュータ・グラフィックスにおけるオブジェクトと光の関係を実演するためにアロンソは球体を持ち出して見せた。半分が光を反射しない灰色で塗られ、残りの半分はクロームだった。居合わせた皆が球体を指して「タマ」と呼ぶと、アロンソは「球体です」と言い張った。ケルマンはくすくす笑いながら回想する。「何がなんでもタマと言いたくなかったんですよ。（「タマ」すなわち「balls」は「睾丸」を意味してしまうので）」

『アイアンマン』が全国のシネコンを直撃した頃には、デスポジートとアロンソがいかに不可欠な存在かをファイギは理解していた。2人がこのまま留まってくれることがマーベル・スタジオの将来に有益と気づいたファイギは、デスポジートに「製作部門長」という肩書きを用意した。作品から作品へと渡り歩く気ままな日々を楽しんできたデスポジートは、いささかの懸念を抱きながらも誘いを受けたのだが、後にその日の「イエス」は自身のキャリアの中で最高の決断だったと考えるようになった。

アロンソも、完全に乗り気というわけではなかった。自分はプロデューサーであり、「職場の花」になる気はないからと答えたが、ファイギは、これからも今までどおり次々と映画を作ってもらうことになると答えた。しかも責任と権限は今まで以上に大きくなる、と。そこでアロンソは、各部門の仕事が矛盾し合うことがないように、自分をポストプロダクション全般の責任者にしてはどうかと逆に提案した。ファイギはその提案に乗り、アロンソは特殊視覚効果だけでなく各作品の編集、音響のミキシング、楽曲、そして3D変換の工程にいたるまで責任を負うことになった。

それから16年の間、ケヴィン・ファイギ、ルイス・デスポジート、ヴィクトリア・アロンソの3人はマーベル・

スタジオを司る三巨頭となった。スタジオがまだ走り始めて間もないこの頃、この強烈なまでに意欲的な3人にとってスポットライトは重要ではなく、スタジオの立ち上げと映画の完成がすべてだった。3人の責任範囲には重なり合う部分もあったが、それぞれに強い影響力を発揮できる領域があった（あえて言えばその領域は「球体」であって、断じて「タマ」ではなかった）。「私と2人の関係には運命的な何かを感じました」とアロンソは言う。「それぞれが違った分野の知識を持っていることを3人とも理解していました。ストーリーに問題があればケヴィンに頼り、制作上の問題はルー（デスポジート）に頼るわけです[10]」

デスポジートは別の言い方をしている。「私は俳優や脚本家や監督の代理人からかかってくる電話を受けて、契約上の諸々を捌く係。ヴィクトリアは素材の納品、引き渡しとポストプロダクションに関係する諸々、当然ですがケヴィンはクリエイティヴな判断のすべてに関わるんです[11]」

＊　＊　＊

脚本開発からポストプロダクションが終わるまで、一貫した全体像を保証するために1人のプロデューサーが作品に寄り添い続けることの重要さを、ファイギは『X－MEN』と『スパイダーマン』の経験から学んでいた。マーベル・スタジオが雇えるスペシャリストはいくらでもいるが、ファイギは必ず各作品に統括のためにクリエイティヴ・プロデューサーを1人つけるようにしたいと考えていた。そして、熱意溢れる若い候補者を遠くまで探しに行く必要はなかった。

ロサンゼルス生まれのスティーヴン・ブルサードは、フロリダ州立大学映画学科（在学中に制作した短編『The Plunge』で学生アカデミー賞受賞）を卒業後すぐにマーベル・スタジオに加わり、ファイギとアリ・アラッド（アヴィの息子）の助手になった。ブルサードを雇ったのはジェレミー・ラッチャム（メイゼルの助手）だが、ブルサードはラッチャムに、助手からの昇進はないので覚悟するようにと伝えられていた。しかしその数か月後、状況は変わる。メイゼルがメリルリンチとの融資の件に決着をつけたのだ。自分自身の昇進に悲観的だったラッチャムは、マーベルにいればコピーを取るどころか映画を撮ることができるかもしれないと気づいた。ラッチャムの野心をメイゼルから聞いたファイギは、ラッチャムを下級(ジュニア)プロデューサーに昇格させた。

そしてブルサードも、ファイギの助手を務めてちょうど1年経った頃、ガレージにあるボスの車から箱を運び出していたときに度胸を決めて昇進を打診した。後にマーベル社内で「ガレージでの会話事件」と呼ばれることになるこの一件により、助手の野心と有能さを十分知理解していたファイギは、ブルサードも昇格させたのだった。

「気づけば『アイアンマン』と『インクレディブル・ハルク』の製作が同時に始まっていて」[12]とファイギは語る。「ラッチャムとブルサードは揃って2作の脚本に対してアイデアを出し始めました。ある時点で2人に「両方は無理だろう」と言ったんです」。そしてファイギはラッチャムを『アイアンマン』の、ブルサードを『インクレディブル・ハルク』のクリエイティヴ・プロデューサーに任命した。マーベル・スタジオがこれから製作・公開していくことになる映画とスタジオの未来に全神経を集中しなければならないファイギは、望むような時間を現場で過ごせていなかった。そこで、自分の代理として2人の若いプロデューサーたちを頼った。かつてローレン・シュラー・ドナーが自分を頼ったように。

２００８年5月の最後の週末、『アイアンマン』が封切られ、興行が被らないようにずらされた『インクレディブル・ハルク』の公開を控えたときのことだった。ファイギはマーベルえり抜きのクリエイティヴ・プロデューサーたちを、ロサンゼルスから車で東に2時間ほど走らせたところにあるリゾートの街パームスプリングスに招いた。

凧工場時代のマーベル・スタジオのスタッフたちは、アヴィ・アラッドが取り引きで外出している間、何時間も与太話やブレインストーミングに明け暮れたものだった。そのような時間を通じてファイギはクレイグ・カイルと親交を深めた。リラックスという言葉の権化のようなカイルは、マーベルのアニメーション展開の責任者として『X－MEN：エボリューション』（2000－03）と『スパイダーマン 新アニメシリーズ』（2003）にも関わっていた。まさに骨の髄までディープなコミックス・ナードだった。

アヴィ・アラッドがマーベルを去った頃、ファイギとカイルはそれぞれの配偶者を伴ってパームスプリングスで度々週末を過ごすことがあった（ファイギの妻ケイトリンは心臓胸部外科の看護師。2人は2007年に結婚した）。当時のファイギはすでにマーベル神話の細部にまで没入しており、マーベル・コミックスの専門家と言えるほどだった。「ケヴィンは日光が嫌いなので、日陰に座って持参したハードカバー版コミックスの山を片っ端から読み耽ってました[13]」とカイルが回想する。子ども時代のファイギはカイルのような狂信的なコミックス・ナードではなかったが、カイルによると「ケヴィンは果てしないコミックスの宇宙に深みに飛び込んで、どんどん知識を吸収して私並み、いや分野によっては私以上の物知りになっていくのがわかりましたよ」

そして今回ファイギは、（最近アニメから実写部門に異動した）カイル、ブルサード、ラッチャムを伴ってパームスプリングスに戻ってきた。それぞれがお気に入りのDVDとコミックスを持参し、借り切った別荘に籠った4人は、これからのマーベル映画の展開を論じた（ただし公開まで2週間に迫った『インクレディブル・ハルク』の困難極まるポスプロ作業は続行中で、未承認のCGIショットをいくつか残していたので、ブルサードは完全にはリラックスできなかった）。そして4人は街の映画館を訪れ、初めて一般観客に混じって『アイアンマン』を観た。

映画そのものを楽しみながらも、4人は観客の反応に注意を払いながら鑑賞した。劇場に来る前に、4人は別荘で『アイアンマン』が持つ他のスーパーヒーロー映画とは違ったトーンについて話をしていた。ファヴロー、ロバート・ダウニー・ジュニア、そして編集のダン・リーベンタールは、シリアスさと滑稽さのバランスを巧みに取りながら、見事に劇的な場面を作り出し、さらにキャラクターの魅力を傷つけずにジョークへと切り替える方法を編み出していた。これがこの先作られるマーベル映画のテンプレートだ、とファイギたちは思った（それは同時に、映画製作という錬金術とその不確実性を忘れないための教訓でもあった。何しろ、仕切っている人たちですら結果をコントロールできるとは限らないのが映画というものなのだ）。4人は別荘の部屋の壁を茶色い包装紙で覆い、マーベル・スタジオの未来に関するアイデアを出し合いながら、多色のマジックマーカーで書きつけていった。

「映画のことだけ話し合うときには[14]」とブルサードが説明する。「一方で「こういう映画なら、どういうことが起きるのを観たい？」という話をしながら、もう一方で「こういう映画に出てきたら愚かだと思うのはどういうことだと思う？」という話をします」。ファイギはコミックスの世界に足を踏み入れて比較的日が浅い自身の経験を反映して、客観的な視点から思考実験をし、新参者にも専門家にも楽しめる映画を作るという方向にスタジオを導くことができた。

「マーベル・スタジオの責任者になったときに、ケヴィンは誰にも遠慮せずに「ほら、コスチュームはここ〈コミックス〉にある。冒険物語もここにある。キャラクターの癖もここにある。イースターエッグもだ」と言えるようになったんです[15]」とファイギのことをカイルが語る。「でもケヴィンは、ただファンを喜ばせようとしていたわけでありません。子どもの頃からファンじゃなかった人に、怖がらなくていいと教えてあげたんです。ケヴィンが果たした役割は、コミックスのことしか考えていないギークではできなかったと思います」

話を重ねるうち、次の3本のマーベル映画は『アイアンマン2』、『マイティ・ソー』、『キャプテン・アメリカ／ザ・ファースト・アベンジャー』ということで、パームスプリングスに集った4人の意見は一致した。それぞれの作品の大体の方向性も決まった。ファイギは、3人のプロデューサーにそれぞれ1本ずつ映画を預けた。『アイアンマン』を経験したラッチャムが『アイアンマン2』に参加するのは当然の成り行きだった。マイティ・ソーのアニメーションを経験し、ソーを全国のシネコンに届ける野望に興奮するカイルは、『マイティ・ソー』を選んだ。ブルサードは最後に残った『キャプテン・アメリカ／ザ・ファースト・アベンジャー』を取ったが、『インクレディブル・ハルク』の仕上げがまだ終わっていなかったので、時に取り残された男の冒険譚の製作に突入する前に、少し休憩を挟むことにした。

この時点でマーベルは、公的にはまだ「フェーズ1」という用語を使っていなかった。フェーズ1と言ってしまうとフェーズ2、つまりファンたちの予想を超えて長大に続いていくマーベル・サーガへの展開が示唆されてしまうからだ。とりあえずパームスプリングスで集合した4人にわかっていたのは、マーベル・スタジオが製作する最初の5本の締めくくりとして、フェーズ1のヒーローたちが勢揃いする『アベンジャーズ』を作りたいということだった。そして4人はそれぞれの頭の中でフェーズ2の構想を練り始めていた。

北欧神話の世界観に染まったソーは、人間世界の物語にしにくいという意味で、映画への翻案が最も困難なキャラクターだと考えられていた。1983年から1987年までウォルト・サイモンソンがライターとアーティストを兼ねたシリーズは、ソーのコミックスのなかでも最高と評されている。ソーにはドナルド・ブレイクという人間の分身がいるが、サイモンソンは自作の中でその設定をなかったことにした。マーベル・スタジオはすでに、中世のヴァイキングの世界を舞台にした映画の脚本を発注していたが、パームスプリングスに集合した4人のプロデューサーたちはソーとアイアンマンの共演を望んだので、何とかしてこの雷神の話を21世紀の地球（ミッドガルド）で成立させたかった。

それから、『アイアンマン2』の初期のアイデアの1つに、アイアンマンがディズニーランドに飛来するという場面があった。このアイデアはクイーンズにある1964年のニューヨーク万国博覧会跡地を舞台にした「スターク・エキスポ」に発展していく（ファヴローは一時期この万博跡地の向かいのアパートに住んでいた）。また同時に、パームスプリングスに集まった4人のプロデューサーたちは、『アイアンマン2』でS.H.I.E.L.D.をきちんと導入することが必須であると合意した。トニー・スタークが戦うヴィランはまだ未定だったが、S.H.I.E.L.D.と何らかの関係を持たせる必要もあった。

4人は、キャプテン・アメリカの扱いについても話し合った。第二次世界大戦と切り離せないキャプテン・アメリカの誕生譚は、どう捌かれるのが最適なのか。当初4人は、第二次世界大戦が舞台の第1部と現代が舞台の第2部に分けるのがいいと衝動的に考えた。一方、ニューヨークにいるマーベル・エンターテインメントの役員たちは、映画を作るなら可能な限り現代を舞台にするべきであり、ピリオド・ムービー〈過去の時代を舞台にした映画〉は毒であるという見解を明らかにしていた。しかし物語を分析してみると、どうしてもキャプテン・アメリカという人物が形成された過去の時代に話が引き寄せられてしまうことに、4人は気づいた。そこで4人はキャプテン・アメリカの物語を完全にピリオド・ムービーとして推すことにした。ファイギは3人を前に指摘した。『レイダース／失われたアーク《聖櫃》』（1981）はピリオド・ムービーだ。彼が大好きな『ロケッティア』（1991）もピリオド・ムービーだ。

スティーブ・ロジャースがキャプテン・アメリカになる物語にフォーカスすることで、観客だけでなく映画に関わる人たちも感情的に巻き込むデビュー作にできる。「キャプテン・アメリカは私にとってとても特別な存在なんです」[16]とアロンソは言う。「高校生のような若い人たちの心にも響く内容だから。周りと違えば違うほど、孤独に苦しんだり苛められたりする年頃ですからね」

＊＊＊

2008年の10月。3本の映画の企画が順調に開発されていくなかで、マーベル・スタジオは後にスタジオの中核で活躍することになる人員を雇い入れた。ファイギの新しい助手、ジョナサン・シュワルツは、映画エージェンシーであるウィリアム・モリス・エージェンシーから転職してきたのだが、映画製作の実地の経験がほとんどなく、俳優の出番や撮影予定などを示す香盤表（コールシート）すら見た事がなかった。そしてルイス・デスポジートは『アイアンマン』製作時の助手だったブラッド・ウィンダーバウムを再雇用した。ウィンダーバウムの新しい仕事は、すでに公開された2作とこれから作られる『アイアンマン2』と『マイティ・ソー』の草稿の辻褄を合わせて、マーベル映画公式の時系列(タイムライン)を作成することだった。タイムラインを整理しながらウィンダーバウムが気づいたことがあった。「フューリー大忙しの週」と彼が名づけた狂った1週間があったのだ。ニック・フューリーとS.H.I.E.L.D.は、『インクレディブル・ハルク』と『アイアンマン2』そして『マイティ・ソー』の3作で起きるすべての出来事に対処することになるのだが、それが期せずして同じ1週間に起きていた。さらに彼は、マーベルのタイムラインに「ゼロ地点[17]」を設定した。自分はアイアンマンだとトニー・スタークが公に宣言したときがゼロ地点だ。スター・ウォーズのファンや創作者たちが、ヤヴィンの戦い（ルーク・スカイウォーカーがデス・スターを破壊する最初の『スター・ウォーズ エピソード4／新たなる希望』のクライマックス）を境にしてタイムラインを語るように、マーベル・スタジオもトニー・スタークの告白を境にしたのだ。

息の長い映画シリーズは昔からあった。最近ならハリー・ポッター、スター・トレック、ジェームズ・ボンドなどがあるが、今は忘れられてしまった「ブロンディ」（新聞漫画原作）に匹敵するシリーズはない。ブロンディは1938年から1950年までに28本も作られたのだ。しかしマーベル・スタジオは、伝統的な映画シリーズとは違うものを狙っていた。マーベルが発表したのは続編ではなく、相互に関連し合う複数の映画なのだ。マーベル・スタジオが作る映画はコミックスの焼き直しではないこと、そして1つ1つの映画が大きな1つの物語の一部であることを明確にするために、マーベルが構築する架空の世界を指していささか誇大な、しかし一度聞いたら忘れられない、まさにマーベル映画に相応しい名前が使われるようになる。一般大衆は2010年までその名前を耳にすることはなかった。『アイアンマン2』の宣伝の途中でケヴィン・ファイギが口を滑らせるまでは。そう、マーベル・シネマティック・ユニバースである。

CHAPTER 9 | DEMON IN A BOTTLE
酒瓶の中の悪魔

レースカーを所有してたって、運転できなきゃ無意味だろ？
What's the point of owning a race car if you can't drive it?
――アイアンマン２（２０１０）

首はまだちゃんとつながっているな……。思わず手を喉に当て無人のリハーサル・スタジオを見回し、そして指を髪に沿って撫でるファヴローは、『アイアンマン２』の撮影が始まる前から、すでに疲れ切っていた。

デヴィッド・メイゼルとケヴィン・ファイギは、『アイアンマン』が封切られた週末に、ジョン・ファヴローとロバート・ダウニー・ジュニアを食事でもてなした。場所はビバリーヒルズにあるアンディ・ウォーホルのアートで飾られた高級中華料理店のミスター・チャウ。興行の大成功を祝ってメイゼルは、監督とスターにロブスターの黒胡椒炒め以上の贈り物を用意した。２人に夢の車を買い与える了承をアイク・パルムッターから得ていたのだ。いかに異常なまでの倹約家であるパルムッターでも、ファヴローとダウニーを喜ばせておくことの重要性は理解していた。

メイゼルは、ファヴローとダウニーの妻たちの協力を得て、２人が欲しい車を内緒で聞き出していた。ダウニーが欲しいのは特注塗装のベントレーだったので、納品が数週間遅れたが、ファヴローが夢にまで見た最上位機種のベンツは駐車係のところに停められていた。「2人とも、とても長いこと大事にしてくれましたよ」[1]とメイゼルは言う。

その日の晩餐には、興行の成功を祝う以外にもう1つ目的があった。マーベル・スタジオは3本目の映画を『アイアンマン2』にしたかった。しかも可能な限り早く。『アイアンマン』と『インクレディブル・ハルク』の大成功を見たメイゼルは、近い将来マーベルはメリルリンチからの融資を当てにしなくてもよくなると踏んだ。続編を次の公開作として選ぶのが、将来的な経営の安定につながると考えたのだ。「2年以内に『アイアンマン2』を公開する。どうかな？」。食事をしながらメイゼルが聞いた。「この話に乗ってくれるなら、今この場で製作を承認するよ」

ファヴローは慎重だった。身を粉にして作った『アイアンマン』がヒットしているのは嬉しかったが、すでに自作がヒットした経験を持つファヴローは、舞い上がらない自制心を備えていた。「幸い私には、観客に映画を受け入れてもらった経験がすでにあったので、その体験の素晴らしさも、そのおかげで方向性を見失って迷うことも知っていました」[2]とファヴローは語る。「すべてが少しだけ変わってしまう。ヒット曲を出したバンドみたいなものです。家のガレージで楽しく演奏していたのが、急に次のヒット曲のことしか考えられなくなるような」

2年というスケジュールに伴う苦労もファヴローは理解していた。『アイアンマン』で可能だったカクテルやお喋りに割く時間はない。仲間としての絆を深めるだけでなく、どうすればいい映画が作れるかとことん語り合う貴重な時間が取れない。しかし、ファヴローが監督するかどうか思案している最中に、マーベルは『アイアンマン2』を2010年4月に公開すると発表した。1本のヒット映画を早急にシリーズ化し、アベンジャーズへの道のりを早めようと焦るマーベルは、ファヴロー、ダウニーの両者と契約を結ぶ前に公開日程を告知してしまったのだ。

メイゼルは、このいわば暴発事件の対応に追われる羽目になった。「あれから数日の間、代理人たちから「1本の映画に2年間専念させるという話をクライアントにする前に、私たちに一言あるのが筋なのでは？」という怒りの電話が鳴り止まなかったのをよく覚えてますよ[3]」

『アイアンマン』の数週間後に公開された『インクレディブル・ハルク』を観たファヴローの心配は増幅した。ポストクレジット・シーンでトニー・スタークが〝サンダーボルト〟ロス将軍に会い、チームを編成するという計画を告げる。この場面を観たファヴローは、スタークは自分の好きにできるキャラクターではないと、あらためて強烈に思い知らされた。ファヴローの動揺を収めようと、この場面とは関係なしに『アイアンマン2』を撮ってくれて構わないとファイギは伝えた。『アイアンマン2』のストーリーはこの場面と無関係でも問題はない、コミックスでは話が未来に飛ぶことなど日常茶飯事だから、この場面はいつ起きたイベントにもできるからと（最終的にマーベルは、このポストクレジット・シーンは『アイアンマン2』の物語と同じ週に起きたということにした）。

2か月の交渉を経た2008年の7月、ファヴローは『アイアンマン2』を監督することに同意した。ダウニーも、契約条件を再交渉の上、出演を決めた。伝えられるところによると、アクション映画の主役としては格安料金の50万ドルで第1作目に出演したダウニーだが、『アイアンマン2』の出演料は1000万ドルと大幅に向上し、『アイアンマン3』ではさらに高額になるように交渉を成立させた。それよりも重要なのは、さらに1000万ドル＋興行収入の歩合による報酬という条件で、ダウニーが『アベンジャーズ』への出演を確約したことだった。後に明らかになるように、これはおいしい交渉条件だった。マーベル・エンターテインメント側は、ダウニーに金を積むことに躊躇しなかった。ヒット作の続編は前作とほぼ同様の収入を上げるというメイゼルの金言がそのとおりなら、『アイアンマン2』は『マイティ・ソー』や『キャプテン・アメリカ』よりも安全な賭けだったのだ。

たとえ脚本開発に割く時間が十分になかったとしても、ファヴローとダウニーはすでに2人で魅力的なトーンを確立していた。茶化したような、頭の回転が速いがどこか醒めたような第1作の気分。ダウニーは「最初のアイアンマンには、主題とは真面目に向き合うけれど、自分のことは大真面目に取り合わないという空気があった」[4]と言っている。

＊　＊　＊

ダウニーは、この時点ではデヴィッド・リンチ監督の『マルホランド・ドライブ』（２００１）に出演した俳優として知られていたジャスティン・セローを脚本家として推薦した。ダウニーとセローは、ベトナム戦争を題材にした映画の混乱した撮影現場を描いたアクション・コメディ『トロピック・サンダー／史上最低の作戦』（２００８）の撮影で出会った。セローは脚本家の１人で、ダウニーは自分が黒人だと妄想するメソッド俳優を演じていた。

ダウニーは、ある打ち合わせでセローをファヴローとファイギに引き合わせた。「緻密に段取られたという感じでは明らかになくて、なりゆき任せという感じの会議でした」[5]とセローは回想する。「最初のアイアンマンの映画の好きな部分を説明して、可能な方向性や、探ったら面白い主題の話をしました」。そしてセローは雇われた。

酒に溺れるトニー・スタークを描いた有名な１９７９年発行のコミックス『Demon in a Bottle（酒瓶の中の悪魔）』の筋を脚色して、不摂生な遊び人としてのスタークの生活を掘り下げたいというのが、マーベルのブレーンたちの最初の直感だった。しかしファイギはスタークをあまり自堕落に描きすぎないでほしいと皆に伝えた。スタークの放蕩というアイデアにこだわりを持ちつつも、ファヴローとダウニーは物語のフォーカスをずらすというファイギの意見に同意した。アイアンマンのアーマーを脱いでいるとき、スタークは家族の遺産や破滅的な自分の尊大さと格闘することになった。

何かとスタークに悩まされることになる恋愛対象のペッパー・ポッツとして、グウィネス・パルトローの再起用も決まった。しかし、スタークの親友で合衆国空軍の連絡係でもあるジェームズ・〝ローディ〟・ローズの役は、テレンス・ハワードに与えられないことになった。「説明は一切なかった」[6]とハワードは憤った。「つまりあいつらにとっては、双方が交渉して署名した契約書もただの紙切れにすぎないということですよ。約束は破られました」

『アイアンマン』に参加した最初の役者であるハワードは、つい最近アカデミー賞の候補になった自分が参加すれば作品に箔がつくと考えて割増料金を要求し、助演であるにもかかわらず約３５０万ドルを手にした（ダウニーが手にしたと伝えられる額の7倍）。マーベルとしてはもはやハワードの持つ高級感は不要だったのだが、ハワードは契約条件を改定したダウニーを責めた。「アイアンマンになるのを助けてやったのはこの私だと言うのに」。ハワードは続けた。「続編の再契約となったら、私に来るはずだった金を奴がぶんどっていったんですよ」

ハワードがローズの役を受けたのは、このキャラクターが専用アーマーに身を包んだウォーマシンというスーパーヒーローになることを見越していたからだ。『アイアンマン』では、銀色のアーマーを見ながらローズが一言「次回のお楽しみだ」と呟く程度にしかウォーマシンの登場はほのめかされていない。しかし、拡張していくＭＣＵの未来が見える今、マーベル・エンターテインメントはウォーマシンを何本もの映画に登場させたかった。そしてアーマーの中に入る役者に３５０万ドルを最低額として増え続ける出演料を払いたくはなかった。

エンターテインメント・ウィークリー誌には、『アイアンマン』でのハワードの演技に不満だったファヴローが、うまく映像がつながらなかったという理由でハワードが演じる場面を撮り直したという話がリークされた。才能がある一方で気まぐれで気難しい俳優と言われることもあるハワードだが、ファヴローは人前で文句を言わないように気を遣っていたそうだ。もしかするとマーベル側にとっては、金銭的な問題より現場での衝突の方が聞こえの良い口実だったということかもしれない。

『オーシャンズ11』（2001）や『ブギー・ナイツ』（1997）で抜きんでた存在感を見せ、『ホテル・ルワンダ』（2004）の演技でアカデミー賞にノミネートされたドン・チードルは、2年前にローズ役の候補者の1人でもあった。ハワードが出演しないことが決まると、娘の誕生日を祝っている最中のチードルに電話がいった。オファーの内容は6本の映画に出演する契約。少なくとも人生の10年を、まだ内容すら決まってもいない映画に費やすことになる。チードルはそう見積もった。しかも1時間で返答を求められた。答えが「ノー」なら、次の候補に電話をするまでだと、電話口のマーベルの重役は言った。

「今、子どもの誕生パーティーでレーザータグで遊んでる最中なんです[7]」と、いささか泡を食ったチードルは相手に伝えた。

「え！　では2時間待ちますね」とマーベルの重役は言った。

シリーズものに長期出演することの是非を、敵のレーザーを避けながらチードルは妻と話し合った。「あなたは、こういう映画はやったことがないよね[8]」と妻が指摘した。「大規模な特殊効果満載のテントポール映画。大勢が喜ぶタイプの映画。やってみたいと思う？」。SFヒーローのようにレーザー銃をぶっ放しながら、チードルは答えを決めた。イエス、レーザー銃をぶっ放すアクション・ヒーローをやってみたい。しかも予算規模は誕生パーティーの比ではない。伝えられたところによると、チードルは『アイアンマン2』の出演料として100万ドルほど受け取った。ハワードが出演していたら、恐らく500万から800万ドルになっていただろう。

このキャスト変更の顚末に対するアイク・パルムッターの反応は、マーベルの歴史の中でも一、二を争う醜悪なものだった。当時ディズニー・コンシュマー・プロダクツの会長だったアンディ・ムーニーに、黒人は全員「同じに見える[9]」から誰も気づかないだろうと言ったと伝えられている。

マーベルのCEOの露骨な差別観を目の当たりにしたほとんどの社員たちは、それは自分が就いた最高の職業の最低の一面だと見て見ぬふりをした。中には正当化するものもいた。「アイク・パルムッターは差別をしないが、そもそも多様性に関心がない」[10]とパルムッターの同僚は言った。「何が儲けを出すか。そのこと以外関心がないんです」

もう1人の重要な配役の要は、ブラック・ウィドウだった。ロシアのスーパースパイから転じて西側のスーパーヒーローとなったこのキャラクターは、複数の作品に登場するポテンシャルを持っていた。本名をナターシャ・ロマノフというブラック・ウィドウは、1964年のアイアンマンのコミックスでヴィランとして初登場した。映画ではアベンジャーズの創立メンバーの1人となるS.H.I.E.L.D.のエージェントと設定された。

ブラック・ウィドウ役のオーディションを受けた俳優の中でファヴローが最も感銘を受けたのは、エミリー・ブラントだった。『プラダを着た悪魔』（2006）でスターの仲間入りを果たし、『ヴィクトリア女王 世紀の愛』（2009）でヴィクトリア女王を演じたばかりだった。ブラントはブラック・ウィドウ役に興味を示していたが、すぐに問題に直面した。20世紀フォックス製作の複数の映画に出演するという契約を『プラダを着た悪魔』の撮影中に結んでしまっていたので、ジャック・ブラック主演の出来の悪いコメディ脚色版『ガリバー旅行記』（2010）に出演する義務があったのだ。『ガリバー旅行記』の撮影が英国で始まるのは2009年3月。『アイアンマン2』の撮影がロサンゼルスで始まる1か月前だった。そしてフォックスには、ブラントが両作品に出演できるようにスケジュールを融通する気はなかった。

「『アイアンマン』が私より格下とか、そんなことではないんです。アイアンマンは大好きでした。ロバート・ダウニー・ジュニアとも共演したかった」[11]とエミリー・ブラントは言う。「契約上『ガリバー旅行記』に出ることになっていたからです、出たくありませんでしたけど。自分はちゃんとした判断ができるというプライドがあったので、心が折れる思いでした」

そこでマーベルは代わりにスカーレット・ヨハンソンと出演契約を結んだ。撮影が始まったときには24歳だったヨハンソン。子役だった彼女は、繊細な演技ができる大人の俳優として成長し、インディー映画に多数出演し、なかでもビル・マーレイと共演した『ロスト・イン・トランスレーション』(2003)で知られていた。撮影準備の数か月間、ヨハンソンはブラック・ウィドウを演じるために必要な身体能力を身に着けるためのトレーニングに没頭した。戦闘場面の偽闘の振り付けを習い、ワイヤーアクションのスタントに備えた。栄養士の監督下でマグロの刺身を大量に摂取したヨハンソンは、水銀中毒になったらマーベルを訴えると冗談を飛ばすほどだった。「私は全然アクション向きではないので」[12]と言うヨハンソンは、経験不足をトレーニングで補った。ヨハンソン以上にひたむきにスタントの訓練に臨んだ者はいないと、ファヴローは絶賛した。スタント代役のハイディ・マネーメーカーではなくて自分を観てほしいと願ったヨハンソンは、可能な限り危険なスタントに自ら挑み、警備員の巨体を荒々しくなぎ倒す快感を堪能した。アクション・シーンにすっかり馴染んだヨハンソンは、戦闘中に髪を振り上げるお決まりの見栄を自ら「ハーバルエッセンスのポーズ」[13]〔シャンプーのCMみたいだという冗談〕と茶化すまでになった。

ヨハンソンもマネーメーカーも、ブラック・ウィドウの十八番である相手に飛びついて脚で首を締め上げる技の達人になった。敵の巨体を投げ飛ばす技を2人は「後家投げ(ウィドウ・スロー)」と呼んだ。「人体をジャングルジムのように登ったりするのは初めてでした」[14]とマネーメーカーが言う。「面白かったです。私は体操をやっていたので鉄棒につかまって回転したことはありますが、人間につかまって回るのは初めての体験でした」

ファヴローは『アイアンマン2』の製作に突入し、何百という技術者の仕事を監督した。マーベルは『アイアンマン2』の世界を拡げる大きな計画を持っており、その計画を実現する予算は本作以上のものになる。ファヴローはそのことを常に意識しながら仕事をした。すべてがアベンジャーズの映画につながっていくように、ケヴィン・ファイギが糸を引いていることをファヴローは知っていた。「ケヴィンは、大きな計画の下準備を始めていました」[15]とファヴローは語る。「『アイアンマン2』に仕込まれた仕掛けの1つに、トニー・スタークがロッカーを開けて父親の業績を知る場面があるんですが、あれが『キャプテン・アメリカ』につながるというのは知りませんでした」

複数の作品同士に何らかの連続性を持たせる一番簡単な方法は、サミュエル・L・ジャクソンを雇ってニック・フューリーを演じさせることだった。ジャクソンの代理人とマーベルの出演交渉は、思いのほか難航した。出演料を上げる余地がありそうだという以上に、9本の映画に出演する条件が問題だった。『アイアンマン2』撮影時に60歳だったジャクソンは、年間4、5本の映画に出演しており、そのペースを維持したいと思っていた。「ほとんどの人は、年間2週間ほど休暇を取る以外、毎日働くじゃないですか」[16]とジャクソンは指摘する。「だから私も同じように働く。でも皆に仕事中毒とか言われる。何が違うと言うんですか」

トニー・スタークが、東海岸にあるS.H.I.E.L.D.の施設に呼び出されて幹部たちと会うという場面があったが、堅苦しくない、しかも笑える場面として書き直された。フューリーとスタークがロサンゼルスのドーナツ屋に座っている。フューリーが「私は現実に存在する。誰よりもたしかな存在だ」とスタークに向かって吠え、そして最近働き始めたスタークの個人秘書が実は囮捜査中のブラック・ウィドウだと明かす。また、映画の終盤では、フューリーはスタークがアベンジャーズになる資格がないと告げる（そして成長の余地を与える）が、その場面の背景にあるビデオモニターに、ルイ・レテリエ監督『インクレディブル・ハルク』の場面がニュース映像として映っている。つまり、MCUの中では『アイアンマン2』が『インクレディブル・ハルク』より先に起きた物語という設定が、ここで明確にされている。MCUのタイムラインはみるみるうちにファイギの予想を超えて複雑になっていった。

『アイアンマン』と『アイアンマン2』の制作の隙間の数時間を見計らって、ジョン・ファヴローは『スパイアニマル・Gフォース』で声の出演をした。2009年に公開されたこのデジタル・アニメーション映画は、モルモットの特殊部隊を描いたコメディだった。モルモットを演じた俳優たちの中に、ダウニーに決まる前にトニー・スターク候補だったサム・ロックウェルがいた。『スパイアニマル・Gフォーズ』の収録の合間に、ファヴローはジャスティン・ハマー役を演じないかとロックウェルを誘った。ハマーはアイアンマンのテクノロジーを再現することに執着するヴィラン版スタークといった役柄だった。

しかし、ジャスティン・セローが粉骨砕身で脚本を書いていたにもかかわらず、変更に次ぐ変更のためにロックウェルに渡せるものはそのときまだ存在しなかった。「自分が演じることになるキャラクターが何をするかもわかりませんでした」[17]とロックウェルは回想しているが、しかし、ペンシルバニア州ウィリアムズタウンで開かれた演劇祭で知り合って以来セローを尊敬していたロックウェルは、出演契約書にサインした。

「レックス・ルーサー（『スーパーマン』に登場するヴィラン）を演じるジーン・ハックマンや、『ハスラー』（1961）のジョージ・C・スコットを参考にしました。『キングピン／ストライクへの道』（1996）のビル・マーレイも観ましたね。いろんな要素を取り込みたかったので」と、ヴィラン演技に臨む準備についてロックウェルが語る。ハマーが甘党という特徴は、ロックウェルが役に加えたちょっとしたお遊びだった。自分が登場するほぼすべての場面で、とくに説明もなく必ず飴を舐めたりケーキを食べていたりするのだった。

「ファヴローは、ダウニーと丁々発止と口でやり合える相手を欲しがっていたんです。私はなんとかついていけるレベルです。ダウニーはすごく回転が速いですから。上院の公聴会の場面でやり合いましたよ。（スタークが公聴会で証言する場面はアドリブ合戦になった）。早撃ちガンマンの決闘みたいでした」[18]とロックウェルは回想する。「どっちが抜くのが早いか、勝負してるみたいでした」

上院公聴会は『アイアンマン2』で最初に撮影された場面だった。それは2009年4月6日、極めてタイトな制作スケジュールのちょうど折り返し地点だった。現場にはダウニー、ロックウェル、チードル、コメディアンのギャリー・シャンドリング（喧嘩っ早い議員役）、数十人のエキストラ、そしてカツラとスーツを着せられたダッチワイフが並べられた（一風変わってはいたが予算を考慮した判断だった。一般的には人型に切り抜いた段ボール紙で十分とされる）。現場にいるキャストとスタッフに向かってダウニーが語りかけた。「私とジョン（ファヴロー）がいちゃついてるように見えることがあります。セックスでも始めるんじゃないかという感じになったり、まったく口を利かなかったり。でも心配しなくて大丈夫。あれは私と彼が仕事するときの共生関係の現れみたいなものなんで[19]」。それを聞きながら、ファヴローはダウニーとの共生関係が終わって疲弊しきっている自分を思い描いて、弱々しく笑みを浮かべた。

本作のメインのヴィランに求められたのは、スターク家の良からぬ過去をトニー・スタークに突きつけられること、そして当然いろいろなものを破壊できる能力だった。その結果、かつてハワード・スターク（トニーの父親）の共同研究者だったが追放された男の息子であるイワン・ヴァンコまたの名をウィップラッシュが、ヴィランとして選ばれた。ヴァンコ役に選ばれたミッキー・ロークには、演じるキャラクターと通じる何かがあった。ロークには将来を嘱望されながらハリウッドから締め出されたという過去があったのだ。

ダウニーは『トロピック・サンダー／史上最低の作戦』で、そしてロークは『レスラー』（2008）で、それぞれ2009年のアカデミー賞の候補になった。ある賞の晩餐会で、ダウニーは『アイアンマン2』に出るようにロークを説得した。『アイアンマン』が大成功だったにもかかわらず、相変わらずマーベル・エンターテインメントは出演料に目を光らせており、マーベルはロークに出演料としてたったの25万ドルしか提示しなかったので、交渉が決裂しそうになっていたのだ。ロークが受けられないと立ち去ろうとして、マーベルはようやく増額を決めた。

破壊的なパワーを発する鞭を打ち鳴らすコミックスのスーパーヴィランを演じるとなれば、ミッキー・ロークは手を抜かなかった。台詞のある脚本のページだけでなく、アクションも大量にこなさなければならないロークは、現場ではちやほやされた。ギザギザの歯がついたナイフを振り回しでもするかのように濃いロシア訛りで威嚇的に喋り、白いオウムを従えて演技に臨んだ。

あの「オウムは[20]」とファヴローが回想する。「脚本には書いてなかったね」。撮影現場にペットを連れ込みたいというロークの望みをファヴローが承認したのは、ロークが機嫌を損ねないようにという理由の他に、鳥と一緒のロークが海賊っぽく見えるのが気に入ったからだった。オウムが承認されると、それに合わせて脚本も書き換えられた（オウムの台詞ではなく、人間の）。ヴァンコに首を捻られて死ぬ場面すら撮影されたが、観客の、とくに子どもの反感を恐れて使われることはなかった。

ヴァンコはロシアの刑務所で過ごした長い歳月の間にたくさんの刺青を入れていた。ロークはその刺青のデザインを提案した。それが原因で起きた空騒ぎがあった。編集された映画を観ていたファイギが「ＬＯＫＩ」という刺青に気づいたのだ。ファヴローは、これから製作される『マイティ・ソー』のヴィランをほのめかすものではなく、撮影前に亡くなったロークの飼い犬に捧げられた刺青なのだと説明した。それでも、混乱を招くから刺青が見えてはいけないとファイギが言い張ったので、特殊視覚効果チームはすべてのヴァンコの出演場面から「ＬＯＫＩ」の刺青をデジタル技術で丁寧に消していった（それでも鷹の目のファンに数コマ現れた刺青は発見されてしまったが）。

さらにロークは鞭のコーチを雇い、金歯をはめ、ヴァンコの過去を掘り下げるために世界を旅して回った。ロークの最初の出番を1週間後に控えたある日、ファヴローは今までロークと一度しか会ったことがないと言った。しかしその間ロークの方は、ロシアから頻繁にファヴローに電話をかけ、メールを送っていた。「ロシアまで行って監獄に入らなきゃだめだと言って実行したんです。やる気の現れととらえました。台詞をロシア語に翻訳してくれというファックスもたくさん送ってきました。それをオウムに喋らせようとしたんです。だから「それはあなたにしかできないんじゃないですかね」と答えました[21]」

キャストもスタッフもロークの邪魔にならないように気を遣った。撮影現場を訪問した人は、絶対にロークに近づくなと警告された。ロークは、自分とロックウェル演じるハマーが出会う出番を撮り終わるまで、ロックウェルと話はしないと言い張った。さらにロークは、自分の出番が好き勝手に編集されないように演技中に細工したりした。

た。再撮影の費用が高くつくと知っていたので手の込んだ撮影の途中には奇妙なポーズをとったり、何かを食べたりした。

「私は自分の役に、複雑さと陰影を与えたかった。復讐に燃えて殺気溢れるただの悪いロシア人を演じるのではなくてね[22]」とロークは後に語っている。現場では心ゆくまで複雑さと陰影を与えたロークだったが、彼の繊細な演技は編集でほとんど切られてしまった。「つまりマーベルは、平面的なヴィランを欲しがったということだ[23]」とロークは愚痴った。「ちゃんとしてないスタジオの手にかかると、ただの悪いやつにされてしまうということだな。監督にタマがついてない場合もだ」

奇妙な要求を出したのはロークだけではなかった。1作目の『アイアンマン』のとき、ダウニーはスターク研究所のコンピュータのキーボードを全部古典マヤ語の文字にしろと要求したのだ。キーボードの造形はヴィジュアル・デザイナーのライアン・メイナーディングに託された。「彼の耳から湯気が出るのが見えましたよ[24]」とマーベルのアニマティック編集担当のジム・ロスウェルが言う。「でも、本当にその道のプロが作ったキーボードに見えました」。そして、もし古典マヤ言語が日常で使われる日がきたら、アップル・コンピュータはメイナーディングがデザインしたキーボードをコピーするよと冗談めかして言った。

今回、ダウニーの奇行はさらに一段上に進んだ。本人にも説明できないようなさまざまな信仰や考え方が入り混じった信条を持っているダウニーは、2004年に「自分でもよくわからないけど[25]」と説明を試みている。「スピリチュアル緑の党とか？　ハレー・クリシュナにハマった時期もあったけどね。あれはぶっ飛んでた。今の自分が何かと聞かれたら、ジューブー〔Jew-Bu〕とでも答えるかな。ユダヤ仏教徒だよ。でも、カトリックの教えのおかげで命拾いしたこともたくさんあるんだよね」。『アイアンマン2』のレース場の場面はモナコで撮影されたが、ダウニーの要求に従ってトニー・スタークが運転するレースカーには、神秘的なシンボルが塗装された。前作の現場では、ダウニーのスピリチュアル・アドバイザーたち〔占い師的な存在〕によって配置された水晶をそこかしこに見つけたスタッフがいたが、今回は明らかにエスカレートしていた。

＊　＊　＊

決定稿を待たずに撮影が開始され、さらに1作目でダウニーの即興演技が功を奏したこともあって、ダウニーのアドリブはさらに自由になった。矢継ぎ早に繰り出される機知に富んだ軽口が、トニー・スタークというキャラクターをより知的で魅力的にしたのは確かだが、この軽口によってプロットが明後日の方向に飛んでいくことも多々あった。結果としてセローが一晩中寝ずに脚本を書き直して、辻褄を合わせる羽目になった。あまりのストレスからセローはぎっくり腰を患い、ベッドから出られないこともあった。

制作が進むにつれ『アイアンマン2』は、発想の源となった『酒瓶の中の悪魔』から離れていった。撮影開始当初には酔って朦朧としたスタークが飛行機内のトイレで吐くという場面が撮影された。明らかに前の晩に飲み過ぎたスタークにペッパーが「昨日も一昨日も、毎日二日酔いという顔をしている」と忠告するのだが、この場面は使われなかった（ペッパーがアイアンマンのヘルメットを放り投げ、スタークがそれを追いかけ飛行機から飛び出すというくだりだけが、予告編に使われた）。「『リービング・ラスベガス』（1995）みたいな『アイアンマン2』には、したくなかったから[26]」とセローは言う。

一方、ファヴローは凝りに凝ったアクション・シーンの撮影で忙しかった。ほとんどのアクション・シーンのカメラの動きは撮影前に決定されていた。数週間前にマーベル・スタジオの小さなオフィスで、デジタル機材を手にした撮影監督のマシュー・リバティークが、モーション・キャプチャーで記録されたスタント演技から生成されたヴァーチャルセットの中で、カメラの動きを決めていたのだ。その場でファヴローが「構図が都合よすぎる[27]」などとリバティークに審美的助言を与えた。デジタル効果と特殊舞台装置の両方を担当するヴィクトリア・

アロンソ率いる特殊効果チームには十分すぎるほど仕事が待っていたが、おかげで一足先に作業を開始することができた。

映画のクライマックスの戦いは、フラッシング・メドウズ・コロナ・パーク（万博跡地の公園）の中にデジタル技術によって造られた日本庭園で繰り広げられた。この手の込んだ戦闘場面では、アイアンマンとウォーマシンが、ハマー社製ドローン（ジャスティン・ハマーが製造しイワン・ヴァンコが乗っ取った）の大群を迎え撃つことになっていた。大事なクライマックスがＣＧＩの沼に沈んでしまわないように、ファヴローは伝統的なセル・アニメーションのアニメーターでもあるゲンディ・タルタコフスキーを雇った。タルタコフスキーはテレビの『サムライジャック』（２００１－２００４）や『デクスターズラボ』（１９９５－２００３）のクリエイターだ（そして言わずと知れた『スター・ウォーズ クローン大戦』（２００３－２００５）のプロデューサーで、監督でもあった）。

「ジョンは私のファンだったんです。私が『サムライジャック』に取り入れた感覚が好きだと言ってました」[28]とタルタコフスキーは言う。「どんな感じのアクションにしたいか私にはわかっていたので、思いつくものを全部描いてジョンにあげようと考えました。全部使ってもまったく使わなくても、好きにできるように」

『アイアンマン』のクライマックスの戦いは製作開始の早い段階に考案され、完成したのは一番最後だったが、今作も同様だった。しかし今回はタルタコフスキーが用意してくれた一連のアクションをモジュールのように自由に前後できたので、ファヴローは前より編集が楽だと感じていた。たとえばタルタコフスキーが考案したレーザーを旋回しながら撃ってドローンを殲滅する場面を、ファヴローは場面の途中から最後に回した（そしてチードルの「次は最初からそれを使えよ」という台詞を付け足した）。

自分が考案したアクション・シークエンスが大幅に改変された粗編集バージョンを観たタルタコフスキーは、大体何とかなっているが、驚きが弱くなったと感じた。「なんというか、普通になってましたね」とタルタコフスキーは言う。「次の編集バージョンを観たら、ほとんど元に戻ってましたけど」

公開まで数か月と迫った2010年1月、アニメーション監督のマーク・チュウはファヴローと打ち合わせをした。チュウが「悔いあらためよの会」[29]と呼ぶ、何がうまくいっていないか監督に聞かされる打ち合わせだった。うまくいっていない最後の戦闘場面をどうすればいいのか？　豪華なドローン・スーツと特大サイズの鞭でパワーアップしたウィップラッシュを再撮影する。それが答えだった。「最後の数か月で第3幕をまったく作り直すことはよくありますが、日本庭園の場面がまさにそれでした」とチュウは回想する。

この頃のファヴローは、やつれて髪もだらしなく乱れ、チェックのシャツのボタンを途中までしかとめずに羽織っていた。ロンドンのアビー・ロード・スタジオで、ダン・リーベンタールの編集とジョン・デブニーの楽曲の録音を見守っていたファヴローは、言葉を探りながら「この作品がうまくいくためには、いろいろな要素がうまく嚙み合う必要があるんです[30]」と言った。「スケジュール的には挑戦でした。最初の映画より少ない時間で、より野心的な作品を仕上げなければならない。製作が始まった段階でその後の進行がすごく心配だったのは、そういう理由です。2年以内に仕上げなければならない。物語を考え出さなければならない。体制を整え、準備して、撮影して、編集して、仕上げの諸々をやらなければならない。言い訳じゃないんですよ。最高の映画にしなければならない。でも、そのせいで関わる皆がとてつもないストレスを感じることになる。元々大変な企画でしたが、今はトップギアに入れて全力で走らなければいけない。眠れない人が大勢出ますよ。これから何百という人が眠れなくなります」

『アイアンマン2』は予定どおり2010年4月に封切られた。この映画もヒットし、最初の『アイアンマン』より少し余分に儲けた（1作目より6000万ドルほど多い約2億ドルの製作費に対して、世界中で6億2300万ドルの興行収入を上げた）。好意的な批評も多かったが、観客には1作目ほど熱狂的に迎えられなかった。活きのいいアクションもかっこいい場面もあった。しかし、映像からも継ぎ接ぎのプロットからも、尻を叩かれながらストレスの限界で行われた作業をうかがい知ることができた。

「これでおしまいだ」と、ファヴローは思った。今後、『アベンジャーズ』をうまく成立させる方策に頭を捻る気はなかった。増え続けるマーベルからの横槍をかわすことにも、興味はなかった。アイク・パルムッターの収益のために、これ以上ぼろぼろになるまで働く気もなかった。マーベル映画一座に俳優として居残ったファヴローは、〝ハッピー〟・ホーガンとして何作も出演し、マリサ・トメイ扮するメイおばさんと恋に落ちたりすることになる。監督としても『ジャングルブック』や『マンダロリアン』などのＣＧＩ大作を手掛けることになるが、『アイアンマン２』を最後にその後ＭＣＵの映画を監督することはなかった。

CHAPTER 10 | NO STRINGS ON ME
自由ってやつは楽しいもんだぜ

世界は変わってしまった。もう私たちは後戻りはできない。
The world has changed and none of us can go back.
——キャプテン・アメリカ／ウィンター・ソルジャー（２０１４）

２００５年、マーベル・スタジオはテーマパークの世界に足を踏み入れた。発端はスパイダーマン・ライドの企画だった。アル・アリ・ホールディング・グループのモハメッド・カマスＣＥＯがドバイの広大な開発事業に着手していた。住宅地と巨大な屋内テーマパークで構成される野心的な計画を持つカマスは、テーマパークの目玉にスパイダーマン・ライドを望んだのだった。

デヴィッド・メイゼルによると「ドバイに飛びました。モハメッドとはとても気が合ったので、乗り物を1つ作るという話が1週間後には予算10億ドルのマーベル・パークに膨らんでいました」。テーマパークのライドにキャラクターを使う権利を獲得するために、カマスはマーベルに巨額の前金を支払った。メイゼルとケヴィン・ファイギは、マーベル・パークをディズニーランドに負けないようにしようと早速アイデアを出し合った。「ケヴィンも私もテーマパークが大好きですから」とメイゼルは続ける。「ドバイの遊園地に作るライドのデザインを考えた数年は、本当に楽しかったですよ」

法的な理由からアメリカ合衆国内ではほぼ実現不可能だったこのようなテーマパークも、いわば狩猟解禁区であるアラブ首長国連合なら可能なのだ。かつてマーベルの経営責任者がロン・ペレルマンだった頃、企業買収を続けるための資金を確保したかったペレルマンは、ユニバーサル・スタジオとある契約を交わしていた。この契約によりユニバーサルは、オーランドにあるアイランズ・オブ・アドベンチャーに、マーベルをテーマとしたエリアを作れることになった。ユニバーサルにとって極めて有利なこの契約は、マーベルのキャラクターが使用される限りは永続性を持ち、しかもミシシッピ川以東の北米大陸内にある他のテーマパークでマーベルのキャラクターが使用されることを禁じていた（アメリカ国内でテーマパークが集中している地域はフロリダ州とカリフォルニア州という両端に分かれていたので、ミシシッピ川はアメリカを2つに分けるのに便利な、気まぐれだが機能的な線だった）。その後アイク・パルムッターがマーベルの経営を引き継いだとき、合法的に権利を取り返すための条件が含まれていないこの契約は、マーベルにとって大きな不利益をもたらすと経営陣に判断された。

しかし、世界的な不況が始まった2008年、カマスはドバイの開発計画をすべて白紙に戻す羽目に陥った。この件に関してメイゼルは後に「本当に惜しいことだと思いますが、前金は返さなくてよかったので、負けたのはあちらだけでした[2]」と言っている（後に景気が回復するとカマスは開発計画を復活させ、モーションゲイト・ドバイというテーマパークを2016年に開園したが、マーベルのコンテンツはなかった）。

一方で、2005年にマイケル・アイズナーの後任としてウォルト・ディズニー・カンパニーのCEOになったボブ・アイガーは、着任早々ディズニーという巨大娯楽企業複合体の弱点に目を向けた。アイガーが最初に着手したのは、ディズニー・アニメーションというブランドの再生だった。近年多くの人びとに愛されることになったディズニーのアニメーションは、ピクサー・アニメーション・スタジオが作ってディズニーが配給した作品ばかりだった。ピクサーを丸ごと買収してしまいたいアイガーだったが、オーナーでアップル・コンピュータの創業者でもあるスティーヴ・ジョブズがピクサーを売ろうとしなかった。さらにこの前年、ディズニーとピクサーは新規の配給条件の交渉すら泣き別れで終わっていた。そんな情況でアイガーが買収を切り出すと、ジョブスはアイガーをカリフォルニア州クパチーノに招待した。ジョブズはピクサーの主要人物たちをホワイトボードの前に集めて買収の是非を話し合った。巨大娯楽企業に身売りすることの問題点で、あっと言う間にホワイトボードは埋め尽くされた。その中には「ディズニーの文化がピクサーを滅ぼす[3]」そして「注意が散漫になると創造性が死ぬ！」というものもあった。

しかしアイガーは、ここで思いとどまらなかった。ピクサーを見学して回ったアイガーは、素晴らしい施設に感嘆し、中で働く才能溢れる人たちにも感銘を受けた。アイガーは後に自伝に「あの日あそこで見たものの素晴らしさに、私は息をするのも忘れた[4]」と書いている。アイガーは、ピクサーをロサンゼルスまで350マイルも引っ越させる気はないし、自律性を尊重するからとジョブスを説得した。そしてディズニーは、74億ドル分の自社株と引き換えにピクサーを買収した。その株のほとんどを手にしたジョブスは、ディズニー最大の個人株主になった。

取り引きが2006年1月に成立した後、事はアイガーの目論見どおりに進んでいった。ピクサーのアニメーション部門の責任者だったジョン・ラセターをチーフ・クリエイティヴ・オフィサーとして抜擢し、ピクサーとウォルト・ディズニー劇場長編アニメーション部門の両方を任せた。ラセターは早速ディズニーのアニメーション部門の再建に取り掛かった。2018年に不名誉な形で追放されることになるラセターだが、彼の下でディズニーの2つのアニメーション部門はポジティヴなライバル関係を築いて競い合った。ピクサーが『カールじいさんの空飛ぶ家』（2009）や『インサイド・ヘッド』（2015）など新たな名作を連発する一方、ディズニーは『アナと雪の女王』（2013）と『アナと雪の女王2』（2019）という、世界で最も高い興行収入を上げたアニメーション作品で応えた。一度ピクサー買収の契約が本決まりになると、アイガーはネズミの家（ハウス・オブ・マウス）のIPのカタログを充実させるべく、他の独立系製作会社を探し始めた。

２００８年の秋、デヴィッド・メイゼルがアイガーに面会を要請した。マイケル・オーヴィッツとともにディズニーで短期間働いた経験のあるメイゼルは、アイガーとは知り合いだった。2人は『アイアンマン』封切りの直前にも電話で話をしていた。メイゼルはアイガーに、『アイアンマン』と食い合わないように『ナルニア国物語／第2章：カスピアン王子の角笛』の公開日をずらした方が良いと警告した。メイゼルによるとアイガーの返事は「アイアンマン？　怖くないね、アイアンマンなんか[5]」だったそうだが。

この電話より以前にハズブロがマーベルに接触していた。用件はハズブロが「The Hub（ザ・ハブ）」というテレビ・チャンネルの立ち上げを目論んでおり、それに関連してマーベルの玩具の売り上げを伸ばせるかもしれないからマーベルも話に乗らないかという打診だった。メイゼルは、ハズブロよりもディズニーの方がテレビのパートナーシップとして好条件を出せないものか、アイガーと腰を落ち着けて話し合いたかったのだ。仮にディズニーが話に乗らなくても、ハズブロの競争相手の手の内を知ることができるだろうとメイゼルは考えた。メイゼルもアイガーも、これがとくに優先順位の高い案件とは考えなかったので、打ち合わせは２００９年の2月まで先送りにされた。

「早急に話し合う理由もないと思われたので[6]」とメイゼルは回想する。2月になって2人が会って話したのは、テレビに関する戦略、そして間近に迫るＤＶＤの死にどう対処するかということだった。「短めの会議でしたね」とメイゼルが言う。「アカデミー賞目前の週だったので、皆忙しかったのです」。その年の最優秀長編アニメーション賞はピクサーが『ウォーリー』（２００８）で勝ち取ったが、ディズニーの実写映画は作品賞にすらノミネートされなかった（ミラマックスの『ダウト〜あるカトリック学校で〜』（２００８）が演技関係のノミネートをいくつか受けはしたが）。「あの時期のディズニーの実写映画は、うまくいってなかったですね」とメイゼル。「アニメーションは当然強い。しかし実写は弱かった」

そんなことはアイガーにとって百も承知だった。ディズニーの戦略は、すべての年齢層に対する娯楽を提供することだ。10歳未満の子どもにはアニメーション。10から12歳の子どもにはテーマパークとディズニー・チャンネルのシチュエーション・コメディ。ティーンから20代前半の若者にはABC局のテレビ番組とESPNのスポーツ。この20代前半の層が家庭を持ち子どもを作り、新たなディズニーへの課金の循環が始まるというわけだ。ディズニーが最もアピールできない年齢層が若い男性だった。ESPNのスポーツ番組が生活の中心という若者の数も多いが、十分とは言えなかった。ピクサー買収によってアニメーション部門の補強が完了した今、アイガーは若い映画好きの男性の欲求を満たす方策を考えていた。そしてメイゼルと会ったときに、マーベル・スタジオという若いスタジオに対する関心が俄然高まった（もちろんマーベル作品のファンは若い男性だけではない。女性にも高齢者にも愛されているが、残念ながら現在の娯楽産業は、それぞれのジャンルを特定の性別に属する年齢層の観客に作品を届けるシステムだと考える傾向にある。この乱暴な認識は、目安として役に立たないわけではないが、映画の内容や観客の態度を歪める一因にもなっている）。

アイガーはコミックス・ファンではなかったので、マーベルの居並ぶスーパーヒーローたちについて予習しなければならなかった。アイガーは2009年の5月に再びメイゼルと会うことになっていたが、この数か月の間に両者は、ディズニーとマーベルが最高の組み合わせになる可能性に気づいていた。ディズニーはマーベルに入れこむ若い男性層が欲しい。マーベルにはディズニーの持つ屈強なマーケティング力が必要だった。両社が手を組んだらどうだろうとアイガーが戯れに話を振ったとき、メイゼルは驚きもせずに単刀直入に問いかけた。ディズニーはマーベルの買収を希望するか？　アイガーはその問いに対する好奇心を、あえて否定しなかった。

「ならば、次はアイクと話をしてもらいましょう」とメイゼルは応じた。そして自分はまだパルムッターにこの件を切り出していないとアイガーに伝え、そして「アイクには私から話を切り出す。もし彼が興味を示さなければ、そこでボブ〔アイガー〕は諦める」ということで、両者は同意した。

ディズニーがマーベルの買収を考えたのは、これが初めてではなかった。ロン・ペレルマンがマーベルの経営者だった１９９５年（まだ破産する以前）、ディズニーは、クインジェット（アベンジャーズが使用するジェット機）のタイヤを蹴ってみた。つまりマーベルの買収の可能性を考慮していたのだ。しかし当時ディズニーのCEOだったマイケル・アイズナーはその件を却下した。役員たちはマーベルのキャラクターは子ども向けではなく、ディズニーの家族みんなが楽しめるというブランド・イメージに傷がつくと考えたからだ。メイゼルはアイズナーがマーベル買収を提案されただけで激怒したことを記憶している。アイズナーは、マーベルがオーランドにあるユニバーサル・スタジオのテーマパークにキャラクターの使用権を与えてしまったことに腹を立てていたのだ（つまりウォルト・ディズニー・ワールドにマーベルのキャラクターを出せない）。一方で、アイズナーはディズニーのブランドイメージに固執しすぎだとアイガーは考えていた。「今と違って当時は」アイガーが回想する。「ディズニーは１つの巨大なブランドで、多面性はないと信じられていましたからね[8]」

アイズナーと較べてアイガーは、役員たちと協力的な関係を築いており、さらにマーベルという個性とディズニーのブランドの嚙み合わせを別の視点から見ていた。「ディズニーが自社より尖った企業を買収することを心配する人もいますが、私は逆です」とアイガーは言う。「マーベルがディズニーにどう影響するかより、マーベルがディズニーとつながることをマーベルのファンたちがどう思うかが心配でした。買収することでマーベルが持つ価値を壊してしまうのではないかと」。アイガーには、マーベル買収の件で役員会を説得する自信があった。あくまで、パルムッターが初めて自分で買収した企業を手放す気になってくれさえすればの話だが。

メイゼルから経過を伝えられたパルムッターは興味をそそられ、ニューヨークのミッドタウンにあるマーベル・エンターテインメントにアイガーを招いた。誘いを受けたアイガーは、重役の取り巻きを残して独りでニューヨークに赴いた。パルムッターのオフィスをアイガーは「スパルタ的だ」と評した。億万長者のパルムッターは、バナナ１本とカークランド社の水をボトル１本で来客をもてなした。パルムッターは毎週末に妻と２人でコストコで値下げ品を買いだめするが、この水もコストコで買ったものだった。来訪の用件は明白だったが、慎重なアイガーは自分の背景から話に入った。パルムッターがピクサーの買収について質問したとき、アイガーは機を逃さなかった。買収後もピクサーが独自の文化を維持していることを強調した。そしてアイガーはパルムッターに、マーベルも同様に扱いたいという希望を伝えた。

その場でイエスと言わなかったパルムッターだが、夕食の席で残りの話をしようと提案し、2人は東63番街にあるステーキの店、ポストハウスに向かった。ブルックリンの街路で商売を始めたというパルムッターの昔話に花が咲き、時間が過ぎていった。アイガーはディズニーとマーベルが引き起こすシナジーの可能性の概略と、両社に期待される利益を述べた。「ディズニーには相当の高額でしか売らないと彼は譲りませんでしたが[9]」とアイガーは回想する。「一方でマーベルの経営に問題が生じたら自分の判断で方針を決めたいとも言いました。結果的に自分が巨万の富を手にすることは理解していても、どこぞのCEOがふらりを現れて自分の会社を買収していくのは納得できなかったんでしょう」

翌日パルムッターは、アイガーに例の件は考慮中だと伝えたが、売った方がいいかどうかの確信は持てずにいた。相手はホワイトボードの前で説得されるタイプではないと気づいたアイガーは、数日後にパルムッターを招いて、妻のウィローとともに再びポストハウスを訪れた。前回と同じ席についた一行だが、今回は商売の話は一切しなかった。いまだにイエスとは言っていないが、買収の件に関してパルムッターの気持ちが緩んでいるのが、アイガーにはわかった。一方デヴィッド・メイゼルは、交渉が始まる可能性を考慮して、ケヴィン・A・メイヤー（ディズニーの上級執行副会長）とトーマス・O・スタッグス（ディズニーのCEOでCFO）相手に、取り引き条件を詰め始めた。

「トム〔スタッグス〕とケヴィン〔メイヤー〕が恐らく嫌がるポイントがいくつかあります[10]」とメイゼルはアイガーに警告した。「うちはスパイダーマンの権利を持っていません。X－MENの権利も、ファンタスティック・フォーの権利もうちにはない。ミシシッピ川以東のテーマパークでうちのキャラクターを使う権利もないので、オーランド最大の遊園地であるお宅のテーマパークでも、うちのキャラクターが使えない。契約上パラマウントが配給することになっている映画が後4本残っているので、お宅で権利を買い上げない限り、その4本には手を出せません」

メイゼルは、以上の不利なポイントに対する反論を用意していた。「私から先にお答えしておきましょう。もしうちがスパイダーマンの権利を持っていたら、10億ドル余計に高くついたところです。X－MENはもっと高くついたでしょう。さらに、それ以外で使うことのできるキャラクターは、大きな1つの宇宙を構成している。だから他所が権利を握っているキャラクターなど必要ないのです。さて、ミシシッピ川より東のテーマパーク。お宅のテーマパークはそこら中にあるじゃないですか」。メイゼルは、マーベル・エンターテインメントを最低1株50ドル、当時の株価に30パーセントのプレミアムを乗せた価格で売りたかった。

それでもパルムッターはまだ迷っていたので、アイガーは「本人によると生まれてから1冊もコミックスを読んだことがないという[11]」スティーヴ・ジョブズに電話で相談した。この頃ジョブズはアイガーを信用するようになっていたので、単刀直入に質問した。「それはあなたにとって大事な件？　本当に欲しいのか？　ピクサーと同じくらい？[12]」。アイガーがイエスと答えると、ジョブズは個人的にパルムッターに電話し、ディズニーはピクサーを買収しても、ピクサーの文化と創造性を潰すようなことはしなかったと教えた。

「あなたは口にした約束を必ず実行する男だと言ってましたよ[13]」と、パルムッターはアイガーに伝えた。こうして取り引きは成立した。ディズニーは、マーベルの価値を1株50ドル、つまり総額40億ドルと設定することに同意した。パルムッターの取り分は15億ドル[14]と見積もられた。現金と株の両方で支払われたこの取り引きによって、パルムッターはスティーヴ・ジョブズに次いで2番目の持ち株数を誇るディズニーの個人株主になった。

公式発表を待たずに、両社は合併に向けて舞台裏で忙しく準備を進めていた。当初の目標を達成し、業界に自分の刻印を残し、買収の件でちょっとした富も築いたメイゼルは、これを機にマーベルを去ろうと決めていた。「ボブ〔アイガー〕と最初に会ったとき、2度目に会ったときだったかもしれない。そのときに伝えました[15]」とメイゼルは回想する。「ボブを驚かせたくなかったので、ケヴィン〔ファイギ〕に任せればマーベル・スタジオは安泰だと伝えました」

そうして2009年8月31日、買収の報せが公表された。アイガーが恐れたとおり、大好きなマーベルのスーパーヒーローたちがディズニーキャラになってしまうかもしれないと不平を述べるマーベルファンもいた。マーベルのウェブサイトのコメント欄はその手の憂慮で溢れ、中にはディズニーというブランドによってマーベルが「薄められて子どもじみたものにされて、『スポット』〔2001〕より面白くないものにされてしまう[16]」と書いた者もいた。

アイガーと会ったファイギは、マーベル・シネマティック・ユニバース構想の全容を話した。アイアンマン、ハルク、ソー、そしてキャプテン・アメリカがアベンジャーズを結成すること、そしてアベンジャーズ結成がさらなる作品間の交錯と続編を生むこと、ドクター・ストレンジやブラックパンサーといったキャラクターが舞台袖で待機していることをプレゼンした。

異なる作品の登場人物が共演し合うクロスオーバーは、ただファンを喜ばせるためのものではなく、「マーベルという存在そのものを構成するDNAに刻まれたもの[17]」だと、ファイギは信じていた。「スパイダーマンがファンタスティック・フォーの本部に現れたり、アベンジャーズに新メンバーが加わったり、アイアンマンを読んでいると突然ハルクが乱入したりするようなことは何十年も続いており、真剣なコミックス・ファンならそんな経験を何度もしているはずです。そういうことが起きると、それだけでわくわくするものです。その興奮を、映画を観る人にも、もっと大がかりで国際的なスケールで味わってもらいたいのです」

ファイギのプレゼンを聞いたアイガーは一言感想を述べた。「とびきりのプランだと思うよ[18]」

＊　＊　＊

2009年夏。『アイアンマン2』の主要撮影は終了し、『マイティ・ソー』の主要なキャストは決まり、『キャプテン・アメリカ／ザ・ファースト・アベンジャー』の監督はジョー・ジョンストン（ファイギが大好きなピリオド・ムービーとして挙げる『ロケッティア』の監督）に決まって、1940年代を舞台にしたピリオド・ムービーとして制作の開始を待っていた。『アベンジャーズ』の筋立てについて話し合うためにパームスプリングスで週末を過ごすつもりでいたマーベルの3人のクリエイティヴ・プロデューサーたちは、代わりにロサンゼルスにあるスコットランド風ステーキ店タム・オシャンターに誘われたので驚いた。土曜の夜の夕食の席で、ファイギは来るべきディズニーによる買収の件を話した。ボブ・アイガーがすでにディズニーのリソースを役立ててほしいとさまざまなアイデアを出してくれているという話もした。

ディズニーによる買収の件が公になって、ようやくパームスプリングスに戻ってきた4人は、『アベンジャーズ』で重要な役割を果たすことになる「テッセラクト」というアイテム（マーベルコミックスに登場するコズミック・キューブを基にしている）を、どのように『アベンジャーズ』につながるように他の映画に仕込むか考案した。テッセラクトは、まず『キャプテン・アメリカ／ザ・ファースト・アベンジャー』で初登場する。ヨーロッパのある村に隠されていたテッセラクトを、ヴィランであるレッドスカルが見つけて我が物にしてしまう。テッセラクトがあれば、第二次世界大戦が舞台の映画で戦闘があっても、全員血まみれで死ぬような場面を避けられるので便利だった。ヒドラの兵士たちは銃の代わりにエネルギーや火炎放射で戦えるからだ。これはニューヨークのマーベル役員たちも喜ばせた。より面白い玩具が製造でき、何と言ってもナチスのアクション・フィギュアを作らなくて済む。

マーベル・スタジオ製作の最初の2本の映画は、ニューヨークからの干渉をほぼ受けずに作られた。ジョン・

ファヴローは『アイアンマン』の脚本をマーベル・コミックスの有名ライターであるマーク・ミラーに見せて、フィードバックをもらっていた。それ以外にもさまざまな方面に意見を求めたファヴローは、J・J・エイブラムスやシェーン・ブラックなどマーベルと関係のない人にも頼んだ。『アイアンマン』と『インクレディブル・ハルク』が成功を収めると、ニューヨークの役員たちは映画の製作過程を自分たちで操りたいと思い始めた。マーベル・スタジオのやることが、マーベル・エンターテインメントの種々の取り組みときちんとシナジー効果を生み出すように監督するというのが表向きの理由だったが、マーベル商売の中で映画製作が突然派手で魅惑的になったから手を出したいという下心に違いないと、マーベル・スタジオで働く人たちは勘ぐった。

パルムッターの命を受け、マーベル・エンターテインメントはクリエイティヴ委員会というグループを設置した。委員会のメンバーはマーベル・エンターテインメント社長ダン・バックリー、マーベル・エンターテインメントCCOジョー・カザーダ、マーベル・コミックスの売れっ子ライターであるブライアン・マイケル・ベンディス、マーベル・スタジオのルイス・デスポジート、ケヴィン・ファイギ、そして、新たに最高経営責任役室副会長に任命されたアラン・ファイン（パルムッターの伝言係だと全員が認識していた）の6人だった。たとえば次回作として何を作るという決断から配役、脚本の草稿にいたるまで、マーベル・スタジオが何らかの大きな判断をするときは、必ずクリエイティヴ委員会の承認を受けなければならないと、パルムッターは決めた。なかには建設的な意見書もあったが、ほとんどの場合クリエイティヴ委員会がマーベル・スタジオの作業を妨げているように感じられた。最初の衝突は『キャプテン・アメリカ／ザ・ファースト・アベンジャー』を巡って起きた。マーベル映画の観客は、1940年代を舞台にした映画を観たいとは思わないだろうと、アラン・ファインは考えた。デスポジートとファイギは『アベンジャーズ』を作る前にキャプテン・アメリカというキャラクターを確立することの重要性を主張した。スティーブ・ロジャースが時に取り残された男なのだということを、ちょっと台詞で触れるのではなく、ちゃんと映画で見せなければならない。会議は「怒号が響き合う」[19]展開になったが、ファイギは譲らなかった。しかしクリエイティヴ委員会を巡る本当の苦労は、まだ始まったばかりだった（アラン・ファインは、本書執筆のためのマーベル勤務時に関する質問の回答を拒否した）。

プロデューサーのクレイグ・カイルによると、ファイギが求めていたのは「ピクサーがやっている専門家集団（ブレイン・トラスト）と同じものです。つまり社内で一番知識豊富なメンバーが集まって、最高の映画を作るために必要な洞察を与えてくれて、粗編集バージョンを観ながらさらに助言をくれるような集団を作りたかったんです[20]」（ピクサーには実際に「ブレイン・トラスト」と呼ばれる専門家集団があり、トップの監督たちも交えて数か月に一度会議を開き、率直で恐ろしく役に立つフィードバックを同僚たちに与えていた）。カイルが続ける。「ファイギが求めたものは、実現すれば素晴らしいものでした。発想の基になったピクサーの専門家集団は、ほぼ素晴らしく完璧でしたからね。うちの場合は夢で終わりました」

２００９年8月31日、ディズニーは公式にマーベルを買収した。ディズニーの資本と出資を当てにできる今となっては、メリルリンチからの融資に頼った「4打席」のプランは、映画2本目にして意味を失ってしまった。『アイアンマン』と『インクレディブル・ハルク』が十分すぎる現金を稼いだので、メリルリンチからの借金は返済され、抵当に入れられていた10件のキャラクターは、無事マーベルに返された。

しかし、パラマウントと結んだ独占配給の契約は『アベンジャーズ』と『アイアンマン3』まで有効だった。『アベンジャーズ』はマーベルの命運を左右する大事な作品だ。マーベル・シネマティック・ユニバースというコンセプトの有効性は、この映画の成功によって計られるのだ。何十億ドルという資金をマーベルに投入したディズニーとしては、作品の公開にまつわる諸々を一手に引き受けたかった。可能な限り大規模な宣伝を行い、それに伴う利益を取りたかった。映画史に残るチームが結成されるこの映画を、よその企業と共同で配給する気はなかったのだ。

しかし、マーベルとの取り引きを手放す気はパラマウントにはなかった。この頃、バイアコムの買収によりドリームワークスＳＫＧ製作の映画を配給する権利を失ってしまったパラマウントは、利益がこれ以上下がらないようにマーベル映画に依存していた。交渉には丸1年が必要とされたが、２０１０年の10月、パラマウントが持つ『アベンジャーズ』と『アイアンマン３』の配給権をディズニーが１億１５００万ドルで買い取ることで、両社は同意した。それぞれの作品が予想を越えて利益を上げたあかつきには（実際に上げることになるが）、パラマウントはボーナスを受け取ることになった（『アイアンマン３』では興行収入の９パーセントに上った）。

さらにマーベルは、例のユニバーサル・スタジオがアイランズ・オブ・アドベンチャー内でマーベルの中核的なキャラクターを使用できるという契約に関しても、なんとか回避する方策を見出した。その契約で言及されるハルク、スパイダーマン、ファンタスティック・フォーといった特定のスーパーヒーローを使用せず、園内のアトラクションに「マーベル」という名称も使用しないという条件の下、ディズニーのテーマパークでもマーベルのキャラクターが使えることになった。ディズニーのテーマパークにマーベルが入り込むには時間を要した。当初はマーベルのスーパーヒーローの衣装をまとったキャストがわずかにいただけだったが、やがてマーベルをテーマにしたライドが世界中のディズニーのテーマパークに設置されていった。アナハイムのディズニー・カリフォルニア・アドベンチャーでは、タワー・オブ・テラーを改装してガーディアンズ・オブ・ギャラクシーのライドが作られ、やがてドクター・ストレンジのショーやピム・テスト・キッチンというレストランを含む、アベンジャーズ・キャンパスとして拡張された。

男性の消費者とつながることを画策するディズニーが買収したのは、マーベルだけではなかった。マーベルとの契約を締結すると、アイガーはスター・ウォーズやインディ・ジョーンズといったシリーズを有するルーカスフィルムに食指を伸ばした。２０１２年、ディズニーはこちらも40億ドルという金額で、ルーカスフィルムを買収した。ルーカス関連のＩＰをディズニー化されるのではないかというファンたちの心配に再び直面したアイガーは、新しい関連会社に口を出さず黙って稼がせることにした。

ディズニーによる買収に興奮を隠せないファイギであるが、それには子どもの頃に毎年家族でディズニー・ワールドを訪れたからという以上の理由があった。「自分が働いている会社が買収されたのは初めてでしたが[21]」とファイギは言う。「私たちの仕事を高めてくれると、いつも信じてやってきました。ディズニー以前にも他のスタジオといい関係を結びましたが、あれは家族ではなかった。買収以来、毎年証明され続けているように、ディズニーは業界一のマーケティング集団ですよ」

CHAPTER 11 OUR BRAND IS CHRISES クリスというブランド

こいつの筋肉、コタティ族の金属繊維でできてるみたい。
It's like his muscles are made of Cotati metal fiber.
──アベンジャーズ／インフィニティ・ウォー（2014）

マイティ・ソーのコミックスはヴァイキングの神話と北欧神話のエッダ〔神話を伝えた文書〕から着想を得て描かれていたが、主人公の雷神ソーはたとえばアブゾービングマンなど現代的なスーパーヴィランと対峙することが多かった。また、コミックスのソーは「シェイクスピア的」な喋り方をすると言われるが、これは要するに、スタン・リーがソーの台詞に施した文語的装飾が、いかにも幾世紀という時を越えて現れ出でし者の台詞に聞こえ候、という程度のことだった。

映画『マイティ・ソー』には監督としてケネス・ブラナーが起用された。実際にシェイクスピアが書いた芝居を舞台そして映画として多数演出した経験を持つブラナーは、スタン・リーのなんちゃってエリザベス朝台詞以上に深いシェイクスピアとのつながりを、ソーに見出した。「誰でも、権力の殿堂の奥で起きていることに興味を持ちますよね。それがホワイトハウスでもバッキンガム宮殿でも」とブラナーは言う。「シェイクスピアの興味関心は中世王族の生活でしたが、権力の裏というテーマのためにローマ時代の伝説やギリシャ神話も利用していますよね。スタン・リーは、シェイクスピアが使わなかった神話を盗みにいったということなのでしょう」

ソーの物語が扱うのが宇宙規模の危機だとしても、登場人物たちは人間なのだとブラナーは気づいていた。「その危機に直面した役者たちが真面目に演じれば、とても情熱的で激しいドラマが作れます。これは普通の人間の有り様を洞察する話なのです、実際にそれが神々だとしてもね。物語の語り部というものは、権力の座についた人たちの脆さを描くことに強いこだわりを持っていますが、シェイクスピアも例外ではないし、マーベル・ユニバースでも同じことです」

ファイギは、ブラナーより少しだけ現代的な例を念頭に置いていた。『ゴッドファーザー』（1972）である。「父と息子の物語。父親の因果に息子が報いなければならない、という話です」[2]とファイギは語った。

マーベルが最初に監督として誘ったのはケネス・ブラナーではなく、アクション映画『レイヤー・ケーキ』（2004）でデビューし、ニール・ゲイマン原作のファンタジーを見事に映画として翻案した『スターダスト』（2007）のマシュー・ヴォーン監督だった。また、脚本家としてまずマーク・プロトセヴィッチをマーベル・スタジオの幹部たちは雇ったが、物語の方向性は示されていなかった。話がどう展開すべきか、まだ誰も確信をもっていなかったのだ。そこでプロトセヴィッチは、オーディンによって中世の地球に追放されたソーがノース人によって奴隷にされるが、女神シフとウォリアーズ・スリー〔ホーガン、ファンドラル、ヴォルスタッグという3人の戦士〕によって見つけ出されるという脚本を上げた。

ほどなくマーベル側は『マイティ・ソー』の舞台を現代にした方がいいと気づいたが、2007年に始まり2008年まで続いた脚本家組合のストライキが続行中だったので、プロトセヴィッチの脚本を改稿するための脚本家を雇うことができなかった。さらにストライキが終わる前に、ヴォーンを監督として雇うオプションの期限が切れてしまった。拘束を解かれたヴォーンは暴力的な自警団的スーパーヒーローが主役の映画『キック・アス』

（２０１０）の制作に取りかかった。そこでマーベルは、新しい物語の骨組み作りのためにＪ・マイケル・ストラジンスキー（ＳＦテレビ・ドラマ『バビロン５』のクリエイター）を雇い、監督としてギレルモ・デル・トロ（『パンズ・ラビリンス』（２００６）『ブレイド２』（２００２））に誘いをかけた。しかしデル・トロは、ピーター・ジャクソンが製作することになる『ホビット』（２０１２−２０１４）を監督するために、マーベルの誘いを断った（この判断は誤りだった。ＭＧＭの経営状態が非常に悪く『ホビット』の製作を開始できぬまま2年が過ぎてしまったのだ。その2年をニュージーランドで待ちながら過ごす羽目になったデル・トロは、『ホビット』から降りて『ヘルボーイ／ゴールデン・アーミー』（２００８）を監督した）。その後マーベルは、スリラー映画が得意なＤ・Ｊ・カルーソーにも監督の可能性を訊ねたが、最終的にはシェイクスピアの戯曲を何本も映画化した経験のある（しかも戦闘場面の経験もある）ブラナーの方が適切な人選だろうと判断した。その時点ではマーベル映画の監督のなかで最も有名で尊敬を集めていたブラナーは、すでに50歳でありながらいまだに神童と呼ばれていた。自ら主演・監督した『ヘンリー五世』でアカデミー賞最優秀主演男優賞と最優秀監督賞の候補になったとき、ブラナーはまだ20代だった。

マーベル・スタジオは毎年1本公開というペースを目標にしていたが、２００９年の春頃に『マイティ・ソー』の公開予定日を２０１１年に延期すると発表した。しかし延期をしてもスケジュールは依然過密だった。やがてテレビの『アンドロメダ』（２０００−２００５）や『ターミネーター サラ・コナー・クロニクルズ』（２００８−２００９）も手掛けた脚本家チームのアシュリー・エドワード・ミラーとザック・ステンツに代理人から電話がいった。ミラーがそのときのことを回想する。「マーベルはテレビの脚本家を探していました。作業が早いからです。2人1組ならなお結構。もっと手が早いですからね。ＳＦやコミックスの知識があれば、さらによし。ソーのことを知っていればもう最高[3]」。そしてミラーは相棒のステンツに言った。「私たちは、全項目当てはまるよね」

ほどなく2人は、雷神ソーをどう料理したいかプレゼンするために、マーベル・スタジオ本部に赴いた。満員の会議室には、見慣れない男がいた。伸び放題の髭に、Ｔシャツ、ジーパン、そしてコンバースのチャックテイラーを履いていた。見知らぬその男が、深くよく響くイギリス訛で喋ったとき、それがケネス・ブラナーだと2人は気づいた。雇われたミラーとステンツは早速ブラナーと組んで、現代の世界でソーが果たす役割からハンマーの名称にいたるまで、マイティ・ソーの映画に欠かせぬ要素について話し合った。「皆で意見を交換し合ったのですが、とくに心に残っているのは」[4]ザック・ステンツが語る。「ブラナーは、言いにくいからムジョルニアという名前を嫌がったんです。彼は皆の方を向き直って「このハンマーはムジョルニアと呼ばなければいけないのかな？　ウルという金属でできているというなら、ウルと呼んじゃ駄目かな。そんなことをしたらファンに絞首刑にされるかな？」と言ったときです。ケヴィン〔ファイギ〕は半笑いを浮かべながら、「ケン〔ブラナー〕、ファンに絞首刑にされるよ」と応えて、ブラナーは「そうか。ならやめておこう」〔映画では「ミョルニル」と発音される〕

　ミラーとステンツが脚本に取り掛かっている間に、ブラナーとキャスティング監督のサラ・ヘイリー・フィンは配役に忙しかった。ジェーン・フォスターという地球人の科学者兼ソーのロマンスの相手役のオーディションに、25歳から30歳までの女優が押しかけた。ステンツによると、誰でも知ってるような女優を、そのときほとんど全員見たそうだ。ナタリー・ポートマンと会った直後のブラナーの反応をミラーはよく覚えていて「がっつり心を摑まれてましたね」と回想する。「恋に落ちたとかではなくて、ポートマンの持つ知的な雰囲気にやられていました。ジェーンは物理学者ですから、知的な存在感が不可欠です。そこに惹かれたんですね。ちょっと差し障りがある発言ですが、ブラナーはこう言い切りました。「デニス・リチャーズが演じる核物理学者みたいなのはご免だからな」（リチャーズは『００７ワールド・イズ・ノット・イナフ』（１９９９）で核物理学博士のクリスマス・ジョーンズを演じ、多くの嘲笑を浴びただけでなく、１９９９年ラジー賞の最低助演女優賞に輝いた）」

　ブラナーが監督なら、と参加に興味を示すトップ俳優は大勢いた。参加の理由を問われてポートマンは、ブラナーが監督の『マイティ・ソー』は「絶対すごくヘン」[5]になると思ったからと答えている。万物の父オーディンを演じるために参加したアンソニー・ホプキンスは、ブラナーが演出する舞台のファンだった。問題は主役に相応しい俳優を見つけることだった。サラ・ヘイリー・フィンは「同時にキャプテン・アメリカのキャスティングもしていたのですが、どちらもちょっとでも間違えると大事故になりかねない配役でした。」と語った。

＊＊＊

『アイアンマン』でキャスティング監督という仕事に初挑戦したサラ・ヘイリー・フィンは、『アイアンマン』の後もマーベルに残った。かつてハリウッドの撮影所システムでは、同じ裏方たちが映画製作を支えることが重視された。たとえば衣装デザイナーのエディス・ヘッドが1924年から1967年まで44年間パラマウントで働き、8つのアカデミー賞を獲得していたように。しかし、この雇用慣行は捨て去られ、次第に作品毎にスタッフを招集したいというプロデューサーたちの希望が優先されるようになっていった。だが、才能溢れる頼れるプロによる一貫性のある仕事を重視したマーベルは、同じスタッフが留まってくれることを歓迎した。ルイス・デスポジートやヴィクトリア・アロンソと同様、フィンもマーベル・スタジオを支える屋台骨になっていく。複数の映画によって構築される1つの宇宙を描くという野心を成功させるには、一貫性が重要だった。それは完成した映画の中だけでなく、舞台裏の組織においても同様だ。

ジョン・ファヴローと並んで、フィンもロバート・ダウニー・ジュニアを『アイアンマン』に起用することに積極的だった。『アイアンマン2』のブラック・ウィドウ役に、アクションやスタントで知られた役者ではなくスカーレット・ヨハンソンを推したのもフィンだった。フィンによれば、可能な限り有名な俳優を探す替わりに、役柄に最もふさわしい俳優を探してほしいと、マーベルに背中を押されたそうだ。彼女は自分が雇う若い俳優たちに、演じるキャラクターの将来的な展望は気にしない方がいいと助言した。マーベルに籍を置く自身の安定した立場を考えると、それはある意味皮肉な態度だった。「〔キャラクターがどうなっていくか知ろうと〕コミックスを読み始めると話が複雑ですぐ頭が混乱してしまうので[7]」とフィンは言っている。「私は作品ごとに監督のヴィジョンに照準を合わせて、監督の方法論とストーリーの語り方を理解することを覚えました」

マーベルのオーデションのやり方は、ダウニーを配役した経験から生まれた。ほぼすべての配役は、知名度や評判ではなくスクリーン・テストによって決められる。マーベルの配役は一般的に次のように進められる。優先順位の高い候補の俳優数名と小規模の撮影隊、マーベルの中核的なプロデューサー全員と（可能なら）監督を、フィンが招集する。まず最初に、俳優は映画のある一場面の台詞を読むことを要求される（〔アメリカの〕業界ではサイディングと呼ばれる）。ロサンゼルスに来られない俳優は本読みを録画して送る。続いて、役の多面的な人格を表現するために別の場面の台詞を読んだり、相性を確認するために他の役者と一緒に台詞を読んだり、コスチュームを着たりセットに入ってスーパーヒーローの世界に馴染むかどうかを確認したりする。

一貫性の名の下にマーベルが復活させたハリウッドの慣習がもう1つある。通常9作品におよぶ俳優の長期契約だ。クロスオーバーやチーム結成のためにいつでも都合を合わせられるようにというのが表向きの理由だが、裏の動機は金銭的な問題だった。『アイアンマン』の成功に乗じてダウニーが巨額の報酬を受け取る交渉に成功してからというもの、マーベルは若い俳優を何年間も有効な契約で縛ることで、コストの安定を図った（それはフィンが有名ではない俳優に目を向ける理由でもある）。

フィンにとってソー役を探すのは挑戦だった。彼女が求めたのは「アスガルド人を演じられる俳優、つまりシェイクスピアみたいな芝居ができる俳優、でも地球にいても奇異ではない、共感可能な俳優[8]」だった。2004年、結局実現はしなかったが、アヴィ・アラッドがソニーの製作でソーの映画を撮る契約交渉を進めており、当時ソー役の有力候補はダニエル・クレイグだった。数年たった今でもクレイグはソー役として有力と思われたが、残念ながら「ジェームズ・ボンド」シリーズにかかり切りだった。マーベルはクレイグだけでなく、チャーリー・ハナム（『サンズ・オブ・アナーキー』（2008－2014））、ヨエル・キナマン（当時アメリカではほぼ無名）、トム・

ヒドルストン（アメリカでは無名だった英国人俳優）、アレクサンダー・スカルスガルド（『トゥルーブラッド』（２００８－２０１４））、そしてリアム・ヘムズワース（アメリカでは無名のオーストラリア人俳優）をソー役として真剣に考慮した。ケネス・ブラナーが示した配役の指針は「ファビオみたいなのはやめておこう」[9]だった（ファビオ（Fabio）とは80～90年代にかけて一世を風靡したロマンス小説の表紙モデル、ファビオ・ランゾーニのこと）。

ハリウッドで仕事することを望む外国の俳優にとって不可欠なのは、代理人の存在だ。リアム・ヘムズワースはロア・マネージメントに所属していた。オーストラリアでスカウト中だったロアの共同創業者でもあるウィリアム・ウォードに、リアムと兄のクリスは発見された。ヘムズワース兄弟はテレビに出演しながらさらに上を狙っていた。ウォードはすでにクリス・ヘムズワースをハリウッドに行かせ、アイリーン・フェルドマンを代理人としてつけることに成功していた。フェルドマンはクリス・ヘムズワースのために、J・J・エイブラムス版『スター・トレック』（２００９）の役をとってきた。印象的なオープニング・シーンで、最悪の事態に勇敢に立ち向かって死んだカーク艦長の父を演じたのだ。

短く切った茶色の髪に、つるりときれいに剃られた顔、そして惑星連邦宇宙艦隊に相応しいすっきりしたアメリカ訛りできめたクリス・ヘムズワースに、マーベルは本読みの機会を与えたものの、配役は見送った。ほどなくクリス・ヘムズワースはホラー映画『キャビン』（２０１１）に出演するためにバンクーバーに向かった。ヘムズワースをソー役に押した『キャビン』のドリュー・ゴダード監督とプロデューサーのジョス・ウェドンは、ソー役候補を特集した業界誌の記事にヘムズワースの名前が入っていないのに気づいた。「どうして名前がないんだ?」[10]と2人は疑問に思った。「おかしいじゃないか、何があった?」

「さあ」とヘムズワースは答えた。「オーディション失敗ってことでしょ?」

ゴダードとウェドンにけしかけられて、さらに弟リアムに対する競争心に火がついて（「弟が先に進むのを見て苛立ってました」）、クリス・ヘムズワースは2度目のチャンスを求めた（弟リアムはすでに一歩進んで、ペッパー・ポッツのカツラを着けてカメラテストをしていた)。バンクーバーのホテルの1室で、母親にオーディンの台詞を読んでもらいながら録画した彼の演技を観たマーベルの一同は、突然その魅力に気づいた。「スクリーンテストに来てもらって、ソーの英雄的行為を語ってもらいました[11]」ブラナーは回想する。「たっぷり楽しみながら、ちょっときわどい危険さを織り交ぜながら語る彼は、ソーという役を完全に自分のものにしており、彼なら間違いないと思えたのです」

しかし、フィンもファイギもブラナーも、トム・ヒドルストンだけは失いたくなかった。ソー役として録画した演技を送ってきたヒドルストンだが、ソーの狡猾な弟ロキ役に挑戦するためにオーディションに戻ってきた。ブラナーはテレビ・ドラマ『刑事ヴァランダー』(2008-2010)でヒドルストンと共演していた。ファイギは、ロンドンのウィンダムズ劇場で上演されたチェーホフ作『イワーノフ』の舞台でヒドルストンを観ていたので、彼がこの役に相応しいというブラナー監督の考えには同意した。彼なら、マーベルが将来のために用意した隠し玉であるこの役に相応しい。ステンツがこう語っている。「上からいろいろなお達しをもらいましたが、中でも最上級の絶対的なお達しは、『アベンジャーズ』のヴィランはロキであるということでした。「他の配役が期待どおりじゃなくても、少なくともロキはマグニートーと同じくらい最高のヴィランにしてくれよ」と言われたんです[12]」

2009年5月のある土曜日にマーベル・スタジオ本部で開かれた会議で、『マイティ・ソー』組は最終的な決断を下した。クリス・ヘムズワースがソーで、トム・ヒドルストンがロキを演じる。ファイギはテーブルの周りを不安そうに歩きまわりながら「これはあなたが下す決断の中でも、一番重要な決断になりますよ[13]」とブラナーに言い含めた。ブラナーは自分の判断に自信があったが、2人の相性が合うかどうかを知る由もなかった。

実は氷の巨人の子であるがソーの実弟だと信じて成長したロキを、ヒドルストンは機知に富み幅広い感情で演じた。配役が決まって間もない頃、ブラナーはキャストを招いて食事会を開きクイズ形式で俳優たちに家族関係を尋ねた。そのときのことを『マイティ・ソー』のプロデューサーであるクレイグ・カイルが覚えている。ロキとソーの母親、フリッガ役のレネ・ルッソの方を向いたブラナーは、ロキに本当のことを言うかと聞き、彼女は「言わない」と答えた。「その場にいた皆が顔を見合わせながら「言うはずないよ、ロキなんだから。邪悪なロキだよ」と言い合いましたが」[14]とカイルは回想を続ける。「レネは「あの子は繊細だから」と言ったんです。感情的で繊細な子の母親として答えたんですね。超強力なやり手の夫に、父にそっくりなクォーターバックの長男。そして2人の男の影で霞む次男というわけです」

そしてクリス・ヘムズワースの影は、やがてとてつもなく大きくなっていった。「忘れたかもしれませんが」[15]とステンツが言う。「ヘムズワースがソー役をやると発表されたときには「誰？　カーク艦長の親父？　この痩せたオーストラリアのサーファーが？」と皆思ったでしょう。でもケネス・ブラナーという人は、配役に関しては並ぶ者のない審美眼の持ち主なんです。すごいですよ。誰に聞いても皆そう言いますよ。「ケンがこいつだと言ったら、こいつで決まり」。ヘムズワースの中にあるそれまで誰にも見えていなかった何かを、ケネスだけが見たんです。スーパーヒーロー映画に関する限りですが、配役が決まれば75パーセントうまくいったも同然です。ほぼ正解の役者じゃなくて、ずばり正解の役者を配役すると、そこに魔法が発動するんですよ」

クリス・ヘムズワースはオファーをすぐに承諾し、複数のマーベル映画に出演する契約を結んだ。ウェドンとゴダードは、ソーという役柄に馴染めるようにと「アルティメット」のシリーズを贈った。「コミックスは読んだことありましたが」[16]ヘムズワースは言う。「ソーって体重200キロ以上もあるんですよ」

「可能な限りデカく」なった方がいいというブラナーの助言を受けて、ヘムズワースは、除脂肪体重を増やすために厳しい食事と高重量運動プログラムに身を投じた。目標は、元々逞（たくま）しい体つきを神レベルにすることだった。有名人のトレーナーとして有名なダフィ・ゲイバーの助けを借りて、ヘムズワースは8か月間に筋肉量を10キロ近く増やすことに成功した。トレーニング期間中に『レッド・ドーン』（2012）に主演したヘムズワースは、出番がないときは1日に数回のウェイトトレーニングを欠かさなかった。

『レッド・ドーン』の撮影が終わってから、ソーの最後の衣装合わせがあった。「何分も経たない内に、腕が痺れ始めたんです」とヘムズワースは回想する。「皆が「まずいな」と慌てました」。採寸をしてからたった3週間しか経過していなかった。より筋肉質に見せるためにきつめに造形したアーマーが、ヘムズワースの腕の血流を遮っていたのだ。そこでブラナーは「十分デカい」とお墨付きをあたえ、ヘムズワースは筋肥大のための高カロリー食と高重量のウェイトトレーニングから、ケトルベルを使った筋肉維持のためのワークアウトに切り替えた。

ソーの配役は神を演じられる俳優を見つけなければならないという意味で難しかった。一方キャプテン・アメリカの配役には、古風なアメリカらしい品格を陳腐にならないように演じられる俳優を探すことが難しかった。「キャプテン・アメリカの配役を始めたときには」[17]フィンは言う。「なぜこの映画を作るのか、私にはよくわかっていませんでした。ケヴィン〔ファイギ〕が『アベンジャーズ』のことを教えてくれて、度肝を抜かれたというわけです」

スタッフの手腕と運に助けられて、ソーとロキの役に最適な無名の俳優を獲得することができたマーベルだが、スティーブ・ロジャース役には、もう少しだけ名の知れた俳優を使ってもいいと考えていた。「この役に求められる資質は理解していましたが」[18]とフィンが続ける。「でも〔キャプテン・アメリカは〕あまり知られていないIPでした。ちょっとB級な感じ。ちょっと古い感じでしたから、皆「どうして?」と思ってましたね」。そしてライアン・フィリップがオーディションを受けにきた。それからギャレット・ヘドランドが、ジェンセン・アクレスが、チェイス・クロフォードが、〔『ジ・オフィス』（2001－2002）撮休中の〕ジョン・クラシンスキーが受けにきた。クラシンスキーをはじめとする最終候補者は、スクリーンテストに呼び出され、キャプテン・アメリカのコスチュームを着て1940年代的なセットに立った。後に伸縮自在のスーパーヒーロー、リード・リチャーズ〔『ミスター・ファンタスティック』〕役で『ドクター・ストレンジ／マルチバース・オブ・マッドネス』に出演することになるクラシンスキーがそのときのことを回想している。着替えの途中に、山のような筋肉をソーのコスチュームに包んだヘムズワースが通りすぎていった。それを自分の上半身と見比べながら、アドニス〔ギリシャ神話の美少年〕役は自分には無理かもしれないと思ったそうだ。

キャプテン・アメリカ役のオーディションを受けた後、別の役柄でMCUに登場することになった俳優はクラシンスキーだけではなかった。サラ・ヘイリー・フィンは、カート・ラッセルとゴールディ・ホーンの息子ワイアット・ラッセルにも声をかけていた。これはラッセルにとって、生まれて初めてのオーディションだった。ラッセルは10年後、ディズニープラスの『ファルコン&ウィンター・ソルジャー』シリーズにU.S.エージェントことジョン・ウォーカー役で出演し、ついにはキャプテン・アメリカの盾を手にすることにもなる。

セバスチャン・スタンもスティーブ・ロジャース役のオーディションを受けた。「でも、どこか暗い、こちらを不安にさせる感じがありました[19]」とフィンは言う。「オーディションを進めるうちに、ウィンター・ソルジャーが適役なのではないかと考えたんです」。キャプテン・アメリカの相棒バッキー・バーンズは、一度死んで蘇らなかったという、マーベルとしては珍しいキャラクターだった。コミックスでは第二次世界大戦の末期に英雄的な死を遂げたこのキャラクターは、ライターのエド・ブルベイカーによって洗脳されたロシアの暗殺者に仕立て上げられるまでの50年間を死んだまますごしていた。しかしマーベル・スタジオは、50年も待たずにバッキーをウィンター・ソルジャーにすることになる。セバスチャン・スタンは9作品出演契約を結ぶが、ハリウッドの出演契約ニュースをチェックしていたファンにとっては、『キャプテン・アメリカ/ザ・ファースト・アベンジャー』におけるバッキーの死の衝撃が失われてしまった。

キャプテン・アメリカ役のために脚本を読んだ俳優の中には、コメディ番組『パークス・アンド・レクリエーション』(2009-2015)のクリス・プラットもいた。フィンはプラットに興味を持ったが「この役にはちょっと向いていない[20]」と判断した。

「キャプテン・アメリカの配役は超高難易度で、時間もかかりました[21]」とファイギ。「あまりに難しかったので

「キャプテン・アメリカは見つけられないんじゃないだろうか。でも『アベンジャーズ』はどうする? ここですべてが崩壊してしまうのか?」と考え始めたほどです。

マーベル・スタジオが欲しがったにもかかわらず、オーディションにすら来なかった俳優が1人いた。その俳優、クリス・エヴァンスは、すでにマーベルのスーパーヒーローを経験済みだった。2005年と2007年にティム・ストーリーが監督した2本のファンタスティック・フォーの映画で、生意気なジョニー・ストームつまりヒューマン・トーチを演じていたのだ。

フィンはエヴァンスの仕事をよく知っていた。「上の2人の息子と一緒に『ファンタスティック・フォー 超能力ユニット』を60回も観ましたから[22]」とフィンは言う。「配役のために何人もの俳優に会って、ぐるぐる回ってクリスに戻ったという感じです」

クリス・エヴァンスが適役である理由はいくつかあると、フィンは続けた。「クリスはアメリカ人だということ。英国の役者も大勢使いましたが、この役にはアメリカ人が欲しかった。しかも演技が巧くて、面白くて、チャーミングで、親しみやすい俳優。このようなわかりやすい資質だけではなく、ちょっと判別しにくいそれ以外の何かがあると感じたんです。ちゃんとした道徳観を持って謙虚で、しかもよそよそしくない。脆さと強さを併せ持っているからこそ、ガリガリのスティーブからキャプテン・アメリカになれると考えたんです」

マーベル・スタジオはクリス・エヴァンスを打ち合わせに招いた。「来てもらって、コンセプト画を見せて、どういう映画になるか説明しました[23]」とファイギが言う。マーベルはオーディションも行わずに、エヴァンスに9本の主演契約をオファーした。「週末ゆっくり考えさせてくれと言って帰っていきました。あれはしんどい週末でしたね」

エヴァンスは決心した。今回も答えはノーだった。「あのオファーは、典型的な誘惑に思えました[24]」とエヴァンスは振り返る。「これ以上はないくらい大きな、究極のオファー。受けてはいけない誘い。断って正しいことをしたと感じました。画を見せられ、衣装も見せられた。それはそれで悪くない。でも、断った翌朝、気分が良かったんです。最初のときも2度目もです」

「私生活が大事なんです[25]」とエヴァンスは付け加えた。「映画のいいところは、自由度が高いことです。映画に出演したら人生が変わるようなことになったら……それでも逃げる余地がある。逃げたいのならばですが。1本ヒットしてこちらの人生が変わるようなことになったら……それでも逃げる余地がある。逃げたいのならばですが。ちょっとの間離れて状況を評価し直して、体制を立て直す余地があるんです」。しかしもし『キャプテン・アメリカ／ザ・ファースト・アベンジャー』がヒットしてしまったら、逃げる余地はないとクリス・エヴァンスにはわかっていた。すぐにまたスティーブ・ロジャースを演じないわけにはいかないからだ。

ロバート・ダウニー・ジュニアが、クリス・エヴァンスに電話をかけて、役を受けたらいいと勇気づけた。名声は役者の活動を制限するのではなく、より多くの機会をもたらしてくれると。エヴァンスの気を引くために、マーベルは9本の契約をキャプテン・アメリカ3部作とアベンジャーズ3部作の6本に減らした。それでもエヴァンスは約10年の間、キャプテン・アメリカの役に縛り付けられることになる。これはエヴァンスにとって怖いことだった。しかし「一番怖いものこそ、一番やるべきものなのかもしれない[26]」と考えたエヴァンスは、役を受けたのだった。

マーベルはキャプテン・アメリカの配役を２０１０年4月に発表したが、エヴァンスの不安が和らぐには数年を要した。最初のキャプテン・アメリカには怖れと自己嫌悪に苛まされながら出演したと、エヴァンスは後に告白している。頭の中で「終わりだ。死刑執行命令に自分で署名したんだ。人生終わり。信じられない。こんなの俺が望んだ役者人生じゃない[27]」と唱え続けた。その後キャプテン・アメリカの映画がよくできていることを理解すると、ようやく緊張が緩んだ。「どうしようもないクソ映画になることが何より心配でした」とエヴァンスは言う。「クソ映画を作って、契約のせいでクズみたいな映画に出続けなければならないなんて、嫌ですから」

ヘムズワースと同じく、クリス・エヴァンスも肉体改造のために、毎日数時間の高重量ウェイトトレーニングを含む激しい努力を始めた。一番の苦労は、高カロリー食だった。「食べてばかりでしたよ[28]」と言うエヴァンスは不満げだ。「良さそうに聞こえるかもしれませんが、良くないです。チーズバーガーとかじゃなくて、味もついてない鶏肉と米の飯ですよ。いつも満腹で、いい気分ではなかったです」。それでもトレーニングに耐えたエヴァンスは、見事な結果を出した。

どの俳優なら自らの体をスーパーヒーロー役が要求する肉体に変えられるかということは、オーディションで見てもわからないとフィンは言う。「幸いそれは私の責任ではないので。キャラクターを体現できる俳優を見つけるのが私の責任ですから。外見は、他の人が面倒をみます。でもあんな大変なトレーニングに身を投じる覚悟があるかどうかは、配役の段階で何となくわかりますよね[29]」

キャプテン・アメリカと惹かれ合うことになるスーパー・スパイのペギー・カーター役のことで、女優のヘイリー・アトウェルと会ったときのことをフィンが教えてくれた。「これ以上はないという完璧な英国英語で、もう時代物に出るのはうんざり、ここらで一発誰かを叩きのめしたいと言うんです。そして彼女はとても真剣に役に臨みました。やる気と覚悟があるのは素晴らしいことですが、必須ではありません。「このキャラクターに命を吹き込めるのは誰か」がすべてですから」

＊　＊　＊

フィンは、自分のマーベルでのキャリアの頂点として、もう1人の「クリス」を挙げた。『ガーディアンズ・オブ・ギャラクシー』はジェームズ・ガンが2014年に監督した、知らないうちに英雄的行動をとってしまう宇宙の爪弾き者たちの物語だが、その1人であるスター・ロードを演じられるのはクリス・プラットしかいないと、フィンは気づいた。NBC局のコメディ番組『パークス・アンド・レクリエーション』のちょっと鈍くて間抜けなアンディ・ドワイヤーを演じて人気者だったプラットが、数年前にキャプテン・アメリカのオーディションで見せた元気の良さを、フィンは覚えていた。「すごく興奮して、ジェームズ〈ガン〉のところに行きました。でも「クリス・プラット？ だめ。全然違う」と言われました」

『ガーディアンズ』の残りの配役を進めながら、フィンはこっそりクリス・プラットの名前をリストに残した。フィンは、ドラックス役としてチャドウィック・ボーズマンと会い、ガモーラ役としてルピタ・ニョンゴと会った。最終的に2人ともオーディションには落ちたが（デイヴ・バウティスタとゾーイ・サルダナが配役された）、好印象を覚えたフィンは何年も経ってから両俳優を『ブラックパンサー』の主演に起用した。この遅延信管のようなフィンのキャスティングで採用された俳優の中には、スコットランド人のカレン・ギランもいた。ギランは『キャプテン・アメリカ／ウィンター・ソルジャー』のときにシャロン・カーター役（ペギー・カーターの姪でエージェント）のオーディションを受けた。役はエミリー・ヴァンキャンプにいったが、フィンはガモーラの妹ネビュラとして、威嚇的なときですら天使のように愛らしいギランが最適だと確信したのだった。

スター・ロード役は、決まらないままだった。フィンは、せめてプラットにスクリーンテストの機会を与えるようジェームズ・ガンを説得した（同じ戦法でロバート・ダウニーがトニー・スタークに適役だと見せつけたときのことを覚えていた）。クリス・プラットは役に興味津々だったが、自分が適役なのかと懐疑的でもあった。しかし、行われたスクリーンテストは、キャスティング監督にとって夢のようなオーディションとなった。「クリスを招き入れて、オーディションをしました。魔法みたいでしたよ。ジェームズは10秒もしないうちに私を見て「こいつだよ」と言ったんです」

他の2人のクリスと比べると、スーパーヒーローの肉体を手に入れる道のりはクリス・プラットにとって遠かった。『パークス・アンド・レクリエーション』で演じる役柄が「間抜けっぽく」見えるようにと、体重を増やしていたのだ。マーベルは、ヘムズワースを鍛えたダフィ・ゲイバーに連絡をした。「クリス・プラットのトレーニングを助けてほしいと、電話がありました。クリスはちょうどマーベルの次なるシリーズの主役になると告げられてオフィスを去ったところだったそうです[30]」とゲイバーは回想する。素早くグーグルでプラットを検索したゲイバーは、やると決めた。「当時のクリスの体格は、当時の彼の役柄にちょうど良かったと思いますが、それを変えるときが来たのです」

20分後、ゲイバーはプラットと電話で話していた。翌日2人はコーヒーを飲みながら話し、その次の日にはトレーニングを開始した。「クリスには、とことんやり抜く心の準備ができてました」とゲイバーは言う。トレーニングに耐えられるかどうかで俳優を選ぶのではないとフィンは言うが、マーベルから送られてくる俳優たちを目の当たりにしたゲイバーは、オーディションの過程のどこかで、一定の覚悟を持っていなさそうな俳優は振るい落とされているのだろうと推測する。「役者たちを何年も雇い続けるマーベルとしては、やる気があって自分を律することのできる人が欲しいでしょう。私のところに送られてくる俳優たちは、すでにリトマス試験紙で何かを証明した人たちなんですよ」

ゲイバーは、自分の他のクライアントに見せる手本としてプラットを使った。そして皆に、ジム中の人がプラットを見守ることになると伝えた。「映画スターだから注目されるという意味ではありません。その時点では映画スターではありませんでしたからね」とゲイバーは続ける。「汗だくになって息を切らせて、死に物狂いになる1人の男としてですよ」

さらにマーベルは、栄養士のフィリップ・ゴグリアをプラットに紹介した。ゴグリアの指導で、プラットの1日のカロリー摂取量は4000キロカロリーに増やされた。そして1ポンド〈453グラム〉増量するごとにコップ1杯の水を飲まされた。「毎日、1日中小便をしてた[31]」とプラットは回想する。「それは悪夢のほんの一部だった」

6か月が経つ頃、プラットは自らの肉体をスーパーヒーロー級に鍛え上げていた。『パークス・アンド・レクリエーション』の脚本家たちは、第7シーズンのあるエピソードでプラット扮するアンディ・ドワイヤーが上着を脱いで上半身を見せる場面を書いていた。「それができないことに気づいたんです[32]」とショーランナーのマイケル・シュアーは言う。「上腕二頭筋ムキムキで腹筋バキバキの完璧な体格を持った人は、アンディではないんですよ」

プラットは「6か月間ビール抜き」というキャプションをつけた自撮り画像をインスタグラムに上げた。世界が息を飲んだプラット大変身の画像は、初めてバズったマーベルに出演するスターの自撮りという、記念すべき1枚になった。ハリウッドの歴史は、観客に女性の肉体を売ってきた歴史でもある。それは不可能に近い理想的体型を手に入れるために若い女優たちが空腹に耐えたり手術に頼ったりしてきた歴史でもある。男性の肉体を売り物にした映画はマーベルが初めてではないが、筋骨隆々たるスーパーヒーローが登場する世界的ヒット作を連発しながら、女性と同様男性の肉体がいかようにも鍛え直され、消費されるべきファンタジーの対象として提供される世界。それをマーベルが作り出したと言える。あたかも、有益で優れた人類を作り出そうとして超人血清を発明したエイブラハム・アースキン博士のように。

超人の力というものは、それが空想の産物である以上、コミックスの作者やコミックス原作映画の作者の都合に合わせてどうにでも解釈されうるわけだが、偉大な力には象徴的な男らしさが伴うという解釈は、あまりにわかりやすすぎる。マーベルが力＝筋肉という伝統に傾倒しすぎたせいで、自分も筋肉をつけなければと考える役者も出てきた。『シビル・ウォー／キャプテン・アメリカ』の現場に入ったときのことを、セバスチャン・スタンがこう告白している。「周りにいる男どもが誰も彼もバカでかかったので、とても情けないような気持ちになり、自分もたくさん食べて重いウェイトを上げ始めましたよ。『ウィンター・ソルジャー』のときより少しだけ体が大きくなって現場に入ると、機械の義肢がきつくて、血の巡りが悪くなったのを覚えてます[33]」

ほとんどの場合CGIのアーマーで胴体を覆われることになるにもかかわらず、スーパーヒーロー映画に出る以上は肉体改造をしたいと、ロバート・ダウニー・ジュニアも考えた。すでにヨガと格闘技、そしてウェイトトレーニングをこなしていたダウニーだが、筋肉を増強し始めた。「自分の場合、まだ5年から7年くらいはいけると思う。それを過ぎた頃には、特殊視覚効果やCGIが発達して、かっこよく見えるようにしてくれるんじゃないかな[34]」

『ブラックパンサー』で主演したチャドウィック・ボーズマンは、マーベル・ワークアウトを止められなかった。「体格の良さが求められない役を演じるために、トレーニングのメニューを変えたとします。そしてマーベルをやるためにまた体格を良くする。その場合でも、続けないといけないことがあるんですよ[35]」

クリス・プラットのようにコメディ演技で知られるポール・ラッドも、アントマンを演じるために体を鍛えた。マーベルのトレーニング・プログラムについてラッドは「あれで人生が変わったんじゃないですかね[36]」と言っている。「食事と運動のしかたが完全に変わりました。フィットネスと食事の重要度が何よりも高くなったんです。以前はそうではなかったですよ」。ラッドは、俳優としての能力維持と健康のためにトレーニングを続けようと考えている。「気持ちがいいですしね」とラッド。「私が何年か長生きしたとしたら、マーベルのおかげです」

マーベル作品のために「変身」した俳優の中でも、とくに人びとを驚かせたのはクメイル・ナンジアニかもしれない。抱っこすると気持ちよさそうな、可愛くてイケてない役柄で長年知られていたナンジアニが『エターナルズ』出演のために準備した筋肉を、2019年に披露した。「ここだけの話ですが[37]」とマーベル映画に出演したあるコメディアンが笑いながら言った。「ナンジアニはすごく……バキバキです。筋肉バキバキなんです」

＊　＊　＊

ウェイトトレーニングや食事以外にも、体格を大きくする方法はある。スポーツ選手には御法度だが、ステロイドの使用は非合法ではない。南カリフォルニア大学生体運動学・理学療法学部・運動生理学研究所のトッド・シュローダー准教授は、マーベル映画に出演したスターたちの半数は、目標の体型を獲得するために何らかのPED（運動能力向上薬物）を使用したのではないかと考えている。「短期間の服用も含めると」[38]と准教授は言う。「半数か、7割強は使ったと思います」。2013年にザ・ハリウッド・リポーター誌が、最も人気の高いPEDであるヒト成長ホルモンの使用状況について調査を行った。そのときにインタビューを受けた俳優の代理人やマネージャーなどの業界人によると、ボトックスやレスチレンと同様、ヒト成長ホルモンもハリウッドの「汚らわしい秘密」だということだった。

シュローダー准教授は「近年は、服用が期待されていますし、医師の指導の下であればとくに問題があるとはみなされません。大っぴらに服用を口にする俳優はあまりいませんが、医師と栄養士とトレーナーというチームと組んでやるなら大丈夫です。しかし1人でやるのは感心しません。わかっておきたいのは、ステロイドもテストステロンも、それ以外の男性ホルモンや成長ホルモンも、短期間の服用なら身体に永続的な影響はないということです。依存症のようになったりはしません」。しかし心理的な依存はありえると、シュローダー准教授は続けた。手に入れた体型を気に入り、人びとの反応を気に入ったなら、それを持続させたいと思うかもしれない。

しかし、マーベル体型の最高のコンディションは、いつまでも維持できるものではない。「年齢につれて大変になります」とシュローダー准教授は言う。「たとえば、アイアンマンの映画に何本も出ているロバート・ダウニー・ジュニア。役者たちがとてもうまく体を鍛えた映画もありますが、あれを維持するのは楽じゃないですよ。人びとの期待に応えて、外見的な要求に応えて、それを維持しなければならない。無慈悲な世界ですよね。マーベルの役者たちにはとくに気の毒だと感じます。あれで何本も出演しなければならないのですからね」

そして、マーベル映画に出ながら、同時にそれほどスーパーに見えてはならない役を探すのも、役者にとっては負担がかかる。ハリウッドでも有数のトレーナーとして、『ファンタスティック・フォー 超能力ユニット』や『G.I.ジョー バック2リベンジ』(2013)、『ターミネーター:新起動/ジェニシス』(2015)、そして『ネイバーズ』(2014)などのコンサルトとして活躍するアーロン・ウィリアムソンは「俳優たちは、見る者すべてを感動させようとしてカメラの前に立っています」[39]と言う。「超人みたいに見えるためなら何でもする。「普通」に見えなければいけない映画に出演した後で、次の作品では頭がおかしいほどバカでかいスーパーヒーローにならなければいけないとしたら、無理ですよ。自分の力だけで、極端な体型から極端な体型に行ったり来たりすることは不可能です」

「長期的な懸念はありますが、短期なら問題ありません」[40]とシュローダー准教授は言う。「ある特定の姿形に見えれば1000万ドルもらえる役があるなら、ちゃんと医師と相談しながらやればいいんです。ナチュラルではなくても体つきを望みどおりに変えてくれるものを摂取して、注目を集めればいいと思いますよ」

シュローダー准教授は、自分の発言は決して実際にマーベル俳優と仕事をした経験に基づくものではなく、あくまで自分が見聞きしてきたことに基づいていると強調した上で、クリス・ヘムズワースについてこう言っている。「彼はいつも実にいい体型を保ってますね。遺伝的なものもあるので、彼の家族はきっと皆ちょっと運動すればいい体格になると思いますよ。それでクリス・ヘムズワースはちょっとどころか、すごく運動したわけです。「ステロイドだろ?」と言う人は大勢いますが、私は使ってないと思います」

このように、マーベル・スタジオは映画スターを必要としなかったし、元々素晴らしい体型の俳優も必要としなかった。本質的に玩具企業であるマーベルらしく、必要なアクション・ヒーローを自前で作ればよかったのだ。

CHAPTER 12 | THE RUNAWAYS ランナウェイズ

こちら側で、すごい必殺技を隠してるやつはいないか？

Anybody on our side hiding any shocking and fantastic abilities they'd like to disclose?

——シビル・ウォー／キャプテン・アメリカ（2016）

マーベル・スタジオのライターズ・プログラムに参加している新人脚本家たちは、それこそハリウッドという夢のチョコレート工場に入れるゴールデン・チケットを手にしたようなものだった。マーベルが映画を撮影中なら、現場に入れてもらえた。撮影していないときはクリス・エヴァンスとエレベーターに乗り合わせたり、廊下でポール・ラッドとすれ違ったりした。マーベル・シネマティック・ユニバースが形作られていく様を、日々目撃していた。たとえそれが、簡単には理解できない謎だったとしても。

脚本家のクリストファー・ヨストが、とくに強烈なある日の思い出を語ってくれた。「脚本家が2、3人で現場を見学していました。そこに馬が1頭、トラッキング用の点がたくさんついたモーション・キャプチャー用のスーツを着て歩いていったんです」と言ってヨストは、信じられない光景を思い描きながら頭を横に振った。「あれが何の撮影だったのか、いまだに知りません」

ライターズ・プログラムに参加している脚本家たちは、おそらくその馬と同じで、なぜ自分がそこにつれてこられたのか、よくわかっていなかった。ライターズ・プログラム誕生の由来は、マーベル・スタジオが誇るヴィジュアル開発工程にあった。１本の映画の撮影が始まった途端、ヴィジュアル開発チームはメンバーを再編成して次の映画のイメージを視覚化する作業に取り掛かる。そして監督が起用されるはるか以前に、作品のイメージのライブラリーを構築するのだ。この工程のおかげで、たとえ映画の舞台がマリブでもアスガルドでも、ＭＣＵ内部の視覚的一貫性が保たれた。そして1年に数本の映画を公開することに必要な効率も維持された。

２００９年に、プロデューサーのスティーヴン・ブルサードに指令が下った。マーベル・スタジオの組立工程をもう１本、今度はライターを集めて作れという仕事だった。すべてではないが、ハリウッドの映画スタジオやテレビのネットワーク局には、脚本家向けのプログラムがあった。それは次の若い才能をスタジオに送り込み続けるパイプラインとして機能し、若い脚本家にとっては半年から1年の間現場を経験して業界の諸々を学ぶ場として機能した。ほどなくブルサードの元に、参加希望者から送られた脚本サンプルが積み上げられた。

プログラムに選抜された脚本家はマーベル・スタジオと1年間の契約を結び、その間に製作中の映画の脚本を磨き上げる必要が生じたらいつでも応じることになっていた。しかしマーベル・スタジオが重視したのは、いまだ映画に登場していないスーパーヒーローをコミックスから見つけ出して映画化のアイデアをプレゼンすることだった。このプログラムに参加する脚本家は、交渉の余地がない70ページの契約書にサインし、守秘義務や、マーベルの庇護の下で書いた作品の権利はマーベルに帰属するといった規定に同意させられた。

エドワード・リコートは、「Year 12（12年目）」という異星人侵略の12年後の物語を、依頼された仕事ではなく実力の証として脚本に書き、製作されなかった素晴らしい脚本リストに載るほど業界内で好評を得た。彼がブルサードを会うことになったのも、その脚本の評判のおかげだった。リコートは、ブルサードと同僚のプロデューサーであるジェレミー・ラッチャムと会った。２人はリコートの前に３冊のコミックスを置き、そのうちの１冊の話を始めた。そのコミックスの主人公はルーク・ケイジまたの名をパワーマンと言い、ブラックスプロイテーションの影響下にある強靱な皮膚をもったスーパーヒーローだった。自らも黒人であるリコートはこのとき、黒人ヒーローの企画をあてがわれて脇に追いやられたのではないかと感じた。しかし、それどころか「2人は「これがやりたい。本当にこれを実現したい」と言ったんです」[2]。リコートは、自分ならいい考えを思いつくかもしれないと、素直に考え直した。

ライターズ・プログラムに参加したリコートにはオフィスが与えられ、隣にいたのがニコール・パールマンだった。「皆、私の書いた脚本をとても褒めてくれました」[3]とパールマンはマーベルの幹部たちの反応を回想する。褒めてから幹部たちは「でも、ポップコーン食べながら観るみたいなスーパーヒーロー娯楽映画なんか、やりたいと思わないですよね」と尋ねたのだ。頭の回転が速く皮肉屋で、ちょっと自由な芸術家っぽいところのあるパールマンは、マーベル・コミックスを読んだことはないが、SFは好きだし大衆娯楽も好きだと答えて相手を安心させた。マーベル側としては十分な条件だったので、パールマンをライターズ・プログラムに招き入れた。「〝保留中〟というコミックスの山があり、いくらでも読んでいい、重要度の低いIPだが、そこから好きなものを選んで開発してくれと言われました」とパールマンは続ける。「必要に応じて、進行中の企画の脚本を改稿させてもらったりもしました」

パールマンより数か月遅れてライターズ・プログラムに参加したクリストファー・ヨストには、これがマーベル初体験ではなかった。10年前の2001年、南カリフォルニア大学映画学科の院生だったヨストは、インターンシップの口を求めてマーベルに電話していた。ヨストがマーベルのインターンだったのはアラッドの時代で、まだマーベルの商売は自社で映画を製作することではなく、他のスタジオにIPのライセンスを勧めることだった。ヨストに与えられた仕事は、ウェアウルフ・バイ・ナイトなどの半分忘れられたようなキャラクターの調査書を作成することだった。インターンシップを終えたヨストが大学を卒業してすぐに、プロデューサーのクレイグ・

カイルから電話がかかってきた。そしてヨストはテレビアニメシリーズ『X－MEN：エボリューション』のために雇われ、2人はウルヴァリンの新しいバージョンを創造した。ウルヴァリンの若い女性版クローンのX－23だ。テレビ生まれのX－23は人気を呼び、やがてコミックスにも登場するようになった（そして『ローガン』（2017）で映画デビューも果たすことになる）。2010年にはすでにマーベル・スタジオで働いていたカイルは、ライターズ・プログラムに挑戦してみてはとヨストに勧めた。ヨストは就職面接で、ファイギの大好きなブラックパンサーの映画化企画を売り込んでみろと言われた。ファイギはマーベル映画に登場するスーパーヒーローについて「欧州系の白人キャストばかりじゃないかと思われないことが重要だ[4]」と意見を述べた。

ライターズ・プログラムのオフィスは転々とした。撮影が始まると、セットが組まれたステージの近くに借りたオフィスに脚本家たちは引っ越し、いつ必要になるかもしれない改稿に備えた。「オフィスはいつも仮住まいでしたね[5]」とヨスト。「でも最初はそのことを知らなかったので、メインオフィスからいろいろ持ち込みました。インスピレーションのための絵なんかを飾り付けた途端、また引っ越しです。いつもよその家で仕事をしてる感覚でしたね」。一番最初のオフィスでヨストに与えられた電話には、8年前に終了したテレビ・ドラマ『アリー my Love』のラベルが貼ってあった。「まあ、そこで気づくべきだったんでしょうけどね」とヨストは語る。

仕事場がどこであろうと、脚本家たちは適応した。ときには誰も寄り付かないような場所に放り込まれることもあった。ヨストは遠く離れたオフィスの反対側に行くためにキックボードを持ち込んだこともあった。「一度だけ、その階に私1人だけということがありました。気味悪かったです。間食をしたくても何もないし。でもとても静かだったので、仕事は捗りましたけどね」

地味なIPを開発するために物色を続けたパールマンは「ガーディアンズ・オブ・ギャラクシー」を発見した。聞いたこともないタイトルだったが、保留中の山の中では一番純粋にSF的な作品だった。パールマンは、マーベル常駐の司書に、「ガーディアンズ・オブ・ギャラクシー」が登場するコミックスを全部見せてほしいと頼んだ。

銀河を股に駆けるこの無名のチームがゲスト出演するコミックスが、何冊かはあるに違いない。そう思ったパールマンの目に、1969年創刊以降すべての「ガーディアンズ」のコミックスをカート一杯に積み上げて現れた司書の姿が映った。「続けて、何箱も何箱も出てきました」とパールマンは言う。どのキャラクターを選ぶかはパールマン次第だった。この建物の中に「ガーディアンズ」のことを考えている人は他に誰もいない。パールマンは2008年に発行された「ガーディアンズ」のチームを選んだ。ダン・アブネットとアンディ・ランニングが創造したこのコミックには、口の悪いアライグマのロケット・ラクーンと、グルートという感情を持つ木が登場した。

ライターズ・プログラムに雇われた最初の脚本家の一団は、9時から5時までという普通の就業をすることになっていた。ところがボスのブルサードが『キャプテン・アメリカ／ザ・ファースト・アベンジャー』から手が離せなくなり、ファイギ、ルイス・デスポジート、ヴィクトリア・アロンソの3人のスタジオの幹部たちも映画にかかり切りで、ライターズ・プログラムの進捗状況を見る者がいなくなってしまった。取り残された脚本家たちは、映画の話をしたりコミックスを読み耽って過ごした。ファイギが好きなドクター・ストレンジにはとくに注意を払いながら読んだ。道路を挟んだ向かいにある書店に行って、気分転換にそこで仕事をする日もあった。マーベルが秘密を守るためにセキュリティを強化する数年前には、こんなに大らかなことも可能だったのだ。

＊　＊　＊

ライターズ・プログラムの進捗だけでなく、開発に何年もかかる企画に目を配るためにプロデューサーが1人必要だと、マーベルは気づいた。そして『不都合な真実』（2006）や『君のためなら千回でも』（2007）といった称賛を集めた映画にエグゼクティヴ・プロデューサーとして参加したことのあるネイト・ムーアが、そのポストに応募してきた。大作ヒット（ブロックバスター）映画を食べて育った南カリフォルニア生まれのムーアは、自分でも大作ヒット映画を1本作ってみたいと思っていた。彼が提出した履歴書はケヴィン・ファイギの目に留まった。以前一緒に働いたことにファイギが気づいたのだ。サム・ライミ監督が撮った最初のスパイダーマンのとき、ムーアは制作助手だったのだ。ファイギは面接の代わりに、ムーアをコーヒーに誘った。

ジョディ・ヒルデブランドは、『ラースと、その彼女』（２００７）などの映画に関わったことのあるシドニー・キメル・エンターテインメントの重役で、ムーアの友達だった。そして彼女も同じポストに応募した。２人ともファイギと会って好感触を得たが、その後で同じポストを競っていることを知った。ヒルデブランドが２度目の面接に訪れたとき、マーベルは２人とも雇うつもりだと告げた。

ヒルデブランドはエドガー・ライトが開発中のアントマンを主役にした映画と、「ランナウェイズ」という新しい企画を担当することにした。「ランナウェイズ」はブライアン・K・ヴォーンとエイドリアン・アルフォナ原作のコミックスの映画化企画で、親たちが実は悪を企むスーパーヴィランだと知ってしまったティーンたちの物語だった。ムーアは、ライターズ・プログラムの担当になった。「私には脚本を書く才能がないんです」とムーアは言う。「出来のいい脚本は書けませんでした。監督に必要な目も持ってません。でもストーリーを語る人の周りにいると楽しいし、私は問題を解決するのは好きです。パズル好きな脳なのです。映画というのは、すごく複雑なパズルを組み立てるようなものですから」

ファイギは『ブラックパンサー』、『アイアン・フィスト』、そして『ドクター・ストレンジ』のために脚本家を雇いたいと考えていたのだが、ムーアはまず、マーベルの脚本家を集めて『ブレイド』のリブート企画についてブレストをさせた。かつてウェスリー・スナイプスがヴァンパイア・ハンターとして主演した3作のブレイドとは一線を画した（そして当然２００６年からスパイク局で放映されたスティッキー・フィンガズ〔カーク・ジョーンズ〕主演のテレビ・ドラマ『ブレイド ブラッド・オブ・カソン』とも全然違った）ものとしてリブートすれば、マーベル・ヒーローの多様性を広げられるのではないかと考えたのだ。

パールマンは『ガーディアンズ・オブ・ギャラクシー』の脚本を改稿し続けていたが、マーベルのトップは大抵製作にかかりきりでオフィスに戻ってこないので、誰からもフィードバックを得られないでいた。ムーアがライターズ・プログラムの担当になり、意見や助言を出し始めると、パールマンは物語の主役をノヴァから、スター・ロードを名乗るピーター・クイルに変更した。主役は、宇宙刑事（スペース・コップ）的な空気を持つノヴァよりも、ハン・ソロのような一匹狼が良いというムーアの意見に、パールマンは同意した。パールマンは自分の少女時代である1980年代を象徴するようなアイテムを、ピーター・クイルに肌身離さず持たせることにした。スター・ウォーズの玩具、アタリのビデオ・ゲーム、そして何より大事なアイテムがポータブル・カセットプレーヤーだった。パールマンが書き上げた14稿を読んだマーベル・スタジオの面々は、製作を開始すると告げた。パールマンにとって誇るべきこの一件は、ライターズ・プログラムの存在価値の証明でもあった。

ジョー・ロバート・コールはかつて書いたハードボイルドな警察ドラマの脚本でマーベルの注目を集めていた。それは『チャイナタウン』（1974）の伝統に則ったものだった。コールはウォーマシンを主役にした映画のアイデアをプレゼンしてみてはどうかとマーベルに誘われ、独自の解釈でファイギに感銘を与えた。しかしその後マーベルがウォーマシンの映画化に関する戦略を変更し、ウォーマシン単体の映画企画をすべて棚上げにしたので、コールは代わりにライターズ・プログラムへの参加を提案された。そこで彼は、インヒューマンズという種族を扱ったコミックスの山に埋もれて過ごした。インヒューマンズとは、山奥に密かに存在する都市や月にある空気に満ちた空間に住むマーベル・コミックスの歴史の節々に現れる超人的な力を与えられた亜種の地球人のことだ。

一方ジョディ・ヒルデブランドは、万が一『ガーディアンズ・オブ・ギャラクシー』の製作が滞ったときに、『アベンジャーズ』以外の作品が少なくとも1本は公開できるようにと、『ランナウェイズ』の映画企画を準備していた。『ランナウェイズ』にはジョン・ヒューズのような青春映画のノリが相応しいという点で、ヒルデブランドとファイギの考えは一致していた。違いといえば、理解のない親たちが実はスーパーヴィランだということだ。映画の中で主人公のティーンたちは自分の力に目覚め、若くして現実と向き合うことを余儀なくされ、マーベル・シネマティック・ユニバースという大きな世界に放り込まれることになっていた。

　監督を選ぶにあたってヒルデブランドは、『ランナウェイズ』の主人公と同年齢のティーンを主役にした2本のインディー映画『ヴィクター・ヴァルガス』（２００２）と『キミに逢えたら！』（２００８）の監督であるピーター・ソレットに声をかけた。ソレットなら超大作を撮っても大丈夫だと、ヒルデブランドは確信していた。ソレットとヒルデブランドは大勢の脚本家に会ったが、その中には英国のテレビシリーズでスーパーヒーローを扱ったコメディ『No Heroics（英雄行為禁止）』（２００８）のクリエイターであるドリュー・ピアースもいた。

『No Heroics』が1シーズンだけで打ち切られた２００９年、ピアースはロサンゼルスに飛び、そこでＡＢＣ局のためにパイロット版の企画を開発して4か月を過ごした。開発したパイロット版は製作されなかったので、ピアースはロンドンに戻り、映画作家のエイミー・バーハムと結婚した。新妻はやがて第一子を妊娠した。２０１０年4月に再びロサンゼルスを訪れたピアースは、顔合わせのためにマーベルを訪れた。そこでピアースは、マーベルの幹部たちと自分の波長が極めて合うことに驚きを隠せなかった。

「最高の瞬間は[8]」ピアースは回想する。「『もしマーベルの著作物で映画を1本撮れるとしたら、何がいい？』と聞かれたときです。私は「古典的なキャラクターはやりません。ランナウェイズがやりたいですね。あれはとても映画的じゃないですか」と答えました」。その答に驚いたマーベルの役員たちは、ピアースの意見に同意し、実際に映画化の企画が進行中だと伝えた。「興奮で心臓が飛び上がりましたが、そのときマーベル側に「でも、すでに20人の脚本家がアイデアをプレゼンしに来ることになっているんです、申し訳ない」と言われたんです」

　ピアースはロサンゼルス滞在中に他社も訪ねて企画を売り込んだが、仕事にはつながらなかった。彼の災難は、英国への帰路にも及んだ。アイスランドのエイヤフィヤトラヨークトル火山の噴火に伴って発生した火山灰が北大西洋を覆い、ヨーロッパ周辺での空の旅が不可能になり、ピアースの便も欠航になってしまったのだ。ピアースは何週間もロサンゼルスで足止めを食らう羽目になった。

友達の家に居候しながら、ピアースは自分の人生を好転させると誓いを立てた。「『ザ・エージェント』（1996）みたいに誓いの文章を書いて代理人たちに送ったんです。「家に身重の妻を置き去りにしてロサンゼルスの友人のソファで寝起きするのが運命だというなら、なんとかそのことを人びとに伝える手助けをしてほしい。後2週間ロサンゼルスにいる。俺に売り込ませろ」。誰からも返事はきませんでした」。やり過ぎたのではないかとピアースが疑心暗鬼に陥って24時間ほどが経った頃、ジョディ・ヒルデブランドから1本のメールが届いた。

「まだロサンゼルスにいるんですって？」[9]という書き出しのメールはこう結ばれていた。『ランナウェイズ』のアイデアをプレゼンする脚本家の1人が降りて空きが出たので、お知らせしておきますね」

しかしピアースが持っていた「ランナウェイズ」のコミックスは、8つの時間帯を跨ぎ火山灰に覆われたロンドンの空の下にあった。ピアースはサンセット通りにあるメルトダウン・コミックスに急ぎ、「ランナウェイズ」の最初の2巻をあらためて購入した。コミックスを読み、物語を分解して週末を過ごしたピアースは、マーベルに出向いて映画版のアイデアをプレゼンした。脚本家候補は「20人が12人、12人が5人、5人が3人、3人が2人[10]」と段階的に選別されていった。生き残ったピアースは、監督のピーター・ソレットと話す機会を得た。

そしてピアースは脚本家として雇われた。「お金をもらって書いた初めての脚本がマーベル映画ということになりました」とピアースは言う。ところが問題が発生した。『アベンジャーズ』への助走となる映画に加え、『アベンジャーズ』に登場するそれぞれのキャラクターを描く映画の製作で、マーベルの予定が埋まっていくことが明らかになったのだ。ロンドンにいるピアースに電話がかかってきた。外に出て電話を受ける羽目になったピアースは、賑やかなエクスマウス・マーケットから少し外れた場所にいた。そしてジョディ・ヒルデブランドの「中止になりました」という声を雨の中に立ったまま聞いた。ランナウェイズの企画は死んだ。

「ランナウェイズはスモール・フェイセス〔Small Faces〕という暗号名で呼ばれていました」とピアースは明かした〔1960年代に影響力を持っていたロック・バンドの名前だった〔セカンド・アルバム『FROM THE BEGINNING』（1967）でデル・シャノンの楽曲「Runaway」をカバーしている〕〕。あと一歩で実現しそうだった劇場用長編映画の夢を懐かしみたければ、マンハッタン・ビーチにあるマーベルのオフィスの入り口で撮った自分の写真を見ればよかった。ガラスには自分の姿が映っている。「ランナウェイズの書体に似せて書いたスモール・フェイセスというロゴが入った制作事務所です」とピアースは愁いを湛えて続ける。「本当に現実だったんですよ。皆わかってくれませんが、あれはちゃんとゴーサインが出た企画だったんです」

『ランナウェイズ』の脚本を書いていないときのヒルデブランドは、ムーアとファイギを助けてライターズ・プログラムの参加候補者を集めた。ロサンゼルス近隣で店員などをしながら脚本家になる足掛かりを探していたエリック・ピアソンは、彼女に推された候補者1人だった。面接に呼ばれたピアソンに出された課題は、映画化企画のプレゼンだった。元にする作品は、1980年代に人気があった「クローク&ダガー」で、テレポート能力を持つクローク（黒人、男性、吃音あり）とエネルギーの短剣を射出できるダガー（白人、女性、金持ち）という2人の家出したティーン（そう、こちらも家出者（ランナウェイ））の物語だった。

ヒルデブランド、ムーア、そしてファイギにプレゼンするにあたり、ピアソンは完璧に準備をした。完璧すぎて、第3幕の途中でファイギがプレゼンを遮ってこの映画は一体何時間になるのか尋ねた。それでもピアソンのこだわりに感心したファイギは、その日のうちにピアソンをライターズ・プログラムに招き入れた。そして、ファイギが一刻も早く制作に入りたいと望む『ルーク・ケイジ』の脚本を磨くという課題が、ピアソンに与えられた。

ピアソンはほどなくマーベル・スタジオの慣習に馴染んだ。流転の生活。灰色のカーペット。極めて質素な空間。ハリウッドの歴史の中でも最も高額の報酬を受け取った脚本家として知られるシェーン・ブラックは『リーサル・ウェポン』（1987）などのアクション映画で有名だが、その彼が自分で脚本を書いて監督をするという件でマーベルを訪れたときのこと。快適さとか心地よさといったものが欠如したオフィスに驚いたブラックは、アイク・パルムッターが断固要求する吝嗇（りんしょく）文化を茶化してから帰った。マーベル・スタジオの台所からベーグルを1個失敬したブラックは、マーベルの重役ルイス・デスポジート宛てのメモと一緒にベーグル代1ドル25セントを置いて帰ったのだ。

＊　＊　＊

ライターズ・プログラムで開発された企画の中には、袋小路に消えたものもあったが、開発途中で姿を変えたものも多数あった。『ランナウェイズ』はフールー（Hulu）の依頼でテレビシリーズとして制作され、『クローク&ダガー』もABCファミリー（チャンネル名はフリーフォーム）によってテレビ・ドラマとして制作・放映された。ルーク・ケイジとアイアン・フィストを主役にする番組がそれぞれ制作され（ネットフリックス）、『インヒューマンズ』のドラマも作られた（ABC）。しかし最終的にライターズ・プログラムは、クリエイティヴ委員会がより厳重な管理を行おうとしたためにマーベル内部の緊張を高める原因となってしまい、ロサンゼルスにいたマーベル首脳陣は2014年にライターズ・プログラムを閉鎖することを決めた（2016年に再開するのだが）。

マーベルのライターズ・プログラムが当初の形で存在したのはたった2年間だった。しかしそれは、たんに才能溢れる若い脚本家たちを宇宙船に乗せてやる以上の役割を果たした。乗せてもらった者の中には、操縦を任された者もいた。自分の力で飛べるようになった者の中には、そのままマーベルに残る者もいた。インヒューマンズの映画化は逃したジョー・ロバート・コールだが、ネイト・ムーアがエグゼクティヴ・プロデューサーを務めた『ブラックパンサー』とその続編『ブラックパンサー／ワカンダ・フォーエバー』の脚本を共同執筆することになる。エリック・ピアソンは『ブラック・ウィドウ』と『マイティ・ソー バトルロイヤル』の脚本以外にも数えきれないほどの脚本をクレジット無しで磨き、ＭＣＵに貢献し続けることになる。

クリストファー・ヨストがライターズ・プログラムに参加したとき、保留コミックスの山の中から彼の気を引いたのは、「サンダーボルツ」（スーパーヒーローとして振る舞うスーパーヴィランの一団）、「パワーパック」（スーパーパワーを持つまだ子どもの兄弟たち。珍しく家出はしない）、そして「キャプテン・ブリテン」（魔術師マーリンにアミュレット・オブ・ライトを与えられて力を得た英国人ブライアン・ブラドック）の３作だった。しかしヨストがそれらに手を出す暇もなく、ライターズ・プログラム参加者は全員、マーベル第４作『マイティ・ソー』の改稿に駆り出された。

「直すべきページを何枚か突きつけられて」[11] ヨストは言う。「それを書き直して撮影中のケネス・ブラナーとクリス・ヘムズワースのところに届けていました。直した場面を撮影して、自分が書いたものが映画に使われるわけですから、本当に驚くべきことだと思いましたよ」

ニコール・パールマンはヨスト以上に興奮した。「私はケネス・ブラナーに恋してましたから。高校のときにはケネス・ブラナーのファンクラブに入ってましたから。Ｔシャツとか、いろんなグッズを持ってましたから」[12]。女性の脚本家は女性の登場人物を強化してほしいと依頼されることが多いが、パールマンも同じ依頼を受けた（『マイティ・ソー』のときはナタリー・ポートマンが演じたジェーン・フォスター）。「脚本を丸ごと渡されて『ジェーンを何とかしてみてくれるかな。良いアイデアがあったら、それ以外の場面を直してもいいよ』と言われました。だからオーディンの場面とソーが街に行く場面を、少し直しました」

『マイティ・ソー』の製作中、ヨストが一番楽しかった場面は終盤に撮影された。ついにジェレミー・レナーの配役が決まり、ようやくホークアイの場面の撮影が可能になったのだ。使う武器は弓矢だが政府が送り込んだ狙撃手として物語に導入されるホークアイ。ソーがハンマーを取り戻しに来たら止めるという場面だ。「ラルフスというスーパーマーケットの裏の駐車場で[13]」。ヨストが回想する。「大きなクレーンを設置して雨を降らせました」。そのときすでに『アベンジャーズ』の脚本を書き始めていたジョス・ウェドンが、ヨストと分担してレナーの台詞の一部を書いた。レナーの出番は短かったが、レナーは考えうる限りのパターンを演じた。ヨストは、撮影中にもラップトップに台詞を書き続け、隣に座ったファイギはアベンジャーズの新しいメンバーのデビューを見守った。

「あれがまとまったというのが最高にどうかしてますよね」とヨストは回想を続ける。「スーパーの裏の駐車場で撮った画ですよ。ハリウッドのマジックってやつですね」

CHAPTER 13 | EARTH'S MIGHTIEST HEROES
地球最強のヒーロー

僕らがチーム？　違う、混ぜるとカオスを生み出す化学物質だ。僕たちは時限爆弾なんだよ。
What are we, a team? No, we're a chemical mixture that makes chaos. We're a time bomb.

——アベンジャーズ（２０１２）

「自分が向かっている場所を理解していることが映画作りの本質だ」と言ってから、ジョス・ウェドンはさらにこう付け加えた。「どうやったらその場所にたどりつけるか見当もつかないのが、映画作りの素晴らしいところなのさ」

１９９０年代、ウェドンは脚本家として成功を収めていた（『トイ・ストーリー』（１９９５）ではアカデミー賞候補）。さらに高額の報酬を受け取って脚本を磨くスクリプト・ドクターでもあった（『スピード』（１９９４）、『ウォーターワールド』（１９９５）、『ツイスター』（１９９６））。ウェドンは『バッフィ／ザ・バンパイアキラー』（１９９２）の脚本も書いていたが、設立されて間もないザ・ワーナー・ブラザース・テレビジョン・ネットワーク（The WB）がそのテレビ・ドラマ版の製作を決めたとき、ショーランナーの役職を打診された。それはあくまで儀礼的な申し出だったのだが、ウェドンはそれを受けて皆を驚かせた。その番組『バフィー～恋する十字架～』（１９９７－２

003）は、10代の女性がカリフォルニアの小さな町で吸血鬼を退治するというホラー・ジャンルの物語だったが、ウェドンの手によって素晴らしい何か別のものに生まれ変わった。毎週地獄の口（ヘルマウス）から出て来るモンスターどもは、思春期の激しさと苦しみの象徴だった。バフィー・サマーズが7シーズンに渡ってたどった英雄の旅路は、ウィットに富み下品でありつつしかも同時に心に刺さるものだった。

最新のポップカルチャーを参照しまくりながら発される剃刀のように鋭いウェドンの台詞は、しかし古典的なスクリューボール・コメディ〈男女の役割りが逆転した喜劇〉のような、弾けるような活きの良さをもっていた。ウェドンは様式的な面でも革新的だった（ミュージカルや、サイレント映画のようなエピソードもあった）。さらにウェドンは女性の体験を前面に出した。フェミニストのヒーローと謳われ、ポップカルチャー・ギークのアイコンと称えられた。「ジョス・ウェドンこそ私の師（マスター）だ」と（スター・ウォーズの書体で）書かれたTシャツが流行った（20年ほど経って、制作現場のウェドンは気分屋で非情だっただけでなく、立場を利用して複数の若い女性と関係を結んだ事実が明るみに出ると、ファンたちは失望を通り越して裏切られたと感じた。#MeToo運動で糾弾された最悪の犯罪者たちほどではなかったかもしれないが、どこにでもいるような下心に満ちたテレビ・プロデューサーよりはましな人間を演じていたウェドンに騙されていたというわけだ）。

『グレイズ・アナトミー 恋の解剖学』（2005－）や『スキャンダル 託された秘密』（2012－2018）のクリエイターであるションダ・ライムズは、『バフィー』を観たおかげで「テレビというものを再発見した」[2]と言っている。BBC局の『ドクター・フー』をリブートさせたラッセル・T・デイヴィスは「それがモンスターやらデーモンやらこの世の終わりの話であっても、脚本家はただの金儲け以上の仕事ができるということを『バフィー』は世界中に、そして広い業界の隅々にまで見せつけたんです。最高の脚本を相手に勝負して勝てるということをね。ジョス・ウェドンは全脚本家に対してハードルを上げたんです。ジャンル作品やニッチな作品の脚本家だけでなく、脚本を書くすべての者に対して」[3]

しかし一度ギークたちの崇拝から離れたウェドンは、その強烈な影響力に見合う成功を収めているとは言い難かった。『バフィー』（とスピンオフの『エンジェル』）が高視聴率を上げたことはなかったし、『ファイヤーフライ』（2002）や『ドールハウス』（2009）は早々に打ち切られた。2008年の脚本家組合のストライキの最中には、ウェドンは『Dr. Horrible's Sing-Along Blog（ホリブル博士のシンガロングブログ）』というニール・パトリック・ハリス主演のミュージカルをインターネットでダウンロード販売するようになっており、ファンが喜ぶような作品だけを作りながら彼のキャリアは萎んでいくかに見えた。しかしまさにそのとき、ケヴィン・ファイギがジョス・ウェドンこそマーベルに必要な男だと決めたのだった。

＊　＊　＊

ニューヨーク市で育ったジョス・ウェドンは、子どもの頃からコミックスのファンだった。お気に入りはX－MEN、中でも一番年下のキティ・プライドだった。「キティ以上にバフィーに影響を与えたキャラクターは、考えつかないね」[4]とウェドンは言う。「自分に人並外れた力が備わっていると知って、その力をどうしたらいいか思い悩む思春期真っただ中の若い女性だからね」。2004年から2008年まで「アストニッシングX－MEN」のコミックスの原作を書いたウェドンは、2000年の映画『X－MEN』の脚本の手直しもやった。『X－MEN』の最高の台詞（ウルバリンがサイクロップスに「サイテー野郎〔You're a dick〕」と言って本人であると証明する場面）と最低の台詞（ストームの朗読調台詞「雷に打たれたヒキガエルがどうなるか知ってる？」）は、どちらもウェドンが書いたものだ。ウェドンによると、彼がファイギと映画企画について話しあったのは『X－MEN』の撮影中だった。しかしその後何年もの間ファイギはマーベル・スタジオ内で決裁権を持っておらず、ウェドンも『セレニティー』（『ファイヤーフライ』の続編的な内容の2005年の映画）まで劇場長編映画を監督したことがなかった。

2010年、『マイティ・ソー』と『キャプテン・アメリカ／ザ・ファースト・アベンジャー』の撮影が始まってすらいないときに、『アベンジャーズ』のコンサルタントにならないかとファイギがウェドンに打診した。『アベンジャーズ』のいくつかの重要な場面について、この時点でマーベル・スタジオがすでに決めていたことはあった。たとえば、異星人相手にニューヨーク市街で大規模な戦闘を繰り広げるクライマックスは決まっており、すでにコンセプト画の制作が始まっていた。しかし、単独行動をとるヒーローたちがどのようにチームとしてまとまるのか、まだ誰にもわかっていなかった。いろいろなキャラクターが寄り集まってチームを構成する話は、ウェドンの十八番だった。主役が1人だけの番組であっても、ウェドンは必ず強力で個性豊かな外れ者を主人公の周りに集めるのだ（『バフィー』の取り巻きたちは、自分たちのことを自虐的に「スクービー・ギャング」と呼んだ（テレビアニメ『スクービー・ドゥー』（弱虫クルッパー）で毎回幽霊騒ぎに遭遇する4人組に因む））。

「私が書くものは[5]」とウェドンは説明する。「特別に意図していなくても、どれもスーパーヒーローのチーム結成みたいになる傾向があるね。話はいつも孤独な主人公から始める。理由はA：その方が単純だから、そしてB：語り手として孤立した主人公に共感を覚えるから。でも、話がどう転んでも結局チームの一員になってしまう」

「ウェドンには、『マイティ・ソー』がこういう映画になるという話をして、『キャプテン・アメリカ』のことも話して、『アベンジャーズ』の骨組みがこうなるはずだという話もしました[6]」とファイギは言う。「彼は乗り気でした」。マーベル・スタジオのオフィスでファイギはウェドンに、『マイティ・ソー』、『キャプテン・アメリカ／ザ・ファースト・アベンジャー』そして『アベンジャーズ』のコンセプト画を披露した。ウェドンがとくに強く惹かれたのは、マンハッタンにあるアベンジャーズ・タワーの上空に開いた次元のポータルに、アイアンマンが立ち向かって飛んでいく画だった。

そしてファイギはウェドンを『アベンジャーズ』の監督として雇った。例によってファイギは、マーベル・スタジオが抱える手に負えない問題を解決して映画を製作する能力を持つ人物に狙いを定めた。今回も、素晴らしい結果を出しながらもキャリアの頂点に登り詰めてはいない（だから費用的にお得な）人材を探し出したのだ。雇われたウェドンは自分に脚本を書かせるべきだと主張した。「書かれた脚本はあった[7]」とウェドンは認めている。「あったけど、1つの台詞も撮る気にならない脚本がね」

その脚本を書いたのはザック・ペンだった。エドワード・ノートンが『インクレディブル・ハルク』の出演を決めたときに脇に押しやられたペンは、今回も袖にされてしまった。「監督候補の話はいろいろありましたけどね。ジョスの名前はなかった[8]」とペン。「そのジョスが自分で脚本を書き直すつもりらしいと聞いた。でもその件で私と会う気もなかった。私が誰かの後を引き継いで脚本を書くときは、絶対にその人に電話するけどね。それが礼儀というものでしょう」

ウェズリアン大学の同窓でもあるウェドンとペンは古くからの知り合いだったので、袖にされたことはとくに骨身にしみた。ウェドンも居心地の悪い思いをしているのではないかと気を遣ったペンは、自分からウェドンに電話した。「電話に出た彼に「いや、別に気まずくない。書き直させてもらうから」と言われました」とペンは回想する。「私と一緒にやろうという気は1ミリもないのが明らかでした」

何年もかけて開発した脚本のクレジットから名前を外せというウェドンの要求を、ペンは断った。「子どもたちは『アベンジャーズ』を書く私を見ながら育ったんですよ。友だちにも言いふらしてましたから。「お前のパパは『アベンジャーズ』やってないのかよ」と言われたらどう思うか」。ペンによると、それに対するウェドンの反応は「半分しか書いてないと自分の子どもに思われたら、どうよ？」だったという。

マーベル映画に関わって2度もクビを申し渡されたことを、ペンが喜んで受け入れられるはずはなかったが、少なくとも今度は主演男優ではなくて名手と評判の脚本家だった。「ひどいヤツだと思いますよ。良い人のやることじゃない。驚かされましたね」とペンはウェドンについて言う。「私はクレジットに基いてボーナスをもらうことになっていたんです。どういうことかと言うと、何百万ドルという金が、まあお金のことは関係ありませんけど、そういう金が私のポケットから出ていって、ジョスの財布に収まったということですよ」

「一からやり直した」とウェドンが言っているとおり、完成した映画を観ると、物語はウェドンが使うストーリーテリングの方法論に従って書かれたことが明らかだった。「ペンの脚本は一度だけ読んだが、それきり見てもいない」とウェドンは主張している。「文句は言いたくないが、私は戦って脚本家のクレジットを勝ち取ったんだ」

そのようなわけで『アベンジャーズ』の公開に際して、当然脚本家組合が仲裁に入った。ウェドンは単独で脚本のクレジットを得たが、ストーリーのクレジットはペンと連名にされ、結局両者とも不服な結果に終わった。

一方、アート部門によって、大規模なアクション場面はすでに視覚化されていた。マーベル・スタジオのプロデューサーたちは、ロキにコズミック・キューブ（四次元キューブ）（後に「テッセラクト」と改名される）を使って戦わせたかった。S.H.I.E.L.D.にはヘリキャリア（ハイテク飛行空母）を持たせたかった。そして、大トリの戦いを控えたアベンジャーズには、ニューヨークの街中で空から攻め込んでくる異星生物たちを見上げながら結集（アッセンブル）させたかった。

ウェドンはそれらの要素を編み上げて脚本を書いていった。「ありえないようなパターンの脚本もたくさん書いたよ」とウェドンは回想する。「最終的に撮影した映画とは何の関係もないような脚本も何本か書いた。スカーレット（ヨハンソン）は出演しないと考えられていた時期があって、だからワスプが代わりに主役を張るページをたくさん書いたこともあったが、無駄に終わった。それから、英国人の性格俳優1人（トム・ヒドルストン）では地球最強のヒーロー軍団の相手として不足なのではないかと心配だったときがあった。絶対に負けない方を応援する話になってしまうと思ったから、オバディア・ステインの息子エゼキエルが出てくる稿も書いた。それを読んだケヴィン（ファイギ）は、「うん。違う」と言った。ルイス・デスポジートもそのときにこう言っていた。「ケヴィンの言うとおり、全然違う。でもすごく良いよね。最高に素晴らしいけど正しくない」」

ウェドンは、アベンジャーズを再発明したりポストモダンな捻りを加えたりはしなかった。「私は物語の構成と道徳観にうるさいほどこだわる、古風なストーリーテラーなんだ」[10]とウェドン。「わざわざ神話を解体して新しく構築する必要はない。それはもうとっくに誰かがやってる。そんなことより、観客がキャラクターの言動に関心を持つようにしたい」

2010年7月、ファイギは、エドワード・ノートンは今後ハルクを演じないという不愛想な声明文を発表した。この声明は、2週間後のサンディエゴ・コミコンで予定されている『アベンジャーズ』のパネルで全キャストを公表したかったマーベルに、強烈なプレッシャーを与えた。マーベルは、ブルース・バナー役をマーク・ラファロに打診していた。何年も前にルイ・レテリエが『インクレディブル・ハルク』のバナー役として検討した役者だった。ラファロの俳優としての株は上がり続けており、『キッズ・オールライト』の演技でアカデミー賞の候補にもなった。アクション超大作に自分が向いているかどうか不安だったラファロに、ウェドンはそっと脚本を何ページか見せて気を引いた。それを読んだラファロはエドワード・ノートンに電話をかけ、バナー役をやってもいいかお伺いを立てた。ノートンは問題なしだと伝えた。2人は、ハルクは現代のハムレットで、そのうちいろんな役者がハルクを演じるようになるさと冗談を言い合った。

マーベル・スタジオとラファロの代理人たちは、出演契約の条件を最後のぎりぎりの瞬間まで詰めた。コミコンの前の晩、ラファロは代理人の1人から電話をもらい「明日の朝5時に窓の外を見て、車が止まってれば役は君のもの。車がなかったらベッドに戻って寝直しな」[11]と言われたそうだ。

そして翌朝、1台のリムジンが外で待っていた。ラファロは慌てて飛び乗り、その足で空港に行ってサンディエゴ行きの飛行機を捕まえた。「嬉しかったですよ」とラファロは言う。「でも死ぬほど怖かった」

ノートンと同様、ラファロもMOVAの技術によって表情をキャプチャーすることになっていたが、今度のハルクはラファロの顔に似せてデザインされたので、彼の表情データはCGIチームの役に立った。巨大な緑の怪物を演じる機会をラファロは心ゆくまで楽しんだ。「ハルクを私に似せるというのは、過激な決断だったと思います」とラファロは言うが、下された決断に大喜びだった。「ハルクが全然違う人になるのを見るのは、いつも何か違うなという感じでしたからね」

アニメーション監督のマーク・チュウが、ラファロが初めてモーション・キャプチャーをやったときのことを教えてくれた。「うちのアニメーターとマークにモーション・キャプチャーのスーツを着せて、うちのアニメーターはソーで、マークには当然ハルクをやってもらいました。マークはいきなり走ってうちのアニメーターに殴りかかりました[12]」。チュウは心配になり、マーベルの人材部に連絡して俳優とアニメーターが攻撃し合うプロトコルがあるかどうか確認した方がいいのではと一瞬迷った。「マークは、ハルクの野性的な部分に潜り込んでみたかったんですね。遠慮なしでした」とチュウは驚きを隠さず言った（ラファロもアニメーターも怪我はしなかった）。

『アベンジャーズ』に対するアイク・パルムッターの最大の関心事は、アベンジャーズのメンバーが全員男性かどうかだった。マーベルがディズニー傘下に入った今でも、パルムッターはディズニー最大の個人株主の1人であり、ディズニーのボブ・アイガーCEOの約束どおりパルムッターは領主としてマーベルに居座っていた。パルムッターは自分の商売をよく理解していた。パルムッターの商売に大事なのはマーベルより玩具だった。女性キャラクターのアクション・フィギュアは売れない、女性が主役のコミックスは男性が主役のものより売れない、そして女性のスーパーヒーローが主役の映画は興行成績が悪かったという持説を正当化するために、パルムッターは都合よく選別したデータを載せた予算書をひけらかした。しかしウェドンは、アベンジャーズには女性が最低1人、願わくばブラック・ウィドウが参加しなければ駄目だと言い張った。

ファイギはウェドンの味方をした。ラファロによると、ファイギは「皆、聞いてくれ。明日には僕はここにいないかもしれない。誰も女性のスーパーヒーローが主役の映画を観に来ないとアイクは信じている。だから、僕が明日もまだここにいたら、僕が勝ったということなんだ[13]」。ファイギは解雇されず、ブラック・ウィドウはアベンジャーズのメンバーになった。

ウェドンは、『アベンジャーズ』にもう1人女性のキャラクターを加えると公表した。性別の公平性という点ではハリウッドの基準値は相変わらず著しく低かった。そのキャラクターとはコビー・スマルダーズ扮するマリア・ヒルというS.H.I.E.L.D.のエージェントだった。マーベルが『アベンジャーズ』関連の玩具を発売したとき、アベンジャーズの各キャラクターには数種類の大きさのアクション・フィギュアが用意された。しかしブラック・ウィドウだけは4インチのフィギュアしかなく、マリア・ヒルにいたってはフィギュアすらなかった。

ウェドンは、円満な関係を築くために製作の初期段階で主演俳優たちに連絡をとり、それぞれの要望や、やりたくないことがあるとすればそれは何かを尋ねた。ウェドンを信頼していたクリス・エヴァンスは、何でも好きにやってくれと言った。スカーレット・ヨハンソンによるとウェドンは、ブラック・ウィドウの生い立ちを語りながら、幼いナターシャ・ロマノフが自分の意思に反して訓練を課させられたことに共感して「目に涙を浮かべた」そうだ。

しかしロバート・ダウニー・ジュニアは、この映画の核はトニー・スタークだと信じていた。「自分の言うとおりに人が動くことに私は慣れているけれど、彼も同じだった[14]」とウェドンは笑いながら言う。ウェドンは最終的に、集団が主役の方が強い映画になるとダウニーを説得した。2人が撮影現場で対立せずに仕事できるように、ダウニーが与えられた台詞に納得できない場合には、撮影機材が設営されている間にウェドンがその場で3ページの代替案を書くという方策が考案された。

そうしているうちに、どんなに咄嗟(とっさ)の注文にも最高の答えを出すウェドンの能力に気づいたダウニーは「これ、いいね。全部君がやってくれ。私はメニューから選ぶだけだ[15]」と言った。

ウェドンはそのときのことを冷ややかに思い出す。「そんな感じだったので私が提供した台詞は、まあ大体言ってもらえたよ[16]」

ウェドンは、各キャラクターを導入するシークエンス、全員が集まるシークエンス、ばらばらになるシークエンス、そして最終決戦のためにアベンジャーズとして再び集結するシークエンスをしつらえた。「アベンジャーズ、アッセンブル」というコミックスで使われる掛け声にたとえて、ウェドンはこの映画のことを「アベンジャーズ：部分的に集結せよ〔Avengers: Some Assembly Required〕」と呼ぶことも考えていた〔「一部組立が必要です」という玩具などにみられる但し書きを使った洒落〕。劇中アベンジャーズが結束するきっかけになる事件はエージェント・コールソン（クラーク・グレッグが演じた）の殺人だが、これはウェドンが考案した数々のアイデアの中でも最高のものだ。『アイアンマン』と『アイアンマン2』そして『マイティ・ソー』にも登場したS.H.I.E.L.D.のエージェントであるコールソンは、『アベンジャーズ』で死ぬ寸前に、解凍されて現代で活躍するキャプテン・アメリカの大ファンであることを明かすのだ。

また、よく知られたマーベルのキャラクターを『アベンジャーズ』に出したくないとウェドンは考えた。どのキャラクターも何十年におよぶ長大な背景を持ち、必ず何かを連想させてしまうというのが理由だった。ニューヨークを襲う異星人の種族を何にするか考えるにあたってウェドンは、マーベル・コミックスの世界で最も有名な青い肌のクリー人や、自在に形状を変えるスクラル人を避けたいと思った。マーベル・スタジオはクリーとスクラルを後で作られる映画のために取っておくことに賛成だった。その結果、ウェドンはアルティメット・シリーズからチタウリ人を敵役として選んだ。チタウリ人には長い背景の物語がなく、ウェドンが好きに料理する余地が大きかったからだった。

マーベルは、ロキあるいはハルクの脅威に対してアベンジャーズが結束するものと考えていた。トム・ヒドルストンはマーベル・スタジオに、撮影があるかもしれないからスケジュールを空けておくように言われたが、2011年2月にウェドンが脚本を仕上げるまで、自分が演じる役が映画の最大の敵役になることは知らなかった。

4月末、アベンジャーズを演じる俳優たちはニューメキシコ州アルバカーキに招集された。税制の関係で『マイティ・ソー』の撮影も同じニューメキシコ州で行われた〔映画制作による税的優遇がある〕。『スカーレット・ヨハンソンの百点満点大作戦』（大学進学適正試験の問題を盗もうとする高校3年生を描いた2001年の商業的失敗作）で共演したクリス・エヴァンスとスカーレット・ヨハンソンは仲良しだったので、撮影現場でゲームボーイで遊んだり、時間が許せばダンスに繰り出した。エヴァンスは撮影現場の外でリーダーとなり、地元の酒場に他の俳優たちを呼び出すときにはグループメールで「アベンジャーズ、アッセンブル」と送った。

マーク・ラファロとサミュエル・L・ジャクソンのアルバカーキ入りは、他のアベンジャーズたちより1日早かった。ジャクソンには苦情があった、ウェドンが脚本を書く前にそれぞれの俳優の意見を聞いて回ったとき、当時62歳のジャクソンがニック・フューリー役に求めたのはたった1つ、走らないという事だった。ジャクソンは脚本を引っ張り出すと、ヘリキャリアーの甲板をロケットランチャーを持って走るというト書きを指さして「これは何だ？　走るって書いてあるぞ！[17]」

「1回だけです」とウェドンはジャクソンを安心させようとした。「走るのは一度だけ」

ジャクソンはウェドンを「マザファッカ〔motherfucker〕」呼ばわりしたが、地球上でこの4音節を最も巧みに操れる役者からそう言われた者は、牧師の祝福を受けたような気分になるのだった。

＊　＊　＊

この当時の夏の超大作映画興行のトレンドは3D版を同時公開することだったので、割高の入場料を徴収することができた。『マイティ・ソー』も『キャプテン・アメリカ／ザ・ファースト・アベンジャー』も3D版が同時公開されたので、マーベルは『アベンジャーズ』にも同じ扱いを求めた。3D撮影の経験がなかったウェドンは、『マイティ・ソー』でトム・ヒドルストンとステラン・スカルスガルドが登場するポストクレジット・シーンを試しに3D撮影機材で撮ってみることにした。立体撮影の準備に数時間が浪費され、ウェドンはこのペースで『アベンジャーズ』を撮影する余裕はないと判断し、『アベンジャーズ』は撮影後に3Dに変換されることになった。3D変換が円滑に行われるように、カメラ移動より被写界深度を重視したウェドンは、アクション以外の場面を飾らず普通に撮った。この判断を聞いた『アベンジャーズ』のプロデューサーたち、つまりファイギ、デスポジート、ヴィクトリア・アロンソ、ジェレミー・ラッチャムは、ある懸念を抱いた。それでは視覚的なスペクタクルが売りのマーベル作品として見劣りがするのではないだろうか。マーベル・スタジオは、ウェドンの仕事ぶりを監視するためにニューメキシコの現場にプロデューサーを送り込み続け、それがウェドンを苛立たせた。常に監視の目に晒されたウェドンは、製作者たちからの信頼の欠如を感じた。そしてその考えは正しかった。誰もがウェドンのストーリーテリングの腕と台詞の才能は認めていたが、視覚的な表現に対する才覚には不安を覚えていたのだ。そして長年テレビの限られた予算で仕事をしてきたウェドン自身も、内心同じような不安を抱えていた。そこで監督とスタジオは、緊張を緩和する作戦としてアクション場面は可能な限り前もって入念に計画することで同意した。

こうして精巧なアニマティクス（動く絵コンテのようなもの）が作られることになったが、ウェドンと撮影監督のシェイマス・マクガーヴェイがアニマティクスに基づかない場面を撮影するとき、プロデューサーたちは万全な安全策をとった。ほぼ全部のショットは注意深く振り付けられた。とくに後にチタウリ人がデジタル合成される場面では、この振り付けが不可欠だった。

マンハッタンのミッドタウンをニューメキシコの屋内に再現したセットでのニューヨーク決戦の撮影は、もっとも困難を極める作業になった。どんなに単純な場面でも、3D変換の技術的要請と大量のCGI特殊効果によって撮影は複雑になった。すべてのアクション場面でウェドンは、複数の班が何時間も完璧に稼働できるように指示を出し続けなければならなかった。

「あの撮影は、よりにもよって制作期間の中でも最悪のときだった」[18]とウェドンは回想する。「プロデューサーの誰もが私の仕事に不安を感じていたときだったのも、良くなかった。大体の場合、大きな問題にはなることはほとんどなかったが、このときはちょっとした問題だった。私の撮った映像が動かなさすぎると心配している人がいた。撮影中休憩を挟んで、戻って来るとそこら中が炎と硝煙だし、これが地獄じゃなければ何だよと思ったよ」

後でCGIのチタウリ人に置き換えられるためにモーション・キャプチャーのスーツを着て演技している者も含む俳優全員が、テイクに次ぐテイクを耐え、爆発の埃や破片にまみれて奮闘した。アベンジャーズのコスチュームはあたかも戦闘のために消耗したかに見えた。俳優たちは疲弊し、あたかも戦闘ストレスでも受けたかのようにいささか放心気味だった。

マーベル・コミックスを深く知るウェドンには、『アベンジャーズ』のポストクレジット・シーンのために、アイデアがあった。ここでウェドンは、ロキが放ったチタウリの軍勢はサノスに借りたものだったと明かしたのだ。紫色の巨体にぎざぎざの顎を持つ、死（デス）に魅せられたこの男は、マーベル宇宙最恐のヴィランだった。ウェドンは、ファンへのちょっとしたサービスも込めてロキの軍勢がどこから来たのか説明しただけで、アベンジャーズの次なる敵としてサノスをお膳立てしたわけではなかった。アベンジャーズをちゃんと成立させること以外は考えられなくなっていたマーベル・スタジオ側も、サノスを出してしまうことで示唆される映画の方向性について深く考えずに承認してしまった。

撮影が予定どおり完了すると、ウェドンはリサ・ラセック（『セレニティー』や『キャビン』の編集者）とマーベルの常連映像編集者ジェフリー・フォードを伴って編集室に籠った。台詞が多い場面はウェドンの思惑どおりにつながったが、ニューヨーク決戦の場面には多大な時間と労力が費やされた。アベンジャーズの面々が一斉に必殺技を繰り出す場面をうまく見せるのは難しかった。ポストプロダクションも後半に差しかかった頃、ウェドンはこの場面を捨てようとした。マーベル・スタジオの幹部たちは、コミックス原作の映画は基本的に視覚的なものであり、スーパーヒーロー大集合映画である以上スーパーヒーローが大集合しないわけにはいかないと、ウェドンに諭す羽目になった。

ニューヨーク決戦が観たいから「皆が集まって来た。客が集まって来た。そして私も参加したんだ」[19]とウェドンは同意する。しかしウェドンにとって一番楽しいのは、アベンジャーズの面々が絆を感じたり疎外感を覚えたりする私的な場面だった。「親密な場面が一番考えていて面白いし撮影も面白かった。なにしろこの映画そのものの撮影は……面白いの正反対だったから」

しかし、そんな苦しみもすべて報われることになる。２０１２年5月に封切られた瞬間、『アベンジャーズ』は大ヒットした。さまざまな興行収入記録を破りながら、マーベル・スタジオ初の10億ドル超え映画になった。それだけではない。この作品は歴史上いかなる映画よりも早く10億ドル稼ぎ、世界中で15億ドルを稼いで史上３番目に興行収入を上げた映画になった。

アイク・パルムッターにとって『アベンジャーズ』は、20年に渡ってマーベルに賭け続けてきた自分の正しさの証明だった。ディズニーのボブ・アイガーにとっては、ディズニーの弱点である年齢層に手を伸ばして成功した実写映画であり、それ1本でマーベル買収を正当化した作品だった。ロバート・ダウニー・ジュニアにとって『アベンジャーズ』は巨大な棚ぼただった。興行収入の歩合を貰うという取り引きは、ダウニーに約５０００万ドルをもたらした。ケヴィン・ファイギをはじめとするマーベルの幹部たちにとっては、極めて利益率の高い見事な長期計画の成功を意味した。これから先マーベルが製作する映画は、固定客がついた続編のように機能し、１作ごとに宣伝効果も増していくことになるのだ。

ハリウッド全体がマーベルの成功を目の当たりにした。クロスオーバーが売りの映画は『エイリアンVS.プレデター』（２００４）から『凸凹フランケンシュタインの巻』（１９４８）まで今までにもあったが、マーベル・シネマティック・ユニバースほどの成功を収めたものはいまだかつてなかった。他の映画スタジオも「共有宇宙（シェアド・ユニバース）」を売りにした映画の持つ潜在能力を求めて製作を始めたが、マーベルがやすやすと成し遂げたかに見えたことが、やってみると一筋縄ではいかないことを知るだけだった。

ソニーは何年もの間、スパイダーマンのヴィランたちがシニスター・シックスを名乗って手を組む映画シリーズを作ろうと格闘しており、企画は中止と復活を繰り返していた。ユニバーサルは自社のホラー映画で有名なキャラクターたち〔ミイラ、狼男、フランケンシュタインの怪物、ドラキュラなど〕を活用して「ダーク・ユニバース」を画策したが、映画1本とちょっと気まずい写真1枚を撮った後に企画は棚上げになった。ワーナー・ブラザースはDCコミックスのヒーローたちをジャスティス・リーグという形で集結させようとひどく骨を折った挙句、3度に渡って多大な予算を無駄にした（最初は2007年にジョージ・ミラーを監督に迎えて開発した挙句頓挫したヒーロー集結映画。次はザック・スナイダーが完成させられなかった『ジャスティス・リーグ』（2017）をジョス・ウェドンが引き継いで完成させたとき。3番目は、スナイダーに金を渡してディレクターズ・カット版である『ジャスティス・リーグ：ザック・スナイダーカット』（2021）を作らせたとき）。一方ディズニーは、『アベンジャーズ』が業界を震撼させた後に自社作品のヴィランの子どもたちが登場する実写映画シリーズの開発を始め、結果としてディズニー・チャンネルに委託して製作された『ディセンダント』（2015）は、そこそこの成績を残した。共有宇宙という映画企画で成功した数少ない例に、レジェンダリー・ピクチャーズのモンスターバースがあった。マーベルと比較されることすらなかったこのシリーズは、ゴジラとキングコングという人気者を主役に据えた映画（エリザベス・オルセン、アーロン・テイラー＝ジョンソン、サミュエル・L・ジャクソン、ブリー・ラーソンといったMCU俳優が主演した）から始まり、2021年の『ゴジラVSコング』で怪獣たちが決戦に臨んだ。

失敗を重ねる競合各社の様子をうかがいながらケヴィン・ファイギは「こだわるのはユニバースじゃなくて、映画の方ですよ[20]」と含蓄に富んだ一言を述べた。「個々の映画がシリーズ全体に優先するということを、マーベル・スタジオに関わる皆が理解しています。たとえば3作品後に回収されてアッと言われる伏線か何かを仕込んだとします。でも、もしその仕込みがうまく機能しないなら、その仕込みのせいで映画が駄目になるなら、切り捨てますよ。そして後で別の方法を考えます。何よりも、まずその映画がうまくいくかどうかですよ」

ジョス・ウェドンにとって『アベンジャーズ』が何だったかというと、映画作家としての先見の明と能力を証明してあまりある成果だった。そしてウェドンには、その成果を残して去る気はなかった。彼以外のマーベル映画の監督たち、つまりジョン・ファヴロー、ケネス・ブラナー、ジョー・ジョンストンは、マーベルの企画に関わって早々に燃え尽きたが、ウェドンはすぐにマーベルのオフィスに舞い戻って『アベンジャーズ』の続編の準備を始め、マーベル・シネマティック・ユニバースの全容を構想したいと思っていた。ウェドンの続投を熱望したマーベル・スタジオは彼を雇った。そしてウェドンが作ることになるアベンジャーズの続編につながるすべての作品の脚本にウェドン本人が目をとおすという工程が製作に加えられ、事実上ウェドンはMCUのフェーズ2を形作る中心的な人物となった。ウェドンは自分のことを、ニッチなアーティストではなく、見た目も内容も凄い映画で大成功を収めることのできるエンターテイナーだと考えていた。そして今、彼は興行収入というお墨つきも手に入れたのだ。

「楽しい気持ちを家に持ち帰れるような、いわゆるポップコーン映画が好きなんだ。「面白いと言うから乗ってみたら、嫌な気分にさせられた」みたいな映画じゃなくて」[21]とウェドンは言う。「作る映画から観客が何かを受け取れるようにしたい」。その「何か」は「「神様、どうかお客さんが来ますように」かもしれない」とウェドンは冗談めかして言う。「でもそれは、頑張ってサブテクストに隠しておくんだよ」

PHASE 2

CHAPTER 14 | HOUSE OF M
ハウス・オブ・M

モンスターに魔法、対処の仕方を訓練されてないすべてのものが相手。
This is monsters and magic and nothing we ever trained for.
——アベンジャーズ（2012）

1999年から2000年にかけてピーター・ジャクソンは「ロード・オブ・ザ・リング」3部作を同時に撮影した。複数の撮影班を稼働させて行われた14か月の撮影は、ニュージーランド中の撮影ステージとロケーションで繰り広げられた。ときにはウェリントンにある制作本部からジャクソンが遠隔で複数の撮影隊を指揮することもあった。彼はさながら映画作家兼魔法使い兼航空機管制官だった。何千という人員がこの3部作を完成させるために働いたが、中でも重要だったのはウェタ（ジャクソンの制作会社）に所属するデザイナー集団だった。ばらばらに作られていく映画の各要素が切れ目なくつながり、3本の映画がどれも同じ中つ国（なかつくに）の出来事に見えるように腐心したのはウェタの職人たちだった。

映画史に並ぶもののない大事業だったジャクソンの3部作に、マーベルが並んだ、いや追い越した。コミックスの原作を、10を超す映画と無数のテレビ番組のエピソードとして息づかせたのはマーベルのヴィジュアル開発部門の功績だが、それだけではない。この部門の仕事によって、異星にある剣闘士の闘技場からサンフランシスコの貸倉庫にいたるまで、マーベル・シネマティック・ユニバースを強力につなぎ留める視覚的な連続性と一貫性が生み出されたのだ。

マーベル・スタジオ内の諸部門は『アイアンマン』製作中にその場しのぎで下された無数の判断の産物なのだが、ヴィジュアル開発部門も同様だった。ジョン・ファヴローが監督として雇われる前に、すでに部屋一杯に雇われた同部門のアーティストたちが、コミックスに描かれたアイアンマンとハルクを映画用のイメージとして大量に描き起こし始めていた。監督として起用され、ヴィジュアル開発部門の責任者になったファヴローは、かつて2005年に開発されるも実現しなかった映画『火星のプリンセス』で共同作業したフィル・サウンダースとライアン・メイナーディングを同部門に招いた。

2人とも、スーパーヒーロー大作映画、しかもマーベルのヒーローに関われると知って興奮した。メイナーディングは子どもの頃、母親に買い与えられた1枚のスパイダーマンのタオルを巡って兄弟喧嘩をしたほどだ（そして今もそのタオルを持っている）。サウンダースとメイナーディングは、ビバリーヒルズにあったマーベル・スタジオの手狭なオフィスに入った。そこではファヴローと直接やりとりができるだけでなく、遊びにきた映画スターや制作者に自分の画を見せることもできた。「タイミングがよければ『ハッスル&フロウ』（2005）観たよ、よかったよ」なんて世間話もできるんですよ」と、アーティストのジム・ロスウェルはテレンス・ハワードがスタジオを訪れたときを回想する。サウンダースは、まずアイアンマンのマーク3アーマーのデザインに注力し、アディ・グラノフがコミックス「アイアンマン：エクストリミス」のために描いた、すらりとした流線形のアーマーを発展させることにした。そしてマーベル・スタジオはグラノフ本人も雇い入れた。

「ちゃんと生きた人間が中に入っているように見える立体的でもっともらしいアーマーを作りたかったんです」[2]とグラノフは言う。コミックスは何ページも同じものを描くという制作上の要請があるので、デザインを簡素化しなければならない。しかし「映画用のデザインでは」と彼は続けた。「コミックスでやれなかったことを全部やることができたんです」

メイナーディングは、トニー・スタークが余りの部品で作りあげた不格好な最初のアイアンマンのマーク1アーマーをデザインした。銀色のマーク2のデザインに手を挙げたサウンダースは、実業王ハワード・ヒューズの飛行機が持つ眩く輝くアルミニウムの外板に着想を得た。空気抵抗を減らすことができ、さらに見栄えも良くなるからと機体の外皮を留めていたリベットをすべて削れとヒューズが言い張って作らせたあの機体だ。

実際に装着可能なアイアンマン・スーツを制作する段階になり、スタン・ウィンストン・スタジオ（現在は改名してレガシー・イフェクツ）の職人たちは、何バージョンものデザインを捻りだしてきたアーティストたちに意見を仰いだ。「最初のスーツが制作されて、初めてそれを着た俳優がどのように動けるかが摑めました」[3]とサウンダースは言う。

そのときも、マーベル・スタジオが重視したのは視覚的な一貫性だった。一般的にコンセプト・アーティストは、スタジオにアイデアを売り込んだらお役御免、または準備段階の作業に数週間引き止められた後にお役御免になるが、マーベルは『アイアンマン』の製作が終わっても次の映画に取りかかれるようにアーティストたちを引き留めた（『アイアンマン2』、『マイティ・ソー』、『キャプテン・アメリカ／ザ・ファースト・アベンジャー』）。それによって『アイアンマン』のポストプロダクション中にもアーティストたちの手を借りることが可能になった。つまり、撮影された実物のアイアンマンのアーマーをデジタルモデルを使って補正するとき、アーマーのデザインをその膨らみ具合から凹みの1つにいたるまで熟知しているサウンダースとメイナーディングが、デジタル造形されたアーマーの体型のバランスが正しく保たれるように（あるいは正しく見えていると誤魔化せるように）知恵を出すことができた。

メイナーディングと席を並べて仕事したヴィジュアル・アーティストのスーザン・ウェクスラーは、彼を評して「ライアンの素晴らしい才能を言い表したくても、英語の語彙では足りないと思います」[4]と言っている。ジョス・ウェドンもこう言っている。「コミックスの絵を捉えて命を吹き込む彼一流のやり方があるんだ。あのアレックス・ロス〔『キングダム・カム』(DC)、『マーベルズ』(マーベル)などで著名なコミックス・アーティスト〕よりすごい。見たことのないレベルだよ」[5]

3本の映画の製作を控えて、マーベル・スタジオはようやくビバリーヒルズにあるメルセデス・ベンツ販売店の2階から、ラリーのマンハッタンビーチ・スタジオに引っ越した。プリプロダクション、プロダクション、ポストプロダクションまですべての工程をひとつ屋根の下で管理するメリットをルイス・デスポジートが擁護したのも、引っ越しの理由の1つだった。

マーベル・スタジオが本気で3本の映画企画を同時に開発する気なら、アーティストの数を増やさなければならないとメイナーディングにはわかっていた（そうすれば自分自身の仕事量が減ると期待したのだが、先手を取られてしまった。『アイアンマン2』の制作中ファヴローにすっかり頼られてしまったメイナーディングは、10を優に超えるヴィジュアル開発という重責を背負わされ、しばらくは家にも帰れず仕事机の下で寝た）。メイナーディングは、以前ビデオ・ゲームの仕事で一緒だったチャーリー・ウェンをファイギとクレイグ・カイルに推薦し、ファイギはすぐにウェンとの面接の席を設けた。

「企画開発も脚本執筆も始まる何年も前から『アベンジャーズ』のヴィジュアルの準備を助走期間たっぷりで始めたいと（ファイギが）言ったから喜んで引き受けたんですが」[6]とウェンは言う。「参加した途端に『マイティ・ソー』の世界観構築の仕事が待ってましたよ」

ウェンに与えられた最初の仕事はムジョルニア、つまりソーのハンマーのデザインだった。ヴィジュアル開発アーティストの仕事は、一般的にはメインのキャラクターたちをデザインすることから始まるが、ムジョルニアこそがソーというキャラクターの象徴であるとマーベル・スタジオ側は考えた。ウェンは10を超えるムジョルニアのデザインを描いた。コミックスに基いたシンプルな四角いデザインもあったが、刃をわざと潰した斧や、球体の一面を潰したような複雑な形状のデザインもあった。可能な限り広い選択肢をという意図だったが、ウェンは密かに心配していた。ムジョルニアのデザインが映画全体のデザインの基礎になる以上、もし装飾的に凝ったデザインが採用されてしまったら、マイティ・ソーの世界観がロココ風になってしまう。しかし結局「ケヴィン・ファイギとケネス・ブラナーが奇抜なものではなくてシンプルなデザインを選んでくれて助かりました」

チャーリー・ウェンとコンセプト・アーティストのE・J・クリソーは、高さ3メートルの中世の鎧のデザインを始めた。この鎧は「デストロイヤー」と呼ばれ、映画の終盤でソーとの決戦に登場することになっていた。デストロイヤーはデジタル効果で実現されることになっていたが、CGIチームが照明の参考用に、そして俳優たちが演技するときにあたりがつけられるようにと、レガシー・エフェクツは実物大のデストロイヤーを造形した。

『キャプテン・アメリカ／ザ・ファースト・アベンジャー』に取り掛かっていたライアン・メイナーディングは、まずは第二次世界大戦という時代を背景にしたキャップの画を白黒で何枚も描いた。コミックスに登場するキャプテン・アメリカから離れずに、しかも1940年代という時代背景の中でバカバカしく見えない衣装を模索する試みだった。メイナーディングは、1991年に刊行され、キャプテン・アメリカ誕生から冷凍冬眠に入る前までを描いた4号からなるシリーズ「ジ・アドベンチャー・オブ・キャプテン・アメリカ」に着想を得た。アーティストのケヴィン・マグワイアの手で描かれた、超人血清投与後のスティーブ・ロジャースの私服の姿を、メイナーディングは気に入ったのだ。「デザイン作業の手がかりとして[7]」とメイナーディングは言う。「その絵のコンセプトから始めました。黒い革ジャケットにヘルメット姿のキャップです」

『キャプテン・アメリカ／ザ・ファースト・アベンジャー』のジョー・ジョンストン監督にとってマーベル・スタジオのヴィジュアル開発部門は居心地の良い場所だった。ジョンストンは「スター・ウォーズ」シリーズのコンセプト・アーティスト、そして特殊効果スペシャリストとしてハリウッドに足を踏み入れた（たとえばボバ・フェットのデザイン)。美術監督のリック・ハインリクスが言うには「ジョーはアート部門にいるときが一番幸せで居心地が良さそうですね。予算の心配やその他諸々の難しい問題から逃げられるからでしょう[8]」

それから、キャプテン・アメリカの製作チームは、セットデザイナーたちのオフィスの奥に秘密の部屋を作ってほしいというジョンストンの願いに応じた。『キャプテン・アメリカ』の美術デザインを監督したアンディ・ニコルソンによると「誰にも見つからないところで独りで画を描きたいときは、ジョーは秘密の部屋に1日中籠ってました。プロデューサーたちが「ジョーはいないの?」と探し回っているときは、皆「さあ、今日は見てない」と答えるように躾けられていました。独りで黙々と描くのがジョーの流儀ですから、秘密の部屋から出てくるときには20ページの美麗な手描きのアートができあがっているんですよ[9]」

＊　＊　＊

2010年も押し迫った頃、マーベル・スタジオはチャーリー・ウェンとライアン・メイナーディングの2人を、新たに再編されたヴィジュアル開発部門の監督に任命した。同部門にはアンディ・パク、ロドニー・フエンテベリヤ、そしてジャクソン・ツェもいた。必要に応じてフリーランスのデザイナーも雇われたが、主役級のヒーローたちはマーベル映画を経験したことのあるアーティストたちがデザインした。マーベル・スタジオは自社デザイナーたちに絶大な信頼を置いており、デザイナーたちが描いた見開きページのイメージから映画を発想したほどだ。これは、まず脚本を書いてからヴィジュアル・アーティストを雇うというハリウッド方式の逆をいくアプローチだった。

「私たちは、ヴィジュアル開発部門という、それまでハリウッドになかったものを組織したんです[10]」とアンディ・パクは説明する。「常勤のアーティストは、今までの経験だと6人か7人でチームを編成し、キャラクターやコスチュームをデザインするんです。実際に俳優が演じる場合が多いので私たちの仕事の多くは衣装デザインですが、サノスやハルクのようなＣＧＩキャラクターのデザインもします。コミックスの世界からキャラクターを選び出し、現実の世界に存在するものとしてデザインを翻訳します。当然ある時点で衣装デザイナーが雇われ、私たちはその人と共同作業をすることになります」

『マイティ・ソー』の衣装デザイナーであるアレクサンドラ・バーンは4度もアカデミー賞にノミネートされ、２００７年には『エリザベス：ゴールデン・エイジ』で受賞を果たした。そんな彼女のマーベルでの仕事は、主役が被る羽のついたヘルメットからマントにいたるまで、ヴィジュアル開発部門のアーティストたちが考案したイメージを現実の世界に存在させることだった。彼女が手がけた仕事には、マーベル映画のキャラクター初のマントもあった。ヴィジュアル開発部が描いた画のたなびく外套に発想を刺激されたバーンは、さまざまな真紅のカーテン生地が使えないかと試した（ということは、『アベンジャーズ』でトニー・スタークがソーを茶化して「母君のカーテンをそなたが纏っていることを、母君はご存知なのか？」と言ったのもあながち間違いではなかったということだ）。バーンは、クリス・ヘムズワースの肩のラインに沿ってマントが見事な線を描くように支えを仕込んだ。さらにマントの裾に錘（おもり）を仕込み、きれいに揺れながらも型が崩れないようにした。バーンはヴィジュアル開発部のスケッチを参考に仕事をしたが、スケッチが持つ存在感を物理的に再現する作業は予想を超えて困難だった。試行錯誤の果てに捨てられた布地の山を指してバーンズは「マントの墓場」[11]と呼んだ。

「私たちがデザインするのは、映画の見た目と雰囲気なんです」[12]と言うパクは、マーベル・スタジオは映画製作スタジオというよりは、スタートアップ企業のようだと感じていた。「ハリウッド流のやり方とやらに必ずしもこだわりませんから」。パクは雇われてすぐに『アベンジャーズ』に取りかかったが、事務所内には空きスペースが残っていなかったので、仕事場として俳優の控室が与えられた。いわゆる女優ミラーライトと専用トイレ、さらにドアには星型の飾りまでついていた。「そこにテーブルを放り込んだら、それが私のオフィスです」とパクは笑った。

それぞれの映画に関わるヴィジュアル開発の打ち合わせは週に一度のペースで行われていたが、それがやがてヴィジュアル開発部全体の打ち合わせに発展していった。マーベル・スタジオのクリエイティヴ・プロデューサーたちに対して、ウェンとメイナーディングが各チームの描いた画を発表した（すでに撮影準備が始まっていれば、監督、制作スタッフ、衣装スタッフが加わった）。ヒーローやヴィラン、武器や世界観がスライドショーで発表され、反応がなかったデザインは、ひっそりと削除された。

ヴィジュアル開発の重要なステップとして、デザインが固まってきたところで作成される「キーフレーム」というものがある（アニメーション原画の動き始めの1フレームという用法から派生した、キーとなる決め画）。映画中の重要なシークエンスのキーフレームを描くことで、その場面の見た目と雰囲気を伝えるのが目的だ（メイナーディングのお気に入りの工程）。『アベンジャーズ』では、そもそも背景もコンセプトも激しく異なる6人のヒーローが同じ空間に並ぶこと自体が成立するかどうか実証する必要があり、アディ・グラノフにその大役が任された。グラノフは、キャプテン・アメリカ、ソー、アイアンマン、ホークアイ、ブラック・ウィドウ、ハルクが肩を並べて円を描くように立つ画を描き、それを見たマーベル・スタジオの役員たちは映画の成立を確信した。アート部門によって仕上げられたこの劇的な場面は、ヒーローたちの周囲をカメラが回るショットとして命を吹き込まれ、ジョス・ウェドンが撮った『アベンジャーズ』の中でもとくに象徴的な画となった。

マーベル・スタジオに加わったロドニー・フエンテベリャの最初の仕事は、『キャプテン・アメリカ／ザ・ファースト・アベンジャー』と『アベンジャーズ』のキーフレームだった。盾を手に乱闘に身を投じるキャップと、スターク・タワーから落下しながら空中でアーマーを装着するトニー・スタークの画だ。ウェドンが脚本を書きながら新しくアクション場面を思いついたとき、たとえばヘリキャリアの破壊された窓をぶち抜いてクインジェットに飛びつくハルクを見たいと言われたら、フエンテベリャが視覚化を任された。

「ロキがキャプテン・アメリカと遭遇する場面のキーフレームを描きました。たくさんの人がロキに向かって頭を垂れている場面です」[13]とフエンテベリャは言う。「参考資料として、妻と自分が頭を下げて立っている写真をいろいろな角度からたくさん撮りました。自分たちのイメージを多様な人びとに変えながら描くのが楽しかった。キャプテン・アメリカのポーズの参考として、自分がスーパーヒーローならどう構えるか想像しながら描きました」と打ち明けてくれた。「私はあまりスーパーヒーローっぽい体つきをしていないので、キャップに成りきってポーズを決める自分の写真を見ると、ちょっと笑っちゃいましたけどね」

フエンテベリャがキャプテン・アメリカに成りきる一方、メイナーディングはロキに成りきって立ち、ヴィジュアル開発部の皆も北欧神話の神を目前に畏れおののき膝をつく人びとを演じた。撮影は屋外で行われた。メイナーディングはロキの杖の代わりとして事務所からランプスタンドを持ち出した。撮影中にケヴィン・ファイギとルイス・デスポジートが通りかかり、メイナーディングの前で跪くヴィジュアル開発部のスタッフたちを目撃した。一体全体何ごとかと問われたメイナーディングは「企業文化を強化してるんですよ」[14]と答えた。

＊　＊　＊

マーベル・コミックスは、恐らくその全貌を把握することが不可能なほど幅広いスタイルで描画されている。一方、マーベル・スタジオのヴィジュアル開発部の仕事は写真的リアリズムに根差している。同部門のアーティストたちは、何十年分ものコミックスをめくってスーパーヒーローたちのコスチュームのさまざまなパターンに目をとおすが、常にスクリーン上でどう見えるかを念頭に置いていた。そのためには、コスチュームをどんな素材で仕上げるか、つまり布地の種類、メッシュの有無、鎧の部品といった詳細を、実際に衣装を縫製したりポスプロでデジタル素材として作成して合成するはるか以前に決断しなければならない。『アベンジャーズ』の準備中、アベンジャーズのキャラクターのヴィジュアルを決定するために、それぞれのアーティストは1人のキャラクターのために丸1週間を費やしてプレゼンに臨んだ。ライアン・メイナーディング、チャーリー・ウェンそしてグレッグ・パクが各アーティストの仕事を監修し、週1の打ち合わせで寄せられた意見を基に仕上げていった。

視覚化に関連する技術革新に併せて、マーベル・スタジオの作業工程も進化した。『アベンジャーズ／インフィニティ・ウォー』（2018）と『アベンジャーズ／エンドゲーム』（2019）の頃になると、ヴィジュアル開発チームは自分のコンピュータ上で3D画像をレンダリングできるようになっていた。部門の責任者たちは、デザインされたキャラクターをあらゆる角度から見ることができ、承認されたイメージのデジタル・モデルはそのまま関係各部門に渡された。

マーベル・スタジオの絵コンテやアニマティクスへの依存が高まるにつれ、ワークフローそのものも影響を受けた。ウォルト・ディズニーが1933年に先駆的に使用を始めた絵コンテという工程は、映画のジャンルを問わず映像制作者に広く利用されてきた。たとえばピクサーは、まず絵コンテで映画の全体を作り、修正が必要な部分は絵コンテとしてやり直し、すべてが固まるまではキャラクターを動かすためのお金を一切使わない。アニマティクスというのは、簡単にアニメートされた動く絵コンテと言ってもいい（ビデオコンテ（Vコン）としても知られる）。マーベル・スタジオのアニマティクス編集者のジェームズ・ロスウェルの言葉を借りると「私たちは、まず土曜の朝にやっているアニメ風の長編劇映画を作るんです[15]（子ども向けの、あまり手間のかかっていないテレビアニメという含み）」。アニマティクスを観れば、その場面がどのように展開するか監督が理解できる。ロスウェルは説明を続ける。「制作の初期段階で自分が欲しいものをプロデューサーに用意させるために監督が使う道具というわけです」。マーベル映画の中には何百というVFX要素が入るショットもあるので、実はアニメーション映画と呼んでもいいのではないかと言う人もいるほどだ。

アニマティクスはその後、3D空間の中でアクション場面をシミュレートするプリビジュアライゼーション（プリビズ）という工程に進化を遂げた（ここでは仮想カメラによる撮影のシミュレートもできた）。当初は撮影が物理的に困難なショットの準備としてプリビズを行っていたマーベル・スタジオの制作方法論に、2014年、重大な転換点が静かに訪れた。『キャプテン・アメリカ／ウィンター・ソルジャー』の大規模なアクション・シークエンスの撮影の設計図としてこの手法が応用されたのだ。スティーブ・ロジャースとクインジェットの一騎打ち、ニック・フューリーの大カーチェイス、そしてS.H.I.E.L.D.のヘリキャリアの墜落場面などだ。撮影が開始される前に、全編の3分の2がすでにプリビジュアライゼーションによって組み立てられていた。これによって、勘に頼った即興的な演出の余地が制作の工程から奪われてしまった。撮影方法とアクションのペースは撮影前に決定されることになり、その後マーベルが以前の方法に戻ることはなかった。

『キャプテン・アメリカ／ウィンター・ソルジャー』以降のマーベル映画は、制作に先立っていわば下書きの映像を作った上で本番に臨んだ。その作業は、サードフロアという3Dプリビジュアライゼーションに特化した会社と共同で行われた。サードフロアは、『スター・ウォーズ／シスの復讐』（2005）に関わったアーティストたちによって2004年に設立された。プリビズは、良くない案をあらかじめ取り除く道具となった。たとえば『ウィンター・ソルジャー』の初期の脚本では、大カーチェイス中にフューリーの自動車が空を飛ぶことになっていた。ジェームズ・ロスウェルがこう回想している。「自動車が空に飛び上がり、そのまま飛行しながらチェイスが続くことになってました。それを観たケヴィン（ファイギ）が「マーベル・ユニバースには空飛ぶ車は存在しない」と言って、それっきりそのアイデアは放棄されました」[16]

プリビズの使用頻度が高まるにつれ、アクション・シークエンスは複雑で凝ったものになり、制作工程そのものが合理化されていった。同時に、撮影現場で即興的に発生する演技や演出の魔法が奪われ、マーベル・スタジオは組立ラインで映画を量産する工場だという批判も上がった。ファヴローもウェドンもブラナーも、それぞれ個性的な判断を下しながら映画を作ったが、今となっては誰がマーベル映画を作っても同じだと言う批評家もいた。

「ただプリビズどおり撮っただけという映画は何本か観たことがあるが[17]」とウェドン。「プリビズの工程で才能のある人がいたかどうかで、すごく良い映画にもなればすごく酷い映画にもなる」

ルクレシア・マルテルが『ブラック・ウィドウ』を監督するかどうかでマーベルと話し合ったとき（最終的に起用されたのはケイト・ショートランド）、スカーレット・ヨハンソンが演じるキャラクターに物語のフォーカスを定められる女性の演出家を探していると言われたが、マーベルからの注文はそれだけではなかった。「マーベルの人たちに「アクションのことは心配しなくていいです、こちらで考えますから」と言われました。それを聞いて「スカーレット・ヨハンソンと会えるのは嬉しいけど、アクションも自分で考えたいんですけど[18]」と思いましたよ」

マーベルのプリビズ方式のおかげで、わざわざ作品に対する自分の貢献を力説せずにはいられなくなったＭＣＵ作品の監督も現れた。つまり、自作の中で一番大規模なシークエンスをちゃんと自分が演出したという主張である。『エターナルズ』のクロエ・ジャオ監督は「1回に2時間から3時間の打ち合わせを毎週3回、丸1年半続けて、毎回大きなモニターの前に座って、特殊視覚効果を現実の世界でどう見せたいか微に入り細に入り判断しましたよ、本当に大変でした[19]」と宣言している。

『ガーディアンズ・オブ・ギャラクシー』と『ガーディアンズ・オブ・ギャラクシー：リミックス』のジェームズ・ガン監督はこう言っている。「アクション・シークエンスを設計するために（プリビズを）使うマーベル映画の監督もいれば、自分で設計するために使う監督もいる。「ガーディアンズ」の場合は、2作品とも完全に僕自身が描いた絵コンテから起こしたものだったよ[20]」

「クリエイティヴなプロセスは変わっていません。より強固になっただけです[21]」とヴィクトリア・アロンソは言う。マーベルの企業文化やワークフローの強さを信じているアロンソにとっての挑戦は、ＭＣＵの拡張につれて数を増やす外注のＶＦＸ工房が足並みをそろえて作業できる環境の確保だった。「以前は自分たちのノリを探していましたが」アロンソは続ける。「今は9社や13社の助っ人が来てくれますから、それぞれの相手に合うノリを見つけてあげないとならなくて、大変なんです」

外注のVFX工房のアーティストや重役たちは、多大な時間をアロンソとの遠隔打ち合わせに費やしてきた。そんな彼らは口をそろえて、どんなに優柔不断で経験不足な監督が相手でも、アロンソは味方になって踏ん張ってくれると言っている。一方で、『アイアンマン』のクライマックスがVFXの力で救われて以来、VFXの奇跡に依存するようになってしまったマーベル・スタジオから締め切り寸前に突きつけられる要望メモに対応しなければならない下請けや孫請けの工房にとって、アロンソの名前は耐え難い仕事量と同義だった。

マーベル・スタジオ内部では、ヴィジュアル開発チームがマーベル・ファミリーの一員になれたと感じていた。仕事机の下で寝ていたライアン・メイナーディングは、マーベル・スタジオの中でもトップクラスの影響力を持つクリエイターになった。「会社の上層部にケヴィン・ファイギみたいな人がいて本当に幸運でしたよ。映画のために開発される作品に敬意を払ってくれるんです[22]」とメイナーディングは続ける。「普通、私みたいな者の居場所は、ハリウッドのどこに行っても食物連鎖の一番下ですから」

CHAPTER 15 | THE FORBIDDEN CITY 禁じられた都

私とつきあう以上、今後大丈夫なことなんか何ひとつないけどね。
You're in a relationship with me. Nothing will ever be okay.
——アイアンマン3（2013）

2007年に中華人民共和国全土で上げられた映画の劇場総興行収入は2億5500万ドルだったが、2013年には桁違いの36億ドルにまで成長した。これは急速な経済成長の現れだが、他にも要因はあった。国策により、映画館数を増やし「よりスペックの高い」映画をIMAXや3Dといったより利益の大きなフォーマットで興行することに力が入れられたのだ。結果として、映画館で映画を鑑賞する人口は世界第2位になり、1位に手が届くのも間違いなしと思われた。何億という中国の映画ファンたちに手を伸ばそうと、アメリカの映画スタジオは躍起になった。しかし外国映画を中国国内の映画館で上映するのは、それがたった1本でも簡単なことではなかった。中国政府は映画の内容に厳しく目を光らせており、検閲機関の機嫌を損ねた映画はブロックされた。21世紀のハリウッド映画に中国人のヴィランがほとんど見られないのは、そのようなわけだった。急成長を遂げる自国内映画市場を守るために、中国政府は手段を選ばなかった。

アメリカ国内で公開が始まっている映画でも、何週間、場合によっては何か月もの間、検閲によるブラック・アウト期間中は中国で公開させてもらえないことがしばしばあった（海賊版のDVDを闇市場で売り捌く業者はこの時差を利用した）。外国の企業は、中国国内の劇場主が利益の取り分を差し引いた残りから歩合を頂戴するのだが、その歩合にも制限があった。非中国製映画を配給する中国の配給会社は45パーセントを徴収したが、外国の配給会社の取り分はわずか15パーセントだった。その中国でMCUの人気は高まっていた。『アイアンマン』は1520万ドルしか稼げなかったが、『アベンジャーズ』の興収は8630万ドルにまで上った。しかし、それでもマーベルが受け取ったのはその15パーセント、つまり1290万ドルに過ぎなかった。

マーベルを買収する何年も前、極めて慎重かつ繊細に中国市場における存在感を高めようとしていたディズニーは、元英国領で2005年当時には限定的な自治権を持っていた香港にディズニーランドを開園した。しかし、ディズニーが本当に欲しかったのは、中国政府に好意的に迎えられるような存在感を中国本土に持つことだった。このときは中国本土におけるテーマパーク建設の許可を得られなかったディズニーだが、上海シェンディ・グループという中国の新興企業を上海ディニーランドを共同経営するためのパートナーに迎えいれたことで、事態は動いた。上海シェンディが、総額37億5000万ドルというこのテーマパークの過半数以上の株式を保有するステークホルダーになったことで、政府は上海ディズニーランドの建設を承認し、2011年に建設が始まったのだ。

当たれば巨額の利益が見込める中国映画市場という存在を前に、フィクサーたちが跋扈（ばっこ）し始めた。彼らはアメリカの撮影スタジオに中国の官僚制度との付き合い方を、そしてハリウッドに中国というものを熱心に説明した（アメリカの映画館に普通にあるものは世界共通ではないということ、たとえば中国の映画館で人気があるのは溶かしバターのかかったポップコーンではなく、干した梅とヒマワリの種だ）。この手の仲介屋の中に、アメリカ人ダン・ミンツが中国人パートナーのビン・ユウとピーター・シャオとともに設立したDMGエンターテインメントがあった。設立当初はアメリカ製品の中国用テレビCMの制作をしていたDMGは、やがて『トワイライト』（２００８）などの映画配給に手を伸ばした（中国企業とみなされる条件をクリアしていたDMGは興行収入の45パーセントを手にした）。

エンドゲーム・エンターテインメントという製作会社は、ライアン・ジョンソン監督とともに『LOOPER／ルーパー』（２０１２）というタイムトラベルを扱うSF映画に関わっていた。そして２０１１年にエンドゲームはDMGをパートナーとして製作に招き入れた。映画の大部分の撮影はすでにルイジアナ州で終わっており、主人公のジョー（ジョセフ・ゴードン＝レヴィット）が素晴らしい景色の中で妻と過ごした日々を回想する場面は、数週間をかけてパリで撮影されていた。しかしDMGの参加とともに、パリの場面は上海に変更され、中国人女優のサマー・チンがジョーの妻になった。

中国との共同製作映画であると公式にみなされるには、キャストの3分の1が中国人であるか、完成尺の3分の1にあたる映像が中国で撮影されている必要があったが、『LOOPER／ルーパー』の制作者たちは、臆面もなくとりあえず共同製作映画として申請してみた。もちろん申請は却下されたが、政府が『LOOPER／ルーパー』に「製作協力〔assisted production〕」という名目を与えたので、条件は共同制作並みに良くなった。おかげで検閲で公開を遅らされることもなく、プロデューサーたちも興行収入を１００パーセント受け取ることが許された。映画は世界中でヒットし、1億７６５０万ドルを稼いだ。同じ年に公開されて世界で15億ドルを稼いだ『アベンジャーズ』の前には霞むとはいえ、中国内で優遇された『LOOPER／ルーパー』は２０２０万ドルを稼ぎ、『アベンジャーズ』の稼ぎは１２９０万ドルに留まった。

DMGは『LOOPER／ルーパー』での成功を手にマーベルに売り込みをかけた。ダン・ミンツから「マーベルというブランドを確立するお手伝いをさせてください。世界的なものにしてみせますから」と言われてアイク・パルムッターは乗り気になったが、一方カリフォルニアのマーベル・スタジオ幹部たちは、中国市場の心配をする余裕がないほどたくさんの問題に悩まされていた。

ジョン・ファヴロー監督は『アイアンマン3』を監督したくなかった。『アイアンマン』と『アイアンマン2』をほぼ続けざまに撮影したので、精魂尽き果てていたのだ。そしてマーベルが押しつけてくるクロスオーバーやチーム結成にも乗り気ではなかった。「『アイアンマン3』はマイティ・ソーとハルクとキャプテン・アメリカとアベンジャーズの続編だか、続きという理屈でした[2]」とファヴローは2010年に語っている。マーベル・シネマティック・ユニバースという概念にファヴローの心は動かされなかった。「何のことだかわからないですよ。連中もわかってないと思います」

＊　＊　＊

ファヴローが降りたとき、ロバート・ダウニー・ジュニアはシェーン・ブラックを監督として推薦した。ブラックはヴァル・キルマー主演のミステリー・コメディ『キスキス，バンバン』を2005年に監督しており、これはダウニーのカムバックを促した映画だった。映画監督をやる前は『リーサル・ウェポン』の脚本家として名を馳せたブラックは、同作でハリウッドで最も高額の脚本料を受け取っていた。

シェーン・ブラックはダウニーと仲が良かったが、「すべては私が承認する、と私は思っている[3]」とダウニーが言っている以上、これは重要だった。『アベンジャーズ』を成功に導いたジョス・ウェドンを見たマーベルの上層部は、監督兼脚本家に映画を任せるというアイデアを気に入っていた。誰かが1人で物語とキャラクターと演技の面倒を見てくれれば、残りはマーベル・スタジオの達人たちがやってくれる。シェーン・ブラックは、ケヴィン・ファイギとスティーヴ・ブルサードに会って『アイアンマン3』の話をするために、マンハッタンビーチにあるマーベル・スタジオを訪れた。

「マーベルの方はとても腰が低かった[4]」とブラックは回想する。「ヴィランは決まっていない。もしかしたらマンダリンにヴィランをやらせるかもと仄めかしながらも、マンダリンじゃなくても構わないとも言っていた。マーベルとしては、何と言うか、トニー・スタークの破滅を描く話にしたかった。最初の日にもらったのは、スタークの屋敷も研究所も、完璧に破壊されているという場面の脚本。すべてを失うという部分だった」

脚本家のドリュー・ピアースも、３作目のアイアンマンのアイデアを練っていた。２０１０年にマーベルが突然『ランナウェイズ』の製作を中止した後、長男のノアが誕生したピアースはロンドンの自宅に籠り、『ランナウェイズ』の脚本を書いて得た収入を切り崩しながら生活していた。毎朝3時半に起きてノアにミルクを与えていたピアースは、その朝の時間を使って「アイアンマン」シリーズのためにアイデアを出していた。1人ブレストをしながら、片腕に乳児を抱き、片手でタイプを打ちながら6週間を過ごした。「極端な寝不足のせいか、ホルモンの影響で新生児の生活の糧を稼ぎたい、お話をしてあげたいと思い詰めたせいかは知りませんが、理由はともかくその期間に『アイアンマン３』の話を書きあげたんです[5]」とピアースは回想する。

ピアースは、マーベルのプロデューサーであるジョディ・ヒルデブランドに電話を入れた。しかしプロの脚本家が料金も発生しないのに、自分が権利も持っていないキャラクターの話を脚本に書くというのはおかしいのではないか。ピアースはそう懸念していた。そしてヒルデブランドは彼の懸念を裏付けてくれた。「当然ですが、彼女にこう言われたんです。「うん、どうかしてると思う。法的には、私が受け取っちゃいけないやつだと思う」」（ハリウッドのスタジオは、自分が権利を所有しているＩＰを使って書かれたトリートメントは、弁護士や代理人を介していない限り見もしないことになっている。後で似たようなアイデアを独自に思いついたとしても訴えられないように）。しかしピアースは動じず、自分が書いたアイアンマンの話をマーベルに送った。ヒルデブランドに送らないよう頼まれたわけではないので、誰も困らないだろうというのが彼の言い訳だった。

ピアースの言い訳は法的には苦しいものだったが、結果として功を奏した。２０１１年の1月、マーベルからかかってきた電話でファイギが今ロンドンにいると伝えられた（アビイ・ロード・スタジオで『マイティ・ソー』の楽曲の録音を見張っていた）。マーベル・スタジオの社長に会う時間はあるかって？　もちろんあるさ。最後にピアースがファイギと話をしたのは『ランナウェイズ』が中止になる前で、内容は超大作映画の隙間にある物語を描く短い映像「マーベル・ワンショット」という企画の可能性だった。ファイギがしたいのはその話だろうと、ピアースは考えた。

アビイ・ロード近くのスターバックスで野球帽を被ったファイギを見つけるのはたやすかった。2人は挨拶を交わした。そしてマーベル・スタジオ社長のiPadに開かれていたのが自分の書いたアイアンマンのファイルであると、ピアースは悟った。「最初の反応はパニックでした」[6]ピアースは回想する。「そのとき、自分が書いた文章を何ひとつ覚えていないことに気づいたからです。ほとんど寝ずに頭がおかしい状態で書いたので」

口を開いたファイギは、まずピアースを失望させた。「うん、この話をやる気は当然ないけどね」[7]。しかしその後2時間、2人はアイアンマンについて話し合った。そして数週間後、ピアースは正式に『アイアンマン3』の脚本家として雇われたのだった。しかしその2日後、マーベル・スタジオがシェーン・ブラックを監督として雇ったというニュースをピアースは知った。ピアースはクビになる覚悟をしたが、スティーヴン・ブルサードはピアースとブラックが共同作業すべきだと主張した。ピアースの疑心暗鬼は晴れなかった。「相手は天下の有名脚本家で、私はゴミみたいなもんじゃないですか。うまくいくと思います?」[8]

ファイギとブルサードは、ブラックとピアースをカリフォルニア州シミバレーに招いた。そこでは、ジョー・ジョンストン監督が『キャプテン・アメリカ/ザ・ファースト・アベンジャー』の追加撮影を行っていた。主要撮影で使った森林と似た場所がシミバレーにあったので、そこでキャップが盾を投げてヒドラのエージェントたちを倒す場面を撮ることにしたのだ。打ち合わせはピアースが恐れたとおりの展開になった。「仕事を受けたときはドリュー（ピアース）が参加してると知らなかったので、反抗したんだよ」[9]とブラックは語る。「私が「この部屋に髭面のイギリス人がいるけど、何してるんだ?」と言うとあいつらが「脚本をあなたと一緒に書くことになるんですよ」と言う。そこで「それは結構だが、書くことにはならない」と言ったんだ」

ブラックは自分が連れてきた執筆パートナーと仕事をしたかったのだが、結論を出す前にピアースと1週間仕事をしてみてほしいとマーベル側に説得された。その1週間、ピアースは毎朝セブンイレブンでコーヒーとクッキーを買って、ブラック宅に通った。「クッキーは犬用、コーヒーは人間用です」[10]とピアースは言う。「恥も外聞もなしです」。やがて似たようなユーモア感覚を持っていることに気づいた2人は、1973年にロイ・シャイダーが悪徳刑事役で主演した映画『重犯罪特捜班／ザ・セブン・アップス』に対する愛の深さで意気投合した。

1週間後、ブラックとピアースは、ファイギとブルサードに報告するためにマーベル・スタジオのオフィスを訪れた。2人の関係が進展したことにファイギとブルサードは満足した様子だった。しかし打ち合わせが終わるころには、ピアースは自分の立場の弱さを思い知った。ブラックは自分よりはるかに権力があり、一方自分はすでにマーベルの企画を1本潰されているのだ。ピアースは恐怖心を押し殺して自分の立場を守るために立ち上がる決心をした。「あれは、いわゆる大人用パンツを履かなきゃという覚悟の瞬間でした」とピアースは語る。

ピアースは文字どおり立ち上がった。そして居合わせた皆にこう言った。「皆さん。シェーンと一緒に作業した日々は素晴らしい、そして建設的な1週間でした。『アイアンマン3』を彼と2人で書くことができたら名誉なことだし、それが叶ったらと思います。でも、彼と組むのは私でなければだめなんです。私と彼が対等な立場で書くのでなければ、だめなんです。シェーンが撮りたい映画の最高のバージョンを、この私が書きます。でも、ともかく私と彼の2人でなければだめなんです」

誰も喋らなかった。「マーベルの制作プロセスでは、直接的な対決が喜ばれるわけではないようですね」とピアース。顔を合わせて笑顔と熱意で話を進めても、拒否や断りは人を介して行うのが常套手段のハリウッドでは、この反応は珍しいことではなかった。

ピアースによると「シェーンも立ち上がって「ドリューと作業して1週間になる。彼は紳士で義理堅い男でもある。彼となら喜んで『アイアンマン3』を書くよ」と言ってくれたんです。そして信じられないことに、そのときから2年半の間、私とシェーン以外に『アイアンマン3』を書くためにキーボードに触れたものは、誰一人としていなかったのです」。本作は、マーベルが製作した映画で唯一、脚本家組合の仲裁が入らない映画になった。マーベルで脚本執筆に対してこのレベルの統制が行われるのは珍しいことだったが、マーベル・スタジオは2人が考え出した物語に満足だった。『アベンジャーズ』の顚末に打ちのめされてショック状態のトニー・スタークは、自分は死んだと世界中を騙してテネシーに隠れる。風変わりな相棒（ハーレー・キーナーという地元の少年）を連れて、エクストリミスという強力だが危険なテクノロジーを調査しつつ、アベンジャーズとして死にそうになりながら地球を守った後の人生について再考するという物語だ。当然アクションも満載で、ヴィランたちが大統領専用機エアフォース・ワンを吹っ飛ばしてアイアンマンが大胆な方法で空中に投げ出された人たちを助ける場面もある。この周到なアクション場面を、脚本家コンビは「バレル・オブ・モンキーズのシークエンス」と呼んだ（「バレル・オブ・モンキーズ」は日本では「つなぐでござる」として知られるプラスチック製のサルを引っかけ合う玩具）。

自分はあまり人間が好きというわけではないが犬は好きだと、ブラックはピアースに打ち明けたことがあった。このバレル・オブ・モンキーズの場面を書くにあたってブラックは「ジェット機の後部から空中に吹っ飛ばされるのが20人の人間ではなくて20匹の犬だったらと想像することで、この場面の危険度を理解したのです」とピアースは語る。

ニューヨークのマーベル・エンターテインメントのクリエイティヴ委員会は、この脚本にそれほど好意的ではなかった。「人のせいにするわけではありませんが、クリエイティヴ委員会から送られてきたコメントのほとんどは歯に衣着せぬものでしたね。アイク方面から来たんじゃないですかね」とピアースはパルムッターに目配せしながら言う。「私たちが作ろうとしている映画は、彼らの言葉を借りると、たかが「80年代のバディ刑事もの」にすぎないという、猛烈な反発をあちらから感じました。それを聞いた私は「上等だよ、ならば80年代のバディ刑事ものを作ってやろうぜ」と思いましたよ」

最大の疑問は誰がヴィランかということだった。マーベルのファンたちはマンダリンを期待していた。ジョン・ファヴローが最初のアイアンマンのヴィランだと勘違いしたキャラクターだ。『アイアンマン3』から降りる決断を下す前にファヴローは、取材に対してヴィランはマンダリンになると思うと答えていた。マンダリンは、アイアンマンのコミックスに登場するヴィランの中でも最大の存在なのだ。「マンダリンを出さないわけにはいかないですよ」[11]とファヴローは言った。「マンダリンに問題があるとすれば、コミックスでの描かれ方です。あれは見たくない。10個の魔法のリングを持っているが、どこか正しくない感じがする」

これはブラックにも指摘されたことだが、マンダリンという中国人のテロ組織の指導者のキャラクター造形は、ステレオタイプのアジア人像に基づいている。その手の戯画化されたキャラクターの中でも最も悪意に満ちたものとして悪名高いのが1912年にパルプ小説でデビューを果たしたフー・マンチューだが、マンダリンはそのフー・マンチューを薄めて複製したような存在だった。マーベルの中国市場参入ために、DMGのクリス・フェントンはマーベルの重役トム・コナーズに警告した。「マンダリンに手を出すのが皆怖かったんです」[12]とフェントンは言った。「マンダリンの外見も言動も、侮辱的な中国人像の典型そのものです。細長い髭が生えてるだけでなく、その髭を始終指で整えながら、超のつくチングリッシュ〔濃厚な中国語の影響下にある英語〕で、陳腐な中国のことわざを吐き続けるんです」

ブラックとピアースは、マンダリンの存在を残しながらも可能な限り問題を減らそうと試みた。初期の草稿では、個々のヴィランのインパクトを軽くするために、アイアンマンは5人のヴィランと対峙することになっていたが、ブラック宅のトイレで用を足しているときに、ピアースは解決策を閃いた。「2日後に、そのアイデアをシェーンと一緒にケヴィンにプレゼンしに行きました」[13]とピアース。「ケヴィンは最初から私たちのアイデアを気に入ってくれて、最後まで応援してくれました」。映画版のマンダリンは名前以外はコミックス版とは何の共通点もない、人種や民族的な出自が曖昧なテロリストになったのである。物語の中盤にトニー・スタークは、マンダリンが実は金を貰ってマンダリンを演じている英国人の役者にすぎないことを知る。金を出しているのはエクストリミス実験の危険性を隠蔽しようと画策するある邪悪なシンクタンクなのだ。つまり真のヴィランは、シンクタンクの親玉ということになった。

その真のヴィランを、ブラックとピアースは女性にしたかった。ブラックはマヤ・ハンセン役の俳優にジェシカ・チャステインを希望した。しかし断られたので英国人俳優のレベッカ・ホールを起用することになった。「女性のキャラクターで、しかもヴィランという脚本を書き上げた。けれど、絶対的な効力を持った最終通告が送られてきた。「そのアイデアは無効である。コンサルティングの結果、ヴィランが女性では玩具が売れないと判断されたので、我々は意向を変更した」とそこには書いてあった[14]。そう言ってブラックは忌々しそうに息を吐いた。「だから玩具製造のために脚本を丸ごと書き直したんだ。いいか、ファイギじゃないぞ。企業としてのマーベルが、だ」

レベッカ・ホールは、この対立の狭間に立たされた。制作が進むにつれ、自分の出番が小さくなっていくのを見守るだけだった。「私の演じた役は完全にヴィランというわけではありませんでした。いくつかの段階を経てそうなっていったのですが、ともかく私が演じた役は、私が出演を決めたときに演じることになっていた役とはずいぶん違うものになってしまいました[15]」とホールは言う。撮影の中盤でホールは、当初は最後まで生き残ることになっていた自分のキャラクターが途中で唐突に殺されるとしたらどう思うか聞かれた。「しばらく言い争った後、「私が死ぬ場面は見ごたえのあるものにすること。そしてアイアンマンと一緒の出番をもう1場面増やすこと」を要求しました。ロバート・ダウニー・ジュニアは私の要求を応援してくれましたよ」

マヤ・ハンセンは途中で殺され、サー・ベン・キングズレーが演じた偽マンダリンは正体を暴かれ、結局最大のヴィランという役どころは、最後まで生き残った助演俳優ガイ・ピアース演じる天才科学者アルドリッチ・キリアンの手に転がり込んだのだった。

＊　＊　＊

撮影開始前、クリス・フェントンとDMGエンターテインメントのダン・ミンツは、自分たちに任せれば『アイアンマン3』を中国市場向きにしつらえて、さらに共同製作に関する規則を有利に利用できるように便宜するとマーベルを説得し続けていた。しかし2人の案はある会議で、ファイギとルイス・デスポジートによって拒否された。加えてディズニーが上海ディズニーランド計画に支障をきたすような可能性を一切望まなかったので、パルムッターは中国市場での展開を渋々撤回した。

しかしフェントンとミンツは諦めきれず、世界で1、2を争う超大国間に架け橋を渡すことの文化的な、そして経済的なメリットを売り込み続けた。トニー・スタークがテネシーで親しくなるハーレー・キーナーが、中国からの交換留学生だったらどうだろう？　習近平国家主席は1985年にアイオワでホームステイをした交換留学生だったではないか。

フェントンによると、デスポジートは彼に「中国人の子どもという君の案は、やらない。インディ・ジョーンズの相棒のような子をアイアンマンと組ませる気はないからな」[16]と言ったそうだ。

ファイギは代案を出した。中国人の医師を1人出す。その医師が、トニー・スタークの胸から彼の命を危険に晒している破片を摘出する。「その人の名はドクター・ウーにしよう」。それがマーベル作品の引用かと問われてファイギは否定し、「スティーリー・ダンの名曲」に因んでいるだけだと言った〔アルバム『うそつきケイティ』の5曲目〕。

ディズニーを怒らせることは承知で、マーベルはDMGを共同製作会社として受け入れた。しかし中国の観客に照準を定めることはあえてせず、大っぴらに中国的なものを映画中に出すのも最小限に控えた。2012年にサンディエゴで開催されたコミコンで、満場のファン相手にブラックは言った。「映画の中には中国的要素もあるけど、撮影第1班は中国で撮影しない。ここだけの話ね[17]」

フェントンによると、ファイギはドクター・ウーが映画の「中心的な」キャラクターになると言ってDMGを安心させた。映画の最後に、不必要になったアーク・リアクターを海に投げ捨てるトニー・スタークの隣にドクター・ウーが立っていることになると言ったが、それは実現しなかった。それでもファイギは「中国向けに君らに何かしてあげられるようにするから。ちょっと考えさせてくれ[18]」と約束した。

『アイアンマン3』の大半は、ノースカロライナ州ウィルミントンで撮影された。ハーレー・キーナーの役は撮影が始まったときには11歳だったタイ・シンプキンスが演じた。シンプキンスの出番は、ほぼすべてロバート・ダウニー・ジュニアと一緒の場面で、ダウニーはこの若い俳優を特別に可愛がった。

「ロバートの方から僕に手を差し伸べてくれました[19]」とシンプキンスが回想する。「僕に向かって『ヘーイ、今日は1日一緒につるんで、お互いを知り合おう。一緒にやる芝居のことなんかを試してみてもいいよな、ピザは好き？』」

シンプキンスは勇気を出して好きだと答えた。ダウニーが借りているビーチに面した家に行くと、そこにはプールがあり、浮き輪やスーパー・ソーカーの水鉄砲もあった。ダウニーは50種類のミニピザを並べてシンプキンスを待っていた。過剰に多いピザの種類を説明しながらダウニーは「君が好きな種類がわからなかったからね」と言った。

不幸なことに『アイアンマン3』の撮影も半ばが過ぎた頃、石油タンカーを舞台にした最後のアクション・シーンでダウニーが足首を骨折してしまった。ガイ・ピアースが回想する。「プラットフォームに飛び降りて、それからケーブルに着地するというスタントを演じることになっていたんですね。撮影班はリハーサルをしようとしたけれど、彼は『リハはいらない』と言っていて[20]」。ケーブルが動かないように押さえるスタッフの準備が整う前にダウニーは飛び降り、着地に失敗。5週間から6週間、撮影は中断された。

撮影が再開されたときにもダウニーはまだ足を引きずっていたので、シェーン・ブラック監督はダウニーの腰から下が映らないように撮影した（それが無理なときには、代役の顔をデジタル技術でダウニーの顔に置き換えた）。怪我によって、ダウニーが上海で撮影する可能性は完全になくなった。そこでマーベルは、中国の俳優ワン・シュエチー（ドクター・ウー役）とファン・ビンビン（役名のない助手）を使って中国で撮影した場面を映画に捻じ込んだ。アメリカ公開版では破片を除去する手術を終えたドクター・ウーの出番はそれ以降一切ないが、中国公開版に付け加えられた延長カットでは、ドクター・ウーが牛乳を飲み、J.A.R.V.I.S.（スタークのサポートＡＩ）に電話をかけ、マンダリン打倒に協力すると誓う。さらに谷粒多（グゥリィドゥオ）社製の牛乳を飲むコマーシャルが映画の冒頭に付け加えられた（その当時、粉ミルクの水銀汚染によるリコール騒ぎで中国の乳製品市場は混乱を極めており、乳製品産業は消費者の信用を回復する必要があった）。

中国以外では観ることのできない４分の映像が『アイアンマン３』に追加された。中国国内のファンの中には、マーベルのそんな仕事に小バカにされたと思う者も大勢いた。リュウ・クンペンという若い中国の映画ファンは「中国特別版は中国の映画観客をバカにしてると思います。世界中で皆が観ているのと同じバージョンを私も観たいですよ[21]」と文句を言っている。

そうはいっても、この追加映像は威力を発揮した。マーベルは、検閲のブラックアウト期間なしで『アイアンマン３』を公開し、興行収入も歩合ではなくすべて手にすることを許された。『アイアンマン３』はそれ以前のどのマーベル映画よりも中国で稼いだ映画となり、２０１３年5月に封切られて以来1億２１００万ドルを稼いだ（中国以外でも大ヒットだったこの映画は世界中で12億１５００万ドルの興収を上げた）。これ以降、マーベルがＤＭＧやそれ以外の中国企業と組むことはないのだが、マーベル映画は中国でヒットし続けることになる。

中国国内の映画市場が爆発的に拡大したまさにそのときに、市場参入に拍車をかけたマーベルは時流に乗ったといえる。マーベルの映画は、異国情緒に溢れながらも中国の観客が受け入れやすいわかりやすさも備えていた。

「マーベルの映画が中国の観客に愛されるのは、国産映画とまったく違う内容だからこそです[22]」と中国の映画プロデューサーのスカイ・シーは言う。マーベル以前の映画シリーズ、たとえばスター・ウォーズの中国での売れ行きは、シリーズの土台になる映画が何十年も前のもので観客を開拓する時期を逸したという理由で、マーベルほどではない。

『アイアンマン3』以降7年間、中国におけるマーベル映画の興行収入は増え続け、2019年に『アベンジャーズ／エンドゲーム』が上げた6億2910万ドルで頂点を迎えた。ところが、この輝かしい勝利を上げて以降、マーベル映画は中国映画市場という万里の長城をやすやすと越えられなくなってしまう。中国電影家協会（中国共産党の広報を担当する組織）は、映画の公開を遅らせられる理由の説明を一度もマーベルにしなかったが、理由を勘ぐることは可能だった。

『シャン・チー／テン・リングスの伝説』（2021）は中国を舞台にした場面も多く、中国の神話もてんこ盛りだが、主演俳優のシム・リウは2017年に中国を指して「第三世界の国[23]」と言った。『シャン・チー』は中国政府に上映禁止とされた。『エターナルズ』（2021）の監督で中国生まれのクロエ・ジャオも、2013年のインタビューで「あそこはどっちを向いても嘘ばかり[24]」と発言している。『エターナルズ』も中国の土を踏むことはなかった（もしかしたらゲイカップルがその理由の1つかも知れない）。

この時点で、中国電影家協会は姿勢を決めていたということかもしれない。マーベル映画がどれほど高い人気を誇ろうと、中国には必要ないのだ。『ドクター・ストレンジ／マルチバース・オブ・マッドネス』（2022）も配給拒否を受けた。もしかしたら、ニューヨークの街頭で、中国共産党に反対の立場をとる法輪功が出版する新聞がちらりと見えたからかもしれない。『ソー：ラブ&サンダー』（2022）も駄目だった。もしかしたら、ヴァルキリーとコーグという脇役がヘテロセクシャルではないと言及されたからかもしれない（どちらのキャラクターも人間ですらないが、そういう問題ではないらしい）。

文化的なインパクト、興行収入、公開された映画の本数。どの尺度で計るとしても、マーベル・スタジオは、その短い歴史の中で順調に成長を続けてきた。そのマーベルが、外的な要因によって縮小を余儀なくされた。マーベル映画が中国で1本も配給されないまま4年が過ぎた。中国の配給禁止措置は、2023年に『ブラックパンサー／ワカンダ・フォーエバー』と『アントマン&ワスプ：クアントマニア』でようやく解かれた。

快進撃が滞ったマーベルは、海外の興行収入にてこ入れするために、手段を選ばなかった。中国その他の保守的な国の神経を逆なでしないように、ホモセクシャルな要素を取り除いた。『ワカンダ・フォーエバー』の瞬きすれば見逃すようなあの場面はカットされ、『クアントマニア』のサンフランシスコの場面の背景に映っていたクィア・フレンドリーのサインや旗も取り除かれた。

『クアントマニア』のカットには、VFX部門によるデジタル作業が必要だった。しかしその措置にヴィクトリア・アロンソは苛立った。クィア女性であるアロンソはデジタル処理を拒んだ。そしてアロンソの下で働くチームも彼女を支持した。デスポジートはアロンソを介さずに外注のVFX工房に作業を依頼した。これによって、これまで一枚岩だったマーベル・スタジオ幹部たちの間に、外から見えるような亀裂が生じることになる。

ともかくマーベルは中国に戻って来た。MCU帰還の理由を中国政府は説明しなかったが、事態を見守っていた人びとは、2022年に中国の国内興行収入が前年比で36パーセント下落して北米の後塵を拝したという事情を指摘した。その間に『1950 鋼の第7中隊』（2021）やSF超大作『流転の地球』（2019）（とその続編）など、自国製の大作映画シリーズを作り出した中国だったが、それでも劇場の席を埋めるにはハリウッドの映画が必要だったのだ。

中国はマーベルを必要とし、マーベルも中国を必要とした。そして双方の関係者の多くは、お互いの必要を満たすためなら主義原則を曲げることも厭わないのだった。

CHAPTER 16 | REMOTE CONTROL
遠隔操作

挑戦は対立を煽り、対立は大惨事を生み出す。
Challenge incites conflict and conflict breeds catastrophe.
――シビル・ウォー／キャプテン・アメリカ（２０１６）

２０１３年の４月、『アイアンマン３』の公開が世界中で始まった頃、マーベル・スタジオは再び引っ越した。今回の引っ越し先は、石で彫刻された『白雪姫』（１９３７）の７人の小人で有名な、バーバンクにあるウォルト・ディズニー本部だった。新しいオフィスは今までほど汚くはなかったが、統一感を欠いた家具は相変わらず薄汚れていた。バーバンクにはマーベル・テレビジョンの事務所も置かれることになった。意識的か無意識かはわからないが、マーベル・スタジオとマーベル・テレビジョンは、同じ敷地内の両端に配置された。両者は同じ目的を目指しているというのが建前だったが、物理的には可能なかぎり遠ざけられていた。

マーベル・エンターテインメントがマーベル・テレビジョンを設立したのは２０１０年、『アイアンマン２』が公開された年だった。アイク・パルムッターと彼の右腕アラン・ファインは、出版部門のダン・バックリーを昇進させ、新しい肩書き（印刷・アニメーション・デジタル部門長）を与え、さらに新しくテレビ部門を立ち上げるという重要な任務も与えた。新しいテレビ部門をマーベル・スタジオの子会社ではなく、独立した別部門としてクリエイティヴ委員会を通じて自分たちの指令で動かせるようにしたい。それがニューヨークの幹部たちの目論見だった。「アイアンマン」シリーズから予期せぬ収入が得られることを理解したマーベル・エンターテインメントは、テレビからも収益を上げるチャンスに気づいた。そしてそのチャンスを自分たちだけで思いどおりに操作したかった。

ダン・バックリーは、マーベル・テレビジョンの副部門長、そしてテレビ部門の責任者としてジェフ・ローブを雇った。ファイギがまだ中学生だった頃、ローブはすでに業界で働いており、プロデューサーや脚本家として、そしてコミックス・ナードとしての地位を築いていた。ニューヨークおよびボストンの郊外で育ったローブは、1979年に修士号を取ってコロンビア大学から卒業し、その後共同執筆者のマシュー・ワイズマンと一緒にロサンゼルスに移り住んだ。2人とも何のコネもなかったので、脚本を書く傍らワイズマンはゲームセンターで、ローブはTGIフライデーズでバーテンダーとして働いた。やがて2人の書いた最初の脚本『コマンドー』（1985）が売れ、アーノルド・シュワルツェネッガー主演で大ヒットを飛ばした。続く『ティーン・ウルフ』（1985）は、主演にマイケル・J・フォックスを迎えてさらなるヒットとなった（『ティーン・ウルフ』の車上サーフィンは、コロンビア大にいたときに酔ったローブが実際に行った奇行だった）。

1991年に、ローブはワーナー・ブラザース相手に（DCコミックスの）「フラッシュ」の映画企画を売り込んでいた。映画化は実現しなかったが、このときの売り込みが縁でローブは1990年代をコミックス原作者として過ごすことになる。ローブはDCにもマーベルにも原作を提供し、バットマン、スーパーマン、ハルクといった超有名タイトルを手がけた。2002年、ローブは映像産業に戻り、若きスーパーマンを描いたテレビシリーズ『ヤング・スーパーマン』（2006－2011）に参加、さらには『LOST』（2004－2010）と『HEROES』（2006－2010）の脚本を書き、プロデューサーにもなった。「親父ギャグ（ダッド・ジョーク）」を愛するローブが書いた脚本は、バカバカしさと背中合わせな部分がある。2005年に彼の息子が骨腫瘍によりわずか17歳で命を落としたことで、彼の親父ギャグには悲しい色がついてしまった。

ディズニーに買収されたマーベルは、ABC局へのアクセスを手に入れた（ABCはディズニー傘下）。あくまでマーベルがテレビ番組の企画を思いつけばの話ではあるが。ギレルモ・デル・トロ監督がハルクのテレビシリーズ制作に興味を示したが、代わりに『パシフィック・リム』（2013）を選んだ。脚本家のメリッサ・ローゼンバーグはジェシカ・ジョーンズを主役にしたテレビシリーズの企画を開発した。ジェシカ・ジョーンズはブライアン・マイケル・ベンディスとマイケル・ゲイドスがそれぞれライターとアーティストを務めたコミックスを原作にしていたが、ABCがジェシカ・ジョーンズではなくその友人のキャロル・ダンヴァース（後にキャプテン・マーベルになるキャラクター）を主役にしたいと希望したことで、お流れになった。

ローブとマーベル・テレビジョンは、今度はABCファミリーのために『クローク&ダガー』と『モッキンバード』という2本のシリーズを作り始めるが、開発中に棚上げを食ってしまう（開発が始まってから7年が経過した2018年に『クローク&ダガー』はフリーフォーム・ネットワークで放映され、2シーズン続いた）。続いてフォックスのために『パニッシャー』を企画するが、フォックスは見送った。マーベル・テレビジョンがテレビで放映に漕ぎつけたのは『スーパーヒーロー・ギャング』（2009－2011）のようなアニメーションだけだった。しかしその状況を『アベンジャーズ』が変えた。

10億ドル映画の『アベンジャーズ』がまだ公開されている最中に、マーベル・シネマティック・ユニバースをテレビに移植する最良の手はないものかと、マーベル・テレビジョンとABCは話し合った。話し合いはマーベル・スタジオ抜きで行われた。マーベル・スタジオがMCUに望むのは、大ヒット連発の映画イベントであって、大画面で観る連続テレビ・ドラマではなかった。テレビへのスピンオフは無理矢理すぎてシナジーを生まないとスタジオ幹部たちは考えていた。

それはそれとして、マーベル・テレビジョンはジョス・ウェドンに話を持ちかけた。その企画は、ニック・フューリーが長官を務める秘密諜報機関を舞台にした『エージェント・オブ・シールド』（2013−2020）だった。これならテレビの予算（つまり特殊効果は控え目）でMCUが発生させているバズを利用できる。そのときウェドンは、『アベンジャーズ』の続編1本の脚本家兼監督としてマーベルに戻り、さらにフェーズ2のアベンジャーズにつながるすべての映画のアドバイザーになるという3年契約の交渉中だった。2012年の8月、ウェドンはフェーズ2の諸作品に加えて『エージェント・オブ・シールド』を含む大きな契約書にサインした。報道によると1億ドル前後の報酬が噂された（ウェドンは「何言ってんの『アベンジャーズ2』で1億ドルももらってないよ」[1]とあるファンサイトに書き、意図的に3年という期間全体でいくら受け取るかという論点をずらした）。

マーベル・スタジオとしては、今後製作する数本の映画で、裏切りと謎に満ちた組織としてS.H.I.E.L.D.を確立させていく計画だった。そしてその計画を曲げてまでマーベル・テレビジョンに便宜を図ってやる気はなかった。「かなり前に「S.H.I.E.L.D.のエージェントたちが主役の番組をやろうと考えているんだ」[2]と言われましたよ」とファイギが回想する。「そしてジョス（ウェドン）が「やろうと思う」と言うので、私は「いいよ、うまくいくといいね。でも、『ウィンター・ソルジャー』でS.H.I.E.L.D.を壊滅させちゃうから、覚えておいてね。何をやるのも自由だけど、こちらが何をするかは理解しておいて」と伝えました」

ジョス・ウェドンは、それでもともかく作業を開始し、弟のジェド・ウェドンとジェドの妻のモーリサ・タンチャローエンと共同でパイロット・エピソードの脚本を書き始めた。3人は『アベンジャーズ』でロキに心臓を刺されて死亡したエージェント、フィル・コールソン（クラーク・グレッグ）をドラマの中心に据えた。映画では死んだが、なぜかテレビでは生きているのだった。ジョス・ウェドンが監督したパイロットを観たABCはシリーズ化を発注した。「（マーベル・スタジオは）本当はこの番組を作ってほしくなかったんだよね」[3]とウェドンは後に白状している。「まあ、こんな感じだったよ。「ジョス、『アベンジャーズ2』を作ってほしいと皆が思っているときに、テレビシリーズなんか作りやがって、この間抜け」。「やってほしいんじゃなかったの?」。「やってほしかったのは映画の方だ」。「ああ……そりゃあ俺が悪かった」

クリエイティヴ委員会は『エージェント・オブ・シールド』が見逃せない大事な番組であると視聴者に感じさせたかったので、MCU映画の展開と連動するようにしろと圧をかけた。

ドラマと映画が連携したこの販促企画は、2013年11月に公開された『マイティ・ソー/ダーク・ワールド』で初めて試された。マーベル・テレビジョンはアスガルドに関するストーリーを希望し、マーベル・スタジオは番組のためにセットや小道具を貸してやったが、MCUに出てくるキャラクターは貸し渋った。その結果、『ダーク・ワールド』の最後の決戦の後の顛末を描くエピソードが作られた。S.H.I.E.L.D.の面々がロンドンでの戦いの後処理をするうちに、映画とは無関係の謎の遺物、そして「アスガルドのバーサーカー」(ゲスト出演のピーター・マクニコルが演じる)と遭遇することになるのだ(シーズン1エピソード8「バーサーカー」)。

次に『エージェント・オブ・シールド』と映画がクロスオーバーしたのは2014年の4月だったが、このときはより難易度が高かった。『キャプテン・アメリカ/ウィンター・ソルジャー』でスティーブ・ロジャースはS.H.I.E.L.D.がヒドラというナチス的な集団の潜伏を許したことを突き止め、S.H.I.E.L.D.は組織ごと壊滅する。『エージェント・オブ・シールド』に出演している俳優たちは、『ウィンター・ソルジャー』の試写を観たときに初めてこのプロットの捻りを知った(『ウィンター・ソルジャー』はS.H.I.E.L.D.が舞台なのに、エージェント・コールソンが実は生きているということに一切触れない。これはつまり、マーベル・テレビジョンが何をやってもマーベル・スタジオは考慮すらしないという態度の現れだった。コールソンは『アベンジャーズ』以降MCUの映画には登場しない)。お陰で、最初のシーズンの最終話で、『エージェント・オブ・シールド』はその前提条件を定義し直す羽目になった。マーベル・スタジオはそのために渋々ニック・フューリーとしてサミュエル・L・ジャクソンが出演することを認めた。フューリーはコールソンを新しい長官に任命し、S.H.I.E.L.D.を「ゼロからすべて」立て直すように言い渡す。

この時点でジョス・ウェドンは、ケヴィン・ファイギ以上にMCUのクリエイティヴ面を象徴する人物になっていた。『アベンジャーズ』の続編の脚本を書きながら、フェーズ2の他の映画の脚本も磨き、クリエイティヴ委員会の意向を汲んで『エージェント・オブ・シールド』をMCUにリンクさせようと苦闘していた。「やっていると、ちょっと……ややこしくなるときがあったね」[4]とウェドンは言う。「番組と関係ない人たちが「誰々をゲスト出演させないとダメだからね、それから何々の件には触れないようにしないと」と言い出す。頭がついていかなくなるよ。そうでなくても「あ、そう言えば、『アイアンマン4』ではこの男はリンダ・ハントが演じてクモ人間になるから」みたいな感じで大変なのにさ。「はいはい、わかった！　何とか捻じ込むから」という感じだよ」。弟のジェド・ウェドンとその妻のモーリサ・タンチャローエンと共同で『エージェント・オブ・シールド』のショーランナーを担当していたジョス・ウェドンは、第1シーズン終了後、番組を弟と義妹に預けてその任から降りた。2020年まで続いたシリーズは静かに7シーズンの寿命を終えたが、第1シーズンで何人かのゲスト出演が叶ったという以外は、結局マーベル・テレビジョンはMCUとの統合をほぼ諦めてしまった。

＊　＊　＊

マーベル・テレビジョンが設立された後でも、マーベル・スタジオは構わず自前で短編映像を制作した。マーベル・スタジオの副社長ルイス・デスポジートは『マーベル・ワンショット』と呼ばれる短編映像の何編かを監督して、映画監督になるというかつての夢を実現した。『ワンショット』は通常ボーナスとしてマーベル作品のDVDやブルーレイに入れられ、映画本編では描かれないような場面やキャラクターたちの様子を扱っていた。『アイアンマン3』のディスクに収められた『エージェント・カーター』はヘイリー・アトウェルが『キャプテン・アメリカ／ザ・ファースト・アベンジャー』で演じた1940年代の諜報員の役を再演した。この15分の短編に対する評判が良かったので、ABCは『エージェント・カーター』のシリーズ化を発注し、シリーズは脚本家チームのクリストファー・マーカスとスティーヴン・マクフィーリーによって創造された。
『エージェント・カーター』班は、『エージェント・オブ・シールド』班ほどマーベル・スタジオとの軋轢に煩わされずに済んだ。デスポジートが企画の発端にいたからかもしれないし、たんにMCUの物語とこのドラマが70年という時間で隔てられていたからかもしれなかった。シリーズの製作が決まってからアトウェルは『キャプテン・アメリカ／ウィンター・ソルジャー』にカメオ出演し、年老いたペギー・カーターを演じた。アトウェルはテレビシリーズでペギー・カーターの人生を追えるかもしれない、シーズンごとに10年ずつ彼女の人生をたどれるかもしれない、とこの作品への熱意を見せた。しかし、高い評価を得ながらも視聴率が伴わず、番組は2シーズンで終了となった。

2012年と2013年に、アヴィ・アラッドがマーベル在籍中に交わしたいくつかの契約が満了になった。アラッドが去って何年も経ち、ついに何人かのマーベルのスーパーヒーローたちが里帰りを果たしたのだ。ニュー・ライン・シネマがブレイドの続編製作を拒否したので、この吸血鬼ハンターの権利はマーベルに戻された。デアデビルとエレクトラが主演する評判の良くない映画を作ったフォックスも、その後権利に手を出さぬまま10年を無駄にした。強靭な皮膚を持つ黒人のスーパーヒーローであるルーク・ケイジの権利はソニーが持っていたが、一度も映画化されぬまま権利は失効した。アラッドが大好きなジョニー・ブレイズは、ニコラス・ケイジ主演の『ゴーストライダー』（2007）と『ゴーストライダー2』（2012）として日の目を見ていた。第1作目はヒットして皆を驚かせたが、2作目は酷評を受け、全世界で1億ドルという前作の半分の興行収入しか上げられなかった。2013年にニコラス・ケイジがもうこの役は演じないと公表したとき、ゴーストライダーの権利は早々にマーベルに戻された。

これらのキャラクターは、ケヴィン・ファイギによって全員ファイル分けされて、MCUに組み込む可能性を探るアイデアとともにマーベル・スタジオの書類棚に収められていた。しかしクリエイティヴ委員会は、ファイギはアベンジャーズに加えてこれから作られる『ガーディアンズ・オブ・ギャラクシー』のキャラクターたちで手が一杯だろうと勝手に判断し、マーベル・スタジオの反発にもかかわらず、使い勝手が良いとは言えないこれらのキャラクターたちをマーベル・テレビジョンに回してしまった。即座に新しいバージョンのゴーストライダー（ジョニー・ブレイズでもニコラス・ケイジでもないバージョン）が『エージェント・オブ・シールド』にゲスト出演させられた（2016年9月開始のシーズン4より）。しかしローブは、その他のキャラクターを使ってより大きな計画を練っていた。

マーベル・テレビジョンとマーベル・エンターテインメントは、『アベンジャーズ』的なヒーロー結集をテレビでやろうとしていた。4本の別々のテレビシリーズが1つにまとまり、オールスター総出演のチームが結成されるのだ。『エージェント・オブ・シールド』の高視聴率を担保にストリーミング・プラットフォームに対して長期契約を結べると踏んだマーベルは、密かに企画を売り歩き、2013年11月にネットフリックスと契約を結んだことを発表した。

ネットフリックスを選んだのは合理的な判断だった。オリジナル・コンテンツの配信に力を入れ始めたばかりのネットフリックスは、まず同年2月に『ハウス・オブ・カード 野望の階段』（2013–2018）でそれを開始したばかりだった。さらに前年にはディズニーとの取り決めによって、ディズニー製作の劇場長編映画はまずネットフリックスが配信できることになっており、それにはマーベル映画も含まれた。「マーベルは知名度も高く、愛されているブランドです」[5]とネットフリックスのコンテンツ部門の最高責任者であるトム・サランドスは言った。そういうわけで、ネットフリックスは、『デアデビル』、『ジェシカ・ジョーンズ』、『ルーク・ケイジ』そして『アイアン・フィスト』、そして上記各シリーズのヒーローがチームとしてまとまる『ザ・ディフェンダーズ』を、それぞれ1シーズンずつ、都合60本丸ごと引き受けることにした。ニューヨークが舞台となるこれらのシリーズは、ニューヨーク市との取り決めによって制作費が節約できることになり、実際にニューヨークで撮影されることになった。

ローブは「ストリートで活躍する」マーベルヒーローたちに、テレビ・ドラマとしての価値を見出していた。派手なスーパーパワーを必要としない、言葉を変えれば、予算のかかる特殊視覚効果を必要としないからだ。マーベル・テレビジョンは、拳で問題を解決するヒーローたちを描く番組を作ればいいのだ。

その頃ジョス・ウェドンは『アベンジャーズ』の続編開発に埋没しており、テレビシリーズに時間を割く余裕はなかった。そこで、マーベル・テレビジョンは、デアデビルのリブートを、ウェドンとの共同作業で知られるドリュー・ゴダード（『キャビン』や『クローバーフィールド／HAKAISHA』（2008）の監督）に依頼した。映画よりもテレビの方がデアデビルというキャラクターの行動に適切であり、さらにマット・マードックという人物を深く掘り下げ、内容もR指定寄りにできるというメリットもある。そうゴダードは主張した。

「そもそもマット・マードックという人は、世界を救おうとしているわけではなくて、自分の街角が汚れないようにしたいだけなんですよ」とゴダードは言う。「だから、街の真ん中に宇宙船が墜落したりするのは、何か違うという感じになるわけです。マーベルの映画部門は、こういう2500万ドルの予算規模の映画は作らない。もっと大規模な映画を作るべきだし、実際作っているわけです。一方私たちは、テレビという規模感で自由に、より大人向けのものにできるということですよ」

2013年に『デアデビル』のショーランナーとして公表されたゴダードは、最初の2話の脚本を書いたが、4か月後には降板してしまう。同時にゴダードはソニー・ピクチャーズ・エンターテインメントのエイミー・パスカル会長と一緒に『シニスター・シックス』の映画企画を開発していた。「スパイダーマン」シリーズを独自のユニバースに拡張するという計画を、ソニーが実行に移したのだ。寄せ集められたスパイダーマンのヴィランたちを主役に据えた映画に、スパイダーマンが脇役として登場するという脚本を、ゴダードは1本書いた。これを2

016年に、『アメイジング・スパイダーマン2』に続けて公開しようと目論んだソニーは、ゴダードに監督にならないかと持ちかけた。実現すれば自身のキャリア上、最も目を引く作品になる。ゴダードは喜んで話を受けた。『デアデビル』に課せられた責務は自分が書いた2本の脚本で帳消しだと、ゴダードは信じていた。それにマーベルはすでにスティーヴン・S・デナイト（この人もウェドンの仲間）を次のショーランナーとして雇っている。

ところが、ソニーに移ったゴダードに、マーベルは恨み節で応えた。2013年3月「マーベルと何度も会議中」とゴダードがパスカルにメールした。「マーベルの連中は、嘆きの7段階をゆっくりと時間をかけて潜り抜けてるんだ」[7]。その後数か月に渡り、ゴダードの降板の条件が話し合われた。マーベル側はゴダードの報酬の値下げを交渉し、肩書きも降格させようというしみったれぶりだった。通常ならマーベル・テレビジョンのジェフ・ローブだけで足りる交渉に、なぜかマーベル・エンターテインメントのアラン・ファインが加わることもあった。それどころかマーベルのアイク・パルムッターCEOが参加することすらあった。

「手を貸そうとしたけどね」[8]とパスカルは、ゴダードとマーベルの交渉中にコロンビア・ピクチャーズのダグ・ベルグラッドに送ったメールに書いている。「やりたくはないけど、アイクが電話をかけてくるから……アイクは皆を脅そうとしてるんだと思うけど、そんなの言いがかりでしょ？」

デナイトはショーランナーとして『デアデビル』を引き継いだ。その結果、ドラマはカトリック的な罪悪感を反映する実存的なノワール、理屈抜きで腹にずっしり堪えるシリーズとなり、ヒットした。マーベル・シネマティック・ユニバースで殴り合いがあっても血は流れないが、『デアデビル』の暴力は激しかった。リパルサー・ビームではなくて銃弾が使われる以上、当たれば当然血が流れた。マット・マードックとその分身デアデビルを演じるチャーリー・コックスは、アザや縫合跡も露わに登場するのだ。ヴィンセント・ドノフリオが演じる犯罪王ウィルソン・フィスク（またの名をキングピン）は、手下の頭が砕けるまで自動車のドアに叩きつける。

ネットフリックスはすぐさま『デアデビル』の第2シーズンを発注した。『シニスター・シックス』の企画が無期延期になったとき、ゴダードはコンサルタントとして『デアデビル』に戻った。マーベル・テレビジョンはメリッサ・ローゼンバーグがＡＢＣのために数年間に開発した『ジェシカ・ジョーンズ』（「またの名をジェシカ・ジョーンズ」〔A.K.A. Jessica Jones〕という企画名だった）を復活させた。スーパーパワーを持つが酒癖の悪い私立探偵ジェシカ・ジョーンズをクリステン・リッターが演じた。痛ましくもよく練られた筋立てによって、性暴力やレイプといった問題が深く掘り下げられた。

マーベル・テレビジョンが制作した番組には、『アベンジャーズ』と同じ世界を舞台にしていることがにおわされていた。ソーを指して「ハンマーの男」、またハルクを指して「緑色の大きいやつ」という台詞もあった。しかし頑固なマーベル・スタジオは、キャラクターも演じる俳優もテレビシリーズに貸してやることはなかった（いつものようにマーベル映画はマーベルのテレビ・ドラマで何が起きていても無視し続けた。２０１９年に『アベンジャーズ／エンドゲーム』で地球上のヒーローたちが打倒サノスのために全員集合したときも、ザ・ディフェンダーズは招かれなかった）。マーベル・スタジオの代表もマーベル・テレビジョンの代表も、部門間の不仲に人びとの関心が向かないように、努めて人前での発言には気を遣った。「映画の展開と矛盾するようなことは、絶対にやる気はないですよ[9]」とローブは言った。「映画が先導犬です。映画がＭＣＵのタイムラインを構築する。私たちの仕事は、あちらが作った世界の中でうまく道筋を見つけることですから」

「未来というのは、長い時間ですよね[10]」と、ファイギが曖昧ではあるが真実味溢れる発言をした。「テレビ・ドラマはたくさん作られている。僕たちもたくさん映画を作り続けたい。どこかで両者の路は交差するでしょうね。クロスオーバーとか反復とか、何らかの形で」

マーベル・スタジオの協力が得られないのは明らかにマーベル・テレビジョンにとって不利だったが、規模の小さい企画はテレビにとって有利だった。ネットフリックスは視聴率のデータを公表しないので、たとえば『ハウス・オブ・カード』や『オレンジ・イズ・ニュー・ブラック』（２０１３－２０１９）と同じくらい人気があったと人びとが思えば、あるいは、そうした作品と似たようなバズが発生すれば、それは成功とみなされた。テレビシリーズには玩具の売り上げ促進が求められなかった。２０１５年に配信が始まった『ジェシカ・ジョーンズ』は、マーベルが初めて実現した女性が主役の企画だ（フォックスの失敗作『エレクトラ』（２００５）を数に入れたいなら話は別だが）。そして翌年公開された、マイク・コルター主演の『ルーク・ケイジ』は、マーベルが初めて実現した黒人が主役の企画だった。ファイギは何年もの間、主役が女性または非白人（ピープル・オブ・カラー）の映画を作ろうと格闘してきたが、常にパルムッターとクリエイティヴ委員会に妨害された。しかし今、ローブは同じことをテレビ・ドラマで、ニューヨークからの妨害を受けずに達成したのだった。

冤罪で服役中に恐ろしい実験に晒されてスーパーパワーを持つことになったルーク・ケイジという男。ブラック・ライヴズ・マター運動が盛り上がる世の中に躍り出たヒーローは数あれど、このルーク・ケイジほどその瞬間に適したヒーローはいなかっただろう。ルーク・ケイジは１９７２年にマーベルコミックスでデビューした。エリック・ガーナー、マイケル・ブラウン、タミル・ライスをはじめ、21世紀に入ってから警察官に殺された多くの黒人たち。そのような世の中で、どんな攻撃にも簡単には傷つかない黒人の男という考え方は、人びとの心に響いた。２０１６年のサンディエゴ・コミコンで番組ショーランナーのチェオ・ホダリ・コーカーが割れんばかりの聴衆に向かって言った。「世界は防弾黒人を待ってたぜ！」

「この展開は予想もしていませんでした[11]」と、自らの発言がＧＩＦのミームとなって拡散されたことについてコーカーが語る。「私の番組とブラック・ライヴズ・マターという世相の関連性について皆がいろいろ言うのを聞きながら考えたのは、黒人（ブラック）であるということを意識したブラック・アートは、究極的にすべて黒人であるという体験に人間の顔を与えることであり、私たちの命には価値があるのだと訴えている、ということです。ただのハッシュタグでは終わりませんよ」

エドワード・リコートが書いたルーク・ケイジの脚本がライターズ・プログラムの外に羽ばたくことはなかっ

たが、リコート本人はルーク・ケイジが初登場することになる『ジェシカ・ジョーンズ』の脚本家に登用され、『ルーク・ケイジ』を開発中のコーカーにキャラクター造型に関して助言を請われた。そして『ジェシカ・ジョーンズ』と『ルーク・ケイジ』は、視聴者からも批評家からも好評を持って迎えられた。

しかしながら、4番目のスーパーヒーローとして不死身のアイアン・フィストが導入されたとき、ザ・デフェンダー計画は頓挫した。アイアン・フィストは、古風なアジア的神秘主義にくるまれた白人ヒーローだった（ダニー・ランドという名のヒーローが、魔法の秘境崑崙で拳法の奥義を授かる）。「何となくですが、最強のスーパーパワーという感じではなかったですね[12]」とショーランナーのスコット・バックが語る。「彼の取柄は、すごく強く殴れるということだけですから」

テレビシリーズの主人公をアジア系にして物語を作り直すことを望んだファンもいたが、マーベル・テレビジョンは英国人で白人のフィン・ジョーンズ（『ゲーム・オブ・スローンズ』（2011-2016））と、中国系シンガポール人を母に持つ英国人のジェシカ・ヘンウィック（彼女も『ゲーム・オブ・スローンズ』で有名）を起用した。撮影を前にして3週間のウェイトトレーニングと武術指導を受けたジョーンズだが、撮影が始まると準備に十分な時間を与えられなかった、と言っている。「撮影15分前に疑闘の振り付けを教わってました。スケジュールが厳しすぎました[13]」とジョーンズは言う。「スタント監督が振り付けを口で説明して、それで撮影開始です」

2021年にインタビューに応えたスタント・コーディネーターのブレット・チャン（『ウォーリアー』（2011)、『マルコ・ポーロ』（2014-2016）などに参加）は、『アイアン・フィスト』の件を振られて不快感を露わにした。チャンによると「どういう感じだったかと言うと、こちらは毎日21時間とか22時間かけて何とか形になるようにして、そうすると監督たちに「あー、違う」と言われ、マーベルの誰かにも「あー、違う」と言われる。皆で必死になっているときに、主演俳優はトレーニングしたくない、とかね。だからジェシカ・ヘンウィックの場面が番組の華なんじゃないですか？　毎日4時間訓練してましたからね。格闘技経験ゼロの彼女が、ですよ[14]」

アクションは凡庸、人種的視点も涙が出るほど旧態依然。『アイアン・フィスト』の評判は芳しくなかった。「『アイアン・フィスト』の数々の問題の中でも際立っていたのは、ダニー・ランドの役割が古典的な白人の救世主だということです[15]」と、NPR〔公共ラジオ局〕のカルチャー批評家エリック・ディーガンズが指摘する。「白人の救世主というキャラクターは類型的に、白人の、そして一般的には男性です。そのキャラクターは共同体に馴染めない外れ者ですが、非白人の集団と交わり、彼らを導くことで自分の本当の使命を見出すのです。『アイアン・フィスト』のダニー・ランドは、人知れず存在する都市で仏教僧たちとともに修行し、最強の戦士になる。彼はアジアの文化が育んだ格闘技を駆使して悪を討ち活躍しますが、彼の師、恋愛対象、サイドキック、そしてヴィランは皆アジア系の俳優たちが演じるのです」

2018年のコミコンでプレゼンのために登壇したジェフ・ローブは、頭にハチマキを巻き、空手道着に身を包んで現れ、聴衆に向かって自分はアイアン・フィストの奥義をミスター・ミヤギ〔パット・モリタが演じた『ベスト・キッド』(1984)の空手の師匠〕から習ったとうそぶいたが、これも事態を良い方向には導かなかった。ジェシカ・ヘンウィックが話を合わせてくれたにもかかわらず、このわかりやすい冗談はまるで鉛の風船のように墜落して自爆した〔本書執筆のために行った調査の回答を、マーベル・テレビジョン在籍中のローブは拒否した〕。

『アイアン・フィスト』配信後ほどなく『ザ・ディフェンダーズ』は撮影された。ネットフリックスの番組に登場するマーベルのキャラクターが全員集合し、マンハッタンのヘルズキッチン地区の命運を賭して戦った。シガニー・ウィーバーを説得してヴィランのアレクサンドラ役を引き受けさせたのは、マーベル・テレビジョンのお手柄だった。ダグラス・ペトリとともに番組のショーランナーだったマルコ・ラミレズによると「4か月の間、皆このキャラクターのことを「シガニー・ウィーバーみたいなタイプ」と呼んでいました。そこにマーベル・テレビジョンのジェフ・ローブが「ああ、彼女〔ウィーバー〕なら今電話に出たよ」と言ったので、皆大盛り上がりでした[16]」

『ジェシカ・ジョーンズ』、『ルーク・ケイジ』そして『アイアン・フィスト』はそれぞれ第2シーズン、そして『デアデビル』は第3シーズンにまで延長された。『デアデビル』の脇役として登場したパニッシャーも『パニッシャー』の主役となってネットフリックスで2シーズン配信された。しかし『ザ・ディフェンダーズ』が良い成績を残さなかったとき、ネットフリックスの実験は事実上終了した。ネットフリックスのような配信業者は宣伝と煽りで動いている。常に新規の加入者を獲得してくれる番組を求めているのだ。『ザ・ディフェンダーズ』のバズは、酷いものだった。

＊　＊　＊

気まぐれにマーベルの手を離れてしまったキャラクターたちの中には、マーベルに戻ってこない者もいた。フォックスは、ジョシュ・トランク監督のファンタスティック・フォー映画企画を承認したものの、諸々の問題を抱えるこの映画からトランクを外し、追加場面を撮り、編集を変え、手のつけようのない作品に仕上げた（この継ぎ接ぎ映画は2015年に公開された。ネットフリックスがマーベルの番組を配信し始めた頃だった）。その一方で、フォックスは「X－MEN」シリーズをうまく扱った。『X－MEN：フューチャー＆パスト』（2014）や『デッドプール』（2016）など、前日譚にスピンオフ、クロスオーバーを繰り出していった。

マーベル・エンターテインメント（つまりアイク・パルムッターとアラン・ファイン）は、ファンタスティック・フォーとX－MENという著作物とその諸権利をフォックスに握られていることに、腹を立てていた。ファンタスティック・フォーはマーベル・コミックスそのものを立ち上げた記念すべき作品だ。しかし、1962年以来マーベル・コミックスの旗艦だったファンタスティック・フォーのコミックスが、2014年に刊行されなくなった。無料でフォックスが製作した映画の宣伝をしてやることはないという判断によるものだった。長い間マーベル・コミックスで一番人気を誇るコミックスだったX－MENも、同様の扱いを受けた。X－MENのミュータントたちを推すかわりに、同様に超人的な力を与えられたインヒューマンズが事実上X－MENの代理として扱われるようになった。超人的なパワーを持ち、人間社会の外側で生きてきたインヒューマンズという王家の一族は、1965年以来脇役としてマーベル・コミックスに登場してきた。2013年に、何も知らない人間たちを（テリジェン・ミスト」によって）インヒューマンズに変えてしまうというプロット変更によって、インヒューマンズの存在感が増した。

「ライバル企業が映画化権を操っているということへの反発ですね[17]」と2016年のニューヨーク・コミコンで言ったのは、長年X－MENのコミックス原作を書いてきたクリス・クレアモントだ。「必死になって競走相手の映画の宣伝になることをするよりも、自分たちでコントロールできる著作物に同じエネルギーと熱意を使うべきなのではないかというのが、マーベルという出版企業の態度でした。そこでX－MENの代わりとしてインヒューマンズが出てきたわけです。インヒューマンズよりいいネタがあるのではとも思いますが、まあ私の50億ドルじゃありませんからね」

マーベル・スタジオは何年もの間、インヒューマンズの映画企画を開発していた。しかしファイギのお眼鏡にかなう脚本は上がってこなかった。ファイギにはパルムッターの代理としてフォックスと喧嘩する気力もなかった（クリエイティヴ委員会の先棒を担がされたマーベル・テレビジョンとの代理戦争で手一杯だったのだ）。ファイギが映画『インヒューマンズ』を公開予定（2016年4月）から外した途端、マーベル・エンターテインメントは至急インヒューマンズをテレビ用に開発するようロープに命令し、そのわずか2か月後、インヒューマンズは『エージェント・オブ・シールド』に登場した。

マーベル・テレビジョンは早急に『インヒューマンズ』のテレビシリーズ化に着手した。2016年11月には、IMAX社を共同制作に迎えたABC局が8話放送を目指して製作することが決まった。これは、最初の2話が

IMAX形式で撮影され、2017年9月にIMAX上映されることを意味した。そして当惑に満ちた批評が、惨憺たる興行成績を反映した。劇場主たちは、大慌てで『インヒューマンズ』を外し、IMAX版『IT／イット〝それ〟が見えたら、終わり。』で興行の穴を埋めた。

画面サイズが小さくなっても『インヒューマンズ』は奮わなかった。予算的な都合で、インヒューマンたちのパワーも急速に限定された。インヒューマンズの女王メデューサは赤い髪を自在に操ることができるが、これをCGIで表現するのはお金がかかるので、番組では髪を剃られてしまった。テレポート能力を持つ犬のロックジョーは、さまざまなロケーションに瞬間移動しないで済むように、ひどい怪我を負うことになった（番組はハワイのオアフ島で撮影された）。番組はあっと言う間に打ち切られた。主演俳優の1人は「ハワイに行けたんで、まあいいかな[18]」と言った。

マーベル・スタジオは、マーベル・テレビジョンとの関わりを可能な限り減らそうとした。知名度の高くないヒーローたちが結集したチーム『エターナルズ』の映画企画の開発中、舞台を絶対にハワイにするなという指示が出た。マーベル・スタジオは、何としてもインヒューマンズが連想されることを避けたかったのだ。

2017年、アンソニー・マッキーは、マーベル映画とマーベルのテレビ部門が大きく1つの世界を構築する可能性について質問された。マッキーはすでにマーベル映画に数本出演し、4年後にはマーベル・スタジオ製作の初テレビシリーズ『ファルコン&ウィンター・ソルジャー』に主演することになる。この時点でマーベル・テレビジョンが設立されて7年が経過していたが、サミュエル・L・ジャクソンが『エージェント・オブ・シールド』に何度か特別出演した以外に、目に見えるシナジー効果はなかった。皆が期待するようなクロスオーバーは簡単には実現しないと思った方がいいと、マッキーはぶっきらぼうに答えた。「違うユニバース。違う世界。違う企業。違うデザイン。マーベル・ユニバースが映画の世界としてどう見えるべきか、ケヴィン・ファイギは明確なこだわりをもっている。だからうまくいかない。絶対にうまくいきっこないよ[19]」

CHAPTER 17 ON YOUR LEFT

左から失礼

エアコンは正常に作動中です。
Air conditioning is fully operational.
——キャプテン・アメリカ／ウィンター・ソルジャー（2014）

「それがどんな状況でも、私たちは誤魔化さずに正直であろうとします」[1]。私生活でも仕事でも、暗さに軽さを混ぜることに心を砕くという話の途中で、自分と執筆パートナーのクリストファー・マーカスの仕事の流儀についてスティーヴン・マクフィーリーはそう語った。「仮に祖父ががんで死の床に就いていたとしても、廊下に出たら冗談の1つくらい言いますよ」と彼は続けた。「そうでもしなければ、自販機にたどりつけないんで」

彼らのこのアプローチは、常にヒロイズムが悲劇の裏返しとして描かれる「キャプテン・アメリカ」シリーズで有効に機能している。何度世界を救おうと、知り合いも愛した人もすでにこの世を去っているスティーブ・ロジャースという男の物語。『キャプテン・アメリカ／ザ・ファースト・アベンジャー』の脚本を書き終えたマクフィーリーとマーカスは、映画が2011年に公開される前に、続編の脚本家としてマーベル・スタジオに再雇用された。

２人が執筆を開始したときに『アベンジャーズ』が制作の真っ最中だったが、キャプテン・アメリカの続編は『アベンジャーズ』の続きである必要はなかった。しかし舞台は１９４０年代ではなく21世紀でなければならなかった（解凍されたキャップが嬉しそうに「今のネタは、わかった」という場面など、ジョス・ウェドンは『アベンジャーズ』の脚本で、現代という世界に不慣れなキャップを活かして笑いをとるやりとりを書いていた）。さらにマーベル・スタジオはセバスチャン・スタンがバッキー・バーンズ役として再登場することを望んでいた。しかもただの再登場ではなく、ソビエトによって洗脳された上に何十年も冷凍睡眠させられていた暗殺者、つまりヴィラン、ウィンター・ソルジャーとしての登場だ。

ライターのエド・ブルベイカーとアーティストのスティーヴ・エプティングが創造したコミックス・シリーズ「ウィンター・ソルジャー」を、マーカスとマクフィーリーは読み込んだ。その上で２人はケヴィン・ファイギにいくつものアイデアをプレゼンした。ファイギは２人に、陰謀と汚職にまみれた政治スリラーという様式を意識して１本の映画にまとめるように伝えた。この時点でＭＣＵは、観客がヒロイズムとちょっとバカげた荒唐無稽さを楽しめるように、軽さを捨てることなく登場人物を真面目に描くという、独自の路線を確立していた。同時に、ＭＣＵはその旺盛な食欲であらゆるジャンルを吸収していた。『マイティ・ソー』はシェイクスピア的な夏休み映画。『アイアンマン３』はバディ刑事映画のお約束を借用した。常に観客の期待の裏をかくことを念頭に置いているファイギは、自分たちが確立した路線をさらに推し進めようとしていたのだ。

ジョン・ファヴローは、スーパーヒーロー映画の市場優位性を20世紀中期の西部劇と比較して、次のように語っている。「映画の劇場興行が全体的に振るわないときでも、出来の良いスーパーヒーロー映画が１本あれば客が来るという安心感みたいなものが、ありますね」[2]。この安心感によって映画監督たちは、ジャンルの限界を拡げることができるとファヴローは続けている。「たとえばジョン・フォードと西部劇の関係も、初期の『駅馬車』（１９３９）と後期の『捜索者』（１９５６）や『シャイアン』（１９６４）を較べると、劇的に変わりましたよね」

マーベル・スタジオ8作目の映画の脚本を書くにあたり、マーカスとマクフィーリーは、『パララックス・ビュー』（1974）や『マラソンマン』（1976）、そして『コンドル』（1975）のようなパラノイアを描いた傑作に発想を求めることにした。2人は執筆中の脚本を「キャプテン・アメリカの3日間」[3]と呼んだ（『コンドル』の原題は『Three Days of the Condor（コンドルの3日間）』）。

キャプテン・アメリカは常に逃げ回っているのが良いと、2人は考えた。謎の巨大な権力に追われて逃げまわった挙句、信じていた世界が嘘だったと知ることになるのだ。1970年代のこの手の映画ならば、世界は救いようもなく腐っており、それを知ったところで主人公にはなす術もないという、白黒はっきりしない終わり方をするところだが、これはMCUだ。キャプテン・アメリカは巨大な陰謀に戦いを挑んで、勝たなければならない。そのような物語を考案しようと格闘したマクフィーリーとマーカスは、2011年の春と夏を執筆に費やした。そして探し求めた答えは、ケヴィン・ファイギとの打ち合わせで示された。「そろそろS.H.I.E.L.D.を解体してしまってもいいと思う」[4]とファイギは言った。

この一言で、作劇上の問題がすべて解決したとマクフィーリーは言う。「第3幕にどういう大ネタを仕込んだらいいのかわからずに、正直悩んでましたから」[5]

マクフィーリーとマーカスは、『アベンジャーズ』以降のフェーズ2のマーベル映画で主役を張るキャラクター以外なら、誰を出演させていいというお墨付きをもらった。S.H.I.E.L.D.が裏切り者の巣になっているという物語の骨組みが固まったので、2人はニック・フューリー、ブラック・ウィドウ、そしてホークアイというS.H.I.E.L.D.関係者の中でも存在感のある3人を選んだ。ホークアイを演じるジェレミー・レナーのスケジュールが『アメリカン・ハッスル』（2013）と『Kill the Messenger（メッセンジャーを殺せ）』（2014）の撮影の影響でうまく調整できなかったので、ホークアイの場面はブラック・ウィドウに回された。ホークアイの出番がなくなったことで、時代遅れの倫理観に従って行動するキャプテン・アメリカと、不透明な道徳感を持つ現代的なブラック・ウィドウの対比がより鮮やかになるという利点もあった。

マーベル・ライターズ・プログラムを運営し終わったネイト・ムーアは、マーベル・スタジオ内の階段を登ってプロデューサーの座を手にしていた。2012年『アベンジャーズ』公開後に例によってクリエイティヴ休暇のためにファイギ、ルイス・デスポジート、ジェレミー・ラッチャム、スティーヴン・ブルサード、そしてクレイグ・カイルがパームスプリングに集まったが、今回はムーアもその中にいた。

ムーアは、ニコール・パールマンが開発していた「ガーディアンズ・オブ・ギャラクシー」の映画化企画を推したのだが、作品プロデューサーの座は上司のラッチャムに譲ることになった。代わりにムーアには、「キャプテン・アメリカ」の2作目が与えられた。ムーアはマーカスとマクフィーリーを相手に、キャプテン・アメリカ続編の登場人物について話し合った。そして、コミックス版で長い間キャプテン・アメリカのパートナーとして活躍しているキャラクターを推した。それはムーアが子どもの頃から大好きだった黒人スーパーヒーロー、ファルコンだった。

「ここで絶対ファルコンを出さなければ。子どものときに大好きだったキャラクターだから」[6]とムーアは2人の脚本家に訴えた。

翼を持ったファルコンというキャラクターがバカみたいだと思っていたマーカスとマクフィーリーは、懐疑的だった。「翼のあるやつ？」[7]2人はムーアに尋ねた。「ファルコンが好きな人っているの？」[8]

ムーアは熱を込めて答えた。「皆好きですよ、ファルコンは！」[9]

『ブラックパンサー』とその続編でムーアと仕事をした仲であるライアン・クーグラー監督が、ムーアのことをこう語っている。「彼はコミックスのファンで、黒人でもある。マーベルの特定のキャラクター、たとえばファルコンやパンサーを、MCUに出してやる責任を感じたんじゃないかと思います」[10]

そしてムーアは勝った。1969年にマーベル・コミックスに初登場したサム・ウィルソン（またの名をファルコン）というキャラクターは、マーベル初のアフリカ系アメリカ人のスーパーヒーローだった。ティ・チャラ（ブラックパンサー）はアメリカ人ではないし、ファルコンは名前に「ブラック」がついていない数少ないマーベル初期の黒人ヒーローの1人でもあった。1971年から1978年までの間、サム・ウィルソンは、「キャプテン・アメリカ&ファルコン」という88号におよぶシリーズで、キャプテン・アメリカとともに二枚看板を背負った。

マーベル・スタジオは『ハーフネルソン』（2006）や『ハート・ロッカー』（2008）に出演していたアンソニー・マッキーを、ファルコン役に求めた。カウボーイとスーパーヒーローになる夢を抱いて俳優になったというマッキーは、やる気満々だった。マッキーは、この役が持つ文化的な重みを承知していた。「自分がこの役に決まったと聞いたとき、涙が溢れて止まりませんでした」[11]とマッキーは言う。「2年後のハロウィーンには、褐色の子どもがファルコンのコスチュームを着て玄関に現れる。そのことに気づいたんです。私が子どもの頃には、そういうのはありませんでした」

できあがった『キャプテン・アメリカ／ウィンター・ソルジャー』の脚本に満足したファイギだったが、ジョー・ジョンストンのように秘密の部屋に籠らず、マーベル・スタジオのプロデューサーが居場所を探さなくてすむ監督を望んだ。さらにMCUのフェーズ2作品の監督には、確立されつつあるマーベル方式、つまり社内のヴィジュアル部門と緊密に共同作業できる人が望ましい。ファイギはそういう人材を探していた。「雰囲気の人（ヴァイブ・ガイ）」[12]とも呼ばれるファイギは、議題を決めずに監督たちと会い、企画の話をする前に雰囲気を読みながら監督たちの頭の中に探りを入れるのが好きだった。キャプテン・アメリカの続編の監督として、ファイギは3人の候補者に絞り込んだ。『アジャストメント』（2011）の監督で脚本も書いたジョージ・ノルフィ。『Friday』（1995）や『交渉人』（1998）、『ミニミニ大作戦』（2003）で劇映画監督への転身を果たしたミュージックビデオ畑出身のF・ゲイリー・グレイ。そしてジョーとアンソニーのルッソ兄弟だった。

＊＊＊

「僕らはイタリア系の大家族に囲まれて育ったんです[13]」とアンソニー・ルッソが語る。「キャンプファイヤーを囲んで小噺を披露しあったり、共同体的な雰囲気が好きでした」。ルッソ兄弟は、オハイオ州クリーブランドで育った。アンソニーは1970年、ジョーは1971年生まれ。兄弟は小さい頃から映画が好きだった（バワリー・ボーイズからフランソワ・トリュフォーまで何でも）（バワリー・ボーイズは1940年代から1950年代に人気のあった架空の演劇または映画のキャラクター）。いつか自分たちも映画を作りたいと思いながら育った2人は、やがて2人1組のチームとして活動した方が不可能な夢への道のりが近くなることに気づいた。そしてケース・ウェスタン・リザーブ大学大学院在籍中に自己資金で製作した映画『Pieces』が1997年のスラムダンス映画祭に招待された。

公開こそされなかったが『Pieces』はスティーヴン・ソダーバーグの関心を引き、ソダーバーグ（とジョージ・クルーニー）はルッソ兄弟の次作でプロデューサーを務めた。それが2002年のクライム・コメディ『ウェルカム・トゥ・コリンウッド』だった。「映画産業に足を踏み入れたときには、エゴの塊みたいなアート映画作家でしたね、僕らは」と言ってアンソニー・ルッソは笑う。「僕らの最初の映画に反応してくれる人なんて、スティーヴン・ソダーバーグくらいのものでしょうね。反応してくれて本当に感謝してます。彼のおかげで商業映画の作り方を勉強できました」

そうして商業映画の作り方を覚えた2人が最初に作ったのは、自己中心的なブルース一家をめぐる騒動を描いたテレビのシチュエーション・コメディ『アレステッド・ディベロップメント』（または『ブル～ス一家は大暴走！』）（2003－2006）だった。複数のカメラを使わずに撮影されるフォーマットのこの革新的なコメディ・シリーズのパイロット・エピソードを、兄弟が2003年に監督しエミー賞を獲った。その後2人は番組のエグゼクティヴ・プロデューサーを務めながら13話分の監督もこなした。兄弟は２００９年に『コミ・カレ!!』という、これもカメラ1台という撮影フォーマットのシチュエーション・コメディのパイロット・エピソードも監督した。２人は、コミュニティ・カレッジの勉強グループの人間関係を描いたこの番組のエグゼクティヴ・プロデューサーも務め、同様に34話分を監督した（全米監督協会は、規則の特別な免除なしでは監督の名前が2人並ぶことを許さないので、ルッソ兄弟が共同で監督業務をこなした場合でもどちらか片方の名前しかクレジットされていない。パイロットだけは両名クレジットを得ている）。どちらの番組も出演者が多いのが特徴で、ルッソ兄弟は大所帯のキャストを1人残さず立てる腕を発揮している。

　ルッソ兄弟は共通の美学を持っているとアンソニーが説明する。「僕らは集団演技を理解している。複数のブランドを理解している。野心がある。先進的なことが好き。そして、これは聞こえのいい言葉ではないので最近は使いませんが、僕らは大衆迎合主義者（ポピュリスト）なんです」[14]。アンソニーは考える前に喋るタイプでジョーはそんな兄より慎重だが、現場で仕事するときの2人は、心が1つに融合したかのようだ。どちらが役者やスタッフに指示を出すかは問題ではない。なぜなら、2人は話し合わなくても、すでに同意しているのだ。

　ルッソ兄弟は、『コミ・カレ!!』のクリエイターであるダン・ハーモンに、番組を使って他のテレビ・ドラマのパロディをやるといいと勧めた。『コミ・カレ!!』の最も良くできたエピソードは、年代物のドキュメンタリーや、クリスマス特番のクレイメーション（粘土細工をコマ撮りしたアニメーション番組）のパロディだった。中でも人目を引いた最初のエピソードは、２０１０年にアクション映画のパロディとして撮られた「現代の戦争（Modern Warfare）」で、内容は学内ペイントボール競技会だった。監督はジャスティン・リン（すでに「ワイルド・スピード」シリーズで知られていた）だったが、同様にペイントボール競技会を描いた翌シーズンの2話はルッソ兄弟が直々に監督した。１つは西部劇をおちょくった「片手一杯のペイントボール（A Fistful of Paintballs）」（『A Fistful of Dollars（荒野の用心棒）』のパロディ）、もう1つはアクション映画シリーズのパスティーシュ「もう2、3個のペイントボールのために〈For a Few Paintballs More〉」（『For a Few Dollars More（夕日のガンマン）』のパロディ）だった。どちらのエピソードも面白いと同時に、パロディされる対象の映画に対するルッソ兄弟が深い理解が見て取れた。テレビのコメディ番組を旺盛に視聴していたファイギは、ペイントボールのエピソードを観て気に入ったのでルッソ兄弟と会うことにした（「ケヴィンはすごくコメディが好きです。興味深いコメディのこともメインストリームではないコメディのことも、よく知ってますよ[15]」とポール・ラッドが語っている。グレッグ・ターキントンというコメディアンの持ちネタであるニール・ハンバーガーというキャラクターを知っているファイギにラッドは感動した）。

ファイギとルッソ兄弟はすぐに仲良くなった。映画業界人としてのこだわりが強い3人だが、そのこだわりの強さがさらに強烈な人格を引き寄せ合ったのだ。ペイントボールのエピソードでアクション映画のパロディをやったルッソ兄弟は、次は本物のアクション映画を撮りたいと思っていた。よその撮影所の社長なら鼻で笑ったかもしれない2人のそんな希望に、ファイギはこの2人なら大丈夫と同意した。さらにF・ゲイリー・グレイが別の映画（N.W.A.の伝記映画『ストレイト・アウタ・コンプトン』（２０１５））に関わることになったため、ファイギの迷いはなくなった。２０１２年６月、マーベル・スタジオはルッソ兄弟が『キャプテン・アメリカ／ウィンター・ソルジャー』を監督すると発表した。今この兄弟のことを知らなくても、すぐに知ることになる。サンディエゴ・コミコンで、ファイギが聴衆に向かってそう言った。

『コミ・カレ!!』のショーランナーだったダン・ハーモンは、ＮＢＣ局との絶え間ない争いに巻き込まれた挙句、自分が創造した番組から降ろされてしまったが、ファンとキャストの熱望により次のシーズンで復帰した（『コミ・カレ!!』の後、ハーモンはアダルトスイム〈カートゥーン・ネットワークの大人向け時間帯〉で『リック・アンド・モーティ』というアニメーション・シリーズを作った）。自分と違って人付き合いのうまいルッソ兄弟はすべてが共同作業で進められるマーベル・スタジオという環境に馴染める。ハーモンはそのことを悟った。「創作者でありつつ、政治的な才覚も持っていないと、あの海を上手に泳いで渡っていけないよね。肥大した自我を捨てられた方がいいと言った方が、ポジティヴかな」[16]とハーマンは内省しながら付けくわえた。「オーソン・ウェルズは、マーベルでうまくやっていけなかったと思う」。ではルッソ兄弟は？　「あの2人は最初から、いつだって共同作業一筋だから」

誰でも知っているマーベル・スタジオの公然の秘密だが、ケヴィン・ファイギはすべてのマーベル映画の影の監督なのだ。自ら現場で手を汚すのがファイギの方法論だ。MCU作品に形を与え整える彼のやり方は、普通の映画スタジオの重役の職域をはるかに超えて直接的だ。ファイギほど創作面に首を突っ込むプロデューサーは少ない。雇われた監督がファイギのやり方に併せて仕事する限り、そしてファイギの手に余るほど作品が多くない限り、このシステムはなんとかうまく回っていく。

仕事を受けたルッソ兄弟は、まずエド・ブルベイカーと会い、ウィンター・ソルジャーが持つ謎について語り合った。ジョー・ルッソは、子どもの頃コミックスを読みながら、キャプテン・アメリカはボーイスカウト的、品行方正すぎると思ったので、スティーヴ・マックイーンが演じれば少し尖っていいのではないかと想像しながら読んだと言った。そして「だからブルベイカーの仕事は素晴らしかった」[17]と称賛する。「それまでのキャプテン・アメリカ神話を完全に解体して、今という時代に存在する意味を与えた。それだけではなく、ブルベイカーはスパイものというジャンルを持ち込んだ。キャプテン・アメリカというキャラクターに柱を与え、より興味深いものにした。そんな彼の作品を発想の源泉にできて、本当に幸運でした」

続いてルッソ兄弟は映画の開発工程に突入した。映画の開発はすでにマーカスとマクフィーリー、そしてマーベル・スタジオのクリエイティヴ・プロデューサー（ファイギ、デスポジート、ムーア、ヴィクトリア・アロンソ）そしてヴィジュアル開発部門のアーティストたちの手で進められていた。初期の脚本によると、映画が第二次世界大戦の回想から始まることになっていたが、乗っ取られた軍の船舶奪取という現代のアクションに差し替えられた。キャプテン・アメリカがパラシュートなしで飛行機から飛び降り、コミックスでバトロック・ザ・リーパーとして知られるヴィランと戦う。バトロックは、長いことコミックスの世界ではフランス人のバカげたホラ吹きとして認知されていたが、映画ではフランス気取りの殴られ役ではなく、ちゃんとした脅威の対象に書き換えられた。

ルッソ兄弟は、すべてのアクション・シークエンスに対して研究用の視覚的参考資料をまとめて共同作業者たちに渡した。船舶奪取のシークエンス用にルッソ兄弟が集めた資料には、「ジェイソン・ボーン」シリーズやMMAの試合までもが含まれる、目が回るような激しいアクション映像の断片だった。MMAの格闘家たちのパンチの速さに魅了されたアンソニー・ルッソは、たくさんの試合に目をとおしながらケベック育ちのUFCチャンピオン、ジョルジュ・サンピエールを発見した。そしてバトロック役に配役した。

新参者のコミックス・ライターは全員ヘリキャリアが墜落する号を書きたがる。これはマーベル・コミックスの事務所にいる者が全員了解している既成事実だった。巨大な軍事兵器が空から堕ちてくる。これには抗しがたい魅力があった。ルッソ兄弟はそれを映画の大スクリーンでやることにした。墜落することになるヘリキャリアはトニー・スタークが新たに設計し、S.H.I.E.L.D.が建造し、疑似ナチスであるヒドラが乗っ取る。地球上のあらゆる場所を殺戮(さつりく)の標的とするテクノロジーがヒドラの手に落ちるのだ。

ルッソ兄弟は、バトロックとの格闘場面の撮影ロケ地としてロングビーチに停泊するシーローンチ・コマンダーという船を訪れた。この船が、映画版ヘリキャリアのデザインの発想の源になった。この船が巨大なのは、人工衛星を打ち上げるための打上げプラットフォームだからだと知ったルッソ兄弟は、映画の肝になるプロットとして政府による監視活動とドローンを使った攻撃を組み込んだ。制作の後半に差し掛かった2013年、エドワード・スノーデンがアメリカ国家安全保障局のによる監視プログラムに関する何千もの秘密文書を漏洩し、それが大きく報道されたとき、それまでは心配の種でしかなかったものが現実になった。そして現実が制作中の1本の映画に追いついた。

「時事問題を扱わずに政治的な映画を作るのは難しいでしょうね[18]」とアンソニー・ルッソは言う。「普通のスリラーと政治スリラーの差はそこです。その違いが、登場人物のパラノイアをリアルにする。そして観客は自分が体験したパラノイアを追体験できる。僕らは全員ポップカルチャーに執着していますし時事問題も大好きなので、すべてを突っ込んで場面を作っていきます。それで幸か不幸か国家安全保障局の秘密を晒したスノーデンを映画で再現する形になったわけです。でもそれは最初から、時代の空気の中にあったからです。ドローンによる攻撃疑惑とか、先制奇襲攻撃とか自由権とかいった記事がどんどん出てきて、読んでいましたからね。オバマ政権の殺害リストの話とかね……。僕らはそういうのを全部映画に突っ込みたかったんですね。（キャプテン・アメリカが属する）最も偉大な世代〈第二次世界大戦世代〉的な考え方と、最高の対比になりますから」

マーベル・スタジオの制作体制と緊密に連携をとりながら仕事をしたルッソ兄弟だったが、スタジオの流儀と対立することもあった。たとえば2人は、物理的な特殊効果を活用して、たとえ後でデジタル処理によって表現が補強されようと、可能な限り現場で実際に撮影することを好んだ。アンソニー・マッキーはそんな方法論を称賛する。「ルッソ兄弟の素晴らしいところは、実写で撮影するという消えゆく芸術を踏ん張って続けようとすることですよ。実際に作れるものなら、作る。実際にできることなら、2人はやる。ＣＧＩは最小限に抑える。だからあの2人の映画は見るからに素晴らしい」[19]。皮肉なことだが、ＩＬＭによると登場人物たちの中でもとくにＣＧＩに依存したのがファルコンだった。『ウィンター・ソルジャー』の中でファルコンが翼を展開するときは、マッキーのデジタル代役が使用された。

『アイアンマン2』が公開されたときサミュエル・L・ジャクソンは「ニック・フューリーはまだまだ本気を出していない。今のところ喋ってるだけだ」[20]と言った。『ウィンター・ソルジャー』は、フューリーにアクション場面で活躍させるいい機会になった。S.H.I.E.L.D.の未来がかかった戦いが映画の本筋なので、S.H.I.E.L.D.の長官が実際にその身を危険に晒すことで勝敗の行方が各段にドラマチックになるからだ。しかし、ジョス・ウェドンが『アベンジャーズ』を撮ったときと同じ制約が『ウィンター・ソルジャー』の制作にも課された。撮影初日には65歳だったジャクソンは、今回も走らないと宣言した。暗殺者集団に追われて高性能車輌を駆ってワシントンDCを逃げ回る今回は、走らなくて済みそうだったが。

マーカスとマクフィーリーが書いた脚本の草稿にもカーチェイスはあった。しかしルッソ兄弟が参加したとたん、その比重が一気に拡大された。この語り草になるようなカーチェイス場面のために2人が用意した参考映像には、古典的なカーチェイス（たとえば『フレンチコネクション』（1971））、現代的なカーチェイス（再び「ジェイソン・ボーン」シリーズ）、そして現実世界のカーチェイスが含まれた。マーベル・スタジオのコンセプト・アーティストたちとアニマティクス編集者たちがルッソ兄弟から受けた指示は、このシークエンスを「1つの緊迫の瞬間」[21]として構築することだった。観客の期待を裏切って次々と高まり続ける危機のつるべ打ちから抜け出せないニック・フューリー。緊迫感は高まる一方だ。

マーカスとマクフィーリーが書いた脚本には、もう1つ「緊迫の瞬間」があった。その場面、スティーブ・ロジャースのエレベーター内の乱闘場面を、ルッソ兄弟はとくに強調したいと思った。S.H.I.E.L.D.が腐敗しきっていることに気づいたロジャースが、S.H.I.E.L.D.本部から脱出する際、エレベーター内に居合わせたヒドラの支持者たち全員を相手にする。素手の格闘が繰り広げられるこの場面を設計するために、ルッソ兄弟とマーベル・スタジオのヴィジュアル部門のアーティストたちは絵コンテと映像モンタージュを大量に作成して、場面の全容とキーショットを決定して臨んだ。しかし最終的な振り付けは、ジェームズ・ヤング（セバスチャン・スタンのスタントダブルも務めた）に任された。

ルッソ兄弟が用意した参考映像集を研究したヤングは、スタントチームと一緒に振り付けを考案し、民生用のカメラやスマートフォンで撮影してルッソ兄弟に見せた。それに基づいてルッソ兄弟は気に入った振り付けと調整が必要な振り付けを指示し、2人の承認が下りるまでヤングが疑闘に手を加えていった。兄弟の承認を受けてヤングは今度は俳優たちに振り付けを教えるのだが、エレベーター内の格闘場面のクリス・エヴァンスは、ほぼすべてのアクションを自分でこなさなければならなかった。途中で気づかれないように代役に交代するには、場所が狭すぎたのだ。

アンソニー・ルッソによると、兄弟は揃ってこのアクション場面をとても気に入っていた。筋力以上に道徳の力で戦う、超人たちに囲まれた1人の生身の人間というキャプテン・アメリカのキャラクターが強調されるからだ。「基本的に彼は1人の人間にすぎない。でもだからこそ彼は誰よりも人間的なんです」[22]とアンソニーは言う。「空を飛ぶわけでもなく、何かに変身するわけでもない。だから彼のために、容赦ないリアルなアクション描写でスーパーヒーロー映画の可能性を追求する方向で行ったんです」

絵コンテやコンセプトアート、衣装デザインといったクリエイティヴ要素が仕上がり始めると、ルッソ兄弟は気に入った要素をビデオコンテに組み込んでいった。その上で2人はうまくいく、いかないを判断し、必要があれば調整を要求した。『ウィンター・ソルジャー』のプリビジュアライゼーションを監修したモンティ・グラニトは、ファルコンが3機のヘリキャリアをワシントンDCの空から落とす一方で、スティーブ・ロジャースがバッキー・バーンズと最後の戦いに臨むというクライマックスのアクション場面のビデオコンテを何度も直すようにルッソ兄弟に言われた。「全体から1ショットとか2ショットを選んだ2人に、こう言われます。『いいよ。このショットとそのショットはすごくいい。この2つを基に全体を作り直してくれるかな』。私が全体を作り直して2人に見せると今度は『いいね。この4ショットがすごくいい。この4つを基に全体を作り直してくれるかな』と言われるわけです」[23]。このようなプリビジュアライゼーション作業のおかげで、ポストプロダクションで無駄な労力を使わずにすむ。あくまで、マーベル・スタジオのように完成の最後の瞬間までやり直し続けなければの話だが。

マーベル・スタジオ流の映画制作では、監督に求められるのは作家性よりも強力な管理能力だ。映画を撮る前にするべきことはあるかと若い映像作家たちに聞かれて答えたスティーヴン・スピルバーグの助言を、ルッソ兄弟は忠実に守った。「〈スピルバーグは〉「トレーナーを雇って体調を整えておくこと」と言ったんです」とアンソニー・ルッソが言う。「映画制作は耐久テストですからね[24]」。兄弟は事務所に運動器具を持ち込んだ。そして現場では明るい緑色の健康ドリンクを飲んだ。

「ジョーもアンソニーも、スタミナがありました。何が飛んできてもうまく避けたり立ち向かう気合がありましたね[25]」とファイギは思い出す。

『キャプテン・アメリカ／ウィンター・ソルジャー』の主要撮影は、コードネーム「冷凍焼け（フリーザー・バーン）」の名で2013年春に3か月をかけてワシントンDC、ロサンゼルス、そしてルッソ兄弟の故郷クリーブランドで行われた。キャストの中には、S.H.I.E.L.D. の高官で裏切り者アレクサンダー・ピアース役を演じるロバート・レッドフォードもいた。映画という文化の象徴的存在であるレッドフォードは、『コンドル』や『大統領の陰謀』（1976）など、自身が主演した1970年代の政治スリラー映画につながる生きたリンクであるという理由で配役された。

レッドフォードと共演した経験のないサミュエル・L・ジャクソンだったが、彼らの演じる役は古い友人で仕事仲間でもあるという設定だった。2人が出る場面の撮影の最初の日の朝、ジャクソンは年上の共演者を知ろうと話しかけた。「いろいろと話をしました。ゴルフの話。人生の話。映画の話。撮影現場に入るまでには、一緒に何かをしたことがある感じになりましたね。共通の過去がある感じが[26]」

撮影は順調に進んだ。ペイントボールを実弾に持ち替えてもルッソ兄弟は大丈夫と確信したファイギは正しかった。ファイギが回想する。「ジョーとアンソニーは、何をするにも明確な考えを持っており、空に届くような野心を持ってました。だから2人は私に「マーベル映画の中でも最高のカーチェイスを撮りたい。もしかしたら史上最高のカーチェイスでもいい」とか言うんです。だから「いいね、やろうよ」と私は答えました」とファイギは微笑む。「やってみてできなかったとかいうのは、ありえないですけどね[27]」

マーベル・シネマティック・ユニバースという大きな世界へのつながりを求められてたジョン・ファヴローは

苛立ったが、ルッソ兄弟は嬉々としてそれを受け入れてファイギを喜ばせた。たとえば『ウィンター・ソルジャー』には中盤に長い説明場面がある。ここで提示される情報は、同じくルッソ兄弟が監督することになる『シビル・ウォー／キャプテン・アメリカ』の中で再び触れられ、バッキー・バーンズがトニー・スタークの父親を殺害したことが暴かれる。「僕みたいなコミックス・ギークなら、大満足の場面ですよ[28]」とジョー・ルッソが言う。「変な言い方かもしれませんが、脚本家たちと監督たちが一緒になって宇宙を編み上げているという感じですね」

張りつめたようなアクションとスリラーが見事な『キャプテン・アメリカ／ウィンター・ソルジャー』は、MCU映画の中でも白眉だった。星条旗を模した赤と白と青の衣装を着た男が、灰色の影の中で淀んだ世界に挑む。本作は世界中で7億1400万ドル稼いだが、それは『キャプテン・アメリカ／ザ・ファースト・アベンジャー』の興行収入のほぼ2倍だった。マーベル・スタジオが繰り出す続編映画はどれも大方の予想を上回る興収を上げてきたので、ハリウッドが培ってきた映画シリーズの興行成績の法則を上書きする勢いだった。『ウィンター・ソルジャー』の監督業が終了したルッソ兄弟をファイギはすぐに雇い、3本目のキャプテン・アメリカを任せた。そしてキャプテン・アメリカ3部作の最終作でスティーブ・ロジャースとバッキー・バーンズの物語に決着をつけるべく、クリストファー・マーカスとスティーヴン・マクフィーリーも脚本家として再起用した。

少なくとも、それが当初の計画だった。マーカスとマクフィーリーがファイギと共有している事務所にある日ふらりとファイギが現れて重要な2語を告げたとき、計画は変わった。ファイギは言った。「内戦(シビル・ウォー)だ」

CHAPTER 18 | WE ARE GROOT
ボクらはグルート

皆立っちまったよ。バカが揃って、輪になって立ってやがる。
We're all standing up now. Bunch of jackasses, standing in a circle.
——ガーディアンズ・オブ・ギャラクシー（2014）

アベンジャーズ3部作が終わって何年も経ってからのこと。マーベル・スタジオがケヴィン・ファイギのスタートアップ的な実験スタジオから無敵の巨大なエンターテインメント・モンスターに化けた瞬間があるとすれば、それはいつだったかと問われた3部作のスター俳優たちは、一様に自分が出演した映画には触れなかった。たとえそれが興行収入記録を打ち立てた作品であってもだ。代わりに全員、遺伝子操作で生まれたアライグマと言葉を喋る木が主役の、向こう見ずな大冒険活劇を挙げたのだった。

『ガーディアンズ・オブ・ギャラクシー』によって、マーベル・ユニバースに新しい扉が開かれたと思います」とマーク・ラファロが言う。「宇宙に行けるし、コメディもできるし、お行儀の悪いことも言える。他のマーベル・ユニバースから完全に切り離されたスタイルを持っているんです」

『ガーディアンズ』は、ある意味マーベル映画の中でも最高の映画と言っていいね[2]」とロバート・ダウニー・

ジュニアは言う。「私ほどの巨大なエゴの塊がこういうことを言うのは、珍しいことだよ」

ファイギは『ガーディアンズ』を指して言う。「1つの最良の証ですね。観客がどこまで喜んでついてきてくれるかという私たちの直感をもってしても、最もどう扱っていいかわからない類の映画を、皆が喜んで受け入れてくれた証です。木が1本とアライグマが1匹、そして比喩が理解できない男が1人というバカバカしい組み合わせですよ。そんな映画を作るというアイデア自体が、すごく好きでした」[3]

「今にして思うと単純なことに思えますが」[4]と『ガーディアンズ』開発中にマーベル・スタジオで働いていた匿名の人物が言っている。「忘れてほしくないのは、喋る木とアライグマというアイデアを通そうとするなんて、あの頃はありえない愚行だったということです。皆、戦々恐々としていました。皆がよく口にしていた、その気持ちを表す文句があります。「誰も手もつけないクール・エイドを飲んでる気持ち。怖すぎる」。つまり「飲めば美味しいけど、他の人はそう思ってくれるのか?」という恐怖です」〔「クール・エイドを飲む」というのは、カルト教祖が自分の欺瞞が暴露される前に信者に毒入り粉末ジュースを飲むように指示し、それが何か感づいていながらも皆が飲むので飲まないわけにはいかない信者たちに由来する言い回し〕

脚本家のニコール・パールマンは2年間の契約で参加したマーベル・ライターズ・プログラムを2011年に終えてほどなく、『ガーディアンズ』の脚本を改稿するために再びマーベル・スタジオに雇われた。パールマンは、自分で開発した『ガーディアンズ』の企画を頭のおかしいSFだと考えていたので、それを本気で映画にしようというマーベルの判断もどうかしていると思った。事実、ニューヨークのマーベル幹部たちはパールマン以上に懐疑的だった。知名度がほぼゼロに等しいキャラクターの一群を主役に映画を作って大丈夫なのだろうか。一方ロサンゼルスのヴィジュアル開発アーティストたちは、そんな心配をよそにパールマンが選んだキャラクターたちのデジタル画像を作り出していた。茶目っ気たっぷりのピーター・クイルまたの名をスター・ロード。怒りっぽいロケット・ラクーン。緑の肌を持つ暗殺者のガモーラ。言葉の綾(あや)がわからないドラックス・ザ・デストロイヤー。そしてグルートという名前の、意思を持つ木。忙しく働くアーティストたちを見ながらパールマンは、スタジオは本気なんだろうなと考えた。

「何年もの間、両親にこう言ってたんです。「アライグマの映画を書いてる、ていうか、アライグマと喋る木が出てくる映画」。それを聞いた両親は「可哀想なニコール。人生最初の失敗作になっても応援するから」と言ってくれました」[5]。マーベルの重役の中でも、ロケット・ラクーンがジャー・ジャー・ビンクス級の大惨事に発展するのではないかと心配する者がいた〔ジャー・ジャー・ビンクスは『スター・ウォーズ エピソード1／ファントム・メナス』に登場するキャラクター〕。しかしファイギはパールマンの味方だった。「だめだめ、ロケットは外せない」[6]

　映画の冒頭、クイルが貴重なオーブを盗み出す場面がある。ファイギはパールマンにその舞台となる異星世界を考案してほしいと頼んだ。後でモラグと名づけられるこの惑星を、どの映画でも見たことのないような星にしてほしい。発想の素を求めてパールマンの心は子ども時代に飛んだ。ディズニーランドを訪れたとき、海底2万マイルが清掃のために閉鎖されていたので、パールマンは乗れなかったのだ。「中が見えないように合板が打ち付けてあったのですが」[7]とパールマンは回想する。「でも板に小さな穴があったので、目を近づけて覗いてみました。見えたのは難破船があるけど水が全然ない環境で、心に残りました。だからケヴィンにSFっぽい惑星を考えてと言われたとき、こう答えたんです。「海洋がなくなってしまった世界は？　衛星が消滅して、潮の流れがなくなったとかいう理由で」

　自分が書いた脚本であっても、一度自分の手を離れたら書き直されることを、パールマンは理解していた。「〔私を外して〕脚本も書ける監督を雇うはずだと、いつも思っていました。最初から、そういう感じでここまで来てますからね。私はコメディ専門ではないけれど、これはコメディとして開発されなければならない企画です。誰も真剣にとらないおふざけ企画だと、いつも思われてましたから」[8]

　全米監督協会の会員たちの「雰囲気」を片っ端から探りながら、ファイギは銀河の外れ者集団の話を扱える才能とちょっとずれたユーモアの持ち主を探していた。絞られた候補者の中にはペイトン・リード（『チアーズ！』（２０００））、アンナ・ボーデンとライアン・フレックという２人の演出家チーム（『ハーフネルソン』（２００６））、そしてジェームズ・ガンがいた。

ジェームズ・ガンは、ミズーリ州セントルイス郊外で育った。『ナイト・オブ・ザ・リビングデッド』（１９６８）や『13日の金曜日』（１９８０）など、低予算ホラー映画に憑かれて育ったガンは、12歳の頃には４人の弟をゾンビの犠牲者に仕立てて８ミリフィルムで映画を撮っていた（ショーン・ガンが『ギルモア・ガールズ』（２０００−２００７）に頻繁に出演するなど、弟たちもショービジネスに足を突っ込むことになる）。「テッシュペーパーとカロシロップ（コーンシロップ）と赤の食用色素。それで傷とか内臓を作った[9]」とガンは回想する。

パンク・バンドのリードヴォーカルや、病院の用務係、小説家（『The Toy Collector（玩具蒐集家）』（２０００）など）といった多彩な職歴を持つジェームズ・ガンは、コロンビア大学からフィクション創作の修士号を受けてはいるものの、ストーリーを語るということの神髄を学んだのは、１９９８年にハリウッドに引っ越して低予算ホラー映画スタジオのトロマ・エンターテインメント（『悪魔の毒々モンスター』（１９８４））で週給４００ドルで仕事を始めてからだと本人は言う。

トロマに雇われたガンは、ロケハンもポスターのデザインも、映画に関わることは何でもやった。ガンはここでシェイクスピア的ブラックコメディ『トロメオ&ジュリエット』（１９９６）と、スーパーヒーローものを風刺した『ＭＩＳⅡメン・イン・スパイダー２』（２０００）の脚本を書いた後、２００２年の実写版『スクービー・ドゥー』と『ゾンビ』（１９７８）をリブートした２００４年の『ドーン・オブ・ザ・デッド』の脚本でメジャーに進出した。同年ガンは、モキュメンタリー映画『Lollilove』に出演し、当時の妻ジェナ・フィッシャー（『ジ・オフィス』のパム役で有名になる前）と共演した。２人は２００８年に離婚した後も仲が良いとガンは言っている。「僕らは結婚には向いてなかったけど、離婚にはすごく向いてた[10]」

その後、ガンは『スリザー』（2006）と『スーパー！』（2010）の脚本を書き、自分で監督した。前者は異星生物が登場するホラー映画、後者はダイナーのコックが悪を裁く仕置き人になる話だったが、どちらも流血と黒いユーモアに溢れていた。パンク・ロック／スプラッター・ホラーという精神がガンの映画を貫いていた。楽しませた分だけ客を気持ち悪がらせて喜ぶのだった。

経歴だけ見るとマーベル・シネマティック・ユニバースの世界観に馴染むとも思えないジェームズ・ガンだが、『アイアンマン』が封切られて間もない頃にファイギと会っている。「彼〔ファイギ〕が僕の作品を気にいっているのは知っていたし、彼も僕がコミックス・ファンだと知ってました[11]」とガンは回想する。「『アイアンマン』は大大大好きでした。あの映画はジャンルの在り方を変えてしまったと思う。でもその後今みたいになるというのは、予想もできなかった」

2011年にファイギはもう一度会おうとガンに電話をかけ、やって来たガンに『ガーディアンズ・オブ・ギャラクシー』のコンセプト画を見せた。中にはジャンプスーツに身を包んだ身長1メートル弱のアライグマ、ロケット・ラクーンもいた。当初は興味をそそられなかったガンだが、ファイギと会ってからこの企画のことが頭から離れなかった。やがてガンは、この映画こそ好きなことを好きなようにやる最高の機会だと気づいた。マーベル・コミックスの歴史そのものが、ガンにとってたとえ話になった。マーベル・コミックスを読み耽った子ども時代を振り返りながらガンはこう考えた。「マーベル・コミックスにはベーシックっていうか、普通の、いつもの感じのマーベル・コミックスがある。でもごく稀に、フランク・ミラーみたいな人が現れる。ミラーは「デアデビル」を描いたわけだけど、すごく深くて独自の世界観を持っている。マーベルの世界につながっているけれど、同時に単独で成立する芸術品でもある。マーベルの作る映画にも普通っぽいのと、リスクを承知で賭けた特別なのがある。僕は、マーベル映画でもありジェームズ・ガンの映画でもあるという作品を作りたかった。100パーセントマーベル映画で、しかも100パーセント僕の映画。そうでなければやりたくはなかった[12]」

ガンはすっかりやる気になったが、どうすれば自分を選んでもらえるかはわからなかった。しかしガンはジョス・ウェドンのメールアドレスを知っていた（仕事以外でも知り合いだったガンを、ウェドンは自分が作っていたテレビシリーズ『エンジェル』（1999－2004）の1話に配役し、主要キャラクターの1人をガンの弟に因んでチャーリー・ガンと名づけた）。「彼〔ウェドン〕にメールで「この仕事絶対にやりたいんだけど、なんとかならない？」と尋ねたんです[13]」

ウェドンはメールを返した。「遅えよ、バカ。お前の話はとっくに皆にしてるよ[14]」

＊　＊　＊

『メン・イン・スパイダー2』はこれまで作られたスーパーヒーロー映画の中でも最高傑作の1本に数えられるとウェドンは絶賛し、それが功を奏したのか、2012年9月にジェームズ・ガンは『ガーディアンズ・オブ・ギャラクシー』の監督に起用された。ジェレミー・ラッチャムがプロデューサーとして組むことになり、ガンにはその時点での最新稿が渡された。脚本が自分の手を離れるというニコール・パールマンの予想は当たり、その夏クリス・マッコイがパールマンの書いた脚本をよりパンチの効いたものに書き直した。マッコイが書き終わると、今度は監督本人が自分の感性を反映するように書き直し始めた。「僕の考えでは、脚本を書くのと映画を監督するのはほぼ同じことです。僕の考えではね[15]」とガンは言う。「監督するときは、視覚的な要素を足してるだけだから」。ガンはパールマンを評して「最初に転がし始めたのは彼女だよね[16]」とは言ったが、それ以上の称賛は与えなかった。「基になるコンセプトはあった。それっぽいのが映画にも残ってる。でも、あの物語とあのキャラクターたちは、僕が作り直したと言っていいと思う」

全米脚本家組合は、再びマーベル映画の脚本クレジットを仲裁することになった。ガンもパールマンも等しく映画に貢献しており、脚本のクレジットは平等に両名に与えられるというのが組合の裁定だったが、ガンは不服だった。「ニコールの脚本は、全部、かなり違っていた。物語も違う……キャラクターのたどる足取りも違う。同じものについての映画じゃない。でも脚本家組合のやり方というのがあって、連中は最初に書いた脚本家に肩入れするから[17]」

パールマンは、ガンの言い分に対して公に挑戦するようなことはせず、「あのような美しい映画になったのは、関わった人全員、ジェームズも含めて、皆のおかげだと思います[18]」と言った。しかしパールマンの友人であるザック・ステンツ（『マイティ・ソー』の脚本家の1人）は、パールマンに代わって反論している。「ニコールは、いわばナイフの決闘みたいな真似をして『ガーディアンズ・オブ・ギャラクシー』のクレジットを勝ち取ったんですよ。現在ニコールが、女性でありながらアクション映画の、しかもテントポール映画の脚本家としての地位を築いたのは、彼女がマーベル映画に名を刻んだ初めての女性だからです。しかも、それがあれだけ多くの人に愛される映画だったからですよ。映画が公開されたとき、ニコールはパーティを開いたんですが、その名も文字どおり「くたばれ（ファック）ジェームズ・ガン」でしたよ。組合の仲裁で、傷つきながらも自分のクレジットを勝ち取ったからです。私の怒りが今でも収まらないのは、これは映画監督ジェームズ・ガンの1人のファンとして言うんですが、彼はとても慎重に相手を選んで、ニコールを下げるような情報を漏らしていたんです。『X－MEN：ファースト・ジェネレーション』で私たちがクレジットを貰うことになったときに、マシュー・ヴォーンはごねる戦略を取りましたけれど、少なくとも彼は実名で堂々とごねてましたからね[19]」

ピーター・クイルのウォークマンはこの物語の重要な装置だった。ジェームズ・ガンはウォークマンを映画の中心に据えたが、ウォークマンを使うことを考え出したのはパールマンだった。これは誰もが認めるところだ。亡き母との絆を物理的に表す仕掛けであり、10ccの「アイム・ノット・イン・ラブ」やブルー・スェードの「ウガ・チャカ」など、70年代のポピュラー音楽とロックをサントラに供給する装置でもあった。

「まずビルボード誌のヒットチャートを読んで70年代のヒット曲を全部調べるところから始めました[20]」とガンは説明する。「何百曲かダウンロードした中から映画の雰囲気に合いそうな120曲くらいのリストをiTunesに作ったんです。家中のスピーカーからプレイリストの曲が聴けるようにして、聴きながら歌にあった場面を作ったり、音楽が必要な場面があったらプレイリストから曲を選んだり、いろんな曲を視覚的に想像したりして」。脚本を書き直しながらガンは、どの曲のどの部分を使うかまで明確に決め込んでいった。

ガンが選んだ音楽のミックスは、マーベル・スタジオには好かれたが、クリエイティヴ委員会には嫌われ、削除しろと内部メモで要請された。ファイギとラッチャムが間に割って入り、音楽こそがガンの思い描く世界の魅力の一部なのだと主張した。ウェドンも意見を述べ、クリエイティヴ委員会はこちらには耳を傾けた。初期の脚本は、コミックスで確立していたピーター・クイルの物語が基になっていた。クイルの父親はスパルタクスの皇帝ジェイ・ソンであり、クイルは銀河帝国の王族の息子であることが明かされるのだ。ウェドンはこの設定に強く反発した。宇宙の王子では観客が感情移入できない。ピーター・クイルは平均的な人間でなければならない。「ジョスからのメモには、全部大文字で「誰の目にも明らか。それじゃ映画にならない」と書いてありました[21]」とラッチャムは言う。

『ガーディアンズ』の脚本に書かれた台詞のリズムもユーモアも、他のMCU映画と似すぎているとウェドンは感じた。「ジョスは乗り気だったけど、皆ほど乗り気じゃなかった[22]」とガンは言う。「僕は「ちょっと待てよ！」という感じで、ジョスは「ここはすごく良い。ここもここも最高。話もちゃんとできてる。でもこの脚本にはジェームズ・ガン濃度が足りない。全部普通すぎる。ジェームズ・ガン濃度をもっと上げろ」と。だから僕は「まあ、〈失敗しても〉あんたの葬式だしね」と言ったけどね」。台詞のジョークはさらに尖り、ディズニーの子会社であるマーベルに許される台詞の限界が試された。

配役について明確な考えを持っていなかったガンだが、キャスティング監督のサラ・ヘイリー・フィンが出してきた候補者リストにはガンが考えもしなかった俳優、たとえばスター・ロード役候補のクリス・プラットなどが含まれていた。ドラックス役にはたとえばジェイソン・モモア（後のアクアマン。この時点では『ゲーム・オブ・スローンズ』のカール・ドロゴ役で知られていた）のような堂々とした体格が求められた。しかしモモアはすでに似たような役を演じたことがあると感じてオファーを蹴ったので、フィンは演技の世界に入ろうとしていたプロレス界の元スター、デイヴ・バウティスタに照準を移した。

サンプルとしていくつかの場面の脚本を読んだバウティスタは、たとえ話を理解できないドラックスというキャラクターに困惑し「ドラックスが全然わからない[23]」と言った。バウティスタは演技コーチに電話で相談したが、幸運にもコーチはコミックス・ファンだったので、ドラックスが隠し持つ乾いたユーモアをバウティスタに気づかせてくれた。バウティスタはガンとの面接のために、撮影準備が始まっているロンドンにわざわざ飛ぶ羽目になったが、その甲斐もあって役は彼のものになった（『マイティ・ソー／ダーク・ワールド』の撮影がロンドンで行われていたので『ガーディアンズ・オブ・ギャラクシー』の制作拠点もロンドンになっていた。『ソー』の撮影が終わったらスタッフをそのまま『ギャラクシー』に移行させられるようにマーベル・スタジオがスケジュールを組んだからだ）。

ロケット・ラクーンとグルートはCGIキャラクターとし、撮影現場では代役が演技するとガン監督は決めた。残るガーディアンズの5人のメンバーで配役が決まっていないのはガモーラだけになった。アマンダ・サイフリット（『マンマ・ミーア！』（２００８））は役を打診されたが受けなかった。「マーベル映画史上最初の失敗作に関わりたくないと思ったんです。「喋る木とアライグマが出る映画なんて誰が観たがるの？」と思ってしまって[24]」。サイフリットは付け加えて言う。「脚本は素晴らしかった。でも「あの役者」になりたくないという気持ちがあって……。ああいう大きな映画に出てそれが失敗したら、ハリウッドでは許してもらえませんから。そういう目に遭った役者を大勢知っていますし、それがすごく怖かったんです。だから「それでも出る価値ある？」と思ってしまったんです」

ゾーイ・サルダナもガモーラ役を断った。2009年の『スター・トレック』とジェームズ・キャメロンの『アバター』に主演したサルダナは、SF映画のヒロインという類型に押し込まれたくなかったのだ。しかしガンは脚本を読んでほしいとサルダナを説得した。「ガモーラの視点から見るとあまりわくわくする脚本じゃないですね[25]」とサルダナは言った。「どの場面にも出番があるけれど、全然台詞がないし。メイクに毎日5時間、それを毎週6日間、6か月間続けるのに、黙って壁にとまった蠅みたいな役?」。ガンはガモーラの役をもっと広げると約束し、サルダナは出演を決めた。

『ドクター・フー』(2005－)のファンにはコンパニオンのエイミー・ポンド役で知られるカレン・ギランは、姉ガモーラとともにスーパーヴィランのサノスに養女にとられたネビュラに配役された。ネビュラ役を受ける決心をする前に、ギランは頭髪を剃ることに同意を求められた。しかしギランは持ち前の長い赤毛をただで切り捨てはしなかった。切られた毛髪は「スター・ウォーズのモンスターを造っている人たちが[26]」カツラにしてくれたと本人が言っている。このカツラのおかげでギランは、ABC局が放映した短命のシチュエーション・コメディ『セルフィー』(2014)の撮影を続けることができた。

ガン監督は可能な限り実際に組んだセットでの撮影を希望したが、実際には後でCGIで埋めることになる空白の多い撮影となった。「想像力を総動員する現場でした[27]」というのは、ロナン・ジ・アキューザーを演じたリー・ペイスの発言だ。「とは言ってもすべてはジェームズ・ガンの手のひらの中。彼によって創造される世界なので、こちらは「ようし、やろうぜ。どういうのがお好みか言ってくれよ」という感じでした」

億単位の予算を費やし、そこら中が合成用のグリーンバックだらけの撮影ではあったが、思春期に撮ったアマチュアのゾンビ映画が持っていた何でもありな感性を、この映画で再現することにガンは成功している。ロケット・ラクーンの撮影用代役として、ガンは弟のショーンを配役した。ショーン・ガンはモーション・キャプチャー用スーツに身を包み、他の役者が適切な目線を保てるように膝をつき、這い回った(宇宙海賊ラヴェジャーズの一員クラグリン・オブフォンテリに扮しているときには、立つことができた）。撮影時にグルートの代役を演じたのは、ロンドンで活躍するポーランド出身のクリスチャン・ゴドルースキーだった。彼は青いモーション・キャプチャー用のスーツを着て、造型されたグルートの頭部を頭に乗せて演技した。自由に即興演技ができる『パークス・アンド・レクリエーション』の撮影に慣れていたクリス・プラットは、分単位で巨額の予算が消えていく『ガーディアンズ』のような超大作映画でアドリブ演技をしていいかどうか迷っていた。しかしやがて、ガン監督が役者に求めているのは、限界まで遊び心溢れる共同関係だと知って安心したのだった。

それから、ガンはユニークな褒賞システムを撮影現場に持ち込んだ。「いつもプラスチックの容器に入ったプレイ・ドー（カラフルな小麦粉粘土）を積んでおいて、何か特別にすごい仕事をした人に1個あげる。俳優でも特機担当のスタッフでもスタントマンでも制作助手でもね。85日の撮影期間全体でスタッフは何百人もいたが、あげたプレイ・ドーはせいぜい40個くらいだったかな[28]」。ガンに渡される褒美の１つ１つが、彼自身が大事にしようとしている遊び心を感じさせた。「新しい容器を開けたときの粘土の香り。あれを嗅ぐと創造的で子ども時代みたいな場所に連れていってもらえるんです」。そして彼は付け加えた。「プレイ・ドーで遊ぶのが嫌いな人なんていないよね」

ガンとの確執はあったもののパールマンは、ロンドンの撮影現場を訪れた。そして現実の世界に作られた自分の夢の世界に足を踏み入れるというシュールな体験をした。「自分が書きながら想像したものよりも、ずっと美しいものがたくさんありました[29]」

『ガーディアンズ・オブ・ギャラクシー』の幕引きで、植木鉢の中で踊るベビー・グルートのショットがあるが、その演技のためにガン監督は自分を配役した。「踊るベビー・グルートは１００パーセント僕です[30]」と本人が認めている。「他に人がいると恥ずかしくて無理なので、全員に外に出てもらって自分独りでカメラを設置して、踊る自分自身を撮りました。その動画をなぞってアニメーターたちがアニメーションを作るわけですが、絶対に動画を漏らさないで！　とお願いしました」。見ても誰かわからないように踊ったつもりのガンだったが、完成した映画を観た友人たちは踊り方でガンだと見抜いた。

主要撮影終了後、ガンはロケット・ラクーンの声にブラッドリー・クーパー（『世界にひとつのプレイブック』（2012）でアカデミー賞候補になったばかりだった）を配役した。アニメーターたちには、ロケットを動かすために参照できる素材が3つあった。撮影現場で演技したショーン・ガン、声の録音中に撮影されたブラッドリー・クーパー、そしてオレオという名の本物のアライグマだ。

グルートの声をあてる俳優として、マーベル・スタジオは「ワイルド・スピード」シリーズのヴィン・ディーゼルに打診した。ガンもファイギも、ディーゼルが深く低い声で演じた『アイアン・ジャイアント』（1999）の大ファンだったのだ。ほぼすべての台詞が3音節（「I」「am」「Groot」）だけという役柄に、ディーゼルは乗り気ではなかった。しかし子どもたちにガーディアンズが勢揃いした画を見せて、どの役をマーベルに頼まれたか当ててもらったところ、皆がグルートを指さした。それを見てディーゼルは木の役を受けることにした。

マーベル・スタジオが『ガーディアンズ・オブ・ギャラクシー』の粗編集版をテスト試写したとき、ロケットとグルートのCGIが未完成だったこともあって、反応は今ひとつだった。しかしこの段階ですでに観客の好反応を得ていたものが2点あった。サウンドトラックの音楽とクリス・プラットの演技だ。これを受けてマーベル・スタジオは、大規模な手術の必要はないと考えた。追加撮影が必要と判断された場面で一番大きな変更は、サノスを登場させることだった。ロナンはサノスのためにインフィニティ・ストーンを探すのだが、まだサノスの存在は物語の影の中に暗に感じられる程度だった。そのためロナンは聖戦の中間管理職という位置づけのように見えていた。

アベンジャーズの究極の敵としてサノスを導入する算段を練っていたジョス・ウェドンの承認を得て、狂気のタイタン人サノスはついに画面上にその姿を現すことになった。「ガーディアンズがチームとして結成される物語からフォーカスを外したくなかったので[31]」とファイギは説明する。「サノスにあまり時間を割きたくはありませんでしたが、それでも黒幕の後ろのそのまた後ろにいる黒幕という存在を見せておきたかったんです」。ファイギにとって高い優先順位を持っていたのは、「不敵な笑みを浮かべて王座にふんぞり返って座っているサノスの画。サノスが登場するコミックスの表紙は必ずそれなんです。それがこの映画の中でもとくに僕が好きなショット。このかっこいい画を絶対に入れてほしかったんです」

ＭＣＵ最大のヴィラン、サノスという重量級の役を演じ切れる俳優を求めて、マーベル・スタジオは、数年前に『ミルク』（２００８）の演技でアカデミー賞最優秀助演男優賞候補になったジョシュ・ブローリンにたどりついた。モーション・キャプチャーの演技経験がなかったブローリンは、友人のマーク・ラファロに助言を求めた。「どう思う？　やる価値があると思うか？　面白いか？」[32]

ラファロはこう答えた。「いいか？　人生でかってないほどバカみたいな気持ちにさせられる。全身タイツを着せられて、顔に点々を描かれて、カメラ付きのヘルメットを被せられて、寄り目にならずに演技するのが一苦労だ」[33]。しかし結論としては「でも仕上がったものを見たら、ぶっ飛ぶよ」

ブローリンはオファーを受けた。遊色効果を持つ粉末で顔を覆われ、ずらりと並んだカメラに囲まれて、ブローリンは撮影に臨んだ。演出するガンの姿もよく見えなかった。集中することができず、台詞を忘れたら大変だと狼狽えたブローリンは、撮影中も脚本を膝の間に挟んでいた。

２０１４年7月のサンディエゴ・コミコンで、サノスを演じると発表されたブローリンは、発泡スチロール製のインフィニティ・ガントレットを手に舞台に上がった。そしてその1週間後に『ガーディアンズ・オブ・ギャラクシー』が封切られた。10作目のマーベル・スタジオ製映画だった。「絶対に忘れないですよ」[34]とルイス・デスポジートが回想する。「友人たちに『この映画が失敗しても、ここまでは全部素晴らしかったじゃないか』と気休めを言われましたよ。誰も『ガーディアンズ』がうまくいくと思っていなかった。だから成功したとき、なおさら気分が良かったんです」

マーベル・コミックスのファンでも皆が知ってるわけではないキャラクターを主役に据えたこの映画は、最初の週末に9400万ドルの興行収入を上げ、最終的に世界中で7億7330万ドルを稼ぎ出した。クリエイティヴ委員会はジェームズ・ガンが選んだ音楽に懐疑的だったが、サントラ・アルバム『ガーディアンズ・オブ・ギャラクシー：オーサム・ミックス Vol.1』は175万枚を売り上げた（『アナと雪の女王』に次いで2014年に2番目に売れた映画のサントラ・アルバムになった）。

ロバート・ダウニー・ジュニアが考察する。「アイアンマンの映画とソーの映画とアベンジャーズの映画の成功が、二軍の補欠みたいなマイナーな新参者をコミックスの棚から引っ張り出して「ほら！」と世に問う機会を、マーベルに与えたんじゃないかな[35]」。どこをとってもありえないこの展開に驚嘆しながらダウニーは続ける。「これがどれほどありえないかと言うと、たとえば君のチームに最高のクォーターバックがいて、そいつの弟が別のチームの選手で、そこで君がこう言う。「ここにいるのはあいつらのまた従弟だ。いい腕を持ってるから先発で試合に出してみよう」。そしてまた従弟のおかげでスーパー・ボウルで勝つ、というほどありえない」

この「また従弟」はガーディアンズを指しているのだが、逆転一発を放ったジェームズ・ガン監督も同様に負けを期待されていたのだ。ガンはマーベルが求めていたとおりの映画を作りあげたが、それは同時に自分の希望どおりでもあるという離れ業を成し遂げた。「マーベル・スタジオは黙って僕に好きにさせてくれて、僕との関係は良好でした[36]」とガンは言う。「あちらから出された意見やアイデアには、真剣に対応しましたよ。このキャラクターを足せとかプロットをこうしろと言われたことはありませんでした。インターネット上には、自分がマーベル・スタジオのやり方を知っていると錯覚している人の書いた妄想がたくさんありますが、あの人たちは何もわかってない。僕はここ数年の間にマーベル・スタジオの信用を勝ち取ったと思っているけど、信用されればマーベルは動き回る余地をたっぷり取ってくれます。マーベル・スタジオの皆が好きだし、マーベル・スタジオと仕事するのも好きです。うまくいってる結婚と同じで相性ぴったりなんです」。ガンの言葉からは、良しにつけ悪しきにつけ、これからもずっとマーベル・スタジオと仲良くやっていきたいという気持ちが強く感じられた。

CHAPTER 19 | WHERE'S NATASHA?

ナターシャはどこ？

肝心なことを端折ったら真実でも辻褄が合わないよ。
The truth rarely makes sense when you omit key details.
――ブラック・ウィドウ（2021）

マーベル・テレビジョンとの縄張り争いや、クリエイティヴ委員会との長い確執に代表される内部の事情は、神聖なる聖域級の秘密として表に出されずにきた。1つだけ表面化したのは、MCU内での女性キャラクターの扱いだ。MCUが誇る強力な女性キャラクターは、1人残らずマーベル・エンターテインメントが頑固に問い続けた疑問に何年もの間、晒されてきた。「女性のスーパーヒーローなんて本当に必要なのか？」

マーベルが女性のスーパーヒーローを出すことに積極的でないことは、業界人の発言を扱うブログやゴシップ・サイトの記事を読むまでもなくファンにとっては一目瞭然だった。映画館に行けば、玩具店の棚を見ればわかることだった。しかし、この一件もやがて内部で紛糾することになる。その引き金はナターシャ・ロマノフ、またの名をブラック・ウィドウというキャラクターだった。

赤毛のカツラをつけたスカーレット・ヨハンソン演じるナターシャ・ロマノフは『アイアンマン2』でMCU

へのデビューを果たした。この映画のエージェント・ロマノフは、カールが豊かに波打つ髪、デコルテも露わなパッツンパッツンなキャットスーツに身を包み、魅惑全開モードだった。ハマー・インダストリーズ社の廊下で10人以上警備員を汗ひとつかかずに倒すなど、敵にまわしたら恐ろしい相手ではあるが、この時点ではまだ後年ファンに推されることになるようなブラック・ウィドウではなかった。

「最初のアベンジャーズをやるまでは、あのスーツが自分のものだと思えなかったですね」[1]とヨハンソンは言う。「私があの役を演じることにどのような反応が出るか、私をあのキャラクターとして受け入れてもらえるかどうか、わからなかったので」。『アベンジャーズ』でブラック・ウィドウは、より機能的にアップグレードされた。髪はアクション向きに短くなり、武器や装備も増え、衣裳にはタクティカル・パッドと高い襟、そして何より重要なのは、ブラック・ウィドウが自分で考えるキャラクターになったことだった。「ジョス・ウェドンと一緒にナターシャの過去について話し合いました」[2]とヨハンソンが言う。「彼女は一体どういう人なのか。どういう経緯で傭兵になったのか。どういう道をたどって彼女は今ある自分になったのか。なぜあのような技術を身に着けることになったのか。私もジョスも、彼女の暗い面を見たいと思いました」

S.H.I.E.L.D. のエージェントであるホークアイとの特別な友情や、自身の善悪の収支決算表から「赤(レッド)」の文字を削除するにいたった動機など、ウェドンがナターシャ・ロマノフの過去を提供した。スーパーパワーはないが、ソー、キャプテン・アメリカ、ハルクと並んでも引けを取らないブラック・ウィドウ。そう考えると、ある1つの疑問が当然のように首をもたげる。他のアベンジャーズたちが自分の単独映画に主演しているのに、なぜブラック・ウィドウの単独主演映画はないのか?

「決定的なプランはありませんが」[3]とケヴィン・ファイギは2011年に、ブラック・ウィドウの映画について尋ねられて答えた。「でも、話を始めてはいます。どんな映画が作れるか、スカーレットとも話しています」

スカーレット・ヨハンソンは、自分の役柄にMCU版スパイ・スリラーの可能性を見ていた。「個人的な意見ですが、ブラック・ウィドウ主演で最高にイケてる映画を作れると思います」[4]とヨハンソンは言う。「『ボーン（アイデンティティ）』みたいなスタイルの映画で、それができれば、コミックス映画というジャンルにまったく新しい方向性を与えられると思います」

ブラック・ウィドウの最大の障害はヒドラではなく、女性のスーパーヒーローは関連商品の売り上げに貢献しないと固く信じるマーベル・エンターテインメントのクリエイティヴ委員会だった。「玩具製造の連中は、十分な売り上げを見込めない、の一点張りだ」[5]とウェドンは２０１３年に言った。「映画業界の連中は、最近作られた出来の悪いスーパーヒロイン主演映画だけを指さして『ほら、やっぱり駄目だ』と言いやがる。バカバカしい」

他の誰かが作った映画の失敗をブラック・ウィドウが背負わされたのは、これが初めてではなかった。２００４年、スパイアクションのジャンルにぴったり収まるブラック・ウィドウは、マーベルが保有するキャラクターの中でも「最も簡単」に映画化できるとみなされていた。ライオンズゲート・スタジオはブラック・ウィドウのキャラクターを映画にする権利をオプションとして取得、脚本兼監督として『Ｘ－ＭＥＮ』の脚本家デヴィッド・ヘイターを雇った。「不幸にも、まさに最終稿を書き上げようというときに、女性仕置き人の映画が何本も公開されました」[6]とヘイターは顔をしかめる。「『トゥームレイダー』（２００１）と『キル・ビル Vol.１』（２００３）はうまくいきましたが、他に『ブラッドレイン』（２００６）と『ウルトラヴァイオレット』（２００６）と『イーオン・フラックス』（２００５）がありました（３本とも興行的にふるわなかった）。『イーオン・フラックス』は最初の週末興行が良くなかったんですが、封切り３日後にスタジオから連絡がきて『今はこの映画をやる時期ではないと思う』と言われたんです。市場への浸透度という意味で理解できなくもありませんが、それでも心が痛みましたね。すでにこの企画の開発に多大な時間を費やしていましたし、しかもその間に生まれた娘にナターシャと名づけてましたし」

それから10年が経った２０１４年。『キャプテン・アメリカ／ウィンター・ソルジャー』でのブラック・ウィドウは、キャプテン・アメリカに次ぐ準主役扱いだった。スカーレット・ヨハンソンは自分が演じるキャラクターを守るために脚本に変更を求める胆力を身につけていた。観客の性的なファンタジーを満たすだけの役を演じるのはまっぴらだった。「『キャプテン・アメリカ／ウィンター・ソルジャー』をやってたときは……ブラック・ウィドウが美しい車で乗り付けてキャップを乗せて走り去る場面ですが、最初の脚本では純白のテニスウェアを着てブロンドのカツラをつけることになっていたので、瞬殺しました[7]」とヨハンソンは言う。「一緒に仕事をする脚本家は男性が多いですからね。世の中どんどん変わってますから、ちゃんと一緒に変わらないと」

しかしクリエイティヴ委員会に、ちゃんと変わる気はなかった。女性のスーパーヒーローの玩具は売れないと信じているアイク・パルムッターは、女性のスーパーヒーローの玩具を製造しないという念の入った方法で自らの信念を証明した。それはトイ・ビズ社を経営していた90年代初頭からパルムッターが持ち続けてきた信念だった。アヴィ・アラッドがデザインした１９９１年製造のＸ－ＭＥＮのアクション・フィギュアのラインアップに女性キャラクターはたった１人しかいなかった。その製品「パワー・グロー・ストーム[8]」は、他のフィギュアより製造数が少なかった。

ニューヨーク常勤のパルムッターの副官アラン・ファインは、ディズニーの優先順位を正確に評価していた。つまり、ディズニーがマーベル（そしてルーカスフィルム）を買収したのは、男児と男性成人相手に商売したかったからだ。女の子相手にライセンス商品を売る市場は、すでにディズニーが支配的な占有を達成している。女の子と成人女性に手を伸ばすためにマーベルが必要なわけではない。子会社を小突いてそんなことをさせる気がディズニーにあるはずがない。なにしろディズニーはマーベルに干渉しないと約束したのだ。

２０１４年8月、パルムッターはソニーの重役マイケル・リントンにメールし、女性のスーパーヒーローを主役にした映画について意見を交換した。女性のスーパーヒーローは悪い投資対象であるという主張を裏付けるために、パルムッターは3本の映画を挙げ、ご丁寧にboxofficemojo.com〔興行収入データサイト〕のリンクまでつけた。『エレクトラ』(2005)「酷いアイデア。結果も実に酷い」[9])、『キャットウーマン』(2004)「大事故」)、『スーパーガール』(1984)「もう1つ大事故」)。

パルムッターがこのメールを送る7日前、ファイギは再びマーベルはいつになったら女性が主役の映画を作るのかと問われていた。1年前のジョス・ウェドンの発言を繰り返すかのように、ファイギはこう言った。「僕はやるべきだと信じてます。「誰も女性のヒーローが出る映画を観たがらない」と言って出来の良くない映画を5本例に挙げるなんて、僕は不公平だと信じてます。映画が良くないから客が来なかったのであって、女性が主役だからじゃない。そういう人たちは『ハンガーゲーム』や『アナと雪の女王』や『ダイバージェント』(2014)には触れない。もっとさかのぼって『キル・ビル』や『エイリアン2』(1986)を入れてもいい。どれも女性が主役の映画じゃないですか[10]」

ファイギはクリエイティヴ委員会には触れず、パルムッターの名も出さなかったが、これはファイギとしては珍しく露骨な批判だった。

＊　＊　＊

まさにこの時期、『ガーディアンズ・オブ・ギャラクシー』はアメリカで一番人気の映画だった。映画だけでは飽き足らなくなったファンたちは玩具店に足を運んでアクション・フィギュアを手に取った。そして、マーベルの玩具が時代の変化についてきていないことをあらためて追認したのだった。ガーディアンズの4体セットには大事なキャラクターが1人欠けていた。緑の肌のガモーラがいなかった。本質的に準主役だったゾーイ・サルダナの好演とその人気を考えると、コミックスあら派生した商品展開の中にガモーラがいない事実が一層際立った。ジェザベル〔Jezebel〕というフェミニズムのウェブサイトに、ある女性からの投稿が載せられた。その女性には小さな娘がおり、彼女は『ガーディアンズ』が大好きだった。女性は娘を連れて、サルダナが演じたガモーラのTシャツを求めてチルドレンズ・プレースというチェーン玩具店を訪れた。ガモーラのTシャツが存在しないことを知った女性は店に苦情を言い、次のような返事をもらった。「私どもはTシャツ商品化に際して、ライセンスを認めてくれる権利者の考えに従います。『ガーディアンズ』のシャツは男児向けなのです。だからガモーラというキャラクターは含まれません。多様な商品を揃えようと努力はしていますが、すべての映画とすべてのキャラクターを選ぶことはできないのです[11]」。当たり障りないように表現されたこの企業メッセージは、ウェブ上で共有されて多くの人を憤らせた。

「2年前に『アベンジャーズ』が公開されたとき、関連商品とか玩具の中にブラック・ウィドウがいなかったのを覚えてる？[12]」とライターのエイミー・ラトクリフが自分のブログに書いた。「市場に出回っている『ガーディアンズ』の関連製品にガモーラがいないのを見ると、残念ながらマーベルとディズニー相手にライセンス契約を結んで商品を作ってる人たちはその失敗から何も学ばなかったらしい。悲しいよね。今日のハッシュタグは#wheresgamora〔#ガモーラはどこ〕」。このハッシュタグは大拡散された。ラトクリフはガモーラが除外された『ガーディアンズ』の関連商品を多数見つけ出してきて、自身のブログで紹介した。

『ガーディアンズ』の関連商品とガモーラの不在が広く知れ渡ると、2015年5月に『アベンジャーズ／エイジ・オブ・ウルトロン』が公開されたとき、今度はファンたちはブラック・ウィドウの関連商品の有無を追及した。仮にマーベル・エンターテインメントが、ガモーラ商品に対する抗議の声に応えて『エイジ・オブ・ウルトロン』関連商品の中にブラック・ウィドウ商品を増やしたいと思ったとしても、恐らく時間的な事情で無理だっただろう。一般的に玩具のデザイン、製造、そして流通には9か月以上の時間が必要だからだ。しかしマーベル・エンターテインメントにそのような意向があったという証拠は、まったくない。

マーベルが『ウルトロン』関連商品で地球上を埋め尽くしたとき、ブラック・ウィドウのフィギュアはレゴのセットについてくるものだけだった。そしてブラック・ウィドウをあしらった服飾製品は、男性向けのTシャツと、どういうわけかトートバッグが1種類だけだった。ほどなく「#WheresNatasha」がSNSのトレンドに上がった。ハッシュタグには玩具店の商品棚の画像が添えられ、マーベルが何億ドルもかけて展開する「アベンジャーズ」シリーズの商品とブラック・ウィドウの不在が可視化された。『エイジ・オブ・ウルトロン』公開の4日前、マーク・ラファロは運動に参加して、こうツイートした。「@マーベル　娘と姪のためにもっと#ブラックウィドウ商品を。お願い、お願い[13]」

おもにSNSで展開されたこの抗議運動は、実に現代的だった。そして運動の中心にいたのは、1500億ドル相当の価値を持つ企業に金を払おうという人たちだった。そしてなにより、この運動はアイデンティティの問題に光を当て、さらに高齢の男性が持つ先入観を捨てるよう促す力も持っていた。作家で運動家でもあるパトリシア・V・デイビスは、アベンジャーズのアクション・フィギュアセットにブラック・ウィドウを加えるよう求めるオンライン署名活動を始めた。「玩具製造企業は、女性の貢献は数に入らないとか、女性のスーパーヒーローは格下というメッセージではなく、もっと良いメッセージを小さな女の子たちに送るべきです。現在『アベンジャーズ』のようなスーパーヒーロー映画の観客の46パーセントは女性なのです[14]」とデイビスは書いた。彼女が出した数字は基本的に正しかった。ならばマーベルは観客の半数を袖にしているということになる。

『エイジ・オブ・ウルトロン』が公開され衆目に触れると、ブラック・ウィドウ玩具の不在は一層際立つことになった。劇中、ウルトロン（ヴィブラニウム製ボディを持つ殺意に満ちた人工知能）を追ってブラック・ウィドウがクインジェットから路上にオートバイに跨ったまま降下する場面がある。ウェドン監督はこのスタントを実際に撮影したが、妊娠中だったヨハンソンは撮影に参加しなかった。代わりにヨハンソンの顔を模したゴムマスクを被った代役たちがスタントを演じ、顔は後でデジタル効果で置き換えられた。「彼女の顔とそっくり。白目までちゃんとついてました[15]」とヨハンソンのスタント代役を長年務めるハイディ・マネーメイカーが言う。「あのマスクを被ってる人を見るとすごく気持ち悪いですよ、表情がまったくないのに、マスクの後ろで動く目が見えるから」。『エイジ・オブ・ウルトロン』の予告編の中でも見せ場であるこのオートバイのアクションに触発されて、玩具セットが2つ製造された。驚くべきことに、1つはブラック・ウィドウではなくキャプテン・アメリカがオートバイに乗っており、もう1つは空を飛べるアイアンマンがわざわざオートバイに乗っていた。

アベンジャーズが男子専用倶楽部（ボーイズクラブ）であるという印象は、報道関係者を招いた宣伝イベントでのジェレミー・レナーとクリス・エヴァンスの発言によって強化されてしまった。ナターシャは彼らが演じるキャラクターをどう思っているかという質問に対して、レナーは「あの女はヤリマン（スラット）だね[16]」と答え、エヴァンスは「誰とでも寝るよね[17]」と同意した。これが拡散されるとエヴァンスはすぐに「子どもじみて人を不快にさせるようなことを言ってしまったので、怒ったファンがいたのも当然です[18]」と謝罪した。一方、明らかに悪いことをしたとは考えていないレナーは、自分が言った冗談に後悔はしていないとコナン・オブライエン〔トークショー司会者でコメディアン〕に言った。

実際『エイジ・オブ・ウルトロン』でのナターシャの恋愛対象はクリント・バートンでもスティーブ・ロジャースでもなく、ブルース・バナーだった。スパイのナターシャと科学者のバナーという罪悪感にまみれた2人の間に、ウェドンが絆を作った。ナターシャ・ロマノフの心に深い傷を残したソビエトのスパイ養成プログラムのレッドルームからの「卒業式」のことをバナーに打ち明ける場面は、ウェドンが絶対に外すなと戦った結果残された場面だった。彼女は不妊手術を強制されたのである。バナーに対して、自分のことを「チーム唯一のモンスター」だと思うかと問いただして、彼女の独白は終わる。この台詞が示唆するもの、つまり子どもを産めない女性は、恐怖の対象ではないとしても何らかの道を外れているのだという考え方に居心地の悪い思いをした観客もいた。ブラック・ウィドウをより畏敬の念を抱かせるようなキャラクターにしようと試みたウェドンだが、残念ながら自身の限界を晒す結果となった。

『エイジ・オブ・ウルトロン』でもブラック・ウィドウは、再び自らの女性的魅力を使って男性チームメイトの個人的成長を助けてやることになる[19]」とデイリー・ビースト紙のジェイ・ヤマトが書いている。「ハルクはついに怒りの暴発を制御できるようになるが、実際にハルクを落ち着かせられるのはブラック・ウィドウの女性的で優しい手とささやくようになだめる声だけだ。引き換えに科学オタクのブルースが、ロマノフの心の奥に長い間沈められていた女の気持ち……か何かよくわからないものに火をつける。ウェドンは自分のお気に入りのキャラクターに、男にしか書けないような女性の災難を与えた。その結果ブラック・ウィドウというキャラクターは賞味期限切れの方法で深みを与えられる。そして彼女というMCU最凶のビッチは、今回も女性として不完全な自分を悲しむスーパーヒロインの抜け殻にされてしまうのだ」

やがてヨハンソンはこの論争に反応して言った。「そうですね、ウィドウの物語にすごく注目して、心配したり、入れこんでくれて、とても嬉しいですよ。そっちの方が「はあ、まあ」みたいな反応よりよほど良いですから……。私がウィドウに関してやったことは、私としてはすべて辻褄があっています[20]」

＊＊＊

アイク・パルムッターはトイ・ビズによってマーベルを買収したが、そのトイ・ビズは他の玩具製造販売業者が晒されてきた景気の浮き沈みを経験していない。このことを考えると、玩具の売り上げ中心に映画製作を考えるマーベル・エンターテインメントの経営方針には逆説的なアイロニーすら感じられる。「取締役会は、玩具から手を引けとパルムッターに圧力をかけたんです[21]」と、マーベルの弁護士ジョン・トリツィンが思い出す。「玩具というのは本質的にクリスマス商売なので、つまり年末に売れることを祈りながら、その年の2月か3月に何を作るか判断して投資するわけです」

デヴィッド・メイゼルがメリルリンチの融資を得てマーベル・シネマティック・ユニバースが始まった2006年に、マーベルはハズブロに玩具や関連商品で商売する大規模なライセンスを与え、「トイ・ビズ」という社名も中国の企業に売ってしまった。マーベルのキャラクターが登場する映画が作られ続ける限り、ハズブロから入ってくる相当額のロイヤリティを当てにできるというわけだ。

マーベル関連の玩具の製造販売権利を手に入れたハズブロは、スーパーヒーローのアクション・フィギュア製造のために特別チームを編成した。マーベル・エンターテインメント側は、ハズブロ玩具製造チームとマーベル映画が連携するように調整した。映画の制作スケジュールを教え、さらに衣装のデザインや俳優たちのスキャンデータなど、マーベル・スタジオのヴィジュアル開発部門のファイルのアクセス権を、ハズブロのアクション・フィギュアのデザイナーたちに与えた。ハズブロがマーベル相手に玩具のコンセプトを売り込むこともあったが、メイゼルによるとハズブロのコンセプトが実際の商品ラインに反映されることも、それが映画に押しつけられることもなかった。「玩具化が可能ならハズブロの方ではどんなことをしたいか。そういう話をしてもらったことはありますが、楽しげな夢以上の意味は持っていなかったですね[22]」。玩具の売り上げがロイヤリティ支払いの最低基準額を越えたら、マーベルはその歩合を取る。超えなかった場合はハズブロが損をかぶることになっていた。

そんな契約条件であっても、マーベル関連商品は大量に売れるのでハズブロには十分なメリットがあった。マーベル映画が公開された月を含む四半期のハズブロの玩具売り上げは、映画の公開がなかった四半期の7億ドルから8億ドルに跳ね上がる。玩具の製造は外注に出したとはいえ、マーベル・エンターテインメントは玩具売り上げを重視し、ライセンス契約部門を常駐させた。最終的にどのキャラクターを玩具化し、どのキャラクターをそれ以外の関連商品（Tシャツなど）に使うか決めるのはマーベル・エンターテインメントだった。製造コストはライセンスを受けた企業持ちである。いままでずっとその収入で諸々を賄ってきたというだけの理由で、たとえ映画の歳入が玩具のロイヤリティを上回っても、パルムッターは関連商品以外の収益には目もくれようとしなかった。

到底納得のいく優先順位とは思われないが、女性のキャラクターをプラスチックの人形にしても売れない（ゆえに映画の主役にはできない）という彼らの信念にマーベル・スタジオが反論したくても、聞く耳は持たれない。そのような経営形態を、マーベル・エンターテインメントは強固に構築してしまっていた。玩具にも公正なジェンダー観を反映させるべきだと突然目覚めたくらいの理由では、パルムッターは女性キャラクターの玩具を作るようにはならない。パルムッターの戦略を変更させる最良の方法があるとすれば、それは女児という大きな市場を見逃して金儲けのチャンスを逃していると理解させることだけだ。残念なのは、パルムッターにはその提案を試してみる気すらないということだった。

CHAPTER 20 | MARVEL STUDIOS VS. THE COMMITTEE
マーベル・スタジオVSクリエイティヴ委員会

理事会の決定だというのは理解しているが、
それがクソバカらしい決定であることを考慮して、私はあえて無視する。
I recognize that the Council has made a decision, but given that it's a stupid-ass decision, I've elected to ignore it.

――アベンジャーズ（２０１２）

ニューヨークにあるマーベル・エンターテインメント本部から３０００マイルも離れているからと言って、アイク・パルムッターの目からマーベル・スタジオの幹部たちが逃れることはできなかった。２００９年にディズニーがマーベルを買収したとき、パルムッターに対してディズニーのボブ・アイガーＣＥＯは、マーベルの企業文化に干渉しないと確約した。マーベルの企業文化を構成する柱は2本あるが、実際にはどちらの柱にも創造性を育む意図が存在しない。1本目の柱は、玩具の売り上げを最大限にするために各部門が連携すること。パルムッターは、その目標達成のためにクリエイティヴ委員会を駆使した。そして2本目は極度の倹約精神だった。「ケチ。すごくケチ」[1]とジェームズ・ガンが回想する。『ガーディアンズ・オブ・ギャラクシー』の打ち合わせで初めてマーベル・スタジオを訪れたガンは、これが何十億ドルという予算を使って映画を製作するスタジオの本部なのかと目を疑った。「段ボールとセロテープで作ったみたいなオフィスに座って打ち合わせですよ」

マーベル・エンターテインメントは、マーベル・スタジオの事務所にかかる間接費に仔細に目を光らせていた。それが凧工場でも、ビバリーヒルズのベンツ販売店の2階でも、マンハッタンビーチであっても、マーベル・エンターテインメントが主導する費用削減の基準によってスタジオの職場環境は、あるマーベル関係の脚本家の言葉を借りると「肥溜め寸前」[2]になるのだった。

DMGエンターテインメントのクリス・フェントンが初めてマーベル・スタジオを訪れた感想は「控え目でちょっとだらしのない感じ」[3]と慎重に言葉を選んだものだった。受付には椅子がなかったので、フェントンは会議室で待つように言われた。会議室には大きなテーブルとたくさんの椅子があったが「種類がばらばらでした」とフェントンは言う。腰かけると、椅子は彼の尻の下で崩壊した。「あ、やばい」と受付係が言った。「椅子に気をつけてと言うのを忘れてました」

マーベル映画の撮影準備が撮影所〈他スタジオの施設〉で開始されるときには、マーベルのスタッフたちは自分たちの事務所の棚があまりに貧相なので、他の映画のオフィスから飲み物や軽食を失敬した。マーベルの社員は昼食時に拝借してきたナプキンで鼻をかむことになっていたので、事務所管理担当が箱入りティッシュを発注したくても承認されなかった。

マーベル・スタジオのオフィスで働き始めたとき、プロデューサーのジョディ・ヒルデブランドはすべての社内伝言やメモが紫色のペンで書かれていることに気づいた。ケヴィン・ファイギには「うちの紫のペン、いいでしょ?」[4]と言われた。事務用品棚を開けたときに、ヒルデブランドはすべてを理解した。そこには紫インクのペンの山があった。セットでまとめ買いした黒、青、紫のペンのうち、黒と青がなくなってしまったので紫を使い切るまでは新しくペンの注文をさせてもらえないのだ。

マーベルの重役の中には、事務用品の使い方についてパルムッターに叱責された者もいる。「どうして新しい鉛筆が必要なんだ？」[5]とマーベル・エンターテインメントのCEOは声を荒らげた。「まだ5センチ残ってるじゃないか！」

少なくとも、パルムッターはこの厳しい倹約の基準を自分にも課した。「あの人は、人が見たら笑うようなこともしましたね。」[6]とアヴィ・アラッドが言う。「使用済みの紙やメモ用紙がそのへんにあるのを見つけたら、8つに切ってメモパッドとして使ってました」

元々質素なマーベル・スタジオだが、報道関係者を招いて映画宣伝イベントを開くときでもパルムッターは容赦なく予算を削った。あるときパルムッターは、招かれたジャーナリストに炭酸飲料を1つではなく2つも与えたことに文句を言った。ある『アベンジャーズ』のプレスイベントでは、マーベルの吝嗇ぶりが露呈した。腹を空かせたレポーターたちは、近くの部屋で行われていたユニバーサルの『憧れのウェディング・ベル』（2012）のイベント会場に食べ物を物色しに行ったのだ。レポーターたちは当然この件をツイートした。

＊　＊　＊

パルムッターと彼の取り巻きたちは、内訳表をたやすく作れるほどマーベル各部門の出費経費を細かく把握していた。映画関係のクリエイティヴな人材は気まぐれなので他ほど容易に管理できないが、そんなことで諦めるマーベル・エンターテインメントではなかった。

パルムッターは『アイアンマン』と『インクレディブル・ハルク』の製作にはほぼ口を出さなかった。結局のところマーベルではなく、メリルリンチの金で撮られた映画だったからだ。しかし最初の2作が作られた後、パルムッターはマーベル・スタジオを厳しく管理すべくクリエイティヴ委員会を設置した。

あるマーベル・スタジオの関係者によると「ニューヨークとの関係という意味では、最初の2本が最高でした。

あちらはこちらが何をしているかわかっていなかったので、ただ座って見ているだけでした。残念なことに2本目の後、『ハルク』の後、あちらはハリウッドの商売を完全に見抜いたつもりになったんです。効率の良いやり方を見抜いた。もっと良いやり方も見抜いた。映画が成功するたびに「なんだよ、簡単じゃないか！　すごく簡単じゃないか！　アクション・フィギュア製造販売の法則をハリウッドに適用して、あらゆる人から可能な限り金を搾り取れるじゃないか。こんなに簡単に！」と言いだしたわけです。そして、映画が成功するたびに、監視の目はより厳しくなり、より多くの息の詰まるようなコメントや内部メモが送りつけられるようになったんです」[7]

マーベル・スタジオは免れたものの、パルムッターが行使した監視手段にはさらに不健康なものもあった。ニューヨークにあるマーベル・エンターテインメントのオフィスには、少なくとも20台の監視カメラ[8]が設置されているのだ。

クリエイティヴ委員会の表向きの目的は、マーベル各部門の仕事が矛盾しあわないようにすること、とくに生産開始までに長いリードタイムが必要な玩具の商品開発が、映画の制作スケジュールと合うように調整することだった。しかし実情はマーベル・エンターテインメントがマーベル・スタジオの運営を細かく管理することになり、脚本から映像編集にいたるまで、西海岸のマーベル・スタジオが下したあらゆるクリエイティヴな判断に変更を迫り始めた。

マーベル・スタジオの手で『アベンジャーズ』が数十億ドルの価値を持つ資産に仕立て上げられると、問題はさらに大きくなった。マーベル・スタジオが稼げば稼ぐほど、マーベル・エンターテインメントは管理の手を締め付けるようになった。

マーベル・スタジオがフェーズ2に突入すると、クリエイティヴ委員会は制作上のボトルネックになった。すべての脚本に目を通させろと要求し、しかもその返事は前にも増して遅くなった。ニューヨーク側のコメントは結局どれを取っても同じ話だった。マーベル・シネマティック・ユニバースは、関連商品を売るためだけに存在すべし。クリエイティヴ委員会の内情に詳しいマーベル関係者によると、すべてはある1人の男の責任だと言う。その男、トイ・ビズの重役だったアラン・ファインは、この時点ではマーベル・キャラクターズ・インコーポレーテッド社の最高マーケティング責任者だった。そしてアラン・ファインはパルムッターの代理執行人にすぎない。委員会のメンバーたちはそう理解していた。

「クリエイティヴ委員会の総意ではないんですよ」と、あるマーベル・エンターテインメント関係者が言った。「意見を言ってるのは、玩具畑から来たアラン・ファインだけです」。玩具化という機会創出に導かれて産み出されたヒーロージャンルの物語はたくさんある。コミックスとアニメーション番組のキャラクターであるヒーマン〈『マスターズ・オブ・ユニバース』のキャラクター〉を作り出したのは玩具業者のマテルだが、このヒーマンが騎乗するバトルキャットと呼ばれる巨大な虎は、元々売れ残った単体の虎のフィギュアだった。抱き合わせて売ればいいという理由で、この虎は筋肉質の戦士ヒーマンの相棒になった。マーベル・スタジオで発言力を持つ者は、全員ストーリーテラーとしての自覚がある。しかしこの関係者によると「アラン・ファインはね、コミックスだろうが映画だろうが、そんなものは関連商品を売るために必要なやむを得ない損出くらいにしか考えてません。彼にとっては関連商品こそが商売なんですよ」

マーベルが持つジェンダーや人種に関する旧態依然とした態度は、しばしばクリエイティヴ委員会の意向として表されてきたが、中でもアラン・ファインの発言が顕著だった。ブラック・ウィドウのフィギュアを作らないという決定も、マーベルの意向を左右するために行使された力のほんの一例にすぎなかった。「ファインがいる世界では、男の子は女の子の人形は買わない。異論の余地なし、です」と、関係者が続ける。「『エレクトラ』は惨敗、『キャットウーマン』も惨敗。ゆえに〈ブラック・ウィドウも〉ありえない。そう言ってるのはクリエイティヴ委員会ではなくて、阿呆（ファッキン）のアラン・ファインですよ。ジョー・カザーダもブライアン・マイケル・ベンディスも、そんな立場は取っていませんよ〈カザーダとベンディスはどちらもクリエイティヴ委員〉」

『ランナウェイズ』の製作が中止になったとき、脚本を書いたドリュー・ピアースは『アベンジャーズ』がMCUのチーム映画の枠を取ったからだと推測したが、マーベル・スタジオのプロデューサーのクレイグ・カイルによると、中止の判断は玩具に関係していた。「私たち〔『アベンジャーズ』の関係者〕が作っていた映画に登場するのは20代半ばから30代半ばの白人ヒーローで、それは一番売れる線です。プラスチック〔玩具〕を動かすのはそういうキャラクター。そういうのが登場する物語にしなければいけないということでした。『ランナウェイズ』が放棄されたのは、登場人物が20代より若くて、グループ内に少女やマイノリティのキャラクターがいたから。そこですよ[10]」

それ以外にもニューヨークからの命令によって製作リストから抹消されたものに、「パワーパック」の映画企画（パワー家の子どもたちは若すぎる）、そして2013年の『マイティ・ソー／ダーク・ワールド』のヴィランになるはずだった北欧神話の死の女神ヘラがいた。『ダーク・ワールド』のクリエイティヴ・プロデューサーだったクレイグ・カイルによると「最初にやるはずだった話は、ヘラの物語でしたよ。ヘラが最大のヴィランです。でも、あの頃はほとんどの事項がニューヨーク主導で決定されていて、方向性を変えろと言われました。長い話なので一言にまとめると「男児は女性のアクション・フィギュアを買わない」です。それがヘラがヴィランになる企画の開発が許可されなかった本当の理由です。そのときに、黒人のアクション・フィギュアも売れないと言われました[11]」

マイティ・ソー映画のスターであるナタリー・ポートマンは、続編でジェーン・フォスターを演じることに気乗りがしなかった。パティ・ジェンキンス（『モンスター』（2003）の監督）がスーパーヒーロー映画を撮りたがっていると聞いたポートマンは、ソーの監督としてマーベル・スタジオに推薦した。「私がスーパーヒーローものを撮りたがっているという噂が伝わって、これはマーベルを褒めていいと思うんですが、女性が監督する理由がとくにあったわけでもない映画に、私を雇ってくれたんです[12]」とジェンキンスは言う。

ジェンキンスは『ダーク・ワールド』を、ジェーン・フォスターとソーという地球とアスガルドで離ればなれになった恋人たちの話にしたいと考えた。しかしクリエイティヴ委員会は、スーパーヒーローの恋愛物語は玩具の売り上げに貢献しないと考えた。クリストファー・ヨストが書き直した修正稿には、ロマンス要素が減った代わりにアクション・フィギュア向きのヴィラン、ダーク・エルフのマレキスと、宇宙のマクガフィン〔物語のプロットを進める仕掛け〕であるエーテルが加えられた。それを読んだジェンキンスは監督の座から降りた。「あの人たちがやろうとしている脚本を使って、私がいい映画を撮れるとは思えなくて」[13]とジェンキンスは説明する。「私のせいで、うまくいかなかったように見えたと思うんです。私がやっていたら「ひどいな、女に監督させたら、肝心なものが全部全然ダメじゃん」というように見られたと思います」。その4年後、ジェンキンスは、メジャー映画スタジオ製作のスーパーヒーロー映画を撮った初めての女性監督になる。ワーナー・ブラザースが製作して大ヒットすることになる『ワンダーウーマン』(2017)だ。

ジェンキンスが参加するという条件で続編への出演を決めたポートマンは、ハリウッドでの女性の機会拡大の一助になったと誇らしい思いだった。しかしジェンキンスは降り、契約に縛られたポートマンは残らざるをえなかった。しかし、もうたくさんだと考えたポートマンは、追加撮影にすら参加しなかった。映画の大団円でキスするソーとフォスターが追加撮影されることとなったが、そのとき制作部はクリス・ヘムズワースの妻エルサ・パタキーを連れてこさせ、ブルネットで長髪のカツラを被せて急場をしのいだ。

マーベル・スタジオは『ザ・ソプラノズ 哀愁のマフィア』(1999-2007)や『ゲーム・オブ・スローンズ』の演出で知られるアラン・テイラーを雇って、問題山積の『ダーク・ワールド』を引き継がせた。テイラーによると、撮影中は口を出さなかったマーベル側の重役たちが、ポストプロダクションで態度を変えたそうだ。クリエイティヴ委員会はロキの出番が少なすぎる、そしてロキの場面が面白くないと言い出した。『アベンジャーズ』編集中のジョス・ウェドンを飛行機に乗せ、『ダーク・ワールド』制作中のロンドンのスタジオに放り込んでロキの場面を書き直させるというのが、委員会の解決策だった。映画の冒頭、鎖につながれたロキの場面はそうして書き直された場面の1つだ。ロキという人気キャラクターが上映開始から1時間も出ないことへの対応だった。クレジット途中のシーンはジェームズ・ガンが撮り、『ガーディアンズ・オブ・ギャラクシー』のさわりとしてベニチオ・デル・トロ扮するコレクターを紹介した。浅薄なテレビ・ドラマとの連携として撮られたポストクレジット・シーンでは、ソーが属する世界からやって来て、地球に取り残された氷の怪物が登場した。この怪物は後に『エージェント・オブ・シールド』の面々が対応することになる。完成した映画は、観客のためというよりは、マーベルの他の映画のために作られたような印象を残した。

マーベル・スタジオでのテイラー監督は孤立無援だった。「ケヴィンはすべての権力を掌握してますが、作品の生き死には結局監督次第なんです[14]」とテイラーは言う。「うまくいくこともあれば、いかないこともある。『ダーク・ワールド』に関して言えば、シリーズに適していない不幸な人選だったとしか言いようがありません」

『ガーディアンズ・オブ・ギャラクシー』はというと、サノスとインフィニティ・ストーン以外に他作品と共通要素がなく、MCUの主要なストーリー展開からあまりにかけ離れていたので、そしてともかくあまりにヘンすぎたので、クリエイティヴ委員会は70年代の音楽を外そうとした以外は口を出さなかった。ガンが書き直した脚本に対して委員会から出てきたコメントは、ファイギとデスポジートが押し返したが、委員会はそれ以上のごり押しをしなかった。この奇妙な映画の失敗は目に見えており、ケヴィン・ファイギの頭を抑えるいい機会になると、ニューヨーク側は踏んでいたのだ（このような場合、委員会は必ずしも一枚岩ではなかったが、一番大きいのはアラン・ファインの声だった）。

「最初の映画（『ガーディアンズ』）のときに僕に降りかかった問題のすべては、このわけのわからない組織が監督とプロデューサーの対話を邪魔することで起きたものでした[15]」とジェームズ・ガンは言う。「ケヴィンがこっち側にいてくれて、本当に助かりましたよ。彼は映画を愛している。僕らは皆、映画が好きなんだ。そして最高のポップ映画を作りたい、それだけですよ」

クリエイティヴ委員会について問われてガンは「コミックスのライターと玩具の人の集まり。ケヴィンと僕は、足の専門医に監視されながら手術している脳神経外科医みたいなもんです」

＊　＊　＊

マーベル・スタジオ内部の頭脳集団にとって、クリエイティヴ委員会の存在は、いい映画を作るための障壁だった。ロサンゼルスのオフィスでスピーカーフォンを囲むマーベル・スタジオの重役たちは、ニューヨークから伝えられるバカげた提案を聞くたびに天を仰ぎ、顔をしかめた。面倒くさいだけならまだしも、クリエイティヴ委員会のせいでマーベル・スタジオの仕事が滞るのだ。次第にマーベル・スタジオのプロデューサーたちは、クリエイティヴ委員会の干渉をかわすのは、自分たちが望むように映画を作るために避けて通れない不愉快な工程の一部だと考えるようになった。

しかし『ガーディアンズ』の撮影が終わって以降クリエイティヴ委員会は、自分たちのコメントを見なかったふりをせずに、何らかのアクションをとるようマーベル・スタジオに要求するようになった。ジョス・ウェドンは『アベンジャーズ／エイジ・オブ・ウルトロン』の制作を開始していた。『アベンジャーズ』の続編が大きく稼ぐのはほぼ間違いなかったが、予算が増えた分（今やスターになった俳優たちの出演料は跳ね上がった）利益率が減ってしまわないように、1作目の10億ドルをはるかに上回る興行収入をニューヨーク側は求めた。ウェドンが韓国、英国、イタリアなど各地で『ウルトロン』を撮っている間、マーベル・スタジオの指揮官たちは、『ウルトロン』に続くフェーズ3の映画を計画することに追われていた。

ロバート・ダウニー・ジュニアは不可欠だった。そして高くついた。ダウニーは『アベンジャーズ』では50

00万ドル、『アイアンマン3』では7000万ドルの報酬を受け取っていた。マーベルには、同様の報酬を彼に渡してアイアンマンの4作目を作るつもりはなかったが、ダウニーは少し抑えた出演料でそれ以外のMCU作品に助演することには前向きだった。ファイギは3作目のキャプテン・アメリカ、つまり『シビル・ウォー／キャプテン・アメリカ』にダウニーの出演を望んだ。コミックスの「シビル・ウォー」シリーズでは、超人登録法の遵守をめぐってスーパーヒーローたちが、キャプテン・アメリカとアイアンマンを筆頭とした2陣営に引き裂かれる。再びジョーとアンソニーのルッソ兄弟と組むことになった「キャプテン・アメリカ」シリーズの脚本担当クリストファー・マーカスとスティーヴン・マクフィーリーは、キャプテン・アメリカ側につくのが誰で、アイアンマン側につくのは誰かを考案することになった。さらに誕生秘話の沼に嵌(はま)らずに導入できる新しいキャラクターを探した。最強のアベンジャーズであるソーとハルクは、この内輪揉めの物語にうまくはまらなさそうだったので、抜け目ないウェドンは『ウルトロン』の終わりで2人とも地球上から退場させてしまった。

アイアンマンは悪役(バッドガイ)にはならないとルッソ兄弟に聞かされたダウニーは、キャプテン・アメリカ映画の準主役になれるのならと、『シビル・ウォー』の話に乗り気だった。一方、映画の予算が『アベンジャーズ』級に膨れあがるのを恐れたクリエイティヴ委員会は、乗り気ではなかった。クリエイティヴ委員会は予算節約版の脚本、つまりアイアンマンが登場しない脚本を要求した。しかしマーカスとマクフィーリーは、アイアンマンとキャプテン・アメリカの仲違いの原因として、バッキーがトニー・スタークの父親を殺害したというネタを中心に物語を構築していた。トニー・スタークが出ない脚本となると、ゼロからやり直すことになる。2人は猛烈に反発した。

「あらゆる局面で揉めていたので、ケヴィンは勝てる喧嘩を慎重に選んで戦っていました[16]」とクレイグ・カイルが言う。「制作中の映画に関してやり合わなければなりませんでした。クリエイティヴ委員会という名前を聞くだけで気分が悪くなるような状況になってましたからね。最初は「こう考えると物語がより良くなるのではないか」だったのが「駄目、駄目、駄目、駄目」ですから。あちらのコメントにこちらのコメントを絶対につけて、ちゃんとつけた事を証明しろと。「あちら」と言いましたけど、本当は1人ですけどね。その人と、たまたま同室にいた数名の人たち。耐え難くなりましたよ。我慢しましたが、長いこと我慢しすぎましたね」

ケヴィン・ファイギが自分の言い分を守って戦ったとしても、彼の直属の上長たちはパルムッターに忠実な人の集まりだった。そしてマーベル内部でパルムッター以上に権力を持っている者はいなかった。いるとすれば、ディズニーのCEOボブ・アイガーだけだ。というわけで、アイガー、そしてウォルト・ディズニー・スタジオのアラン・ホルン会長と会った折に、ファイギは仕事上の困難、つまりマーベル・スタジオの映画製作の努力がマーベルの企業「文化」によって邪魔されているという件を、2人に打ち明けた。それから少し経ち、アイガーはファイギに電話をした。用件は短いが明確だった。「アイク〔パルムッター〕に電話して、他部門の障害になるようなことをさせるなと自分のチームに言うよう伝えた」[17]とアイガーは自伝『ディズニーCEOが実践する10の原則』に書いている。「古臭い議論は一とおり全部聞いたことがあると言える程度には、この業界に長くいるわけですが、古臭い議論というのは結局、古臭いという以上の何ものでもないと学びました。今の世界の有り様とは歩幅がずれている。立っている足場もずれている」

ロバート・ダウニー・ジュニアを主役の1人として『シビル・ウォー／キャプテン・アメリカ』に出演させるようにアイガーは指示した。それだけではない。『ブラックパンサー』（黒人ヒーロー）と『キャプテン・マーベル』（女性が主役）の製作を始めるように伝えたのだ。マーベルを買収したときには干渉しないと公言したアイガーだったが、手を出さないことの危険性は明白だった。必ず稼げる男としてハリウッドの階層の中でも上位に身を置くにいたったファイギの株は、ほんの数年の間に劇的に上昇していた。知らぬ間にファイギの権力の影にいた自分に、パルムッターは驚きを隠せなかった。

＊＊＊

2014年8月、『ガーディアンズ・オブ・ギャラクシー』は大成功を収める。そしてこのことが、クリエイティヴ委員会からの注文を無効化した。マーベル・スタジオ内部の者が当時の皆の反応を教えてくれた。「誰もが意気揚々としてました。同時に「本当にうまくいった！　間違ってなかったんだ！」と安堵の溜め息もつきました」[18]

『ガーディアンズ』大成功の勢いに乗り、さらにアイガーの庇護も受けて追い風のファイギは、ディズニーの広報チームにプレゼンを依頼した。フェーズ3、そしてマーベル新時代の到来を大々的に公表するのだ。記者会見とファン向けのイベントの中間的な存在として計画されたこのプレゼンは、マーベル・スタジオ内では「ケヴィン・コン」として知られるようになった。

2006年。ファイギは、サンディエゴ・コミコンで初めてパネラーとして人前に立った。人前と言っても席は半分も埋まっていなかった。「マーベルなんか、どうでもいいと思われてた」[19]とあるファンが言う。「皆、『スパイダーマン3』のパネルに入ろうと必死だったので。マーベルはジョン・ファヴローのサイン入り『アイアンマン』ポスター1枚を持ってきたけど、誰にもあげなかった」。大きすぎるボタンダウンのシャツを着て壇上に立ったファイギは、映画スタジオの社長のふりをした子どもに見えた。

8年後、ファイギは自分にあった制服を見つけていた。人前に出るときは、ほぼいつも同じ出で立ちだった。「これからも、野球帽を被ってスニーカーを履いて、マーベルかディズニーのTシャツにスポーツ・ジャケットを羽織って出てきますよ」[20]とクリス・ヘムズワースが愛着をこめて言う。「〔ケヴィンは〕誠実で暖かい人ですが、あれほど成功してあれほどの地位を築いた人としては珍しいですよ」

2014年10月のある朝。ロサンゼルス市内のハリウッド大通りにある、ディズニー所有のエル・キャピタン劇場という装飾は凝っているが寛(くつろ)いだ雰囲気の映画館の舞台上に、ケヴィン・ファイギは立っていた。広報活動は避けてきたファイギだが、MCUのキャプテンになるのなら人前に立つことも避けては通れない。新たに力を得たファイギは、そう自覚していた。「その重要性を理解してましたよ」[21]と、あるディズニー関係者が言う。「すべては物語を語るためです」

劇場内はファンで溢れていた。少数のジャーナリストに、ジョス・ウェドンやルッソ兄弟といったマーベル映画の監督たちも数名居合わせた（フェーズ2を仕切る大帝だったウェドンは、MCUの将来というお題のこのイベントでは登壇しなかった）。ファイギは、その年の世界興行収入で1位になった『ガーディアンズ』の成功を讃え、さらにここまでのマーベル・スタジオの成績を自慢げに「10本の映画で70億ドル以上です」[22]と謳いあげた。

続いてファイギはマーベル・スタジオ、いや彼自身の計画を公表した。次の5年間に、『ドクター・ストレンジ』と『キャプテン・マーベル』を含む、最低でも8本の映画を製作する。「あれもやる、これもやると大風呂敷でした」とファイギは言う。しかしこの日に発表された計画は、『インヒューマンズ』を除いてすべて実行されることになる。

そしてファイギは、インフィニティ・ストーン・サーガの有終を飾る2部構成の映画の計画を発表した。どちらも『アベンジャーズ』の続編になる。これを聞いた聴衆から興奮の溜息と喝采が聞かれた。しかしこの日のクライマックスはまだこれからだった。ファイギに呼ばれたロバート・ダウニー・ジュニアとクリス・エヴァンスが舞台に上がった。そして2人は、ファイギがMCUの未来を背負うと認定した男を紹介した。「彼こそはブラックパンサー」とダウニーが勿体をつけて言った。「紳士淑女の皆さん、チャドウィック・ボーズマンを紹介します」。舞台に登るボーズマンに聴衆は喝采を浴びせ、ダウニーはガッツポーズで迎えた。

さかのぼる事10年前、「ブラックパンサー」はメリルリンチから融資を受ける際の抵当物件の1つだった。そして今、ファイギはついに劇場長編映画『ブラックパンサー』を発表できるところに漕ぎつけた。それは黒人俳優主演のこのスーパーヒーロー映画の実現のために戦ってきた10年だった。エル・キャピタン劇場を後にする人びとの手には、その日に渡された『ブラックパンサー』のポスターが1枚ずつ握られていた。

＊　＊　＊

クリエイティヴ委員会と衝突し続けたケヴィン・ファイギではあるが、無条件でマーベル・スタジオの映画監督たちを支援するとは限らなかった。ジョス・ウェドンが新たなヒーローを投入したので『アベンジャーズ／エイジ・オブ・ウルトロン』のキャストは膨れあがった。その中には、ピエトロとワンダ・マキシモフ（クイックシルバーとスカーレット・ウィッチとして知られるキャラクター）、そしてヴィジョンとして実体を持つことになるＡＩのJ.A.R.V.I.S.もいた。巨大な力を持ちながら感情的なトラウマに悩む、丈の短いスカートに腿までの長いソックス姿の10代の少女というウェドン的なキャラクターの類型に、ワンダはぴったりはまった。ウェドンの創作物は、聖女で娼婦という古い型からは自由であるものの、殺戮マシーンで性的ファンタジーという別の型に寄る傾向はあった。

ウェドンが加えたいと考えたキャラクターは他にもいた。ケヴィン・コン開催以前にすでにキャプテン・マーベルのことを伝え聞いており、ソニーのエイミー・パスカル会長とも知り合いだったウェドンは、ソニー製作の一連のスパイダーマン映画の結果が期待ほどでなかったことを受けて、スパイダーマンをＭＣＵに参加させてもいいのではと、ファイギと話していた。そしてウェドンは『ウルトロン』の最後の場面にキャプテン・マーベルとスパイダーマンを登場させようと提案したのだ。それなら『アベンジャーズ』の最後にサノスが登場した以上の興奮を、コミックス・ギークに提供できるはずだ。だが、ファイギはウェドンに対して、アベンジャーズの映画の最後の場面にスパイダーマンを登場させてＭＣＵデビューを飾らせるつもりはまったくない、と言った。しかしキャプテン・マーベルの映像を撮影することには反対しなかった。

『ウルトロン』の最後の場面は、アップステート・ニューヨークにあるアベンジャーズの本部が舞台だ。そこでキャプテン・アメリカが、ヴィジョン、ファルコン、ウォーマシンを含む新規参加メンバーを閲兵している。ウェドンはそこに、キャロル・ダンヴァースの代理として、名前のクレジットがないエキストラを1名配置した。マーベルがダンヴァース役を配役したら編集でその女優と置き換えて、アベンジャーズに参加させるつもりだった。

「どうして（衣裳を着た）スカーレット・ウィッチを映画の最後に出したかというと[23]」とファイギが回想する。「元々あれはキャプテン・マーベルを合成するための映像だったんです。あのときジョスが「〔キャプテン・マーベルは〕後から配役しなくちゃな！」と言うので、僕は「ああジョス、後で配役するよ」と言いました。（そしてその場にいた誰かに、ウェドンに聞こえないように）「ここでキャプテン・マーベルは出さないけどね」」

『ウルトロン』の主要撮影が終了したとき、ファイギは、次の2本のアベンジャーズ映画を撮る気があるかとウェドンに尋ねた。ウェドンは誘いを断った。「答えは「疲れ果てている」だった[24]」とウェドンは回想する。「仮に何かを作れたとしても、すぐには無理だということは、あちらもわかっていたと思う」。制作中の『ウルトロン』すら終わりが見えないというのに後2本。疲れ切ったウェドンには考えることもできなかった。

ウェドンは、バーバンクにある『ウルトロン』の編集が行われている施設の近くに家を借りて住んだ。粗編集バージョンを観た東海岸の重役たちと西海岸の重役たちの意見は珍しく一致した。まとまりがなく、長くて退屈な映画だということで全員が同意した。ウェドンが書いた脚本の第2幕で、ソーとエリック・セルヴィグ博士（ステラン・スカルスガルド）がインフィニティ・ストーンの秘密を探っている間、他のアベンジャーズたちはホークアイの農場に匿われている。そのとき、ワンダの能力により各人が悪夢を見る。「悪夢の場面はお気に召さなかったらしい[25]」とウェドンは言う。「夢と農場の場面は、絶対に落としたくないと戦った場面だった」

マーベル・スタジオはウェドンに、ソーが洞窟に入る場面を追加するよう指示した。『マイティ・ソー バトルロイヤル』でのソーの冒険につながる伏線だった。ウェドンは洞窟の場面を嫌がったが、マーベル・スタジオは考えを変えなかった。「農場の場面に銃口を向けて「洞窟の場面をやれ、さもないと農場をぶっ殺す」と言われた」[26]とウェドンは言う。「皆のことは尊敬してるよ。アーティストだと思う。でも、こういうときにすごく厭な気持になるよな」

度重なる追加撮影は制作がうまくいっていない証拠であるというのが、ハリウッドの常識だ。しかしこの時点のマーベル流映画制作においては、何週間にも上る追加撮影はあらかじめスケジュールに組み込まれていた。この追加撮影こそが、ファイギがそれぞれの映画をより大きなサーガに間違いなく織り込むための道具だった。「ケヴィンは「脚本をもぎ取られそうになっても、しがみついて書き直すんだ」と言いますよ」[27]とクレイグ・カイルが教えてくれる。「本気でそう思ってます。何十稿あっても同じことです。撮影中に私たちは今まで書かれたすべての脚本に目をとおして、忘れ物がないか探します。「いい台詞はなかったか？　最高の瞬間がなかったか？」。全部撮影したら、すべての断片が家に帰ってくるわけです」

カイルが「家」と呼ぶのは、ロサンゼルスのマーベル・スタジオ本部だ。ここでファイギは撮影済み素材や粗編集映像を細胞レベルで細かく観る。そうすることで、マーベル作品が躍り出す魔法に何が欠けているかを探し出す。「撮影中に現場でケヴィンの姿を見ることはあまりありません」とカイル。「セットに現れたとしても、にこにこしてるだけで長居はしません。大抵、その場でメールの返信を片づけてますね。相手が寝ている外国への返信を終えたら帰ります。いつも「ともかく全部持って帰ってきてくれ。すべてのピースをくれれば、僕がパズルを完成させるから」と言ってますよ」

しかしウェドンが洞窟の場面に抱いていた不満は、追加撮影でも解消されなかった。最終的に洞窟の場面は短くされ、ＣＧＩを多様したソーの夢として描かれた。マーベル・スタジオは農場の場面をできるだけ短くし、ひどい脱線と思われないようにした。

『エイジ・オブ・ウルトロン』が終わった頃には、ウェドンは壊れていた。すでにＭＣＵから離脱するとファイギに伝えてあったが、編集室から出てきたウェドンの声はしわがれ、目は虚ろだった。下唇はひび割れてかさぶたに覆われていた。「向こう側を見てきた[28]」とウェドンが言う。「山の向こうは暗くて奇妙な場所だった。恐ろしい場所だった。１か月半前に子どもたちに別れを告げて以来バーバンクの撮影所の隣に住んで、毎日頭の中に声が響いてた。「不十分、力不足、不十分、力不足、失敗作、失敗作、妥協、妥協」

疲れ果てたウェドンがレポーターと話せば話すほど、彼がマーベル・スタジオに対して苛立っていることが明らかになった。「これほど大きな賭けなら摩擦も生じるよ[29]」とウェドンは言った。「すべてに疑問を持つのがマーベルのやり方だ。そのおかげで「まじか！」と思うこともあるし」。ウェドンは歯ぎしりした歯の間から敵意丸出しの唸り声を漏らした。「「まじか……」と思うこともあるよ」

クリエイティヴ委員会は、『ウルトロン』製作にまつわる問題は、ファイギが監督に言うことを聞かせられないこと、そして委員会の要望を監督に飲ませられないことに起因すると信じて疑わなかった。委員会のそんな確信を、自らの言動によって図らずも補強してしまったウェドンは、ＭＣＵフェーズ３の番長になることはなく、その後マーベルの映画を撮ることもなかった。自分の問題を公に晒すなというのが、ファイギが定めたマーベル・スタジオの鉄則の１つであり、ウェドンはそれを破ったのだ。

時を同じくして『シビル・ウォー／キャプテン・アメリカ』の制作も、ボブ・アイガーがパルムッターに電話を入れた後だというのにクリエイティヴ委員会に邪魔されていた。映画の見せ場はドイツの飛行場におけるチーム・アイアンマン対チーム・キャプテン・アメリカの対決だが、委員会は解凍されたスーパーソルジャー軍団対スーパーヒーロー軍団という代案を提案した。カイルが当時の様子を語ってくれた。「『シビル・ウォー』の話をしていたときに「誰がヒーロー同士が戦う映画を観たがるんだ？」と言われたんですよ。みんなです！　みんな観たいに決まってるでしょう！　何年もの間、そういう次元の議論をしていたということです[30]」

最終通告はルッソ兄弟によって出された。『シビル・ウォー』は自分たちが計画したとおり、キャプテン・アメリカとアイアンマンが衝突する映画として作る。そうならない場合は、プリプロダクションがかなり進んだ段階であっても、構わず降りる。ファイギとパルムッターの対立は頂点に達し、マーベル・スタジオの命運も瀬戸際というこのとき、ディズニーのCEOが介入した。「ケヴィンは映画産業有数の製作者である[31]」とアイガーは2019年に書いている。「しかし、ニューヨークとの緊張に満ちた関係が彼の成功を脅かしていると思われた。介入が必要と考えた私は2015年の5月にこう決断した。マーベルの映画製作部門は他の部門から切り離し、ウォルト・ディズニー・スタジオのアラン・ホルンの指揮下に置く。ケヴィンは上長はアラン・ホルンのみ。これでケヴィンとニューヨークの間に生じた緊張は緩和されるだろう」。アイガーは後に、マーベル買収時にはパルムッターに経営を任せると言ったが無期限にそうするとは約束していないと言っている。

アイガーは2023年になってようやく事の真相を包み隠さず語った。ディズニーの取締役会の人員構成に関してパルムッターと争っている最中だった。マーベル・スタジオを自らの指揮下に置くために、パルムッターはファイギを解雇しようとしていたのだ。「それは間違った行動だと思い、止めるべく介入しました」とアイガー。「彼〔パルムッター〕は快く思っていませんでしたね[32]」

＊　＊　＊

政権交代の報せを受けたマーベル・スタジオの空気は、熱狂的な歓喜に溢れていた。「ようやくその日が来ましたよ」とカイルがその日を回想して言う。「永久にそんな日は来ないと思い始めていましたから[33]」

「クリエイティヴ委員会がいなくなった瞬間、ある種の自由を感じました[34]」と、あるマーベル関係者が言う。「大喜びで『自由だ！　自由だ！　ドビーは自由だ！』と叫びたい感じでしたよ」〔『ハリー・ポッターと秘密の部屋』（2002）からの引用〕

カイルはマーベル・スタジオの皆に「やったぜ！　ディンドン！　魔女が死んだ」[35]という喜びのメールを送ったという〔『オズの魔法使』（１９３９）「鐘を鳴らせ！　悪い魔女は死んだ」からの引用〕。

ディズニーから公式声明が出されるとファイギはすぐにヴィクトリア・アロンソを製作部門の副部門長に昇格した。マーベルに欠かせない３人の重役たちの１人であるアロンソは、クリエイティヴ委員会によって昇進を邪魔されていたが、ようやく相応しい地位についたのだ。

アイガーが事業の再編を敢行した後も、ニューヨークのマーベル幹部たちは自分たちのやり方こそが高い利益につながるのにと不平を漏らした。『アベンジャーズ／エイジ・オブ・ウルトロン』の全世界興行収入は２０１５年の年間第4位、14億ドルに上ったが、それでもアラン・ファインは、自分が製作を指揮していればもっと儲かったはずだと主張した。カイルはそのときニューヨーク側から伝わってきた文句を覚えている。「どんなときでも（ケヴィンは）岩のようにビクともしない男ですが、さすがにこのときは我慢ならなかったようです。『アベンジャーズ2』のときだったかな、爆発してました。興行的には大成功だったのに、私が聞いたところによると、アランの言うとおりにしていれば後5億ドルは稼げたとアイクに伝えられたそうです」[36]。そう言ってカイルは頭を横に振り、ファイギや他の同僚たちの忍耐力に畏敬の念を示した。「ケヴィンには何でも背負いこむ力があります。目的のためなら、どんなにクソみたいなことでも我慢しますが、その背負いこむ量が半端ではないんですよ」

『アベンジャーズ／エイジ・オブ・ウルトロン』は5月に全世界で公開され、クリエイティヴ委員会は夏の終わりに解散した。ファイギは勝利し、マーベル・スタジオに新しい時代が訪れた。ファイギが思い描いていた理想とは少し違うかもしれないが、現状ではこれ以上は望みえないと言えた。マーベル・スタジオは、ついに新しいペンを購入できることになったのだ。

CHAPTER 21 | WRIGHT MAN, WRONG TIME
最高の監督、最悪のタイミング

サーティーワンアイスクリームは、見逃さない。
Baskin-Robbins always finds out.

——アントマン（2015）

ケヴィン・ファイギとほぼ同時期にマーベル映画に関わり始めたエドガー・ライトは、ファイギほど目覚ましい結果は残せなかった。それは2000年のことだ。アヴィ・アラッドは、事業パートナーになってほしいとアーティザン・エンターテインメントを説得していた。アーティザンは1999年に『ブレア・ウィッチ・プロジェクト』で巨大なヒットを手にした小規模スタジオだった。両社は共同で子会社を作ることになり、新会社にマーベル・キャラクターの映画化権が与えられた。キャプテン・アメリカやソー（テレビシリーズとして企画された）、パニッシャー、ブラックパンサー（ウェスリー・スナイプスがプロデューサー兼主演俳優として決まっていた）、デッドプール（礼儀知らずのお喋り傭兵）、マンシング（ゆっくり体を引き摺って歩く沼地の怪物）、ルーク・ケイジ、アイアン・フィスト、モービウス（スパイダーマンの吸血鬼的ヴィラン）、パワーパック、ロングショット（異次元から来た遺伝子操作で生み出されたナイフ投げの達人）、モート・ザ・デッド・ティーンエイジャー（たった4号の連載にしか登場しなかったコメディ風キャラ)、そしてアントマン(自らを昆虫サイズに縮小できるスーパーヒーロー)など、ほとんどはマイナーなキャラクターだった。映画界入りを夢見る若き英国のテレビ演出家だったエドガー・ライトは、ロサンゼルスを訪れた折にアーティザンと打ち合わせをする機会を得た。マーベル・コミックスは好きかと問われたライトは、ファンだと答えた。

「子どもの頃からマーベル小僧だったと答えました」とライトは回想する。「するとアーティザンの人たちに『このリストにあるタイトルの中に、君の興味を引くものはあるかな』と聞かれました。ぱっと目に飛び込んできたのはアントマンでした。ジョン・バーンが描いた1979年の『マーベル・プレミア』47号の、デヴィッド・ミケライニーが書いたスコット・ラング(アントマン)の誕生秘話みたいなやつを、持ってたんです。あの号のアートは大好きだったので、アントマンの名前が目に入った瞬間に脳内で鐘が鳴りました」。早速ライトは友人のジョー・コーニッシュと共同で、アントマンを主役にした強盗映画のストーリーをトリートメント形式にまとめたが、アーティザンには却下された。アーティザンが求めていたのは『ミクロ・キッズ』(1989)のようなファミリー映画の方向性だったのだ。

2003年になると、アーティザンは1億6000万ドルでライオンズゲート・エンターテインメントに買収され、マーベルとの共同事業はご破算になってしまった。マーベルの映画化権つき著作物を開発するために脚本家を何人も雇ったアーティザンだったが、製作されることになったのは1本(『パニッシャー』(2004))だけだった。その間フォックスが製作した『X-MEN』シリーズによって、マーベル・スーパーヒーローに食いつく層の存在が確認されていたが、アーティザンが映画化権を持っていたマーベルのキャラクターはクズだと考えたライオンズゲートは興味を示さなかった。ライオンズゲートはパニッシャー以外のすべてのキャラクター(アントマン含む)の映画化権をマーベルに突き返した。ライオンズゲートは、アーティザンが製作した『パニッシャー』を2004年に公開し、ほんの数年後の2008年に『パニッシャー:ウォー・ゾーン』でシリーズをリブートした。

しかしエドガー・ライトには、アントマンの企画が実現しないことを嘆く暇もなかった。演出した英国のテレビ・コメディ番組『SPACED〜俺たちルームシェアリング〜』（1999－2001）がヒットしたライトは、番組の主演俳優サイモン・ペッグを主役にした映画の脚本を書いていた。その脚本は公開されるなりゾンビ・コメディの名作の座を手にした『ショーン・オブ・ザ・デッド』だ。サイモン・ペッグと、同じく『SPACED』に出演していたニック・フロストが主演していた。

ライトは2004年のサンディエゴ・コミコンで『ショーン・オブ・ザ・デッド』の先行試写を開いた。コミコン会期中にライトは、当時マーベル・スタジオの幹部だった2人の男と打ち合わせの席を設けた。アヴィ・アラッドとケヴィン・ファイギだ。「ヘンな話だけど、マーベルのために仕事したことがあるんですよ」[2]とライトは2人に言った。「3年前に書いたものだけど、読んでみます？」。アラッドもファイギもこの企画のことは何も知らなかったので、ライトはトリーメントのコピーを1部渡した。読んだ2人は感動した。ライトとコーニッシュは、アントマンを名乗る2人のマーベルのキャラクターを巧みに融合させて1人の映画用キャラクターにしていた。ハンク・ピム（1962年にコミックスでデビューした天才科学者で、元祖アベンジャーズの1人）という初代アントマンの回想から映画を始めるというのが、ライトのアイデアだった。映画は現代に移り、スコット・ラングという若者がピムからアントマン・スーツを盗む。ライトが大好きな「マーベル・プレミア」47号「アントマンを盗みだせ！〔To Steal an Ant-Man!〕」から自由に発想された物語だった。

そのときファイギとアラッドは、ライトが書いたアントマンの企画を映画として製作する決裁権を持っていなかった。しかしその後数年の間に、デヴィッド・メイゼルの主導でマーベル・スタジオはその姿を変え、単なる映像化権つき著作物をライセンス契約で売り渡す制作会社ではなくなった。ファイギはライトが書いた企画を大事に保管しておいた。そしてマーベル・スタジオがメリルリンチの融資による自己資本で映画を製作できるようになったときに、アントマンは「4打席」[3]のうちの1本として有力な候補となった。

この数年の間にエドガー・ライトのキャリアが上り調子だったのも、追い風になった。『ショーン・オブ・ザ・デッド』は興行的にも当たり、批評家からも絶賛された。ライトは早速次の企画『ホット・ファズ 俺たちスーパーポリスメン！』（2007）の準備を始めていた。バディ刑事もののお約束を英国の小さな田舎町で展開させるというパロディ映画だった。ハンク・ピムもスコット・ラングもハルクのように知られたキャラクターではないが、それを言ったら『アイアンマン』以前にトニー・スタークを知っている人もほとんどいなかったのだ。ならば、ライトに『アントマン』を監督してもらえばいいではないか。

ライトは乗り気だった。「秘密のパワーとか、超自然的な要素とか、ガンマ線とかいうのは一切なしで、スーツとガスだけ」[4]とライトはアントマンについて語る。「コンセプト重視で仕掛けの大きな、視覚的に面白くて、アクションと特撮満載でジャンルを横断して、しかも笑える映画が作れる可能性を秘めている」。『ホット・ファズ』の制作でアクションの撮影を覚えたライトは、ヒーローが殺陣の最中に意のままにサイズを変えるアクションのポテンシャルを理解していた。マーベルは、『ホット・ファズ』の制作が終わったらすぐにアントマンのストーリー概要を脚本に膨らませてほしいとライトとコーニッシュに要請し、2人は同意した。

2006年、エドガー・ライトとジョー・コーニッシュはサンディエゴ・コミコンに戻って来た。ライトは『ホット・ファズ』のパネルに登壇し（映画の一部を先行上映して観客を喜ばせた）、マーベル・スタジオ代表として初参加となるファイギも、『アイアンマン』と『インクレディブル・ハルク』への期待を煽るべく登壇していた。マーベル・スタジオは、『アントマン』を発表するためにライトにも舞台に上がるよう説得し、ファイギはそのときにはまだ名前のついていなかったマーベル・シネマティック・ユニバースの片鱗を観客にちらりと見せた。「僕たちが取り組んでいる映画に登場するキャラクターの名前をよく覚えておいてください。その名前を全部集めたら、いつかアベンジャーズみたいなものが誕生するかもしれません。もしそうなっても偶然じゃないですよ」[5]

2008年、ライトとコーニッシュは『アントマン』の脚本をマーベル・スタジオに提出した。しかし2年の間にマーベル・スタジオの内情は変わっていた。アヴィ・アラッドは去り、ファイギは制作の責任者になっていた。何よりもマーベル・スタジオの戦略に大きな影響を与えたのは『アイアンマン』の成功だった。多様なキャラクターを使ってどれがうまくいくか実験していくという方針の代わりに、『アイアンマン』の続編を制作しながらキャプテン・アメリカ、S.H.I.E.L.D.、そしてソーを導入してアベンジャーズに結びつけるという方向に向かって、マーベル・スタジオは歩みを進めていた。しかし同時に、エドガー・ライト監督による『アントマン』の企画を捨てたくなかったマーベルは、ライトに第2稿執筆を依頼した。だが、両者には『アントマン』より優先順位の高い企画があった。マーベルには『アベンジャーズ』（この時点ではアントマン抜き）、ライトにはマーベルではないコミックスの映画化（『スコット・ピルグリムVS.邪悪な元カレ軍団』（2010））が予定されていたのだ。

第2稿が上がったのは2011年になってからだった。ライトは『スコット・ピルグリム』で忙しく、コーニッシュも初監督作『アタック・ザ・ブロック』（2011）で手が塞がっていたのだ。ライトがアントマンの概要を書いてからすでに10年以上が過ぎていた。その間に3本の劇場長編映画を監督したライトは、作品を重ねるごとに挑戦的な視覚表現を試していた。たとえば『スコット・ピルグリム』では、一般的に場面の状況を説明するために撮っておく押さえの映像をあえて撮らず、各ショットをコミックスのコマのような構図で撮った。映画中のすべてのフレームを思いどおりに操る若き作家として、ライトは認知されるようになっていた。

一方マーベル・スタジオも、すべてを思いどおりに操る映画スタジオとして知られるようになっていた。最初の頃は（ほんの一時期だが）ジョン・ファヴローやエドワード・ノートンに自由を与えていたが、その後ファイギ、デスポジート、そしてヴィクトリア・アロンソの3人が、マーベル家の流儀を確立した。それは、複数の映画群によって構成されるスーパーヒーローの伝説を、円滑に、そして連続的に繰り出す事を可能にするマーベルだけの視覚的文法と作業工程フローだった。ストーリーテリングに関しては野心的なマーベル・スタジオだが、視覚的な要素やストーリー展開が映画間で交換可能と思えるほどに似かよっていることもあった（グウィネス・パルトローは自分がどの作品に出演したかわからなくなり、『スパイダーマン：ホームカミング』には出ていないと思い込んでしまったというのは、有名な話）。

ライトとコーニッシュが仕上げた最新稿をマーベル・スタジオは気に入った。アントマン・スーツを利用して悪事を企む者たちをハンク・ピムとスコット・ラングが阻止しようとする筋は同じだが、より洗練されていた。ライトはコルネット3部作（サイモン・ペッグとニック・フロストが出演し英国で売られるコルネットというブランドのアイスクリームが登場する3本のコメディ映画）の3本目『ワールズ・エンド 酔っぱらいが世界を救う！』（2013）の企画を開発し始めており、マーベル・スタジオはそのことに気づいていたが、『アベンジャーズ／エイジ・オブ・ウルトロン』につながる映画として是非『アントマン』をフェーズ2に加えたかった。そのためにマーベルは、2012年6月にライトに製作費を渡してテスト映像を撮影させた。マーベル・スタジオのヴィジュアル開発部門が作ったアント・スーツを着たアントマン（演じたのはスタントマン）が2人の男と廊下で格闘しながら大きくなったり縮んだりする場面が1日かけて撮影された。この映像が宣伝に使えることを見逃さなかったファイギは、CGIによって完成された映像を7月のサンディエゴ・コミコンで上映しようと計画した。

しかしコミコンが開催される前に、エリック・フェルナーががんの診断を下された。ワーキング・タイトル・フィルムズの創業者の1人であり共同会長でもあるフェルナーは、『ショーン・オブ・ザ・デッド』と『ホット・ファズ』のプロデューサーだった。コルネット3部作の最新作『ワールズ・エンド』の脚本をライトに手渡されたとき、フェルナーはがんの事を告げた。「それですべての計画は変更になりました。私にとってエリックは、輝く鎧に身を包み颯爽と現れて『ショーン・オブ・ザ・デッド』を救った白馬の騎士なんですから[6]」とライトは言う（『ショーン』の制作を始めた会社が倒産したとき、フェルナーが企画を手助けした）。「だから、この映画を撮らずに何か良くない事が起きてしまったら、私は一生自分を許せないと思ったんです」

ライトは『アントマン』を撮りたいが、まずフェルナーへの義理から『ワールズ・エンド』を撮らなければならないと、マーベルに伝えた。「ここがマーベルの偉いところですが」[7]とライトが言う。「ケヴィン・ファイギとルイス・デスポジートは、わかってくれました。「何年かしたら会おう」と言ってくれたんです」（幸いエリック・フェルナーは『ワールズ・エンド』が完成するまで持ち堪えた。そして制作中にがんを克服してしまった）。

結局ライトは２０１２年のコミコンに登壇した。マーベルのプレゼンの最中に「マーベル・プレミア」47号を手に現れ、『天国の日々』（１９７８）から『シン・レッド・ライン』（１９９８）まで22年間映画を撮影しなかった伝説の映画監督に因んで「テレンス・マリックの流儀でスーパーヒーロー映画に臨んでいる」[8]と冗談を飛ばした（『天国の日々』の撮影は１９７６年に終わっていた）。そして2週間前に撮影したアントマンのテスト映像を披露した。「小さなテスト映像を撮ったんだけど、何が「小さな」なのかと言うと、小さなアントマンがどう見えるかというテストだよ」とライトは説明した。そしてライトにとって、このテスト映像がアントマンに関わる最後の映像となった。『ワールズ・エンド』を撮り終えて縮小スーパーヒーローの企画に戻ってきたとき、つまりライトがファイギと初めて出会ってから9年後の２０１３年には、マーベル・スタジオはさらに様変わりしていたのだった。

10年の間にＭＣＵのタイムラインが更新されたことは、とくに問題にはならなかった。「他の映画とのつながり方を考えても、ほぼ単独作品だったし」[9]とライトは言う。「この頭のおかしい設定を現実の世界でやりたかったんですよね。『アイアンマン』があれだけうまくいったのも、同じ理由だと思います」。しかし、勘を頼りに『アイアンマン』を作ったあの頃のマーベル・スタジオは、もはや存在しなかった。すべては実地で検証済みの方法で映画制作を進めるようになっていた。マーベル・スタジオには決まった方程式のようなものがないとしても、少なくともレシピはあった。そして何より、多くの監修とフィードバックと議論によって進められる工程が確立されていた。ほどなくエドガー・ライトは、ファイギだけでなくジョス・ウェドンから、さらにニューヨークのクリエイティヴ委員会からもコメントが飛んでくるということに気づいた。

２０１３年10月にマーベルは『アントマン』の公開を２０１５年7月と決めた。そして『アントマン』がフェーズ3の最初の映画になることを発表し、配役を開始した。ライトの盟友サイモン・ペッグやアーミー・ハマー（『ソーシャル・ネットワーク』〈２０１０〉）が主役になると噂されたが、最後にはポール・ラッドかジョセフ・ゴードン＝レヴィット（『インセプション』〈２０１０〉）の二択になった。ゴードン＝レヴィット本人は、自分は最終候補に残っていないと発言したが、将来を考えて若い俳優をＭＣＵに追加したいと考えたマーベルは、彼を候補にしたのだ。『クルーレス』〈１９９５〉以降多くの映画に出演しているポール・ラッドは、ゴードン＝レヴィットより12歳年上だ。しかしエドガー・ライトはラッドを望んだ。自分の過去作の主演男優たちが持っている親しみやすさ、脆さ、そしてコメディアンとしての間合いをラッドに見出したからだ。12月にラッドの起用が発表され、ほどなくマイケル・ダグラス（ハンク・ピム）が発表され、続いてエヴァンジェリン・リリー、マイケル・ペーニャ、パトリック・ウィルソンが発表された。

２０１４年5月の撮影開始を目指して準備を開始したエドガー・ライトは、過去に自分の作品で一緒に働いた仲間たちを集めて各部門の責任者に据えた（撮影監督のビル・ポープや美術監督のマーカス・ローランドなどが雇われた）。ライトが呼んできたスタッフとマーベル・スタジオのスタッフの間に衝突もあったが、解決できないようなものではなかった。

途切れなく押し寄せるクリエイティヴ委員会からのコメントに、ライトとコーニッシュは対応し続けていた。プリプロダクションに入る前は、ライトによる物語の解釈には全員一致で大賛成、脚本も素晴らしいと言っていたクリエイティヴ委員会だが、公開日程が決まった途端、ＭＣＵの他の映画とつなげる方法を探り始めた。そしてライトとコーニッシュに質問を浴びせた。ハンク・ピムが過去にアントマンとして活動していたのなら、S.H.I.E.L.D.の方からピムに接触するのではないか？　そして、ピムはトニーの父ハワード・スタークと会って当然なのではないか？

このような質問は、マーベルという企業の構造が生み出した必要悪であり、何よりもマーベル・シネマティック・ユニバースという構造体の一部なのだとファイギは理解していた。そして、こう言っている。「最初期にうちに来てくれた監督たちよりも、最近仕事をしてくれた監督や新しい監督たちの方が、ここは共用の砂場だという本質を理解してくれています。最初は砂場自体存在しませんでしたからね」[10]。ライトが『アントマン』のストーリーを思いついたのは砂場ができる前だったが、気がつくと彼は首まで砂に埋もれ身動きが取れなかった。

ライトとコーニッシュはマーベルの希望に寄せて脚本を書き直すことに喜んで応じたが、自分たちが書いた映画のトーンを変えろという要望には折れなかった。このコメントが最後だろうと思って返事を書くと、さらにコメントが押し寄せてくる。3月になり、脚本上の問題を解決できるように撮影開始を7月に延期することでライトとクリエイティヴ委員会は同意した。マーベル・スタジオは自社内の脚本家に脚本を渡し、クリエイティヴ委員会の要請にすべて応えるバージョンを書かせた。そして予定の変更がなければ撮影が始まるはずだった5月半ば、マーベル・スタジオに改訂版の脚本を渡されて読んだエドガー・ライトは戦慄した。

筋は大きく変えられていなかったものの、台詞は大量に変えられ、MCUの世界に対する言及がとって付けたように追加されていた。この変更を嫌ったライトには、その脚本の存在そのものが裏切りであると感じられた。妥協点を見つけられるように、マーベルからのコメントに真摯に対応してきたと自分は信じていたのに。

ライトが撮影を始められるようにというマーベル・スタジオの配慮は、見事なブーメランとなって返ってきた。5月23日、マーベルとエドガー・ライトは「作品に対する見解の相違により」袂(たもと)を分かつと発表された。同時にライトが招集した各部門の責任者たちも、ライトへの忠誠心に加えて予定どおり7月に撮影開始されることはないだろうという認識から、去っていった。さらにマーベルは、秋には別の作品の撮影が待っているパトリック・ウィルソンも失った。

「せめて、すべてがあんなに遅いタイミングでなければよかったんですが」[11]とファイギは言う。「でもあの段階で、これまで経験したことのないほど手詰まりな状態にあることが明らかになったんです。これまでもエドガーのように才能溢れる映画監督と仕事をしてきましたが、もちろん一緒にやっていると食い違うこともあります。でも問題をうまく回避したり、喧嘩しながら最後にはよりよい形を見つけたりしながらやってきました。僕たちの場合、過去8年の間、お互いにお行儀が良すぎたんですかね！「え、あのコメントの話をまだするの?」「え、あのコメントは無視するの?」って。もうこのやり方がうまくいかないことが明らかになったんですよ」

当時はまだMCUの中核的存在だったジョス・ウェドンは、何が起きたのかさっぱり理解できなかった。「あの脚本はマーベルが手にした最高の脚本だったし、私が読んだマーベル映画の脚本の中でも最高の1本だった。それまでアントマンには何の興味もなかったんだ[12]」とウェドンは言う。「それで脚本を読んだら「こう来たか！これは凄い！」と思ったんだよ」

コロネット・アイスクリームを手にした哀しそうなバスター・キートンという画像をコラージュで作ったエドガー・ライトは、その画像をツイッター〔2024年現在は「X」〕に投稿し、そして削除した。キートンは、大きな撮影所によって自分の芸術的ヴィジョンに妥協を迫られ、ひどく後悔したことで有名だった。数年後、ライトは何をどこで間違えたのか冷静に分析を試みている。「私はマーベル映画を作りたかったのだが、マーベルはエドガー・ライトの映画を作りたかったわけではないということでしょう。どの映画も自分で書いて自分で監督してきた私には、うまく進められなかったんでしょうね。急に雇われ監督になったので、感情的にちょっと引いた感じになり、ここで何やってんだろ、と考え出したんですよ[13]」

＊　＊　＊

ファイギは、決断を下すに当たって現状を分析評価した。エドガー・ライトを失ったことは周知され大恥をかいたが、企画は限りなく撮影開始に近い形になっていると判断された。ポール・ラッドとマイケル・ダグラスはすでにマーベル・スタジオと契約を結んでいた。ライトが去った後もマーベル・スタジオは『アントマン』の公開予定日を動かさなかった。２０１５年7月に映画は公開される。後は、疾走中の汽車に喜んで飛び乗って、マーベルの方式に従ってくれる監督を新たに雇いさえすればいいのだ。そしてポール・ラッドが『俺たちニュースキャスター』（２００４）のアダム・マッケイ監督を推薦した。

「エドガー・ライトが降板したときに（ラッドから）電話があって、いろいろ聞きました[14]」とマッケイは言う。「私はエドガーの友達だし、詳細がよくわからなかったので半信半疑でしたが、エドガーが袂を分かった事情を聞かされ、その時点でできていた素材を見せてもらい、「なるほど、クールな企画だな」と思いました。ただ他のプロジェクトにも関わっていたしスケジュールがキツすぎるので、制作に飛び込んで監督する気はありませんでしたが。そこで「あ、でもリライトならできる。改稿することで、自分はすごく役に立てる」と思いついたんです」。ラッドとマッケイはマーベルが新しい監督を見つけるまでの間に可能な限り急いで改稿することに同意し、作業に取り掛かった。『インクレディブル・ハルク』でのエドワード・ノートン以来初めて、マーベルは主演俳優に金銭を払って、脚本を書き直させることになったのだ。

マッケイとラッドは、缶詰めになるためにホテルからホテルへと渡り歩き、ときに気分を変えようと飛行機で街から街へ移った。マッケイによると「6週間とか8週間、ひたすら仕事して、大改稿を施しました。できあがったものには満足してます。エドガー・ライトが書いた脚本はすでに力強いものでしたが、それを足がかりに2人でいいものをたくさん仕込めたと思いますよ[15]」

２人が仕込んだものの1つが、エヴァンジェリン・リリーが演じるホープ・ヴァン・ダインの役に厚みを持たせることだった。リリー（『ＬＯＳＴ』（２００４－２０１０）に主演）は、契約条件を交渉するには絶好の立場にいた。ライトが降りたときに、彼女はまだ契約書にサインをしていなかったのだ。「［キャストは］皆エドガーのことが好きで、彼との仕事にやる気満々でしたから、ちょっと困ったと思います」[16]。リリーは自分も降りようと考えたが、ラッドとマッケイの改稿のおかげで彼女の役は格闘技の達人になり、父親ハンク・ピムとの父娘関係もより複雑なものになった。新しい脚本を読んだリリーは、出演契約にサインした。「これほど規模の大きな映画となると、自分の希望が聞き入れられることはまずありません。シリーズ常連のスターでもなければ、なおさらです」とリリーは言う。「だからこそ、私の声が真摯に考慮されたことを光栄に感じます」

「アイデア、話の進む方向、ゴール、そしてすべての設計図はエドガーとジョーが書いたものです」[17]とポール・ラッドは言う。「あの2人が書いた物語ですよ。いくつかの場面を変え、足したシークエンスもあります。何人かのキャラクターを変えたり足したりした。両バージョンの脚本を並べればずいぶん違って見えるけど、アイデアはエドガーとジョーのものですよ」。エドガー・ライトとジョー・コーニッシュは、ラッドとマッケイと並んで映画の脚本家のクレジットをもらった。MCUと『アントマン』の統合を欲して止まないクリエイティヴ委員会を満足させるために、ラッドとマッケイはS.H.I.E.L.D.のペギー・カーターが登場する回想場面と、『エイジ・オブ・ウルトロン』の幕切れに出てきたアベンジャーズ基地でアントマンとファルコン（アンソニー・マッキー）が対峙する場面を付け足した。

2013年、ラッドは脚本執筆の手を止めてコミコンを訪れ、すでにスターになっていたMCUの俳優たちと一緒に登壇した。そのときの気分を「ビートルズと一緒に音楽祭に出るような体験[18]」だったとラッドは回想する。ラッドは2002年から2004年の間に放送された『フレンズ』（1994-2004）の最終シーズンに頻繁にゲスト出演しており、今回MCUに参加することになった経験と似たような感覚を覚えていた。たとえマーベル・スタジオがラッドに次世代の中心人物になることを期待していたとしても、「私は皆に愛される人たちの輪の端っこにいるだけです」とラッドは言っている。「非現実的だけど素晴らしいこの経験を楽しませてもらってますが、ブレディー家の従弟、オリバー君みたいな気分ですね」（「従弟のオリバー」は『ゆかいなブレディー家』（1969-1

974）の最終シーズンの最後の5話に登場した、人気回復を目論んで追加されたみっそかすのキャスト）

一方ファイギは、すでに制作が進んでいる大規模な映画を捌く能力があって、しかもコメディが撮れる監督を探していた。ローソン・マーシャル・サーバー（『なんちゃって家族』（2013））、ルーベン・フライシャー（『ゾンビランド』（2009））、デヴィッド・ウェイン（『ウェット・ホット・アメリカン・サマー』（2001））を候補として検討したが、最終的にペイトン・リード（『チアーズ！』）に落ち着いた。リードは『ガーディアンズ・オブ・ギャラクシー』の監督候補でもあった。マーベルに『アントマン』の撮影開始を1か月遅らせる気があるなら、是非やりたいとリードは言った。それはすでに進行中の制作についていくために、そしてライトの後を追って『ベイビー・ドライバー』（2017）の現場についていった各部門の責任者の後釜を見つけるのに必要な時間だった。

映画批評家エリック・ヴェスピーは、情報ウェブサイト「Ain't It Cool News」に、エドガー・ライトの映画が観られないのは悲しむべきことだが、ペイトン・リードがどう料理するか楽しみだと書いた。その記事が投稿された後にヴェスピーは、「エドガー・ライトから「あ、そう。ペイトンが個性を出させてもらえるか、しっかり見ておくといいよ」というちょっと怖いDMがきた[19]」と書いた。

撮影開始までのごく短い時間を使って、ペイトン・リードは重要な要素をいくつか新たに付け足した。ラッドとマッケイと話し合いながら、映画のクライマックスでアントマンが量子世界に入るというアイデアをリードは思いついた。さらに被写界深度の浅い顕微鏡写真の技術を取り入れ、いくつかの場面で極小サイズのアントマンの存在に現実味を持たせた。キャスティング監督のサラ・ヘイリー・フィンの協力を得てリードは残りの配役を決めていった。ヴィランダレン・クロスまたの名をイエロージャケット役として予定されていたパトリック・ウィルソンが空けた穴は、コリー・ストール（『ハウス・オブ・カード 野望の階段』）が埋めた。

主要撮影はようやく8月に始まった。エドガー・ライトが去ったことで生じた種々の良からぬ憶測を和らげるために、マーベル・スタジオは報道関係者を現場に呼んだ。撮影の合間にリードとラッド、そしてファイギがマーベルからのメッセージを強調した。映画の制作は予定どおり進んでいる。この映画は決して後から思いつきでくっつけたのではない。ファイギは『アントマン』はフェーズ3の最初の映画ではなく、フェーズ2の最後を飾る映画だとわざわざ説明した。「〈思いつきでフェーズ2に突っ込んだんじゃなく〉僕にとってフェーズというのはすごく大事なものなんです[20]」とファイギは言った。「『シビル・ウォー』がフェーズ3の最初の1本です。そういうことになってるんです」

完成した『アントマン』は十分楽しめる映画だった。中でも抜きんでていたのは、ライトとコーニッシュが考案した、アントマンとイエロージャケットが玩具の鉄道が敷設されたテーブル上で、猛スピードで迫る機関車トーマスに脅かされながら戦うシーンだった。北米で1億8020万ドル、全世界で5億1900万ドルと健闘した『アントマン』の興行収入は、決してアベンジャーズ級の儲けではなかったが、続編が作られることが決まり、なによりアントマンを『シビル・ウォー』に登場させる布石になったのだった。

＊　＊　＊

マーベルのキャラクターが登場する映画を夢見ながらも、マーベル・シネマティック・ユニバースの1編を作りたいとは思わなかったエドガー・ライト。ライト事件以降、マーベル・スタジオは個人的な刻印を残したいと思っている監督には冷淡であるという噂が残った。「私の印象では、ある時期[21]」とエリック・ヴェスピーは語る。「マーベルは自分たちの希望に沿って仕事してくれる熟練監督を一時雇いで片っ端から連れてくるか、有体にいって言いなりにさせられる人を使っていたように見えましたね」

真実はヴェスピーの受けた印象よりは繊細なものだった。視覚的な一貫性と物語の連続性を持つスーパーヒーロー映画を次々と送りだしてヒットさせるのが、マーベル・スタジオという商売だ。マーベルが譲れない部分では自分のコントロールを譲歩して、最終的には面白い映画が作れるのならばそれでいいと考えられる監督には、それなりの自由が与えられる。

MCUという宇宙の中心から何光年も離れたような、オフビートな映画を作ったジェームズ・ガンは、幸いMCUとの統一性を心配する必要がなかった。ジョーとアンソニーのルッソ兄弟はいわば熱意溢れる忠実な会社の手先で、マーベル映画を最高レベルに引き上げる才能を持っていた。2人はマーベル・スタジオが設けた制約の中で最大限にスリリングな映画を作ることができ、しかもその制約を越えて何かをしたいという野心もなかった。

ジョス・ウェドンは、根っからのコミックス・コンティニュイティ・ナードだ（「どのシリーズの何年何号に出た何のキャラが別のアークではどうなり、さらにリブート・シリーズでは……」というような文脈を熟知している人）。複数のシリーズの登場人物がクロスオーバーして客演し合い、再登場し合うことで編み出される複雑な世界線を持つ物語が大好物な彼は、そういった世界観で構築されるテレビシリーズを作ってきた。常に変化して先が読めないMCUの物語に文句を言うこともあったが、その連続性を管理する監視役を任せるほどマーベルはウェドンを信用していた。そしてウェドンは、他の有名監督ほど視覚的な見せ場を作る感覚が優れてはいないので、アクションの構成はマーベルの匠たちに任せた。しかし、たとえば『エイジ・オブ・ウルトロン』の農場の場面のように、夏休みの娯楽大作で芸術的な手法を取ろうとしたことで、マーベル・スタジオとの関係は崩壊してしまった。

エドガー・ライトが撮りたかった『アントマン』は、MCUという大きな世界に奉仕する映画ではなくて、彼自身の世界観を反映した映画だった。その点を譲れなかったライトは作品から降りた。ライトの一件はマーベル・スタジオの歴史に興味深い「もしそうなっていたら（ホワット・イフ？）」という可能性を示唆する重要な転換点だった。もしエドガー・ライトがもっと早い時期に『アントマン』を撮っていたら、恐らくマーベルは彼の好きにさせただろう。その結果として、ライト独自の感性とユーモアによって、マーベル・シネマティック・ユニバースが向かう方向すら変えたのかもしれない。ライトはただ、待ちすぎてしまったのだ。

PHASE 3

CHAPTER 22 | TANGLED WEB もつれるクモの糸

誰だって、あのマスクを着けることができるんだ。
Anyone can wear the mask.
――スパイダーマン：スパイダーバース（2018）

『シビル・ウォー／キャプテン・アメリカ』の撮影は2015年の5月に始まる予定だった。しかし3月の段階ではマーベルのどのヒーローが敵対し合うことになるのか、脚本家のクリストファー・マーカスとスティーヴン・マクフィーリーにもわかっていなかった。わかっていたのは、ロバート・ダウニー・ジュニアがトニー・スタークとして出演すること。この出演契約によってダウニーは最終的に6400万ドルの出演料プラス利益の歩合を手にすることになる。そしてもう1つわかっていたのは、チャドウィック・ボーズマンがブラックパンサー役でデビューを果たすということだ。マーカスとマクフィーリーは、アントマン役のポール・ラッドも登場させることにした（ジャイアントマンになる能力を、ここでお披露目することになる）。エヴァンジェリン・リリーが演じるワスプとそのコスチュームは『アントマン』の続編までお預けになった。フェーズ3に突入して複雑さを増す物語を反映するかのように、舞台裏のさまざまな交渉も複雑さを増していった。中でもとくに複雑だったのが、マーベルの最も有名なあのキャラクターを巡る交渉だった。

マーカスとマクフィーリーは、トニー・スタークのチームには誰かが足りないと感じていた。2人はその穴をスパイダーマンで埋めたいと希望したが、MCUには出せない状態が長く続いていた。ケヴィン・ファイギは2人に、期待しない方がいいと伝えた。ファイギはこれ以前から、ソニー相手にスパイダーマンを巡る交渉を続けていたが、まとめられる確信はなかった。そこでマーカスとマクフィーリーは、ピーター・パーカーが登場しない脚本とする脚本を両方書き、仮に登場したとしてもボーナスのような、主要なプロットに関わらない扱いとした。そして、ライターたちのオフィスにファイギが現れた。ファイギは無言で両手を掲げた。薬指と中指だけを曲げ他の指は開かれていた。世界中で知られたポーズ、ウェブ液を発射するポーズだ。それを見たマーカスとマクフィーリーは、ついに映画の制作のために使える脚本がどれかを理解した。スパイダーマンが登場する脚本だ。

マーベルがスパイダーマンの映画化権のライセンスをメナハム・ゴーランに許諾してから31年が経過していた。ジェームズ・キャメロンがウェブスリンガー〈スパイダーマンの愛称〉の映画化に興味を示してから26年、ソニーがスパイダーマン映像化の権利を1000万ドルで一本化した契約締結から18年経った今、ついにスパイダーマンがマーベル・シネマティック・ユニバースに初登場を果たすことになるのだ。ここにいたるまでの諸事情は、あたかもその1本1本がねばねばとしたクモの糸であるかのように絡み合い、もつれきっていた。

2007年にソニーが製作配給した『スパイダーマン3』にはサンドマン〈トーマス・ヘイデン・チャーチ〉、ヴェノム〈トファー・グレイス〉、そしてシリーズのレギュラーであるジェームズ・フランコによって演じられた新バージョンのグリーンゴブリンといったヴィランが登場した。本作は酷評を受けつつも全世界で8億9400万ドルを稼ぎ、その時点で最も稼いだスパイダーマン映画になった。スパイダーマン映画の興行収入は安定して増加していたが、それに歩みを合わせるよう製作費も増えていた。サム・ライミ監督と2人の主演者トビー・マグワイアとキルスティン・ダンストを再登板させる費用は、1作ごとに増えていた。

しかしそれでも、ソニー・ピクチャーズとアヴィ・アラッド（この時点ではマーベル・スタジオを去っていたが、スパイダーマン映画のプロデューサーという立場は守っていた）は、『スパイダーマン4』の製作条件をすでにまとめていた。コミックスのようにアンチヒーローのブラックキャットになるフェリシア・ハーディをアン・ハサウェイが演じることになっていた。ジョン・マルコヴィッチはバルチャーとしてシリーズに参戦し、バルチャーの娘としてアンジェリーナ・ジョリーが出演することになっていた時期もあった。父バルチャーがスパイダーマンとの戦いに敗れて、文字どおりビルから蹴り落とされて映画から退場した後、娘がバルチュリスとして自らも翼を装着する予定だった。

しかし、ライミはプレッシャーに押し潰されていた。再び前作を越えなければならないというだけでも大変なのに、4億ドルにもなろうという予算で映画を作って利益を出さなければならない。2010年1月のある日の深夜、消耗しきったサム・ライミは当時ソニー・ピクチャーズ映画部門の責任者だったエイミー・パスカルに電話をかけ、スパイダーマンから降りると伝えた。2013年にインタビューに応えてライミはそのときの会話を回想している。「僕は最高の映画でなければ作りたくない。だからこの映画は僕がやらない方がいいんですよ。リブートの企画があるじゃないですか、どうぞリブートすればいいですよ」

サム・ライミはスパイダーマン映画から降りられるが、ソニーは降りるわけにはいかなかった。これほどの人気シリーズをここで畳んでしまえるはずがなかった。エイミー・パスカルは、露出のし過ぎを避けるために数年待ってから次作を製作するのが理想的だと知っていたが、しかしそれを許さない事情があった。ソニーとマーベルが結んだ契約には、スパイダーマンの映画を公開した日から3年9か月以内に続編の制作を開始しなければならず、しかも5年と9か月以内に続編を公開しなければならないと定められていた。この条件が守れなかった場合、スパイダーマンの映画化権はマーベルに戻されてしまうのだ。

マーベルの経営が最も脆弱だった1998年に、スパイダーマン映画のアメリカでの製作・配給権をたった1

000万ドルでソニーに譲ってしまって以来、アイク・パルムッターはずっと苛立っていた。侮辱されたという妄想に憑りつかれたパルムッターは、定期的にパスカルやマイケル・リントンCEOたちに電話をかけて、些細な件でソニーの最高幹部を虐めた。2002年に『スパイダーマン』がヒットすると、マーベルは関連商品に関する契約の件でソニーを告訴した（そしてソニーに反訴された）。1998年の契約によると、スパイダーマンの映画1本につきマーベルはソニーから一括で一定額の支払いを受け、さらに利益の5パーセントを受け取ることになっていた。ソニーは映画に基いた玩具を売る権利を有し、マーベルは「クラシック」スパイダーマンの商品を製造販売する権利を保有していた（加えて両社がお互いに利益の歩合を譲り合うという条項もあった）。2002年の訴訟は最終的には和解で終わった。ソニーは関連商品に関する権利の一部を失い、「映画」と「クラシック」という玩具の線引きがなくされた。それ以降はスパイダーマンに関するすべての関連商品をマーベルがコントロールすることになり、映画が公開された直後のみ、ソニーはマーベルの関連商品売り上げの25パーセントを受け取ることになった。

ライミがパスカルにかけた深夜の電話から数日も経たないうちに、ソニーは監督が降板したこと、そして監督と俳優を一新してシリーズをリブートする計画を発表した。ソニーがスパイダーマンの権利を手放すだろうと期待していたパルムッターは激怒した。パルムッターの怒りを和らげるために、ソニーは2011年に再び契約内容を修正した。結果的にマーベルは、ソニーが関連商品の売り上げの25パーセントを受け取る権利を、1億7500万ドルで買い取り、加えて、ソニーがスパイダーマンの映画を製作するたびに、マーベルはソニーに3500万ドル払うことになった。映画のおかげで関連商品が飛ぶように売れるので、マーベルは金を払ってでもソニーに映画を作らせたかったのだ。

スパイダーマンをリブートするに当たってパスカルは、マーク・ウェブという、まだ劇場長編映画を1本しか撮っていない監督を求めた。奇しくも最適な苗字を持つウェブ（クモの糸）は、ジョセフ・ゴードン＝レヴィットとズーイー〔ゾーイー〕・デシャネル主演の新機軸のインディー・ロマンス映画『(５００)日のサマー』(２００９)を撮っていただけだった。そして、アンドリュー・ガーフィールド（『ソーシャル・ネットワーク』）という、英国生まれの痩身長身で売り出し中の俳優が新しいピーター・パーカーに選ばれた。ガーフィールドの配役はメキシコのカンクンで唐突に開かれた記者会見で発表された。それから人気俳優になりつつあったアメリカのエマ・ストーン（『小悪魔はなぜモテる?!』(２０１０)）がグウェン・ステイシーを演じることになった（コミックスの世界のグウェン・ステイシーは、メリー・ジェーン・ワトソンに出会う前にピーター・パーカーが最も惚れこんだ恋愛対象だった）。ソニーは『スパイダーマン４』のために確保した制作スタッフを解散させずに、新たに『アメイジング・スパイダーマン』と呼ばれることが決まった新作に投入した。

『アメイジング・スパイダーマン』は再びスパイダーマン誕生の物語から始まり、誕生したスパイダーマンはリザードという爬虫類の怪物と戦うことになった。リザードの人間形態はリス・エヴァンスが演じ、ウェブ監督と脚本のジェームズ・ヴァンダービルトは、ピーター・パーカーが「特別な血」を手に入れるように、ピーターの両親が生前に計らったという伏線を仕込むことにした。これはつまり、放射能を帯びたクモに噛まれた高校生が誰でも特殊な能力に目覚めるわけではない、という設定だ。初期のポスターには、最終的に映画には登場しないこの「誰も知らない誕生の秘密」が宣伝されていた。映画のプロデューサーはアヴィ・アラッドとマット・トルマックで、トルマックはパスカルと同様ソニーの重役から映画プロデューサーに転じた男だった。この２人が、映画はスパイダーマンの正史（カノン）に従った方がいいと判断したのだ。

２０１２年７月に公開された『アメイジング・スパイダーマン』は、全世界で７億５８００万ドルを稼ぎ出したが、ソニーが製作したスパイダーマン映画の中では最低の興行収入だった。Ａリストの人気スターではなくてブランド価値の高いＩＰを基にしたテントポール映画を揃えていくというのがパスカルの経営戦略だったが、期待されたほどの利益は上がらなかった。また、同年にソニーが配給した『メン・イン・ブラック３』は全世界で

6億2400万ドルを稼ぎ出したが、そのうちの9000万ドルは契約上主演のウィル・スミスとプロデューサーのスティーヴン・スピルバーグに渡すことになっていた。さらにソニーは『007 スカイフォール』も配給し、この映画は全世界で11億ドルの興行収入を上げたが、ソニーの利益は5700万ドルにすぎなかった（『007』シリーズはMGMが所有しているのだが、同スタジオが2010年に破産から脱却する前にソニーと取り引きをしており、その規定によってソニーがジェームズ・ボンド映画の製作費の50パーセントを持つかわりに利益の25パーセントを取ることになっていた）。「興行収入ではうちが第1位でしたが」[2]とパスカルは2012年を振り返って書いている。「酷い年でした」

パスカルは「1作ごとに利潤は減るが2年おきにスパイダーマン映画を作り続ける」以外の戦略を模索した。2012年にマーベルが収めた『アベンジャーズ』の大成功は新しい方向性を示し、ソニーだけでなくハリウッド中がその方向性に飛びついた。ソニーの場合、スパイダーマンに登場するヴェノムや、クレイヴン・ザ・ハンターといった6人の準主役級キャラクターを主役に据えたスピンオフ企画を立ち上げ、シニスター・シックスとしてヴィランを集結させる可能性が探られた。パスカルが検討したアイデアには、ブラックキャット、シルバー・セーブル、シルクといった助演キャラクターを集めた女性スターチームの結成や、ピーター・パーカーが生まれる前のメイおばさんとベンおじさんの冒険譚もあった。ソニーはスパイダーマンというIPを公然と「豊饒なユニバース」と呼んだ。マーベルと交わした契約書に記された詳細によると、ソニーは「アサイ（A'Sai 1987年の「ウェブ・オブ・スパイダーマン」34号に1回だけ登場するエイリアン）」から「ミッキー・ジマー（Mickey Zimmer 1982年のイギリス版「スパイダーマンアニュアル」（おそらく内容はマーベルUKによる書き下ろし）に登場する、デイリー・ビューグルのカメラマン）」まで全部で856のキャラクターを使用することができた。それでもパスカルは裏では不満を漏らしていた。「うちにあるのはスパイダーマンのユニバースだけ。スパイダーマンのヴィランと親戚とガールフレンドだけ。それじゃスーパーヒーロー・チームは結成できない」[3]。有名スーパーヒーローが使えなくてもフェーズ1で大成長を遂げたマーベルと違い、ソニーは立ち往生した。

２０１４年に公開された『アメイジング・スパイダーマン２』は1作目と同様アンドリュー・ガーフィールドとエマ・ストーンが主演だったが、ウェブ監督はスーパーヴィランを増やせるだけ増やせというソニーの要望に応じて、エレクトロ（ジェイミー・フォックス）、ハリー・オズボーンまたの名をグリーンゴブリン（デイン・デハーン）、そしてライノ（ポール・ジアマッティ）を投入した。しかも、ただでさえ詰め込みすぎなこの映画は、なんと悲劇で幕を閉じる。コミックスと同様、落下するグウェン・ステイシーをスパイダーマンが救えず死なせてしまうのだ。観客たちをがっかりさせたこのバッドエンディングは、当時交際していたガーフィールドとストーンが劇中で見せる仲の良さという「アメイジング・スパイダーマン」シリーズの最大の良さも殺してしまった。

ファイギは『アメイジング２』の開発に関わってはいなかったが、実質的にはマーベルとの共同製作といっても過言はない状況だったので、パスカルはファイギに意見を求めた。ファイギはいくつか不安に感じた点をパスカルに送った。アンドリュー・ガーフィールドの演技が行き当たりばったりで、感情的な統一性が感じられないこと。そしてその時点では復活していた「特別な血」の伏線を批判した。

父親の血のおかげでピーター・パーカーがスパイダーマンになるというアイデアのせいで、物語のフォーカスが外れてしまうのではないでしょうか。スーパー科学者の父という背景の物語は、クイーンズ育ちの普通の若者であるピーターが世界に名だたるヒーローになるという物語と対立すると思います。[4]

詰め込み過ぎでしかもまとまりがないという事は、パスカルにもわかっていた。公開2か月前にソニー・ピクチャーズのダグ・ベルグラッド社長に宛てたメールで、パスカルは映画が抱える問題を1つずつあげつらった。「ムラがあって分裂気味……変。ばらばら。すごいアクション・シーンがない。仕掛けが大きいばかりでアクションが物語を語っていない。笑いを誘う瞬間がない……。率直に言って、監督の人選ミス。キャスティングも失敗[5]」。

そしてパスカルは「ぎりぎり逃げ切れないと思う。今さら後戻りはできない」と結んだ。

「ぎりぎり逃げ切れない」という予測は正確だった。『アメイジング2』には8億6500万ドルの興行収入が見込まれ、ソニーは『アベンジャーズ』や『アイアンマン3』のようなスーパーヒーロー映画と並んで「10億ドル倶楽部」[6]入りを期待したが、全世界の興収は7億900万ドルに過ぎなかった。シリーズの興行成績はしぼみ続けた。

ソニー・スタジオおよびアヴィ・アラッド、そしてマット・トルマックによるスパイダーマンというキャラクターの粗末な扱いに、マーベルは落胆し困惑した。マーベル・エンターテインメントの（そして当時まだ健在だったクリエイティヴ委員会の）アラン・ファインは、『アメイジング・スパイダーマン2』の脚本を読んだ感想をファイギにメールで打ち明けた。「話が暗すぎて、気が滅入る。読んでから脚本を焼いてやろうと思った」[7]

一方ファイギはサム・ライミ版スパイダーマンとの連続性の欠如にショックを受け、「サム・ライミ版のクモに噛まれる場面と違う。連中はリブートしてしまった」[8]とファインに伝えた。「MCUのアイアンマンをリブートなんて、百万年経ってもやらない。ジェームズ・ボンドと同じで、何十年経っても別の役者を使って新しい話を続けられるんだから」

映画シリーズの扱いとしては危なっかしい道を選んだという意見にアラン・ファインも賛成だった。「コミックスならまだしも、私ならアニメーションでも〔リブートは〕やらない。もしやると知っていたら承認しなかった。アヴィはどうかしてる。彼が何も理解していないという証拠が、また1つ増えた」[9]

＊　＊　＊

『アメイジング・スパイダーマン2』の不振は、マーベルにとっては好機だった。ソニーがスパイダーマンの権利を捨てることはないだろうが、これを機に両社が組んで双方の利益になる企画が実現できるかもしれない。簡単に承諾されそうなアイデアではないが、マーベルはソニーと話し合うことにした。立場的に対等なリントンをパルムッターが口説き、ファイギはパスカルに接触を取ることになった。

ファイギは、サンタモニカにあるホテルの1室にマーベル・スタジオのクリエイティヴ・プロデューサーを極秘で集めた。ブレインストーミングの議題は2つ。スパイダーマンをソニーと共有する契約が結べるとしたら、それはどのような契約内容であるべきか。そして、もしマーベル・スタジオが長年手を出せなかったこの旗艦的キャラクターを自由にできるとしたら、どのような物語を作りえるのか。

この極秘会議から日を置かずに、ファイギはソニーのスタジオにパスカルを訪ねた。2人は、パスカルのオフィスに隣接したポーチに出てグルメ・サンドイッチを食べながら話をした。『スパイダーマン3』の製作を計画していたパスカルは、ファイギがそのフィードバックの件で来たのだろうと思った。しかしファイギにはまったく違った目的があった。ファイギの記憶によると、パスカルはこう持ちかけてきた。「次の映画のことで助けてほしい。すごくいいアイデアがたくさんあるから。すごい映画になるから」[10]

ファイギはこう答えた。「僕は何かを助言して立ち去るというのは苦手なんですよ」[11]。そう言って自分の考えをパスカルに売り込んだ。パスカルもソニーも、スパイダーマンをどうしていいのかわからなくて苦しんでいる。それはファイギも十分理解していた。しかしマーベル・スタジオはスパイダーマンに何をさせればいいか知っている。「僕の知ってるやり方は1つしかない。最初から最後まで全部やるというやり方です。だから、ここは僕らにやらせてみては？　2つの違ったスタジオのことは考えなくていい。映画化権を戻すことも考えなくていい。権利関係や契約で決めたお金のこともそのまま。僕らを雇って制作させれてくれればいい。DCがクリストファー・ノーランでやったのと同じですよ〔ノーラン監督によって「ダークナイト・トリロジー」としてリブートされた3本のバットマン映画のこと〕。僕らはノーランじゃないけど、僕らはこういう映画をうまく作れる制作会社だってことです。

だからその制作会社を雇って作らせればいい」

この提案に対するパスカルの反応は、あまり好意的なものではなかった。具体的には、手に持ったサンドイッチをファイギに投げつけて「ふざけるな、ここから出ていけ」[12]とパスカルは言った。

一方パルムッターの説明を聞いたマイケル・リントンは、パスカルよりは好意的だった。以前にボブ・アイガーが、自分をすっ飛ばしてソニーの平井一夫ＣＥＯにスパイダーマンの契約の可能性について話を持ちかけていたからだ（『アメイジング・スパイダーマン2』が直面する問題を聞かされた平井は驚いていた）。「マイケル（リントン）はスパイダーマン映画のクリエイティヴな部分を取り仕切るのはソニーでなければという独善的なこだわりを持っていませんでした」[13]とソニーの重役、マイケル・デ・ルカが言う。「スパイダーマンはソニー・スタジオにとって巨大な財産なのだから、作るなら最高の映画を作ろうとマイケルは考えていました。エイミー・パスカルはアンドリュー・ガーフィールド主演の最新作がファンに受け入れられなかったので罪悪感を覚え、誰かがピーター・パーカーに再起のチャンスを与えるとすれば、自分しかいないと思っていたようです」

サンドイッチ投げの件はともかく、ソニーの幹部陣は取り引きに十分乗り気だった。しかしパルムッターが条件を締め付けすぎた。マーベルが次のスパイダーマンを制作することになるなら利益の50パーセントを貰う。代わりにスパイダーマンがＭＣＵの映画に客演するときは、利益の5パーセントをソニーに渡すと提案した。ソニーは考えるまでもなく断った。１９９８年にマーベルがソニーと結んだ契約によると、スパイダーマンの映画からソニーが上げた利益の5パーセントがマーベルに渡されることになっており、今回の提案はその契約に対してパルムッターが抱く不満の現れであると、ソニー側に見透かされたのだ。

２０１４年11月、ハッカー集団がソニーの社内で交わされた文書を流出させた。その中には2万を超えるＥメールが含まれていた（合衆国政府は、情報漏洩の犯人は北朝鮮政府に雇われた集団で、ＣＩＡに金正恩の暗殺を依頼されるジャーナリストをセス・ローゲンが演じるコメディ映画『ザ・インタビュー』（２０１４）を、ソニーが配給したことへの報復であると結論づけた）。Eメールがウィキリークスに晒されたことでソニーは数々の問題に直面したが、その問題の1つが、スパイダーマンをMCUと統合しようというマーベルの提案をソニーが却下したことが映画ファンにバレたことだった。

メールが漏らされたのは、ソニーとマーベルの交渉終了後だった。パスカルは公開予定を調整し、『アメイジング・スパイダーマン3』を2016年に公開、『シニスター・シックス』を2018年に公開すると発表した。スピンオフ作品を成功させてシリーズを活性化させる目論見だった。パスカルはドリュー・ゴダードを監督兼脚本家として雇うことにしたが、『デアデビル』（ネットフリックスのシリーズ）のショーランナーだったゴダードが辞めにくくなるように、アイク・パルムッターは策を弄した。マーベル・テレビジョンの成功を望んでいるからというより、むしろソニーがスパイダーマンの取り引きに応じなかったことへの当てつけだった。『シニスター・シックス』の脚本に取り掛かったゴダードは、2014年末には草稿を完成させた。スパイダーマンとヴィランたちがサベッジランド（コミックスに登場する南極大陸に隠された未開のジャングル）に行き、スパイダーマンがティラノサウルスに乗ったりする話だった。

マーベル・スタジオを雇ってスパイダーマンを作らせるというファイギの提案に反感を覚えたエイミー・パスカルだったが、考えれば考えるほど、そしてネット上でソニーとマーベルが共同でスパイダーマンを作ることを熱望する声に耳を傾けるほど、その提案は理に適っていると思われた。スパイダーマンが人気の高い映画に登場すれば、客はその後で公開されるスパイダーマンの単独主演映画も観に来るだろう。何年にも渡ってマーベルはその仕掛けを成功させてきた。そしてMCUの映画は『シニスター・シックス』よりも安全な賭けと思われた。パスカルが心からファイギを尊敬していることも、彼女の判断にプラスに作用した。サム・ライミが監督でスパイダーマン映画が作られていた頃、打ち合わせには欠かさず参加し、コーヒーを淹れて全員に渡し、黙って話を聞いていたファイギを、パスカルはよく覚えていた。「そういう人は誰だって好きになりますよね[14]」とパスカルは言う。「そういう人が口を開くと、いつも大きな事を考えていて、とても頭が良いことがわかりますから。しかもそれでいて、自分の声に酔っていないんです」

パスカルはファイギを自宅に誘って夕食をともにし、今回は食べ物を投げないように自重した。2人は、スパイダーマンをもう一度リブートするとしたら、どのような新シリーズが作れるか話し合った。もしピーター・パーカーがテーンエイジャーとして再出発できるなら、10代の若者に特有な物語にすべきだと2人は同意した。やるとすれば、ジョン・ヒューズが作る青春映画のような物語がMCUで繰り広げられることになるだろう。新スパイダーマンを『シビル・ウォー／キャプテン・アメリカ』でデビューさせれば、トニー・スタークが作ったスパイダー・スーツを着せられるとファイギが提案した。

2015年1月、アイク・パルムッター、ファイギ、リントン、そしてパスカルの4人が、フロリダ州パームビーチにあるパルムッターのリゾートマンションの1室で昼食をともにした。スパイダーマンの映画から利益の50パーセントを取るという要求をパルムッターが引っ込めたので、交渉がまとまるのは早かった。現在スパイダーマン映画に出演している俳優たちは新しい俳優に置き換えられ、（マーベルが配役する）新スパイダーマンは2016年に『シビル・ウォー／キャプテン・アメリカ』でデビューした後、2017年に公開される映画に単独で主演する。単独主演映画は最低2本、ソニーの出資でマーベルが撮影・制作し、ソニーが配給することになった。それぞれのスタジオが出資した映画の利益を丸ごと取るということになり、利益配分の交渉は回避された（マーベルは、スパイダーマンの単独映画1本につき玩具に関する権利の代わりとして3500万ドルをソニーに支払うことになっており、もし1本でも興行収入が7億5000万ドルを超えた場合、マーベルは3500万ドルのボーナスを受け取り、ソニーに払う3500万ドルを相殺できることになっていた）。『シビル・ウォー』は100パーセント、マーベル作品として作られ、スパイダーマン単独の映画は100パーセント、ソニー作品として作られる。そのような条件でもマーベルがソニーというスタジオのために映画を撮ってやることにしたのは、MCUの世界にスパイダーマンを参入させるメリットがそれを補って余りあるものだったからだ。

現在スパイダーマン映画に関わっているプロデューサーたち、とくにアヴィ・アラッドは、マーベルとソニーが共有する新しいスパイダーマンには関わらないが、ソニーのためにスパイダーマンの仲間や敵を使った企画の開発を続けることになった。エイミー・パスカルはスタジオの責任者としての職を追われる可能性を理解していた。漏洩されたメールにはパスカルの忌憚ない意見が書かれた私信が多数含まれており、ソニーにとっては恥の上塗りだった。追い出される前にパスカルは、新しいスパイダーマンの単独主演映画をファイギと自分が共同でプロデュースするように段取り、現場で仕事が続けられるようにした。有能なパスカルへの敬意の現れとして、ファイギはプロデューサーのクレジットをパスカルと共有した。ファイギが誰かと連名でクレジットされるのは『アイアンマン』と『インクレディブル・ハルク』以来9年ぶりのことだった。そして、パームビーチでの幹部会議から1週間も経たないうちに、エイミー・パスカルはソニー・ピクチャーズから解雇された。彼女はその後パスカル・ピクチャーズと名づけた制作会社を設立し、もはやスタジオの幹部ではないものの、ソニーのために「スパイダーマン」シリーズや「ゴーストバスターズ」シリーズを制作することになる。

2015年1月、ソニーはソニーで、パスカルが去った今スパイダーマンをどうするか決めるためにアヴィ・アラッドとマット・トルマックを招集して幹部会議を開いた。『シニスター・シックス』は無期延期にされたが、ソニーは他の2本の映画を製作を決定した。1本はアンチヒーローであるヴェノムの単独主演映画で、元々「アメイジング・スパイダーマン」シリーズに絡めるはずだったが、クロスオーバーはしないことになった。もう1本はクロスオーバーだらけの映画で、『くもりときどきミートボール』(2009)や『LEGOムービー』(2014)のフィル・ロードとクリストファー・ミラーがプロデュースする『スパイダーマン:スパイダーバース』というアニメーションだ。インスピレーションの源は2014年にコミックスで展開された「スパイダーバース」編だった。作者ダン・スロットは、ありとあらゆるメディアからスパイダーと名のつくマーベル・キャラクターをすべて一堂に集め、中には、実はスペクタキュラー・スパイダーハムであるピーター・ポーカーまでもが含まれている（ピーター・ポーカーは１９８０年代に登場したコメディのキャラクター。クモのピーター・ポーカーは放射能を帯びたブタに噛まれてスパイダーハムになる）。

ファイギとパスカルは、キャスティング監督のサラ・ヘイリー・フィンと一緒に新ピーター・パーカーを演じる役者を探し始め、すぐにお気に入りを1人発見した。英国の俳優トム・ホランドは出演した映画こそ少ないが（『インポッシブル』（２０１３）など）、ロンドンのウェスト・エンドでミュージカル『ビリー・エリオット』の主役を演じた経験があった。フィンは当時まだ10代だったホランドの仕事観に注目した。「9歳の頃から毎日8時間踊ってきたんですよ。毎日現場に入ってちゃんと仕事するプロ意識を、あの若さで持っているということです[15]」

マーベル・スタジオは、ホランドとエイサ・バターフィールド（『エンダーのゲーム』（２０１３））という2名の最終候補を『シビル・ウォー』撮影中のアトランタに送り込んだ。そこで2人とロバート・ダウニー・ジュニアとの相性を試すために、テスト撮影を行った。パスカルとファイギは、ピーター・パーカーとトニー・スタークの親密な関係を見せたかったので、役者の相性は重要だった。ダウニーは相手が誰でも場面をさらおうとするので、この手のテストは難しいとパスカルは言っていた。しかしホランドは健闘した。テスト撮影が終わりモニターで映像を観ているファイギとパスカルのところにやって来たダウニーは、両手の親指を立てて2人に見せた。トム・ホランドの起用が決まった。

撮影中の改稿により『シビル・ウォー』でスパイダーマンが初登場する場面はかなり短くなっていたが、ダウニーの希望で元の長さに戻された（スパイダーマンというキャラクターと演じるホランドのために通した希望である一方、ダウニー自身の出番も増えることになった）。『シビル・ウォー』撮影中にマーベル・スタジオは、フェーズ3のスケジュールにスパイダーマンの単独主演映画を加え、結果的に『マイティ・ソー バトルロイヤル』は延期され『インヒューマンズ』は完全にラインナップから外された。新スパイダーマン映画はやがて『スパイダーマン：ホームカミング』を呼ばれるようになった。マーベルへの帰還を果たしたスパイダーマンを祝うお茶目なタイトルだ。監督には、パトカーを盗む2人の少年を描いたスリラー映画『COP CAR／コップ・カー』（2013）で若い俳優たちをうまく演出したジョン・ワッツが雇われた。ワッツに下された指令は、『ホームカミング』を可能な限りジョン・ヒューズの映画のような鑑賞感を与える映画にすることだ。またしてもMCUがどんなジャンルでも丸ごと呑み込んでしまうことが、証明された。

それ以前にマーベルはジョナサン・ゴールドスタイン（『フリークス学園』（1999－2000）に出演）とジョン・フランシス・デイリーという2人1組の脚本家チームに、脚本と監督を任せようと考えていた。2人は「バケーション」シリーズの続編である『お！バカんす家族』（2015）の共同脚本・監督だった。しかし監督にジョン・ワッツが雇われたので、ゴールドスタインとデイリーは脚本の草稿を任されることになった。「コミックスにある要素をいくつか捨てようと考えました」[16]とゴールドステインは言う。「ベンおじさんの死をもう一回繰り返したくはないですからね。誕生秘話は何度も何度も語られてきたので、知らない人は知らないけど、知ってる人は知っているみたいになってますよね。知らない人でも、どうせ観てればすぐわかりますから。親族の死で映画を始めてしまうと、そこから感情的に立ち直るところに上映時間が費やされてしまうし、しかも当然それは楽しくもないわけで」。この態度は制作全般に浸透した。過去作の観客が見慣れていないスパイダーマンを届けることが、マーベルの使命だった（従来とは違うが、違いすぎないのが肝だった。ソニーは71ページにおよぶライセンス同意書をマーベルと交わしていた。同意書には「超人的な跳躍力」や「超人的な粘着力」などコミックスに登場する特殊能力の中でソニーに使用が許可されたものが列挙されていた。さらにこの書面によるとスパイダーマンは拷問をしてはならず、喫煙もしてはならず、16歳に達するまではセックスもご法度だった。そしてピーター・パーカーは白人のヘテロ男性でクイーンズ育ちでなければならなかった）。

マーベル・シネマティック・ユニバースの真っただ中にピーター・パーカーを投入するというのが、マーベル・

スタジオの企みだった。ソニーが作ってきたスパイダーマンは、オズボーンやパーカー家に関わりのある邪悪な科学者と戦ってきたが、MCUのスパイダーマンはトニー・スタークに恨みを抱くヴィラン相手に戦うことになり、結果としてピーター・パーカーの生活の中心は高校からアベンジャーズでの活動に移っていく。『ホームカミング』ではマイケル・キートン扮するエイドリアン・トゥームスがバルチャーと呼ばれるヴィランとして盗みを働くが、それはニューヨークの戦い（『アベンジャーズ』のクライマックス）の後始末をしていたトゥームスと彼の仲間たちがトニー・スタークのせいで失業してしまうからだ。

マーベル・スタジオのヴィジュアル開発部門のライアン・メイナーディングは、コスチュームを着けたままで感情表現ができるように、スパイダーマンの眼をただの穴ではなくて作動するレンズにしようと考えた。「眼の周囲を太い輪郭で囲むという外見に乗り気なデザイナーはいませんでした。眼の周りに毛筆で描いたような縁を入れてしまうと、仮面舞踏会の仮面のような印象を与えてしまいます。その方向性を探ってみようというデザイナーは、あまりいないのです」[17]とメイナーディングは語る。しかし、スパイダーマンのスーツにスタークのテクノロジーを取り入れることで、眼に動きを与えることができ、感情表現の自由度も高まった。「目を細めたり、見えにくそうにしたり、輪郭線の太さが変わったりして、いつも同じ形のモノではなくなるのです」

マーベル・スタジオは、スパイダーマンがクレーンからビルへと飛び移りながらマンハッタンの街並みを跳躍していく場面を、すでにこれまでの映画で散々やったという理由で極力避けた。『ホームカミング』での活躍の場はニューヨーク郊外、ワシントン記念塔、スタッテン島フェリー、そして巨大な輸送機の上になった。

そうして2017年7月に公開された『ホームカミング』は全世界で8億8000万ドルの興行収入を上げ、「アメイジング・スパイダーマン」シリーズで下降していた興行成績を劇的に引き上げた。ソニーはスパイダーマンの売り上げ再上昇に喜び、マーベルはスパイダーマンのMCU参加に興奮を隠せなかった。スパイダーマンは翌年の『アベンジャーズ／インフィニティ・ウォー』で再登場する。大勢の出演者の中では助演扱いだったとはいえ、マーベル・スタジオはスパイダーマンというブランドを決定づける見せ場をあざとく仕込んでいった。高校の遠足から抜け出して宇宙船に無断で乗り込み、危険を覚悟で銀河を旅する間にその場でトニー・スタークにアベンジャーズ入りを認められて、思わず感極まってしまうピーター・パーカー。スター・ロードとポップカルチャーの知識をひけらかし合うピーター・パーカー。そして劇中最も観客の心を強く打つ台詞は、自分より何倍も大きな敵に臆せず立ち向かうピーター・パーカーに与えられた（「お願い……行きたくない」は、トム・ホランドが即興で言った台詞）。スタークの腕に抱かれて消滅するピーター・パーカーに与えられた

――

＊　＊　＊

マーベル・スタジオが持つにいたった映像その他の文化におよぼすパワーは、アヴィ・アラッドを2度までも脇に押しやり、さらに一時的とはいえ他のスタジオを意のままに従わせるほど強大だった。2019年にトム・ホランドは、マーベルとソニーが製作した映画にそれぞれ1本ずつ出演し、どちらの映画も10億ドルを超える成績を上げげた。まず『アベンジャーズ／エンドゲーム』で復活し短い出番ながら出演したホランドは、続く『スパイダーマン：ファー・フロム・ホーム』に主演した。ソニーの出資でマーベル制作という『ファー・フロム・ホーム』は、MCUフェーズ3の最後を飾る映画でもあった。ジェイク・ジレンホールが演じたミステリオは、これまたトニー・スタークに恨みを持つ元社員だった。ピーター・パーカーに説教する係であると同時に映画をよりMCU寄りにする役割を負って、サミュエル・L・ジャクソンがニック・フューリーとして登場した。欧州旅行というプロットによって、以前に作られたスパイダーマンとは違った雰囲気が保証された。『ファー・フロム・ホーム』は公開されると全世界で11億3200万ドルの興収を叩き出し、10億ドル倶楽部の仲間入りを果たした。これでかつてアヴィ・アラッドが宣言したスパイダーマンの潜在的資産価値が証明されたのだ。ソニー史上最も

高い興行収入を上げた映画は、マーベル・スタジオによって作られたのだった。

ＭＣＵ版スパイダーマンは、ファイギとパスカルの目論見通りにうまく運んだ。一方アラッドとトルマックが開発していたソニーのスパイダーマンも好調だった。ソニーはスパイダーマンのスピンオフである『ヴェノム』を２０１８年についに完成させた。黒い粘液の寄生宇宙生物(シンビオート)をバディ・コメディとして再創造したこの作品は、トム・ハーディが見せた両極端な演技に支えられてヒットを飛ばし、全世界で8億５６００万ドル稼いだ。クレジットの途中に挿入された場面には続編に登場するカーネイジというシンビオートのお膳立てとして、ウディ・ハレルソンが現れた。「ソニーは『ヴェノム』でいい仕事をしましたね[18]」とパスカルも認めている。「結局大事なのはキャラクターなんですね。すごいキャラクターがあれば、すごい映画が作れるということですよ」

同年後半には『スパイダーマン：スパイダーバース』が公開された。あらゆるスパイダー・ヒーローが登場するこの映画には、40年代のフィルム・ノワール〔エッジの効いた犯罪映画〕の世界から来たスパイダーマン（ニコラス・ケイジが声優を務めた）や、アニメの世界から来たスパイダーロボットを操る日本の少女もいた。主役のスパイダーマンであるマイルス・モラレスは、アフリカ系の父とプエルトリコ系の母を持つバイレイシャルのキャラクターで、コミックス「アルティメット・スパイダーマン」においてピーター・パーカーが死亡した際に、ブライアン・マイケル・ベンディスとサラ・ピチェッリによって創造された。「スーパーヒーローごっこをするとき、非白人(ピープル・オブ・カラー)の子どもたちはバットマンやスーパーマンをやらせてもらえないんです。そのキャラに見えないから。でもスパイダーマンならマスクを着けているから誰でもなれるんですよ[19]」。モラレスのスパイダーマンがコミックスにデビューしたとき〔２０１１年〕に、ベンディスがそう述べている。「それが実現したということです。それが大勢の人にとって意味を持つんです」。『スパイダーマン：スパイダーバース』は中規模のヒット（3億７５００万ドル）ではあったが、ユーモアのセンスと先進的で重層的なヴィジュアル・スタイルが絶賛され、アカデミー賞最優秀アニメーション映画賞を獲得した（7年連続でこの賞を獲っていたディズニーを悔しがらせた）。スパイダーバースには結集させられるほどスーパーヒーローがいないとエイミー・パスカルは嘆いていたが、この映画の成功によって彼女の間違いが証明された。

契約ではソニーとマーベルはスパイダーマンの単独主演映画を2本作る必要があったが、ファイギもパスカルも3部作が妥当だと考えていた。しかし『ヴェノム』と『スパイダーマン：スパイダーバース』の成功により、ソニーは自分たちの予知能力（スパイダーセンス）（または「ピータームズムズ」）に対する自信を回復していた。『ファー・フロム・ホーム』の撮影中にソニーは、スパイダーマンの単独映画シリーズを作る権利を差し戻すようにマーベルに伝えた。スパイダーマンの映画をヒットさせるためにプロデューサーのファイギと主演のトム・ホランドは必要ないと判断した結果だった。マーベルはキャストにもスタッフにもこの件を伏せたが、『スパイダーマン：ファー・フロム・ホーム』が公開され信じられないような興行収入を上げた後、ソニーはマーベルと締結した契約を更新しないという情報が、洩らされたのだった。

CHAPTER 23 | LONG LIVE THE KING
新国王に栄光あれ

ワカンダは物陰から見守るのをやめにします。
Wakanda will no longer watch from the shadows.
――ブラックパンサー（2018）

チャドウィック・ボーズマンは、王を演じるはるか以前から王のように振る舞ってきた。ハワード大学の学部生だったとき、ボーズマンは芝居の演出家そして戯曲家になる勉強をしていたが、当時客員講師だったフィリシア・ラシャドとの出会い、そしてデンゼル・ワシントンからの資金援助のおかげで、演技の勉強に方向転換した（ワシントンは後日ボーズマンに冗談でお金を返してと言った）。俳優としてのボーズマンの初期の仕事に、ソープ・オペラへの出演があった。演じる役が雑な人種的固定観念に基づいていては困ると心配したボーズマンは、番組のプロデューサーたちにそのキャラクターの家族の歴史を尋ね、母はヘロイン中毒者、父はずっと以前に家族を捨てた男と言われた――ボーズマンは「扱いにくい」という理由で解雇された。この経験によって、彼の目的意識は明確になった。俳優を続けるなら、自分が受け入れられる条件でしかやらない。有害な先入観を強化してしまう役をやる気はない。

ポーズマンは『42～世界を変えた男～』（2013）で、メジャーリーグの世界で人種の壁を破った男、ジャッキー・ロビンソンを演じ、『ジェームス・ブラウン 最高の魂を持つ男』（2014）では、20世紀が誇る天才ミュージシャン、ジェームズ・ブラウンを体現した。ボーズマンは、それぞれの役をまったく違った身体性をもって演じた。そしてどちらも安っぽい猿真似ではなく、観る者の心を釘付けにするような演技だった。身体の動きと言葉を総動員して、ボーズマンはそれぞれの役が持つ威厳、そして人間としての尊厳を強調した。この演技へのアプローチによってボーズマンはティ・チャラ、またの名をブラックパンサーという架空のキャラクターを演じることになる。

台詞を読むときは米国英語か英国英語でティ・チャラを演じてほしいとマーベルに言われたボーズマンは、どちらも拒否した。どちらの英語で喋っても、ティ・チャラを国王に掲げるアフリカのユートピア国家ワカンダに、植民地にされた歴史が存在することを示唆してしまうと、ボーズマンは考えた。「この点が聞き入れられなければ交渉決裂だなと思いました。そのときこう考えたんです。「だめだ、これは絶対に譲れない。もし今これを譲ったら、誰かの機嫌を損ねないようにするために、他にもいろいろ譲歩することになる」[1]

米国英語も英国英語も選ばなかったボーズマンは、南アフリカの先住民が使用する言語の1つであるコサ語の響きを帯びた英語を喋ることにした。「ダイアレクト・コーチ〔方言や地域的に特別な喋り方のコーチ〕を南アフリカのペイテル〔Paytel〕で見つけました」[2]とボーズマンは言う。「コーチとはいい関係を築き、ティ・チャラがどんな感じの人物になるか一緒に探りました。本物としてもっともらしい、そして聞けばほぼ間違いなく理解できる言葉遣いを見つけるためにサラ・シェパードというマーベルのダイアレクト・コーチにも助けてもらいました。わかってもらえて、しかも本物らしいのが重要でしたから」

セバスチャン・スタンは『シビル・ウォー／キャプテン・アメリカ』でボーズマンと対峙した。スタンが演じる洗脳された暗殺者ウィンターー・ソルジャーは、ティ・チャラの父親ティ・チャカを殺害するように仕向けられてしまうのだ。スタンはボーズマンに感銘を受けた。「そのときに「おお、すごいぞ、この男を見たら皆度肝を抜かれるぜ」と思いました」[3]とスタンは回想する。「彼はやることすべてに全身全霊を込めるんです。私と彼は格闘場面でたくさん戦いましたが、手抜き無しです。「やる気満々じゃん、俺も気合を入れないと負けるじゃん」と思いましたよ」

ボーズマンはティ・チャラを、復讐心と思いやりの両方に突き動かされて行動する人物として演じた。『シビル・ウォー』のクライマックスでダニエル・ブリュール演じるヘルムート・ジモと対決する場面で、彼はティ・チャラが抱える矛盾を嘘も誤魔化しもなく演じている。「映画の終盤でジモを殺さないと決心するところ。あの場面で演じなければならなかった心理的変化は、かつてないほど難しいものでした」[4]

カリスマ的魅力を持つボーズマンは、アントマンやドクター・ストレンジ、そしてキャプテン・マーベルといった新世代のMCUヒーローの中でも特筆に値する芝居を見せてくれるはずだ。マーベル・スタジオの幹部たちはそう理解していた。必要なのはボーズマンの才能に見合った映画だった。プロデューサーのネイト・ムーアは『シビル・ウォー』の撮影が終わるとすぐに、ブラックパンサー単独主演映画の製作に向けて動いた。ファルコンからルーク・ケイジまで、ずっと以前から黒人キャラクターをMCUに推してきたムーアがブラックパンサーの企画を開発するのは、誰の目にも当然なことだった。ムーアは脚本家を公募する代わりに数名の生え抜きに直接声をかけ、最終的にジョー・ロバート・コールを雇うことにした。コールはこのときはすでになくなっていたマーベル・ライターズ・プログラムの卒業生だった。

これは終わったらそれきりのただの仕事ではない、コールはそう覚悟した。「小さい頃は、よくごっこ遊びをしました。すべてのヒーローをブラックにして」[5]とコールは言う。「ジェームズ・ボンドならジェームズ・ブラック。バットマンはブラックマン。でもうちの子も含めて最近の子どもたちは、そんなことしなくていいんです。それはすごいことですよね。自分もこういう映画に憧れられたら良かったなと思います」

2015年の5月には『ブラックパンサー』の脚本は形になっていたので、ムーアとファイギは監督探しを始めた。2人は公然と第1候補のエイヴァ・デュヴァーネイにラブコールを送った。以前は映画の宣伝をしていたデュヴァーネイだが、公民権運動を扱った『グローリー／明日への行進』（2014）で一躍A級監督の仲間入りを果たしていた。「映画の中で黒人が何かを考えているとき……それはとても重要な瞬間だと思うんです」とデュヴァーネイは言う。「私たち黒人が自分たちを見る視線、そして私たちが他の人たちにどう見られるかというその視線が、映画の影響を受けるんです」。マーベル・スタジオは、レプリゼンテーションという問題に対して間違いなく革命を起こすであろう映画を2本開発中だった。その2本、『ブラックパンサー』と『キャプテン・マーベル』から1本を選んでほしいと、デュヴァーネイは求められた。

デュヴァーネイは、大衆文化の中で重要な意味を持つ力を秘めた『ブラックパンサー』に魅かれた。しかし最終的に彼女は誘いを断った。「どのような物語になるかという双方のアイデアが違った。そう言っておきましょう。マーベルにはマーベルのやり方があり、それは素晴らしいやり方だし、その結果作られた映画は多くの人に愛されています。私に手を伸ばして誘ってくれたのは嬉しかった。チャドウィックや脚本家の皆、そしてマーベルの重役たちと会えたのも嬉しかった」と彼女は語る。「最終的に譲れないのは物語と視点です。その部分で完全に同意し合えなかった。今そのことを理解する方が、後でクリエイティヴな感性の違いの話をするより私にとっては良かったんです」

マーベル・スタジオは、F・ゲイリー・グレイ（『ウィンター・ソルジャー』の監督候補）と話し合いを進める一方、2015年11月に『クリードチャンプを継ぐ男』が公開されて最終候補に挙がったライアン・クーグラー（『フルートベール駅で』（2013））とも会って話をした。「ロッキー」シリーズのスピンオフである『クリード』は、すでに存在するIPを使ってヒット映画を作れるクーグラーの能力を証明した。そして、グレイが『ワイルドスピード ICE BREAK』（2017）の監督をすることに決めたことで、マーベルにとって監督候補はクーグラー一択になった。

ファイギがクーグラーと会ったときの重要な瞬間を、ムーアが教えてくれた。「彼はケヴィンに「この映画のキャストはほぼ全員黒人になりますが、わかっておいでですか?」と聞いたんです」[8]

ファイギは顔色ひとつ変えずに「ああ、それはそうですね。だからこの映画を作るんです」と言った。

クーグラーが監督として雇われるためには、ボーズマンのお眼鏡にかなわなければならなかった。「彼の仕事っぷりは、とても整然としていると思いました」[9]とボーズマンはクーグラーを評して言った。「とても知的で、しかも各部門との仕事の仕方がとても直感的なんです。予算規模の大きい映画をインディー映画作家として撮るから、彼が撮るとファンタジーでもざらざらとしたリアルな手触りが感じられるんです」

2016年1月に、クーグラーは正式に雇われた。彼は謎に包まれたワカンダという国を、実在してもおかしくない、もっともらしさとアフロフューチャリズムが感じられる国にしたかった。その難しいバランスを維持するために、マーベルお抱えのアーティストたちではなく、自分で集めた各部門の責任者と仕事がしたいとクーグラーは要求し、マーベルは納得した。とくに重要だったのは撮影監督レイチェル・ウィルソン(マーベル映画初の女性撮影監督)、そして『ムーンライト』(2016)やビヨンセの『レモネード』の「ヴィジュアル・アルバム」(アルバム収録の全曲につけたビデオ)にも参加した美術監督ハナー・ビーチラー、さらに伝説的な衣装デザイナーで1998年の『スクール・デイズ』以来スパイク・リー映画の衣装を手がけ、『マルコムX』(1992)とスピルバーグの『アミスタッド』(1997)でアカデミー賞候補になったルース・E・カーターの3人だった。

『ブラックパンサー』制作班は、撮影準備期間に何度もアフリカを訪れた。衣装デザイナーのカーターはアフリカ中央部を巡り、作曲家のルドウィグ・ゴランソンはセネガル人のミュージシャンであるバーバ・マールと演奏ツアーを行った。クーグラーと各部門の責任者たちは何度もアフリカ東海岸に足を運び、南アフリカのクワズール・ナタール州を訪れた。旅の途中で複数の科学者と会い、ヴィブラニウムという架空の金属が持つ音響的特性について話し合いもした（ヴィブラニウムはワカンダ以外では産出されない極めて希少な鉱石で、キャプテン・アメリカの盾はヴィブラニウム製だ）。その足でロケハンをし、視覚的な参考資料を収集していった。「旅から戻ると、すべてをやり直しました[10]」と美術監督のビーチラーは言う。「実際に触れて、触感を確かめて、実際にその場に立って目で見るという体験は大きな収穫でした」

ワカンダという架空の国を特徴づける本質的な設定はヴィブラニウムではなかった。コミックスで設定されたとおり、ワカンダは貪欲な植民地支配から免れた国であり、それこそが肝だった。「この国は一度も植民地にされた経験がなく、奴隷制も経験していないとわかっているわけです。世界中見回しても、参照できるものがあまりないという意味で、難しい挑戦でした[11]」と美術監督のハナー・ビーチラーは語る。ワカンダはテクノロジーで支えられた理想郷であり、ゆえに西洋帝国主義に対する鋭い批評として機能する存在でもあった。この国を想像することは、鎖につながれて無理矢理アメリカに連れてこられたアフリカ系の人びとが、もしアフリカに留まっていたらどのような未来を築けたかを問うことと同義だった。

「ワカンダは所詮空想上のアフリカの国家にすぎないと言っても構いませんが[12]」とボーズマンは語る。「しかしこれは大変貴重な機会だったのです。アフリカというものを、アフリカという土地を、そしてアフリカとは何かという概念を、実物から引き出してワカンダという観念に収めることで、アフリカというアイデンティティを構築する感覚が得られる機会だったのです。アイデンティティから切り離されてしまった者にとっては、得がたい機会です」

クーグラーの意見を聞きながら、ビーチラーはサブサハラ、つまりサハラ以南のアフリカ諸国（ナイジェリア、ケニヤ、ブルンディなど）の伝統的なデザイン要素を、ワカンダが持っていると推測されるテクノロジーと混合した。磁気浮上式ホバークラフトは後25年は実現しないと考えたビーチラーだが、あえてそれを「茅葺屋根を頂く高層建築[13]」と一緒に登場させた。ビーチラーは５１５ページもある「ワカンダ・バイブル」（すべての基礎になる参照文献〉を作り、デザイン的な発想源の概略だけでなく、ワカンダ内にあるさまざまな文化的諸要素とその関わりが、一目でわかるようにした。紫は叡智、青は植民地主義、緑は大地とのつながりというように、色彩には主題的な意味が込められた。衣装をデザインするにあたって、ルース・E・カーターはこの色彩モティーフをさらに一歩押し進めた。「アフロフューチャリズムが、ワカンダという共同体に浸透した共通の特徴だと私は言い切りますね[14]」

ティ・チャラを演じたボーズマンは、その演技でワカンダという世界の表現をより豊かにした。そしてティ・チャラを演じることがボーズマンの演技にも深みを与えた。「ティ・チャラと普通の人を分かつのは、一国を治めるという彼の立場です[15]」とボーズマンは語った。「彼は自分の国に益をもたらすものなら何にでも関心を示す。自分の国にいいことはそれが何であっても関心を持つんです」

クリエイティヴ委員会の横槍が入らなくなった今、マーベル・スタジオはクーグラー監督が望む映画を作れるように相応の自由を与えた。他のMCU映画と関連するように圧力をかけることもしなかった〈クーグラーは、クレジット後にセバスチャン・スタン扮するウィンター・ソルジャーの場面を入れた〉。クーグラーは、複雑な倫理感を持つ敵役エリック・キルモンガー役に自作でお馴染みのマイケル・B・ジョーダンを起用した。ボーズマンとジョーダンには、デンゼル・ワシントンとウェスリー・スナイプスが組んだときに発生するような対決感が期待された。さらにクーグラーは、ルピタ・ニョンゴ、アンジェラ・バセット、フォレスト・ウィテカー、ダニエル・カルーヤ、レティーシャ・ライトで脇を固めた。ダナイ・グリラは女性だけで構成される親衛隊のオコエ隊長を演じた。親衛隊は真紅の衣装で識別され、『シビル・ウォー』でボーズマンが使ったコサ語の響きを帯びた英語が『ブラックパンサー』でワカンダ人を演じる俳優たちの台詞の読み方のテンプレートになった。

２０１６年にステージ３の大腸がんという診断を受けたチャドウィック・ボーズマンだが、自身の健康上の問題については沈黙を貫いた。そのことを知っていたのは、制作パートナーのローガン・コールズ、古くからボーズマンのエージェントをしているマイケル・グリーン、そしてトレーナーのアディソン・ヘンダーソンといったごく一部の身近な人に限られた。クーグラー監督は『ブラックパンサー』の撮影中、ボーズマンが抱える深刻な健康上の問題について何も知らなかった。ボーズマンの兄デリックによると、弟は誰も心配させたくなかったし、病気は治せると確信しており、診断の結果を考慮して仕事を中止するどころか、大事をとって休むことすら望まなかったそうだ。その判断の源にあったのは、スポットライトを浴びたいという欲求ではなく、演じる役柄の重要性を信じるアーティストが内に秘めた激しさだった。

ボーズマンが出演したベトナム戦争ドラマ『ザ・ファイブ・ブラッズ』（2020）は、がんの診断を受けた3年後に撮影されたが、監督のスパイク・リーによるとボーズマンは、過酷なジャングルでの撮影中にも一切不平を漏らさなかった。「体調は悪そうでしたが、がんだとは思いもよりませんでした[16]」とリーは回想する。「どうしてチャドウィックが黙っていたかは、わかります。私に手加減させたくなかったんですよ。もし知っていたら、やらせませんでしたから。彼のその覚悟を私は尊敬します」

＊　＊　＊

『ブラックパンサー』の撮影は2016年1月にジョージア州パインウッド・アトランタ・スタジオ（後にトリリス・スタジオに改名）で始まった。このスタジオは近年マーベル映画の製作拠点になった撮影所だ。美術監督のハナー・ビーチラーはここに巨大なセットを建てた。そのうちの1つは幅37メートル高さ12メートルの壮麗な「戦士の滝」を含む闘技場のセットで、滝には4万7000リットルの循環する水が流された。この戦士の滝の屋外セットではみっちり2週間撮影が行われ、映画の2つの主要な格闘場面が15センチの水を張ったセットで演じられた。

戦士の滝での撮影は暑く、しかも長時間におよんだ。アンジェラ・バセットがその様子を回想する。「連日1日10時間。私たちは「フランス時間」と呼んでましたが、裏の意味は「食べられるときに食べないと、昼食を食べそびれる」ということです」[17]。撮影2日目には多くの俳優たちが普通以上にまばたきをしだしたので、水中の塩素のせいではないかという疑いがもたれた。バセットは続ける。「そして3日目、ダニエルとルピタの目が血走って真っ赤になっていたんです」。その翌日、俳優たちは目を開けていられなくなった。水のpHバランスや病原体の有無が調べられたが、水質に問題はなかった。あれこれ勘ぐった末にようやく見つかった犯人は、水に反射した高輝度照明だった。「目が日焼けしたんです！」とバセット。カメラが回っていないときはサングラスをかけるのが、俳優たちの日常になった。

そのときアトランタでは、ルッソ兄弟が監督する『アベンジャーズ／インフィニティ・ウォー』の撮影も行われていた。『インフィニティ・ウォー』の第3幕の見せ場の舞台はワカンダだった。つまり、『インフィニティ・ウォー』の制作スタッフは『ブラックパンサー』のスタッフに助けを借りてワカンダらしさに一貫性を持たせることができ、さらにどちらの映画にも出演する俳優は同時に自分の出番をこなすことができたのだった。レティーシャ・ライト、ダナイ・グリラ、ウィンストン・デューク、そしてチャドウィック・ボーズマンは『インフィニティ・ウォー』の現場を表敬訪問したワカンダ使節団だった。

「チャドウィックがアンソニーと僕を脇に呼び寄せて、あちらの現場で作りあげたワカンダの伝統を教えてくれました」[18]とジョー・ルッソが回想する。

「彼は他の俳優たちを離れたところに連れていって、ワカンダの戦術隊列か何かの練習をしてました」[19]と言うのは、アンソニー・ルッソだ。

「皆と一緒にかけ声の発音と言い回しを練習し、体の動かし方や攻撃姿勢の取り方をやってました」[20]とジョーが付け加える。

そして「本当にワカンダの指導者でしたよ」[21]とアンソニーがまとめた。

クーグラーはこの映画を、故郷カリフォルニア州のオークランドで始めてオークランドで終わらせたいと思っていた。デジタル効果の助けを借りて、撮影現場であるアトランタのアパートの背景に拡がる街並みはオークランドのそれに変えられた。アパートの向かいには、非暴力による社会変革センターとしてマーティン・ルーサー・キング・ジュニアの遺志を受け継ぐキング・センターがあった。キング牧師の娘バーニス・キングが撮影現場に顔を出したとき、キャストとスタッフたちはあらためてこの映画が持つであろうインパクトを実感した。「(バーニスは)皆と握手して、成功を祈ってくれました」[22]とクーグラーが思い出す。「強烈な体験でした」

釜山(プサン)の街路で繰り広げられるカーチェイスをもって、撮影は韓国で終了した。同時にアフリカでも第2班がウガンダ、ザンビア、南アフリカの実景を撮った。2017年4月にクーグラーは、マイケル・シャウバー(『フルートベール駅で』と『クリード』で協働)とマーベルのベテラン編集者デビー・バーマン(『スパイダーマン:ホームカミング』)を伴って編集室に入った。「それぞれセクションを分けて作業しました」とバーマンが言う。「このように特殊視覚効果が多い映画の場合、セクション担当者がそのセクションに責任を持つことで、作業がうまく運びます。もちろんお互いにコメントを出し合って協力しながらやりました」[23]。『ブラックパンサー』には女性のキャラクターが大量に登場する。バーマンは女性キャラクターの肩を持った。「この映画に出てくる女性たちをとても大事にしました。私の仲間ですから、責任をもって守りましたよ」

追加撮影の現場を訪れたとき、デビー・バーマンはこの制作現場の多様性にあらためて気づかされた。「追加撮影で現場に行ったときに、突然はっきり見えたんです」[24]とバーマン。「ライアンとレイチェル(モリソン、撮影監督)、そして私が、撮影する画について話し合っていたときに、ふと気づいたんです。アフリカ系アメリカ人の監督、女性の撮監、女性の編集者が、2億ドルの映画を作っているんだって」

作品の中で女性の在り方が正しく反映されているかどうかは、制作に関わる者たちにとって何よりも重要だった。ティ・チャラの妹で天才テック少女シュリを演じたレティーシャ・ライトは「男たちが問題を解決して終わる話にしなかったライアン（クーグラー）、ジョー（ロバート・コール）、そしてマーベルの皆、最高です。この映画では女性が素晴らしいんです。私が子どもの頃はこういうのはほとんどなかったですよね[25]」

これまでマーベルが女性や白人以外のキャラクターをどうあつかってきたかを考えると、『ブラックパンサー』を成功させなければならないという重圧はとてつもなく巨大だった、とボーズマンは言う。「こういう映画はかつてなかったからです。だからちゃんとうまくやりたい。これがうまくできなかったら、次のチャンスはなかなか来ない。皆、それを恐れてました。自分だけの問題ではなく、私たちの後に続くアーティストたちのためにも失敗はできなかったんです[26]」

クーグラーと編集チームからネットを介して送られてくる映像を連日観ながら、バーバンクにあるマーベル・スタジオの面々はヒットを確信していた。２０１７年6月、マーベル・スタジオはＮＢＡファイナル第4試合の最中に『ブラックパンサー』の予告編をオンラインで投下した。24時間で８９００万回再生され『スター・ウォーズ／最後のジェダイ』（２０１７）と並んで最も視聴された予告編となった。１か月後、サンディエゴ・コミコンでクーグラーは見せ場をつなげた映像を披露した。カジノの格闘場面から釜山のカーチェイスに続く一連の場面だ。ホールＨの舞台上に座ったチャドウィック・ボーズマンをはじめとするキャストたちは、映された映像を観ようと首を伸ばした。役者たちは、このときまで編集された場面を観たことがなかったのだ。映像が終了すると聴衆は立ち上がって喝采を浴びせた。「チャドは泣いてた[27]」とダニエル・カルーヤが言う。カルーヤは舞台上の皆にハグして回った。「こんなすごいものに参加できたなんて、本当に幸せだ。頭がおかしいくらい光栄すぎる」

ファンの熱気を感じたマーベル・スタジオは宣伝を倍増し、最終的に1億５０００万ドルという『アベンジャーズ』級の映画だけに許される広告予算が投下された。２０１８年2月16日、黒人歴史月間の最中に封切られた『ブラックパンサー』には、マーベル映画の中でも最大級の賛辞が寄せられた。クーグラーが実現してみせたアフロフューチャリズムの世界観は、正統なブラック・ポップアートであると称賛された。アメリカ国内で5週連続興行収入1位になったのは、ジェームズ・キャメロンの『アバター』以来の快挙だった。2月は出来の良くないジャンル映画が捨てられる月だという一般的な見方を裏切って、全世界で13億４７００万ドルを稼ぎ出した。そしてなにより、黒人が主役の映画は国際的な成功を収めないというハリウッドの信仰の誤りを証明したのだ。『ブラックパンサー』は黒人が監督した映画の中で最も稼いだ映画となり、最も稼いだヒーロー単独主演映画になり、歴代9位の興行成績を収めた映画になった。

『フルートベール駅で』と『クリード』の作曲家ルドウィグ・ゴランソンに『ブラックパンサー』の音楽を依頼したクーグラーは、ラッパーのケンドリック・ラマーにも参加を望んでいた。「ケンドリック・ラマーのことが超がつくほど大好きなんです。初めて聴いたときから。ミックステープ時代からずっと」[28]とクーグラーは語る。編集初期段階の『ブラックパンサー』を観せてもらったラマーは、映画のサントラに3曲、そして映画に触発されたアルバムを1枚作って貢献した。「そいつの心を贈り物で腐らせろ／そうすりゃ相手の正体が見える」とケンドリック・ラマーがラップし、SZAが歌う「All the Stars」が、アルバムの口火を切った。

マーベルとヒップホップの関係は古いが、それはあくまで一方通行の片思いだった。アーティストたちがマーベルのコミックスから着想を得たとしても、マーベルの方が何らかの感謝の意を表すようなことはなかった。MFドゥームやエミネムといったラッパーがマーベル作品を引用してきたが、中でもウータン・クランの一員としてゴーストフェイス・キラーを名乗ったMCデニス・コールズのマーベル好きは有名だった。初のソロ・アルバム『アイアンマン』はマーベル・コミックスのアイアンマンとその伝説に強く影響され、コールスは芸名を「トニー・スタークス」に変えすらした。その11年後、「ザ・キッド」という呼び名でも知られるゴーストフェイスは、映画『アイアンマン』に特別客演した。「あのときザ・キッドはすごくイケてた、だってロバート・ダウニー・ジュニアは俺を見るなり誰かわかってたんだ[29]」とゴーストフェイスは言った。「（ダウニーは）「ヨウ、トニー！」みたいな感じだったし」

しかしゴーストフェイスの特別客演部分は編集で切られた。マーベル・コミックスは2015年から2017年の間に、グラフィティやヒップホップ・カルチャーの流れを汲んだヴァリアント・カバー〔内容は同じだがカバーイラストが数種類用意されたコミックス〕を数点出しはしたが、それ以上ラップのコミュニティと自社が有する黒人ヒーローたちとの関係を深めることには積極的ではないようだった。しかし、ラマーが予算をかけて作ったミックステープ『Black Panther: The Album』がそれを変えた。アメリカのヒットチャートで1位に登り詰めたこのアルバムで、ケンドリック・ラマーはワカンダの公式な声となり、『ブラックパンサー』という映画が黒人文化の中に占める場所の大きさをより決定的なものにした。

＊　＊　＊

『ブラックパンサー』を監督しないことを選んだエイヴァ・デュヴァーネイだが、この映画が人びとの、とくに黒人たちの心に刺さった理由を考え続けていた。「ワカンダという国が、そもそも夢の国なわけです[30]」とデュヴァーネイは言う。「それは、私たちが鎖につながれてここ〔アメリカ〕に連れて来られて以来、私たちの心に、体に、そして魂の中にずっと存在した場所なんですよ」

2019年のアカデミー賞受賞式典の13か月前に公開された『ブラックパンサー』は、いわゆるオスカー好みの作品ではないにもかかわらず、賞の候補として相応しいと目された。質も人気も高く、長いことオスカーが払拭できずにいる人種的問題〔活動家エイプリル・レインが発信した#OscarsSoWhite〔オスカーは真っ白〕というハッシュタグがこの問題の本質を突いていた〕という毒を中和するような映画、それが『ブラックパンサー』だった。「〔映画の持つ文化的な意義が〕最優秀作品賞を獲る足しになるかって？　私の意見は控えますが[31]」マイケル・B・ジョーダンはコメントした。「でも他の人がそう言ってるなら喜んで聞きます」

ディズニーにはニューヨーク〔パルムッター〕の倹約型経営方針に従う義理がないので、アカデミー賞候補として『ブラックパンサー』に注目を集めるための戦略を立て、大金をつぎ込んだ。それはまさにアイク・パルムッターが拒んだ金の使い方だった。その結果『ブラックパンサー』は最優秀作品賞（スーパーヒーロー映画としては初）や最優秀オリジナル主題歌賞（「All the Stars」）を含む7部門の候補になり、作曲賞にルドウィグ・ゴランソン、衣装デザイン賞にルース・E・カーター、美術賞にハナー・ビーチラー（黒人でこの部門の候補になったのは彼女が初）という3部門が受賞を果たした。

マーベル・スタジオは自分たちの言うことを聞く監督、あるいは少なくともクロスオーバーや複雑なアクション場面を自分たちに任せてくれる監督を選んできた。その手法によってマーベル映画の信頼の証である一貫性が保持されてきた一方で、マーベル・スタジオは高圧的で、作家的な映画監督には冷たいという噂も立ち、結果としてデュヴァーネイのような才能のある監督には避けられることになっていた。しかしフェーズ3に入ってからのマーベルは、エドガー・ライトの一件で懲りたのか、あるいはクリエイティヴ委員会の束縛から自由になったからか、インディー映画の世界に監督を求める方向に舵を切り、その方針のおかげで才能を証明する監督も現れはじめた。たとえばタイカ・ワイティティは「マイティ・ソー」シリーズを3作目にして再活性化した。ワイティティは『マイティ・ソー バトルロイヤル』を、自作の吸血鬼映画『シェアハウス・ウィズ・ヴァンパイア』（2014）のノリで風変わりなコメディに仕立てたのだ。ライアン・クーグラーは『ブラックパンサー』をカリフォルニアのバーバンクではなくアフリカの伝統的な視覚様式に根差した映画にするために、黒人のアーティストやデザイナーを起用すべきだという主張を貫いた。口を出さずに適切な人材に任せておけば、マーベル・スタジオの得にもなるということを、クーグラーは自ら証明した。『ブラックパンサー』の成果は10億ドル稼いだということだけではない。コスチュームを着たヒーローを描いた映画が、ただの安っぽい気晴らしではなく、正真正銘の文化的イベントになりうることを、強い意思をもって示したのだ。

『ブラックパンサー』は、最優秀作品賞など獲らなくてもMCUを方向転換させた。ロバート・ダウニー・ジュニアやクリス・エヴァンスらの複数映画出演契約が終わりに近づいていたその頃、ワカンダの王ティ・チャラを演じるチャドウィック・ボーズマンの輝くような存在に未来を任せても大丈夫だと、マーベル・スタジオは確信していた。クーグラーは即座に『ブラックパンサー』の続編とテレビシリーズを開発するために雇われた。コロナ禍の影響で映画の撮影は一時的に中断されたが、2021年3月には続編の撮影が開始されることに決まった。そして2020年8月28日。ボーズマンは大腸がんが原因の合併症で急逝した。亡くなる1週間前まで、彼は闘病の末、病魔に打ち勝つと信じていた。

クーグラーは公式声明を出した。「去年1年間、私は彼に言ってもらいたい台詞を書く準備をし、想像し、そして書いてきました。でも、その姿を見ることはできません。もうモニターに大映しになった彼の顔を見ることも、歩み寄ってもう1テイクやろうと言うこともない。そう考えると立ち直れません」[32]。クーグラーもマーベル・スタジオも、ティ・チャラ役を別の役者に任せようとは考えなかった。ボーズマンの代役を立ててもうまくはいかないと、関係者の誰もがわかっていたのだ。代わりに脚本が刷新された。キャストとスタッフが抱く悲しみを映すかのように、物語では語られない王の死、ワカンダの守護者の死に立ち向かう人びとを描く物語ができあがった。

マーベルは2022年11月に続編『ブラックパンサー／ワカンダ・フォーエバー』を公開することになる。物語の中心になるのはワカンダの女性リーダーたちで、そのさらに中心になるのがレティーシャ・ライト演じるシュリだ。この映画で、さらにMCUに2人の新キャラクターが紹介された。メキシコ人俳優テノッチ・ウエルタ・メヒアが演じる海中王国の王ネイモア（またの名をサブマリナー）そしてアフリカ系アメリカ人俳優ドミニク・ソーン演じるリリ・ウィリアムズだ。MITの大学生であるリリは、独力でトニー・スタークが作ったようなアーマーを建造し、アイアンハートを名乗る。ネイモアは植民地主義によって破壊された失われた都の王、そしてリリはアイアンマンというテクノロジーの遺伝子を受け継ぐ若き天才だ。

リリ、ネイモア、そしてシュリは、新しく活気溢れるマーベル・シネマティック・ユニバースという宇宙の一部であり、チャドウィック・ボーズマンがその中心的存在になる。誰もがそう信じて疑っていなかった。『エンドゲーム』の撮影現場でロバート・ダウニー・ジュニアに話しかけられたボーズマンは嬉しかった。ボーズマンによると、ダウニーは「やあ、よく来たな。ここにあるものすべてを、私からそなたに授けよう[33]」と言われたそうだ。ボーズマンはとくにトム・ホランドや『キャプテン・マーベル』のスターであるブリー・ラーソンといった新規参入組との時間を楽しんだ。誰もが『ブラックパンサー』が収めた成功に、自分たちの未来を重ねていた。「さっきブリーとトム・ホランドと私でちょうど話していたんです」ボーズマンは2017年にそう言った。「これはすごく特別なことなんだって。すごくわくわくせずにいられないって」

ボーズマンの制作パートナーであるローガン・コールズが、ボーズマンとの最後の会話について語った。2人で成し遂げたことを皆に話してくれ、ボーズマンにそう言われたそうだ。「僕たち2人でどんなことをしたか皆に言うんだ。今までやり遂げたことを全部隠さず話してやるんだ。僕がどんな目に遭いながら自分たちの物語を語れる場所にたどりついたのか、皆に言ってやってくれ[34]」

CHAPTER 24 | HIGHER, FURTHER, FASTER
より高く、より遠く、より速く

私が解放されたら、どんなことが起こると思う?
What happens when I'm finally set free?
——キャプテン・マーベル(2019)

自身のキャリアを振り返ったとき、『キャプテン・マーベル』以上に重要な到達点はなかったと、ヴィクトリア・アロンソは考えている。マーベル・スタジオを支える複雑なポストプロダクションの工程と組織をスタジオの誕生以来管理し、各作品で自らの能力を証明し続けてきたアロンソにとって『キャプテン・マーベル』は違った意味を持っていた。この映画は彼女自身の存在の証として残せる誇りだった。「いつも言っているのですが、『ブラックパンサー』と『キャプテン・マーベル』は私という家を支える2本の柱です。私の映画制作という家の柱なんです」とアロンソは言う。「私が娘に残したいと思えるものを支える2本の柱です。周りにあわせる必要はない、あるがままに自分の力を発揮していい。誇り高く高潔に生きること。『ブラックパンサー』はそんなふうに生きたいと観た人に思わせる力を持っていた。続いて『キャプテン・マーベル』が現れて、自分の声を見つける方法を見せてくれた。人に「感受性強すぎ」とか「感情的過ぎる」とか「本当の気持ちがわからないから、何がしたいかわかってない」とか言われますが……実はわかっていた、ということを見つけるんです。そして、自分がやりたいことと他人がやりたいことが同じではないということも」

ブリー・ラーソンという女優は、長い間次々と架空の女性を演じながら他人が創造した人格で自己の内面を満たしてきた。「私という人格は、子どもの頃から演じてきたさまざまな役ともつれ合っているんです[2]」とラーソンは語る。「クローゼットを見ると、オーディション用の衣装しかないという感じ。ちょっと年上のブリー。60代のブリー。40代のブリー。見かけは若いブリー。7歳からずっと芝居をしていると、自分の中にたくさんの物語があって、それは全部他人の物語なんです。さまざまなキャラクターたちを演じて、どれも素晴らしい体験でしたが、混乱もします。圧し潰されそうな気持ちにもなります」

そう感じている以上、彼女は２０１６年にキャロル・ダンヴァースすなわちキャプテン・マーベルの役を打診されたときも乗り気ではなかった。『ルーム』（２０１６）の演技でアカデミー賞を獲った直後であればなおのことだ。しかし最終的にラーソンは、スーパーヒーローを演じることで、自分という人格の中にある曖昧な境界線を最大限に活用できると判断した。

２０１４年10月、エル・キャピタン劇場で開かれたケヴィン・コンでフェーズ3の予定を発表したケヴィン・ファイギは、キャプテン・マーベルの映画が製作されることも公表した。その後しばらく決まらなかった脚本家は、２０１５年４月にメグ・レフォーヴ（『インサイド・ヘッド』（２０１５）の脚本家の1人）とニコール・パールマン（『ガーディアンズ・オブ・ギャラクシー』の脚本を14稿まで書いたマーベル・ライターズ・プログラム出身の脚本家）の2人に決定した。「私はマーベル・スタジオに呼び戻されて、〔レフォーヴと〕話し合いを始めました[3]」とパールマンは語る。「メグと私は、とても良い関係を築きました。メグの素晴らしい仕事ぶりを尊敬していますし、何より書くということに関して気が合うのです。このキャラクターについていろいろと話し合いました。これを1人の女性が秘められた力を見出す話にしないことが、私たちにとってどれほど大事か。これは自分の強さの源が感情と人間性であると理解する、1人の女性の物語なのです」

レフォーヴとパールマンには、自分たちが書くことになる脚本の主題がどんなものでありうるか考える時間がたっぷりあった。『アベンジャーズ／インフィニティ・ウォー』と『アベンジャーズ／エンドゲーム』の製作に突入し始めていたマーベル・スタジオは、フェーズ3がどう展開するか、そして『キャプテン・マーベル』がどういう形でフェーズ3にはまるか試行錯誤の最中だったからだ。「試行錯誤は優に1年半は続きましたね。制作中の他のすべての映画に関わりながら、撮影の合間の時間で話し合っていました」[4]とパールマンが回想する。「私たちが話し合う度に、アベンジャーズの方で何かが変更されていました。つまり「何でもいいから面白い話を考えてよ」というような単純なことではなくて「こうするとどうなるか5通りの話を考えておいてよ」と言われるんです。そうすると今度は「5種類できたら、それぞれどこが良いか話し合って、また書く」。この作業を延々と繰り返すんです」

キャロル・ダンヴァースがマーベル・コミックスの脇役として初登場したのは1968年で、そのとき彼女はアメリカ空軍の将校だった。1977年にスーパーパワーを身に着けたダンヴァースは、ミニスカート姿のミズ・マーベルになった（ミニスカートというより、レオタード風の露出の多いコスチューム）。世を忍ぶ仮の姿は雑誌『ウーマン』の編集長だった。それは、当時の「ウーマン・リブ」運動に足並みを合わせようというマーベルの精一杯の努力で、第1号の表紙には「この女性は反撃します！（This Female Fights Back!）」と謳われていた。しかしキャロル・ダンヴァースの活躍を書いたライターはほぼ全員男性で、しかも男女同権に困惑または敵意を抱くような男性だった（アベンジャーズの一員だったミズ・マーベルが異次元人に妊娠させられ拉致されるのを、他のメンバーが何もせずに見ているというエピソードもあった）。キャロルは度々記憶を失わされ、ミズ・マーベルの名も何年もの間使わせてもらえず、代わりにバイナリー、そしてウォーバードと呼ばれた時期もあった。

ところが2012年になると、マーベル・コミックスはこのキャラクターを再起動させ、キャプテン・マーベルという名前を与えた。響きの良い名前だが、いささか複雑な出版事情と過去を背負っていた。それは40年代に遡る。フォーセット・コミックス誌を代表するスーパーヒーローは、キャプテン・マーベルという名の超人的な力を持つ大人に変身する子どもだった。しかしこれをスーパーマンに似すぎているとしてＤＣが告訴した。長引く裁判の末１９５３年にフォーセット社は、キャプテン・マーベルというキャラクターを使った出版の停止に同意した。１９６７年、キャプテン・マーベルという名前を商業的に使用する権利が失効したことに気づいたマーベルは、クリーという異星種族の戦士マー＝ベルという男性キャラクターとして、首尾よくキャプテン・マーベルを商標登録した（１９７２年にフォーセット社のＩＰを手に入れたＤＣは、フォーセット出身のキャプテン・マーベルのコミックを出版する際に、シャザムの名前を駆使していた）。マー＝ベルは地球人の相棒リック・ジョーンズと肉体を入れ替えたりしながら宇宙を股にかけて冒険し、１９８２年に出版されたグラフィック・ノベルの中で、がんで死亡してしまう。それ以降、モニカ・ランボーをはじめとして複数のキャラクターがキャプテン・マーベルを名乗ることになるが、これは商標登録が失効しないようにキャラクターを常に活動状態にしておこうというマーベルの目論見だった。

　キャロル・ダンヴァースを新しいキャプテン・マーベルにするということは、マーベルにとってキャラクターそのものを再考し、外見も考え直すチャンスだった。ファイギの観察によると「コミックスを見ていくと、過去に遡るほどキャロルは露出が多くなる感じですね[5]」とのことだ。「ワンピースの水着ですね、大体の場合」。ライターのケリー・スー・デコニックは、ジェイミー・マッケルビーを雇ってダンヴァースの外見を再デザインさせ、そこからあのスーパーヒーロー的に再解釈された飛行服が生まれた。マーベルは新デザインの発注を承認しなかったが、デコニックは自腹でマッケルビーにデザイン料を払うと約束し、最終的にマーベルは折れた。

　デコニックがストーリーを執筆した連載分の「キャプテン・マーベル」は、売り上げも良かったがそれ以上のインパクトを持った。キャロル・ダンヴァースがマーベルの中でも一、二を争うヒーローとして扱われた結果、自分たちをキャロル部隊〔Carol Corps〕と呼ぶファンの親衛隊すら生まれた。キャロル・ダンヴァース＝キャプテン・マーベルという自分が生み出したバージョンに基づく映画をマーベルが作ると聞いたデコニックは、連載から離れるよいタイミングだと考えた。「映画製作発表から1週間ほどしてから辞めました」とデコニックは説明している。「私は筆が遅いし、連載当初から締め切りと格闘してきたので。もし今やっている仕事から何かを減らすとすれば、それは私が内容を好きにできないコミックスだと思ったのです。ちょっとずるい考え方かもしれませんが、覚悟を決めてこのまま3年間連載の品質が落ちないように死ぬ気で頑張るか、映画版の基礎になる物語を創作したという高みで身を引くか、2つに1つの選択肢しかありませんでした」。私のキャプテン・マーベルはこれで終わり、とデコニックは思った。しかしキャプテン・マーベルはまだデコニックの力を必要としていた。

マーベル・スタジオはオレゴン州ポートランドの自宅にいるデコニックに連絡し、飛行機代はマーベル持ちでロサンゼルスに招いた。そこで彼女は、ファイギ、ジョナサン・シュワルツ〔ファイギの元助手で『キャプテン・マーベル』のクリエイティヴ・プロデューサー〕、そしてメアリー・リヴァノス〔頭角を現していた若き企画開発担当重役〕と会い、数時間かけてキャロル・ダンヴァースに関することを思いつく限り話し合った。良い会議だったが、デコニックは帰りの飛行機の中で考えていた。うまく伝えられなかった何かが頭から離れなかった。「会議で「キャロルという人は、転んでも絶対立ち上がるタイプ」と言ったんです。ケヴィンに「いや、それはキャップだ」と言われました。「「1日中相手になるぞ〔字幕は「まだやれるぞ」〕」でしょ？」って。私は「そうだけど、キャロルも同じ」と返したんです。そこで2人の違いをうまく説明できなかったのが、ひっかかっていて」

やがてデコニックはいい説明を思いついた。「2人の違い。スティーブは、それが正しいと信じているから立ち上がる。でもキャロルの場合は……ちょっと下品な言い方だからディズニーが喜ぶかもしれないけど、キャロルは「ふざけんじゃねえよ、クソ」という感情で立ち上がるんです。正義感から立ち上がるんじゃなく、抑えきれない強烈な負けん気に突き動かされて立つんです」

帰宅したデコニックは、映画の古典的三角関係を説明する長いメールを書いた。「カークはスポック＋マッコイ。ハリーはロン＋ハーマイオニー。ルークはハン＋レイア。これが公式〔「主人公＝場当たり的で感情的＋冷静で論理的」という式〕。キャロルにはトニー〔スターク〕の持つ生意気さと大胆さ、そして押しの強さがある。一方で彼女はスティーブ〔ロジャース〕と同様、義務感に燃えた兵士でもあるんです」。このメールを読んだマーベル・スタジオ首脳陣は、映画制作中にキャロル・ダンヴァースというキャラクターについていつでも相談できるように、デコニックを雇っておくことにした。

制作中の2本のアベンジャーズより明らかに優先順位が低く、作品のコンセプトが明確になっていない『キャプテン・マーベル』の監督探しは難航した。２０１６年の10月に「監督を雇う前にもう少し物語を固めておかなければと考えていました」[8]とファイギは言っている。『キャプテン・マーベル』の監督は女性でなければいけないのではと問われたファイギは、質問に直接答えずにこう言った。「大事なのは、作品が何であっても最適な監督を探すということです。どんな場合も出発点はそこです。多様性が選択肢に含まれるなら、素晴らしいと思います。とても大事なことです。業界を見渡すと、新しい映画作家たちが台頭してこの作品のような映画を撮り始めているのが見えてきます。振り返って思うのは、この業界にはこの業界の文化とやり方があるということですが、それが大きく変わろうとしている。映画の原作になったマーベル・コミックスを読んでみると、もう60年代からとても先進的な方法で多様性が表現されていて、わくわくします。僕たちはその多様性に嘘をつくことなく映画を作ってきましたが、『ブラックパンサー』と『キャプテン・マーベル』は明確な使命感をもって作っています」[9]

ファイギがどう言い訳しようと、人類の半数を占める人びとにとってキャロル・ダンヴァースが持つ意味について、メグ・レフォーヴとニコール・パールマンは明確な使命感をもって考えていた。「女の子は女の子らしくとジェンダーコードを教え込まれて、それでいろいろ大変になったり、何をやっても辞めることになったりするという記事を、ニコールに送って読んでもらったんです」[10]とレフォーヴは回想する。「そして「こういう話をしようよ。女の子はどうして失敗してはいけないと教えられるのか。女の子はどうして自分の能力を自ら選んで受け入れないように教えられるのか」など、自分たちの体験を振り返りながら2人でいろいろと議論しました」

パールマンの夫が軍人だったことが、空軍パイロットであるキャロル・ダンヴァースの誕生秘話を書く上で役に立ち、さらに「ヴァース」という名のクリー人の戦士（記憶を取り戻す前のダンヴァースはそう呼ばれていた）の描写にも影響した。「9・11の後に夫は戦線に配属されました」[11]とパールマンは言う。「善い者の側で戦っていると確信していた夫は化学兵器将校でした。でもイラクで化学兵器は見つからず、夫は何度も「もしかしたら自分は善い者じゃないかもしれない」と考えたそうです。『キャプテン・マーベル』は、夫のその体験に大きく影響されています。正義の側だと言われたキャプテン・マーベルはそれを信じる。でもその言葉は本当なのか。隠された真実を見たとき、何が起きるのか。これは欠かせない要素でした」

S.H.I.E.L.D.やアベンジャーズのメンバーたちとキャプテン・マーベルがどう関わるのかという難題を避けるために、マーベルはこの映画の舞台を『アイアンマン』より過去の時代にする必要があった。しかしMCUの世界には過去にも拡張されたつながりがあった。ハワード・スタークのような人物がキャプテン・マーベルの存在を知らなかった理由は？ 空飛ぶスーパーヒーローがすでに存在している世界で、トニー・スタークがアイアンマンは自分だと認めることが世界中を驚かしただろうか？ このような疑問に直面した脚本チームにとって、『キャプテン・マーベル』の舞台となる時代を決めるのは簡単なことではなかった。

「概要にまとめたりはしませんでしたが、60年代を舞台にしたらどうだろうという話はしていました」[12]とパールマンは言う。「ところが『ドリーム』（２０１６）が公開されて、同じ時代にはしたくないねということになりました。80年代を少し検討した後で「そうじゃないよね、90年代でいこう」という話になりました。２０００年問題を利用して荒唐無稽な部分をうまくかわしながら何本か草稿を書きました。でもどうして誰も彼女に気づかなかったのかという問題は未解決のまま残りました」

キャプテン・マーベルの誕生秘話は地球で始まるが、キャロル・ダンヴァースには何十年かの間地球を離れてもらう、というのが解決策となった。レフォーヴとパールマンは『キャプテン・マーベル』の舞台を90年代に設定することに決めた。これはニック・フューリーの誕生秘話でもあった。フューリーがスーパーヒーローに興味を抱くことになった理由と、片目を失った経緯。ブリー・ラーソンと（デジタル技術で若返った）サミュエル・L・ジャクソンが共演する場面が劇中のかなりの割合を占めるが、基本的にこれは2人の珍道中を描くロードムービーでコメディだった。それとは別に映画の核となるのは、キャロル・ダンヴァースが自分のことを形状変形能力を持つスクラル人を追って地球に来たヴァースだと信じていることだった。コミックスでは長いこと悪意に満ちた地球人の敵として描かれてきたスクラル人だったが、この映画ではクリー帝国の犠牲者として描かれる。「スクラル人は悪者ではなく、実は難民だったというのが物語の要でした[13]」とパールマンは続ける。スクラル人を難民と設定した方向転換の理由の1つに、ブリー・ラーソンとの出会いがあった。「ブリーと初めて会ったとき、ブリーが持つ共感力の強さにメグも私も打ちのめされたんです。共感の力は1つのスーパーパワーなんだという話が出たのは、それからです。ブリー・ラーソンは徹底的に寄り添いまくる人なので」。2016年12月にレフォーヴとパールマンが脚本のアウトラインを提出すると、マーベル・スタジオの監督探しに拍車がかかった。

＊　＊　＊

「この映画を監督してくれと依頼されたのではなくて、これは私たちが死ぬ気で追いかけてつかまえた企画でした[14]」とアンナ・ボーデンは『キャプテン・マーベル』について語る。「代理人がこれはと思う企画を回してくれたことはありましたが、すごくやりたい映画でなければ、そしてその映画のキャラクターがすごく好きになれなかったら、本気で臨めませんから」。ボーデンと共同監督パートナーのライアン・フレックは『ハーフネルソン』

(2006)、『ワイルド・ギャンブル』(2015)、『Sugar(シュガー)』(2008)といったインディー映画を作って評判を上げていた。その経歴がスーパーヒーロー映画の監督候補として自分たちを後押しするようなものでないのは、2人ともわかっていた。しかし『アントマン』監督交代劇のときにエドガー・ライトの代打候補だった2人は、『キャプテン・マーベル』の仕事を手にするためにコミックスの山を読み漁り、幾重にも交差するキャロル・ダンヴァースというキャラクターの歴史を吸収した。「キャロルというキャラクターが好きで、ブリーが演じるのが素晴らしいと思えたとしても、やはり自分たちの足がかりが必要なので」とボーデンは説明する。自分たちの売り込みの腕を評して「最低」と言うボーデンとフレックだが、そこは作品への熱意と、複雑な登場人物を映像化する手腕で補った。

売り込みを聞いたファイギは、2人を雇った。決断の要は「この2人なら、スペクタクルや特殊効果で観客を楽しませながらも、その中にキャラクターが埋没しないように映画を作ってくれると信じたから[15]」だとファイギは後に語っている。ブリー・ラーソンと脚本について意見を交換したボーデンとフレックは、『トゥームレイダー ファースト・ミッション』(2018)のジェニーヴァ・ロバートソン゠ドウォレットと共同で改稿作業を始めた。「ブリーは脚本も書けるし演出もできる人なので、映画全体のことを見渡して登場人物たちがどのような足取りをたどって1つの物語を編み上げていくかに気を配っています[16]」とロバートソン゠ドウォレットは言う。「でも1つ付けくわえておきたいのは、アンナとライアンの映画を観た人は知ってると思いますが、脇役ですらとても嘘がなくリアルで深みがあって素晴らしいんです。心に綾があって、しかも強い女性キャラクターになっているかどうかというのが、関わった私たち全員にとって大事なことだったので」

ブリー・ラーソンは食事管理を含む厳格なワークアウトをこなしてスーパーヒーローらしい体型を作り、キャプテン・マーベル役に備えた。トレーナーのジェイソン・ウォルシュは、ラーソンに自分のジープを押して坂を登らせたりもした。さらにラーソンは、演じるキャラクターの軍人としての背景もリサーチした。マーベル・スタジオがアメリカ軍と協働するのはジョン・ファヴローの『アイアンマン』以来だ。ペンタゴンがパールマンの脚本を承認し、制作チームはエドワード空軍基地への出入りを許され複数のF－15C戦闘機〔通称イーグル〕を使わせてもらえることになった。また、この共同関係によって、ラーソンが著名な空軍関係者に会いにいくことも可能になった。ネバダ州のネリス空軍基地を訪れたラーソンは、第57航空団のジーニー・リーヴィット少将〔当時は准将〕に会って話を聞いた。1993年にアメリカ空軍初の女性戦闘機パイロットになった人物である。

この訪問によってキャロル・ダンヴァースという人物への理解が深まったとラーソンは言う。「コミックスを読んでいて気づいたのは、彼女がとても自信に溢れていてしかも謙虚だということです。そしてドライで鋭い感性を持っている」[17]。さらにラーソンは説明する。「基地に行った途端わかったんです。それがパイロットという人たちなんですね。仲間意識みたいなものがあって、仲間内で共有するユーモアがあるんです。同じものがキャロルというパイロットの中にもあることに気づいたんです」[18]

マーベル・スタジオが製作予算のうち最低1億ドルをカリフォルニア州に落とせば、カリフォルニア州フィルムコミッションから2000万ドル分の節税措置が受けられるという条件のおかげで、アンナ・ボーデンとライアン・フレックはほとんどの撮影を州内で行うことができた。2人とも特殊視覚効果の撮影経験豊富というわけではなかったが、州内で撮影したことで、キーフレーム開発からプリビジュアライゼーション、そしてヴィクトリア・アロンソ率いるポスプロ部門まで、マーベル・スタジオのヴィジュアル部門との連携が取りやすくなった。「マーベル・スタジオという砂場では仲間意識を持ちあうことが奨励されているので、毎日こんな光景を目にしますよ」とファイギは自慢げに言っている。「『キャプテン・マーベル』をやっているアンナとライアンが、ちょうど『マイティ・ソー バトルロイヤル』を終わらせたタイカ・ワイティティと話したり、『ブラックパンサー』のポスプロ作業中のライアン・クーグラーと話したりしていました」

マーベルは、『アベンジャーズ／インフィニティ・ウォー』のポストクレジット・シーンでキャプテン・マーベルの登場を予告した。黒い塵（ちり）と化して消える寸前に、ニック・フューリーがキャプテン・マーベルのロゴ入りポケベルを取り出して彼女を呼ぶのだ。『キャプテン・マーベル』の予告編には「Her〔彼女〕」という文字列が現れ、それが「A Hero〔1人のヒーロー〕」に変わる。今まで女性やマイノリティのヒーローを無下に扱ってきたMCUが、ここにきて自分たちが今まで袖にしてきた視聴者層に向けて積極的なマーケティングを開始した。『ブラックパンサー』や『キャプテン・マーベル』を先駆的な映画だと喧伝しながらも、それはお前らがそういう映画を作らなかったからだと誰かにつっこまれないかと、マーベルは冷や冷やしていた。『キャプテン・マーベル』は明らかに出遅れた。2年前の2017年にはワーナー・ブラザースが『ワンダーウーマン』を大ヒットさせていた。公開された『ワンダーウーマン』をファイギは称賛しながらも、こう言った。「『キャプテン・マーベル』はとても違ったタイプの映画になります。「女性のスーパーヒーロー映画で観客は呼べるのか？」という問題の矢面にワーナーは立ったわけですが[19]」とファイギは認めながら続ける。「ほとんどの場合一番乗りは楽しいものですが、こちらの映画が何本か出る頃にはそんな問題にも片がついていると思います」

スーパーヒーロー全盛の時代にあって、DCフィルムズ〔現在はDCスタジオ〕はマーベル・スタジオほどの成功を収めてはいなかったが、独自のスタイルを確立していた。おどけて明るいマーベルに較べると、荒々しく大真面目で楽しい要素が少ないDCの映画は、『ワンダーウーマン』を除くと常にマーベルの2歩後ろを歩いていた。ファイギがMCU構想を始めた後、ドナー・プロダクションズ時代の同僚ジェフ・ジョーンズがDCフィルムズのチーフ・クリエイティヴ・オフィサーになった。2010年から2018年までの間、DCスーパーヒーローたち（スーパーマン、バットマン、ワンダーウーマンなど）を集めて、DCEU（DCエクステンデッド・ユニバース）という世界を創り出した。

1978年に自身が監督しスーパーヒーロー超大作の新時代をもたらした1本の映画を介して、リチャード・ドナーも期せずしてDCとマーベルを結ぶ線の1本となっていたのだ。『『スーパーマン』は今でもスーパーヒーロー誕生秘話の完璧な基本型です」[20]とファイギは言う。「うちで映画を作るときは、まず必ず『スーパーマン』を観ます」

『ワンダーウーマン』を観たブリー・ラーソンは、説明できない気持ちに襲われて泣き崩れてしまった。それは小さな頃に自分が抱いたまま忘れてしまった数々の夢の実現を目の当たりにしたからだと、後になって気づいた。「小さい頃は冒険家になりたかった」[21]とラーソンは回想する。「生意気と思われても、見てるだけでなく自分で手を動かす人になりたかったんです」

そして今、ラーソンは自分が演じた役柄が誰かの心に火をつけることを望んでいた。「女性であるということの意味について話し合いたい。その話し合いがこの映画の本質なんです」とラーソンは言う。「力とはどんな形を取りうるのか。女性であるという体験の複雑さ、そして女性という存在はどう表現されうるのか。自分が出演する初めての超大作映画でそのような問いを投げかけて、答えを探しながら対話ができるというのは、驚きですし、すごく最高です。でもそれは、私が出演する作品を選んだからでもあるんですけどね」

文字どおりマーベル・スタジオの闇の中で何年もの間一生懸命に働いてきたヴィクトリア・アロンソだが（ポストプロダクションは照明を落とした部屋で行われる）、『キャプテン・マーベル』が公開されたとき、彼女はスポットライトの中に立っていた。ここまでの長い道のりをレポーターたちに話すアロンソは、初めてロサンゼルスに出てきたときには3つの仕事をこなし、そのうちの1つはアラスカ航空機の客室の清掃だったことも語った。抱き合わせプロモーションの一環としてアラスカ航空は自社のジェット機を何機か塗り直し、キャプテン・マーベル仕様にした。マーケティング会議でそのジェット機を初めて見たアロンソは思わず涙した。

マーベル映画を愛しているアロンソだが、個人的に本当に好きな映画ではないと渋々だが認めている。「今映画館にかかっている映画から選ぶとして、たとえばそれが『ラ・ラ・ランド』（2016）や『JUNO／ジュノ』（2007）や『それでも夜は明ける』（2013）や『ムーンライト』（2016）だったら、スーパーヒーロー映画よりも、そっちを観ます。うちで作った映画も観に行きますよ。心があるしメッセージがあるから。1つじゃなくてたくさんのメッセージ。人によっては見えないかもしれませんが、うちで作った映画を玉ねぎみたいに剝いていくと、最後には泣いちゃうかもしれませんよ[22]」

ポストプロダクションの追い込みのときは、とは言っても年3本の映画を公開するマーベル・スタジオは基本的に常に追い込み中なのだが、ともかく追い込み中は20時間労働の日が続くこともあり、CGIアーティストたちにはとりわけ苦しい進行になる。この苦行のような状況を少しでも耐えられるように、アロンソはピザを大量に届けさせ、自分はスマイルフェイスで覆われた空気注入式の玩具の野球バット持って歩き回る。「ハッピー棒」と名づけられたこのバットを構えながらアロンソは言う。「今やってるのは楽しいことなんだよって、皆に思い出してほしくて[23]」

トリン・トランがマーベル・スタジオで働き始めてすでに10年が経つ。『アイアンマン』のときには助手だった彼女は昇進を重ね、今ではクリエイティヴ・プロデューサーの1人になった。『インフィニティ・ウォー』と『エンドゲーム』そしてテレビ・ドラマ『ホークアイ』ではエグゼクティヴ・プロデューサーの1人を務めた。トランは1年の間ヴィクトリア・アロンソの助手だった。「ヴィクトリアは他の誰よりも、初日から私を常に傍に置いて、私に育つ余地を与えてくれました[24]」とトランは言う。「多角的な視点からアイデアを出したり疑問を投げかけた方が、映画は力強くなりますからね」

「君はこういう人だと1つの型を押しつけられて、嬉しい人はいませんよね?[25]」とアロンソは問いかける。「マーベルの観客は世界中にいて、多様で、包摂的です。そのことに足並みを揃えないといつか失敗します。全速力で多様で包摂的な方向に向かわないと、成功し続けることはできません」とアロンソは続ける。そして「とくに包摂性ということに関して」と付け加えた。「まだまだやることがたくさんあります。私は誰よりもそのことをわかっているんです」

＊＊＊

『キャプテン・マーベル』は２０１９年3月に公開され、『ブラックパンサー』の成績に若干手が届かなかったものの、全世界で11億２８００万ドルを稼ぎ出した。クリスという名前の白人男性がスーパーヒーローを演じていなくても観客は劇場に足を運ぶということを、マーベル・スタジオは世界規模で証明した。映画の成功によって、主演女優の使命感はさらに強固なものになった。「これは私が望みうる限り最高最大のチャンスだったんです[26]」とラーソンは語った。「あの映画は私に与えられたスーパーパワーだと思いました。私が積極的に実践できる活動があるとすれば、これだと思いました。世界中で公開される映画に出演することで、いろいろな場所に行けるのです。それは私1人では物理的に不可能ですから」

キャロル・ダンヴァースの友人マリア・ランボーを演じたラシャーナ・リンチは、『キャプテン・マーベル』が示した幅広い女性としてのヒロイズムを誇りに感じている。「手に余るほど仕事を抱えているのに文句も言わないシングルマザー。彼女はスーパーヒーローですよね[27]」リンチは言う。「そして女性のパイロットたち。ちゃんと描かれることがほとんどなさすぎて、そんなことってありえませんよね。あの人たちもスーパーヒーローです。そういう人たちが1本の映画の中でちゃんと描かれる。今だけの瞬間的なものだと感じるかもしれないけれど、本当はこれが1つのムーヴメントの始まりなんだと思います」。少女たちがこの映画に反応する様子に、リンチの胸は躍る。「若い世代にはこれが普通だと思える。この映画がそういう機会なんです。若い人たちが大人になったとき、私たちのように自分の存在を証明する方法にあれこれ頭を悩ませなくて済むんです」

『キャプテン・マーベル』が私たちの文化に与えたポジティヴな影響は見るも明らかだが、その反動もまたあからさまだった。本作はＭＣＵの中で初めて、いわゆる「レビュー爆撃」を受けた映画になってしまった。映画が公開される前に、何万という組織的なユーザーが、ＩＭＤｂ（インターネット・ムービー・データベース）やロッテン・トマトといったユーザー生成レーティング・サイトで最低の評価をつけた。その内容といえば、予告編でブリー・ラーソンがにこりともしないといった、批評にもなっていないミソジニーの文句ばかりだった。多くの匿名ユーザーたちが、観てもいない映画のことを嫌っていた。「金を貰ったって、こんなＳＪＷで白人男性ヘイトの塊のＰＯＳ映画は観てやらない」[28]と、ある匿名のユーザーがロッテン・トマトにコメントを投稿した。「ＳＪＷ」とは「社会正義の戦士〔social justice warrior〕」、「ＰＯＳ」とは「クソ〔piece of shit〕」のネットスラングだ。コメントは続く。「ポップ・カルチャーがアイデンティティ・ポリティクスに乗っ取られるのを見るのは、うんざりだ。ブリー・ラーソン、バスに轢かれろ。泣いてやらないから」。若い白人の体験や興味をあえて中心的に扱わなかった映画がことごとく「アイデンティティ・ポリティクス」と叩かれ、一方では女性に対する匿名の怒りも明らかにより過激になっていた。『キャプテン・マーベル』は『ブラックパンサー』とは違った叩かれ方をした。公開前に投稿される酷評のあまりの多さに、ロッテン・トマトはユーザー用コメント欄を映画公開まで閉鎖した。サイトの濫用はこれで緩和されたが、しかし誹謗中傷を止めることはできなかった。

　こうした非難は徐々に積み重ねられていたのだ。公開の前の年、ブリー・ラーソンは、映画批評家の多様性を援用する発言の中でエイヴァ・デュヴァーネイ監督の『リンクル・イン・タイム』（２０１８）に言及し、見出しを飾った。大勢の批評家の波長が映画の内容と噛み合わないことがあるという話をするために、ラーソンはストーム・リードが扮するメグ・マリーという10代の黒人が主役のこの作品を例に挙げてこう言った。「『リンクル・イン・タイム』のどこが自分と合わなかったという40歳の白人のおっさんの意見なんか必要ない。そんな人のための映画じゃないでしょう！　この映画が白人ではない女性にとってどういう意味を持つか知りたい。多様なルーツを持つ女性にどういう意味を持つか、そして白人ではない10代の女性にどんな意味を持つかが知りたいんです」[29]とラーソンは言った。「白人のおっさんが嫌いだと私が言ってますか？　言ってませんよ。私が言っているのは、非白人の女性に宛てて書いたラブレターのような映画を作っても、白人ではない女性がそれを観るチャンスも、批評するチャンスも、頭がおかしいくらい少ないということです」。これによって、ラーソンが間違いなく現状維持を望んでいないことをあらためて確認したインターネット暴徒集団（モブ）は、否定的なレビューを投稿するなどオンライン虐待を実行、ＭＣＵを滅茶苦茶にするとラーソンを批判する動画をYouTubeに上げて、彼女を黙らせようとした。

アイク・パルムッターとすでに解散したクリエイティヴ委員会は、男性（で白人）のキャラクターだけに注力させようとして、マーベル・スタジオとの長い戦いに敗れたのだが、そのようなマーベル・エンターテインメントの気まぐれな企業内政治のことを一切知らぬまま、匿名の暴徒たちはパルムッターたちに肩入れしていたのである。ファイギやアロンソ以下マーベル・スタジオの面々は、ＭＣＵを愛する観客は世界中に何億も存在し、その半数は女性だということをよく理解している（モーニング・コンサルト社による２０２１年の調査）。『エターナルズ』や『ブラック・ウィドウ』（どちらも２０２１年公開）のような女性が重要な役柄を演じる映画の登場を、マーベルの凋落であり「M-She-U（マーベル女性のユニバース）」の台頭であると騒ぎながら大挙して組織的に攻撃する、数は少ないが声だけは大きい不機嫌なクレーマーや荒らしの常連たちは、勘定に入れられていないのだ。マーベル・スタジオは、女性や白人以外の人を主役にした作品をさらに作り始め、２０２２年のテレビシリーズ『シー・ハルク：ザ・アトーニー』では主人公のジェニファー・ウォルターズを使ってネット批評家相手に喧嘩させた。

より多様性に満ちたＭＣＵのスポークス・パーソンとして、ブリー・ラーソンは理想的に見えた。「相手にする時間はありません」[30]と、ネットで受けた攻撃について問われたラーソンは答えている。「どうせなら、ちゃんとやるべきこと、たとえば健康な食生活を送っているかとか、水をちゃんと飲んでいるかとか、瞑想をしたかとか、母に電話したかとか、そういうことを気にしますよ」。しかし絶え間ないネット上の攻撃は、どんなに明るい人でも疲弊させる。この3年後、『マーベルズ』以降もキャプテン・マーベル役を演じたいかと尋ねられたブリー・ラーソンは「どうだろう。私にやってほしいと思ってる人なんていないのかな？[31]」と答えている。ブラックパンサー、キャプテン・マーベル、そしてスパイダーマンが新しい時代の主役になると期待していたマーベルだったが、その未来もままならないようだった。

CHAPTER 25 | SNAP
指パッチン

みんなハッピーエンドを望んでる。そうだろ？
Everybody wants a happy ending, right?
——アベンジャーズ／エンドゲーム（2019）

ＭＣＵから学べるものの中でもとくに驚きに値するのは、観客がスーパーヒーローに求めているのは、そのヒーローを原則的に定義づける特徴ではないということだ。コスチュームやキャッチフレーズ、ヒーローとしての名前など、そのヒーローと切っても切れない装飾的なものをあえて使わず、別の方法でそのキャラクターを成立させる核になるものをマーベル映画は表現しようとしてきた。４色刷りのコミックスのページ上では鮮やかに映えるコスチュームでも、映画のスクリーンに映すとダサく見えるかもしれない。そこで、たとえばホークアイは、額にでかでかとＨの文字がついたマスクを着用しないことになった。ハルクが唸って毎回コミックスの読者を興奮させるお馴染みの決め台詞「ハルク、ぶっ潰す！〔HULK SMASH!〕」は、映画『アベンジャーズ』では「ハルク、ぶっ潰せ〔Hulk, smash.〕」と巧みに命令形に捻られ、キャプテン・アメリカの台詞になった。ワンダ・マキシモフにいたっては、５本の映画に出演した後ようやくスカーレット・ウィッチと呼ばれたのだった。

マーベルのスーパーヒーローを定義づけるのは、コミックスの読者が馴染んでいる特徴（玩具化には重要）ではなく、各々の行動と態度だ。マーベル・スタジオはそれを実践的に証明した。しかし、読者が慣れ親しんでいる意匠(トレードマーク)の類を適切に見計らったタイミングで見せればファンサービスとして利用できる。そしてマーベル・スタジオには、その適切な瞬間を辛抱強く待つ忍耐力があった。彩度を落としたコスチュームでデビューを飾った6年後、ヴィジョンはテレビ・ドラマ『ワンダヴィジョン』のハロウィーン回〈第6話〉で、初めてお馴染みの鮮やかな緑と黄色の衣装で現れた。アベンジャーズのコミックスで戦闘シーンがあれば、ほぼ毎回必ず「アベンジャーズ、アッセンブル！」という鬨(とき)の声があがって皆の結束を固める。しかし『アベンジャーズ／エイジ・オブ・ウルトロン』でキャプテン・アメリカがこの台詞を言い出した瞬間、ジョス・ウェドン監督は照れ隠しでもするかのように、台詞が終わるのを待たずにエンドクレジットを始めてしまう。ＭＣＵの中でこの台詞が完全に聞かれたのは、なんと22作目の『アベンジャーズ／エンドゲーム』が初めてだった。

『ブラックパンサー』と『キャプテン・マーベル』が持つ文化的な重要性を推進力に展開したＭＣＵのフェーズ3を完結させるという仕事は、テーマ的にはシンプルだが物理的には極めて複雑だった。２００８年に『アイアンマン』で始まって以来１２０億ドルを稼ぎ出した、実行不可能としか思えないようなこの映画プロジェクトは、『アベンジャーズ／インフィニティ・ウォー』と『アベンジャーズ／エンドゲーム』という記念碑的な2部作をもって堂々の完結を迎えることになる。その後もＭＣＵという世界は続いていくが、まずこの2本の映画で、すっかりお馴染みになったキャラクターたちのために観客の度肝を抜くクライマックスを用意して、彼らのドラマチックな旅路の有終の美を飾らなければならない。マーベル・スタジオはことの重要性を十分理解していた。この壮大なサーガの最初期から今にいたるまでのすべての瞬間に敬意を表し、何千という人が貢献したクリエイティヴな仕事の集積に、１つの有機的な形を与えるような終わり方をさせる。マーベル・スタジオはそう望んだ。問題があるとすれば、どうやったらそんな事ができるのか、誰にもわかっていないということだった。

この2本の映画を計画することの労苦を、ケヴィン・ファイギはこのように表現した。「大袈裟じゃなく、僕たちは2年間部屋に籠りきりでしたから」[1]

＊　＊　＊

2014年のある週末、マーベル・スタジオのプロデューサーたちは、これが4度目になるクリエイティヴ休暇のためにパームスプリングスに集まった。対話を進めるうちに、サノスを含むMCUに張り巡らされてきたプロットの伏線にどう決着をつけるか、さらにインフィニティ・ストーンというマーベル・スタジオお気に入りのプロットの仕掛けをどう扱うかという話になった。その週末に下された最高の結論は、この巨大な完結編には映画2本分の材料があるということだった。

2部作という案には問題があったが、その問題がまさに武器でもあった。サノスの物語(サーガ)の完結に関わるスーパーヒーローの名簿作りは途方もない作業だが、巧くやれば観客にとって途方もないご褒美になり、しかも興行的に途方もない利益が期待できる。6人1組のスーパーヒーローたちがやり合った『シビル・ウォー／キャプテン・アメリカ』は、事実上「アベンジャーズ2・5」だった。『アベンジャーズ／エイジ・オブ・ウルトロン』の制作中、関係者に不安をまき散らしたジョス・ウェドンと違って、一切の問題もなく『シビル・ウォー』の制作を進めるジョーとアンソニーのルッソ兄弟を、ファイギはにこやかに眺めていた。別れの挨拶とも言える2本の完結編の監督として、マーベル・スタジオは2015年5月にルッソ兄弟を、さらに「キャプテン・アメリカ」シリーズの脚本家チームであるクリストファー・マーカスとスティーヴン・マクフィーリーを指名した（仮にマーベル・スタジオに求められたとしても、疲弊しきったウェドンの都合は合わせられなかった。彼自身の個人的なサノス・サーガの完結プランは「ともかく『ウルトロン』を終わらせて、4年間昼寝して、プレミア初上映だけ出る」[2]というものだった）。

脚本家チームは、まず「青空」文書の作成から作業に入った〔「Blue sky memo」法的、資金的、政治的制約がなかったらどのような活動が可能かという考慮のためにCIAが2000年に作成した文書〕。マーベル・シネマティック・ユニバースがファンに対して何を提供できるかという可能性を、徹底的に考慮するための作業だった。作業開始から間もなく、トニー・スタークが身を挺して死を迎えることの必然性に、マーカスとマクフィーリーは気づいた。その崇高な死によって世界が救われるというのが、トニー・スタークというキャラクターがたどって来た旅路に対して理に適った終わり方だ。この案にルッソ兄弟もマーベル・スタジオの幹部たちも同意した。最初の『アベンジャーズ』でスティーブ・ロジャースに「君は犠牲打を打つタイプではない〔字幕は「自分を犠牲にできる人間じゃない」〕」と言われたスタークが、こんなに遠くまで来たのだと見せることができる。

トニー・スタークの壮麗な死という案の承認を得るために、ルッソ兄弟はロバート・ダウニー・ジュニアを訪れた。「まずロバートに、トニー・スタークがどういう顛末をたどるべきかというアイデアを売り込みに行きました。なにしろMCUは彼から始まったので[3]」とアンソニー・ルッソが言う。「自宅に尋ねて行って、こちらの案を話しました。実際のところ、僕たち監督が何をしても、俳優に何か言われることは滅多にありません。演じるキャラクターがどうなるかは、僕らに決めてもらいたい。役柄がどうなっていくかは僕らがちゃんと見届けて決めればそれを信用してくれるというわけです」。しかし、ダウニーに限って「何も言うことはない」という事はありえない。自分の分身と言えるほどに広く認知された役柄を殺してしまうことに、ダウニーは躊躇したが、完結編がどのように終われば腑に落ちるかルッソ兄弟に説明されて、最終的に承諾した。

「ここ5年の間に、マーベルによって映画史に残るような物語の展開が実現しました[4]」とダウニーは『エンドゲーム』の撮影現場で言った。「素晴らしい人材にすべてを委ねることができて、最高の気分です。ほら、なんとかなるさって言うでしょ?」

そしてサノス。彼を本当に恐ろしい存在にしなければならないことを、クリエイティヴ・チームの面々は理解していた。何年もの間、さまざまな事件の背後にサノスの影があったわけだが、その姿は『ガーディアンズ・オブ・ギャラクシー』のエンドクレジット中の場面でちらりと見えただけだった。サノスが登場する物語の中でも人気が高いのは、1991年から連載が始まったミニシリーズ「インフィニティ・ガントレット」だ（ジム・スターリン作、ジョージ・ペレス、ロン・リム画）。サノスという宇宙きってのヴィランが、インフィニティ・ストーン（コミックスではインフィニティ・ジェムと呼ばれる）を集めて殺戮に手を染めるという話だ。マーベル・スタジオは何年もの間このコミックスを映画にする案を転がしてきたのだが、ここでついに映画化に踏み切った。

マーカスとマクフィーリーは、サノスの背景と彼が持つにいたった信念が伝わるような場面を書いてみた。ほとんど使われなかったが、幼い頃のガモーラが出てくる場面だけは残った。やがて2人は、インフィニティ・ストーンを求めて銀河を暴れまわったサノスこそが、2部作パート1の展開を牽引するべきだということに気づいた。そしてこの物語の展開は、きれいに二分できることにも気づいた。パート1では、サノスがアベンジャーズを打ち負かし、恐るべき計画を実行する。そしてパート2ではヒーローたちがサノスの企みを逆転させ、勝利を収めるのだ。しかし、このような2部構成にすることは、パート1は悲劇的な終わり方をすることを意味した。これはMCUでは前代未聞だった。

コミックスでは、サノスのマルサス主義的な攻撃によって、全宇宙のあらゆる生命体の半数が消滅してしまう（トマス・ロバート・マルサスは人口と資源の関係を考察した）。アベンジャーズはただ負けるのではない。メンバーの半数が塵と化して消えるのを見ながら敗北を味わうのだ。サノスが指をパッチンと鳴らしたときに消えるのは誰か。その決断を下すためにファイギは、マーカス、マクフィーリー、ルッソ兄弟、そしてエグゼクティヴ・プロデューサーのトリン・トランを会議室に集めて話し合った。会議室には、映画に出しても問題のないMCUのキャラクター（つまり全員）の名前と写真がついた野球カードより少し大きなカードが、ランダムに置かれた。裏面には演じる俳優の契約条件と報酬が書かれていた。「実際に俳優たちの報酬がいくらかは知りませんが、カードには$が1つから5つまで書いてありました」[5]とマクフィーリー。その俳優とはすでに契約が交わされているのか、それとも新たに契約を結ぶ必要があるかどうか？　カードはテーブル上で入れ替えられたり、ホワイトボードに留められたりしたが、ゲームの規則は1つ、誰が生きて誰が死ぬかだった。

6人は早々に生き残りを選択し、それを変更することはほとんどなかった。カードに報酬情報を書きはしたが、ファイギによると決断の肝は、誰が消えると「一番心が張り裂けるか」[6]だった。こうして選ばれたのは、最近観客の支持を得たばかりのティ・チャラ。スティーブ・ロジャーズの心が張り裂けるのでバッキー・バーンズ。そして同様にトニー・スタークに強烈なダメージを与えるという理由でピーター・パーカー。アベンジャーズの創立メンバーである6人は、それぞれの物語に決着をつけられるように生かされた。そしてアベンジャーズではない幅広いキャラクターも、残された。マーカスが説明してくれた。「冗談を言い合っているとネビュラが入ってきて、皆が気まずく黙るというような感じで、遊べます。皆が真面目な顔をしているとロケットが入ってきて皆を茶化すこともできる」[7]

集められた6人は、『エンドゲーム』はMCU史上でも試みられたことのないような戦闘場面で幕を引かなければならないことも理解していた。それはつまり、無駄にできる時間が一切ないということでもあった。マーベル・スタジオはCGI制作にILMを雇い、プリビジュアライゼーションとポストビジュアライゼーション（撮影済の映像を使って仮デジタル合成してみる工程）のためにサードフロアを雇った。「ケヴィンの基本的な考え方は」[8]とトリン・トランが言う。「最後には全員が出演してサノスと戦う、それが彼が実現したい夢なのです」。MCUのスーパーヒーローを全員登場させると決めてからが、作業の本番だった。「その前提から「で、第1部で誰が消えて今回再登場できるのは誰？　誰が誰とどういう風に絡んでた？」といった具合に、いろいろ積み重ねていきました。ただ戦闘シーンだからといって戦っているみたいには、当然したくなかったので」

マーベル・スタジオが製作した映画には、コミックスで言うところの「見開き」つまり開いた左右両ページに描かれた1枚の画に相当する、インパクトが強いイメージが使われてきた。そして、そのような画の中に収まるキャラクターの数は増え続けた。『アベンジャーズ』のニューヨークの戦いで円陣を組んだ6人のアベンジャーたち。それが『シビル・ウォー／キャプテン・アメリカ』ではライプツィヒ・ハレ空港での12人のスーパーヒーローによる対決になり、『エンドゲーム』では瓦礫と化したアベンジャーズ本部に集結する何十というヒーローたちという、ＭＣＵの究極の見開きイメージになったのだ。

最終決戦の作業は２０１６年にプリビジュアライゼーションから始まり、２０１９年に開かれた報道関係者向け試写の数週間前まで続けられた。「最終決戦の撮影の大半は２０１８年までほとんどやっていませんでした」と、『インフィニティ・ウォー』と『エンドゲーム』の編集者ジェフリー・フォードが説明する。「あのシークエンスのほとんどは、２０１８年の10月、アトランタで3班体制で撮られたんです。連日狂ったようにモーション・キャプチャーの撮影をした、嵐のような1か月でした。主要撮影期間に撮影をしなかった理由の１つは、この映画も『インフィニティ・ウォー』も進化を続けていたからです。両作品は関連し合い、互いに影響を与え合うわけですが、同じ事を繰り返したくはないし、同じリズムに陥りたくもありませんでした。そしてなにしろ最後の決戦が唯一無二の見せ場になるように気を遣いました」

完結2部作の物語は流動的であり続けた。マーカスとマクフィーリーは、ＭＣＵの他の映画に反応するかのように脚本を書き直し続けた。２０１６年にオーストラリアで撮影された『マイティ・ソー バトルロイヤル』で、タイカ・ワイティティ監督と主演のクリス・ヘムズワースはソーという雷神のキャラクターを、自己中心的だが高潔なおバカというキャラにイメージ・チェンジした。折角作ったソーの新しいイメージが、アベンジャーズに合流したときになかったことにされないかとヘムズワースが心配したので、マーカスとマクフィーリーはソーの出番を書き直し、つっこみ担当の真面目なソーはボケ担当になった。

ただし、ほんの数か所ではあるが、『バトルロイヤル』の展開は『エンドゲーム』のプロット構築に矛盾を引き起こしてしまった。キャプテン・アメリカがソーのムジョルニアを持ち上げられるかどうかは『アベンジャーズ／エイジ・オブ・ウルトロン』以来観客をやきもきさせてきた宿題だったが、ついに『エンドゲーム』でキャップはムジョルニアを持ち上げ、相応しい男であることが証明される事になっていた。そこに矛盾が生じてしまった。あの血沸き肉躍る最終決戦の白眉とも言うべき場面は、2015年に脚本家チームによって提案されて以来一度も捨てられず残っていた。クリストファー・マクフィーリーが言う。「その問題にどう対処すべきかと話し合いになったときがありました。『バトルロイヤル』で、ソーはハンマーを持たずに稲妻を召喚できることになってしまいましたから。「ハンマーは関係なかったのだ」というオーディンの台詞すらあったと思います。でも『エンドゲーム』ではキャップがハンマーを手に稲妻を召喚することになっている。しかしこういった問題に直面してしまっても「やめるにはかっこよすぎるだろ？　後で考えようぜ」と思っていますが[10]」

そんな即興アプローチこそが、ＭＣＵという宇宙の特徴だった。『ドクター・ストレンジ』（２０１６）の脚本家Ｃ・ロバート・カージルは、こう言っている。「皆は後知恵だと思っていますが、あれはＭＣＵに関する最大の誤解ですね。あれは先知恵なんです。制作工程の後の方で足されるものもたくさんありますが、ちゃんとやれば最初からあったように感じられますしね。加えて、映画同士が影響し合いますから。私が〔『ドクター・ストレンジ』で〕エンシェント・ワンが未来の可能性を垣間見る場面を書いたときには「これは『インフィニティ・ウォー』で使えるぞ」と考えて書いたわけではありません。でも『ドクター・ストレンジ』を観て「これを使ってプロットの問題を解決できるんじゃないか？　エンシェント・ワンが発現させる力を使って、ドクター・ストレンジがタイム・ストーンから力を得ていることを見せられるんじゃないか？」と考えることはできます。完璧な計画に従っているわけじゃありません。全体を導く何かがあるとすれば、それは今まで作られてきたすべての作品であり、ケヴィン・ファイギです。天才が集まって、完成形を知った上で物語を作っているのではなくて、作りながら物語を完成させていくんです[11]」。マーベル・スタジオは特殊視覚効果の制作工程を一貫性と信頼性の名のもとに常に洗練させてきた。しかしその視覚効果が具現化する肝心の物語の作り方に関しては、緩いというか、場当たり的なアプローチを取ってきたのだった。

マーベル・スタジオは『インフィニティ・ウォー』と『エンドゲーム』を同時に撮影しようと目論んでいた。〔英語圏の〕業界では「クロスボーディング」として知られるこの制作手法では、２本の映画に同じロケーションを必要とする場面があるならば、一度に両方ともそのロケーションで撮影してしまう（たとえばアベンジャーズ本部やガーディアンズの宇宙船）。効率がよく予算の節約にもなる。しかし『インフィニティ・ウォー』の撮影が始まる数か月前に、『エンドゲーム』の脚本が間に合うように完成しないことが明らかになった。『インフィニティ・ウォー』と『エンドゲーム』は2作あわせて7億ドルの予算であり、立て続けに撮影しないと間に合わない。予算の大きな部分を俳優たちの出演料が占めていた。そのうち何人かは出演契約が終了しており、しかも全員が替えの効かないスターになっていた。クリス・エヴァンス、クリス・ヘムズワース、そしてスカーレット・ヨハンソンには、それぞれ1本につき１５００万ドル。ロバート・ダウニー・ジュニアには２０００万ドルの出演料に加えて興行収入の歩合。最終的にダウニーは各作品から７５００万ドルずつ受け取ることになる。マーベル・スタジオがキャラクターを何人か死なせてフェーズ3で新しい世代を導入したがる理由の１つは、この膨張する出演料だった。

＊　＊　＊

『インフィニティ・ウォー』の撮影は２０１７年の1月に始まった。最初に撮影されたのは、タイタンでロバート・ダウニー・ジュニアとトム・ホランドがクリス・プラットその他ガーディアンズの面々と合流する場面だった。プロットの秘密を保持するために、完全な脚本を与えられたのはダウニーとクリス・エヴァンスの２人だけ。

それ以外の役者たちは、自分の出番が書かれたページだけで何とかするしかなかった。

サノスを再演するジョシュ・ブローリンには、ほぼ完全に近い脚本が渡された。彼が演じるアベンジャーズにとって最強の紫色の仇敵は、この宝石泥棒映画の実質的な主役と言ってよかった。しかし『インフィニティ・ウォー』でサノスをあまりにも効果的に登場させてしまったことが、後に制作陣を悩ませることになる。『エンドゲーム』ではこのぎざぎざの顎を持つヴィランの冒険を語り続けるのではなく、アベンジャーズを物語の中心にしなければならない。サノスに全能のインフィニティ・ストーンを持たせたまま前半を終わらせてしまった制作陣は、どうやってヒーローたちに勝たせるか考えあぐねた。ほぼ全知全能ともいえるキャラクターの扱いに苦慮したことを、マクフィーリーが教えてくれた。「(『エンドゲーム』の)映画の冒頭であいつが持っている力の巨大さといったら、確かに洒落にならないですよ。だから丸3週間みっちりと詰めて、こんなに強いキャラクターがいる後半をどうすればいいのか話し合いました。その3日間のどこかで、確かエグゼクティヴ・プロデューサーのトリン・トランだったと思いますが、自棄になって「もう、なんで殺しちゃえないんだろ?」と言ったんです。皆が「ちょっと待った。どういうこと? それ面白いかも」と反応しました。あれはそういうキャラクターですから。「どうして黙って殺されると思う?」と考えるとその答えは、自分がやりたかったことをやり遂げたから、です。そういう強烈な思い入れがあった。私はサノスと長く関わっていたので、これを考えつかなかった自分を1発殴りたい気分です。サノスというキャラクターの一貫性を大事にすれば、大いにありえます」[12]

前半から後半に先送りされたものの1つに「スマート・ハルク」の登場があった。これでブルース・バナーの知性が、ついにハルクの緑色の巨体を制御できるようになるのだ。『インフィニティ・ウォー』の初期の編集版には、ワカンダでの戦いの最中バナーとハルクが融合してスマート・ハルクになり、ハルク・バスターの装甲を破壊して飛び出してくる場面があった。しかしルッソ兄弟は考え直してここでバナーに「勝たせる」ことにした。その直後に出演者の半数が塵となって消えれば、より強い衝撃を誘発できる。しかし追加撮影にはすでに遅すぎた。

そこで、『アイアンマン』のラストを救った手法が使われることになった。つまりすべての要素をデジタル技術で継ぎ合わせるのだ。バナーはハルク・バスターのガントレット（追加されたデジタル素材）を使って、カル・オブシディアン（デジタル造形）をデジタル製の空間に吹き飛ばし、デジタル製のエネルギーフィールドに衝突させ倒した。

『エンドゲーム』のプロットを組み立て始めたマーカスとマクフィーリーは、アベンジャーにタイムマシンを使わせることを検討したが、それでは安っぽいズルになると思ってすぐに却下した。「どうしたらいいかわからないような難しい場面を書くときには、ほぼ間違いなくタイムマシンが頭に浮かびます[13]」とマーカスが言う。『エンドゲーム』のプロットで悩み続けた2人を、アントマンが颯爽と救った。『アントマン&ワスプ』が『インフィニティ・ウォー』のわずか3か月後に公開されることになっていたので、2人はアントマンを『インフィニティ・ウォー』の出演から外していた。『インフィニティ・ウォー』の陰鬱な結末がポール・ラッド主演の軽妙な映画に影を落とさない方がいいと判断したためだ。しかし2人は『アントマン&ワスプ』の終盤で、アントマンが亜原子サイズの量子の世界に入ることを知った。そこでは肉体を構成する粒子が同時に2か所に存在できるのだった。

解決策を見つけたそのときのことを、マーカスが良く覚えている。それは2015年の秋のある日のことだった。「その日も、何か月も缶詰めになっていた会議室にいました[14]」とマーカスは言う。他の面々がプロット上の他の問題について話し合っていたとき、マーカスはラップトップで物理学について調べ物をしていた。「『量子世界』とググって知ったのは……そこでは時間の流れが違うんです。手を挙げて『タイムマシンを使えるよ！　タイムマシンを正当化するいい言い訳がある』と皆に言ったんです。そこで頭に血が上っていない人が本物の物理学者を呼んで、私たちのアイデアは頭がおかしいのか、私たちは正しいのか、それとも頭はおかしいけどドキュメンタリーを作ってるんじゃないのだからオーケーなのか、聞きました。そこからすべてが開けていったんです」

量子力学を味方につけた制作陣は、精密なプロットを考案した。アベンジャーズは、サノスより一足先にインフィニティ・ストーンを集めることができる。つまり、サノスの勝利をなかったことにできる。それだけではない。『アベンジャーズ』のニューヨークの戦いの最中にも、『ガーディアンズ・オブ・ギャラクシー』の『海底2万マイル』のような乾いた海底の惑星にも、今までMCU映画に登場した場所と時間を再び訪れることができるのだ。時間旅行が可能になったことで、2人の主役が抱えている悔恨の念に決着をつけてやることもできた。スティーブ・ロジャースは過去に戻ってペギー・カーターと家庭の暖かさを経験し、トニー・スタークは70年代に行って父ハワード・スタークに対するわだかまりに終止符を打つことができる。

何度改稿されても、対サノス軍の戦いは必ずトニー・スタークの自己犠牲によって終結した。インフィニティ・ストーンを自らの手に装着して、指をパッチンと鳴らし、自らの命と引き換えにサノスとその軍勢を追い払う。しかしどの稿でも、トニーは無言で勝利した。アンソニー・ルッソが回想する。「編集中に皆が言い出したんです。「何か言わせないと。死んでも気の利いた一言を吐くような男だろう?」。でも何百万とおりの言い回しを試しましたが、これというのが出なかった。一方でサノスが「私は絶対なのだ」と言っている。4作品の編集をしてくれたジェフ・フォードはストーリーテリングの名手なんですが、彼が「ぐるっと一周回って「私はアイアンマンだ」と言わせたらどうだろう」と提案したんです[15]」

ダウニーが最後にもう一度「私はアイアンマンだ」と言う場面を含む『エンドゲーム』の追加撮影を控えた数週間前、彼はジョー・ルッソと夕食をともにした。そのときジョー・ルッソは、ダウニーがトニー・スタークの最後を演じ直すことに乗り気ではないことを知った。「彼〈ダウニー〉は「何ていうかさ、あの感情の状態にもう一度入りたくないんだよ。あれは本当に……きついんだ」と言うんですね。でき過ぎた話なんですが、そのときその場にプロデューサーのジョエル・シルバー〈『マトリックス』、『リーサル・ウェポン』など〉がたまたま居合わせたんです。ジョエルとロバートは旧知の仲でした。ジョエルが会話に割り込んできて「何を言ってるんだ、ロバート。これほどよくできた台詞は聞いたこともないぞ。この最高の台詞を言わないでどうするんだ? これはやって当然だろう！」と言ってくれたんです。ジョエル・シルバーが夕食の席にいてくれたおかげで、あの台詞を言うようにロバートを無事説得できました」[16]

そして、その場面の撮影が行われた。トニーの最後の一言。それは追加撮影の最後の撮影でもあった。撮影が行われたサウンドステージに隣接していたのは、10年前にダウニーがトニー・スターク役のオーディションを受けたスタジオだった。ダウニーが、自転車に飛び乗ってブレーキをかけずに坂を全速力で降りていくような気分で臨んだあのオーディション。あの日からどれだけ遠くにきたことか。ケヴィン・ファイギは撮影を見ながら、自分とダウニーの人生を感慨深く振り返った。

MCUの旗艦ともいうべきキャラクターの死に伴って、映画史に残るような巨大なスケジュール問題が発生した。そう、トニー・スタークの葬式の場面だ。ちょっとした噂や無責任なつぶやきがネットで取り上げられて見出しになってしまうことに懲りたマーベル・スタジオは、過去10年の間に極めて厳格に秘密保持を徹底するようになっていた。しかし、スタジオが最も用心すべき人たちは、不幸にもマーベル映画のキャストの中にいた。とくにトム・ホランドとマーク・ラファロには、口を滑らせてプロットの捻りを暴露したり、試写中に動画を投稿する悪癖があった（マーベル・スタジオは、トム・ホランドとベネディクト・カンバーバッチが同時にインタビューを受けるように計らった。若いホランドがうっかりネタをばらさないように、カンバーバッチが子守り役を任されたというわけだ）。そういう経緯を考慮して、スタークの葬式は、内部メモやコメント、日程管理文書にいたるまで、「結婚式」と呼ばれることが徹底された。

この静かな場面は、およそMCUの歴史を飾った主要なヒーローで出ていない者はないという豪華なものだった。いつものようにロケット・ラクーンは膝をついたショーン・ガンによって演じられた。その影響力を見せつけるかのように、マーベルはオスカー受賞者を2名（ウィリアム・ハートとマリサ・トメイ）、そしてオスカー候補者を3名（アンジェラ・バセット、サミュエル・L・ジャクソン、ミシェル・ファイファー）を、この2分間の台詞のない移動撮影のために呼びよせた（2022年3月に亡くなったウィリアム・ハートにとってこれは最後のMCU映画出演になった）。ジョー・ルッソがこう指摘した。「冗談で言っていたんですが、冗談じゃないかもしれませんね。これは映画史で最も金のかかったショットかもしれないって。あの映像のためにすごい出演料ですよ。少なくとも、最も金のかかったエキストラ撮影になったんじゃないですか、『クレオパトラ』（1963）を除いて[17]」

ジョージア州には8000エイカー（約32平方キロ）におよぶ広大なバウカート農場がある。ルッソ兄弟はその敷地内にあるキャビンを、トニー・スタークの湖畔の別荘の撮影地として選んだ。ロケ地は空港から車で30分という近さだったので、この場面以外『エンドゲーム』に出演していない俳優たちの出番を手際よく回転させることができた。俳優にとっても都合よく、「結婚式」の場面の情報漏洩を防ぐためにも都合がよかった（同じ週にマーベル・スタジオは10周年記念集合写真を撮影し、俳優がアトランタに集合する別の理由を設けて衆目を逸らした）。ジョー・ルッソが回想する。「集まった俳優たちに黒い礼服を着せたとき「なんか変な結婚式だね」と言われたので「本当は葬式だからね」と答えました[18]」

「あれだけの人数の俳優を同じ日の同じ時間に招集したプロデューサーの仕事は、アカデミー賞ものだと思います[19]」と、キャスティング監督のサラ・ヘイリー・フィンが言う。自身もその場に居合わせたフィンは、自分が上げた成果を目の当たりにした。手にかけた22本の映画と35人の俳優たち。中にはMCU参加以前から売れていた者もいるが、なにしろほぼ全員が世界的なスターになったのだ。

集まった俳優たちは、誰でも知ってるような顔ばかりではなかった。その中には『アイアンマン3』でスタークの相棒少年ハーレー・キーナーを演じたタイ・シンプキンスもいた。すっかり背も伸びてティーンになっていたシンプキンスは、野球の練習に行く途中、ルイス・デスポジートの電話を受けた。『インフィニティ・ウォー』と『エンドゲーム』の筋立てを急いで説明しながらデスポジートは、隠し立てもせずにトニーの死について話した。こうしてシンプキンスは、MCUの大スターたちよりはるか以前に、この重大な秘密を知ることになった。

「シリーズ最大の秘密を僕に話しても大丈夫だと思ってくれたんだと考えると、信じられない気持ちです」[20]とシンプキンスは言う。「トニーはその後もハーレーの成り行きを見守っていたはずなので、ハーレーも参列すべきだと皆が思ったそうです」

ポール・ベタニー演じるJ.A.R.V.I.S.が『エイジ・オブ・ウルトロン』でヴィジョンの人格に統合されて以来、トニー・スタークのデジタル助手F.R.I.D.A.Y.の声として出演していたケリー・コンドンは、ダウニーのMCU離脱を思わぬ経緯で知ることになった。『エンドゲーム』で声の収録中、録音ブースの外から指示された次の台詞にコンドンは驚いた。それは「生命危機状態」だった。コンドンは文脈を問いただした。生命の危機に瀕していたとしても、トニーは助かるんだよね？　でしょ？「私を見る皆の顔は無表情でした」[21]とコンドンは回想する。コンドンは次のように演出された。「人生で一番悲しいことを言う気持ちで、この台詞を言ってみて」。台詞を言いながらコンドンは考えていた「楽に稼げる仕事が、これで終わりだ……」。あの声にこめられた悲しみは、本物だったのである。

最後の決戦に参加したMCUのスターたちは、葬式の場面以外にも2回におよぶ撮影に参加していた。撮影は2018年の1月に始まったのだが、ルッソ兄弟が『インフィニティ・ウォー』のポストプロダクションに集中できるようにと一度中断された。再開したのは2018年の9月で、撮影は2か月かけて行われた。「正直に言います。どの映画の撮影よりもしんどかったです」[22]とジョー・ルッソが言う。プリビズ版の最終決戦は2年をかけて開発され、完成していた。つまり、俳優たちはアトランタのセットにしつらえられた必要最低限のグリーンバックの背景の前で、ばらばらに撮影されたのだった。

最終決戦はサノスに破壊されたアベンジャーズ本部跡で行われるので、ショットによっては瓦礫や木の切り株などが配置された。しかしこれらの大道具のほとんどは、最終的には使われなかった。「粗編集でプリビズ素材とつないでみたときに、こちらが考えていたよりも切り株が目立ちすぎたんですね」[23]と言うのは、『エンドゲーム』

でデジタル視覚効果を監修したウェタ・デジタルのマット・エイトケンだ。「爆撃を受けて焦土と化したアベンジャーズ本部というより、爆撃で焦土と化した森で戦ってるみたいに見えてしまったんです。結局、撮影したキャラクターを全員ロトで抜いて、背景を100パーセントCGIの爆撃のクレーターに置き換える羽目になりました（「ロトで抜く」とはロトスコープというアニメーションの技術を応用して、この場合撮影された被写体の輪郭を切り取って別の背景にはめる作業）」

決戦の最中に世界中とつながったポータルが開き、蘇ったマーベルのヒーローたちが戦闘に加わり大乱戦となる。ルッソ兄弟は、ポータルの開き方を何種類か試してみた。一度に全部のポータルが開いて何十というキャラクターが吐き出されるというのも試してみたが、ルッソ兄弟は考え直し、視覚的にも感情的にも段々盛り上がり極まっていくような演出にした。マクフィーリーは言う。「最初に試したのは、もっと速いペースでした。力強いし、私は観て興奮するようなものだったと思います。「やばい、皆戻って来た！」という感じで、音楽も早いタイミングで最高潮になり、皆素早く動く。私はとても気に入りましたけど、それを撮り直したジョーとアンソニーは正しかった。速いバージョンには、各ヒーローが際立つ瞬間がなかったからです[24]」

すべてのキャラクターに輝かしい瞬間を与えようと制作陣は試行錯誤した。しかしそのせいでカットされたシークエンスもいくつかあった。たとえばブラックパンサーとエボニー・マウの一騎打ちや、うっかり大好きな『人気家族パートリッジ』のテーマ曲（「Come On Get Happy」）を流してサノス軍に気づかれてしまうアントマンなどだ。20分を超える壮大なこの決戦場面を、編集で切るのは容易ではなかった。しかし編集を進めるうちに、重要度の高い要素が絞られていった。「パンサーと、ドクター・ストレンジと、スター・ロード。この3人は物語の要請があるので[25]」と編集のジェフリー・フォードが言う。心が通い合う瞬間、たとえば、別の時系列から現れたガモーラを見つけて、彼女が生き返ったと思うピーター・クイル。そして、終わらせる方法は1つしかないと目と目で了解しあうトニー・スタークとドクター・ストレンジ。どちらも、なくてはならない物語の大事な要素だ。

「スカーレット・ウィッチは、あんな酷いことをしたサノスと対決しなければならないわけです。元々スカーレット・ウィッチとサノスの対決はもっと長かったのですが、同じことを繰り返している感じになってしまったので、場面が伝える感情を優先しました」

再撮影のおかげで、ルッソ兄弟は場面が伝える感情を増幅することができた。撮り直された重要な場面の1つに、『インフィニティ・ウォー』でトニー・スタークに抱きかかえられて死んだピーター・パーカーが、スタークと戦場で再会する場面があった。元々はペッパー・ポッツもそこで再会を果たすことになっていたのだが、『インフィニティ・ウォー』のトム・ホランドの演技に対する観客の反応を見て、短い場面でも2人が再会するカタルシスを与えなければと再考されたのだ。「あの場面のことを考えただけで泣けます[26]」とフィンは言う。「なぜかと言うと、まずこの2人のキャラクターのことを思って泣けますし、それから個人的に、私が配役したこの2人が何年もかけてこのキャラクターになっていった足取りを思うと、胸が潰れそうになるんです」。スーパーヒーロー軍の登場の仕方には、それぞれのキャラクターの過去へのさり気ない配慮があった。サム・ウィルソンは出現する前に「左から失礼」と言うが、これは『キャプテン・アメリカ／ウィンター・ソルジャー』のジョギングの場面で、彼を何度も抜いていくスティーブ・ロジャースの台詞のリフレインだ。ペッパーが装着したアイアンマン・スーツの青は、ウォルト・ディズニー・コンサートホールの屋上でトニー・スタークとキスしそうでしなかったあの晩に彼女が着ていたあのドレスの色彩だ。

一度アベンジャーズたちがアッ……もとい、全員集合すると、コミックス・ファンたちが待ちに待っていたあの6音節「アベンジャーズ、アッセンブル」を、キャプテン・アメリカがついに発する（クリス・エヴァンスは、「ハルク、ぶっ潰せ」のときと同じでこの台詞も大袈裟に声を張り上げなかった。叫ばなくても十分に力強い台詞だと彼は理解していたのだ）。「あれは、ケヴィンにとって最高の瞬間だったと思います。ついにあの2単語を彼に言わせられたんです[27]」とトランが言う。俳優たちがグリーンバックの前に立ち、キャプテン・アメリカがソーのハンマーを手にその台詞を口にした瞬間を、トランは鮮烈に覚えている。一瞬の間を置いて、全員が全速力で走り出す。「本当に起きてる！ 本当にやったんだ！」とトランは感じた。マーベル映画史上で最も数の多い制作スタッフに囲まれて、俳優たちは我先に大乱闘に身を投じていった。

＊　＊　＊

2003年にデヴィッド・メイゼルが業界を見渡して「ブランドとして確立された映画スタジオが、自社製作の映画をすべて続編にできれば、とてもいいビジネスモデルになる」[28]と言った。彼のこの提案の究極の証明は、2018年に世界中で20億4800万ドルの興行収入を上げて史上5番目に儲けた映画となった『インフィニティ・ウォー』だった。しかしさらに翌年『エンドゲーム』がなんと27億9800万ドルを稼いで、興行収入歴代第1位を達成した（その後負けん気の強い自称「ハリウッドのキング」ジェームズ・キャメロンが、『アバター』を中国で公開して王座を奪回することになるのだが）。興行収入という物差しで計れば、マーカスとマクフィーリーは一躍最も成功した脚本家になり、ルッソ兄弟はスピルバーグに次ぐ第2位という地位に躍り出ることになった。

マーベル・スタジオで大成功を収めたケヴィン・ファイギのような手練れのIP番頭を探し求めて、競合他社は失敗を繰り返した。ブランドにとって最適なものと、その映画のキャラクターにとって最適なもの、両者を絶妙なバランスの上に維持するのは、ほぼ不可能とすら思われた。ファイギは人生を映画に捧げたような男だが、そんな人はハリウッドにはいくらでもいる。MCUを作りあげられたのは、たくさんの才能溢れる人びとのおかげとファイギは真っ先に言うだろう。しかし、そのような人びとに最高の仕事をさせるファイギの力には議論の余地がない。ルッソ兄弟は『インフィニティ・ウォー』と『エンドゲーム』の次に、ファイギの助言も導きもなしで映画を作ったが、『チェリー』（2021）も『グレイマン』（2022）も期待に応えるような出来ではなかった。

他のプロデューサーなら到底行こうとすら考えないマーベル神話の深みに、ファイギは潜っていった。そして潜りながら、コミックスが持つ最も本質的なアピールは、果てしなく広がる作品相互のつながりだと悟った。つまり、シリーズものが王様である今という新時代において、結末が決まっていない世界的なシリーズを作る基盤としてマーベルほど最適なIPはないということだ。マーベル・スタジオが始動する前に数々のスーパーヒーロー映画に関わってきたファイギが気づいたことがあった。「どの映画も、たとえばスパイダーマンがその世界に1人しかいないスーパーヒーローだったり、X－MENしかいなかったり、デアデビルもファンタスティック・フォーも同じでした。自分たち以外に非凡な存在がいない世界なんです。でも、マーベルの宇宙（ユニバース）はそういうことじゃない。すべてのキャラクターが同じ世界にいる宇宙なんです[29]」

そのような本質的な洞察力を土台に持っているだけではない。配役やストーリー、公開日程など、終わりのない判断の奔流の最中にあっても、一見複雑な自分の仕事の単純さを見抜く生来の才能がファイギにはあった。ジョー・ルッソの言葉がそれを言い当てている。「マーベルの隠し味（ソース）が何かと言うと、ケヴィンは楽しませてくれる映画が好きだということ。わかる？[30]」

『ドクター・ストレンジ』の脚本家C・ロバート・カーギルが、ケヴィン・ファイギが持つ洞察力を別の言葉で説明してくれている。『アベンジャーズ／エンドゲーム』は、ファイギが大好きなあの映画シリーズのスタイルを借用して幕を閉じる。エンドクレジットでは、6人の元祖MCUアベンジャーたちと銀幕に記されたそれぞれのサインが、シリーズに別れを告げるかのように出てくる。これは『スタートレックⅥ 未知の世界』（1991）の幕引きで、人びとに愛され続けた初代エンタープライズ号の乗員たちが別れを告げるエンドクレジットを真似ているのだ。しかし、スタートレック・シリーズに対するファイギの愛は、もっと本質的な意味でMCUの成り立ちに影響しているとカーギルは考えている。

「ケヴィンが固く信じていることがあります。そんなことを言ってる人は他に誰もいないので、それを聞いた私は脳が溶けましたが」[31]とカーギルが言う。「ケヴィンは『スタートレックV 新たなる未知へ』（1989）は『スタートレック』（1979）より良い映画だと言い張るんです」（これは不用意と疑われかねない発言なのだ。『スタートレックII カーンの逆襲』（1982）や『スタートレックIV 故郷への長い旅』（1986）と較べると人気の低い2作品ではあるが、少なくとも最初の『スタートレック』はテレビ放映が終了して10年後に映画としてシリーズを復活させた功績によって酷評を免れている。一方ウィリアム・シャトナーが監督した『スタートレックV』はエンタープライズ号の乗員が宇宙の果てに神を探しに行ったら偽物だったという、シリーズ最低とみなされる作品だった）。

カーギルによると、そんな『スタートレックV』を擁護するファイギによる議論は、カーク、スポック、マッコイがキャンプファイヤーを囲んで豆を食べる場面に集約されるのだと言う。「キャンプファイヤーの場面はキャラクターを身近に感じて理解する場面ですが、最初の映画『スタートレック』には、あれほど素晴らしい場面がない。キャンプファイヤーの場面では皆が大好きなキャラクターが3人揃って、伝説の人物ではなくて普通の人としていつもと違う環境にいるんです」[32]。ファイギが腐心しているのが何かカーギルは理解した。「あのキャンプファイヤーの場面の遺伝子を、すべてのマーベル映画に取り込もうとしているんです。皆が好きなキャラクターを使って、皆のためにキャンプファイヤーの場面をやってくれているんですよ。皆その場面のおかげで、特別な力を持ったキャラクターを人として好きになる。だから何か大変なことが起きたときに、そのキャラクターがどうなるかちゃんと心配したり応援できるんです」（まさにそのとおりの事が『エンドゲーム』で起きる。宇宙の命運を賭けた戦いのために人間の命が犠牲になる前に、キャンプファイヤー場面がある。スティーブとナターシャがピーナッツバターを塗ったサンドイッチを食べながらそれぞれ失ったものについて語り合い、心が触れ合う場面。そして時間転移の謎を解いた直後に娘のモーガンとジュースを分け合うトニー・スタークだ）

「それなんですよ」[33]とマーベルのプロデューサー、クレイグ・カイルが言う。「どうやれば、しょっぱなから観客を摑めるか。どうやって、妙なことが起き出す頃にはすっかり引き込まれて席を立てないくらい、観客の心を摑めるか。魔法の説明やら嘘くさいＳＦの説明に傾きすぎると、観てる人を追い払ってしまうんです」

『エンドゲーム』の大スペクタクルにも、その帰結である感情的なご褒美にも、観客は間違いなく反応した。いずれ史上最も稼いだ映画になる『エンドゲーム』は、公開されるなりいきなり第1週末興行記録を塗り替えた。『エンドゲーム』以外の映画は上映していないような映画館もたくさんあった。世界中が『エンドゲーム』を繰り返し観ているかのようだった。ファイギとデスポジート、マーカス、マクフィーリー、そしてルッソ兄弟は、最初の週末にロサンゼルスの映画館にこっそり入り、笑ったり声援を送る観客とともに『エンドゲーム』を観た。「映画館というよりロックのアリーナコンサートでしたね[34]」とアンソニー・ルッソは言う。「あんなのは想像したこともありませんでした」

ジョー・ルッソが付けくわえた。「背筋がぞくぞくっとしました。こんなに人びとを1つにするような物語を作ったんだなと思って、2、3度泣きました[35]」

『エンドゲーム』はボーナス場面なしで終わる。フェーズ4は予告編なしで始まるのだ。しかしすべての始まりを思い出させてくれるオマケはあった。エンドクレジットが終わる頃、サウンドトラックから聞こえてくる音声はカン、カンという金属音だけになる。それは、アフガニスタンの洞窟に囚われたトニー・スタークがアイアンマンのアーマーを作っている音だった。この音は『エンドゲーム』を、さらにはＭＣＵ全体を作るために投入された途方もない労力の象徴でもあった。

マクフィーリーは、自分が何年もかけて書き直しに書き直してきた映画が持つにいたった巨大なインパクトを理解しようとしながら、公開第1週の週末を過ごした。この映画はロサンゼルスの交通事情すら変えてしまったのだ。「その辺を歩きながら、こう思いましたよ。「何だよ、今週末は全員映画館なのか？　凄すぎる。歩道に人がいないよ。これじゃまるで、スーパーボウルのときか、指パッチンだ[36]」

PHASE 4

CHAPTER 26 | A YEAR WITHOUT MARVEL
マーベルのない1年

残念だが……居残りだ。
So . . . you got detention.
――スパイダーマン：ホームカミング（2017）

『ガーディアンズ・オブ・ギャラクシー：VOLUME 3』を、MCUフェーズ4の第1弾として2020年5月に公開する。それがマーベル・スタジオの当初の予定だったが、世界を覆うパンデミックにより映画産業は一時休業状態に陥り、公開予定も滅茶苦茶になってしまった。しかし公開が遅れた理由はそれだけではなかった。

1作目の『ガーディアンズ・オブ・ギャラクシー』の驚異的な成功によって人生がひっくり返ってしまったという人は大勢いたが、中でもジェームズ・ガン監督の人生は完全に逆転した。「大興奮のあまり、しばらくアドレナリン分泌が止まらなくて舞い上がって」とガンは言う。「それで僕は1回壊れたんですね。地上に降りてきて「僕は人としてどこに立ってるんだろう？」と考えさせられたんです」。そして彼は、ついにアーティストとしての本当の声を見つけた、という結論にたどりついた。「それまでの人生では、ちゃんと正面から本当に大事な物語を語ることを避けていたんです。衝撃的とか、尖ってるとか、カッコいいとか、そういうのに気を取られてた。でもそれを手放して自分に正直に物語を語ると……たとえそれが異星人と喋るアライグマの話でも、うまくいくんですよ」

というわけで『ガーディアンズ・オブ・ギャラクシー：リミックス』にベイビー・グルートとタコの化け物が出たとしても作品の感情的な核は人の心、2人の父親の狭間で引き裂かれるクリス・プラット演じるスター・ロードの心だった。1人目の父はヨンドゥ（マイケル・ルーカーが演じる育ての親）で、もう1人はコミックスでは髭の生えた人間の顔という外見で登場する、生きた惑星である実父のエゴだ。

エゴ役には、クリス・プラットの先祖に見えるような有名俳優が欲しい。ガンもマーベルもそう考えた。はじめはマシュー・マコノヒーに話を持ちかたが、断られた。「『ガーディアンズ・オブ・ギャラクシー』は好きですけど、私の目には「大当たりしたから有名なスターをもう1人雇って派手なことをさせられるぞ」というふうにしか見えなかったので。やっても補修作業をさせられた気分になったと思います」[2]。結局この役は、マコノヒー同様に颯爽とした別の俳優が手にした。60年代にディズニーと10年契約を結んで人気者になったカート・ラッセルだ。

2016年1月に始まった撮影は、パインウッド・アトランタ・スタジオの18あるサウンドステージをすべて占有して行われた。ガンは『オーサム・ミックスVol.2』に収録された音楽を現場で流して気分を盛り上げた。やがてお約束のスタン・リーのカメオ出演場面の撮影になった。今回スタン・リーが演じた役は、全知全能のウォッチャーに話しかける宇宙飛行士だった。当時93歳のリーが何度もジョージアに出向かなくてすむように、ガンは映画数本分のカメオ出演場面を撮ってしまうことになっていた。ガンがトム・ホランドをリーに紹介したとき、漢の中の漢スタンは「皆が君は最高だと言ってるが、私にはよくわからんね」[3]と若いホランドをからかった。

『ガーディアンズ』の続編は、1作目ほど笑えず内容も雑多だったが、それでも興行収入を8億6300万ドルまで伸ばした（1作目は7億7200万ドル）。即座にガン監督とマーベルは、3作目もジェームズ・ガンが監督すると発表した。ガンは『インフィニティ・ウォー』と『エンドゲーム』でガーディアンズが出てくる場面の台詞を書き直すことすら許された（そして『インフィニティ・ウォー』でガーディアンズが登場する場面にスピナーズが演奏した1976年のヒット曲「ラバー・バンド・マン」を流す決断も任された）。2017年が終わる頃には、ガンは『ガーディアンズ・オブ・ギャラクシー：VOLUME 3』の草稿を書き終わり、2020年5月の公開を目指して2019年に撮影を始めることになっていた。

ジョス・ウェドンが絶大な権限を与えられてフェーズ2の大帝になったように、ジェームズ・ガンも自分がMCUを部分的にでも意のままにできると信じるにいたった。外宇宙の果てが自分の領域だと考えたガンは、それにマーベル・コズミック・ユニバースと名づけた。しかし、ウェドン時代からいくつか教訓を学んでいたケヴィン・ファイギは慎重だった。「ジョスとの関係とはまた違った関係ですね[4]」とファイギは2017年に言っている。「ジェームズの場合、『ガーディアンズ』に登場する素晴らしいキャラクターたちが、独自の可能性を秘めています。どの方向にどうやっていけるかジェームズと話し合ってきました」。ガンとファイギの認識が必ずしも同じではないとしても、銀河系を股に掛けた『ガーディアンズ』という宇宙的規模の物語は間違いなくフェーズ4でより大きな割合を占めることになる。マーベル・スタジオはジェームズ・ガンの力に期待していた。

「私たちは、マーベルの中にまったく違った世界を探しているところです」とディズニーのボブ・アイガー会長が、マーベルの『エンドゲーム』以降の計画に言及して言った。「それは『ガーディアンズ・オブ・ギャラクシー』が見せてくれたような世界です。今、私たちはさらに誰も訪れたことのない世界、場所だけでなく時間的な意味でもまったく違う世界を探しているのです」

ところが2018年1月に、ガンはドナルド・トランプをツイッターで挑発した。ホワイトハウスの医師が発表したとおりトランプの体重が本当に239ポンド（約108キロ）かどうか公衆の面前で体重計に乗って証明すれば、トランプ御用達のチャリティ団体に10万ドル寄付すると公約したのだ。トランプ大統領がデマを掲げてオバマ前大統領に出生記録を要求しアメリカ市民権を証明させた、いわゆる「バーサー運動〔birther movement〕」をおちょくって、ガンは「#ガーザー運動[5]〔#GirtherMovement、girthは「腹囲」の意〕」というハッシュタグをつけた。ジェームズ・ガンが右翼扇動家のマイク・セルノヴィッチ〔ピザゲート陰謀論を擁護した人物〕に目をつけられるには、これで十分だった。2018年7月セルノヴィッチは、2009年から2012年までの間にジェームズ・ガンが投稿したツイートを掘り起こして晒した。その時期のガンはあえて不快な冗談を投稿しており、中にはペドフィリアや強姦をネタにしたものもあった。たとえば「〔少年探偵〕ハーディー・ボーイズ、バーニーおじさんの手を突っ込まれたときの神秘的なあの気持ち[6]」とか「ディズニーランドのキャラクターで一番レイプされたくないのは誰？ グーフィだと思う。でもスリーピーもひどいだろうな[7]」（ちなみにトランプを批判して昔の冗談を晒されたのはガンだけではなかった。テレビ番組『ザ・デイリー・ショー』（1996年から放映中）のトレバー・ノアや『リック・アンド・モーティ』のダン・ハーモンも同じ目に遭った）。

晒されたツイートのスクリーン・ショットがトレンドに上がり、ジェームズ・ガンはファイギに連絡を取った。「騒動が始まった日の午前中にケヴィンに電話をして「これって、まずいことになってるんだろうか？」と聞いたんです。「わからない」と言って彼は黙りました。こっちは「わからない？ どういうこと？」という感じで驚きましたよ[8]」

7月19日木曜日の夜、ガンはツイッター上で自分の冗談に関する公式な謝罪をした。「今の僕は5年前の僕とは全然違います。今の僕は、怒りではなくて友愛と絆に根差した作品を作ろうと努力しています。ただ反応欲しさにショッキングな冗談を言うようなことは、これからはありません」とガンは書いた。「僕には不快な冗談ばかり言っていた時期がありました。もうやりません。昔の自分を責める気はありませんが、僕は今の自分の方が好きです。今の方が人間として、そしてクリエイターとして満ち足りている気がします」

ガンによると、ほどなくファイギに自分の謝罪が功を奏していないと伝えられた。「後で電話を受けました。シヨックを隠せないという感じで、上の連中の決断を僕に伝えたんです」

7月20日金曜日、騒動の発生から24時間も経たないうちに、ジェームズ・ガンは公式に解雇された。「ジェームズのツイッターのタイムライン上に見られる不快な文言および態度は、私たちが掲げる価値観と相容れるものではなく、到底庇（かば）えるものではありません。よって彼との業務上の関係を断つことにしました」[9]と、ウォルト・ディズニー・スタジオのアラン・ホルンCEOが公式声明を出した。保守政治活動をするほどではなくとも言動は十分保守的であるという人は映画スタジオというシステムに大勢いるが、アラン・ホルンもその1人だった。人前で話すときにはマイルドな親父ギャグを混ぜることで知られるホルンは、ファイギをはじめとするマーベル・スタジオの面々に手を打つ隙すら与えず、急遽決断を下してしまった。

依然としてトランプと仲がよいアイク・パルムッターは、ディズニー最大の株主でもあり、アイガーと直接話ができる立場にいた。２０１６年、インタビューに応えてアイガーは「〔パルムッターは〕朝の7時に電話をかけてくるのが趣味なんです。なので「アイク、まだコーヒー・マシンのスイッチを入れたばかりで、最初の1杯も飲んでないんだ。10分待ってくれ」と言うこともあります」[10]。パルムッターとトランプの関係は別にして、ディズニーはアメリカで最もファミリー向けのブランドというステータスに重きを置いており、よってペドフィリアにまつわる冗談を擁護する気はなかった。

あまりにも唐突にクビを飛ばされたジェームズ・ガンはショックを受けはしたが、それは一企業として必要な決断であると受け入れ、公然とディズニーを非難することはなかった。しかし、監督の弟ショーン・ガンを含む「ガーディアンズ」シリーズのキャストたちが、ジェームズ・ガンを『ＶＯＬＵＭＥ ３』の監督に戻すように要請するオープン・レターを出した。ガンの人格を擁護するレターにはこう書かれていた。「国内の政治的な分断が進む中、このような事象は引き続き起こると言って間違いないと思います。しかしそれでも私たちは、アメリカの皆さんがそれぞれの政治的信条にかかわらず人格的な暗殺行為を思いとどまり、群集心理の武器化を止めてくれることを望みます」[11]。キャストの中でもとくにガンを強く支持するデイヴ・バウティスタは、代理の監督を連れてきたら自分は辞めるとディズニーに脅しをかけた。

その間にワーナー・ブラザースが横からしゃしゃり出て、どれでも好きなDCスーパーヒーロー映画を監督していいとジェームズ・ガンに誘いをかけた。ガンはここでもはみ出し者集団に興味を示し、アメリカ政府のミッションに駆り出されるスーパーヴィラン軍団を描いた2016年の『スーサイド・スクワッド』の続編のアイデアをワーナーに売り込んだ。ワーナーは2021年に公開された『ザ・スーサイド・スクワッド〝極〟悪党、集結』を、ガンの好きなように作らせた。好評価に反して興行的にはそこそこではあったが（恐らくコロナ禍の影響）ガン本人がショーランナーとして開発したジョン・シナ主演のスピンオフ・テレビシリーズの『ピースメイカー』（2022−）は成功を収めた。

ガンがDCで忙しくしている間に、ディズニーは自らが下した判断を再考していた。アラン・ホルンは人知れずジェームズ・ガンと会い、その結果ガンが不当な攻撃の標的にされたと判断したか、あるいはキャストの嘆願に折れたのか、いずれにしろ2019年3月（ガンの解雇から8か月後）に、ガンが『ガーディアンズ・オブ・ギャラクシー：VOLUME 3』を監督すると発表した。撮影は『ザ・スーサイド・スクワッド〝極〟悪党、集結』と『ピースメイカー』の制作終了を待って始めることになった。『VOLUME 3』の公開予定は2023年5月に変更され、さらにガンは『ガーディアンズ・オブ・ギャラクシー ホリデー・スペシャル』という単発テレビスペシャルの監督も引き受けた。ガンは、最終的にはDC作品に戻るという意思を明確に伝えた。ワーナーはガンの忠誠心を勝ち取ったのだ。マーベル・スタジオは、『エンドゲーム』後の世界観を構築する重要な創造性の持ち主であり、『ガーディアンズ』組の中核でもある男を失ってしまった。ガンが起用した俳優の中には、すでにMCUからの離脱に備える者もいた。

「ほろ苦い思いですよね」[12]とゾーイ・サルダナは『VOLUME 3』の撮影中に言った。ガモーラを演じる時間が終わりに近づいていた。「何年も緑色のメイクについて文句を言い続けてきましたけど、今からすでにあの頃は楽しかったな、という気分になってます」

この一件にすっかり落ち込んだジェームズ・ガンの気分は、一緒に仕事をしてくれた人たちのお陰で再浮上していた。しかし、いわゆる「キャンセルカルチャー」に対して抗議を申し立てる機会を与えられながらその誘惑には乗らなかった。「キャンセルカルチャーというのは、ハーヴェイ・ワインスタインのようなキャンセルされるべき人のことでもありますよね[13]」とガンは言った。「苦痛が伴うことですが、これは自分が取った行動の責任を果たすことでもあります。その部分は善いですよね。要は適切なバランスを見つけられるかどうかでしょう」

2022年、ジェームズ・ガンと彼のマネージャーだったピーター・サフランが、DCスタジオと名を変えたDCフィルムズの共同最高経営責任者に任命された。2人はDCが製作する映画、テレビ・ドラマ、アニメーション企画を指揮監督する責任を負うことになった（その後ガンは、2021年にディズニー・スタジオ会長の座を降りて2022年にDCの親会社ワーナーの顧問になったアラン・ホルンと一緒に仕事をすることになった。これはガンにとって、ハリウッドではいさかいがあっても喧嘩別れはしない方がいいという強烈な教訓となった）。サフランが経営面を担当する一方、ガンはDCが迎えた新しい才能ともてはやされた。自社にとってのケヴィン・ファイギを1人手に入れたいと望んでいたワーナー・ブラザースは、ついに願いが叶ったと確信した。

2023年1月、ガンとサフロンはDC新作映画の野心的な計画を発表した。MCUが先駆けて成功したクロスオーバーの焼き直しでないことは明らかだった。それだけでなく、ファイギの仕事を注意深く見ていたガンは彼から重要な教訓を学んでいた。何よりもガンが重視したのは、ファイギの言葉どおり、大事なのは「ユニバースじゃなくて、作ってる映画の方[14]」だった。

マーベルは必要に迫られて知名度の低いヒーローを頼みの綱にスタジオを始めなければならなかったが、ガンとサフロンも同様だった。たとえばブースターゴールドや、あえてダイアナではないセミッシラのアマゾン族戦士など、通好みのキャラクターをデビューさせた。「僕たちの戦略の一環として」[15]とガンは言った。「スーパーマン、バットマン、ワンダーウーマンという、うちのダイヤモンド級のキャラクターたちを柱にして、皆に知られていないキャラクターを支えてもらうことになります」

サフロンが付け加えて言った。「今は知られていないキャラクターたちが、明日はダイヤモンド級の著作物（プロパティ）になるように、です」[16]

『ガーディアンズ・オブ・ギャラクシー』の際にとられたリスクの少ない公開戦略からもジェームズ・ガンは学んでいた。地球上で活躍するアベンジャーズから遠く離れたところでガーディアンズをデビューさせたことで、仮に興行が失敗してもマーベルはシリーズに傷をつけずにガーディアンズを捨てることができた。ガンとサフロンは、たとえばマット・リーヴス監督の『THE BATMAN－ザ・バットマン－』（2022）の続編や、トッド・フィリップス監督の『ジョーカー』（2019）といった物語を「DCエルスワールズ」というブランドにまとめた。これはDCコミックスの中でもDC正史の外のどこかで起きている物語を扱う出版ブランドの名前を借りたものだった。

ジョス・ウェドンと較べると、ガンはうまくマーベルからDCに飛び移った。ウェドンは、ザック・スナイダー監督が娘を亡くしたことが原因で降板し、問題だらけだった『ジャスティス・リーグ』を引き継いだ。脚本を書き直し追加撮影を監督したが、小洒落て皮肉の効いたウェドンの映像はスナイダーの暗く深刻で大仰なトーンと噛み合わなかった。ウェドンの仕事は皆の怒りを買った。映画に主演したガル・ガドットやレイ・フィッシャーはウェドンの現場での振舞いが虐待的だと批判した。スナイダーのファンたちは執拗に怒りを表明し、スナイダー本人も怒った。どう説得したのかはわからないがスナイダーはワーナーに7000万ドルを出させて映画を再編集し、4年後にディレクターズカット版〔『ジャスティス・リーグ：ザック・スナイダーカット』〕をストリーミング配信した。

ジェームズ・ガン監督降板事件でケヴィン・ファイギは自らの無力さを感じたかもしれないが、やがてマーベル内でそれを補って余りある権力を与えられた。『エンドゲーム』の大勝利から日も浅い2019年10月、ファイギはマーベル・スタジオの社長からマーベル・エンタテインメントのチーフ・クリエイティヴ・オフィサーに昇格されテレビ部門から出版部門にいたるまで、マーベルの全部門の上に立つことになった。この人事によって、ファイギに命令できるのはディズニーだけになった。

これでファイギは、マーベルが紡ぎ出すあらゆる物語の主任設計士という座を手にしたことになる。ばらばらだったマーベル映画とテレビをまとめて1つの大きな物語にすることもできる。ファイギにはすべてのマーベル・キャラクターを利用する権利も与えられたが、同時にそれは、彼の責任がおよぶ範囲が1年に数本の映画製作からスーパーヒーローの世界全体へと拡大したことを意味した。さらにディズニーは、ファイギがプロデューサーとしてのスーパーパワーを行使してルーカスフィルムの新企画を開発し同社のテコ入れを図ると発表した。つまりファイギは、子どもの頃一番最初に彼を「虜にした」[17]世界、つまりスター・ウォーズの世界で遊ぶことを許されたのだ。

＊　＊　＊

映画界を制したケヴィン・ファイギだが、ディズニーがストリーミング事業に参戦しようというこの時期は、1人でも多く内部に味方が欲しいという状況だった。しかし、ファイギはまさに最悪のタイミングで、ディズニーという組織の中で最も頼りにできる強い味方を失うことになった。2020年2月25日、ボブ・アイガーはウォルト・ディズニー・カンパニーの最高経営責任者の任から降りることを発表した。2019年11月にディズニープラスが問題なく配信を開始したことを見届けたために予定より遅れての降板だった。赤字を出しながらユーザー層を厚くしていく計画で始まったディズニープラスは、事業開始から5年以内に6000万から9000万のサブスクリプションを確保する目標だった。ディズニーは、他の配信プラットフォームにライセンス契約で配信権を許していた著作物からの短期的収益を犠牲にすることもいとわなかった。ディズニープラスが配信を開始する前に、ディズニーはMCU映画をネットフリックスから引き上げ、『デアデビル』などのストリートで戦うマーベル・ヒーローたちが活躍するネットフリックス番組を終了させた。

ディズニー・パークス・エクスペリエンス・プロダクツの会長ボブ・チャペックは、アイガーの後を引き継いでディズニーの最高経営責任者に昇格した。チャペックは長い間分析的な職務をこなしながら出世の階段を登ってきた。50年におよぶキャリアの中でアイガーは、才能を育むような関係性を大切にし、創造性を重視し、IP帝国を築き上げてきた。その人柄も功績も広く業界内の尊敬を集めてきた一方で、後継者選びに優柔不断だったと批判も受けていた。チャペックの起用に眉をひそめる者は業界内にも多数存在した。チャペックの肩を持つ者が少ないディズニー内部には、より懐疑的な者が多かった。アイガーの後継者たるべき先見の明と洞察力を持った人が他にいるのでは？　ディズニー内部では誰もがそう考えていた。

まさに同じ日に、アメリカ疾病対策センターのナンシー・メソニエ局長が、新型コロナウイルスには世界的大流行の3つの条件のうち、人から人への持続的な感染伝播、そして死にいたる病状という2つが当てはまると指摘した。3つ目の条件は「世界的感染伝播[18]」だった。その3週間後、WHOは新型コロナウイルスの流行は世界的、つまりパンデミックであると発表した。3月15日、カリフォルニア州のディズニーランド、フロリダ州のディズニーワールド、パリのディズニーランドが休園となった。上海、香港、東京のディズニー・パーク施設はすでに休園となっていた。同3月、営業している映画館があまりに少なかったので、アメリカのメジャースタジオは興行収入の報告を停止した。

2020年3月、マーベル・スタジオのオフィス機能も制作現場も閉鎖された。3月12日には『シャンチー／テン・リングスの伝説』の撮影が中断された。キャストとスタッフに対する撮影休止の通告には、次のようなメッセージが添えられていた。

ご存知の方も多いと思いますが、監督のデスティン（ダニエル・クレットン）には、生まれて間もない赤ちゃんがいます。現在の状況を考慮して通常以上に慎重を期すために、本日デスティンは新型コロナウイルスの検査を受けに行きました。そして今は医師の助言に従って自己隔離状態です。検査の結果は今週出ますが、監督が結果を待つ間、用心に用心を重ねて撮影第1班による撮影を休止します。第2班と別班は作業続行です……。この前代未聞の事態に試行錯誤しながら対処しようとしていますが、皆さんのご理解とご協力を感謝します。[19]

その翌日、ウォルト・ディズニー・カンパニーは『シャンチー』を含むほとんどの映画撮影を中断した（クレットン監督の検査結果は陰性だった）。

フェーズ4の口火を『ガーディアンズ・オブ・ギャラクシー：VOLUME 3』で切るというマーベルの予定が同作の製作開始の遅れでご破算になったので、繰り上げられた『ブラック・ウィドウ』がフェーズ4の第1弾映画として予定された。ようやく製作が決まった『ブラック・ウィドウ』だが、スカーレット・ヨハンソン演じるキャラクターは『アベンジャーズ／エンドゲーム』でソウル・ストーンのために犠牲になって死んでしまったため、単独主演映画はそれより前の時代を舞台にする必要があった。そのような理由によりこの映画はある意味時代劇として『シビル・ウォー／キャプテン・アメリカ』の直後の物語になった。サノスの指パッチンの地政学的余波を気にしなくていいというのは、嬉しいオマケだった。

しかし2020年5月1日の公開を目指して制作に入っていた『ブラック・ウィドウ』がスケジュールに間に合う見込みはなかった。コロナ禍が猛威を振るう中、ディズニーもマーベルも、映画館にそれなりの観客が訪れて、相応の興行収入が見込めるのはいつになるか予測を立てながら、映画の公開日程をやり繰りし続ける羽目になった。両者はそれぞれの公開予定をまず1コマずつ遅らせた。『ブラック・ウィドウ』の公開予定は2020年の11月になり、11月に公開が予定されていた『エターナルズ』は2021年5月に、さらに3作目のスパイダーマン、そしてドクター・ストレンジの続編へと遅れは波及していった。終わる気配のないコロナ禍を前に楽観的な公開予定は用無しとなり、マーベルはさらにすべての映画の予定を1コマずつ遅らせた。『ブラック・ウィドウ』の公開予定は2021年5月になった。ファイギが目論見どおりMCUをより多様で創作的に挑戦し甲斐のあるものに高めようとし始めたまさにそのとき、マーベル・スタジオが製作した映画が1年間に1本も公開されなかったのだ。そんなことは2009年以来初めてだった。2020年に最も目立ったマーベルのコンテンツは、「フォートナイト」というゲームに登場するマーベル・キャラクターだけだった。

新型コロナウイルスのせいで映画産業どころかパークやクルーズといったディズニーにとって収益のより大きい部門がダメージを受けるのを見て、投資家は動揺した。彼らの抱いた不安を和らげようと、2020年12月にディズニー・インベスター・デイという投資家向けのイベントが開かれた。このイベントは生配信され、ボブ・チャペックが司会進行を担当することになった。それまでも四半期毎に、不安げな投資家と興味本位のジャーナリスト相手にボブ・アイガーが自らの夢を語り損益を報告していたが、このイベントはそうした決算説明会と、コミコンやD23といったファン向けの楽しいイベントの中間的なものだった。

ディズニー・インベスター・デーは、ボブ・チャペックがディズニー新時代を告げる鮮烈なデビューの舞台になると謳われたが、結果として当の投資家たちにもファンにも不満を残した。場慣れしてない面持ちのディズニーの背広組が、続けざまに現れビジネス用語を繰り出しては退場した。「市場への浸透を拡大する計画です」[20]と、ディズニーの最高財務責任者クリスティン・マッカーシーが、配信市場の首根っこを完全に抑えているネットフリックスに対抗する計画に言及した。それが終わるとケヴィン・ファイギやキャスリーン・ケネディといったフアンにも馴染みのある顔がスクリーン上に現れた。そして、ディズニープラスで展開されることになる目眩がするほど多数の新番組プロジェクトが発表された。ファイギもケネディも、まったく準備万端ではないプロジェクトの発表を余儀なくされたわけだが、そのうちの何本かは開発中に中断され（パティ・ジェンキンスの映画『ローグ・スクワドロン』やテレビシリーズ『レンジャーズ・オブ・ザ・ニュー・リパブリック』）あるいは企画そのものが徹底的に見直しを迫られるか、制作が遅れることになった（テレビシリーズ『アーマー・ウォーズ』や映画『ファンタスティック・フォー』）。

このイベントはマーベルに混乱を引き起こした。プレゼンで約束された作品群を視聴者に届けるのは並大抵のことではなかった。加えてインフィニティ・サーガの結末によって非常にややこしいものとなった物語の整合性とも格闘する羽目になっていた。

いわゆるブリップ、つまりサノスが指をパッチンして世界人口の半数が存在しなかった5年間は、MCUの歴史を変えてしまうような大事件だった。「ニューヨークの戦いみたいな扱いを受けるようになってしまって、ちょっとうんざりしていました。『アベンジャーズ』の3幕目のことですが、皆があれを1つのイベント的なものとして話すようになってしまって」[21]とファイギは言う。MCUの出演者たちを一時的に半分消してしまうことの劇的な面白さは、ファイギも理解していた。しかし同時に、時間が経って人口半減という事件が当たり前になることで、観客の悲しみも一過性のものになってしまうのではと心配していた。しかしコロナ禍が長引く中ファイギもマーベルも、ブリップが時代の気分を的確に捉えていたことを再認識した。「現在地球上のすべての人びとが経験していることは、MCUの世界に生きている人びとの体験にとても近いものですね」

ハリウッドの映画スタジオは、新型コロナウイルスの検査やマスク着用手順を決めて撮影再開に備えた。マーベル・スタジオも例外ではなかった。撮影現場はコロナウイルス感染予防対策担当者で溢れ、ウイルスとの接触を最低限にするために「ゾーン」別に分けられた。このようにして、カメラがまわっているときに俳優はマスクを外せるようにした。いつ映画館に客が戻るかという判断は、どのスタジオにとっても極めて苦しいものだった。億単位の予算をかけた映画を喜んでお蔵入りにするスタジオはないが、誰も外出したがらないような環境に映画を捨てる気もなかった。映画館の興行を盛り上げようとクリストファー・ノーラン監督は、『テネット』を2020年9月に公開するようにワーナー・ブラザースに働きかけた。彼の崇高な意志は尊重できるとしても興行の結果は複雑なものとなり、推進派も慎重派もそれぞれの考えを強くしただけだった。

続いてワーナー・ブラザースは、2021年に公開が予定されていた映画すべてを、劇場とHBOマックスの両方で同時に公開すると発表した。自作を大スクリーンで体験できないことに反発を覚えてか、あるいは興行収入から受け取ることになっていた歩合が配信の視聴数では発生しないことに抗議してか、声を荒らげる監督もいた。

ワーナーはこの公開形態をとる最初の映画として『ワンダーウーマン 1984』を選び、2020年の12月に劇場とHBOマックスで同時公開した。劇場公開によって支払われることになっていたボーナスの埋め合わせとして、パティ・ジェンキンス監督と主演のガル・ガドットにはそれぞれ1000万ドルが支払われた。自社製作の映画を配信で公開することで予想される不満を抑えるために、ワーナーは総額2億ドルをスターや監督に支払ったと報道された。

ワーナーはハイブリッド同時公開という手段をとったが、ディズニーは独自の方式で公開に踏み切った。ピクサーの『ソウルフル・ワールド』（2020）と実写版『ムーラン』（2020）を含む映画を、30ドル余計に払えばディズニープラスで自宅で視聴できるというプランを導入したのだ（そのために新たに「プレミアアクセス」枠が設けられた〔プレミアアクセスは『ソウルフル・ワールド』の配信には適用されていない〕）。クリエイティヴな判断より損益を気にするという評判どおり、ボブ・チャペックはこれを難局を乗り切る優雅な方策と考えた。そしてあわよくばディズニープラスのサブスクリプション増加と新たな収益の流れにつながると期待した。劇場の大スクリーン体験だけが持つ輝きを求めて、そして出演者たちに疎外感を感じさせることを恐れたファイギは、『ブラック・ウィドウ』がこのようなハイブリッド方式で公開されることに反対した。

しかし、チャペックはファイギの意見を無視し、スカーレット・ヨハンソンに連絡すら入れずに『ブラック・ウィドウ』を2021年7月9日にハイブリッド方式で公開した。『アイアンマン2』での初登場以来12年間マーベル単独主演映画を待ち続けたスカーレット・ヨハンソンは、ストリーミング戦争の巻き添え被害者になってしまったのだ。ディズニーは、公開1週目のプレミアアクセスの収益が6000万ドルだったと高らかに伝え、投資家たちを喜ばせる一方でヨハンソンの怒りを買った。ヨハンソン側は、劇場公開の努力を怠ったとディズニーを告訴し、5000万ドルの損害賠償を請求した。「市場が元に戻るまでたった数か月待つかわりに、わざわざ劇場興行市場が「脆弱」な状態にあるときにそうと知りながら本作品を公開して何千万ドルも捨てるようなことを、ディズニーがする理由があるとすれば何でしょうか[22]」とヨハンソンの弁護士は問うた。「伝聞によると、ディズニーは自社のサブスクリプション業務を促進するという目的もあって、あえて本作品とヨハンソンさんを利用する判断をしたといいます」。告訴状によると、新たな合意を得るためにヨハンソンの代理人がディズニーに接触したが、無視されたという。

ファイギはディズニーに連絡を取り、ヨハンソンの件を「ちゃんとする[23]」ように促した。アイガー政権であればファイギの申し入れは首尾よく対応されたはずだが、チャペック時代のディズニーはまったく逆のことをした。ヨハンソンはすでにディズニーから2000万ドル受け取っていると暴露して、個人の問題として（欲深いという含みとともに）ヨハンソンに矛先を向けたのだ。「新型コロナウイルスの世界的な大流行という終わる兆しの見えないこの恐ろしい状況を無視するかのように裁判が起こされたことに、大変心を痛めています[24]」。社内の摩擦は公にはしないというアイガーの厳格な方針に慣れている面々にとって、このような中傷はチャペック率いるディズニーの先行きを予見させるものだった。それは、チャペックがアイガーが望んだ後継者の器ではないことの兆しとも受け取られた。

広報合戦に敗れたディズニーは、2か月後に示談に応じた。ディズニーもヨハンソン側も、それぞれ互いを懐柔するような声明を発表し、もうすぐ「タワー・オブ・テラー」〔ディズニーランドのアトラクション〕の映画化企画で一緒に仕事をすると約束した。広報的に見ると、一番割を食ったのはケヴィン・ファイギだった。ジェームズ・ガンの降板および再登用の判断はファイギ抜きで下され、そこに『ブラック・ウィドウ』をめぐる騒動の顛末だ。実質的に映画とテレビ両方を含むＭＣＵを自らのコントロール下に置くファイギだが、その権限はディズニーの新しいボスの一存で覆されてしまうという印象を、世間一般に持たれてしまったのだ。

CHAPTER 27 | DEPARTMENT OF YES
なんでもできます課

制約が受け入れられないなら、我々も悪い奴らと同じじゃないか。
If we can't accept limitations, then we're no better than the bad guys.
——シビル・ウォー／キャプテン・アメリカ（２０１６）

２００７年、ジョン・ファヴローとケヴィン・ファイギが『アイアンマン』のラストを飾る戦闘場面を作り直そうと必死になっているとき、マーベル・スタジオの基本３原則が期せずして生み出されてしまった。どんなに時間をかけて準備したものでも、そしてたとえ公開日が迫っていても、より優れたアイデアが出てきたら捨ててよい、というのが其の１。特殊視覚効果はキャラクターを反映したときに最も有効なのであって、スペクタルの道具ではない、というのが其の２。締め切り間際で発生した深刻な問題を解決する最適解はＣＧＩである、というのが其の３。マーベル・シネマティック・ユニバースが急速に成長を続けるにつれてその貢献度が増していく各ＶＦＸ工房に対する負担は、とくにマーベル作品が特殊効果満載の宇宙に飛び出した今、この３原則のせいでさらに増え続けていた（各工房を管理するヴィクトリア・アロンソに対するプレッシャーも同様だった）。

ＩＬＭと共同でマーベル５作品（加えてメソッド・スタジオと共同で２作品）に関わった特殊視覚効果プロデュー

サーのマーク・チュウが言う。「マーベル映画の仕事が公開2週間前に終わっていたら、いい仕事したって思います。でもまあ、結構なストレスですね」[1]

ファイギのキャリアが始まった頃、つまり一連の「X－MEN」映画に下級（ジュニア）プロデューサーとして参加した頃、コンピュータ・グラフィックスは特別なとっておきの瞬間だけに使われた。振り返ってファイギは、それが実は有利に働いたと考える。「予算は比較的限られていたので、今なら普通にやることも当時はできませんでしたから」[2]とファイギは言う。「キャラクターから引き出せるだけ引き出すんです。マーベル・コミックスに登場するキャラクターが元々とても深く掘り下げられているお陰で、僕たちはある意味贅沢なほどキャラクターを掘り下げられるんです」

『アイアンマン』から15年経ち、マーベルも他のスタジオも、より一層CGIに依存するようになっていた。『アイアンマン』では約900だった特殊視覚効果を使ったショット数は『アベンジャーズ／エンドゲーム』ではその3倍になった。『エンドゲーム』の編集中に、同作の特殊視覚効果監修のダン・デリーウは、毎週末自分のチームを率いて出社し、その時々に必要と判断される特殊視覚効果を確認した。そして特殊効果なしというショットがあると皆で喜んだ。「歓声を上げて喜びました、だいたい80回くらい」とデリーウは言う。「80ですよ……特撮ショットは全部で2623ありました」[3]

テントポールのアクション大作映画の特殊視覚効果といえば、かつては2、3の（場合によっては1つの）特撮工房によってすべて提供されていた。21世紀に入ってCGIの比重があまりに増えたので、プロデューサーは映画を1本作るたびに10を超える工房を雇わなければならなくなった。『アイアンマン』以降マーベル・スタジオが急速に成長するに伴い、外注の特撮工房も数を増し、同時に統括する立場にいるヴィクトリア・アロンソの責任も重くなっていった。マーベル・スタジオは、ライアン・メイナーディングのヴィジュアル開発部門チームのような、特殊視覚効果が専門ではないデザイナーや職人を躊躇もせずに何十人も雇用して囲っているが、これはハリウッドでは稀なことだ。それでも何百人というコンピュータ・グラフィックスの専門家を常時雇っておくつもりはなく、マーベルといえども特殊視覚効果は外注頼みということになる。

マーベル・スタジオに納品する外注特撮工房の中に、ディズニーの子会社はない。どの工房も独立した企業であり、浮くも沈むも興行収入の3パーセントから5パーセント程度にあたると言われる利益次第だ。しかも絶対に外せない公開日という締め切り間際であっても、まったく新しい特撮シークエンスの納品を要求される可能性があり、その作業で発生する費用でわずかな利益が吹き飛ぶ可能性すらある。ほとんどすべての特撮工房は、破産の危機を一度や二度は味わっているので、多少の荒波には慣れている。たとえば、マーベルが２００８年に公開した『インクレディブル・ハルク』のＣＧＩを制作したリズム＆ヒューズは、２０１２年の『スノーホワイト』と、同社にアカデミー視覚効果賞をもたらしたアン・リー監督の『ライフ・オブ・パイ／トラと漂流した227日』のしわ寄せで倒産してしまった。

『ライフ・オブ・パイ』は少年とベンガルトラの成獣を乗せた1隻の小舟が舞台だった。このトラを完全にデジタル効果で作りあげたのが、リズム＆ヒューズだ。同社はトラを作り出す仕事を定額料金で受けた。それはつまり仕事が始まる前に提示されたある金額ですべての作業を賄うということを意味した。『パイ』の製作が遅れ、さらにリー監督がポストプロダクション中にトラのデザインを変えると主張したときに発生した経費は、リズム＆ヒューズが負担することになった。「20か月の間に度重なる遅れがあり、その間毎月１２０万ドルから１６０万ドルの経費がかかっていたので、追加経費は最終的に２４００万から３０００万ドルに達しました」[4]と、リズム＆ヒューズの創業者ジェームズ・ヒューズは説明している。２０１３年2月に開かれたアカデミー賞授賞式で、リズム＆ヒューズの受賞チームは、自分たちに賞をもたらしたこの映画のせいで倒産の危機に陥っていると訴えたが、『ジョーズ』（１９７４）のテーマによって壇上から追い払われた。そしてリズム＆ヒューズは２０２０年に完全に閉鎖された。

北米の特撮工房には、人件費が安く税制上の優遇条件も良い海外の工房との競争に勝つために、定額料金で入札する習慣がすっかり定着していた。しかし映画監督もスタジオも、締め切り間際の変更や修正は仕事の内と考えるようになってしまった現在、定額入札は維持しようがない。監督の心変わりがあれば、特撮工房が経費も人件費も負担することになるからだ。心変わりの理由がストーリーの辻褄合わせでも、実験精神でも、純粋な気まぐれであってもだ。「何らかのヴィジョンがあって、それに向かって近づきながら進んでいくというのはわかります[5]」とヒューズは続けている。「でもありがちなのは、制作側は彼らのヴィジョンに向かって進み、私たちもそのヴィジョンに合わせて進んでいくと、6か月後に突如制作側が回れ右をしてまったく別の方向に行ってしまうんですよ！」

＊　＊　＊

マーベルから外注を受ける特撮工房の中には、マーベル・スタジオの視覚効果パイプラインの内部で専門性を発揮できるようにして、採算の見込みが外れないようにする工房もあった〔パイプラインというのは、プリプロからポスプロまで、つまり開発、ビデオコンテ、モデリングからテクスチャー、照明、合成まで部門をまたいで素材のやり取りが可能なワークフロー〕。サードフロアはマーベル映画全作のプリビジュアライゼーションを担当するが、プリプロの3DCGI素材を彼らが「テックビズ〔techvis〕」と呼ぶ工程に拡張した。この技術により、ビデオコンテのデータが撮影機材に読み込まれ、プリプロダクションで考案されたカメラ移動を現場で完全に再現することができるのだ。

２００４年に創業したローラ・ヴィジュアル・イフェクツの専門領域は、俳優に「デジタル美容整形」つまり、お腹をちょっと引っ込めたり、筋肉の張りを強調したりすることだった。２００６年の映画『Ｘ－ＭＥＮ：ファイナルディシジョン』（通称『X3』）で、ローラ・ヴィジュアル・イフェクツは誰もやったことのない仕事を依頼された。20年前の回想場面のためにパトリック・スチュワートとイアン・マッケランを20歳若返(ディエイジ)らせるのだ。

　ブレット・ラトナー監督は、若いそっくりさんを使わないと固く決めていた。その代わり、スチュワートとマッケラン本人を80年代の風貌にすることを望んだのだ。『X3』のプロデューサーたちは、特殊メイクやデジタル代役など、さまざまなアイデアを業者に求めた。そしてローラの発案に感銘を受けた。ローラは、普通に撮影してもディエイジできると売り込んだ。彼らの技術を使えば、モーション・トラッキングのための点々や、モーション・キャプチャーのスーツ、MOVAダストも必要ないというのだ。

　ローラは作業の発注を受けたが、この技術がメジャーな劇映画に応用されるのは初めてのことだった。まず行われたのは膨大なリサーチだった。あらゆる角度から撮影された若き日のパトリック・スチュワートとイアン・マッケランの映像を、可能な限り収集してまとめ上げた。2人とも出演作はたっぷりあるので、ローラは十分な参考用映像を確保できた。皺をスムーズに均(なら)し、皮膚の弛(ゆる)みをなくすためには、ローラの技術者たちが「デジタル皮膚移植」と呼ぶ技術が使われた。それぞれの俳優の20年前の外見を基に作られた各部位のデジタル表皮が撮影された顔に「移植」され、演技に合わせて動かされるのだ。移植された皮膚はフレーム単位で形状を変えたり、照明を変えることができるので、デジタル・アーティストたちは元の演技が醸し出す繊細な雰囲気を維持することができた。

　ローラのチームは、ハリウッドの形成外科医を訪ねて、コンピュータを使わずに外科的に男性を若く見せるとしたらどうするか意見を求めた。医師によると外科的処置があまり効果的ではない部分が2か所あり、それは生涯大きくなり続ける鼻と耳だった（軟骨が重力の影響を受けるので）。ローラはスチュワートとマッケランの顔から鼻と耳を取り除き、大きさを10パーセント縮小して顔に戻した。その作業は、さながらミスター・ポテトヘッドだった（この2人の場合はサー・ポテトヘッドと呼ぶのが相応しい）。

２００６年に『Ｘ３』が公開されると、件の回想場面は嘘くさいと観客の酷評を受けた。しかしこれで壁は崩されたのだ。制作陣にそれ相応のお金を払う気さえあれば、俳優は今より若い自分を演じることができる。理想的には、観客は俳優の演技に引き込まれるべきで、背後にいる技術者の存在が透けて見えては本末転倒なのだが、『Ｘ３』の仕事で少なからぬ注目を集めたローラ・ヴィジュアル・イフェクツは、ディエイジが必要ならまず声がかかる特撮工房になった。２００９年の『ウルヴァリン：Ｘ－ＭＥＮ ＺＥＲＯ』で再びパトリック・スチュワートを若返らせたときには、ローラの技術は目に見えて向上していたが、自然に見えるかと言えば今一歩だった。

マーベル・スタジオは、創立間もない頃からローラに頼っている。『アイアンマン』のポストプロダクションが危うく時間切れの危機に陥ったとき以来だ。「最初の『アイアンマン』のときは、何かがうまくいっていない状態で入らされたんですよ」とローラの特殊視覚効果監督トレント・クラウスが言う。「うちにまわされた作業は、すでに他の業者が手を出していたんですが、うまく進んでなかったんです。そこで、もっとうまく、しかも短期間でやれないかとうちが相談を受けたんです。確か2週間もらったと思います。最初の業者は何か月もかけてました。９１１番で呼ばれて救急車で駆けつけるような仕事でした。」

ローラの仕事の品質とスピードに感激したマーベル・スタジオは、『インクレディブル・ハルク』と『アイアンマン2』でもローラを起用した（そのほとんどは、たとえばミッキー・ロークの「ロキ」という刺青の削除など表面的な処理だった）。『キャプテン・アメリカ／ザ・ファースト・アベンジャー』のジョー・ジョンストン監督は、自身も特殊効果畑出身で、ＩＬＭで何年も働いた経験があった。ジョンストンはローラの技術を借りて、超人血清服用前の「がりがり（スキニー）スティーブ」を実現した。筋骨隆々たるクリス・エヴァンスを、体重44キロの虚弱な体つきに見せなければならなかったのだ。「がりがりスティーブが登場した瞬間に観客に受け入れてもらえなかったら、映画は失敗だと皆わかっていました[7]」とファイギが言う。「スーパーソルジャー計画の被検者に選ばれて実験の結果キャプテン・アメリカになる前、スティーブ・ロジャースは第1幕の最後までがりがりのままですから」。超人的な筋力を得る前からスティーブが純粋な心の持ち主だったということをきちんと最初に見せられるなら、何百万ドル使っても無駄ではないとファイギは信じていた。もしがりがりスティーブがそれらしく見えなかったら、そこで観客の信用を失ってしまう。

顔をすげ替えるだけで済む場面もあった。痩身のリアンダー・ディーニーというエヴァンスの替え玉俳優がエヴァンスの演技を再現したものを撮影し、後でエヴァンスの顔をディーニーの体に合成したのだ。それ以外の場面では、体重45キロ以下の男性の写真を参照しながら、ローラが1フレームずつエヴァンスの体軀を縮小した。「彼〔エヴァンス〕の体にシャツがどうフィットするかということについて、考える人はあまりいないですよね。彼は筋肉質で大きな体をしているので、シャツが伸びます。布が伸びているのが見えるのです。そして体のいろんな部位で伸び率が違います。そのままでは痩せているようには見えないのです」[8] とクラウスは言う。シャツが伸びている部分を置き換えて、フレームごとに手作業でアニメートして、シャツがぶかぶかで体にフィットしてないように見せなければならないわけです」

『キャプテン・アメリカ／ウィンター・ソルジャー』でのローラの仕事は、ヘイリー・アトウェルを加齢させ彼女が演じるペギー・カーターを90代の女性に見せることだった。実際にアトウェルが本人が演じることで、ペギー・カーターとスティーブ・ロジャースの再会は偽りのない悲壮感を帯び「ダンスの約束を果たしてないのに、最高の女性を残してどこかに行ってしまえるわけないだろう?」というスティーブの台詞がより心に刺さるものになった。監視用に悪用された巨大なヘリキャリアをキャプテン・アメリカが墜落させながら繰り広げる大規模なクライマックスの戦闘場面の比重と釣り合いを取るために、ペギーとの再会の場面におけるスティーブの人間ドラマの深みはとりわけ重要だった。

『アベンジャーズ／エイジ・オブ・ウルトロン』で、ローラはさらなる難題に挑戦した。ヴィジョンがただの栗色のメイクを施した俳優〔ポール・ベタニー〕ではなく、ちゃんとアンドロイドに見えるようにしなければならなかったのだ。「顔と体だけ使いました」[9]とクラウスは説明する。「顔以外の部分、つまり耳とか首といった部分は、フレームごとに完全に削除しました。そうすると宙に浮いた顔だけが残ります。その顔の周囲に、CGIの頭を取りつけて、サイバーな感じのディテールを顔につけるんです。CGIの頭と役者の顔が融合するように馴染ませます。実写のポールとCGIが大体半々の割合でしたが、なかなか珍しいものでしたね。このような工程で作られたキャラクターは他では見たことがありません」

『アントマン』でマーベル・スタジオは、再びローラに若返り処理を頼んだ。回想場面でマイケル・ダグラスを80年代に彼が主演した『ウォール街』（1987）の頃の風貌にする仕事だった。「30歳若返らせました」[10]とクラウスは説明する。「この規模でディエイジ処理をしたのは初めてでした」。同作監督のペイトン・リードは、マイケル・ダグラスの回想場面を撮影するとき、カメラ位置を変える前に必ず若い役者にダグラスと同じ動きをさせ、それも撮影した。「同じ照明と環境の条件で、若い人の皮膚がどう写るかという比較が常時可能になり、とても助かりました。ほとんど勘に頼らずに作業できました」とクラウスが説明してくれた。

ローラが手がけるMCUの過去回想場面用の俳優若返り処理は、頻度を増していった。『シビル・ウォー／キャプテン・アメリカ』のロバート・ダウニー・ジュニア。『ガーディアンズ・オブ・ギャラクシー：リミックス』のカート・ラッセル。『アントマン&ワスプ』のミシェル・ファイファー。それぞれデジタル技術で若返った。イアン・マッケランやパトリック・スチュワートのときと同様、どの俳優も若い頃の参照用映像はたっぷり存在した。ところがラッセルだけは、髪型とメイクだけで若い自分を演じたいと言い張った。ラッセルによると、視覚効果のアーティストに「まあ、ちょこちょこっといじっておきましたよ」[11]と言われたそうだが、デジタル効果で顔全体が変容されたことを考えると、実に控え目な発言だ。

どの作品の仕事にも満足したマーベル・スタジオは、さらに困難な仕事をローラに与えた。それは『キャプテン・マーベル』のサミュエル・L・ジャクソンを、彼が登場するすべての場面で若返らせるという仕事で、上映時間にして約1時間という量だった。『アントマン』から『キャプテン・マーベル』までの4年の間に技術的な進歩がありはしたが、ローラの素晴らしい仕事の肝はソフトウェアではなく、アーティストたちだとクラウスは言う。「私たちの場合、技術の進歩が一番重要というわけでもないのです。作業で使う道具は、ほとんど何年も前から使っているものですから。ソフトウェアはアップデートしますが、本当に仕事をしているのはアーティストです。毎年進歩しているのは、アーティストたちの技術なんです。作品毎に少しずつ経験を積み技を身につけていきます。よその業者とは違って、うちでディエイジをやるアーティストは8年とか10年とか12年とかうちで仕事を続けていますから、やりながらどんどんうまくなっていますよ」[12]。確かに若返り処理を受けたサミュエル・L・ジャクソンは、どこをとっても誰の目にも納得の出来だった。ただ1か所、ジャクソンがいつもならやってくれないことをカメラの前で披露したとき、そう、走る場面以外は。

モーション・キャプチャー撮影は、たとえばハルクのようなCGIキャラクターの基礎になる技術だが、長いことグリーンバックの前で演技する役者を複数のカメラで写して位置参照のためのドットを記録するという方法をとってきた。ピーター・ジャクソン監督が立ち上げたニュージーランドの特殊視覚効果工房ウェタ・デジタルが、2011年の『猿の惑星：創世記』のために開発した新手法が、それを大きく変えた。

この新手法によって、モーション・キャプチャー用に演技する俳優が、普通の俳優と一緒に屋内外を問わず普通の撮影環境で撮影できるようになったのだ。この手法はほどなくILMにも採用され、『アベンジャーズ』で適用された。マーク・ラファロがハルクを演じるときは灰色のモーション・キャプチャー・スーツを着た。チタウリの戦闘員を演じた俳優たちも同様だった。「最新のスーツには三角形の図形パターンがそこら中についています」とILMの研究開発部門主任エンジニアのケヴィン・ウーリーが説明する。「この新スーツは特許技術で、三角形の角を好むトラッキングシステム〈動く被写体の空間的な位置を追跡する仕掛け〉と併用します。ヘンなスーツを着ている人たちを見かけたら、それは特撮ステージと同じように普通の撮影現場でモーション・キャプチャーができる方法で撮影している人たちです」[13]

ＩＬＭは『アベンジャーズ』から『アベンジャーズ／エンドゲーム』までのハルクをすべて手掛けてきた。作品毎にハルクの外見は少しずつ進歩してきたが、ＩＬＭの仕事の肝は、ただの巨大な緑色のモンスターを造ることではなく、常に別バージョンのマーク・ラファロを造るということだった。マーベル・スタジオはいつも安定した演技を提供してくれるラファロを重宝したが、同時に安定した品質を提供してくれるＩＬＭも重宝していた。ＩＬＭのマーク・チュウによると、特撮工房はいつも同じメンバーでチームを組ませることが多いそうだ。「同じ座組で作品から作品を渡り歩く人たちがいますが、それはお互いをよく理解し合っているからです。その仕事に必要な腕を持った人ならば、私も前に組んだことのあるアニメーターと仕事をしたいですね。一から説明しないで済みますから。こういうのをやろうというアイデアさえあれば、自分でどんどん進められる人が好きです。もっといいアイデアがあればいつでも私に持ちかけてくれればいい。マーベルでクリエイティヴな仕事をしている人たちは、皆そういう感じの人たちですね」[14]

マーベル・スタジオが毎年公開する映画を3本ずつに増やすと、ＣＧＩの使用も増大した。『シビル・ウォー／キャプテン・アメリカ』の空港での戦いには、観客にはほぼ気づかれなかったかもしれないが、芸術的なスキルを要する多彩な技が使われていた。撮影中、ロバート・ダウニー・ジュニアとドン・チードルはトラッキング用の点々が描かれた顔だけ露出するように作られたヘルメットを被って演技した。アーマーは後でＣＧＩで合成されることになる。ファルコンの翼とホークアイの矢はＣＧＩだった。ワンダ・マキシモフがＣＧＩの力を借りて物体を浮遊させ、ビジョンは存在そのものがＣＧＩ造型とポール・ベタニーの顔の合成だった。ブラック・ウィドウとウィンター・ソルジャーの演技がスタント代役によって行われたときは、俳優の顔が後からデジタルで置き換えられた。ブラックパンサーとスパイダーマンの顔はマスクで覆われていたが、顔出しで撮影し後からデジタルで顔の上からマスクが描き込まれた。

「映画を観たときに少しがっかりしたね。スーツの上から〔CGIの〕コスチュームで塗り隠されていたから」[15]と言うのは、チャドウィック・ボーズマン演じるブラックパンサーのアクション代役ギー・ダシルバ＝グリーンだ。「だって、本当に私本人がやったことなのに、やってないみたいに見えてるから。チェイス・シーンもキャプテン・アメリカの盾に三重蹴りを食らわせるのも、全部私が本当に演じてるんですよ」

マーベル・スタジオは、制作中の映画の出演俳優たちを定期的にスキャンして、その身体および顔の精密な寸法を採寸していた。ロバート・ダウニー・ジュニアによると、MCU映画に出演するたびに技術の向上があり、スキャンの頻度も高くなった。「最初の頃は1作品につきスキャン1回。たぶんそれ以上はできなかったからだと思う。今は毎週3回以上で、しかもあっと言う間に終わる」[16]

このスキャンによるデータを使ってマーベルは、気味悪いほど俳優に似た玩具やその他の関連商品を作ることもできた。それから、将来俳優が若々しかった頃の姿形をデジタル素材として作り出したいようなときのために、マーベル・スタジオはデータを保管した（スキャンしたデータを処理して俳優そっくりの動くイメージを映画に登場させる権利をマーベル・スタジオは持っていないが、それはそのときの交渉次第だ）。

ダシルバ＝グリーンによると『シビル・ウォー』のときにはスキャンに2時間ほどかかったそうだ。「SF映画みたいでしたよ。部屋に入ると、カメラがたくさん並んでいるんです」[17]。そこで技術者に「そこに描いてあるXのところに立って。いいよ、そのまま。真直ぐ前を見て。顎を少しだけ引いて。腕をもう少しだけ離して」というような指示を受ける。必要なデータをすべて採取したと判断した技術者は、今度はダシルバ＝グリーンに右に15度回るように指示する。「指示じゃなくて、私を小さめのプレートの上に立たせて、それを向こうの人が回すときもあります。「15度」とか言われてもわからないと思ってるから。こっちは「あの、幾何学はAだったんですけど」という感じですけど」

『インフィニティ・ウォー』と『エンドゲーム』の制作に入る頃には、たとえばマーク・ラファロ演じるブルース・バナーとハルクのハイブリッドであるスマート・ハルクや、ジョシュ・ブローリン演じるサノスなど、10年前には不可能だった完全なデジタル・キャラクターをマーベル・スタジオは映画に出せるようになっていた。潮目を大きく変えたのは、俳優の微妙な表情を拾える機械学習ソフトウェアの登場だった。それには、デジタル・ドメイン社が開発したマスカレード〔Masquerade〕というAIソフトウェアが使われた。まず、お馴染みのトラッキング用の点々が描かれたブローリンの顔面の、低解像度のデータを採取する。さまざまな角度から採取した俳優のデータをAIソフトでくまなく解析し、完全な質感でレンダリングされた素材から最適な画を選びだしていく。サノスが画面上でどう見えるかサノスを演じたブローリンには心配だった。それはマーベル・スタジオの特殊視覚効果監督ダン・デリーウも同様だったが、彼の心配はテスト撮影の日に消えた。「2、3行分の台詞を読んでもらって、ソフトウェアにかけて試してみるという段取りでした」[18]とデリーウが回想する。「ジョシュにとっては、モーション・キャプチャーのスーツもカメラ付きヘルメットも、ルッソ兄弟との仕事も初めてでした」

　ブローリンは、悪役の台詞を悪役らしく大仰に読んだ。デジタルと生身の間に横たわる深い谷を超えるには、そうするしかないだろうと考えたのだ。しかし大声で台詞を読み終わった後ブローリンは、脚本を手に椅子に座ったまま、サノスの感情的起伏を探るためあくまで自分のために独り言のように台詞を試した。「ジョシュがサノスというキャラクターを試していろいろ遊んでいるときにもモーション・キャプチャーは切らずに回していたんです」[19]とデリーウは言う。「最初にテストしたのは演じるキャラクターを模索するジョシュの台詞でした。そのおかげで、とても内省的な演技を記録することができたんです」。このテストの結果は、サノスの外見的なデザインにも影響を与える。「サノスの造型にジョシュの表情を入れれば入れるほど、うまくいくことがわかりました。口を細かく造型するほど……口と言っても並外れて巨大な口ですが、造形を細かくするほどジョシュの演技が繊細に伝わるんです」。テストの結果を観たジョシュ・ブローリンは、声を荒らげず思慮深い演技が可能だという確信を得た。

「私たちの切り札はブローリンですよ」[20]とロバート・ダウニー・ジュニアは言った。「私には、あれはサノスじゃなくてブローリン。ブローリンが自分の分身を恐ろしくしてるわけだから。優しい男でもあり、強力で恐ろしくもある」

ネビュラを演じたカレン・ギレンは、ジョシュ・ブローリンが現場に出られないときにはジョー・ルッソ監督をブローリンの代役としてサノスの場面を撮影した。ジョー・ルッソとの共演も興味深い経験だったが、ギレンはブローリンの演技をたっぷり楽しんだ。「悪役を大袈裟に演じるのは簡単ですが、彼は静かに話すんです。そしてその方がよほど気味悪いわけです。『一体どういう人なの？　どんなに恐ろしいことをする力を持ってるの？』という感じで」[21]

ウィスキーツリー社のジョナサン・ハーブは『インフィニティ・ウォー』には参加していないが〈『マイティ・ソー』や『キャプテン・アメリカ／ザ・ファースト・アベンジャー』には参加〉彼はサノスがマーベル・スタジオの頂点だと考えている。「視覚効果を使って、誰も可能だと思っていなかったことを見せてくれました。特撮業界だけではなくて、映画を観るすべての人が無理だと思っていたことです」[22]とハーブは言う。「ジョシュ・ブローリンが演じるサノスを観て、あのでっかい紫色のヤツが何か言うと、皆感動するわけですよ」

デリーウもこう語っている。「映画を背負うのはサノスだというのは、皆わかってました。アベンジャーズよりも出番が多いですからね。お客さんにはサノスが本物だと信じて、共感してもらわないといけない。その上でサノスが酷いことをして大好きなヒーローたちが映画の最後に消されたとき、やつのことを憎らしいと思うわけです」[23]

＊　＊　＊

『インフィニティ・ウォー』の劇場公開が始まった頃、ディズニープラスで配信されるマーベル・スタジオの番組の開発はすでに始まっていた。視覚効果業界では早くも巨大な存在になっていたマーベルが、年間3本の劇場長編映画に加えて5本の配信シリーズを計画したことで、特殊効果を使ったショット数は恐らく現在の2倍になり、それによって業界を苦しめる悪習がさらに加速することになる。さらにMCUのフェーズ4とフェーズ5のおもな舞台が宇宙になることで、事態のさらなる悪化が予想された。すでに『ドクター・ストレンジ／マルチバース・オブ・マッドネス』や『ソー：ラブ&サンダー』そして『アントマン&ワスプ：クアントマニア』といった映画は、完全なデジタル・キャラクターやデジタルだけで作られた世界に依存し、その傾向は強まるばかりだった。

マーベル・スタジオは作品ごとに1ページにまとめた視覚効果ショットのリストを出し、業者はそれに基づいて入札して、ショットごとに担当する工房が決められていく。ハルクや若返り処理のような大物は、まず業界でも規模の大きな工房、あるいはそのショットに適した実績がある工房が打診される。それでも小さな工房が入札できる仕事はたっぷり残っている。業務日数で入札する企業は、たとえばヒーロー2体と触手つきロボット1体が戦ったり、宇宙のゴミ惑星に1隻の宇宙船が墜落したりするショット1つを作成するのに何人の労働力とどれだけの時間が必要か試算して見積もりを出す。恐らくマーベルは一番見積もりが安い工房を選ぶので、仕事が欲しければどれだけ利ざやを削れるかの勝負になる。入札が終わってしばらくすると、マーベル・スタジオは同程度の見積もりを期待しながら他のプロジェクトの入札を始める。もちろん小さな特殊効果工房のスタッフたちが、自分たちが働く会社が倒産しないように週末返上で長時間働いてくれたことなどお構いなしだ。

ディズニープラス向けのマーベルの配信番組は、劇場長編映画と同じ解像度で作られ、仕事の量も同程度に多い。しかし予算は少ない。『シー・ハルク：ザ・アトーニー』を例にとってみると、基本的に主人公は歩く特殊視覚効果だった（CGIで作られた主役のスーパーヒーローに浴びせられた視聴者からの強烈な反応によって、人びとがCGIに対して抱く強いこだわりが浮き彫りになった。番組が晒された批判にはミソジニー的な含意が感じられると言うシリーズ監督のカット・コイロが、こう続けている。「この番組のCGIが受けた批判は、私たちの文化において女性の体を所有するのが誰なのかという問題につながると思います」[24]）。新型コロナウイルスの世界的流行が猛威を振るいだすと、ほとんどの特撮工房は作業をリモート環境に移行した。その結果、マーベル・スタジオと各特撮工房、そして何百というアーティストたちが素材や編集済み映像をやり取りすることとなり、緊密な作業の連絡調整が必要となった。自宅で作業するヴィジュアル・アーティストたちはそれぞれの仕事を自分が属する特撮工房に送り、送られたデータはそこでマーベル・スタジオの承認用にペタバイト（1テラバイトの約千倍）級のデータを処理できる高速コンピュータでレンダリングされ出力される。自宅勤務は構わないが、プロット上の秘密が漏れないように各人の自宅の安全対策が万全であることがマーベルから求められた。

マーベル・スタジオのアート部門はサードフロアなどのプリビジュアライゼーション専門の工房と連携をとっており、そのお陰で外注業者への発注も効率よく行うことができた。しかしマーベル・スタジオには制作工程も終わりに近づいた頃に変更を多数出す悪癖があり、さすがにそれを効率よく捌くことはできなかった。ヴィクトリア・アロンソはもし自分あるいは自分の下で働くポストプロダクションのスタッフが「これできるかな？」と尋ねられたら、正解は1つしかないと確信している。

「ここは、なんでもできます課（イエス・デパートメント）ですからね」[25]とアロンソは感情を殺して言う。「正解は「はい、できます」です」

改良の余地があるなら決して「いいえ」とは言わないという主義により、マーベル・スタジオが製作する作品の品質は大きく向上した。しかしその結果として発生する作業を押しつけられる外注の特撮工房の負担は膨れあがっていった。

「作業の工程管理表と見ると、もう……果てしないです[26]」と、ある視覚効果アーティストが言う。「やってられないほど仕事量が多いときもあります。仕事はたっぷりあるので、どの特撮工房も、言ってみれば同じ桶から餌を食べ続けます。(マーベル・スタジオには) 働く人が大勢必要で、アーティストたちには仕事が必要。でもこんなことを続けていたら、特撮業界はどこに行きつくのでしょう」。雇用者としてのマーベル・スタジオに対するこのような批判は匿名でも滅多に聞かれないが、このように公に苦境を訴えることで、視覚効果アーティストたちに組合の結成と参加を促しているのだ。マーベル・スタジオはフリーランスのアーティストに依存せずに自社内で多くの仕事を消化しており、厳しい守秘義務を課してもいるが、それでも内部から漏れ聞こえる匿名の不満からは、マーベル方式が持つ脆弱性が見えてくる。

「手っ取り早くやっつけた作業だというのが、見え見えですよね[27]」と、『アントマン&ワスプ：クアントマニア』に関わったあるマーベル・スタジオの視覚効果技術者が、同作がデジタル効果がお粗末だったと批評家にもファンにも叩かれたことを受けて言う。「不完全な何かを隠すためにやったこともあります。元々あるはずだったアクションや視覚効果を見せないような編集もありました。レンダリングする時間が足りなかったんだと思います……。お金や時間を節約するため、または完成させられないことを隠すために、無理に短くされたか変更されてしまったように感じられる場面がいくつも……。あんな評判が出るのは、マーベルの品質的な締め付けが無謀だからだと思います。石から血を搾り出すみたいなものですが、こちらには一滴の血も残ってません」

業界にとってマーベル・スタジオは、確かに規模も大きく、問題になることも多い顧客ではある。しかし特撮工房が直面する業界特有の諸問題や、世界中の何万というデジタル・アーティストたちを苦しめる搾取的労働環境が、すべてマーベル・スタジオのせいというわけではない。では、誰の目にも明らかなこの映画産業内の問題に、どういった対処が考えられるのだろうか。

固定額見積もりによる入札をあらため、特撮工房にも利益分配に参加させるというのも、答えの1つだろう。しかし相手は、何十年もかけて利益を詳らかにしないで済む方法を洗練させてきたハリウッドの会計部門だ。撮影スタジオの商慣行自体のテコ入れなしではそれも難しいだろう。次に考えられるのは、アーティストたちの標準報酬と時間外の割増賃金率を交渉するために、視覚効果アーティストの組合を結成することだ。さらにもう1つの選択肢として、実はマーベル・スタジオがこれを考慮しているという噂もあるのだが、スタジオ内に巨大な視覚効果部門を創設する、または既存の工房を買い取ってアーティストたちを雇い入れるという方法もある。

『シー・ハルク：ザ・アトーニー』の主演俳優タチアナ・マスラニーは、巨大な緑色の自分の分身を作ってくれているデジタル・アーティストたちが決して理想的な環境で働いていないことを知っている。「才能豊かで、しかもとても素早く仕事をしなければならないアーティストの皆さんには、敬意しかありません[28]」と、テレビ批評家協会のプレスツアーで登壇したマスラニーは言った。「労働条件がいつも最適とは限らないということを私たちは常に意識するべきだと思います」

シリーズのクリエイターであるジェシカ・ガオの言葉はもっと直接的だ。「これほどの規模で、しかも主人公がCGIという番組の制作を受ければ、仕事量は膨大になります。圧倒されるほどです。急かされてると感じたり、作業量が手に負えないと感じているアーティストが大勢いるのは、酷い状況です。本日ここにお集まりの皆さんは、労働者と団結して良好な労働条件を要求することに前向きな人たちばかりだと信じてますけど[29]」

マーベルがテレビに参入して数年が過ぎた。速さが肝で映画に較べて予算も少ないテレビ制作の現実と、視覚効果満載の物語が要求する制作体制がうまく噛み合わない事を、マーベル・スタジオは実感した。2022年、テレビ用に制作が始まった『アーマー・ウォーズ』は、おもに視覚効果への懸念から劇場長編映画への方向転換を遂げた。「あのシリーズ向けに優れたアイデアがたくさん出たんですよ。でも正直言って、テレビでやるには大きすぎましたね[30]」とマーベル・スタジオのプロデューサーであるネイト・ムーアが言っている。「うちで作っているディズニープラス用の番組は最高ですし、うちの皆も大好きですが、予算は劇映画並みとはいかないんです。それは別に秘密でもなんでもありませんよ」

世界でも最大規模のヒット映画群、そして話題をさらう複数のテレビ・ドラマを製作すれば、当然それなりの注目を集めてしまうものだが、マーベル・スタジオはデジタル特殊視覚効果工房の不安定な経営などで、業界を覆う諸問題の象徴になってしまった。ヴィクトリア・アロンソはそうした特殊効果業界に迫る危機に対しては沈黙を守ったが、それ以外のことでは弁舌鋭く多弁だった。

2022年4月、ヴィクトリア・アロンソは『エターナルズ』の仕事に対してLGBTQに関するメディア監視組織GLAADから賞を受けた。そのとき彼女は、ディズニーのボブ・チャペックCEOがいわゆる「ゲイと言ってはいけない」法というあだ名で知られるフロリダ州の「教育における親の権利」法案に対して毅然たる態度を取らなかったと批判した（一度は自社のゲイの労働者の側に立ったチャペックだが、フロリダ州知事ロン・デサンティスの批判を受けて慌てて態度を軟化させた。それでも同州の特別税制措置を取り消されてしまったのだが）。これによってアロンソは、公に会社を批判しないというファイギが掲げる大原則の1つを破ってしまった。本件をよく知る人物によると、同年後半にファイギは、マーベル・スタジオでの仕事では物足りないのかとアロンソに問いただしたという。さらに「出る釘にならないように、仕事に専念」[31]するように警告したという。

2023年が始まって間もなく、『アントマン&ワスプ：クアントマニア』の本編から海外公開用にLGBTQプライドのシンボルを消すという作業依頼を、アロンソは拒否した。なんでもできます課に「できません」と言われ、マーベル・スタジオ内に緊張が走った。ルイス・デスポジートはその作業を外注に出してしまうのだが、アロンソは裏切られたと感じた。

そして2023年3月17日、ディズニーが予期せぬ動きを見せた。ヴィクトリア・アロンソを解雇したのだ。解雇の報が漏れたときにディズニーは、アマゾン・スタジオ製作でアカデミー最優秀国際長編映画賞候補になった『アルゼンチン1985〜歴史を変えた裁判〜』（2022）のプロデューサーを務め同作の宣伝活動に参加したアロンソが契約違反を犯したと主張した。基本的にこの主張は間違いではなかった。そしてマーベル・スタジオ側から口を挟んでアロンソを弁護する者はいなかった。1か月後、ディズニーとアロンソは和解に応じた（百万ドル単位の和解金が噂されている）。10年以上に渡ってマーベル・スタジオの成功を導いてきたアロンソ、ファイギ、デスポジートという3人体制は、こうして衆人環視の中で決裂の憂き目をみた。これは明らかに、ヒットするコンテンツをもっと作らなければならないという重圧に、マーベル・スタジオという企業の土台が軋み出した兆しだった。

CHAPTER 28 | K.E.V.I.N.

K.E.V.I.N.

あいつは、仕事仲間なんだよ！
He's a friend from work!

――マイティ・ソー バトルロイヤル（2017）

ケヴィン・ファイギがそのへんにいるティーンエイジャーとは違っていたというさらなる証拠として、本人の言葉を紹介する。「何か映画の続編を観て落胆して、脳内で自分なりの続編を作るというのが僕の趣味でした」[1]

スター・ウォーズのフィギュアを手に自分なりのお話を作るというところは、ファイギもそこらへんの子どもと同じだった。やがて10代になったファイギは、物語を語る衝動そのものに自分の関心を絞っていった。「『ロボコップ2』（1990）を観た後の僕は『どうにかしないと。僕がこれより面白い『ロボコップ3』にしないと』と思い、『スーパーマンⅣ／最強の敵』（1987）の後は『僕がもっと面白い『スーパーマンⅤ』にしなきゃ』と思い、『スタートレックⅤ 新たなる未知へ』（1989）の後は『僕が面白い『スタートレックⅥ』にしなきゃ』と』。ファイギは『どれも僕の考えた続編の方が面白かったけれど、皆に無視されました』[2]と主張する。

この「どうにかしたい」精神は、やがて映画制作に関わるファイギの職業人生を貫く哲学的規範になっていく。

そしてファイギは自らの規範を実行する人だった。彼は多数のキャラクターに埋もれて忘れ去られた者たちに第2の人生を与えながら、見過ごされたIPによって映画帝国を作りあげることに、成人後の人生を費やしてきたのだ。

「マーベルに関してとくに素晴らしいのは、何千ものキャラクターを有しているということです[3]」というのがボブ・アイガーの見立てだ。「事実、私たちがマーベルを買収したときに行ったデューディリジェンス〈企業買収などに際して行われる対象企業の価値やリスクの調査〉でわかったのは、ディズニーはマーベルという企業を買っただけではなく、7000ものキャラクターを買ったということでした」

この「どうにかしたい」精神を、ファイギが初めてMCUの問題解決に適用したのは『シビル・ウォー／キャプテン・アメリカ』のときだった。8年前に『インクレディブル・ハルク』に登場したっきりになっていた、ウィリアム・ハート扮するサディアス・ロス将軍をMCUに復帰させたのだ。「最初にロスを演じたときは、自分が追跡する怪物と同じくらい巨大なエゴを持つ男の役を演じるのがとても楽しかった」とハートは言った。「今度のロスは新しくなったロスですね。とても新しくて前とは違う。すごく気に入っています。その違いを深く理解するのに十分な時間がないのですが、ベストを尽くして演じています。今のところ降ろされていないので、大丈夫なんでしょう[4]」。『インクレディブル・ハルク』は、長いことMCUの中でもとくにどうでもいい作品の1本とされてきた。『アベンジャーズ』にマーク・ラファロがブルース・バナー役で現れて以来、同じ世界を共有しているとすら考えられていなかった。しかしファイギは、後から遡及的にでも『インクレディブル・ハルク』がMCU正史に含まれるようにしようという固い決意を持っていた。そうでなかったとしても、少なくとも使える要素はすべて映画から採掘する気だった。

しかしファイギにとってもっと重要だったのは、マイティ・ソーに活を入れることだった。4本のヒット映画（単独主演作2本+アベンジャーズ2本）に出演したというのにソーは、偉そうな割には筋肉とひたむきなヒロイズム以外に芸がない雷神という、話の本筋に絡めない存在に成り果てていた。2本目の単独主演作品『マイティ・ソー／ダーク・ワールド』は支離滅裂だった。『アベンジャーズ／エイジ・オブ・ウルトロン』ではソーは退屈なインフィニティ・ストーン探しをやらされた。『シビル・ウォー／キャプテン・アメリカ』ではヒーロー勢揃いに呼ばれもしなかった。ソーが抱える問題を、ソーを演じるクリス・ヘムズワースは誰よりも理解していたが、そんな彼を問題の対処に駆り立てたのは関係者以外の人間だった。脚本家・映画監督でコミックスにも詳しいケヴィン・スミスがあるポッドキャストで「マイティ・ソー」シリーズをこき下ろしているのを聞いたヘムズワースは、コアなファンにすら見捨てられている現状にようやく気づいて、ファイギに相談した。

「このままでは死んじゃうよ。手錠をされて身動きが取れないんだ」[5]とヘムズワースは訴えた。そして「作品のトーンをきれいさっぱりやり直さないとダメだ」と続けた。「もっと笑いがとれないとダメだ。もっと予想を裏切れないとダメだ」。ヘムズワースは、ソーのトレードマーク、とくに髪型とハンマーをなかったことにしたいと言い張った。ファイギは、すでに『マイティ・ソー　ラグナロク』とタイトルが決まっていた3作目の単独主演作でヘムズワースの提案を試すと言った（「ラグナロク」という言葉の解釈の1つは「神々の黄昏」。日本では「バトルロイヤル」という題名になった）。MCU作品でかなりの出番があるソーというキャラクターは、すでに観客にお馴染みであるからこそイメージ・チェンジが可能だということにファイギは気づいていた。

「最初にヘムズワースにソーをやってもらったときは」[6]とファイギは説明する。「金髪でハンマーを手にしてマントを着けていました。ソーというキャラクターを形作る部品ですね。その後何度もソーとして映画に現れたクリス・ヘムズワースは、ソーそのものになりました。だから金髪を短く切ってハンマーを捨てさせました。それでも彼はソーですから」。重々しい雰囲気というソーというキャラクターを定義づけるもう1つの部品は、簡単に減らせるものではなかったが、壊すことはできた。

ソーのイメージ・チェンジのお目付け役として、ファイギはタイカ・ワイティティを監督に起用した。傷心と親心と吸血の物語でありつつ奇妙なコメディでもあるという3本の映画『Boy（少年）』（２０１０）、『Hunt for the Wilderpeople（野生の人びとを追え）』（２０１６）、『シェアハウス・ウィズ・ヴァンパイア』によって、ワイティティはニュージーランドではスーパースターの監督だった。『バトルロイヤル』の予算はインディ映画監督としてこれまでワイティティが作った映画が70本撮れるという規模だが、この絶好の機会を前にワイティティは怯むことなく、マーベル・スタジオとの面接では「何を聞かれても「できます」と答えて[7]どうすればできるかは後から考えた。

　ワイティティが仕事を勝ち取ったのは、何といっても既存の映像を編集して本人が作ったマイティ・ソーのデモ映像のお陰だった。ファイギが説明する。「他の映画の映像を編集して「こういうのがやりたい」と見せてくれる映画監督はたまにいます。中には酷いのもあります。大抵はまあ悪くはないという程度です。タイカの映像は素晴らしくて、しかもレッド・ツェッペリンの曲に合わせて編集してありました[8]（荒ぶるノース人の視点で書かれ、「雷神のハンマー」にすら言及するレッド・ツェッペリンの「移民の歌」をソーに使ったのは的確で洞察に富んだ選択だった）」ファイギは続ける。「タイカがやろうとしている事は、すべて最初からあの歌に定義づけられていました。予告編で使い、映画の本編でも使いました。一番最初の打ち合わせのときからずっとあの歌がありました。この映画に対するタイカの直感の中にあったんです。すごいと思いました」

　監督として起用されたワイティティは、ファイギやプロデューサーのブラッド・ウィンダーバウムと一緒に「マイティ・ソー」３作目の脚本をアップデートしてくれる脚本家を探して面接を繰り返した。シリーズの脚本を手掛けてきたクリストファー・ヨストとクレイグ・カイルによる3作目の脚本は、望まれる話のトーンではなかったものの、ついにこの物語に北欧神話の死の国の女神ヘラを登場させた。かつて女性だからという理由だけでクリエイティヴ委員会に拒否されたヴィランだ。ステファニー・フォルサムが面接で提案したのは、ソーを最強ではなくするというアイデアだった。「ソーに自分で思っているほど強くないと思い知らせてやろうよ、と最初から考えてました」[9]とフォルサムは言う。「3人ともそのアイデアが気に入り、タイカと私も最初から気が合いました。私はその場で雇われたんですよ。ファイギは「すごくいいよ。ぜひ一緒に」みたいな感じだったので、私は代理人たちに電話して「今、たぶん『マイティ・ソー バトルロイヤル』の脚本家として雇われたと思う」と言うと、皆に「それはどうかな。ステファニー、そんなことないんじゃないの?」と言われたんです。1時間ほどすると営業課から電話がきて「本当だったよ、その場で雇われてた!」と言われました」

タイカ・ワイティティ、そしてプロデューサーたちと共同で新しい脚本を開発したステファニー・フォルサムだったが、全米脚本家組合の裁定によって最終的に脚本のクレジットを手にしたのは、最終稿に手を入れたエリック・ピアソンだった(全米脚本家組合はしばしば初稿と最終稿の脚本家を支持し、その間で仕事をした人たちは犠牲にする)。「ケヴィンはともかくそっくりやり直したかったんです」[10]とフォルサムは回想する。「タイカが頭のおかしい提案をするとケヴィンは「それもありだな」。私が頭のおかしい提案をしても「それもありだな」。ある種のゲームみたいになりましたね。誰が先に行けるところまでいけるかという競争でした」

本作では、ヘラがムジョルニアを破壊しアスガルドを滅亡させ、さらに辺境の惑星に飛ばされたソーはグラディエイターとして死闘を強要され、ハルクとも一戦交えることになる。対戦相手に気づいたときのソーの台詞「知り合いだよ。あいつは仕事仲間なんだよ!」を考案したのは、脚本家たち(そして監督に即興を奨励された俳優たち)ではなかった。マーベルのモットーは「一番いいアイデアが勝つ」だが、本作中一番のこの台詞を考えたのは、メイク・ア・ウィッシュという団体の厚意で撮影現場で1日を過ごしたポリオを患う子どもだった。

『バトルロイヤル』に登場して死闘の舞台となる惑星サカールは、ライターのグレッグ・パク、アーティストのカルロ・パグラヤンとアーロン・ロプレスティが創造したコミックス「プラネット・ハルク」から借用された。制作陣は冗談でこの映画を「プラネット・ソー」と呼んでいたと、ファイギが言っている。ここにいたってマーベルは、ついにハルクのうまい使い方を理解した。ユニバーサル・スタジオとの権利的なもつれによってハルクの単独主演映画は高くつくのだが、実はハルクが一番活きるのは他のスーパーヒーローと戦うときなのだ。「単独で映画を1本背負うには難しいキャラクターなんですよ」[11]とマーク・ラファロが説明する。「だってね、お客さんが一番望むのはハルクに変身することなのに、それを徹底的に拒否する男を2時間見続けるんですよ」

『マイティ・ソー バトルロイヤル』は世界中で8億5390万ドルを稼ぐ驚きのヒットとなり、クリス・ヘムズワースは見事に道化役を演じきった。興行収入面でも批評面でもそれまでMCUの中で最も弱い構成要素だったこのシリーズは、一躍最強になった。運を逆転させたのはファイギであり、そのために彼は自分自身が数年前に下した判断を逆転させた。「同じトーンをすべての映画に押しつけなくても大丈夫」とラファロが言う。「前作の話をなんとなく念頭に置きつつ、キャラクターを前に進めてやればいいんですよ」[12]

「私は「え、まじなの？　頭がおかしいアイデアがうまくいったわ」という感じでした」[13]とステファニー・フォルサムが言う。「頭のおかしいことがいろいろ起きますが、タイカが感情的な軸を絶対にぶらさなかったからですね」

＊　＊　＊

ファイギによる再生プロジェクトは、その後も続けられた。たとえば、『アベンジャーズ／インフィニティ・ウォー』ではレッドスカルが復活した。コミックスではキャプテン・アメリカの永遠の宿敵であるレッドスカルは『キャプテン・アメリカ／ザ・ファースト・アベンジャー』でテッセラクトの力で消滅して以降は忘れ去られていた。消滅はしたのだが、『インフィニティ・ウォー』ではソウル・ストーンの番人として登場。しかしこれが完全なCGであることにも、ヒューゴ・ウィービングではなくロス・マーカンドの声だったことにも、気づいたものはあまりいなかった。

これは『エンドゲーム』への助走だった。22作品からなる連作の最後にファイギは、MCUの中でとくに観客のお気に入りというわけでもなかった瞬間が、振り返ってみるととても重要に感じられるようにした。ジョス・ウェドンがカットさせまいと戦った『エイジ・オブ・ウルトロン』の農場の場面に登場したホークアイの家族は、指パッチンによって世界が経験した喪失の感情的な重さを感じさせる存在となった。ジェームズ・ダーシーは『エージェント・カーター』で演じた執事エドウィン・ジャーヴィスを再演した。短命で終わった『エージェント・カーター』だが、シリーズを創造したのは『エンドゲーム』の脚本を書いたクリストファー・マーカスとスティーヴン・マクフィーリーだった。「これで私はトリビアの種になりましたね[14]」とジェームズ・ダーシーは言う。「私の役はテレビから映画へ移行を果たした唯一のキャラクターなんです」（後にファイギがマーベル映画とテレビの両方を統括する立場に立ったことで、ダーシーが独占していたテレビから映画進出組にチャーリー・コックスやアンソン・マウントらが加わることになる）。

『エンドゲーム』でファイギが仕掛けた最も驚くべき復活劇は、MCUの中でも恐らく一番印象の弱かった『マイティ・ソー／ダーク・ワールド』の1場面だ。『ダーク・ワールド』にはジェーン・フォスターがリアリティ・ストーン（劇中ではエーテルと呼ばれた）に寄生されるというわかりにくいプロットがあり、演じるナタリー・ポートマンを悩ませていた。『ダーク・ワールド』制作時にマーベル・スタジオのパティ・ジェンキンスに対する扱いが礼を欠いていたと感じたナタリー・ポートマンはMCUを見限っていたので、MCUへの復帰にも乗り気ではなかった。そこで『エンドゲーム』では新たに声の収録をした以外は、ポートマンの場面はすべて『ダーク・ワールド』で使われなかった映像で再構築された。ファイギは、フォスターというキャラクター、プロットの要、そして映像をすべてリサイクルしたのだった。

『ダーク・ワールド』の脚本家の1人であるクリストファー・ヨストは、自分が書いた映画が不評だったことは百も承知だった。「マーベル映画の新作が出るたびに、皆がワースト・マーベル映画のリストを作って『ダーク・

ワールド』はいつも最低か最低から2番目で、こちらとしても「くっそー、いやだな」と思ってました[15]」とヨストは言う。ソーの2作目が良くないのはどうしようもありませんが、ソーにとって大事なことがあの映画の中で起きたんです。どうでもいい映画ではないんです。無視するより讃えた方がいい。意味を与えてやる方がいい。(『エンドゲーム』に)入れてもらってよかったと思うし、そのやり方がまた天才的でしたよね」

2006年、マーベル・スタジオはいまだ1コマの映像さえ撮影していなかったが、ヴィランとしてマンダリンが映画に登場するとファンに公約していた。サンディエゴ・コミコンでジョン・ファヴローがその登場を宣言した15年後、ファイギはついに約束を果たした。『シャン・チー／テン・リングスの伝説』でトニー・レオンがマンダリンを自称するシャン・チーの父親シュー・ウェンウーを演じた。「マンダリン」という人格は過去に(『アイアンマン3』で)ガイ・ピアーズ演じるアルドリッチ・キリアンに盗まれ、不遇な英国人俳優トレヴァー・スラッタリー(ベン・キングズレー)によって演じられていた。スラッタリーは人種的偏見に満ちた類型としてマンダリンを演じたが、それでも黄禍論的な脅威とされた中国人の差別的描写の極北であるフー・マンチューほどではなかった。ちなみにコミックスではフー・マンチューがシャン・チーの父という設定だった(マーベルは現在、フー・マンチューの漫画化権を持っていないため、シャン・チーの父親の本名はゼン・ズーと設定された)。劇中、トニー・レオンは、強力なアジア人の名前を白人に盗用されたとキリアンを茶化すような独白の台詞を与えられたが、マンダリンという元来差別的なキャラクターを観客を不快にしないように映画に使うためには、その本来の姿がそもそも無責任な盗用だったと認めるしかなかったのかもしれない。それは『ドクター・ストレンジ』でティルダ・スウィントンがエンシェント・ワンを演じたときも同様だった。「役者をやって39年になりますが、いつもと違った役をやってみたかったのです[16]」とレオンは言っている。「ヴィランをやってみたかったんです」

それからマーベルは、2008年に『インクレディブル・ハルク』でティム・ロスが演じた鱗に覆われた怪物アボミネーションを、思いがけず『シャン・チー』のために復活させた。あたかもファイギは『インクレディブル・ハルク』のキャストを全員再雇用しようとしているかのようだった。ティム・ブレーク・ネルソンとリヴ・タイラーは2024年公開予定の『キャプテン・アメリカ：ニュー・ワールド・オーダー』〔本書翻訳時点では『ブレイブ・ニュー・ワールド』に改題の上公開は2025年に延期〕でそれぞれ『インクレディブル・ハルク』で演じた役を再演する。〝サンダーボルト〟・ロス将軍役は、故ウィリアム・ハートに変わってハリソン・フォードが演じることになる。

「何年も前のことだけど、元々あの映画には、子どもたちのために出ることにしたんだ」[17]とティム・ロスが語っている。「お父さんがモンスターだなんて、しかもああいうモンスターだなんて、笑ってくれるだろうと思ってね。それから、そういうのはちょっと恥ずかしくもあると思って。親のやることは恥ずかしいもんだから。それで、どちらも作戦どおりうまくいきました。そして何年も経って『シャン・チー』で声の出演をしないかと依頼がきたんです」

アボミネーションはマカオの闇闘技場の場面で少し登場するだけだったが、マーベル・スタジオとしては、もう少しアボミネーションに出演してほしかった。ファイギはティム・ロスに『シー・ハルク：ザ・アトーニー』に少なからぬゲスト出演を期待していたのだ。「訪ねていくとケヴィンがいました。何年か振りですよ」[18]とロスは回想する。「どういうことをしたいか教えてくれました。それが私の中の反骨精神に訴えたんです。たぶん私は自分のキャリアがカオスな方がいいんですよ」

ファイギの「どうにかしたい」精神が試されたのは、2019年11月、ディズニープラスが配信を開始したときだった。新しい配信サービス用の番組を編成するには、コミックス、映画を問わずマーベルの歴史を編み上げているすべての繊維を模索する必要があった。過去にうまくあつかえなかったキャラクターだからといって、忘れたふりをする余裕はなかった。

タイムリーなことに、ディズニーが最近行った企業買収のお陰で、マーベルの陳列棚には新商品が並んでいた。

フォックス・エンターテインメントは配信事業にうまく転換できないと判断したルパート・マードックは、2018年にフォックス（およびフォックスが権利を持っている数々の映画）を売却した。ケーブルテレビ会社のコムキャストと熾烈な入札争いを繰り広げた末に、ディズニーは710億ドルで20世紀フォックスを買収した。ディズニープラスの操業開始を控えて配信コンテンツ拡充が必須だったディズニーにとって、重要な買収だった。フォックスの買収には重要なオマケもついてきた。中でも重要なのは長年フォックスが所有していた「X－MEN」と「ファンタスティック・フォー」の映画化にまつわる諸権利だ。両チームがついにマーベル・スタジオに帰ってくるということは、ファイギが両作をリブートできるということでもあった。

ファイギがローレン・シュラー・ドナーの代理として『X－MEN』の現場についていた頃から現在にいたるまで、フォックスはX－MENのミュータントたちを上手に使って一大帝国を築いていた。13本の映画の中にはヒュー・ジャックマン主演のウルヴァリン単独主演映画3本、キャストを一新した前日譚4本、そしてライアン・レイノルズが超人的な治癒能力と観客に直接話しかける癖を持つ口の悪いミュータント傭兵デッドプールを演じるR指定アクション映画2本も含まれていた。20年の歴史の中でこのミュータント帝国は興亡を経験した。フォックスが製作した最後のX－MEN映画は外伝的な『ニュー・ミュータント』（2020）だったが、買収後に配給されて興行的には振るわなかった。

2019年のコミコンでフェーズ4の開幕を告げたファイギは、『エターナルズ』、『ドクター・ストレンジ／マルチバース・オブ・マッドネス』、タイトル未定の「ファンタスティック・フォー」、タイトル未定の「ブレイド」、そして『ソー：ラブ&サンダー』と、他の作品で手一杯だった。『ラブ&サンダー』ではクリス・ヘムズワースとタイカ・ワイティティが再登板、さらにジェーン・フォスター役で復帰するナタリー・ポートマンが、ソーとしてムジョルニアを振り回して活躍することになる。「ミュータントの相手をしてる時間はありません[19]」とファイギは聴衆に伝えた。

「X－MEN」を数年寝かすことでファンの期待を煽りつつ急激な再起動の違和感を和らげるというのがファイギの目論見だった。その間にもファンたちが「X－MEN」ロスを乗り切れるような企画が、ファンたちの希望とは少し違った形で用意されることになっていた。ヒュー・ジャックマン主演のウルヴァリン3部作は、2017年に公開されたシリーズの挽歌『LOGAN／ローガン』で幕を閉じた。『LOGAN／ローガン』の実態はスーパーヒーロー映画の皮を被ったジョン・フォードの西部劇だった。しかし『デッドプール3』でウルヴァリンをもう一度演じてほしいというライアン・レイノルズの誘いにジャックマンは乗った（お陰でケヴィン・ファイギは今一度ヒュー・ジャックマンの髪の毛で遊ぶことができた）。さらに「X－MEN」のアニメーション・シリーズがディズニープラスで始まり、1992年から1997年にフォックスが人気放課後番組として放映していた『X－MEN』のその後の物語が語られることになった（後に『X－MEN '97』というタイトルに決まった）。90年代版の声の出演者のほとんどが復帰を決め、90年代版のエグゼクティヴ・プロデューサーだったエリック・リワルドも監修者として復帰し、その後の戦いが描かれる。リワルドによると、90年代版のテーマ曲が肝だということをファイギは理解していた。「テーマ曲の権利を持っているのが外部の人間で、交渉する羽目になったようです。あの曲なしで新シリーズはありえませんが、そのことは権利を持っている人も承知だったので、結構高くついたと思いますよ[20]」

『ドクター・ストレンジ／マルチバース・オブ・マッドネス』で、実写版『X－MEN』と同じくパトリック・スチュワートが演じるチャールズ・エグゼビア教授が登場したとき、このテーマ曲の旋律が流れた。教授は90年代版アニメシリーズと同じ黄色いホバーチェアに座っていた。ヒュー・ジャックマンと同様、2017年をもってプロフェッサーX役は終了と考えていたパトリック・スチュワートも、その考えを変えたのだ。「果たして心変わりが賢明だったかどうか、しばらくは少し悩みました[21]」とスチュワートは言う。「『LOGAN／ローガン』は力強い幕引きの映画でしたし、私のキャラクターがヒュー・ジャックマンの腕に抱かれて死ぬのをお客さんも見てますからね」

スチュワートが演じたのは、マーベル・キャラクターが結成した秘密結社イルミナティのメンバーとしての並行宇宙バージョンのプロフェッサーXだった。ヘイリー・アトウェルはキャプテン・ペギー・カーター、ラシャーナ・リンチとイウェテル・イジョフォーがそれぞれこの世界のキャプテン・マーベルとモルド（『ドクター・ストレンジ』1作目に登場）を演じていた。さらにはファンたちが望み続けたキャスティングが実現してジョン・クラシンスキーが演じたのはリード・リチャーズ、またの名をミスター・ファンタスティック、すなわちファンタスティック・フォーの伸縮自在のリーダーだった。この世界のミスター・ファンタスティックは、他のイルミナティのメンバーたちと同様、ワンダ・マキシモフと遭遇して命を落とす。それでもきちんと「マーベル最初の家族」の一員としてMCU初登場の大任を果たす。イルミナティの中で恐らく一番予想外だったのはアンソン・マウント演じるブラックボルトだった。マウントはABC局で放映された『インヒューマンズ』で同じ役を演じたが、『インヒューマンズ』はMCUの中でも最も非難を浴びた番組だった。マウントには台詞が一言もなかった。その声が破壊的な威力を持つブラックボルトは喋らないのだ。しかし、テレビシリーズでは不適当とされたコミックスと同じ伝統的なデザインのコスチュームを着て登場した。

あのインヒューマンズですらリハビリを受ける資格があるのなら、MCUの歴史に現れた者は全員ファイギに呼び出される可能性があった。ただしMCUで最初にブルース・バナーを演じたエドワード・ノートンと、ジョス・ウェドンを除いて。ウェドンがショーランナーだった『エージェント・オブ・シールド』の登場人物も煉獄を彷徨（さまよ）ったままだ。

MCUの映画にお呼びがかかったことにアンソン・マウントは驚いていた。彼の出番が撮影されたときには他の俳優がほとんどいなかったとマウントは教えてくれた。「とても興味深い撮影でしたね[22]」とマウントが続ける。「忙しい役者が何人かいるのだろうと想像はしてました。パトリック〔スチュワート〕はいませんでした。クラシンスキーは契約すらまだでしたから、もちろん不在です。後で入れ替えるか顔だけすげ替えることが前提で、不在の俳優の代役が演技をしていました。こんな撮影は初めてでしたが、編集で信じられないほど見事に違和感なくつながっていました」

「観客はそのキャラクターが何の話をしているか完全に知っていて、台詞に反応していました[23]」と、プレミア上映直後にパトリック・スチュワートが言った。「俳優が何か一言ぼそっと言うだけで、観客が笑うんです。皆文脈を理解していて、その表現がどこからきているか知っているのです。観客が映画という体験の一部に成りきっているのを見るのは、とても楽しいものでした」

「ケヴィンがジョンを配役したのは面白かったですね。ファンたちはいつも究極のリード・リチャーズ俳優は誰になるか夢に見てましたから」[24]と本作の監督サム・ライミがジョン・クラシンスキーについて言った。「この映画の場合は並行宇宙なので、恐らくケヴィンは「皆の夢を叶えてやろう」と言ったんだと思いますよ」。ディズニープラスに要求されるものがぼんやりとその全体像を結ぶにつれ、ケヴィン・ファイギが並行宇宙で過ごす日々が増えていった。ファイギの片足はすでに人びとが観たことのある映画の世界に、もう1本の足は彼自身がいつも思い描いているより良いバージョンの世界に置かれているのだった。

CHAPTER 29 | THE CLONE SAGA
クローン・サーガ

共同作業のやり方がわからない。
I don't know how to work as a team.
──スパイダーマン:ノー・ウェイ・ホーム(2021)

マーベル・スタジオは、ダン・ハーモンが作っているテレビ・ドラマから人材を引き抜き続けていた。ケヴィン・ファイギが『コミ・カレ!!』と『リック・アンド・モーティ』のファンだからというのもあるが、SFとペーソスとやぼったいコメディを混合する名手であるダン・ハーモンの下で働くことが、すなわちMCUで働くためのいい修行になっているからかもしれない。ハーモンの元を離れてマーベルに行った人材の中でも有名なのはジョーとアンソニーのルッソ兄弟だが、彼ら以外にもジェシカ・ガオやジェフ・ラブネスといった人材がマーベル・スタジオに引き抜かれており、さらにはダン・ハーモン本人も『ドクター・ストレンジ』のリライトを、クレジットなしで引き受けている(加えて、ジム・ラッシュ、イベット・ニコール・ブラウン、そしてドナルド・グローヴァーといった『コミ・カレ!!』の役者たちによる友情客演もある)。そうして自分のところで働く人たちに対してマーベル・スタジオが寄せる絶え間ない関心をとおして、ダン・ハーモンはマーベルの流儀をすっかり理解するようになった。

ハーモンによると「マーベルにはチームワークという強力な文化があるので、たとえば「スパイダーマン」の続編について会議をしているときに廊下に居合わせた清掃の人が「スパイダーマンのいいところというのはね……」と口を挟めば、全員ちゃんと耳を貸すんです。そういうやり方に馴染めれば、つまり強烈なエゴを持ちつつもマーベルが望む形にそのエゴを曲げる柔軟性さえあれば、重宝されるし、我が家のように感じられるでしょう。マーベルには、参加する者それぞれが皆のために、そしてMCUシリーズのために働くようにという強烈な要求があります。それがリーダーであるケヴィン・ファイギがチームを率いるスタイルなんです。自ら「マーベルのためになるなら、スパイダーマンでソニーと協力する羽目になっても構わないよ」と手本を示したんです」

12年間で23本の映画のプロデューサーを務め、1つ残らずヒットさせたファイギは、インフィニティ・サーガが終わる頃までには、このマーベルの流儀のお陰で最も成功を収めた映画プロデューサーの1人に数えられていた。2019年に最も高い興行収入を上げた5本の映画の内の3本は、ファイギがプロデュースした『キャプテン・マーベル』、『アベンジャーズ／エンドゲーム』そして『スパイダーマン：ファー・フロム・ホーム』だった。ソニーとマーベルが結んだ契約に従って、『ファー・フロム・ホーム』のチケット売り上げはソニーが取る一方で、マーベルはスパイダーマン関連商品の売り上げで間接的に潤った。ソニーとマーベルが作った3本のスパイダーマン映画は、2022年までに80億ドルを超える利益を発生させたという金融アナリストたちの分析があるほどだ。

トム・ホランド主演の「スパイダーマン」シリーズは、マーベルとソニーの協力関係がなければ成立しない。そしてそれはちょっとしたことで簡単に崩れてしまうような脆い協力関係だということを、シリーズに関わった者は全員理解していた。ピーター・パーカーをMCUに登場させたことで、そうしなければ語りえなかった物語の可能性が開けたと強調するエイミー・パスカルは正しい。「うち〔ソニー〕だけで何をどうやっても、同じことは絶対にできませんでした」とパスカルは言う。「関わった企業がどれも利他的で、しかも賢い決断をしたと思います」[2]

ソニーは、MCUの外でもスパイダーマン関係の著作物をうまく使っていた。『ヴェノム』が世界中で8億5600万ドルの興行収入を上げ『スパイダーマン：スパイダーバース』がアカデミー賞最優秀アニメーション賞を獲ると、ソニーはすぐに2本の続編製作を指示し、さらにジャレッド・レト主演で『モービウス』というスパイダーマンのヴィランを主役にした映画の製作も承認した。さらにソニーは、クレイヴン・ザ・ハンターというこれもまたスパイダーマンのヴィランを主役にした映画の開発を進め、ドリュー・ゴダードが脚本を書いたシニスター・シックスの企画も復活させた。ソニーもマーベルも当然のように、それぞれ自分が相手の手を取ってうまくスパイダーマンの世界を導いていると信じていた。

しかしディズニーはもっとスパイダーマンで儲けたかった。2018年に『スパイダーマン：ファー・フロム・ホーム』の製作が始まったとき、ディズニーはソニーのために映画を作ってあげる替わりに共同製作、つまり製作費を折半するから利益も折半しようと持ちかけた。ソニー・スタジオの幹部たちトム・ロスマンとトニー・ヴィンシクエラは、そのような申し入れには興味を示さなかった。製作費に困ってはおらず、ハリウッドという水商売の中でも確実に出せるこの映画の利益を手放す気もなかった。ソニーも逆にいくつかの申し入れをしたが、ディズニーはあっさり拒否した（その中には、ソニーが権利を所有するスパイダーマン関連のキャラクターの映画を、ケヴィン・ファイギがソニーのためにプロデュースするという申し入れもあったという）。基本的にソニーは、利益を半分ディズニーに渡すくらいならMCUからスパイダーマンを引き上げるつもりであることが、やがて明らかになっていった。

両者の交渉は2019年の8月に決裂し、『ファー・フロム・ホーム』をもって契約は失効することとなった。マーベルはスパイダーマンを失い、ソニーがファイギを失うことは避けられない様相だった。決裂の件が報道に漏れると、ソニーとディズニーは表面的には腰が低いが裏にわだかまる苛立ちが透けて読み取れる公式声明を出した。

ソニーのスポークス・パーソンは「わたしたちが製作する次のスパイダーマン映画の主任プロデューサーとして彼を続投させないというディズニーの判断を、はなはだ遺憾ではありますが、尊重します」[3]とファイギのことを指して言った。「将来的にこの判断が変わることを期待はしますが、ディズニーによって与えられた新たな責任に加えて新しく追加された著作物の数々を目の前にして、自社が所有しないIPに割く時間がないのは当然だと思います」

これに対してファイギは「最初から永遠に続くものとは考えられてはいなかった条件であり、限られた時間しかないのはわかっていました。その時間の中で語りたかった物語を語ることができたことに、感謝しています」[4]と返した。

ソニーのトニー・ヴィンシクエラが出した公式声明は、もっと露骨だった。「マーベルの人たちは誰も皆素晴らしく、心から尊敬しています。しかし素晴らしい人材はこちらにもいます。（ファイギが）1人で全部やったわけではありませんから……。こちらはこちらでうまくやりますよ」[5]

スパイダーマンのファンなら不安になるこの状況は、スパイダーマンを演じる役者にとっては、もっとわけがわからなかった。エイミー・パスカル率いるソニーのクリエイティヴ・プロデューサーたちは、MCU抜きで展開する「スパイダーマン」シリーズのアイデアを、トム・ホランドにプレゼンした。さすがのトム・ホランドも、このときばかりはまるでトレードが決まったスター選手のように教科書どおりの正しい声明を出した。「僕の人生を変え、夢を叶えてくれたマーベルに、そして僕が夢を叶え続けられるようにしてくれるソニーに、感謝の気持ちしかありません」[6]

そう発言した当日、ホランドはディズニーのボブ・アイガーCEOのメールアドレスを手にいれた。そしてマーベル・スタジオに素晴らしい機会を与えられたことに対してアイガーにお礼のメールを入れた。それに応えてアイガーは、英国で家族とのんびりしていたトム・ホランドに直接電話をかけた。「地元のパブでパブ・クイズ〔飲み屋のクイズイベント〕をやっていたので、家族とそこにいたんです[7]」とホランド。「大して食べずにパイント・グラス3杯目のビール〔1杯は５６８㎖〕を飲んでいるときに知らない番号から電話があって、僕が「これ、ボブ・アイガーだと思う……こんなに酔ってるときに……」と慌てていると、父が「いいから出なさい、なんとかなるから！」って」。ホランドは思いがけずアイガーに心境を吐露した。ソニーに恨みはないが、ＭＣＵを離れるのは寂しいとアイガーに伝えた。

才能を育み、大局を見ながら事を進める男という評判で知られるボブ・アイガーはこのときも、ＭＣＵでのトム・ホランドの任期が終わったと言い切る必要はなく「皆でこれをなんとかできるという世界も、ありえるはずだ[8]」と伝えた。

大衆の気持ちが、スパイダーマンをめぐるディズニーとソニーの交渉の行方に再び影響した。数年前、ＭＣＵに登場するスパイダーマンを見たいと願ったファンたちの声は、契約を結ぶようにソニーを誘導した。今回はディズニーがファンたちにプレッシャーをかけられる番だ。そして折半は譲れないとしていたディズニーは、条件を検討し直した。

これはいわば、ハリウッドでも前代未聞の親権争いだった。『エイリアンVS.プレデター』（２００４）や『フレディVS.ジェイソン』（２００３）のような異シリーズ同士のクロスオーバーは、１つのスタジオが権利を自由にできるから可能だった。たとえば１９８８年のディズニー作品『ロジャー・ラビット』では、ワーナーのルーニー・テューンズのキャラクターがちらりと客演したのだが、それだけでも両スタジオの関係には緊張が走り、複数のスタジオが関わり合うことの難しさを露呈した。しかし、２０１９年9月16日、ディズニーとソニーという巨大企業は同意に達した。この契約は、ボブ・チャペックに会長の席を譲って退く前に、ボブ・アイガーが残した素晴らしい置き土産だった。トム・ホランドは、ファイギがプロデュースするスパイダーマン単独主演映画を1本、そしてMCU映画への客演がもう1本できることになり、マーベルは、単独主演映画の製作費の25パーセントを負担する替わりに興行収入を25パーセント取ることになった。エイミー・パスカルはこの時点ではソニーに雇われているわけではなかったが、自身の制作会社であるパスカル・ピクチャーズ名義で彼女がプロデューサーとしてスパイダーマン映画に関わっていた。この取り引きについてパスカルは「ピーター・パーカーの物語は『ファー・フロム・ホーム』でドラマチックに舵を切りました。また皆で共同作業をしながらあそこからどこに向かっていくか見届けられるなんて、こんなに嬉しいことはありません[9]」と言った。彼女が大変な思いをして実現したソニーとディズニーの協力関係が、これで継続されることになった。

トム・ホランド主演の3作目の脚本を書くにあたり、ソニーはすでにクリス・マッケナとエリック・ソマーズという『ファー・フロム・ホーム』の脚本家チームを雇っていた。そこで2人はクレイヴンをヴィランにしたアイデアをプレゼンしたのだが、単独主演映画でキャラクターを確立するまでは使えないと告げられた。そこで『ファー・フロム・ホーム』の最後でスパイダーマンの正体がJ・ジョナ・ジェイムソンによって暴露される筋立てに2人は注目した。

「あれをたどって行くと違った展開の可能性が開けました[10]」とマッケナは言う。2人は、ピーター・パーカーとドクター・ストレンジが世界中に知れ渡ってしまったスパイダーマンの正体を忘れさせるという、いわば現代版『素晴らしき哉、人生』(1946)のプロットを捻ってみた。この筋立ては2007年のコミックス『スパイダーマン::ワン・モア・デイ』に呼応するものでもあった。20年におよぶピーター・パーカーとメリー・ジェーン・ワトソンの結婚人生を歴史から抹消し、本人たちの記憶からも消してしまった『ワン・モア・デイ』の物語はファンの間で物議を醸した。

そして誰か、マッケナはおそらくファイギだったのではと考えているが、誰かがソニーの「シニスター・シックス」につながるような、複数のヴィランが登場するポストクレジット・シーンを提案した。「いろいろと違った筋を考案しましたが、どれも最後はそのポストクレジット・シーンで締めくくれるように書きました[11]」とマッケナが回想する。

2人がポストクレジット・シーンを成立させようと格闘していたある日、ファイギが質問を投げかけた。「最後にヴィランが全部出てきて終わるという案、覚えてる？　シニスター・シックスの案。あれを映画の中でやっちゃったらどうかな[12]」

「あの一言で、すべてがぱっと開けました[13]」とマッケナは振り返る。

一足先に公開されることになっていた『ドクター・ストレンジ／マルチバース・オブ・マッドネス』の後をスパイダーマンの3作目が追うという公開予定だったので、『ドクター・ストレンジ』で紹介される並行宇宙（マルチバース）の概念を利用して、ソニー製作のスパイダーマンのキャラクターをMCUに持ち込む口実にできると皆は考えた。また、ソニー製作の『スパイダーマン：スパイダーバース』は、形而上学的なコミックスを一生懸命に読み込んでいない映画ファンたちに、少しずつどこかが微妙に違う並行宇宙が無限に存在するという、マルチバースの世界観が持つ斬新な面白さをすでに伝えていた。マーベルがマルチバースを使えるのは、ある意味ソニーのお陰だったと言える。

スパイダーマンの過去の幽霊を復活させてトム・ホランド時代の映画に登場させるという案は魅力的であり、同時に、気が遠くなるような難行でもあった。脚本家チームはアクロバティックなプロットの扱いを迫られ、プロデューサーたちは大勢のスターを説得しなければならなかった。絶対に外せないヴィランは、ウィレム・デフォー演じるグリーンゴブリンと、アルフレッド・モリーナが演じるドクター・オクトパスだ。しかし、もっと外せないのは、過去にピーター・パーカーを演じた2人の俳優、トビー・マグワイアとアンドリュー・ガーフィールドだった。ソマーズとマッケナは、エマ・ストーンが演じるグウェン・ステイシー、キルスティン・ダンストが演じるメリー・ジェーン、サリー・フィールドが演じるメイおばさんが登場するバージョンを何本も書いたが、1本の物語としては詰め込み過ぎという判断から断念し、映画に登場する女性キャラクターはマリサ・トメイのメイおばさんとゼンデイヤのMJだけになった。脚本が常に流動的だったため、完成稿を読むことも叶わなかった俳優たちは、ファイギ、パスカル、そして監督のジョン・ワッツに対する信頼だけでプロジェクトに参加を決めた。

「いわゆるカメオ出演なら、やりたくありませんでした[14]」とウィレム・デフォーが言う。「帽子のつばを上げて敬意を表すようなことではなく、ちゃんと演じがいがあるかどうかが決め手でした」。デフォーをはじめとする俳優たちの説得に当たったのはエイミー・パスカルだった。それぞれのキャラクターの過去を思い出してもらい、お金のためにちらりと登場するようなことには絶対にしないと念を押した。「これは映画スタジオが俳優に行使した出演拘束の中でも最長なんじゃないかな[15]」とアルフレッド・モリーナが冗談を飛ばした（パイロット版が好評でシリーズ化が発注されたときに同じ俳優を呼び戻せるように結ぶ拘束オプション付き出演契約になぞらえた冗談）。そうして、最終的に映画には5人のヴィランが登場することになった。トム・ハーディが演じるヴェノムやポール・ジアマッティが演じるライノは意図的に外され、ソニーが将来「シニスター・シックス」を作るときのために6人ではなく5人に抑えられたのだった（ウィレム・デフォーと違ってカメオ出演でも気にしなかったトム・ハーディはポストクレジット・シーンに一瞬だけ登場した）。

『スパイダーマン：ノー・ウェイ・ホーム』の撮影は2020年6月に始まる予定だったが、コロナ禍によって『エンドゲーム』以降のマーベルの計画は混乱し続けており、撮影は10月後半開始になった。コロナ禍は公開予定にも影響し、ソニーは『ノー・ウェイ・ホーム』の公開を2021年7月から11月に、さらに12月へと遅らせ、マーベル・スタジオも自社製作映画の公開予定をさらに遅らせたため、『ノー・ウェイ・ホーム』が『マルチバース・オブ・マッドネス』より先に公開されることになってしまった。MCUが計画していたストーリーラインが混迷するからといって、自社製作の超大作映画の公開をこれ以上遅らせるつもりはソニーにはなかった。しかし遅らせられないのであれば脚本の書き直しが必要となり、撮影は完成稿を待たずに開始されることになった。撮影が始まり、俳優たちが1人また1人と出演契約を決めるのに合わせて、ソマーズとマッケナは新しいページを日々書き進めていった。

2021年10月にソニー製作『アンチャーテッド』(2022)での出演場面の撮影を終えたトム・ホランドは、その足でアトランタ州に向かい『スパイダーマン:ノー・ウェイ・ホーム』の現場に入った。撮影を秘密裏に行うためのコードネームは「鎮まりたまえ!」(『となりのサインフェルド』のエピソード名)だった。撮影を可能にするために、新型コロナウイルス対策は入念に行われた。マスク着用義務は照明によって色分けされ、青い照明が灯ったら俳優はマスクを外して演技、黄色い照明が灯ったら俳優はマスク着用の上で現場を離れ、入れ替わりにスタッフが入って作業した。「いや、スパイダーマンのマスクは個人用防護具(PPE)(おもに医療従事者が着用するマスクやガウンなど)として認めてもらえなかった」[16]とトム・ホランドが気の利いたことを言った。撮影監督のシェイマス・マクガーヴェイが撮影開始直前に新型コロナに感染してしまったので、急遽マウロ・フィオーレ(『トレーニング デイ』(2001)が引き継ぐことになったが、それ以外にはコロナ禍による遅れもなく撮影は順調に進んだ。

ベネディクト・カンバーバッチは自分の出番を11月に終わらせると、ロンドンで『ドクター・ストレンジ/マルチバース・オブ・マッドネス』の撮影をするために離脱した。ソマーズとマケンナが狂ったように脚本を書き直す様子は、『アイアンマン』の脚本執筆プロセスを思い出させるものがあるが、その複雑さにおいては『アイアンマン』の比ではなかった。ディズニープラスのテレビ・ドラマ、MCU映画、そしてソニーとの共同製作作品を包含しながら、相互に関連しつつ拡張し続けるマーベルというクモの巣の上での振舞いは、ますます難しいものになっていた。間違った糸を1本引けば、すべてが崩壊するかもしれない。

マルチバース間に風穴を開ける能力を持っているアメリカ・チャベス（ソーチー・ゴメス）は『マルチバース・オブ・マッドネス』で初登場して『ノー・ウェイ・ホーム』にも登場する予定だったので、出番を消された。アメリカが使う予定だった力は、ちょっとわかりにくいのだが替わりにピーター・パーカーの親友で異能力の持ち主ではないネッド・リーズが使うことになった。アルフレッド・モリーナがついに出演契約に署名すると、ドクター・オクトパスの出番が書き足された。マグワイアとガーフィールドの出演は２０２０年12月、つまり撮影が始まって2か月が経過するまで確定ではなかった。ソマーズとマケンナは、３人のスパイダーマンが集結する第3幕を、クリスマス休暇で撮影が一時休止になっている間に書き上げた。

噂が飛び交う中、制作陣は秘密のキャストがばれないように手を尽くした。望遠レンズを欺くために、セット間を移動する俳優たちはフードつきの大き目のローブで身を隠した。ジョージアの現場ではマスクを着用したキ、ル、ス、テ、ィ、ン・ダ、ン、ス、ト、に、見、え、る人が複数確認された（勘違いだった）。この隠密作戦も、食事の宅配ドライバーがレディットの掲示板でアンドリュー・ガーフィールドに夕食を届けたと自慢したことで危機に晒された。後にガーフィールドはこの暴露の件を怖かった話として語っている。続いて、今度はトビー・マグワイアと一緒にアトランタ市中を歩いているところを写真に撮られてしまったガーフィールドは、困り果てた。そして、このような大きな秘密を守りながら生きていくのは無理だと制作陣に訴えた。「アトランタで撮影してることが知られないようにすごく頑張っているのに、あちこちで秘密が洩らされて「どういうこと？　こっちはできることはすべてやりながら秘密を守ってるのに、トビーと一緒の写真が漏れるとか、どうすればいいの？」すると上は「いやいや、大丈夫、秘密は守るから」と言うので僕も「じゃあ何を聞かれても否定する」と言ったんです」[17]

エレクトロ役を再演したジェイミー・フォックスはアトランタ入りしたが、サンドマン役のトーマス・ヘイデン・チャーチとリザード役のリス・エヴァンスは、演じるキャラクターが完全にＣＧＩだったので、声だけの出演となった。現場に入ったアルフレッド・モリーナは、今回はスタッフが人形遣いのように操作する機械のアームを装着しないで済むことに驚いた。２００４年の『スパイダーマン２』では、機械のアームを操作するスタッフたちを指してタコの取り巻き〔Octourage〕と呼んでいたのだった。今回のドック・オックのアームはポストプロダクションでＣＧＩで合成されるのだが、それでも自身を空中に浮かばせる装置をまとう必要はあった（ローラ・ヴィジュアル・エフェクツは、モリーナとウィレム・デフォーが最後に役を演じたときと同じに見えるように、それぞれ数十年若返らせた。『ノー・ウェイ・ホーム』の撮影中65歳だったデフォーは可能な限りスタントマンに頼らず自分で演じた。「だってそこが私にとって楽しいところだから[18]」とデフォーは言う。「そうしなければ役の土台ができない。ただの猿真似のミームになってしまいますからね」）。

「全員自分が演じるキャラクターを信じているので、１１０パーセント出し切ってました[19]」とトム・ホランドは言う。「ゴブリンと戦う場面で僕は手に怪我をして血が出たけど、どちらも気を緩めませんでした。全力でやりましたよ。ゴブリンとの戦闘場面の撮影の最後の日に監督のジョン（ワッツ）がカットをかけたとき、僕もウィレムも持てる力をすべて出し切ってその場に倒れ込んだんです」。トム・ホランドは「レッドブルを飲みまくって気合を高めて」熾烈な撮影をサバイヴした。

２０２１年２月頃までには、トム・ホランドはいろいろな場所でトビー・マグワイアとアンドリュー・ガーフィールドとの共演について聞かれるようになっていた。「本当にそうだとして、僕から隠してたとしたら奇跡だよね[20]」とズームで出演した『トゥナイト・ショー』で司会のジミー・ファロンに答えて以来、ホランドは同じ質問をかわしたり否定し続けることになった。半引退状態のトビー・マグワイアはエンタメ報道関係者を避けながら生活が続けられたが、２０２１年の映画賞シーズンに『Tick, tick... BOOM!：チック、チック…ブーン！』の宣伝のために露出が多かったガーフィールドはインタビューのたびに嘘を重ねる羽目になった。

＊　＊　＊

絶え間ない暴露はあったものの、2021年12月15日に『ノー・ウェイ・ホーム』が封切られたとき、観客たちは何を期待していいのか理解していなかった。そして、旧作のスパイダーマン2人とヴィラン5人が勢揃いするのを見て喜んだ（5人のヴィランのうち2人はなんと「アメイジング・スパイダーマン」シリーズから選ばれた）。選ばれた5人の中で人気の高低はあったが、この機会を使ってファイギは製作スタジオを超越して「どうにかしたい」精神を発揮し、すべてのヴィランにマーベル・シネマティック・ユニバース（というよりシネマティック・マルチバースだろうか）が持つ輝きを後付けで与えたのだった。とくにスパイダーマンを演じることを心から楽しんでいながら、エマ・ストーン演じるグウェン・ステイシーの悲劇の死と共にシリーズを打ち切られてしまったアンドリュー・ガーフィールドの出演は、最も感動的なものになった。この映画によってスパイダーマン役者としてのガーフィールドに、そして彼が演じるピーター・パーカーに決着がつけられたのだ。

大量のキャラクターを見事に捌ききったソマーズとマッケナだが、同時にスパイダーマンの今後の物語がマーベル・スタジオでもソニーでも可能になるような終わらせ方を考案した。マルチバースを救うためには自分がスパイダーマンだという事実をすべての人の記憶から消し去るしかないと悟ったピーター・パーカーは、ドクター・ストレンジに頼んでそれを実行する。友人たちにもアベンジャーズの仲間にも気づかれないまま、一文無しの1人の若者としてマンハッタンに取り残される。仮にマーベル・スタジオが今後スパイダーマン映画を作らなかったとしても、ソニーはMCUとのしがらみにとらわれずにピーター・パーカーの新たな人生を映画にできる。

オミクロン株の流行が高まっていたにもかかわらず、ファンたちは『ノー・ウェイ・ホーム』に飽きず、何度も映画館に通った。最終的に19億ドル稼ぎだした本作は、ソニーの歴史でも最高の興行収入を上げた映画となり、マーベルでも『エンドゲーム』に次ぐ大ヒット作となった。ここまで売れればソニーとディズニーが契約条件を再交渉しないとは思えなかった。ピーター・パーカーはMCUに留まるべきという考えも強かった。『ヴェノム：レット・ゼア・ビー・カーネイジ』（2021）は外れ、『モービウス』（2022）はダメ映画とこき下ろされた。しかし、『クレイヴン・ザ・ハンター』や『エル・ムエルト』そして『マダム・ウェブ』（2024年2月公開）など自前のスパイダー・バース映画をソニーは開発し続けた。スパイダーマンが登場するMCU映画が絶対に作られると言った舌の根も乾かぬうちにエイミー・パスカルは自分の発言を撤回し「プロデューサーというのは楽観的なものですから[21]」と言い訳した。

一方ケヴィン・ファイギは、握った舵を持つ手をぶらすことはなかった。プロデューサーとして、観客相手に自分の責任において守れない約束はしない方がいいと学習したのだ。「ここからどういう物語を語れるか、前向きに考え始めています[22]」とファイギは声明を出した。「そのことははっきり申し上げておきます。『ファー・フロム・ホーム』の後でスパイダーマン・ロスを患った人が大勢いたと思いますが、今度はそうならないように」。ピーター・パーカーは間違いなくMCUに留まると匂わせながらも、エンドゲーム以降のマーベルの戦略の中心に据えるには不確かな存在であり過ぎた。

アヴィ・アラッドの名前は『ノー・ウェイ・ホーム』のエグゼクティヴ・プロデューサーとして現れるが、実際は形式的なものに過ぎなかった。アラッドは『ヴェノム』や『モービウス』などソニーが展開するスパイダーマン関係の映画の実質的なプロデューサーとして活躍していた。アラッドはトム・ホランド主演の『アンチャーテッド』のプロデューサーでもあったが、もしMCUがスパイダーマンを手放してソニーがトム・ホランド主演のスパイダーマン映画を撮ることになれば、恐らくアラッドがクリエイティヴ・プロデューサーの1人に名を連ねるだろう。こうしてマーベル・スタジオはまたしてもアヴィ・アラッドを脇に押しやったが、豪快な存在感でハリウッドに知られたこの男に手向けの一言を送る懐の広さを見せた。『ノー・ウェイ・ホーム』のエンドクレジットには以下の文章が大文字で記されたのだ。「本作の製作に関わった者全員から、先見の明をもって皆に愛されるこのキャラクターが映画に登場する道を開いてくれたアヴィ・アラッドに感謝の気持ちを表します。すべては、最初から信じる者であり続けたあなたのお陰です」

マーベルの動向を最初から追っていたファンたちの一部は、この謝辞に、とくにスタン・リーがファンたちにつけたあだ名「信じる者〔true believer〕」の使われ方に困惑を隠せなかった。スタン・リーといえば、2018年に逝去した後『スパイダーマン：スパイダーバース』のエンドクレジットで感動的な謝辞とともにその功績を称えられた。彼のトレードマークであるサングラスのイラストと「困っている人を見たら迷わず救いの手を伸ばしているのが真のスーパーヒーローだ」というリー自身の一言が添えられた。

派手に大文字で功績を称えられたアヴィ・アラッドに較べると、アラッドを追い出した張本人であるデヴィッド・メイゼルが『エイジ・オブ・ウルトロン』の最後にもらった「マーベル・スタジオの創立メンバー兼会長に感謝を」という控え目な謝辞は霞んでしまった（もっとも「創立メンバー兼会長」という肩書きは、アラッドが自分を語る伝説とは相容れないのだが）。しかしほどなくＭＣＵ作品には新しい肩書きが見られるようになった。ディズニープラスの『ホークアイ』以降出るようになったこのクレジットを見れば、采配を振るっているのが誰かは一目瞭然だった。そう「ケヴィン・ファイギ製作作品〔A Kevin Feige Production〕」だ。

CHAPTER 30 | INTO THE MULTIVERSE マルチバースへ

正直滅茶苦茶だし、テーマにも一貫性がないよね。
Well, it's a big mess and thematically inconsistent, to be honest.
――シーハルク：ザ・アトーニー（2022）

テレビシリーズ『ワンダヴィジョン』の主演俳優たちは撮影上のさまざまな困難に適応する羽目になったが、中でも困難だったのは空中で演技するために装着したハーネスだった。「どうなんだろう、飛ぶって、あんな感じ?」[1]とキャスリン・ハーンが言う。「映っていないところでは皆がバカみたいなことをしているわけだけど、あの大騒ぎは想像もできないでしょ?　エリザベス・オルセンとポール・ベタニーのことは前から超尊敬してたけど、さらに大尊敬です」

「シチュエーション・コメディ的な夫婦喧嘩をスーパーヒーローが、しかもリアルにやるというアイデアを、2人ですごく楽しく味わい尽くしました」[2]とポール・ベタニーが言う。「でもね、考えてみるとハーネスを着用してる時間がすごく長いんです。しかもハーネスを着用してるときは、時間がとてもゆっくり流れるんです。リジー〔オルセン〕と私はいろいろと違うわけですが、言わなくてもわかる違いがありますよね。そのせいで私がハーネスを着けていると大変キツくなるんです」と言ってベタニーは爆笑する。トニー・スタークのAIアシスタントJ.A.R.V.I.S.の声優として数日で終わるはずだった『アイアンマン』の仕事は、ベタニーにとって15年続く大仕事となった。しかも今回は感情的真実とレトロなコメディを、股間の締め付けに耐えながら演じなければならない。それが拡張を続けるMCUの、2020年における予想不能な日常だった。

これまでもマーベルは、マーベルのキャラクターを使ったテレビ・ドラマを作ってきた。中には出来のいいもの（『デアデビル』『レギオン』）もあり、出来の悪いもの（『インヒューマンズ』『アイアン・フィスト』）もあった。これらの番組はABC、フォックス、FX、ネットフリックスのいずれかで放映されたが、仮にその内容に問題があったとしても、ケヴィン・ファイギにできるのは静かに歯を食いしばるだけだった。その時点では番組の出来に口を出す権限がマーベル・スタジオにはなかったのだ。しかしそれも2019年に変わった。マーベルの中でも抜きん出てクリエイティヴな声だったファイギだが、マーベル・エンターテインメントのチーフ・クリエイティヴ・オフィサーに昇格されたことで彼の声には公式な権限が与えられた。アニメーション部門、テレビ部門、コミックス出版部門が突然すべてファイギの庇護の下に収められたのだ。

ディズニーの最高経営責任者ボブ・アイガーも、彼の後継者ボブ・チャペックも、ファイギの職務と責任が広がることを歓迎した（チャペックには、息子のブライアンが2013年からマーベル・スタジオで働いているという縁もあった）。職責が広がる見返りとして、アイガーもチャペックもファイギからより多くの作品を短期間で求めた。ディズニープラスで配信するコンテンツが恒常的に必要だったのだ。ピークTVと呼ばれる現在のテレビ黄金時代を生き残るために、ディズニープラスはマーベルの番組を今すぐしかも大量に必要とした。量的な要求に応じられる限り、ファイギはテレビ・ドラマ製作のために金額欄が空白の小切手を渡されたようなものだった。

ディズニープラス用に番組を作ることのプラスの面を、プロデューサーのネイト・ムーアが教えてくれた。「『あれをやれ』とか『これはダメ』という話は一度もなし。アイデアをプレゼンするときも『いいね、君たちがやりたいのなら、実現しよう」という感じです[3]」

マイナスの面もあった。いかに疲れ知らずのファイギでも限界があるということだった。年間に劇映画３本を制作するだけで手一杯な上に、マーベルの各部門の責任を負いながら配信用のテレビ・ドラマすべての面倒をみるというのは、いくらファイギでも荷が勝ちすぎた。「企画を前に進めるために必要とされる仕事の量を考えると気が遠くなります。どの番組も成功することが期待されてますからね[4]」とルイス・デスポジートが同意する。マーベル・スタジオの幹部重役たちは、午前は企画開発とプリプロダクション、午後はポストプロダクションに時間が割けるようにスケジュールを調整した。大量の仕事を効率よく回せるようにファイギは、スティーヴン・ブルサード、エリック・キャロル、ネイト・ムーア、ジョナサン・シュワルツ、トリン・トラン、ブラッド・ウィンダーバウムという長年マーベルで働いてきた信頼の置けるクリエイティヴ・プロデューサーを集めて「マーベル議会〔Marvel Parliament〕」を組閣した。基本的にマーベル議会は、何かと喧嘩腰だった今はなきクリエイティヴ委員会の再来ではあったが、マーベル議会はＭＣＵをうまく運用することに特化したマーベル・スタジオ内部組織であり、映画による玩具化の利益極大を目的としているのではないという違いがあった。

マーベル議会は、ＭＣＵが誇る大量のキャラクターたちの中からテレビに向いている者を選ぶことになるが、その基準はたんに「映画を１本背負うほど人気がないから」という以上のものだったと、シュワルツは言う。「ディズニープラスというのは、映画向きの内容とはちょっと違った物語を作るすごいチャンスなんです。違ったキャンバスや違った構成を必要として、しかもちょっと奇妙で、もっと自由な物語をやるチャンスなんです[5]」

ネイト・ムーアがそれを一言で「テレビの場合、プロットも大事だけど肝はキャラクターですね[6]」とまとめている。

＊＊＊

マーベル・スタジオが製作することになる最初のテレビ・ドラマの１本は、『シビル・ウォー／キャプテン・アメリカ』の記者会見の席にその萌芽を見ることができる。そしてそれは「一番いいアイデアが勝つ」というマーベルが掲げる伝統と規範の最高の見本でもあった。あるジャーナリストに「ファルコンとバッキーのロードムービーはいつ観せてもらえるんですか？[7]」と質問されたファイギは「それ、いいアイデアだね！[8]」と満面の笑顔で言った。アンソニー・マッキー（サム・ウィルソンつまりファルコン役）とセバスチャン・スタン（ジェイムズ・ブキャナン・〝バッキー〟・バーンズつまりウィンター・ソルジャー役）が報道関係者を集めた映画宣伝の場で組まされると、いつも２人の間にはなんとも言えないぴりぴりとした空気が流れた。「２人はいつもお互いから、予期せぬ反応を引き出し合ってますね[9]」とネイト・ムーアは言う。「芝居してるときも素のときもです。２人の間には特別な何かがあるなと思ってました」

　エリザベス・オルセンとポール・ベタニーの２人は『シビル・ウォー』と『インフィニティ・ウォー』の短い場面で共演しただけだが、この２人も自然に相性がよかった（スカーレット・ウィッチとヴィジョンの愛は、マーベル・コミックスの歴史でも最も愛された物語の１つなので、多くのファンはＭＣＵがその方向に進むことを望んでいた）。ベタニーが演じるヴィジョンはサノスの手にかかって殺されたが、何があっても乗り越えて復活するのが、スーパーヒーローというものじゃないのか？

　そしてロキを演じるトム・ヒドルストン。何度も死んできたロキは、相手が人でも物でもその場で通じ合ってしまう不思議な力を持っていた。「コミコンに行けばわかりますよ。トム・ヒドルストンが登場すると、会場が魔法にかかったようになります[10]」とネイト・ムーアは言う。配信できる番組が必要なディズニーは、マーベル・スタジオが出した３本のアイデアを熱心に承認した。こうしてマーベルがディズニープラス用に作る番組は『ファルコン&ウィンター・ソルジャー』、『ワンダヴィジョン』、そして『ロキ』に決定した。

ストリーミング配信と連続ドラマの一気見という文化の到来によってテレビ・ドラマと映画を分かつ線が明確な形を失いつつあるとはいっても、両者は交換可能ではない。1シーズンの番組は10時間の映画と同じだと言うテレビ局の重役が最近増えているが、そんなことはないのだ（ストリーミング配信拡大期の2020年前後にそういうことを言う業界人やショーランナーが多かった）。その生涯をかけて映画の作り方を研究してきたケヴィン・ファイギは、コミックス的なストーリーテリングが別の媒体でどう機能するか考えていた。「短い放映時間と複数のエピソードというテレビの性質を考えると、1号ごとのコミックスという視点でテレビを考えられる。30分かそこらに話の始まりと終わりがあって、映画制作のリズムに刺激されながら、コミックスのリズムにも合わせられるのかもしれません」[11]

「ショーランナー」という肩書きは比較的新しいものだが、仕事そのものは昔からある。ほぼすべてのアメリカ製テレビ・ドラマは、台本の執筆責任者兼プロデューサー兼決裁者であるという1人の人間の管理の下に作られているのだ。しかし、すべての責任を外部の人間1人に委譲してしまうというのは、マーベルの流儀に合わない。まずケヴィン・ファイギとマーベル議会は、最初に製作する3本の番組を劇映画と同じ方法で進めることにした。まず番組ごとにコンセプトを固め、その上で脚本家を面接して選ぶ。選ばれた脚本家が実質的にライターズルーム（主任脚本家の元で台本を書く脚本家たち）のチーフになるが、いわゆるショーランナーとは違い、マーベル映画の脚本家と似た役目を果たす。その人が書いた脚本は書き直されることになり、たとえその人が脚本家としてセットに座ったとしても、撮影の責任は監督が負うことになる（一般的なアメリカのテレビ・ドラマにおいては監督は雇われ演出家であり、最終的な判断を下すのはチーフの脚本家つまりショーランナーである）。

ファイギによると、『ワンダヴィジョン』のアイデアを最初に思いついたのは『インフィニティ・ウォー』と『エンドゲーム』制作中の極めて高いプレッシャーに晒されていたときだった。「アトランタでこの2本の映画を同時に撮っていたとき、僕が泊まっていたホテルにはケーブルテレビがあって、毎朝『ビーバーちゃん』(1957–1963)と『パパ大好き』(1960–1972)を放送していて、観るともなしにつけておいたんです。昔のシチュエーション・コメディはいいですよね(シチュエーション・コメディとは、職場や家庭など特定の状況の中で描かれる喜劇番組。アメリカでは観客の前で収録、その反応(笑い声)ごと放映された伝統から公開収録でなくても音響効果として笑い声をつけるのが、ある時期までお約束だった)。安らかな気分になります。どんな問題が起きても皆でどうするか頭を寄せて考えるのを観ていると「大丈夫、すべては順調」と思いながら毎朝撮影現場の問題たちに向かって行けました。子どもたちにも『ゆかいなブレディー家』(1969–1974)を見せ始めた頃です。それでこのジャンルで何ができるか興味を覚えたんですね。もしかしたらマーベルでやっていることをひっくり返しつつ、こういうコメディもひっくり返せるんじゃないかと考えたんです[12]」。ディズニーがマーベルにストリーミング配信用の番組を作らせたがっていると聞いたとき「これは、僕の頭の中だけに渦巻いていたそんなアイデアを、実際に形にする機会なんだと気づいたんです」とファイギ本人が語っている。

マーベル・スタジオは『ワンダヴィジョン』のチーフ脚本家ジャック・シェイファーに、ヴィジョンを失ったワンダ・マキシモフの悲しみをテーマに、現代的な不安を底流に感じさせつつ80年の歴史を持つホームコメディとそのお決まりの視覚表現を探訪するような展開にしてほしいと注文した。「すでに内部であれこれ試行錯誤があったみたいですね[13]」とシェイファーは言う。「そのアイデアを基に私が構成を作ったという感じです」。ワンダとヴィジョンは2人の子どもと一緒に、録音された観客の笑い声が響く幸せな世界に住んでいる。しかしほどなくその幸せに亀裂が走り、現実(ヴィジョンの死、その他)が侵入してくる。「ライターズルームでは脚本家が集まって喪失と悲しみについてがっつり話し合いました」とシェイファー。その結果、番組中最も有名な台詞「何があっても壊れない愛、それが悲しみというものじゃないのか?」が生まれた。

ファイギとシェイファー以外にも『ワンダヴィジョン』に創作面で大きく貢献した人はいたが、番組のクレジットからその名前を見つけ出すのは大変だった。激しい悲しみから現実逃避するワンダの物語は、2005年にブライアン・マイケル・ベンディス（クリエイティヴ委員会の元メンバー）作、オリビア・コワペル画で連載された「ハウス・オブ・M」から着想を得たものだ。一方、不穏な郊外生活の中核に腐敗するように存在する悪夢の世界という筋は、トム・キング作、ガブリエル・ヘルナンデス・ウォルタ画で2015年から2016年に連載され、アイズナー賞も獲った「ヴィジョン」から借りたものだった。ベンディス、コワペル、キング、そしてウォルタは「スペシャル・サンクス」という形でエンドクレジットの名前の山に埋もれるかのように謝意を表された。他にも謝意を表されたマーベルの著名人の中にはジョス・ウェドン（ワンダとヴィジョンをMCUに登場させてくれてありがとう）やジョン・バーン（「ホワイト・ヴィジョン」というキャラクターを創造してくれてありがとう）、そしてビル・マントロ（1982年のミニシリーズ「ヴィジョンとスカーレット・ウィッチ」を執筆してくれてありがとう）もいた。

＊　＊　＊

たとえば誰かが創造したオリジナル・キャラクターが、より大きなマーベルの物語の一部として包含される場合、そのキャラクターに付随する権利のほとんどは会社が所有することになる。では、そのキャラクターが繰り返し使われる場合、オリジナルを創造した者は会社にどれだけの借りがあるのだろうか。その疑問に対するマーベル・コミックスの答えは何十年にも渡って「借りはない」だった。追加的な補償を求められてもマーベルは激しく戦ってきた。しかしながら、2000年代以降のマーベルの出版契約には「特別キャラクター契約」[14]によって、映画やテレビにキャラクターが使用された場合のボーナス規定が盛り込まれた。とはいえこの契約にも、巧妙かつ複雑な抜け穴が多数仕込まれていた。たとえば、もしそのキャラクターの登場時間が上映時間の15パーセントに満たなければ、それはカメオ出演に「すぎない」とされ、ボーナス額は著しく減少した。この基準によると、『シビル・ウォー／キャプテン・アメリカ』でセバスチャン・スタンが演じたウィンター・ソルジャーもカメオ出演にすぎないということになる。プロットの要であるにもかかわらず2時間28分の上映時間のうち22分しか登場しないのだ（15パーセントにかろうじて届かない）。『アベンジャーズ／インフィニティ・ウォー』での出演時間が8分にも満たないクリス・エヴァンス演じるキャプテン・アメリカも、同枠扱いだ。

このような扱いはコミックスのレジェンドたちを悩ませてきた。サノスやガーディアンズ・オブ・ギャラクシーのメンバーたちを創造したジム・スターリンは、マーベルがよこすはした金に気分を害した。「『バットマンVSスーパーマン ジャスティスの誕生』（２０１６）に参加したときは、報酬としてDCから結構な額の小切手が送られてきたよ[15]」とスターリンはフェイスブックに書いた。KGビーストという笑えるほどマイナーなバットマンの敵役の使用に対して支払われた報酬だった。「MCU映画にサノス、ガモーラ、ドラックスが出演した対価を全部足した額より、よほど大きいですよ」

とくにサノスに関する条件に対してジム・スターリンが表明した不満に動かされて、ディズニーは急遽条件を再交渉し、スターリンが「まあそれなりの条件[16]」と言う程度には改善された。一方、２０１４年にバッキー・バーンズが金属の義肢を装着して『キャプテン・アメリカ／ウィンター・ソルジャー』に登場して以来、オリジナル・キャラクターの作者、アーティストのスティーヴ・エプティングとライターのエド・ブルベイカーは、「スペシャル・サンクス」で満足を強いられていた。

バッキーがディズニープラスの番組に主演するらしいという噂を耳にしたブルベイカーは、自身のニュースレターにこう書いた。「今まで私が会ったマーベル・スタジオの関係者は（上はケヴィン・ファイギにいたるまで）全員とてもよくしてくれました……。所詮私は雇われ原作者にすぎないわけで……キャップとウィンター・ソルジャーのお陰で他のコミックスも大勢に読んでもらえて、作者冥利に尽きるというものです。それでも、新番組について一言求めるメールをたくさんもらうと、ちょっと胃が痛くなりますね[17]」

後に映画監督・俳優のケヴィン・スミスの『ファットマン・ビヨンド』というポッドキャストに出演したとき、ブルベイカーはもう少し棘のある言い方で心情を語った。「ウィンター・ソルジャーがどれだけいろいろなところで使われるかちゃんと目を配って、私とスティーヴ・エプティングに電話で「例の基準をそちらも満足できるように適切な数字に調整しようと思うんですが」と伝えるくらい、マーベルは簡単にできるし、誰も止めないよね」[18]。ブルベイカーとエプティングは『ファルコン&ウィンター・ソルジャー』でも「スペシャル・サンクス」の謝辞で片づけられた。同番組で「スペシャル・サンクス」を与えられた者には、ロバート・モラレスとカイル・ベイカーもいた。2人は2003年に刊行された過激なコミックス・シリーズ「キャプテン・アメリカ：トゥルース」の共同作者だった。『ファルコン&ウィンター・ソルジャー』のチーフ脚本家マルコム・スペルマンはこのコミックス・シリーズに着想を得て、イザイア・ブラッドレーという黒人スーパーソルジャー（モラレスとベイカーが編集者アレックス・アロンソと創造したキャラクター）を番組に登場させ、キャプテン・アメリカの盾に隠された人種差別の物語を語ろうと考えたのだ。「黒人スーパーヒーローの登場が甥に与えた影響が、脳裏に焼き付いて離れないんですよ」[19]とスペルマンは言う。

マーベル製作の映画の多くは、コミックスの筋立てに緩く準じている程度だったが、一度マーベルがテレビに参入すると、どの番組がどのコミックスのどの号を参照しているか、あるいはどのグラフィック・ノベルを参照しているかが見えやすくなり、オリジナルのコミックスの作者たちを追い払いにくくなった。東海岸のコミックス出版と西海岸のマーベル・スタジオは、長い間政教分離であるかのようにお互い我関せずという状態を保ってきたが、ファイギが両部門の責任者となった今、その境界線は不明瞭だった。ディズニープラスで遅れて放送が始まった『ホークアイ』は、マット・フラクション作、デヴィッド・アジャ（アハ）画によって2012年から2015年の間に創造された同名のコミックス（「マイ・ライフ・アズ・ア・ウェポン」）を明確に元ネタにしているので、少なくともマット・フラクションだけはコンサルティング・プロデューサーという肩書きと、それ相応の報酬を手にすることになった。

＊　＊　＊

何十年分ものスーパーヒーロー・コミックスの山から物語を選び放題だとはいえ、急に映画プロデューサーからテレビ界の実力者にさせられたマーベル・スタジオの中心人物たちは、仕事をしながら仕事を覚えていた。『ファルコン&ウィンター・ソルジャー』の開発にも関わったプロデューサーのネイト・ムーアは、自分の新しい職務は映画撮影の現場でのそれと「大体同じだった[20]」と言い、自分が新しい媒体に順応できたのは、マルコム・スペルマン（『Empire　成功の代償』（2015－2020））のお陰だとも言っている。「彼はテレビというものをいろはのいから完全に理解してますから。どういう物語にしたいか、そしてそれがMCUの世界にどうはまるかということは私も理解しているんですが、テレビ・ドラマの作り方はわかりません。マルコムと彼のチームと一緒に仕事をすると、すごくいろいろ教わることがあります。私のトカゲみたいな小さい脳では「要するに長い映画ってことだろ？」以上のことが考えられないんですが、マルコムは「誰も6時間の映画は作らない。それには理由がある。エピソードでリズムを作らなければ」と言うんです。マルコムのいい反響板として、いいパートナーとして共同作業ができたと思いたいですが、私が教えることより教わることの方が多かったですよ[21]」

『ロキ』のチーフ脚本家を選定するにあたり、ケヴィン・ファイギは確実な手段を取った。ダン・ハーモンのところから引き抜いたのだ。ダン・ハーモンが総監督を務めるSFアニメ『リック・アンド・モーティ』の脚本家の1人であるマイケル・ウォルドロンは、タイム・トラベル・アクション・ロマンス・コメディ映画の脚本を腕試しに1本書いており、ファイギはそれに感銘を受けていた。なにかにつけてファイギが『リック・アンド・モーティ』の人材をさらっていくことをどう思うかと問われたダン・ハーモンは「皆が見てる前でケヴィン・ファイギに喧嘩を売るわけにもいかないしね。きっと彼に「え、喧嘩したいの？　そうなんだ、いいね[22]」なんて言われて、周りにいる人たちには私がケヴィンを虐めようとしてると思われてブーイングされるのがおちでしょうから。ちょっとイラつきはするけど、なぜイラつくかというと、私が他人を所有してると勘違いしてるからなんだろうね。もっと本腰を入れて才能ある人たちを私に吸い寄せればいいだけだし、皆ただ私の元を去っているんじゃなくて、去ってマーベルに行くのなら実に名誉なことだよ」

　マイケル・ウォルドロンはすでに時間旅行とマルチバースに馴染んでいた。だから、マルチバースのさまざまな時系列を見張る組織、時間変異取締局（TVA）と協力したり裏をかいたりしあうロキを描く番組に、ウォルドロンは最適だった。脚本家たちはしばしばMCU内の連続性や相互関係でがんじがらめになるが、ウォルドロンと彼のチームにはほぼ心配無用だった。なにしろロキは時間も空間も超越した男なのだから。

　ディズニープラス用のそれぞれの番組には、マーベルの下級（ジュニア）重役が責任者として1人ついた。いずれもMCU映画でユニット・マネジャーを務め上げた者だ。『ブラックパンサー』のゾーイー・ネイジェルフートは『ファルコン&ウィンター・ソルジャー』ではネイト・ムーアの任を引き継ぎ、『ガーディアンズ・オブ・ギャラクシー：リミックス』からマーベルで働き始めたメアリー・リヴァノスは『ワンダヴィジョン』を担当、『ドクター・ストレンジ』に関わったケヴィン・ライトは『ロキ』の担当となった。実力をつけつつある若いプロデューサーたちが連絡係になることで、シェイファー、スペルマン、ウォルドロンの3人は何かを決めるたびにケヴィン・ファイギを煩わせる必要がなくなった。しかし同時にファイギ本人による詳細な詮索と吟味という重要なステップが1つ、マーベル方式から失われた。

　マーベル・スタジオの未来を形作る役目を負った各番組のチーフ脚本家だが、自分たちが関わる番組がMCU全体にどう収まるのかは知らされていなかった。キャスト選定に際しては、マーベルのキャラクターが選び放題だった。『ワンダヴィジョン』のときの様子をケヴィン・ファイギが回想する。「科学者が1人、連邦政府職員が

1人必要でした。すでに何年分もの素晴らしいキャラクターの蓄積があったので、（『アントマン』の）ジミー・ウーはどうだろう、ランドール・パークはまたあの役を演じてくれるかな、と考えました」[23]。ファイギは他にも、カット・デニングスが演じた「マイティ・ソー」シリーズの人気者ダーシー・ルイスを科学者役で復活させてもいいと言った。「声をかければ、僕らの砂場で遊びに戻ってきてくれる。光栄なことですよね」

しかし砂場の砂は流れてもいた。「このキャラクターはいいぞ！　とリストをくれるんですが」[24]とスペルマンが言う。「選ばせてもらえないんです。リストを見ながらいろいろ考えていると、新しいのが加わったり、前に一度頼んで『いや、そのキャラクターは使えない』と言われたのが使えるようになったりします。自分が任された番組はすでに動いている巨大な何かの一部だということを、別に誰も隠したりはしません。これは動いている列車ですよ。自分が与えられた客車は好きに飾っていいんですが……突然、後ろの客車が変わったからダメだと言われるんです」。自分が書いた『アントマン』の脚本を守るために戦ったエドガー・ライトの態度とは大違いだ。あの大災害から脚本家たちはマーベルという束縛の中で働くことを学習し、マーベル・スタジオの方は期待される仕事の内容を最初から明らかにすることを覚えたのだった。

シェイファーとスペルマン、そしてウォルドロンの3人（そしてそれぞれが率いる脚本家チーム）は、番組の最初の形を決めるとそれぞれの番組の監督に引き渡した。『フィラデルフィアは今日も晴れ』（2005－）から『ゲーム・オブ・スローンズ』まで、コメディもスペクタクルも手慣れたマット・シェイクマンが監督として『ワンダヴィジョン』を引き継ぎ、テレビも映画も数十年の経験を持つカリ・スコグランドが『ファルコン&ウィンター・ソルジャー』、そして『セックス・エデュケーション』（2019－）のケイト・ヘロンが『ロキ』を引き継いだ。脚本が尊重されるかどうかは人それぞれだった。中には完全に作り変えられたキャラクターもいた。たとえば『ファルコン&ウィンター・ソルジャー』は、人種の問題という主題を扱いつつも、スペルマンの脚本ほど中心的なテーマではなくなった。

3本の番組が撮影されている最中に、コロナ禍によって制作は中断された。一番制作が進んでいたのは『ワンダヴィジョン』だったが、まだ野外の撮影と特殊効果が残っていた。『ファルコン&ウィンター・ソルジャー』組はプエルトリコで撮影する予定だったが、２０２０年1月の大地震の影響で中止になった。コロナ禍のせいでプラハで予定されていた撮影も中止になり、さらにヒーローたちが拡大する病原菌の危機を止めようとするプロットも現実と似すぎていると判断された（スペルマン本人がその筋立ては放棄されたと発言しているが、コロナ禍のせいだとは言わなかった）。

新型コロナウイルスのせいで制作が止まっている間、ケイト・ヘロンは『ロキ』のエピソードを何本も完全に書き直した。「マイケル（ウォルドロン）はライターズルームで脚本家たちと一緒にいろいろ練ったわけですが、その後を引き継いだ私は、私のチームでミニルームをやった、という感じです[25]」とヘロンは言う。ヘロンのリライト部隊には『ロキ』のマーベル付きのプロデューサーであるケヴィン・ライトも加わり、この番組の突飛なアイデアを果たしてどのように実行し撮影するかに改稿の焦点が置かれた。

3作品の撮影およびポストプロダクション作業は、すべてが大変だった２０２０年に行われた。いずれの作品も、本来共同作業であるものが突然個々人の作業に分割された。「出番が終わると、密閉したバブルにさらわれるみたいに連れていかれました[26]」とポール・ベタニーが、撮影中の新型コロナ防疫対策の段取りを思い出して語る。元々は先陣を切る予定ではなかった『ワンダヴィジョン』だが、２０２１年が明けて間もなくディズニープラスにおけるマーベル番組のデビュー作として配信が始まった。マーベル・スタジオとして、これ以上最高のデビューはありえなかっただろう。移りゆくテレビの歴史を背景に生き生きとじゃれ合うポール・ベタニーとエリザベス・オルセン。この番組は紛うことなき社会現象を巻き起こし、熱心なＭＣＵファン以外の視聴者をも虜（とりこ）にした。批評的にも好評だったこの番組は23部門でエミー賞にノミネートされ、衣装賞、美術デザイン賞、そして作曲家クリステン・アンダーソン゠ロペスとロバート・ロペスが歌曲賞を受賞した（iTunesストアで首位を獲得した「Agatha

All Along（すべてはアガサの仕業）」によって）。

しかし『ファルコン＆ウィンター・ソルジャー』は、ファンからも批評家からも『ワンダヴィジョン』のような反応を得られなかった。映画のような大規模なクライマックスが忘れたころにやってくることに象徴されるように、テレビのようであり映画のようでもあるという、どっちつかずの形式がその一因だった。さらに、指パッチンの結果人口が半減してしまった世界の現実を描くという政治社会的な思考実験に果敢に挑戦し、結果その沼にはまって身動きが取れなくなってしまった。本作以降ＭＣＵ作品は、この物語上の落とし穴を避けてとおるようになる。

好評ばかりではなかったからといって、アンソニー・マッキーがサム・ウィルソンを演じることにマーベル・スタジオが及び腰になりはしなかった。シリーズの終わりでファルコンはキャプテン・アメリカを襲名する。彼の単独主演映画である『キャプテン・アメリカ：ニュー・ワールド・オーダー』の製作がただちに発表され、スペルマンが脚本を書くことになった。３本の中でもファンたちを喜ばせた『ロキ』は２シーズン目の製作が決まった。

＊　＊　＊

すでに確立されたキャラクターたちをディズニープラスに移植することに成功して気が大きくなったのか、マーベル・スタジオは、長い間ファイギのファイル棚に幽閉されていたキャラクターをストリーミング配信を利用してデビューさせ始めた。ミズ・マーベル、ムーンナイト、そしてシー・ハルクといったキャラクターをＭＣＵに導入し、結果はまちまちだった。テレビ業界の伝統的な方法論をひっかきまわしてみるというマーベル・スタジオの実験は、解決する以上に多くの問題を生み出した。１人の監督によって撮られたテレビシリーズは、どうしてもす断された映画体験という印象を与えがちで、そして特殊視覚効果の多用は限られた予算を膨張させた。第2弾以降のマーベルのテレビ・ドラマは、複数の監督が順番で撮影に臨み、1人のチーフ脚本家がマーベル・スタジオのお目付け役と共同作業をする、つまりショーランナーに近い形で機能するという一般的な制作方法に近い形に落ち着いた。

シーズンのエピソード数は自由で、マーベルが語るべき物語の量に合わせて増やしたり減らしたりできた。『ホークアイ』は劇場用長編映画として考えられていましたが、ディズニープラスの方に移すことにしました」[27]とマーベル議会のトリン・トラン議員は言う。「ホークアイがあのような人になるまでの物語を深掘りする十分な時間が、これまではありませんでした。さらに新しいキャラクター（ヘイリー・スタインフェルド扮するケイト・ビショップ）を導入して、2人が絆で結ばれるための時間も必要でした。コミックスの読者を惹きつけて止まない2人の特別な関係をしっかり確立する時間です。なので、ディズニープラスに移行したことで、この物語をちゃんと語るために必要なクリエイティヴな柔軟性も確保できたというわけです」

マーベル・スタジオが導入を始めた新世代のキャラクターたちの多くは、初代MCUアベンジャーズに対応するようになっていた。キャプテン・アメリカを引き継いだサム・ウィルソンに加えて、弓矢の達人ケイト・ビショップはコミックスではホークアイとして知られるキャラクターであり、フローレンス・ピューが演じるエレーナ・ベロワはナターシャ・ロマノフ同様ブラック・ウィドウ・プログラム出身だ。アイアンハートはアップデートされたアイアンマンであり、シー・ハルクはヒー・ハルクの代理をこなせるキャラだった。このメンツが揃えば、コミックスでは人気の高いヤング・アベンジャーズのMCU版が結成可能だった。『ランナウェイズ』と『パワーパック』の製作が中止されて無期延期になっていた10代のスーパーヒーロー導入というケヴィン・ファイギの長年の夢が、ようやく実現を見た。

作品に磨きをかけるため（とはいえ結果的に特殊視覚効果業者を悩ませる）追加撮影を予定にあらかじめ組み込める

というのは、映画にあってテレビにない贅沢だとマーベル・スタジオは気づいた。撮影のためにアトランタやオーストラリアに出かけていくスタッフに向かって、ケヴィン・ファイギが自分が解くためのパズルの「ピース」を撮って帰ってきてくれと伝えて、物語に足りない穴を埋めていく。そんな制作スタイルはテレビでは通用しなかった。投資家たちの歓心を買おうと必死なボブ・チャペックが要求する制作ペースでは、ますます無理だった。いよいよ拡張の度合いを高めるマーベル・ユニバースの中で、制作進行中の現場の数は増し、ファイギのお手玉も増えるばかりだった。よほどのことがない限り直接手を出さない重役として知られていたファイギだが、しばしば「創造的相違」が原因で生じたいさかいをなだめに、現場に現れることになった。

結果としてマーベル製作のテレビ・ドラマは、最初はしっかりと始まるが尻切れトンボになりがちだった。マーベル・スタジオが任意にキャラクターを選んでその後の展開を変更してしまう可能性がある以上、どのストーリーラインにも手が加えられる余地を残さなければならないという手枷足枷で身動きが取れない脚本家たちは、それでも満足のいく結末を書こうと苦闘した。「どのように終わるかというのは最後までわかりませんでしたね[28]」と『ワンダヴィジョン』のクリエイターであるジャック・シェイファーは言う。「マーベル映画のクライマックスは最後の瞬間まで修正に次ぐ修正なので、マーベルの作品ではありがちなことですが」

それでも、映画とテレビ・ドラマを隔てる壁を、キャラクターたちは頻繁に通過して行き来するようになった。「すべての作品は相互に関連し、しかも単独でも成立する[29]」とウォルドロンは言う。『ワンダヴィジョン』が始まる前、『ドクター・ストレンジ/マルチバース・オブ・マッドネス』は『ワンダヴィジョン』から「直接」続く物語になるだろうとファイギがほのめかした。しかし『マルチバース・オブ・マッドネス』を監督するはずだったスコット・デリクソンが同作共同脚本家のC・ロバート・カーギルとともに『ブラック・フォン』（2022）を制作するために降板してしまったので、その計画はご破算になった。精神衛生上よくないからというのがデリクソンの降板の理由だった。「彼〔デリクソン〕が作りたい映画とマーベルが作らせたい映画が同じではなかったんです」とカーギルは言う。「彼は考えてしまって、結局「私にはカーギルと共同で書いた最高の脚本（ブラック・フォン）があるじゃないか」と結論付けたんです」[30]

ファイギは、サム・ライミを連れてきて何とかした。「死霊のはらわた」シリーズと最初の「スパイダーマン」映画を監督したライミは、このホラー風味のスーパーヒーロー映画に適任すぎるとすら思われた。自分が獲得するにいたった映画制作の知見の多くを「スパイダーマン」3部作の現場でサム・ライミから教わったと言うファイギは、今回も過去の人間関係から現在の問題を解決したのだった。

とはいえ、根本的な見直しは必要だった。『ロキ』でのマイケル・ウォルドロンの仕事に満足だったファイギは、ウォルドロンを『ロキ』の現場から引き抜き『マルチバース・オブ・マッドネス』に投入した。ウォルドロンが書いた『ロキ』の第1シーズンは、時間と空間とを飛び越えながら、すべての現実世界にマルチバースの亀裂が走って終わる。「そこからどうなるかは次の脚本家に考えさせればいいや、と思ってました」[31]と、ウォルドロンはマルチバース決壊について語った。「ところが『ロキ』をやった後に『マルチバース・オブ・マッドネス』をやることになって、自分でその尻ぬぐいをする羽目になったんです」

銀幕に映し出された並行宇宙（マルチバース）は、MCUが現実世界で直面する舞台裏の複雑な諸問題が形を変えたものだとも言えた。マルチバースは、物理学と哲学、そして深夜の学生寮でマリファナをキメた大学生たちの間で古くから議論されてきた概念だった。〔アメリカの〕コミックスの世界では1961年以来お馴染みのこの概念は、想像を絶するような可能性を秘めつつも、物語の整合性という意味で極めて都合のいい道具だった。数十年の出版ギャップに隔てられた2バージョンのフラッシュを統合するためにDCがマルチバースを使ったのが、最初の例だ。マーベル・スタジオにとっては、〔権利的に〕MCUには属さないが近い世界に存在するスパイダーマンのヴィランをMCUに登場させるための、いい口実だった。

マーベル・コミックスでは、それぞれの並行宇宙に番号が与えられている。レッドスカルが支配するアース2

192。コーバックという宇宙的ヴィランに壊滅状態に追い込まれたアース82432、そしてお馴染みのスーパーヒーローたちが活躍するアース616など。マーベル・コミックスの世界では、MCUは正式にアース199999と指定されたのだが、『マルチバース・オブ・マッドネス』の台詞では紛らわしくもアース616と言及された。それに抗議の意を示したファンの中には、イマン・ヴェラーニ、つまりマーベル製作のテレビ・ドラマ『ミズ・マーベル』の主演女優もいた。「ケヴィン・ファイギは皆にそう思ってほしいんでしょうけど、MCUはアース616じゃないと思います[32]」と、『ミズ・マーベル』プレミア上映でレッドカーペットを歩きながらヴィラーニは言った。その後ヴィラーニは、自分のファンガール発言のせいでファイギに目をつけられたと〈レディットに〉おどけてこう書いた。「ケヴィンは遠くから黙って私を見て、指で「6」「1」「6」というジェスチャーを作って歩き去った。毎晩寝る前にそれを思い出しちゃう[33]」

マイケル・ウォルドロンが脚本家として参加していた『リック・アンド・モーティ』は、MCUのマルチバースの青写真として機能した。このアニメ番組には無限の時系列に属するリックとモーティが存在し、今登場しているリックとモーティの第1シーズンでMCUのタイムラインを破壊し、しかもロキというキャラクターの人格が持つ独自性も破壊した。性別、年齢、生物としての種にも縛られなくなったロキは、子どもやワニの姿で現れた。そして女性の姿であるシルヴィ（ソフィア・ディ・マルティーノ）は、トム・ヒドルストン演じるロキと複雑な関係を持つことになるのだ。

マルチバースは、アニメーションのアンソロジー番組『ホワット・イフ…?』を支える設定的基盤でもある。ジェフリー・ライトが演じる全能のウォッチャーが、たとえば復讐に燃えたハンク・ピムがアベンジャーズの面々を殺したり、量子世界からゾンビ・ウイルスが発生したりする、MCUの時系列から分岐した並行宇宙を監視している。マーベル・スタジオは実写映画の俳優が声の出演をするように計らった。ティ・チャラがブラックパンサーにならずにガーディアンズ・オブ・ギャラクシーの一員になる話では、チャドウィック・ボーズマンが声の出演を果たし、４つのエピソードが彼にとってＭＣＵ最後の出演となった（エピソード2、4、6、9）。

改稿作業を引き受けたマイケル・ウォルドロンにとって『ドクター・ストレンジ／マルチバース・オブ・マッドネス』は美味しいネタに溢れた遊びがいのある楽しい映画だったが、もしかすると彼は遊びすぎたのかもしれない。エリザベス・オルセンの出演が決まったことは知っていた。映画の最後にワンダ・マキシモフを悪役（ヒール）に転じさせる可能性をマーベルが考慮していることも知っていた。「個人的には、最初から（ワンダを）ヴィランにするという考えを持ってました。他の皆は「多分アベンジャーズの映画でヴィランになるんじゃない？」とか言ってましたが[34]」とウォルドロンは言う。彼は他の皆には反対だった。「最高のヴィランを他の映画に譲ってやるなんて、ありえないですよ」

ディズニープラス用のテレビシリーズを開発している最中に、オフィスが近かったウォルドロンとシェイファーは仲良くなった。マーベル的には他人のプロジェクトに口を出すのはご法度だが、２人はワンダをテレビから映画につなげる最良の方法を話し合った。「ジャックのことは本当に尊敬しているので[35]」とウォルドロンは言う。「途中から入った私が台無しにしてはならないと思ったんです。つまらないことをして、大事な友人（シェイファー）をがっかりさせたくなかったんです」。しかし残念ながら、連続テレビ・ドラマで何時間もかけてワンダの心の機微を見事に演じたエリザベス・オルセンを観た後で『マルチバース・オブ・マッドネス』を観たファンはがっかりした。ニュアンスをこめて語られた喪失の悲しみという話はここでも反復され、早くて喧（やかま）しい台詞回しはニュアンスどころではなかった。

マルチバースは新しいストーリーテリングの扉を開くと同時に、新しいファン・サービスの可能性も開いた。『マルチバース・オブ・マッドネス』はジョン・クラシンスキーとパトリック・スチュワートをはじめとするイルミナティを全員集合させ、ベネディクト・カンバーバッチが演じるバージョン違いの４人のドクター・ストレンジも登場させた。コミックスのように吹き出しで説明しなくても、映画ファンは複雑な並行宇宙の時系列というアイデアについてきてくれる。マーベル・スタジオは観客を信じ、観客に対する信頼を悪用しないように心がけた。

「そのことばかり考えて、結果を僕たちに知らせるのが仕事という人が何人かいます。その結果を受けて、ここから物事がどう展開しうるか話し合うミーティングを結構頻繁にやります」[36]とケヴィン・ファイギが言う。「マルチバースの話になると皆ギークの心全開ですよ」。世間には支出報告書の保管の仕方を教える講座を開く企業はあるが、マーベルの場合は「マーベル内のチームが集まってマルチバースとは何か、マルチバースの規則とは何かという話」をするミーティングが、何度も開かれるのだ。

フェーズ1から3までのMCUはまとめて「インフィニティ・サーガ」として知られているが、フェーズ4から6は「マルチバース・サーガ」となった。マルチバース・サーガ最大のヴィランは、在り続ける者という名で『ロキ』に初登場し『アントマン&ワスプ：クアントマニア』では時間を超越する力を持つカーンとして再登場したキャラクターだ。マーベル・コミックスには、このキャラクターの数えきれないほどのバージョンが存在し、コミックスの作者たちもファンたちもその姿を追いきれないほどだった。あるマーベル・スタジオ関係者によると、カーンは元々マルチバース・サーガ全体に関わるヴィランだと想定されてはいなかったのだが、演じたジョナサン・メジャースに対する反応があまりに大きかったので、サノス級の脅威に格上げされたのだ。カーンの映画デビューに際してディズニーの宣伝部門はとりわけ力を入れた。1人でも多くの観客の目がカーンを演じるメジャースの演技に向くように、そしてカーンが登場するテレビ・ドラマ（『ロキ』）と映画（これ以降すべて？）が知られるように、2つのポストクレジット・シーンで彼を売り込んだ。ポストクレジット・シーンの最後にはアリーナを埋め尽くす何千という並行宇宙（ヴァリアント）バージョンのカーンがおり、全員ジョナサン・メジャースの顔をしているのだ。マーベル・スタジオが1人の俳優にこれほど託したのは、ロバート・ダウニー・ジュニア以来だった。

『アントマン&ワスプ：クアントマニア』の評判は芳しくなかった。劇場での興行収入も公開2週目には69パーセント減という惨状で、マーベル・スタジオの良くない記録を更新したが、ジョナサン・メジャースは映画の酷評にもめげていない様子だった。ところが、映画の一番いいところはメジャースの演技であり、メジャースこそがMCUの未来だと称賛されていた2023年3月22日、映画の公開から2か月も経たないうちにメジャースは暴行容疑で逮捕された。家庭内の喧嘩が原因で女性の首を絞めたという容疑だった。マーベルの未来を背負う役者が、一夜にして次なるジレンマの種になってしまった〔2023年12月の有罪判決を受けてディズニーはメジャースとは袂を分かつと発表した〕。

ストリーミング配信への過剰な期待も法的な問題も、願えば消えるようなものではないが、ファイギにはMCUを観てくれる人たちの関心をつなぎ留める根本的な方法論があった。「秘密でもなんでもありませんよ。それがあるからコミックスはこんなに長い間続いているんです」[37]とファイギは言う。「何をやるにしてもキャラクターを通してやる。キャラクターを通して観客が心をつなぎ留められるようにする。アライグマでも何でもいいんです。どんなに荒唐無稽なことをさせても、観客はそのキャラクターと一緒についてきてくれます。僕たちがマジカル・ミステリー・ツアーと呼ぶこの映画〔マルチバース・オブ・マッドネス〕の場面に、ベネディクト・カンバーバッチと一緒についていきてくれるんですよ」

マーベルの偶像たちの未来は不明確だった。これまで観客の心をつなぎ留めてきたロバート・ダウニー・ジュニア、クリス・エヴァンス、そしてスカーレット・ヨハンソンたちがシリーズを去った影響は否定できず、チャドウィック・ボーズマンの突然の他界も響いた。さらにそれ以外のMCUのレギュラーたちも退場しつつあった。「ガーディアンズ・オブ・ギャラクシー」のキャストたちはお別れツアーを済ませ、ブリー・ラーソンはやる気を失い、トム・ホランドは依然としてマーベルとソニーの親権争いの狭間にいた。さらに2022年、初代MCUアベンジャーズの最後の1人であるクリス・ヘムズワースをめぐる報道が関係者を心配させた。遺伝子検査によりアルツハイマー病を発症する可能性を高める素因が見つかったのだ。この報せを聞いたヘムズワースは、マイティ・ソーをこれ以上演じるべきかどうか考えざるをえなくなった。「もしもう一度やるとしたら、それで本を閉じることになるのではないかと思います[38]」とヘムズワースは言った。「恐らくそれが最後になるでしょう」

マーベル・スタジオは次なる壮大な計画や新しいキャラクターとそれを演じる有名人によって、常に将来への期待を高め続ける。しかし期待したご褒美は次第に小さくなっているように感じられた。かつては周到に練られた計画の一端を見せてくれる「約束」としてMCUのポストクレジット・シーンを楽しみに待ったファンたちも、今となってはハリー・スタイルズがエロスというエターナルズのメンバーをもう一度演じるのか、あるいは『テッド・ラッソ：破天荒コーチがゆく』（2020－2023）にレギュラー出演するブレット・ゴールドスタインがヘラクレス役でカメオ出演以上のことをするのか、期待ではなく疑いの眼差しを向けるようになっていた。

この時点では、マルチバース・サーガは2025年5月公開予定の『アベンジャーズ／ザ・カーン・ダイナスティ』（2024年3月にタイトル変更が決定され、本書出版時点では『アベンジャーズ5』）と2026年5月公開予定の『アベンジャーズ／シークレット・ウォーズ』という2本のアベンジャーズ映画で幕を閉じることになっている。2015年のコミックス・シリーズ「シークレット・ウォーズ」（ジョナサン・ヒックマン作、イサド・リビック画）は、壮大な戦いの末にマーベルのマルチバースが崩壊して1つの宇宙に戻って終わる。「『シークレット・ウォーズ』は巨大な素晴らしいクロスオーバーなんです[39]」とケヴィン・ファイギが言う。「僕らの映画で使える大規模なすごいクロスオーバーが、あのコミックスではたくさんあります。いつものことですが、最高なものがありすぎて選ぶのに困るほどです」。MCUのリック・アンド・モーティ化は、さらに進行した。マーベル・スタジオはダン・ハーモンの下で脚本を書いていたジェフ・ラブネスとマイケル・ウォルドロンを雇ってそれぞれに『カーン・ダイナスティ』と『シークレット・ウォーズ』の脚本を依頼した。ファイギは、ルーカスフィルムのために開発中の「スター・ウォーズ」映画のためにもウォルドロンを雇ったが、その企画は2023年に棚上げにされた。

『クアントマニア』の成績が振るわなかったことで、脚本を書いたラブレスは今後MCUには関わらないのではないかという噂が飛び交った。

たとえマルチバースに無限の可能性があったとしても、エンドゲーム以降のマーベルは常にその挙動を細かく監視されることになった。ハリウッドの意識の高い方面の人たちの中には、スーパーヒーロー映画の繁栄のせいでそれ以外の映画が作れなくなったと感じ、積極的にマーベル・スタジオの凋落を望んでいる者もいた。新型コロナウイルスの時代にあってもマーベル映画は利益を上げたが、テレビと映画を併せてこれだけ作品が溢れるとその品質は一貫性を失い、マーベル・ブランドには傷がついてしまった。

品質的に高低のあったディズニープラスの成績を除くとしても、フェーズ4と5の映画は玉石混交だった。ファイギは長年の間、スーパーヒーローをスーパーヒーローたらしめるものが何かという定義そのものを拡張したいと望んでいた。そしてついにそれを可能にする権限を手に映画を作ってきた。『ブラック・ウィドウ』、『エターナルズ』、『シャン・チー／テン・リングスの伝説』、『ドクター・ストレンジ／マルチバース・オブ・マッドネス』、『ソー：ラブ&サンダー』そして『ブラックパンサー／ワカンダ・フォーエバー』。どの映画も、それ以前のマーベル映画よりはるかに幅広いジェンダー、年齢、民族性(エスニシティ)を誇らしく取り込んでいた。

長い戦いを経てようやくクリエイティヴな自由を勝ち取ったファイギだったが、ここにいたって不幸にもいくつもの予期せぬ障害にぶつかってしまった。新型コロナウイルスの世界的大流行に加え、ディズニーの新体制がより大量のコンテンツを要求したので、ファイギには権限があっても行き届いた品質管理ができなかった。『ワカンダ・フォーエバー』はフェーズ4の中でも最も成功した映画であり、チャドウィック・ボーズマンの惜しまれる死と正面から有意義に向き合い、それを作品の感情的支柱にすることにも成功した。ラモンダ女王を演じるアンジェラ・バセットの喪失の痛みに突き動かされるような演技は作品の華として、アカデミー賞の最優秀助演女優候補にもなった。これはマーベル・スタジオ初のオスカー演技賞候補だった。しかしどんなに『ワカンダ・フォーエバー』を擁護する者でも、ストーリーラインやキャラクターが詰め込み過ぎだったことを否定はしないだろう。詰め込まれたのはディズニープラスへのスピンオフ番組『アイアンハート』やタイトル未定のワカンダが舞台のシリーズへの前ふりであり、どちらもライアン・クーグラー監督がプロデュースする企画だった。

そもそもマーベル・スタジオは、ディズニーの要求に応じて事業を拡張できるようなスタジオではなかったのだ。ゆえにその最大の強みは一転して最大の弱味になってしまった。この数年前に、なぜ他のスタジオはマーベルと同じような成績を残せないのかと問われたジョー・ルッソは、こう答えた。「答えは簡単。ケヴィンは1人しかいないからね[40]」。そしてディズニープラス時代の今、マーベル・スタジオはまさにケヴィン不足なのだった。

マーベル・スタジオをつまづかせた初期の2作品といえば『インクレディブル・ハルク』と『マイティ・ソー／ダーク・ワールド』で、どちらもMCUのワースト2だと一般的に認識されてきた。しかしロッテン・トマトの評価を信じるならば、フェーズ4の『エターナルズ』とフェーズ5の『アントマン&ワスプ：クアントマニア』がこの2本を押しのけて、MCU唯一の腐った(ロッテン)トマトとしてワースト2の座に就いた。フェーズ4の『ソー：ラブ&サンダー』もこのウェブサイト上の評価は低く、驚異的な人気を博した同じくタイカ・ワイティティ監督による『マイティ・ソー バトルロイヤル』から転落を遂げた。これにはファイギも悔しがったに違いない。2017年、まだMCUの評価が額に入った新鮮(フレッシュ)なトマトばかりで無傷だった頃に、ファイギがこう言っている。「誰だって、あの額に入った「新鮮なトマト認定」が欲しいですよね。すごく誇りに感じます。認定を受けた映画のタイトルが入ったアクリル樹脂の「新鮮なトマト認定」を送ってくれるんですよ。うちの事務所にたくさん並んでます[41]」

これはつまり、無敵の快進撃を続けた10年の間にケヴィン・ファイギが粉骨砕身の思いで維持してきた高い品質を、残念ながらマーベルのロゴはもはや保証してくれないということを意味した。この顛末は、長い間ファイギの協力者だったボブ・アイガーの謳う企業の気風とは相容れないものだった。マーベルがいまだ世界の頂点に君臨していた2017年に、コミックスを読まない層の観客がどうしてこれほどまでにMCUに引き込まれるのかと問われて、アイガーは「それを可能にする重要な要素がブランド力なのです」[42]と答えた。「だからこそ、私どもが作る映画はピクサー、ディズニー、マーベル、スター・ウォーズのどれかなのです。他の映画は作っていません。ブランドが持つ力が、まだお客さんたちが気づいていないような独特の物語やキャラクターを作る助けになるのです。しかもブランドそのものが価値を持つようになります。あるブランドが独自に持つ特徴やストーリーテリングやキャラクターが広く知られるようになることにより、私たちは競争相手に対する優位性を確保できるのです」

アイガーは、マーベルというブランドが最初からそのような力を秘めていたことに気づいていた。「アイアンマンの映画が公開されたときに、アイアンマンはマーベル最強のキャラクターではありませんでした」とアイガーは続ける。「皆ハルクのことは知っていた。スパイダーマンも知っていました。アイアンマンはそれほどではなかった。映画がアイアンマンの価値を高めたんです。うちがマーベルを買収したときにやってあげたいと思ったのは、彼らのブランドに光を当てて消費者に届けるための最大のセールスポイントにすることでした。世界中の消費者に、です。そしてそれは達成したと思っています」

しかし、引退してほどなくアイガーは自分が作りあげた成果が崩れていくのを目の当たりにした。たとえばピクサーの映画がお茶の間から気軽に配信で観られるようになった途端、アイガーがあれほど丁寧に愛情込めて磨き上げたブランドはありふれたものになってしまった。そして2022年、ディズニーの株価は40パーセント下落した。

ディズニー株暴落の責めをボブ・チャペック1人に負わせるのは理不尽だろう。新型コロナウイルスの大流行は世界経済のあらゆるセクターに影響をおよぼし、ディズニーの金を血を流すように失っているディズニープラスはアイガーから引き継いだプロジェクトだ。しかしアイガーには、不安な株主たちを力強く説得するストーリーを紡ぐ才能があった。チャペックにはこれが欠けていた。そういうわけで2022年10月、ディズニーの取締役会は、契約を更新したばかりのチャペックに辞職を求めた。アイガーはディズニーに復帰して、最低2年の間会社の方向性を正す手伝いをすると約束した。

アイガーが復帰を発表したその日、ディズニーの株価は10パーセント上昇した。ファイギ同様クリエイティヴ職に就くディズニーの社員たちは、最大の理解者の帰還に歓喜した。アイガーを相手に取締役会の覇権争いの最中だったアイク・パルムッターにとって、この展開はそれほど楽観的なものではなかった。結果としてパルムッターは争いに負け、2023年3月29日にマーベル・エンタテインメントという領地を取り上げられ、ディズニーの組織図から抹消された。

アイガーが復帰したとき、マーベルは1年をかけた業務刷新の真っただ中だった。『キャプテン・マーベル』の続編『マーベルズ』の公開は2023年7月に予定されていたが11月に延期され、作品をきちんと仕上げるための追加撮影の時間が数か月確保された。2年の間に8本のシリーズと2本のスペシャルをディズニープラス用に量産したマーベルだったが、同スタジオが2023年に手がけることになるシリーズは、『シークレット・インベージョン』、『エコー』そして『ロキ』第2シーズンと、多くて3本とされた。

2023年前半にディズニープラスが400万の登録者を失うと、同社の戦略は配信サービスは急速な拡大から実質的な利益の創出へとシフトした。さらに同年春、ディズニーは数千という従業員を解雇した。

何かと制約の多い新時代に際しても、相変わらず外交上手なケヴィン・ファイギはポジティヴに事態を捉えた。「うちで製作した映画やテレビ・ドラマが時代の空気みたいなものを直撃したときに、マーベル・スタジオの力を実感します。皆が使う「コンテンツ」という言葉は大嫌いですが、その数が多すぎると時代の空気を直撃するのが難しくなりますね。しかし僕としては、マーベル・スタジオにはその他大勢から突出してほしいし、その高みに留まり続けてほしいのです。フェーズ5から6へと展開するにつれ、そうなるのをお目にかけますよ。ディズニープラスに供給する番組の数も変わります。1つ1つの番組がしっかり輝くようにしてやりたいんです[43]」

この発言は、準備が万端の域に達していないマーベル作品は公開せず、物語の穴を見極めて塞ぐ時間を確保するということを意味している。そのためにはマーベル・スタジオは今まで以上に素早く行動しなければならない。ディズニーは経費を抑えてくるだろう。そして2023年5月に始まった全米脚本家組合のストライキが『ブレイド』や『サンダーボルツ』といった映画の制作を遅らせ、相互に絡み合ったMCUのスケジュールは滅茶苦茶になっている。

長年共闘してきた盟友ヴィクトリア・アロンソが突然マーベル・スタジオを去り、最大の障害で在り続けたアイク・パルムッターもいなくなった今、再び皆の目はこの状況をどうにかできる人物、つまりケヴィン・ファイギに向けられたのだ。

EPILOGUE | HOW MUCH WE HAVE LEFT
まだ残っているもの

何それコミックスの台詞？
Are you quoting a comic book right now?
——シーハルク：ザ・アトーニー（２０２２）

２０２２年、『シー・ハルク：ザ・アトーニー』のシーズン最終話でのこと。自分が主演する番組の出来に不満を覚えたシー・ハルク本人が（演じるのはタチアナ・マスラニー）、カリフォルニア州バーバンクにあるディズニー・スタジオ内のマーベル・スタジオに歩いて入る。そこでシー・ハルクはマーベル・スタジオを陰から操る頭脳と対峙する。それは超知性を誇るロボット、K.E.V.I.N.（知識拡張型映像相互接続体〔Knowledge Enhanced Visual Interactivity Nexus〕）だった。ケヴィン・ファイギはシリーズの脚本を書いているジェシカ・ガオにＡＩにされても気にしなかったが、野球帽を被せようとしたことには反対した。「だって全然理屈にあってないでしょ？」とファイギは言った。「どうしてロボットが帽子なんか被るの？」[1]

実際にバーバンクにあるマーベル・スタジオを訪れた者は、シー・ハルクと自分の体験がほとんど同じなことに気づくだろう。受付にマット・ウィルキーがいるところまで同じだ（『シー・ハルク』で本人が受付役を演じた）。そして異常に長い秘密の保持に関する誓約書に署名を求められるのも同じだ。凧工場やメルセデス・ベンツの販売店の2階が事務所だった頃は揃いの椅子すら置けなかった昔を考えると、マーベル・スタジオは垢ぬけた。フランク・G・ウェルズ・ビルディングの2階でエレベーターから降りると、素晴らしい壁画の数々、そして丁寧に陳列された映画の衣装や大道具小道具がすぐに目に入る。

細かく仕切られたオフィス・スペースの中心に、本物のケヴィン・ファイギのオフィスがある。マーベル・スタジオのオフィスは窓があってドアがない開放的な空間だが、ヴィジュアル開発部門のライアン・メイナーディングとアンディ・パークのオフィスにはドアがあり、2人が極秘でキャラクターのデザインをしているときには閉まっている。日当たりがよくて広々としたファイギのオフィスには、インフィニティ・ガントレットの複製や、『バトルロイヤル』で無理矢理頭髪を切るときにソーが縛り付けられた椅子など、さまざまな映画の思い出の品々が飾られている。野球帽を被ったファイギの背後には、その他のコレクションが棚に並んでいる。

ファイギは、プロデューサーとして駆け出しの頃を回想する。最初の「X－MEN」映画を開発するローレン・シュラー・ドナーの下で働いていたときのことだ。「それまで書かれた脚本を読み込んでいたときです[2]」とファイギは語る。「皆が知っているようなことは僕もなんとなく知ってましたが、脚本を読みながら「どの脚本にも何らかの問題があるけど、コミックスに答えがあるかもしれない」と考えてコミックスを読みました。問題はすべて解決しましたよ」

マーベル・スタジオの社長であるファイギは、常々原作コミックスの素晴らしさを強調してきた。「考えられないほど才能豊かな人たちが、毎月1回、50年や60年の間、新しい物語を創造し続けてきたんです」とファイギは言う。コミックスのキャラクター造型は、多くの映画制作関係者が考えている以上に深い。スーパーヒーロー映画シリーズに関わる人ですらそれに気づいている者は少ない。そしてその魅力の肝とは作品相互のカメオ出演とチーム結成だ。ファイギはこれを見抜いていた。このすでに存在していた魅力に、上からすべてを見渡している男が気づいていたからこそ、MCUは今ある姿になりえたのだ。

MCUがストリーミング配信とマルチバースの世界に溢れだした現在、スーパーヒーローは定期的にリブートされるということ、並行宇宙（ヴァリアント）バージョンのキャラクターやスピンオフが制御不能にならないようにする方法、そして年に一度のメガ・クロスオーバーによってまったく異なるストーリーに属するキャラクターたちを統合できるということなど、ファイギが新しい教えをコミックスに乞うときがきた。

「ちょっと見せたいものがあるんです」[3]と言って、ファイギは唐突に立ち上がる。マーベルの迷路を足早に抜けるファイギについて行くと、そこには1枚の巨大なポスターがある。マーベル・スタジオができたばかりのときに飾られていたものの複製だ。「マーベル・ユニバース」と紋章のような文字で描かれたこのポスターは、1988年に作られた販促ポスターだった。エド・ハニガンとジョセフ・ルビンスタインが描いた何百というキャラクターは、ヒーローからモンスター、宇宙の覇者から臆病者、有名どころから忘れられた者まで網羅されていた。マーベル・スタジオの駆け出しプロデューサーだった頃のファイギは、やることがないときはこのポスターの前で何時間も過ごしながらヒーローたちの活躍に思いを馳せ、どのような物語が作れるか考えたものだった。そして今ファイギは「まだ映画に出してないキャラクターがたくさんいますよ」と教えてくれる。

どんなキャラクターでも、ファイギの手にかかれば面白い映画になるはずだ。「ウッドゴッドは無理かな」[4]と言ってファイギは、大集合したキャラクターたちの中から探し出すのも困難な1人を指して笑う。そしてしばし何かを考えたファイギは、ちょっとずる賢そうに微笑んで言う。「でも、どういうやつだったか、もう1回ちょっと見てみますよ」

謝辞

私たちが本書を書き始めたのは、ヘリキャリアが墜落するみたいな勢いで新型コロナウイルスが皆の生活を完全にひっくり返す前のことでした。あのなんとも言えない4年間の日々を、少しでも楽にしてくれた皆さんに、この場を借りてお礼を申し上げます。

どんなことでも相談に乗ってくれて本書を最初から信じ続けてくれたリバーライト／ノートン出版で一番忍耐強い編集者のダン・ガーストル、本当にありがとう。

私たちを1歩ずつ導いてくれた出版エージェント界のスーパースター、ダニエル・スベトコヴ。そしてダニエルと共に私たち3人を引き合わせてくれたいつもイカしたダニエル・グリーンバーグ。2人とも恩人です（レヴィーン・グリーンバーグ・ロースタン出版エージェンシーの皆さん、特にティム・ウォイシック、メリッサ・ローランド、そしてミーク・コキアにも感謝）。

私たちにマルチバースのことを説明してくれたすべての人びとに感謝を。

表紙に名前が載っていない大勢の皆さんのおかげで、この本は完成しました。表紙といえば、ヘンリー・アードマン、素敵な表紙デザインをありがとう。つぶさにファクトチェックをしてくれたクリス・ヒューイット。そしてこの本のために惜しみなくその才能を提供してくれたリバーライト／ノートンで働くスーパーヒーローの皆さん、中でもズィバ・アロラ、アシュリー・パトリック、ブライアン・ムリガン（ラブドッグ・スタジオ）、ヘンリー・アードマン、ベッキー・ホーミスキー、ローレン・アベイト、ピーター・ミラー、ニック・カーリー、クリオ・ハミルトン、コーディリア・キャルバート、スティーヴ・アタルド、ファンタ・ディアロ、そして無敵のピーター・サイモンに感謝を。

ロックダウン中に暇を持て余していた人びとを片っ端からインタビューしてしてくれたペッパー・ポッツのように有能なモーガン・ロビンソン、ありがとう、そしてご苦労様。ジャーナリズムをファンダムに育て上げてくれたジュリアン・ミッチェルとジャスティン・ミッチェルに胸いっぱいの感謝を。そして以下のポッドキャスターの皆さんにも。ケイティ・リッチ、マット・パッチズ、デヴィッド・エルリック、ニール・ミラー、アンソニー・ブレズニカン、リチャード・ローソン、クリスティン・ルッソ、マロリー・ルービン、ヴァン・ラサン・ジュニア、チャールズ・ホームズ、スティーヴ・アールマン、ジョミ・アデニラン、アルジュナ・ランゴパル、そしてデヴィッド・チェン。11thストリート・プロダクションズのポスプロチームの皆さん。ジョン・ゴンザレス、ジム・ゴンザレス、本書執筆中に急逝したウェンディル・イーストリング。同情、テキーラ、ケーキという順番で私たちを慰めてくれたキム・レンフロとダイアナ・ヘルムース、ありがとう。皆がノーと言ったときに1人だけイエスと言ってくれたダレル・ボークエズに感謝。ジェン・スーダル・エドワーズとダッシュとソラ。スティーヴ・クリスタル。ロバート・ロズニー。ジェフ・ジャックマン。スライトリー・ディフィカルト・リーディング・ソサエティ。オンラインのコミックスコミュニティ616ソサエティの創始者で『All of the Marvels（マーベルのすべて）』著者のダグラス・ウォーク、惜しみない助力をありがとう。マシュー・クライス。マーク・ウィーデンバウム。スコット・ヘス。プエルト・マルドナドにあるタンボパタの朝日、プーノにあるパサ・パンカラーニ、チチカカ湖の浮島ウロス島にあるウロス・アルマ・ウロ（本書のかなりの部分はペルーで執筆された）。キャリン・ガンツ、ピーター・キープニューズ、エイミー・パドナニ、ニューヨークタイムズ紙のビル・マクドナルド。そしてすべてのきっかけを作ってくれたヴァニティ・フェア誌のマイク・ホーガン。皆さんに感謝を。

最後に、本書を執筆した3人がそれぞれに対して感謝を述べたいところですが、ちょっとメタだし手前味噌だし、やめときます。執筆前もいい友達でしたが執筆後はもっといい友達になったと言えば、それで事足りると思います。

エクセルシオール！

訳者あとがき

「マーベルを知らない人の方が多かった世界」を覚えておいでだろうか。ブランド力に商機を見出すディズニーのボブ・アイガーの下で世界的なブランドに成長したマーベルだが、その長い歴史を考えるとそれもつい最近のこと。マーベルの存在感が薄かった時代が、かつてこの宇宙には存在したのだ。

私とマーベルの出会いはそこそこ古い。１９７０年頃にテレビアニメ『宇宙忍者ゴームズ』。そして東映の『スパイダーマン』や深夜放送『超人ハルク』やコミックス版『スター・ウォーズ』。疎いと言われればそれまでだが、どれもがマーベルという横糸でつながっているということを私は何年も知らなかった。ブランド性の欠如。それが21世紀に突然存在感を増す。今さら？　どうして？

本書 *MCU: The Reign of Marvel Studios* はそのような疑問に対して多くのヒントと洞察を与え、ビジネスという側面からもマーベル・スタジオの波乱に富んだ足跡に光を当てる。著者による１００人を超えるインタビューや過去の文献を豊富に引用しながら、ポップ・カルチャーの表舞台に突如躍り出たかに見えるマーベルという文化現象の成り立ちを多面的に紐解いていく。ファンと一緒に大きくなりながら『エンドゲーム』で頂点を極めたマーベル・スタジオの舞台裏を、その誕生前夜から多彩な証言に基づいて見せてくれる。さらにコロナ禍に翻弄されストリーミング配信で想定外の方向に舵を切ったマーベル・スタジオの行く末を占って、本書は終わる。

しかし本は終わってもマーベルという現象は終わらない。本書がアメリカで出版された２０２３年10月から日本語版が出版されるまでの間にも作品は発表され続けた。２０２３年11月『マーベルズ』公開、２０２４年1月『エコー』配信。同年3月『X－MEN '97』配信。そして２０２４年7月24日、２０１７年のディズニーによる21世紀フォックス買収の戦果でもある『デッドプール&ウルヴァリン』公開。

「1歩や3歩くらい足を踏み外しても、苦もなく生き残れるに違いない」という著者の楽観に反して『マーベルズ』は苦戦、ディズニープラスは明らかに供給過剰だった。迷走気味のフェーズ5。これを書いている現時点でさらに5本のディズニープラス番組、『キャプテン・アメリカ：ブレイブ・ニュー・ワールド』と『サンダーボルツ』の2本の劇場長編映画が公開を控えている。

2024年5月7日、四半期報告の後でディズニーのボブ・アイガーがアナリスト相手に「スーパーヒーロー疲労」に言及し「マーベルのアウトプットを減らす。よい映画を年間2本、多くて3本」と発言。同日ファイアギとデスポジートも同じ考えを公表した。翌8日、ディズニーとワーナー・ブラザース・ディスカバリーが提携、ディズニープラスとHulu、Maxを統合すると発表された。親会社ディズニーはメディア産業の熾烈な戦いに備えて策を練り、マーベルは品質重視の製作体制に戻ろうとしている。まだまだ拡張を続けるMCUが、簡単に止まるわけにはいかないのだ。そして私も『宇宙忍者ゴームズ』から半世紀以上経ってまさに満を持して公開されるマーベル・スタジオ版『ファンタスティック・フォー』を観逃すわけにはいかないのである。

最後に。本書にはMCU作品の台詞が多数引用されている。基本的には独自に訳したが、映画館で観たときのあの気持ちを思い出してほしいという台詞に限っていくつか字幕を引用させていただいた。該当字幕を翻訳された林完治さんにこの場を借りてお礼を申し上げます。

そして編集面からサポートしてくれたフィルムアート社の沼倉康介さん、そして監修してくださったキャプYこと吉川悠さんに感謝を。お陰で迷子にならずにすみました。

2024年6月

島内哲朗

出典

この本を書くにあたって、私たちはゴリアテ（というか、複数形でゴリアテたち）の肩に乗った心地です。さらにＭＣＵへの興味を深めたいあなた、そして本文中の引用のソースがどこか知りたいあなた、どうぞこのノートをご活用ください。

PROLOGUE　はじまりの物語

1　２０１２年４月20日『アベンジャーズ』英国プレミア上映記者会見、ロンドン・クラリッジホテルでの発言
2　著者による２０１７年のクリス・ヘムズワースへのインタビューより引用
3　著者による２０１７年のマーク・ラファロへのインタビューより引用
4　著者による２０１７年のケヴィン・ファイギへのインタビューより引用
5　著者による２０２２年の匿名インタビューより引用
6　ニック・デ・セムリエン（Nick De Semlyen）「The Irishman Week: Empire's Martin Scorsese Interview」エンパイア、２０１９年11月７日 empireonline.com/movies/features/irishman-week-martin-scorsese-interview.
7　デヴィッド・テイラー（David Taylor）「Francis Ford Coppola: 'A Marvel Picture Is One Prototype Movie Made Over And Over Again To Look Different'」ＵＫ版GQ、２０２２年２月17日 gq-magazine.co.uk/culture/article/francis-ford-coppola-godfather-marvel.

CHAPTER 1　フェニックス・サーガ

1　リタ・レイフ（Rita Reif）「Holy Record Breaker! $55,000 for First Batman Comic」ニューヨーク・タイムズ紙、１９９１年12月19日
2　ニール・ゲイマン「Gods and Tulips #1」Westhampton House、１９９９年１月１日
3　スタン・リー「Amazing Fantasy #15」マーベル・コミックス、１９６２年８月 スタン・リーは、〈原書では〉この文章で「Spiderman」にハイフンを入れるのを忘れていることに留意。
4　スタン・リーもルー・フェリグノも、テレビ局側が「ブルース」という名前はゲイっぽすぎると考えて変更することにしたと主張している。リー「テレビ局が「ブルース・バナー」を「デヴィッド・バナー」に変えようとしていると聞いたので、当然相手に尋ねました。「どうして変えるんですか？名前は「ブルース」と決まってるんですよ」。局の頭のいい誰かが「いやいや、スタン、ブルースだとホモセクシュアルみたいに聞こえてしまう。それはゲイの人の名前だ」。そこで私は「オリンピックの十種競技のチャンピオンのブルース・ジェナーは？　他にも……その時はブルース・ウィリスのことは知らなかったが、ともかく相手は聞き入れなかった。ともかくブルースという響きを嫌っていた（ロン・マン監督『Comic Book Confidential』Cinecom, 1988）より引用）。また、『超人ハルク』のエグゼクティヴ・プロデューサーのケネス・ジョンソンは変名の理由は別にあったと主張している。ジョンソンは、「ブルース・バナー」という名のＢとＢという頭韻がいかにもコミックス的すぎると思ったのだった。
5　著者による２０２０年のショーン・ハウへのインタビューより引用
6　マーベル・プロダクションの広告、ヴァラエティ誌、１９８０年６月19日
7　ワイオミング大学アメリカン・ヘリテージ・センター、スタン・リー・アーカイヴボックス１５７「ヒーロー・コンでのスタン・リーのスピーチ」１９８４年７月１日、ノースカロライナ州シャーロット（ビデオ録画）より引用。ボブ・ゲイルは実際に「ドクター・ストレンジ」の映画用脚本を書いていた。それをラリー・コーエン、チャールズ・バンド、スタン・リー本人が改稿した。チャールズ・バンドは自分が手直しした脚本を１９９２年に撮影したが、ドクター・ストレンジというキャラクターを使用する権利は失効していたので『ドクター・モービッド』〈邦題は『サイキック・ウォリアーズ 超時空大戦』〉というタイトルにした。
8　エイブラハム・ジョセフィン・リースマン（Abraham Josephine Riesman）著『True Believer: The Rise and Fall of Stan Lee』（Crown, 2020）２１３ページより引用。スタン・リーは80年代後半に日本のスーパー戦隊シリーズの1本を観て、それをアメリカ市場で成立させる方法として一部を吹替えてアメリカ人俳優を使った追加撮影を考えた。しかしアメリカのネットワーク局は興味を示さなか

った。マーガレット・ローシュがマーベル・プロダクションズを離れてフォックス・キッズに移った後の１９９２年、ハイム・サバンというイスラエル人のテレビ・プロデューサーがローシュに接触をとった。サバンは北米向けにスーパー戦隊番組をカスタマイズするためにリーと同じ方法を思いつき、権利を押さえていた。上司たちは懐疑的だったがローシュは企画を承認し、結果は『マイティ・モーフィン・パワーレンジャー』という一大現象になった。

9 マーガレット・ローシュへのインタビュー、テレビ芸術科学アカデミー財団、２０１９年1月15日

10 ショーン・ハウ(Sean Howe)著『Marvel Comics: The Untold Story』(HarperCollins, 2012) ２１３ページ

11 ダン・ラヴィヴ(Dan Raviv)著『Comic Wars: Marvel's Battle for Survival』(Levant Books, 2012), location 305, Kindle.

12 マシュー・グランハン(Matthew Granhan)「Man in the News: Ike Perlmutter」フィナンシャルタイムズ紙、２００９年9月4日付記事より引用。アイク・パルムッターは報道取材を徹底的に避けることで知られるが、本書の取材もすべて拒否された。

13 ダグラス・マーティン(Douglas Martin)「Sam Osman, 88, Founder of Job Lot Trading」ニューヨーク・タイムズ紙、２０００年2月18日

14 スコット・ボウルズ(Scott Bowles)「Marvel's Chief: A Force Outside, 'a Kid Inside'」USAトゥデイ紙、２００３年6月5日

15 キャロル・ローソン(Carol Lawson)「A One-Man Thrill Factory for Children」ニューヨーク・タイムズ紙、１９９３年7月8日

16 同前

17 著者による２０１７年のアヴィ・アラッドへのインタビューより引用

18 ダン・ラヴィヴ(Dan Raviv)著『Comic Wars: Marvel's Battle for Survival』(Levant Books, 2012), location 305, Kindle.

19 エリック・リーヴォルド、ジュリア・リーウォルド(Eric Lewald and Julia Lewald)著『X-Men: The Art and Making of the Animated Series』(Abrams, 2020) 34ページ

20 同前、13ページ

21 エイブラハム・ジョセフィン・リースマン(Abraham Josephine Riesman)著『True Believer: The Rise and Fall of Stan Lee』(Crown, 2020) ２２５ページ

22 ジェフ・ブーシェ(Geoff Boucher)「Avi Arad: From 'Blade' to 'Morbius,' Three Decades Of Mining Marvel」デッドライン、２０１９年3月20日 deadline.com/2019/03/avi-arad-marvel-blade-spider-man-morbius-toys-1202576569.

23 ダン・ラヴィヴ(Dan Raviv)著『Comic Wars: Marvel's Battle for Survival』(Levant Books, 2012), location 2228 Kindle.

24 同前、loc. 3201.

25 同前、loc. 3228.

26 著者による２０１７年のアヴィ・アラッドへのインタビューより引用

CHAPTER 2 恵まれし子ら

1 ロバート・イトウ(Robert Ito)「Fantastic Faux!」ロサンゼルス誌、２００５年3月号より引用

2 同前。「ファンタスティック・フォー」を作ることになっていたコーマンの制作会社はニューホライズンズ・ピクチャーズではないことに注意。コーマンはニューワールドを１９８３年に売却した(そして売却後１９８６年にニューワールドはマーベルを買収した)。

3 同前

4 ラス・バーリンゲーム(Russ Burlingame)「DOOMED! Director Marty Langford Doesn't Believe Marvel Really Destroyed the Fantastic Four Negatives」ComicBook.com、２０１６年9月9日 comicbook.com/marvel/news/doomed-director-marty-langford-doesnt-believe-marvel-really-dest-2.

5 ナンシー・ハス(Nancy Hass)「Marvel Superheroes Take Aim at Hollywood」ニューヨーク・タイムズ紙、１９９６年7月28日

6 ウィロー・グリーン(Willow Green)「Avi Quits」エンパイア誌、２００６年6月1日 empireonline.com/movies/news/avi-quits.

7 マーガレット・ローシュへのインタビュー、テレビ芸術科学アカデミー財団、２０１９年1月15日

8 ショーン・ハウ(Sean Howe)著『Marvel Comics: The Untold Story』(HarperCollins, 2012) ３９９ページ

9 著者による２０２０年のピーター・フランクフルトへのインタビューより引用

10 同前
11 「Columbia University Libraries: Comic New York—A Symposium: Chris Claremont, Day 1, Keynote」Columbia UniversityによるYouTube動画、２０１２年４月11日 youtube.com/ watch?v=WEpZrZNtgxE.
12 マット・シンガー（Matt Singer）「James Cameron Calls His Spider-Man 'The Greatest Movie I Never Made'」ScreenCrush.com、２０２１年12月６日 screencrush.com/james-cameron-spider-man-movie.
13 ベン・フリッツ（Ben Fritz,）著『The Big Picture: The Fight for the Future of Movies』(HarperCollins, 2019) 46ページ
14 アンソニー・ブレズニカン (Anthony Breznican)『「The Man Behind the Movies」in The Marvel Universe』(Meredith, 2021) 57ページ
15 著者による２０１７年のケヴィン・ファイギへのインタビューより引用
16 ブレント・ラング（Brent Lang）「How Kevin Feige Super-Charged Marvel Studios into Hollywood's Biggest Hit Machine」ヴァラエティ誌、２０１９年４月16日 variety.com/2019/film/features/kevin-feige-avengers-endgame-marvel-studios-1203188721.
17 同前
18 「Kevin Feige: USC School of Cinematic Arts Mary Pickford Alumni Award」ＵＳＣによるYouTube動画、２０１４年５月20日 youtube.com/watch?v=dmvLLYoY35Y.
19 「that the smart kids」:「Kevin Feige」インタビュー、Produced By、２０１７年１月
20 同前
21 同前
22 「Tribute to Richard Donner—How 'Superman' Influenced Today's Biggest Superhero Movies」OscarsによるYouTube動画、２０１７年６月８日 youtube.com/watch?v=PrNwMXcKxWE.
23 同前
24 インタビュー「Kevin Feige」Produced By、２０１７年１月
25 エリン・カルソン (Erin Carlson)『I'll Have What She's Having: How Nora Ephron's Three Iconic Films Saved the Romantic Comedy』(Hachette, 2017) ２３２ページ
26 著者による２０２０年のクレイグ・カイルへのインタビューより引用
27 ブルックス・バーンズ (Brooks Burns)「With Fan at the Helm, Marvel Safely Steers Its Heroes to the Screen」ニューヨーク・タイムズ紙、２０１１年７月24日
28 デヴィン・レオナルド（Devin Leonard）「The Pow! Bang! Bam! Plan to Save Marvel, Starring B-List Heroes」Bloomberg Businessweek、２０１４年４月３日 bloomberg.com/news/articles/2014-04-03/kevin-feige-marvels-superhero-at-running-movie-franchises#xj4y7vzkg.
29 タチアナ・シーゲル（Tatiana Siegel）「Bryan Singer's Traumatic 'X-Men' Set: The Movie 'Created a Monster'」ハリウッド・リポーター誌、２０２０年７月31日
30 著者による２０２０年のクレイグ・カイルへのインタビューより引用
31 著者による２０１７年のケヴィン・ファイギへのインタビューより引用
32 同前
33 アダム・B・ヴァリー（Adam B. Vary）「'Spider-Man' at 20: How Sam Raimi and Sony Pictures Rescued the Superhero Genre and Changed Hollywood Forever」ヴァラエティ誌、２０２２年５月
34 同前
35 ステイシー・ウィルソン（Stacey Wilson）「In Her Own Words」ハリウッド・リポーター誌、２０１１年６月15日
36 著者による２０１７年のローレン・シュラー・ドナーへのインタビューより引用
37 著者による２０２０年のリック・ハインリクスへのインタビューより引用
38 著者による２０１７年のケヴィン・ファイギへのインタビューより引用
39 アダム・B・ヴァリー（Adam B. Vary）「'Spider-Man' at 20: How Sam Raimi and Sony Pictures Rescued the Superhero Genre and Changed Hollywood Forever」ヴァラエティ誌、２０２２年５月
40 同前
41 同前
42 同前

CHAPTER 3 昔々、マール・ア・ラーゴで

1 アイザック・アーンスドルフ（Isaac Arnsdorf）「The Shadow Rules of the VA」ProPublica、２０１８年８月７日 propublica.org/article/ike-Perlmutter-bruce-moskowitz-marc-sherman-shadow-rulers-of-the-va.

2 著者による２０２０年のデヴィッド・メイゼルへのインタビューより引用
3 同前
4 著者による２０２３年のデヴィッド・メイゼルへのインタビューより引用
5 著者による２０１７年のケヴィン・ファイギへのインタビューより引用
6 著者による２０２０年のクレイグ・カイルへのインタビューより引用
7 著者による２０２０年のデヴィッド・メイゼルへのインタビューより引用
8 ケン・Ｐ（Ken P.）「An Interview with Avi Arad」ＩＧＮ、２００４年2月10日 ign.com/articles/2004/02/10/an-interview-with-avi-arad.
9 著者による２０２０年のデヴィッド・メイゼルへのインタビューより引用
10 同前
11 ベン・フリッツ（Ben Fritz）著『The Big Picture: The Fight for the Future of Movies』（HarperCollins, 2019）55ページより引用。アラッドが主張するこの計画は「マーベル・ワールド」立案のための70ページにおよぶ提案書で、外部投資家たちの資金で撮影スタジオを作り、投資家たちはスタジオの20パーセントを所有することになっていた。デヴィッド・メイゼルは（本書執筆者のインタビューに応じて）「ベン・フリッツの本でそのことを読んだとき「おいおいちょっと待て、私が（マーベルで）働き始める数か月前にそんな提案があったなら、どうして私は何も見てないんだ?」と思いましたよ。それがあったなら一から自分の提案書を書かなくて済んだでしょう。ジョン・トリツィンに電話で聞いてみましたが「そんなもの存在しなかったに決まってるだろう」と言われました」
12 著者による２０２０年のデヴィッド・メイゼルへのインタビューより引用
13 著者による２０２０年のジョン・トリツィンへのインタビューより引用
14 著者による２０２０年のデヴィッド・メイゼルへのインタビューより引用
15 著者による２０２０年のジョン・トリツィンへのインタビューより引用
16 著者による２０１７年のケヴィン・ファイギへのインタビューより引用
17 著者による２０２０年のデヴィッド・メイゼルへのインタビューより引用
18 著者による２０２０年のジョン・トリツィンへのインタビューより引用
19 著者による２０２０年のデヴィッド・メイゼルへのインタビューより引用
20 タラ・ベネット、ポール・テリー（Tara Bennett and Paul Terry）著『The Story of Marvel Studios: The Making of the Marvel Cinematic Universe』（Abrams, 2021）vol. 1、21ページ

CHAPTER 4 もっともらしさ

1 タラ・ベネット、ポール・テリー（Tara Bennett and Paul Terry）著『The Story of Marvel Studios: The Making of the Marvel Cinematic Universe』（Abrams, 2021）vol. 1、21ページ
2 著者による２０２０年のジョン・トリツィンへのインタビューより引用
3 タラ・ベネット、ポール・テリー（Tara Bennett and Paul Terry）著『The Story of Marvel Studios: The Making of the Marvel Cinematic Universe』（Abrams, 2021）vol. 1、22ページ
4 ジェフ・ブーシェ（Geoff Boucher）「Avi Arad: From 'Blade' to 'Morbius,' Three Decades Of Mining Marvel」デッドライン、２０１９年3月20日 deadline.com/2019/03/avi-arad-marvel-blade-spider-man-morbius-toys-1202576569/.
5 ベン・フィッツ、パメラ・マクリントック（Ben Fritz and Pamela McClintock）「Exec Makes Marvel Move」ヴァラエティ誌、２００５年11月1日
6 「Valenti and Rove Hold News Conference」ＣＮＮ、transcript、２００１年11月11日 transcripts.cnn.com/show/se/ date/2001-11-11/segment/03.
7 バーナード・ウィーンランブ（Bernard Weinraub）「The Moods They Are A'Changing In Films; Terrorism Is Making Government Look Good」ニューヨークタイムズ紙、２００１年10月10日より引用。実際『エイリアス』のパイロット・エピソードの終わりにジェニファー・ガーナー扮するシドニー・ブリストウは、自分が働いているＳＤ－６というＣＩＡの支部は実はアメリカ政府に敵対的なテロ組織であることを知るが、一貫した辻褄を無視することで知られるＪ・Ｊ・エイブラムスの作る番組なので、さもありなん。
8 著者による２０１９年のマット・ホロウェイへのインタビューより引用
9 ジェームズ・ホワイト（James White）「The Story Behind Iron Man from page to Tarantino to screen and now...sequel!」トータル・フィルム、２００９年5月5日 gamesradar.com/the-story-behind-iron-man.
10 著者による２０１９年のマット・ホロウェイへのインタビューより引用
11 著者による２０１９年のアート・マーカムへのインタビューより引用
12 著者による２０２０年のマーク・ファーガスへのインタビューより引用

13 著者による２０１７年のケヴィン・ファイギへのインタビューより引用
14 著者による２０２０年のデヴィッド・メイゼルへのインタビューより引用
15 著者による２０１７年のジョン・ファヴローへのインタビューより引用
16 著者による２０１７年のケヴィン・ファイギへのインタビューより引用
17 著者による２０２０年のスティーヴン・プラットへのインタビューより引用
18 著者による２０１９年のアート・マーカムへのインタビューより引用
19 著者による２０１７年のアヴィ・アラッドへのインタビューより引用
20 著者による２０２１年のエリック・ヴェスピーへのインタビューより引用
21 著者による２０２０年の匿名インタビューより引用
22 著者による２０１９年のマット・ホロウェイへのインタビューより引用
23 クリス・ヒース（Chris Heath）「RD3」GQ誌、２０１３年５月
24 「The Howard Stern Show」SiriusXM、２０１６年５月４日
25 著者による２０２０年のスティーヴン・プラットへのインタビューより引用
26 著者による２０２０年のデヴィッド・メイゼルへのインタビューより引用
27 クリス・ヒース（Chris Heath）「RD3」GQ誌、２０１３年５月
28 クラーク・コリンズ（Clark Collis）「Forging Iron Man: How Director Jon Favreau Launched the Marvel Cinematic Universe」エンターテインメント・ウィークリー誌、２０１８年３月15日、ew.com/movies/2018/03/15/iron-man-jon-favreau-marvel-cinematic-universe.
29 著者による２０２０年のデヴィッド・メイゼルへのインタビューより引用
30 著者による２０１９年のマット・ホロウェイへのインタビューより引用
31 著者による２０１９年のアート・マーカムへのインタビューより引用
32 著者による２０２０年のマーク・ファーガスへのインタビューより引用
33 著者による２０２０年のデヴィッド・メイゼルへのインタビューより引用
34 著者による２０２０年のダイアン・チャドウィックへのインタビューより引用
35 著者による２０２０年のスティーヴン・プラットへのインタビューより引用

CHAPTER 5　**概念実証**

1 クリス・タプレー（Kris Tapley）「Interview with Crazy Heart's Jeff Bridges」InContention.com、２００９年12月１日 incontention.com/2009 /11/04/crazy-heart-has-the-goods.
2 著者による２０２０年のニナ・パスコウッツへのインタビューより引用
3 著者による２０２０年のスティーヴン・プラットへのインタビューより引用
4 著者による２０２０年のジェイミー・ケルマンへのインタビューより引用
5 著者による２０１９年のアート・マーカムへのインタビューより引用
6 著者による２０２０年のマーク・ファーガスへのインタビューより引用
7 著者による２０１９年のアート・マーカムへのインタビューより引用
8 「American Cinematheque: Iron Man」in-theater commentary、２００８年９月６日
9 クリス・タプレー（Kris Tapley）「Interview with Crazy Heart's Jeff Bridges」InContention.com ２００９年12月１日 incontention.com/2009 /11/04/crazy-heart-has-the-goods.
10 著者による２０２０年のロイド・キャトレットへのインタビューより引用
11 著者による２０２０年のニナ・パスコウッツへのインタビューより引用
12 著者による２０２０年のスーザン・ウェクスラーへのインタビューより引用
13 著者による２０２０年のマーク・ファーガスへのインタビューより引用
14 著者による２０２０年のラウリ・ガフィンへのインタビューより引用
15 著者による２０２０年のＬ・Ｊ・シャノンへのインタビューより引用
16 著者による２０２０年のラウリ・ガフィンへのインタビューより引用
17 「American Cinematheque: Iron Man」in-theater commentary、２００８年９月６日
18 著者による２０２０年のシッドハント・アドラカへのインタビューより引用
19 ドナ・マイルズ(Donna Miles)「Edwards team stars in 'Iron Man' superhero movie」アメリカン・フォーシズ・プレス・サービス、２００７年５月２日 af.mil/News/Article-Display/Article/127002/edwards-team-stars-in-ironman-superhero-movie.
20 同前
21 サマンサ・Ｌ・キグリー（Samantha L. Quigley）「To Tap Into the Military's Arsenal, Hollywood Needs the Pentagon's Blessing」USO.org、２０１５年12月18日 uso.org/stories/105-to-tap-into-the-military-s-arsenalhollywood-needs-the-pentagon-s-blessing.
22 「American Cinematheque: Iron Man」in-theater commentary、２００８年９月６日

23 著者による2020年のシッドハント・アドラカへのインタビューより引用
24 マシュー・アルフォード（Matthew Alford）著『Reel Power: Hollywood Cinema and American Supremacy』（Pluto Press, 2010）111ページ
25 著者による2017年のロバート・ダウニー・ジュニアへのインタビューより引用
26 「American Cinematheque: Iron Man」in-theater commentary、2008年9月6日
27 著者による2017年のケヴィン・ファイギへのインタビューより引用
28 著者による2020年のマーク・チュウへのインタビューより引用
29 ジョナサン・ウィルキンス（Jonathan Wilkins）編『Marvel Studios: The First 10 Years』（Titan, 2018）14ページ.
30 著者による2020年のジェイミー・ケルマンへのインタビューより引用
31 著者による2019年のマット・ホロウェイへのインタビューより引用
32 同前
33 同前
34 著者による2020年のマーク・チュウへのインタビューより引用
35 著者による2017年のロバート・ダウニー・ジュニアへのインタビューより引用
36 著者による2017年のケヴィン・ファイギへのインタビューより引用
37 キム・マスターズ（Kim Masters）「How Marvel Became the Envy (and Scourge) of Hollywood」ハリウッド・リポーター誌、2014年7月23日

CHAPTER 6 ポストクレジット・シーン

1 シャーリー・リ（Shirley Li）「Marvel chief Kevin Feige tells the origin story of the MCU's post-credits scenes」エンターテインメント・ウィークリー誌、2018年4月25日
2 ドリュー・マクウィーニー（Drew McWeeny）[Moriarty]「AICN EXCLUSIVE! Guess Who's Shooting His IRON MAN Role Today!!」Ain't It Cool News、2007年6月21日legacy.aintitcool.com/node/33090
3 ジョン・ファヴローによるMyspace.com の投稿、2007年6月25日 forum.myspace.com/index.cfm?fuseaction=messageboard.viewThread&entryID=37970867&groupID=102795074.
4 ラリー・キャロル（Larry Carroll）「Confirmed: Hilary Swank Will Appear in 'Iron Man'」MTV.com、2007年7月23日 mtv.com/news/wbebm5/confirmed-hilary-swank-will-appear-in-iron-man.
5 「The Art of Adapting Comics to the Screen: David S. Goyer Q&A」Comic-Con International によるYouTube動画、2020年7月25日 youtube.com/watch?v=Hg15UXVh72U.
6 ジェイソン・マイヤーズ（Jason Myers）「David Goyer: Stripped to the Bone」RevolustionSF.com、2000年7月 revolutionsf.com/article.php?id=1082.
7 ジェン・ヤマト（Jen Yamato）「David Hasselhoff: I Was the Ultimate Nick Fury」ムービーライン、2012年5月25日 movieline.com/2012/05/25/david-hasselhoff-avengers-nick-fury-samuel-jackson.
8 ジェフ・オットー（Jeff Otto）「David S. Goyer Talks Batman, Iron Man, Comics and More」IGN、2004年2月27日 ign.com/articles/2004/02/27/david-s-goyer-talks-batman-iron-man-comics-and-more.
9 ショーン・ハウ（Sean Howe）著『Marvel Comics: The Untold Story』(HarperCollins, 2012) 404ページ
10 同前、405ページ
11 著者による2020年のブライアン・ヒッチへのインタビューより引用
12 ガス・ルビン（Gus Lubin）「Samuel L. Jackson had the perfect response to the writer who made his 'Avengers' role possible」ビジネスインサイダー誌、2018年4月27日
13 著者による2020年のブライアン・ヒッチへのインタビューより引用
14 同前
15 ガス・ルビン（Gus Lubin）「Samuel L. Jackson had the perfect response to the writer who made his 'Avengers' role possible」ビジネスインサイダー誌、2018年4月27日
16 シャーリー・リ（Shirley Li）「Marvel chief Kevin Feige tells the origin story of the MCU's post-credits scenes」エンターテインメント・ウィークリー誌、2018年4月25日
17 著者による2017年のジョン・ファヴローへのインタビューより引用

18 シャーリー・リ（Shirley Li）「Marvel chief Kevin Feige tells the origin story of the MCU's post-credits scenes」エンターテインメント・ウィークリー誌、２０１８年４月25日
19 著者による２０１７年のジョン・ファヴローへのインタビューより引用
20 著者による２０１７年のケヴィン・ファイギへのインタビューより引用

CHAPTER 7 とんでもないレベルの毒性

1 アレックス・スペンサー（Alex Spencer）「The Hulk mutated over 55 years to become Marvel's most multifaceted character」Polygon、２０１８年７月11日 polygon.com/comics/2018/7/11/17550926/the-hulk-history-writers-marvel-comics-thor-ragnarok.
2 著者による２０２０年のデヴィッド・メイゼルへのインタビューより引用
3 著者による２０２０年のテリー・ノタリーへのインタビューより引用
4 著者による２０２０年のクレイグ・カイルへのインタビューより引用
5 著者による２０２０年のデヴィッド・メイゼルへのインタビューより引用
6 同前
7 同前
8 著者による２０２０年のカート・ウィリアムズへのインタビューより引用
9 著者による２０２０年のアーロン・シムズへのインタビューより引用
10 トニー・ケイ（Tony Kaye）「Losing It」ガーディアン誌、２００２年10月25日
11 『インクレディブル・ハルク』Blu-ray（Universal, 2008）特典「The Making of The Incredible Hulk, bonus feature」
12 ラリー・キャロル（Larry Carroll）「William Hurt Says New Hulk Is More Heroic, Reveals Iron Man Crossover Scene」ＭＴＶ、２００８年１月19日 mtv.com/news/rgyagm/william-hurt-says-new-hulk-is-moreheroic-reveals-iron-man-crossover-scene.
13 Ｋ・Ｊ・マシューズ（K. J. Matthews）「Liv Tyler: Swift 'Hulk' offer a big surprise」２００８年６月12日 edition.cnn.com/2008/SHOWBIZ/Movies/06/12/people.tyler.
14 エリック・ヴェスピー（Eric Vespe）[Quint]「Quint's hilarious interview with Tim Roth and Louis Leterrier! HULK! INGLORIOUS BASTARDS! And . . . Johnny To?!?」Ain't It Cool News、２００８年６月13日 legacy.aintitcool.com/node/37074.
15 著者による２０２０年のテリー・ノタリーへのインタビューより引用
16 著者による２０２０年のアーロン・シムズへのインタビューより引用
17 著者による２０１９年のザック・ペンへのインタビューより引用
18 「The Incredible Hulk Comic-Con Panel」Abel McBrideによるYouTube動画 ２００７年８月５日 youtube.com/watch?v=_q3Ui91qbIA.
19 同前
20 同前
21 著者による２０１９年のザック・ペンへのインタビューより引用
22 エリック・ヴェスピー（Eric Vespe）[Quint]「Quint's hilarious interview with Tim Roth and Louis Leterrier! HULK! INGLORIOUS BASTARDS! And . . . Johnny To?!?」Ain't It Cool News、２００８年６月13日 legacy.aintitcool.com/node/37074.
23 著者による２０２０年のカート・ウィリアムズへのインタビューより引用
24 バーバラ・ロバートソン（Barbara Robertson）「Heavy-Handed」ComputerGraphics World、２００８年７月
25 著者による２０２０年のテリー・ノタリーへのインタビューより引用
26 同前
27 同前
28 著者による２０２０年のカート・ウィリアムズへのインタビューより引用
29 著者による２０２０年のアーロン・シムズへのインタビューより引用
30 グレゴリー・カーシュリング（Gregory Kirschling）「New 'Hulk': behind-the-scenes drama」エンターテインメント・ウィークリー、２００８年４月17日
31 ドリュー・マクウィーニー（Drew McWeeny）「EXCLUSIVE: Marvel confirms they will hire new 'Hulk' for 'The Avengers'」HitFix、２０１０年７月10日より引用。hitfix.com/blogs/motion-captured/posts/exclusive-marvel-confirms-they-will-hire-new-hulk-for-avengers〔２０２４年５月３日リンク切れ〕ファイギにお友達認定された俳優はロバート・ダウニー・ジュニア、クリス・ヘムズワース、クリス・エヴァンス、サミュエル・Ｌ・ジャクソンとスカーレット・ヨハンソン。
32 デヴィッド・マルケージ（David Marchese）「The Disruptive World of Edward Norton」ニューヨーク・タイムズ・マガジン、２０１９年10月７日

CHAPTER 8 一部組立が必要です

1 タラ・ベネット、ポール・テリー（Tara Bennett and Paul Terry）著『The Story of Marvel Studios: The Making of the Marvel Cinematic Universe』（Abrams, 2021）

vol. 1、24ページ

2　マット・ドネリー（Matt Donnelly）「Meet the Executive Avengers Who Help Kevin Feige Make Marvel Magic」ヴァラエティ誌、２０１９年４月17日

3　著者による２０２０年のクレイグ・カイルへのインタビューより引用

4　「Eva Longoria, Victoria Alonso & more — Academy Dialogues: The Erasure of Latinos in Hollywood」the Academy of Motion Picture Arts and Sciences によるYouTube動画、２０２０年９月10日 youtube.com/watch?v=vdAJ8pCnSvQ&t=18s.

5　エレイナ・フェルナンデス（Elayna Fernandez）「Motherhood Inspiration From Powerful Marvel Mom Victoria Alonso」The Positive Mom、２０１８年４月30日 thepositivemom.com/powerful-marvel-mom-victoria-alonso.

6　ヴィクトリア・アロンソ（Victoria Alonso）「Historias de superhéroes que merecen ser contadas」TEDxCordoba, TEDx Talks によるYouTube動画、２０１９年11月15日 youtube.com/watch?v=dfEL609-KKg. (Author translation from the original Spanish.)

7　タラ・ベネット、ポール・テリー（Tara Bennett and Paul Terry）著『The Story of Marvel Studios: The Making of the Marvel Cinematic Universe』(Abrams, 2021) vol. 1、24ページ

8　著者による２０２０年のクレイグ・カイルへのインタビューより引用

9　著者による２０２０年のジェイミー・ケルマンへのインタビューより引用

10　タラ・ベネット、ポール・テリー（Tara Bennett and Paul Terry）著『The Story of Marvel Studios: The Making of the Marvel Cinematic Universe』(Abrams, 2021) vol. 1、65ページ

11　マット・ドネリー（Matt Donnelly）「Meet the Executive Avengers Who Help Kevin Feige Make Marvel Magic」ヴァラエティ誌、２０１９年４月17日

12　タラ・ベネット、ポール・テリー（Tara Bennett and Paul Terry）著『The Story of Marvel Studios: The Making of the Marvel Cinematic Universe』(Abrams, 2021) vol. 1、23ページ

13　著者による２０２０年のクレイグ・カイルへのインタビューより引用

14　タラ・ベネット、ポール・テリー（Tara Bennett and Paul Terry）著『The Story of Marvel Studios: The Making of the Marvel Cinematic Universe』(Abrams, 2021) vol. 1、68ページ

15　著者による２０２０年のクレイグ・カイルへのインタビューより引用

16　ジム・サッカー（Jim Thacker）「Q&A: Victoria Alonso, Marvel's visual effects chief」CGchannel.com、２０１１年９月15日 https://www .cgchannel.com/2011/09/qa-victoria-alonso-marvels-visual-effects-chief/

17　タラ・ベネット、ポール・テリー（Tara Bennett and Paul Terry）著『The Story of Marvel Studios: The Making of the Marvel Cinematic Universe』(Abrams, 2021) vol. 1、70ページ

CHAPTER 9　酒瓶の中の悪魔

1　著者による２０２０年のデヴィッド・メイゼルへのインタビューより引用

2　著者による２０１７年のジョン・ファヴローへのインタビューより引用

3　著者による２０２０年のデヴィッド・メイゼルへのインタビューより引用

4　『アイアンマン２』Blu-ray（Paramount, 2010）特典「Ultimate Iron Man: The Making of Iron Man 2」written by Adam Gallagher

5　ピーター・シレッタ（Peter Sciretta）「Interview: Iron Man 2 Screenwriter Justin Theroux」スラッシュフィルム、２０１０年５月10日 slashfilm.com/508942/interview-iron-man-2-screenwriter-justin-theroux.

6　スコット・サイモン（Scott Simon）「Terrence Howard Talks Tunes, Family, Science」Weekend Edition Saturday、ＮＰＲ、２００８年10月18日

7　ウィル・ハリス（Will Harris）「Don Cheadle got the Avengers call in the middle of his kid's laser tag party」ＡＶクラブ、２０２２年２月６日 avclub.com/don-cheadle-got-the-avengers-call-in-the-middle-of-his-1842692765.

8　同前

9　マシュー・ギャラハン（Matthew Garrahan）「Superheroes soar above Disney tensions」ファイナンシャル・タイムズ紙、２０１２年８月16日

10　著者による２０１７年の匿名インタビューより引用

11　ラジオ「The Howard Stern Show」（シリウスＸＭ）２０２１年２月11日での発言

12　『アイアンマン２』Blu-ray（Paramount, 2010）特典「Ultimate Iron Man: The Making of Iron Man 2」written by Adam Gallagher

13　同前

14 著者による２０２０年のハイディ・マネーメーカーへのインタビューより引用
15 著者による２０１７年のジョン・ファヴローへのインタビューより引用
16 ヒラリー・デ・ヴリーズ（Hilary de Vries）「Samuel L. Jackson:My Character Is No Sex Machine」Chicago Tribune、２０００年６月20日
17 ＣＢＲスタッフ「Sam Rockwell Talks 'Iron Man 2'」ＣＢＲ、２００９年８月25日 cbr.com/sam-rockwell-talks-iron-man-2.
18『アイアンマン２』Blu-ray（Paramount, 2010）特典「Ultimate Iron Man: The Making of Iron Man 2」written by Adam Gallagher
19 同前
20『アイアンマン２』two-disc special edition DVD(Paramount, 2010)「Commentary」
21『アイアンマン２』Blu-ray（Paramount, 2010）特典「Ultimate Iron Man: The Making of Iron Man 2」written by Adam Gallagher
22 ウィリアム・ビビアーニ（William Bibbiani）「Mickey Rourke Talks 'Immortals'」CraveOnline、２０１１年11月７日 craveonline.com/film/interviews/177591-mickey-rourke-talks-immortals.
23「Mickey Rourke Laments Lack Of 'Depth' In Iron Man 2」ＭＴＶニュース、２０１１年11月８日 mtv.com/video-clips/7wt215/mickey-rourke-laments-lack-of-depth-in-iron-man-2.
24 著者による２０２０年のジム・ロスウェルへのインタビューより引用
25 ヒラリー・デ・ヴリーズ（Hilary de Vries）「Robert Downey Jr.: The Album」ニューヨーク・タイムズ紙、２００４年11月21日
26 クリス・リー（Chris Lee）「Rewriting the Behind-the-Scenes Story of Iron Man 2」ヴァルチャー、２０２２年４月28日 vulture.com/2022/04/rewriting-the-behind-the-scenes-story-of-iron-man-2.html.
27『アイアンマン２』Blu-ray（Paramount, 2010）特典「Ultimate Iron Man: The Making of Iron Man 2」written by Adam Gallagher
28 ブランドン・デイヴィス（Brandon Davis）「Genndy Tartakovsky Reveals Details of Iron Man 2 Work」ComicBook.com, ２０２０年９月30日 comicbook.com/marvel/news/iron-man-2-genndy-tartakovsky-animation-fight-scene.
29 著者による２０２０年のマーク・チュウへのインタビューより引用
30『アイアンマン２』Blu-ray（Paramount, 2010）特典「Ultimate Iron Man: The Making of Iron Man 2」written by Adam Gallagher

CHAPTER 10　自由ってやつは楽しいもんだぜ

1 著者による２０２０年のデヴィッド・メイゼルへのインタビューより引用
2 同前
3 ボブ・アイガー著『ディズニーＣＥＯが実践する10の原則（Ride of a Lifetime）』(Random House, 2019)原書１３６ページ
4 コリー・スティーグ（Corey Stieg）「How Bob Iger convinced Steve Jobs to sell Pixar to Disney: 'I've got a crazy idea'」ＣＮＢＣ、２０２０年12月２日 cnbc.com/2020/12/02/bob-iger-on-how-he-convinced-steve-jobs-to-sell-pixar-to-disney.html.
5 著者による２０２３年のデヴィッド・メイゼルへのインタビューより引用
6 著者による２０２０年のデヴィッド・メイゼルへのインタビューより引用
7 同前
8 ボブ・アイガー著『ディズニーＣＥＯが実践する10の原則（Ride of a Lifetime）』原書１５５ページ
9 同前、原書１５４ページ
10 著者による２０２０年のデヴィッド・メイゼルへのインタビューより引用
11 ボブ・アイガー著『ディズニーＣＥＯが実践する10の原則（Ride of a Lifetime）』原書１５８ページ
12 同前、原書１５７ページ
13 同前、原書１６１ページ
14 マシュー・ギャラハン（Matthew Garrahan）「Man in the News: Ike Perlmutter」ファイナンシャル・タイムズ紙、２００９年９月４日 ft.com/content/4080d0de-997f-11de-ab8c-00144feabdc0.
15 著者による２０２０年のデヴィッド・メイゼルへのインタビューより引用
16 ライアン・ギルビー（Ryan Gilby）「Fans fear ker-pow after Disney's Marvel takeover」ガーディアン、２００９年９月１日 theguardian.com/film/2009/sep/01/marvel-disney-spiderman.
17 著者による２０１７年のケヴィン・ファイギへのインタビューより引用
18 ボブ・アイガー著『ディズニーＣＥＯが実践する10の原則（Ride of a Lifetime）』

原書162ページ

19 デヴィン・レオナルド（Devin Leonard）「The Pow! Bang! Bam! Plan to Save Marvel, Starring B-List Heroes」ブルームバーグ、2014年4月3日 bloomberg.com/news/articles/2014-04-03/kevin-feige-marvels-superhero-at-running-movie-franchises#xj4y7vzkg.

20 著者による2020年のクレイグ・カイルへのインタビューより引用

21 著者による2017年のケヴィン・ファイギへのインタビューより引用

CHAPTER 11 クリスというブランド

1 クリスティーナ・ラディッシュ（Christina Radish）「Director Kenneth Branagh and Kevin Feige Interview THOR」Collider、2011年5月5日 collider .com/kenneth-branagh-kevin-feige-interview-thor.

2 著者による2020年のクレイグ・カイルへのインタビューより引用

3 著者による2019年のアシュリー・ミラーへのインタビューより引用

4 著者による2019年のザック・ステンツへのインタビューより引用

5 ジョシュ・グロスバーグ（Josh Grossberg）「Natalie Portman's 'Weird' Reason for Hooking Up With Thor」E! News、2009年11月23日 eonline.com/news/155129/natalie_portmans_weird_reason_hooking.

6 著者による2021年のサラ・ヘイリー・フィンへのインタビューより引用

7 『アベンジャーズ／エンドゲーム』Blu-ray（Buena Vista, 2019）特典「Casting the MCU」

8 著者による2021年のサラ・ヘイリー・フィンへのインタビューより引用

9 イーサン・アルター（Ethan Alter）「How 'Thor' opened up the MCU: Kenneth Branagh on hiring Chris Hemsworth, going to space and the terror of Fabio」Yahoo!、2019年5月10日 yahoo.com/now/thor-chrishemsworth-kenneth-branagh-tom-hiddleston-160246757.html.

10 リン・ハーシュバーグ（Lynn Hirschberg）「Chris Hemsworth Admits He Almost Lost Out Thor To His Younger Brother Liam Hemsworth」W、2017年9月13日 https://www.wmagazine.com/story/ chris-hemsworth-thor-audition-liam-hemsworth.

11 「When he came in for a screen test」: Thor: From Asgard to Earth, bonus feature, Thor (Paramount, 2001), Blu-ray.

12 著者による2019年のザック・ステンツへのインタビューより引用

13 イーサン・アルター（Ethan Alter）「How 'Thor' opened up the MCU: Kenneth Branagh on hiring Chris Hemsworth, going to space and the terror of Fabio」Yahoo!、2019年5月10日 yahoo.com/now/thor-chrishemsworth-kenneth-branagh-tom-hiddleston-160246757.html.

14 著者による2020年のクレイグ・カイルへのインタビューより引用

15 著者による2019年のザック・ステンツへのインタビューより引用

16 エイミー・カウフマン（Amy Kaufman）「'Thor': Chris Hemsworth got so muscular his costume wouldn't fit」ロサンゼルス・タイムズ紙、2011年3月29日 herocomplex.latimes.com/2011/03/29/thor-chris-hemsworth-got-somuscular-his-costume-wouldnt-fit/?dlvrit=63378.

17 著者による2021年のサラ・ヘイリー・フィンへのインタビューより引用

18 『アベンジャーズ／エンドゲーム』Blu-ray（Buena Vista, 2019）特典「Casting the MCU」

19 著者による2021年のサラ・ヘイリー・フィンへのインタビューより引用

20 同前

21 著者による2017年のケヴィン・ファイギへのインタビューより引用

22 著者による2021年のサラ・ヘイリー・フィンへのインタビューより引用

23 著者による2017年のケヴィン・ファイギへのインタビューより引用

24 アレックス・パパデマス（Alex Pappademas）「The Political Avenger: Chris Evans Takes on Trump, Tom Brady, Anxiety and Those Retirement Rumors」ハリウッド・リポーター誌、2019年3月27日

25 セイジ・ヤング（Sage Young）「Watch Chris Evans Explain Why He Originally Said No to Captain America」Yahoo!、2021年1月14日 yahoo.com/lifestyle/watch-chris-evans-explain-why-222639913.html.

26 マシュー・エヴァンス（Matthew Evans）「How Chris Evans Copes With Anxiety and Depression」メンズヘルス誌、2019年2月4日 menshealth.com/uk/mental-strength/a758320/watch-why-chris-evans-still-gets-anxiety-about-captain-america.

27 マイク・ライアン（Mike Ryan）「Chris Evans, 'The Iceman' Star: 'Am I A Good Person? I Think I'm A Good Person'」ハフィントンポスト、2012年9月12日 huffpost.com/entry/chris-evans-the-iceman_n_1875728.

28「Chris Evans Workout for Captain America」Brent ManningによるYouTube動画、２０１１年7月25日, youtube.com/ watch?v=lc7cAAyjBZc.
29 著者による２０２１年のサラ・ヘイリー・フィンへのインタビューより引用
30 トム・ワード（Tom Ward）「The 3-Move Workout That Transformed Chris Pratt From Slob to Superhero」エスクワィア、２０２１年３月24日
31 デヴィッド・カッツ（David Katz）「Chris Pratt: Ready to Go Galactic」メンズ・ジャーナル誌、２０１４年7月／8月
32 著者による２０１５年のマイケル・シュアーへのインタビューより引用
33 ブレット・ウィリアムズ (Brett Williams)「Get Winter Soldier Arms Like Sebastian Stan With This Workout」メンズヘルス、２０１９年12月19日 menshealth.com/fitness/a30260124/sebastian-stan-arm-workout-don-saladino.
34『アイアンマン』Blu-ray (Paramount, 2008) 特典「I Am Iron Man: The Making of Iron Man」
35 著者による２０１７年のチャドウィック・ボーズマンへのインタビューより引用
36 著者による２０１７年のポール・ラッドへのインタビューより引用
37 著者による２０２０年の匿名インタビューより引用
38 著者による２０２２年のトッド・シュローダー博士へのインタビューより引用
39 アレックス・アバド＝サントス（Alex Abad-Santos）「The open secret to looking like a superhero」ＶＯＸ、２０２１年11月５日 vox.com/ the-goods/22760163/steroids-hgh-hollywood-actors-peds-performance-enhancing-drugs.
40 著者による２０２２年のトッド・シュローダー博士へのインタビューより引用

CHAPTER 12 ランナウェイズ

1 著者による２０２２年のクリストファー・ヨストへのインタビューより引用
2 アシュリー・スコット・メイヤーズ (Ashley Scott Meyers)「Writer Edward Ricourt Talks About Now You See Me and Breaking Into the Business」SYS, podcast、エピソード１４５、２０１６年10月９日 sellingyourscreenplay. com/podcasts/sys-podcast-episode-145-writer-edward-ricourt-talks-about-now-you-see-me-and-breaking-into-the-business.
3 著者による２０１９年のニコール・パールマンへのインタビューより引用
4 カイル・ブキャナン（Kyle Buchanan）「Kevin Feige is Ready to Move Beyond the 'Completely White' Casts of Comic Book Movies」ヴァルチャー、２０１６年11月１日 vulture.com/2016/10/kevin-feige-doctorstrange-marvel-casting-diversity.html.
5 著者による２０２２年のクリストファー・ヨストへのインタビューより引用
6 著者による２０１９年のニコール・パールマンへのインタビューより引用
7 ケリー・L・カーター（Kelley L. Carter）「The man who put Marvel in the black」Andscape (formerly The Undefeated) ２０１６年５月17日 andscape.com/features/marvel-nate-moore-black-panther.
8 著者による２０２０年のドリュー・ピアースへのインタビューより引用
9 同前
10 同前
11 著者による２０１９年のクリストファー・ヨストへのインタビューより引用
12 著者による２０１９年のニコール・パールマンへのインタビューより引用
13 著者による２０２２年のクリストファー・ヨストへのインタビューより引用

CHAPTER 13 地球最強のヒーロー

1 著者による２００５年のジョス・ウェドンへのインタビューより引用
2 ＴＨＲスタッフ「Shonda Rhimes Reveals How 'Buffy' Helped Her Rediscover TV」ハリウッド・リポーター、２０１４年10月８日 hollywoodreporter.com/news/general-news/shonda-rhimes-reveals-how-buff y-739109.
3 Sarah Dobbs,「10Ways Buffy The Vampire Slayer Changed the World」Den of Geek, March10, 2017, denofgeek.com/tv/10-ways-buffy-the-vampire-slayer-changed-the-world.
4 著者による２００５年のジョス・ウェドンへのインタビューより引用
5 Alex Pappademas,「The Geek Shall Inherit the Earth」GQ誌、２０１２年５月
6 ジャメイン・ルシエ (Germain Lussier)「Film Interview: Kevin Feige, Producer Of 'The Avengers'」スラッシュフィルム、２０１２年４月26日 slashfilm .com/520762/film-interview-kevin-feige-producer-the-avengers.
7 Pappademas,「The Geek Shall Inherit the Earth.」
8 著者による２０１９年のザック・ペンへのインタビューより引用
9 マット・パッチーズ、イアン・フェイルズ（Matt Patches and Ian Failes）「The

Battle of New York: An 'Avengers' Oral History」Thrillist. ２０１８年４月23日 thrillist.com/entertainment/nation/the-avengers-battle-of-new-york-joss-whedon.

10 著者による２００５年のジョス・ウェドンへのインタビューより引用

11「MARK RUFFALO Gets Hulk Role in The Avengers—By Mistake?! The Graham Norton Show on BBC AMERICA」BBC AmericaによるYouTube動画、２０１４年６月10日 youtube.com/watch?v=bYe1-9oLdkI.

12 著者による２０２０年のマーク・チュウへのインタビューより引用

13 アダム・ホワイト（Adam White）「Marvel boss Kevin Feige almost quit over lack of representation, says Mark Ruffalo」インディペンデント誌、２０２０年２月22日 independent.co.uk/arts-entertainment/films/ news/mark-ruffalo-kevin-feige-marvel-quit-representation-ike-Perlmutter-disney-a9350921.html.

14 デイヴィッド・イツコフ（Dave Itzkoff）「A Film's Superheroes Include the Director」ニューヨーク・タイムズ紙、２０１２年４月11日

15 同前

16 同前

17 著者による２０２１年のエリック・ヴェスピーへのインタビューより引用

18 Patches and Failes,「Battle of New York.」

19 同前

20 著者による２０１７年のケヴィン・ファイギへのインタビューより引用

21 著者による２００５年のジョス・ウェドンへのインタビューより引用

CHAPTER 14 ハウス・オブ・M

1 著者による２０２０年のジェームズ・ロスウェルへのインタビューより引用

2 The Artists of Marvel Studios Visual Development with Troy Benjamin『How to Paint Characters the Marvel Studios Way』(Marvel Worldwide, 2019) 57ページ

3 同前、58ページ

4 著者による２０２０年のスーザン・ウェクスラーへのインタビューより引用

5 マット・パッチーズ、イアン・フェイルズ（Matt Patches and Ian Failes）「The Battle of New York: An 'Avengers' Oral History」Thrillist、２０１８年４月23日 thrillist.com/entertainment/nation/the-avengers-battle-of-new-york-joss-whedon.

6 The Artists of Marvel Studios Visual Development with Troy Benjamin『How to Paint Characters the Marvel Studios Way』(Marvel Worldwide, 2019) 15ページ

7 同前、66ページ

8 著者による２０２０年のリック・ハインリクスへのインタビューより引用

9 著者による２０２０年のアンディ・ニコルソンへのインタビューより引用

10 著者による２０２０年のアンディ・パークへのインタビューより引用

11『マイティ・ソー』プレスノート、Paramount Pictures、２０１１年

12 著者による２０２０年のアンディ・パークへのインタビューより引用

13 ジョヴァンニ・メニコッチ（Giovanni Menicocci）「Interview with Rodney Fuentebella, concept artist for 'Avengers: Infinity War'」Dailybloid、２０１９年４月26日 dailybloid.com/interview/interview-with-rodney-fuentebella--concept-artist-for-'avengers--infinity-war'.

14 マイク・ウィンダー（Mike Winder）「Earth's Mightiest Artists」Dot Magazine、２０１９年８月22日 artcenter.edu/connect/dot-magazine/articles/earths-mightiest-artists.html.

15 著者による２０２０年のジェームズ・ロスウェルへのインタビューより引用

16 同前

17 マット・パッチーズ、イアン・フェイルズ（Matt Patches and Ian Failes）「The Battle of New York: An 'Avengers' Oral History」Thrillist、２０１８年４月23日 thrillist.com/entertainment/nation/the-avengers-battle-of-new-york-joss-whedon.

18「Was offered 'Black Widow' film by Marvel Studios, says Lucrecia Martel」Pioneer、２０１８年10月30日 dailypioneer.com/2018/ entertainment/was-offered--black-widow--film-by-marvel-studios--says-lucrecia-martel.html.

19 エリック・コーン（Eric Kohn）「'Eternals': Chloé Zhao Disputes Claim That Marvel Directors Don't Have a Say in Action Scenes」インディワイヤー、２０２１年10月26日 indiewire.com/2021/10/ eternals-chloe-zhao-marvel-directors-action-scenes-1234674422.

20 ジェームズ・ガン（@JamesGunn）, Twitter、２０２１年２月５日。ガンは〔元の投稿ではプレビズのことを〕「previs」綴っていることに注意。まぎらわしいのでに本書〔原書〕では「pre-viz」とした。

ここで、いきなりカット！

CHAPTER 31 | IT'S NOT EASY BEING GREEN
緑でいるのは楽じゃない

2ブロックほど先にシャワルマの店があるんだよ。
There's a shawarma joint about two blocks from here.
——アベンジャーズ（2012）

映画『アベンジャーズ』最大の特殊視覚効果はハルクだった。アベンジャーズのメンバーの中でただ1人、完全にCGで作られたキャラクターだ。2011年の撮影期間中、インダストリアル・ライト&マジック社の特殊視覚効果チームの面々は、ジョス・ウェドン監督の協力を得て可能な限りデータを記録した。ハルクが関係するすべてのショットは、俳優の演技とは別に、俳優が一切写っていない状態で撮影された。特撮業界で「クリーン・プレート」[1]と呼ばれる照明や空間データを参照するための映像だ。

このときに肝となるのは、最適な色合いの緑を見出すことだった。「色調はとても重要でした。外すと笑えてしまうので」[2]とILMのアニメーション監督マーク・チュウが言う。MC・スキャット・キャット（ポーラ・アブドゥルの「甘い誘惑」のMVに合成されたネコのキャラ）のようにアニメキャラが実写に貼り付けられた感じにならないようにリアルなハルクを実現するためには、さまざまな調整と試行錯誤が必要だった。マーク・チュウには秘密兵器があった。それは「グリーン・スティーヴ」と呼ばれる1人の男だった。「その人はチッペンデールズ〈男性ストリッパー集団〉のダンサーで、彼を緑色に塗ったんです[3]」とチュウは説明する。「テイク毎にグリーン・スティーヴにカメラの前に立ってもらい、筋肉美を見せてもらったり振り向いてもらうんです。そうすると彼の皮膚が撮影現場の光にどう反応するか写せるというわけです」

グリーン・スティーヴは本名をスティーヴ・ロムといった。ロムはロングアイランド出身の元チッペンデールズのストリッパーで、身長195センチ体重123キロの筋骨隆々とした彼はナイトクラブのバウンサー〈入場者の選別をする警備員〉でもあった。元々『アベンジャーズ』のエキストラとしてオーディションを受けたロムは、兵士の役を与えられたのだが、彼の体格に適した仕事があることに気づいたキャスティング部に「緑色に塗られると聞いたら、どう思います?[4]」と打診を受けた。

何でもこい、スティーヴ・ロムは思った。家族を通じてロムは緑色に塗られて金を稼いだ他の男を知ってすらいた。ロムによると、彼の祖父が板金工場で働いていたとき、その職場にはテレビの『超人ハルク』でハルクを演じる前のボディビルダーのルー・フェリグノがいたそうだ(『超人ハルク』は1977年から1982年までCBS局で放映された)。

スティーヴ・ロムは毎朝撮影現場に呼ばれた。ロムを全身緑色に塗るのには何時間も必要だった。さらに仕事が終わったロムの全身から塗料を落とすのに同じくらいの時間がかかった。外部に映画の内容に関する秘密が漏れないように、帰宅するロムの体に緑塗料の粒子すら残っていてはいけなかったのだ。

「グリーン・スティーヴは最高でしたよ[5]」とマーク・チュウは言う。「まず第1にチッペンデールズのストリッパーだというのが最高です。2つ目は彼のやる気。最高の態度で臨んでくれました。実際にハルクにやらせたいことを、彼にざっくり演じてもらうわけです。ハルクがブラック・ウイドウを追いかけて咆哮を上げてヘリキャリアの内部を破壊しながら走るとします。「グリーン・スティーヴ、そっちから走ってきてここで止まってくれるかな。すごく叫びながら。どんな感じになるか見せて」と伝えると、彼は全身全霊をこめてやってくれました。本当に最高です。アベンジャーズの2作目では彼ではなく別の人になりましたが、皆その人のこともグリーン・スティーヴと呼び続けてましたね」

ハルクの緑色の肌を写真と見紛うほどリアルに表現するための特殊視覚効果の技術は進歩しても、グリーン・スティーヴという伝統は生き残った。ディズニープラスの『シー・ハルク：ザ・アトーニー』では身長196センチのマリア・アラヤがシー・ハルクの衣装を着け顔を緑色に塗って、163センチのタチアナ・マスラニーの替わりに場面に合成されるデジタル分身を作るための参照役として、カメラの前に立った。「筋肉スーツも着ましたが、シー・ハルクというキャラクターはとても頑強なのは知ってました」とマリア・アラヤは言う。「だから自信満々歩かなければなりませんでした。私のような人にとってこの体験は何か個人的なことの比喩みたいだと思いましたね。自分を受け入れて、自分を下げないですむようになるまでとても長い時間努力しましたから」

出典に戻る！

21 ダン・サルト(Dan Sarto)「Victoria Alonso Talks VFX Production, Marvel and 'The Avengers'」Animation World Network、２０１２年４月９日 awn.com/vfxworld/victoria-alonso-talks-vfx-productionmarvel-and-avengers.

22 マイク・ウィンダー（Mike Winder）「Earth's Mightiest Artists」Dot Magazine、２０１９年８月22日 artcenter.edu/connect/dot-magazine/articles/earths-mightiest-artists.html.

CHAPTER 15 禁じられた都

1 クリス・フェントン（Chris Fenton）著『Feeding the Dragon: Inside the Trillion Dollar Dilemma Facing Hollywood, the NBA, & American Business』(Post Hill, 2020) 87ページ

2 リック・マーシャル（Rick Marshall）「'Iron Man 3' Will Be A Sequel To 'Thor,' 'Captain America' And 'The Avengers,' Says Jon Favreau」MTV、２０１０年12月６日 mtv.com/news/sb9s0y/iron-man-3-jon-favreau-avengers.

3 デイヴ・イツコフ（Dave Itzkoff）「A Film's Superheroes Include the Director」ニューヨーク・タイムズ紙、２０１２年４月11日

4 アダム・チトウッド（Adam Chitwood）「Shane Black on How Trailers Influence His Storytelling, 'Iron Man 3' and 'The Predator'」Collider、２０１６年10月26日 collider.com/shane-black-interview-iron-man-3-predator.

5 著者による２０２０年のドリュー・ピアースへのインタビューより引用

6 同前

7 同前

8 同前

9 『アイアンマン３』single-disc Blu-ray (Disney/Buena Vista, 2013)、「Commentary」

10 著者による２０２０年のドリュー・ピアースへのインタビューより引用

11 ラリー・キャロル（Larry Carroll）「'Iron Man 2' Director Jon Favreau Wants The Mandarin For Third Movie」MTV、２０１０年５月５日 www.mtv.com/news/sc3uec/iron-man-2-director-jon-favreau-wants-the-mandarin-for-third-movie.

12 クリス・フェントン（Chris Fenton）著『Feeding the Dragon: Inside the Trillion Dollar Dilemma Facing Hollywood, the NBA, & American Business』(Post Hill, 2020) 98ページ

13 著者による２０２０年のドリュー・ピアースへのインタビューより引用

14 マイク・ライアン（Mike Ryan）「Shane Black On 'The Nice Guys,' Mel Gibson, And Why A Female 'Iron Man 3' Villain's Gender Changed」Uproxx、２０１６年５月16日

15 ジェシカ・ダーショウィッツ（Jessica Derschowitz）「Rebecca Hall:Iron Man 3 role was reduced」エンターテインメント・ウィークリー誌、２０１６年９月14日

16 クリス・フェントン（Chris Fenton）著『Feeding the Dragon: Inside the Trillion Dollar Dilemma Facing Hollywood, the NBA, & American Business』(Post Hill, 2020) １２６ページ

17 クリスティーナ・ラディッシュ（Christina Radish）「Comic-Con: Robert Downey Jr., Don Cheadle, Shane Black and Kevin Feige Talk IRON MAN 3, How THE AVENGERS Impacts the Film, Iron Patriot and More」Collider、２０１２年７月15日 collider.com/robert-downey-jr-shane-black-iron-man-3-interview.

18 クリス・フェントン（Chris Fenton）著『Feeding the Dragon: Inside the Trillion Dollar Dilemma Facing Hollywood, the NBA, & American Business』(Post Hill, 2020) １４６ページ

19 著者による２０２０年のタイ・シンプキンスへのインタビューより引用

20 「Guy Pearce Breaks Down His Most Iconic Characters」GQによるYouTube動画、２０２０年３月19日, youtube.com/watch?v=2tKQSp2sJ-g.

21 ピーター・フォード（Peter Ford）「Chinese roll their eyes at local footage added to 'Iron Man 3'」Christian Science Monitor、２０１３年５月10日 csmonitor .com/World/Asia-Pacific/2013/0510/Chinese-roll-their-eyes-at-local-footage-added-to-Iron-Man-3.

22 レベッカ・デイヴィス(Rebecca Davis)「How the Avengers Became Such a Marvel in China」ヴァラエティ誌、２０１９年４月25日 variety.com/2019/film/ news/avengers-endgame-marvel-universe-china-box-office-1203197686.

23 ナンシー・タルタリオーネ（Nancy Tartaglione）「'Shang-Chi' China Release Unlikely in Wake of Unearthed Comments By Star Simu Liu; 'Eternals' Hopes In Question」デッドライン、２０２１年９月10日 deadline.com/2021/09/ shang-chi-china-release-simu-liu-marvel-1234830474.

24 スコット・マッコウレイ（Scott Macaulay）「25 New Notes Faces of Independent Film: Chloe Zhao」Filmmaker、2013年7月21日より引用。中国の検閲機関から具体的なフィードバックを受けた数少ないマーベル映画の1本が『スパイダーマン：ノー・ウェイ・ホーム』だった（スパイダーマンがMCUキャラクターとして定着した2021年に公開された）。中国側は自由の女神が舞台になっている場面を別の場所に変えるように要求したが、クライマックスの戦いはすべて自由の女神で繰り広げられるので、マーベル側は変更を拒否した。

CHAPTER 16 遠隔操作

1 ジョス・ウェドンの以下の記事へのコメント「The Avengers cast versus Marvel Studios」Whedonesque、2013年5月8日 whedonesque.com/ comments/30943.

2 アダム・B・ヴァリー（Adam B. Vary）「Joss Whedon's Astonishing, Spine-Tingling, Soul-Crushing Marvel Adventure!」バズフィード・ニュース、2015年4月20日 buzzfeednews.com/article/adambvary/joss-whedon-spine-tinglingsoul-crushing-marvel-adventure.

3 同前

4 同前

5 デヴィッド・リーバーマン、ネリー・アンドレーワ（David Lieberman and Nellie Andreeva）「Netflix Picks Up Four Marvel Live-Action Series & A Mini Featuring Daredevil, Jessica Jones, Iron Fist, Luke Cage For 2015 Launch.」デッドライン、2013年11月7日

6 リー・シンガー（Leigh Singer）「Drew Goddard on How He Would've Made the Sinister Six Movie and Comparisons to Suicide Squad」IGN、2015年9月29日 ign.com/articles/2015/09/29/ drew-goddard-on-how-he-wouldve-made-the-sinister-six-movie-and-comparisons-to-suicide-squad.

7 2014年3月13日ドリュー・ゴダードからエイミー・パスカルへのEメールより引用

8 2014年4月18日エイミー・パスカルからダグ・ベルグラードへのEメールより引用

9 ティム・ベイシンガー（Tim Baysinger）「Why 'Agents of S.H.I.E.L.D.' Will Avoid Any 'Avengers: Endgame' Tie-Ins」The Wrap、2019年5月3日 thewrap.com/agents-of-shield-season-6-avengers-endgame-marvel.

10 ジャメイン・ルシエ（Germain Lussier）「Kevin Feige Thinks That Eventually, Marvel TV and Movies Will Cross Over」ギズモード、2017年5月5日 gizmodo.com/kevin-feige-thinks-that-eventually-marvel-tv-and-movie-1794974004.

11 著者による2016年のチェオ・ホダリ・コーカーへのインタビューより引用

12 アキール・アローラ（Akhil Arora）「'Danny Rand Is No White Saviour,' Says Marvel's Iron Fist Showrunner」Gadgets 360, December 7, 2016, gadgets360.com/tv/features/danny-rand-is-no-white-saviour-says-marvels-iron-fist-showrunner-1634910.

13 アダム・サーキー（Adam Sarkey）「Marvel Iron Fist's Finn Jones on 'white saviour' controversy and teaming up with Luke Cage in The Defenders」メトロ、2017年3月16日 metro.co.uk/2017/03/16/marvel-iron-fists-finn-jones-on-white-saviour-controversy-and-teaming-up-with-luke-cage-in-the-defenders-6513597.

14 「Emmy Nominated Stunt Coordinator—Brett Chan」JAM-Cast, episode 129, JoiningAllMovement によるYouTube動画、2021年7月23日 youtube.com/watch?v=aBIlcklNw8.

15 エリック・デガンス（Eric Deggans）「Netflix's 'Iron Fist' Stumbles in Depiction of Asian Culture」NPR、2017年3月17日 npr.org/2017/03/17/5205 76925/netflixs-iron-fist-stumbles-in-depiction-of-asian-culture.

16 シャーリー・リ（Shirley Li）「Marvel's The Defenders: Sigourney Weaver says her character is an 'adversary,' not a 'villain'」エンターテインメント・ウィークリー誌、2017年7月14日 ew.com/tv/2017/07/14/marvel-the-defenders-sigourney-weaver-alexandra-details.

17 リッチ・ジョンストン（Rich Johnston）「'If Film Rights Were Owned By Marvel, The X-Men Would Probably Still Be The Paramount Book In The Canon' —Chris Claremont Talks Shop At NYCC」Bleeding Cool、2016年12月4日 bleedingcool.com/comics/film-rights-owned-marvel-x-men-probably-still-paramount-book-canon-chris-claremont-talks-shop-nycc.

18 著者による2017年の匿名インタビューより引用

19 フランク・パルマー（Frank Palmer）「Exclusive: Anthony Mackie Says Marvel TV and Movie Crossover Wouldn't Work At All」ScreenGeek、2017年3月19日 screengeek.net/2017/03/19/anthony-mackie-says-marvel-tv-movie-crossover-

wouldnt-work.

CHAPTER 17　左から失礼

1 著者による２０１９年のスティーヴン・マクフィーリーへのインタビューより引用
2 著者による２０１７年のジョン・ファヴローへのインタビューより引用
3 スコット・フーヴァー（Scott Huver）「THE '70S CONSPIRACY THRILLER THAT INFLUENCED 'WINTER SOLDIER'」Fandango、２０１４年４月３日 fandango.com/movie-news/the-70s-conspiracy-thriller-that-influenced-winter-soldier-747688.
4 ジェームズ・ハント（James Hunt）「Christopher Markus interview: writing Captain America 2 and 3」Den of Geek、２０１４年８月13日 denofgeek.com/ movies/christopher-markus-interview-writing-captain-america-2-and-3.
5 同前
6 ケリー・L・カーター（Kelley L. Carter）「The man who put Marvel in the black」Andscape (formerly The Undefeated)、２０１６年５月17日 andscape.com/features/marvel-nate-moore-black-panther.
7 ライアン・ファウンダー（Ryan Faughnder）「How 'Wakanda Forever' producer Nate Moore pushed for Black heroes in the MCU」ロサンゼルス・タイムズ紙、２０２２年11月13日
8 ケリー・L・カーター（Kelley L. Carter）「The man who put Marvel in the black」Andscape、２０１６年５月17日
9 同前
10 ライアン・ファウンダー（Ryan Faughnder）「How 'Wakanda Forever' producer Nate Moore pushed for Black heroes in the MCU」ロサンゼルス・タイムズ紙、２０２２年11月11日 latimes.com/entertainment-arts/ business/story/2022-11-11/marvel-black-panther-nate-moore-wakanda-forever-disney-boseman.
11 ジェシカ・ハーンドン（Jessica Herndon）「'Captain America' role 'epic' for Anthony Mackie」Statesman Journal、２０１４年４月２日
12 クロード・ブロデッサー＝アクナー（Claude Brodesser-Akner）「Community Directors Are in Running to Helm the Captain America Sequel」ヴァルチャー、２０１２年３月30日 vulture.com/2012/03/captain-america-sequel-director-community-russo-brothers.html.
13 著者による２０１７年のアンソニー・ルッソへのインタビューより引用
14 同前
15 著者による２０１７年のポール・ラッドへのインタビューより引用
16 著者による２０２１年のダン・ハーモンへのインタビューより引用
17 サイモン・ブリュ（Simon Brew）「Joe & Anthony Russo interview: Captain America, Marvel」Den of Geek、２０１４年３月26日 denofgeek.com/comics/joe-anthony-russo-interview-captain-america-marvel.
18 フランク・ラブース（Frank Lovece）「Soldier showdown: Joe and Anthony Russo take the helm of 'Captain America' franchise」Film Journal International、２０１４年３月25日 filmjournal.com/filmjournal/ content_display/news-and-features/features/movies/e3ie3493397f4a48111966630c800986a35.
19 ケヴィン・P・サリヴァン（Kevin P. Sullivan）「Anthony Mackie On 'Captain America' Sequel And The Perils Of Slow-Mo Skydiving」ＭＴＶ、２０１３年８月13日 mtv.com/news/9g2h65/anthony-mackie-captain-america-winter-soldier-skydiving.
20 リック・マーシャル（Rick Marshall）「Exclusive: Sam Jack-son Says Nick Fury Won't See Action In 'Iron Man 2'」ＭＴＶ、２００９年６月30日 mtv.com/news/5l34fw/exclusive-sam-jackson-says-nick-fury-wont-see-action-in-iron-man-2.
21『キャプテン・アメリカ／ウィンター・ソルジャー』single-disc Blu-ray（Disney/Buena Vista, 2014）「Commentary」
22 ピーター・シレッタ（Peter Sciretta）「On Set Interview: Directors Joe And Anthony Russo Talk 'Captain America: The Winter Soldier'」スラッシュフィルム、２０１４年３月６日 www.slashfilm.com/530703/interview-joe-and-anthony-russo-captain-america.
23 著者による２０２０年のモンティ・グラニートへのインタビューより引用
24 著者による２０１７年のアンソニー・ルッソへのインタビューより引用
25 タラ・ベネット、ポール・テリー（Tara Bennett and Paul Terry）著『The Story of Marvel Studios: The Making of the Marvel Cinematic Universe』（Abrams, 2021）vol. 2、10ページ
26 マイケル・リー（Michael Lee）「Samuel L. Jackson And Sebastian Stan Talk 'Captain America: The Winter Soldier,' Working With Robert Redford, And More」MovieViral、

２０１４年３月27日 movieviral .com/2014/03/27/samuel-l-jackson-and-sebastian-stan-talk-captain-america-the-winter-soldier-working-with-robert-redford-and-more.
27 ジム・スロテック（Jim Slotek）「Captain America: The Winter Soldier' a 'trust no one' epic」トロント・サン紙、２０１４年３月12日
28 デイヴ・トランボア（Dave Trumbore）「Directors Anthony and Joe Russo Talk CAPTAIN AMERICA: THE WINTER SOLDIER, Landing the Job, Core Relationships, Easter Eggs, and the Talented Cast」Collider、２０１４年３月６日 collider.com/anthony-russo-joe-russo-captain-america-the-winter-soldier-interview.

CHAPTER 18 ボクらはグルート

1 著者による２０１７年のマーク・ラファロへのインタビューより引用
2 ブルース・カークランド（Bruce Kirkland）「Robert Downey Jr.: 'Guardians of the Galaxy' the best Marvel movie yet」トロント・サン紙、２０１４年８月27日
3 著者による２０１７年のケヴィン・ファイギへのインタビューより引用
4 著者による２０２２年の匿名インタビューより引用
5 著者による２０１９年のニコール・パールマンへのインタビューより引用
6 同前
7 同前
8 アダム・B・ヴァリー（Adam B. Vary）「Meet The Woman Who Made History With Marvel's 'Guardians Of The Galaxy'」バズフィード、２０１４年７月30日 buzzfeed.com/adambvary/guardians-of-the-galaxy-nicole-perlman.
9 ジャレット・メドリン（Jarrett Medlin）「A Conversation with Director James Gunn」St. Louis、２０１１年５月26日（The Gunns also have one sister, Beth, who has steered clear of moviemaking.）
10 同前
11 著者による２０１７年のジェームズ・ガンへのインタビューより引用
12 同前
13 エリック・アイゼンバーグ（Eric Eisenberg）「Joss Whedon's Behind The Scenes Role On Guardians Of The Galaxy Revealed」シネマブレンド、２０１４年７月８日 cinemablend.com/new/Joss-Whedon-Behind-Scenes-Role-Guardians-Galaxy-Revealed-43790.html.
14 同前
15 ジャレット・メドリン（Jarrett Medlin）「A Conversation with Director James Gunn」St. Louis、２０１１年５月26日（The Gunns also have one sister, Beth, who has steered clear of moviemaking.）
16 アダム・B・ヴァリー（Adam B. Vary）「Meet The Woman Who Made History With Marvel's 'Guardians Of The Galaxy'」バズフィード、２０１４年７月30日 buzzfeed.com/adambvary/guardians-of-the-galaxy-nicole-perlman.
17 チャールズ・マディソン（Charles Madison）「James Gunn on Guardians of the Galaxy 2—the promise of Nebula, Yondu and Peter Quill's father」Film Divider、２０１４年７月26日 filmdivider.com/4171/james-gunn-on-guardians-of-the-galaxy-2-promising-nebula-yondu-and-peter-quills-father.
18 著者による２０１９年のニコール・パールマンへのインタビューより引用
19 著者による２０１９年のザック・ステンツへのインタビューより引用
20 アレックス・サスキンド（Alex Suskind）「Director James Gunn on How He Chose the Music in Guardians of the Galaxy」ヴァルチャー、２０１４年８月４日 vulture .com/2014/08/how-guardians-of-the-galaxy-music-soundtrack-was-chosen.html.
21 タラ・ベネット、ポール・テリー（Tara Bennett and Paul Terry）著『The Story of Marvel Studios: The Making of the Marvel Cinematic Universe』（Abrams, 2021）vol. 1、１７２ページ
22 エリック・アイゼンバーグ（Eric Eisenberg）「Joss Whedon's Behind The Scenes Role On Guardians Of The Galaxy Revealed」シネマブレンド、２０１４年７月８日 cinemablend.com/new/Joss-Whedon-Behind-Scenes-Role-Guardians-Galaxy-Revealed-43790.html.
23 スティーヴン・ワイントローブ（Steven Weintraub）「Dave Bautista Talks Fight Scenes and Finding The Humor in Drax on the Set of GUARDIANS OF THE GALAXY」Collider、２０１４年７月８日 collider.com/guardians-of-the-galaxy-interview-dave-bautista.
24 ザック・シャーフ（Zack Sharf）「Amanda Seyfried Recalls Turning Down 'Guardians of the Galaxy' Over Fears It Was Box Office Bomb」インディワイヤー、２０２０年12月８日 indiewire.com/2020/12/amanda-seyfried-rejected-guardians-of-the-galaxy-box-office-bomb-1234603056.

25 クリスティーナ・クロナン（Christie Cronan）「Zoe Saldana Guardians Interview: Gamora Is More Than Green」raisingwhasians.com、２０１４年7月31日 raisingwhasians.com/zoe-saldana-guardians-interview-gamora-green-guardiansofthegalaxyevent.

26 ジャック・デ・アグイラー（Jack de Aguilar）「Karen Gillan Clears Up The Star Wars Wig Confusion」Contactmusic、２０１４年7月25日より引用。contactmusic.com/karen-gillan/news/karen-gillen-shaved-head-star-wars-episode-vii-wig_4301551 このカツラについてギランは２０１４年４月10日にColliderのクリスティーナ・ラディッシュに間違った情報を伝えた。「私の髪の毛を使って最高品質のカツラを作り、それをスター・ウォーズをやってる人たちにあげたんです。自分の髪の毛がカツラになって倉庫でスター・ウォーズのモンスターの隣にあるとかサイコーじゃないですか？」この発言のせいで『スター・ウォーズ エピソード7』にギランの髪で作ったカツラが登場するという噂がたった。しかしその後本人が「カツラはスター・ウォーズではなくて私の寝室に置いてあります」と間違いを正した。

27 ダニエル・フィーンバーグ（Daniel Fienberg）「Interview: Lee Pace on 'Halt and Catch Fire' and 'Guardians of the Galaxy'」HitFix.com、２０１４年5月30日 hitfix.com/the-fien-print/interview-lee-pace-on-halt-and-catch-fire-and-guardians-of-the-galaxy.

28 ジェームズ・ガンの２０１４年9月11日のインスタグラム投稿（@jamesgunn）instagram.com/p/s0E2xQIzem/?hl=en.

29 「There were so many things」著者による２０１９年のニコール・パールマンへのインタビューより引用

30 ケヴィン・ポロウィ（Kevin Polowy）「Exclusive: Here's That Clip of Dancing Baby Groot in All Its Galactic Glory」Yahoo!、２０１４年８月14日 yahoo.com/entertainment/dancing-baby-groot-clip-guardians-of-the-galaxy-94738291414.html.

31 ラス・フィッシャー（Russ Fischer）「Kevin Feige Says Thanos Is To the Marvel Universe As The Emperor Is To Star Wars」スラッシュフィルム、２０１４年８月４日 slashfilm.com/532782/thanos-like-emperor-palpatine.

32 「Late Night with Seth Myers」ＮＢＣ、２０１８年５月17日

33 同前

34 タラ・ベネット、ポール・テリー（Tara Bennett and Paul Terry）著『The Story of Marvel Studios: The Making of the Marvel Cinematic Universe』（Abrams, 2021）vol. 1、２３９ページ

35 ブルース・カークランド（Bruce Kirkland）「Robert Downey Jr.: 'Guardians of the Galaxy' the best Marvel movie yet」トロント・サン紙、２０１４年８月27日

36 ２０１５年３月７日、ジェームズ・ガンのFacebook投稿 facebook.com/jgunn/posts/10152539339056157.

CHAPTER 19 ナターシャはどこ？

1 著者による２０１７年のスカーレット・ヨハンソンへのインタビューより引用

2 ゾリアナ・キット（Zorianna Kit）「A Minute With: Scarlett Johansson and the Black Widow」Reuters、２０１２年５月２日 reuters.com/ article/uk-scarlettjohansson/a-minute-with-scarlett-johansson-and-the-black-widow-idUKBRE84111M20120502.

3 エドワード・デイヴィス（Edward Davis）「Marvel Head Kevin Feige Says 'Hawkeye' & 'Black Widow' Could Be Their Own Solo Films」インディワイヤー、２０１２年５月２日 indiewire.com/2011/05/marvel-head-kevin-feige-says-hawkeye-black-widow-could-be-their-own-solo-films-118878.

4 アレックス・L・ロイナズ（Alexis L. Loinaz）「Iron Man 3's Black Widow Blackout: Scarlett Johansson Skipping Out on Flick?」E! News、２０１２年４月26日 eonline.com/news/311686/iron-man-3-s-black-widow-blackout-scarlett-johansson-skipping-out-on-flick.

5 マーロウ・スターン（Marlow Stern）「'Avengers: Age of Ultron's' Black Widow Disgrace」デイリー・ビースト、２０１５年５月５日 thedailybeast.com/ avengers-age-of-ultrons-black-widow-disgrace.

6 キックパンチャー（Kickpuncher）「What Could've Been: A Black Widow Solo Film」FemPop、２０１１年11月14日 fempop .com/2011/11/14/what-couldve-been-a-black-widow-solo-film.

7 ドナ・フリードキン（Donna Freydkin）「Scarlett Johansson Says Goodbye to 'Black Widow'」Fatherly、２０２１年７月８日 fatherly.com/play/ scarlett-johansson-black-widow-interview.

8 「Toy Biz X-Men 1991 Toy Line Launch Retrospective」Toysplosion、Pixel Danに

よるYouTube動画、２０１８年９月３日 youtube.com/watch?v=Y6Q1QnPbl4c.
9 ２０１４年８月７日アイク・パルムッターからマイケル・リントンへのEメールより引用
10 スコット・フーヴァー（Scott Huver）「Feige Talks Taking a Risk On「Guardians」Targeting the Right Female Superhero Lead」CBR.com、２０１４年８月１日 cbr.com/feige-talks-taking-a-risk-on-guardians-targeting-the-right-female-superhero-lead.
11 アイシャ・アラン（Isha Aran）「Gamora Not Included on Guardians of the Galaxy Tee Since It's for Boys」Jezebel、２０１４年８月18日 jezebel.com/ gamora-not-included-on-guardians-of-the-galaxy-tee-sinc-1623411263.
12 エイミー・ラトクリフ（Amy Ratcliffe）「A Sad Lack of Gamora」Geek with Curves、２０１４年８月４日 geekwithcurves.com/2014/08/a-sad-lack-of-gamora.html.
13 ２０１５年４月28日、マーク・ラファロ[@MarkRuffalo]のTwitterへの投稿 MarkRuffalo/status/593222325325209601.
14 パトリシア・V・デイヴィス（Patricia V. Davis）「Add Black Widow to the AVENGERS action figure pack」change.org、２０１５年４月 change. org/p/hasbro-add-more-female-superhero-merc-add-black-widow-to-the-avengers-action-figure-pack.
15 著者による２０２０年のハイディ・マネーメーカーへのインタビューより引用
16 ジャスティン・ハープ（Justin Harp）「Avengers 2 stars Chris Evans and Jeremy Renner sorry for Black Widow「slut」joke」Digital Spy、２０１５年４月23日 digitalspy.com/movies/a643756/avengers-2-stars-chris-evans-and-jeremy-renner-sorry-for-black-widow-slut-joke.
17 同前
18 同前
19 ジェン・ヤマト（Jen Yamato）「The Avengers' Black Widow Problem: How Marvel Slut-Shamed Their Most Badass Superheroine」デイリー・ビースト、２０１５年４月28日 thedailybeast.com/the-avengers-black-widow-problem-how-marvel-slut-shamed-their-most-badass-superheroine.
20 アンソニー・ブレズニカン（Anthony Breznican）「Captain America: Civil War star Scarlett Johansson on the scrutiny of Black Widow」エンターテインメント・ウィークリー誌、２０１５年12月３日 ew.com/article/2015/12/03/captain-america-civil-war-black-widow.
21 著者による２０２０年のジョン・トリツィンへのインタビューより引用
22 著者による２０２０年のデヴィッド・メイゼルへのインタビューより引用

CHAPTER 20 マーベル・スタジオVSクリエイティヴ委員会

1 著者による２０１７年のジェームズ・ガンへのインタビューより引用
2 著者による２０１７年の匿名インタビューより引用
3 クリス・フェントン（Chris Fenton）著『Feeding the Dragon: Inside the Trillion Dollar Dilemma Facing Hollywood, the NBA, & American Business (Post Hill, 2020) 84ページ
4 著者による２０２２年のジョディー・ヒルデブランドへのインタビューより引用
5 キム・マスターズ（Kim Masters）「How Marvel Became the Envy (and Scourge) of Hollywood」ハリウッド・リポーター誌、２０１４年７月23日
6 マシュー・ギャラハン（Matthew Garrahan）「Man in the News: Ike Perlmutter」ファイナンシャル・タイムズ紙、２００９年９月４日
7 著者による２０２０年の匿名インタビューより引用
8 ブルックス・バーンズ（Brooks Barnes）「Disney Lays Off Ike Perlmutter, Chairman of Marvel Entertainment」ニューヨーク・タイムズ紙、２０２３年３月29日
9 著者による２０１９年の匿名インタビューより引用
10 著者による２０２０年のクレイグ・カイルへのインタビューより引用
11 同前
12 マーク・マロン（Marc Maron）「Patty Jenkins」WTF with Marc Maron, podcast, episode 1187、２０２０年12月28日
13 同前
14 著者による２０２０年のクレイグ・カイルへのインタビューより引用
15 著者による２０１７年のジェームズ・ガンへのインタビューより引用
16 著者による２０２０年のクレイグ・カイルへのインタビューより引用
17 ボブ・アイガー著『ディズニーCEOが実践する10の原則（Ride of a Lifetime）』(Random House, 2019) 原書１６４ページ
18 著者による２０２２年の匿名インタビューより引用

19 ブレント・アンドリュー（Brent Andrew）による「Comic-Con 2006—Kevin Feige teases The Avengers」Danniel RobertsによるYouTube動画へのコメント、２０２１年10月 youtube.com/watch?v=x-iw7FN0t3E.

20 著者による２０１７年のクリス・ヘムズワースへのインタビューより引用

21 著者による２０２２年の匿名インタビューより引用

22「FULL Marvel Phase 3 announcement with clips, Robert Downey Jr, Chris Evans」Inside the MagicによるYouTube動画、２０１４年10月29日 youtube.com/watch?v=L2VoJuVfbjI.

23 デヴィン・ファラシ（Devin Faraci）「Joss Whedon Shot FX Plates For Captain Marvel In AGE OF ULTRON」Birth.Movies. Death.、２０１５年４月14日 birthmoviesdeath.com/2015/04/14/joss-whedon-shot-fx-plates-for-captain-marvel-in-age-of-ultron.

24 カイル・ブキャナン（Kyle Buchanan）「How Avengers: Age of Ultron Nearly Killed Joss Whedon」ヴァルチャー、２０１５年４月13日 vulture.com/2015/04/how-age-of-ultron-nearly-broke-joss-whedon.html.

25 クリス・ヘウィット、ジェームス・ダイアー、ヘレン・オハラ（Chris Hewitt, James Dyer, and Helen O'Hara）「Avengers: Age of Ultron Spoiler Special」Empire Film Podcast、２０１５年５月４日

26 同前

27 著者による２０２０年のクレイグ・カイルへのインタビューより引用

28 アダム・B・ヴァリー（Adam B. Vary）「Joss Whedon's Astonishing, Spine-Tingling, Soul-Crushing Marvel Adventure!」バズフィード・ニュース、２０１５年４月20日 buzzfeednews.com/article/adambvary/joss-whedon-spine-tingling-soul-crushing-marvel-adventure.

29 カイル・ブキャナン（Kyle Buchanan）「How Avengers: Age of Ultron Nearly Killed Joss Whedon」ヴァルチャー、２０１５年４月13日 vulture.com/2015/04/how-age-of-ultron-nearly-broke-joss-whedon.html.

30 著者による２０２０年のクレイグ・カイルへのインタビューより引用

31 ボブ・アイガー著『ディズニーＣＥＯが実践する10の原則（Ride of a Lifetime）』原書１６４ページより引用。ブルックス・バーンズ（Brookes Barnes）は（２０２３年３月９日ニューヨークタイムズ紙の記事「Disney Lays Off Ike Perlmutter, Chairman of Marvel Entertainment」）で実際の確執となったポイントはその当時企画段階だった『ドクター・ストレンジ』の予算だと主張している。

32「スクワーク・オン・ザ・ストリート」ＣＮＢＣ、２０２３年２月９日の放送より引用。cnbc.com/2023/02/09/cnbc-exclusive-cnbc-transcript-disney-ceo-bob-iger-speaks-with-cnbcs-david-faber-on-squawk-on-the-street-today.html〔２０２４年５月３日リンク切れ〕パルムッターは物言う株主であるネルソン・ペルツを支持しディズニーの取締役員会に加われるように画策していた。（パルムッター同様）利益のためにコスト削減に注力するタイプだったペルツは、ディズニーに配信ビジネスの抜本的見直しを迫り、後継者を明確にすることをアイガーに迫った。アイガーはペルツの取締役会入りを認めなかったが、問題解決のためにディズニーを刷新し約７０００人を解雇すると発表した。スクワーク・オン・ザ・ストリートのデヴィッド・フェイバーに、パルムッターがペルツを支持したのはマーベルを自分の管理下から奪われた怒りからだと思うかと問われ、アイガーは以下のように答えている「その件とネルソンの人間関係については、あなたの想像にお任せしますよ」

33 著者による２０２０年のクレイグ・カイルへのインタビューより引用

34 著者による２０１９年の匿名インタビューより引用

35 著者による２０２０年のクレイグ・カイルへのインタビューより引用

36 同前

CHAPTER 21 最高の監督、最悪のタイミング

1 エドワード・ダグラス（Edward Douglas）「Exclusive: Edgar Wright Talks Ant-Man」SuperHeroHype.com、２００６年７月25日 superherohype.com/ features/91587-exclusive-edgar-wright-talks-ant-man.

2 同前

3 著者による２０２０年のデヴィッド・メイゼルへのインタビューより引用

4 エドワード・ダグラス（Edward Douglas）「Exclusive: Edgar Wright Talks Ant-Man」SuperHeroHype.com、２００６年７月25日 superherohype.com/ features/91587-exclusive-edgar-wright-talks-ant-man.

5 マット・ファウラー（Matt Fowler）「Watch Kevin Feige's Very First Tease in 2006 Revealing His Marvel Avengers Plan and the MCU」ＩＧＮ、２０２０年４月12日

ign.com/articles/watch-the-first-ever-tease-of-the-avengers-and-the-marvel-cinematic-universe.

6 マイク・フレミング・ジュニア（Mike Fleming Jr.）「Comic-Con Q&A With Edgar Wright: How Working Title Partner Eric Fellner's Health Scare Put 'The World's End' Before Marvel's 'Ant-Man'」デッドライン、２０１３年7月25日 deadline.com/2013/07/comic-con-q-how-working-title-partner-eric-fellners-health-scare-put-the-worlds-end-before-marvels-ant-man-548997.

7 同前

8 ロス・コーネット（Roth Cornet）「Edgar Wright: Comic-Con Test Footage is a Good Indication of Ant-Man's Look」ＩＧＮ、２０１３年11月22日 ign.com/articles/2013/11/22/edgar-wright-comic-con-test-footage-is-a-good-indication-of-ant-mans-look.

9 アンジー・ハン（Angie Han）「Edgar Wright Says 'Ant-Man' Is More Of A 'Standalone' Than Connected Marvel Film」スラッシュフィルム、２０１３年８月22日 slashfilm.com/527726/edgar-wright-says-ant-man-is-more-of-a-standalone-than-connected-marvel-film.

10 著者による２０１７年のケヴィン・ファイギへのインタビューより引用

11 ヘレン・オハラ（Helen O'Hara）「Kevin Feige On Ant-Man And Doctor Strange」エンパイア誌２０１４年7月18日 empireonline.com/movies/news/ kevin-feige-ant-man-doctor-strange.

12 アダム・B・ヴァリー（Adam B. Vary）「Joss Whedon's Astonishing, Spine-Tingling, Soul-Crushing Marvel Adventure!」バズフィード・ニュース、２０１５年４月20日 buzzfeednews.com/article/adambvary/joss-whedon-spine-tingling-soul-crushing-marvel-adventure.

13 クリストファー・タプレー（Kristopher Tapley）「Playback: Edgar Wright on 'Baby Driver,' Music and Walking Away From 'Ant-Man'」ヴァラエティ誌、２０１７年6月22日

14 アダム・チットウッド（Adam Chitwood）「Adam McKay Talks Rewriting ANT-MAN with Paul Rudd, Reveals They Added 'a Giant Action Sequence,' Made the Film Bigger and 'a Little More Aggressive'」Collider、２０１４年10月17日 collider.com/ant-man-script-changes-adam-mckay-paul-rudd.

15 同前

16 著者による２０１７年のエヴァンジェリン・リリーへのインタビューより引用

17 クラーク・コリンズ（Clark Collis）「Edgar Wright and Joe Cornish receive 'Ant-Man' writing and 'story by' credits」エンターテインメント・ウィークリー、２０１５年4月24日

18 著者による２０１７年のポール・ラッドへのインタビューより引用

19 著者による２０２１年のエリック・ヴェスピーへのインタビューより引用

20 ジャメイン・ルシエ（Germain Lussier）「Kevin Feige Explains 'Ant-Man's' MCU Significance; New Trailer Out Monday」スラッシュフィルム、２０１５年４月11日 slashfilm.com/537213/kevin-feige-ant-man-marvel-cinematic-universe.

21 著者による２０２１年のエリック・ヴェスピーへのインタビューより引用

CHAPTER 22 もつれるクモの糸

1 カイル・ブキャナン（Kyle Buchanan）「Sam Raimi on Oz, The Avengers, and Two Huge Movies He Never Made」ヴァルチャー、２０１３年3月5日 vulture.com/2013/03/sam-raimi-on-oz-and-two-huge-films-he-never-made.html.

2 ２０１４年8月19日エイミー・パスカルからブライアン・ロードへのEメールより引用

3 ２０１４年11月10日エイミー・パスカルからジェフ・ロビノフへのEメールより引用。本書への掲載にあたり、読みやすさを確保するためにつづりの間違いを訂正し若干の編集を施した。

4 ２０１３年11月20日レイチェル・オコナーからエイミー・パスカルへのEメールより引用

5 ２０１４年3月27日エイミー・パスカルからダグ・ベルグラードへのEメールより引用

6 ２０１３年11月11日レイチェル・オコナーからエイミー・パスカルへのEメールより引用

7 ２０１４年7月31日アラン・ファインからトム・コーエンへのEメールより引用

8 ２０１２年9月18日ケヴィン・ファイギからアラン・ファインとトム・コーエンへのEメールより引用

9 ２０１２年９月18日アラン・ファインからトム・コーエンとケヴィン・ファイギへのEメールより引用

10 セロメ・ハイル (Selome Hailu)「Kevin Feige and Amy Pascal Discuss Their Future 'Spider-Man' Plans: 'We Want to Top Ourselves in Quality and Emotion'」ヴァラエティ誌、２０２１年12月18日 variety.com/2021/ film/news/kevin-feige-amy-pascal-spider-man-mcu-1235137818.

11 同前

12 ベン・フリッツ (Ben Fritz)『The Big Picture: The Fight for the Future of Movies』(HarperCollins, 2019) 79ページ

13 同前、80ページ

14 タラ・ベネット、ポール・テリー (Tara Bennett and Paul Terry) 著『The Story of Marvel Studios: The Making of the Marvel Cinematic Universe』(Abrams, 2021) vol. 1、２３０ページ

15 著者による２０２１年のサラ・ヘイリー・フィンへのインタビューより引用

16 著者による２０１９年のジョナサン・ゴールドステインへのインタビューより引用

17『The Artists of Marvel Studios Visual Development with Troy Benjamin, How to Paint Characters the Marvel Studios Way』(Marvel Worldwide, 2019) 76ページ

18 エリック・デイヴィス (Erik Davis)「Tom Holland in 'Venom 2'? Producer Amy Pascal Offers Updates on the Future of the Spider-Verse」Fandango、２０１９年６月20日 fandango.com/movie-news/tom-holland-in-venom-2-producer-amy-pascal-offers-updates-on-the-future-of-the-spider-verse-753795.

19 イーサン・サックス (Ethan Sacks)「EXCLUSIVE: Spider-Man Miles Morales—popular biracial version of the hero—joins main Marvel comics universe this fall」ニューヨーク・デイリーニュース、２０１５年６月20日

CHAPTER 23 新国王に栄光あれ

1 スコット・フェインベルク (Scott Feinberg)「'Awards Chatter' Podcast—Chadwick Boseman ('Black Panther')」ハリウッド・リポーター誌、２０１８年８月29日 hollywoodreporter.com/movies/movie-news/awards-chatter-podcast-chadwick-boseman-black-panther-1138476.

2 著者による２０１６年のチャドウィック・ボーズマンへのインタビューより引用

3 著者による２０２１年のセバスチャン・スタンへのインタビューより引用

4 著者による２０１７年のチャドウィック・ボーズマンへのインタビューより引用

5 ルーシー・ロック (Lucy Rock)「'This is the movie I wish I'd had to lookup to': Joe Robert Cole on co-writing Black Panther」ガーディアン誌、２０１８年２月13日

6 著者による２０１４年のエイヴァ・デュヴァーネイへのインタビューより引用

7 ヨランダ・セングウェニ (Yolanda Sangweni)「EXCLUSIVE: Ava DuVernay Won't Be Directing 'Black Panther' Movie_ Essence, ２０１５年７月15日 essence.com/entertainment/exclusive-ava-duvernay-not-directing-black-panther-movie.

8 ケリー・L・カーター (Kelley L. Carter)「The man who put Marvel in the black」Andscape、２０１６年５月17日 andscape.com/features/marvel-nate-moore-black-panther.

9 著者による２０１６年のチャドウィック・ボーズマンへのインタビューより引用

10 クリス・ジャイルズ (Chris Giles)「A journey into Wakanda: How we made Black Panther」CNN、２０１８年２月19日 cnn.com/2018/02/16/africa/black-panther-behind-the-scenes-marvel/index.html.

11 同前

12 ジャミル・スミス (Jamil Smith)「The Revolutionary Power Of Black Panther」タイム誌、２０１９年２月19日

13『ブラックパンサー』DVD (Marvel, 2018)

14 ジャミル・スミス (Jamil Smith)「The Revolutionary Power Of Black Panther」タイム誌、２０１９年２月19日

15 著者による２０１６年のチャドウィック・ボーズマンへのインタビューより引用

16 クレイトン・デイヴィス (Clayton Davis)「Spike Lee on Chadwick Boseman, Donald Trump and How Black and Brown People Rescued New York」ヴァラエティ誌、２０２０年10月８日

17「The Late Show with Stephen Colbert」CBS、２０１８年３月13日

18 「The Russo Brothers Break Down Scenes from 'Avengers: Endgame,' 'Captain America: Civil War' & More」Vanity FairによるYouTube動画、２０２２年７月28日 youtube.com/watch?v=Tc4WIUCbPqk.
19 同前
20 同前
21 同前
22 『ブラックパンサー』ＤＶＤ (Marvel, 2018)
23 ピーター・カラニカス（Peter Caranicas）「Editing Duo Worked Together to Raise 'Black Panther' to Blockbuster Status」ヴァラエティ誌、２０１９年１月９日
24 同前
25 著者による２０１８年のレティーシャ・ライトへのインタビューより引用
26 著者による２０１６年のチャドウィック・ボーズマンへのインタビューより引用
27 「BLACK PANTHER: Daniel Kaluuya at Comic-Con 2017」MovieWebによるYouTube動画、２０１７年７月23日 youtube.com/watch?v=eUwtwNngplQ.
28 シドニー・マッデン、ダウド・タイラー・アミーン（Sidney Madden and Daoud Tyler-Ameen）「Here's How 'Black Panther: The Album' Came Together」ＮＰＲ、２０１８年２月６日 npr.org/sections/therecord/2018/02/06/582841574/ heres-how-black-panther-the-album-came-together.
29 シャヒーム・リード（Shaheem Reid）「Ghostface Killah's Iron Man Obsession Lands Him A Cameo In Upcoming Comic Book Flick」ＭＴＶ、２００７年11月19日 mtv.com/news/1vlom5/ghostface-killahs-iron-man-obsession-lands-him-a-cameo-in-upcoming-comic-book-flick.
30 カーヴェル・ウォレス（Carvell Wallace）「Why 'Black Panther' Is a Defining Moment for Black America」ニューヨーク・タイムズ・マガジン、２０１８年２月12日
31 グレン・ウィップ（Glenn Whipp）「'Black Panther' is on the hunt for a best picture Oscar, no matter what happens with the 'popular film' prize」ロサンゼルス・タイムズ紙、２０１８年８月23日
32 ソナイヤ・ケリー（Sonaiya Kelley）「Read 'Black Panther' director Ryan Coogler's moving tribute to Chadwick Boseman」ロサンゼルス・タイムズ紙、２０２０年８月30日
33 著者による２０１７年のチャドウィック・ボーズマンへのインタビューより引用
34 ケイト・ストーリー（Kate Storey）「'A Man With a Purpose': Chadwick Boseman's Life's Work Is Far From Over」Esquire、２０２１年４月21日

CHAPTER 24 より高く、より遠く、より速く

1 クリスティーヌ・ディン（Christine Dinh）「Marvel's Voices: Victoria Alonso on Marvel Studios' Approach to Filmmaking, Stan Lee's Enduring Legacy, and Finding Your Inner Super Hero」マーベル、２０２０年10月14日 marvel.com/articles/culture-lifestyle/voices-victoria-alonso-marvel-studios-filmmaking.
2 エスター・ズッカーマン（Esther Zuckerman）「Shailene Woodley and Brie Larson Emerged from Within the Hollywood Machine Before Defying It」Atlantic、２０１４年６月２日
3 著者による２０１９年のニコール・パールマンへのインタビューより引用
4 同前
5 レベッカ・キーガン（Rebecca Keegan）「'Captain Marvel's' Brie Larson Can't Save Womankind—But She's Doing Her Best」ハリウッド・リポーター誌、２０１９年２月13日
6 著者による２０１９年のケリー・スー・デコニックへのインタビューより引用
7 同前
8 テリー・シュワルツ（Terri Schwartz）「Why Hiring a Female Director for Captain Marvel Is Important to Kevin Feige」ＩＧＮ、２０１６年10月12日 ign.com/articles/2016/10/12/why-hiring-a-female-director-for-captain-marvel-is-important-to-kevin-feige.
9 グレッグ・キルデイ（Gregg Kilday）「Paul Rudd and Marvel's Kevin Feige Reveal 'Ant-Man's' Saga, from Director Shuffle to Screenplay Surgery to Studio's 'Phase Three' Plans」ハリウッド・リポーター誌、２０１５年６月24日
10 著者による２０１９年のメグ・レフォーヴへのインタビューより引用
11 著者による２０１９年のニコール・パールマンへのインタビューより引用
12 同前
13 同前

14 ケイト・アーブランド (Kate Erbland)「'Captain Marvel': How a Beloved Filmmaking Duo Stayed True to Their Indie Roots and Made a Blockbuster」IndieWire、２０１９年３月７日 indiewire.com/2019/03/captain-marvel-directors-anna-boden-ryan-fleck-indie-1202048958.
15「'Captain Marvel' Press Conference Recap」Geeks of Color、２０１９年３月５日 geeksofcolor.co/2019/03/05/ captain-marvel-press-conference-recap.
16 著者による２０１９年のジェニーヴァ・ロバートソン＝ドウォレットへのインタビューより引用
17 クラリッセ・ラウリー (Clarisse Loughrey)「Captain Marvel exclusive: Brie Larson hopes new film will inspire more women to become pilots」インディペンデント誌（ＵＫ版）、２０１９年３月８日
18 著者による２０１７年のケヴィン・ファイギへのインタビューより引用
19 ヴァラエティ誌 [@variety] によるtwitter投稿、２０１８年10月26日 twitter.com/Variety/status/1056008763361046528?s=20.
20「Tribute to Richard Donner—How 'Superman' Influenced Today's Biggest Superhero Movies」Oscars による YouTube 動画、２０１７年６月８日 youtube.com/watch?v=PrNwMXcKxWE.
21 レベッカ・キーガン (Rebecca Keegan)「'Captain Marvel's' Brie Larson Can't Save Womankind—But She's Doing Her Best」ハリウッド・リポーター誌、２０１９年２月13日
22 ヤナ・セイツァー (Jana Seitzer)「Working Mother Marvel Studios' Victoria Alonso Tells All」Whiskey + Sunshine、２０１８年４月30日 whiskynsunshine.com/working-mother-marvel-studios-victoria-alonso-tells-all.
23 マルジュア・エステベス (Marjua Estevez)「A Glass-Shattering Woman Is Responsible For Marvel's Greatest Blockbusters」Vibe、２０１６年12月６日 vibe.com/features/viva/victoria-alonso-marvel-studios-producer-471994.
24 エレイナ・フェルナンデス (Elayna Fernandez)「Supporting Diversity in the Film Industry: Interview with AVENGERS: INFINITY WAR Executive Producer Trinh Tran」The Positive Mom、２０１８年４月30日 www .thepositivemom.com/supporting-diversity-in-the-film-industry.
25 マーク・マルキン (Marc Malkin)「Top Marvel Executive: 'The World Is Ready' for a Gay Superhero in the MCU」ヴァラエティ誌、２０１９年３月７日
26 サナ・アマナット (Sana Amanat)「Brie Larson Is Ready to Kick Some Ass」InStyle、２０１９年２月５日 instyle.com/celebrity/brie-larson-march-cover.
27 著者による２０１９年のラシャーナ・リンチへのインタビューより引用
28 エリック・フランシスコ (Eric Francisco)「'Captain Marvel' Review Bombing: Rotten Tomatoes Removes Toxic 'Reviews'」Inverse、２０１９年２月22日 inverse.com/article/53523-captain-marvel-rotten-tomatoes-review-bombing-explained.
29「Brie Larson's speech at Crystal Award for Excellence in Film 2018」SorrelGum による YouTube動画、２０１９年２月27日 youtube.com/watch?v=9e852S8RvlU.
30 ケイト・アーサー (Kate Aurthur)「Brie Larson on Creating a Symbol With 'Captain Marvel'」ヴァラエティ誌、２０１９年10月８日
31 ジェシカ・ワン (Jessica Wang)「Brie Larson gives a wry response when asked if she'd play Captain Marvel again」エンターテインメント・ウィークリー誌、２０２２年９月11日 https://ew.com/movies/brie-larson-wry-response-play-captain-marvel-again/.

CHAPTER 25 指パッチン

1「Kevin Feige on Planning the 'Infinity War' Ending, 'Captain Marvel,' And Honoring Stan Lee」Rotten Tomatoes による YouTube動画、２０１９年３月４日 youtube.com/ watch?v=ljrdxgsfdug.
2 ジョシュア・イェル (Joshua Yehl)「Joss Whedon Pleased With How Avengers: Infinity War Diverted From His Thanos Setup—Comic-Con 2018」ＩＧＮ、２０１８年７月21日 ign.com/articles/2018/07/21/joss-whedon-pleased-with-how-avengers-infinity-war-diverted-from-his-thanos-setup-comic-con-2018.
3 アーロン・カウチ (Aaron Couch)「'Avengers: Endgame' Directors on Seeking Robert Downey Jr.'s Blessing and Marvel's First Gay Character」ハリウッド・リポーター誌、２０１９年５月１日
4 著者による２０１７年のロバート・ダウニー・ジュニアへのインタビューより引用
5 アンソニー・ブレズニカン (Anthony Breznican)「How the Avengers: Endgame Writers made Life-and-Death Decisions」ヴァニティ・フェア、２０１９年11月20日 vanityfair.com/hollywood/2019/11/avengers-endgame-writers-alternate-storylines.

6「Kevin Feige On Planning the 'Infinity War' Ending, 'Captain Marvel,' And Honoring Stan Lee」Rotten TomatoesによるYouTube動画、２０１９年３月４日 youtube.com/ watch?v=ljrdxgsfdug.

7 著者による２０１９年のクリストファー・マーカスへのインタビューより引用

8 ベン・ピアソン（Ben Pearson）「'Avengers: Endgame' Final Battle Oral History: How The Biggest Scene In Comic Book Movie History Came Together」スラッシュフィルム、２０１９年11月１日 slashfilm.com/570137/avengers-endgame-final-battle-oral-history.

9 同前

10 同前

11 著者による２０１９年のロバート・カジールへのインタビューより引用

12 アーロン・カウチ（Aaron Couch）「Avengers: Endgame' Writers Share Ideas Abandoned along the Way」ハリウッド・リポーター誌、２０１９年５月11日

13 同前

14 デヴィッド・パウンテイン（David Pountain）「Avengers: Endgame Writers Say The Time Travel Was Accidental」We Got This Covered、２０１９年８月18日 wegotthiscovered.com/movies/avengers-endgame-time-travel-plot-happened-accident.

15 イーサン・アンダーソン（Ethan Anderton）「Robert Downey Jr.'s Finest Moment in 'Avengers: Endgame' Was A Last Minute Addition」スラッシュフィルム、２０１９年５月１日 slashfilm.com/566106/tony-starks-final-scene-in-avengers-endgame.

16 ショーン・オコネル（Sean O'Connell）「Apparently Robert Downey Jr. Didn't Want To Do Tony Stark's Last Big Line In Avengers: Endgame」CinemaBlend、２０１９年５月６日 cinemablend.com/news/2471343/ apparently-robert-downey-jr-didnt-want-to-do-tony-starks-last-big-line-in-avengers-endgame.

17 ジョシュ・ワイルディング（Josh Wilding）「AVENGERS: ENDGAME Directors Reveal The Marvel Studios Movie's Single Most Expensive Shot」ComicBookMovie、２０１９年７月29日 comicbookmovie.com/avengers/avengers _endgame/avengers-endgame-directors-reveal-the-marvel-studios-movies-single-most-expensive-shot-a169783#gs.oj9t5o.

18「Endgame Writers, Russo Bros & Anthony Mackie Reveal Deleted Scene, Surprises & Decapitated Cap Idea」IMDbによるYouTube動画、２０１９年７月22日 youtube.com/watch?v= QREOp3p5NkI.

19 ベン・ピアソン（Ben Pearson）「'Avengers: Endgame' Final Battle Oral History: How The Biggest Scene In Comic Book Movie History Came Together」スラッシュフィルム、２０１９年11月１日 slashfilm.com/570137/avengers-endgame-final-battle-oral-history.

20 著者による２０２０年のタイ・シンプキンスへのインタビューより引用

21 著者による２０２０年のケリー・コンドンへのインタビューより引用。その後、２０２２年にコンドンは『イニシェリン島の精霊』に出演しアカデミー賞最優秀助演女優賞を獲ったので、心配には及ばなかった。

22 イーサン・アンダーソン（Ethan Anderton）「How The 'Avengers: Endgame' Directors Assembled The Most Star-Filled Shot In Marvel History」スラッシュフィルム、２０１９年５月１日 slashfilm.com/566102/avengers-endgame-final-battle-and-funeral.

23 ベン・ピアソン（Ben Pearson）「'Avengers: Endgame' Final Battle Oral History: How The Biggest Scene In Comic Book Movie History Came Together」スラッシュフィルム、２０１９年11月１日 slashfilm.com/570137/avengers-endgame-final-battle-oral-history.

24 同前

25 同前

26 同前

27 ニック・エヴァンス（Nick Evans）「Captain America's 'Avengers Assemble' Moment Was Kevin Feige's 'Highlight Of All Time'」シネマブレンド、２０１９年11月18日 cinemablend.com/news/2485027/ captain-americas-avengers-assemble-moment-was-kevin-feiges-highlight-of-all-time.

28 著者による２０２０年のデヴィッド・メイゼルへのインタビューより引用

29 マンダリット・デル・バルコ（Mandalit del Barco）「Marvel Studios' Kevin Feige On The Future Of Marvel Movies」ＮＰＲ、２０１８年４月26日 npr.org/2018/04/26/605648453/marvel-studios-kevin-feige-on-the-future-of-marvel-movies.

30 マイク・フレミング・ジュニア（Mike Fleming Jr.）「From Slamdance Walkouts To 'Avengers: Endgame' & Choosing Which Marvel Superheroes To Kill Off: A

Conversation With Joe Russo At Sands International Film Festival」デッドライン、2022年3月30日 deadline.com/video/joe-russo-avengers-endgame-sands-international-film-festival-st-andrews-scotland.

31 著者による2019年のC・ロバート・カーギルへのインタビューより引用

32 同前

33 著者による2020年のクレイグ・カイルへのインタビューより引用

34 マイク・フレミング・ジュニア（Mike Fleming Jr.）「Year After Record 'Avengers: Endgame' B.O. Launch, AGBO's Joe & Anthony Russo Open 'Extraction' On Netflix」デッドライン、2020年4月24日 deadline.com/2020/04/avengers-endgame-anniversary-joe-russo-anthony-russo-extraction-netflix-chris-hemsworth-1202917408.

35 同前

36 ジョー・デッケルマイアー（Joe Deckelmeier）「Christopher Markus & Stephen McFeely Interview: MCU」Screen Rant、2019年11月5日 screenrant.com/marvel-cinematic-universe-christopher-markus-stephen-mcfeely-interview.

CHAPTER 26　マーベルのない1年

1 カイル・ブキャナン（Kyle Buchanan）「Guardians of the Galaxy Is Huge— and That's Not Always Easy for James Gunn」ヴァルチャー、2017年5月3日 vulture.com/2017/05/james-gunn-loves-and-hates-the-boost-he-got-from-guardians.html.

2 スティーヴン・レベロ（Stephen Rebello）「Matthew McConaughey Talks 'Gold,' Unbranding and New Twists in a Singular Career」プレイボーイ誌、2016年12月

3 ジェームズ・ガンによるFacebook投稿、2019年10月29日 facebook.com/jgunn/posts/101537216 92566157.

4 著者による2017年のケヴィン・ファイギへのインタビューより引用

5 ジェームズ・ガン[@jamesgunn]によるTwitter投稿（削除済み）、2018年1月17日 twitter.com/JamesGunn/status/953433094102556672.

6 ブライアン・ビショップ（Bryan Bishop）「Writer-director James Gunn fired from Guardians of the Galaxy Vol. 3 over offensive tweets」The Verge、2018年7月20日 theverge.com/2018/7/20/17596452/guardians-of-the-galaxy-marvel-james-gunn-fired-pedophile-tweets-mike-cernovich.

7 同前

8 デイヴィッド・イツコフ（Dave Itzkoff）「James Gunn Nearly Blew Up His Career. Now He's Back with 'The Suicide Squad'」ニューヨーク・タイムズ紙、2021年7月14日

9 ブレント・ラング（Brent Lang）「James Gunn Fired From 'Guardians of the Galaxy Vol. 3'」ヴァラエティ誌、2018年7月20日

10 マシュー・ベローニ（Matthew Belloni）「In Depth With Disney CEO Bob Iger on China Growth, 'Star Wars' Reshoots and Political Plans: 'A Lot of People Have Urged Me to [Run]'」ハリウッド・リポーター誌、2016年6月22日 hollywoodreporter.com/movies/movie-features/ bob-iger-interview-star-wars-905320.

11 デヴォン・アイヴィ（Devon Ivie）「Chris Pratt, Zoe Saldana, Guardians of the Galaxy Cast Write Open Letter to 'Fully Support' James Gunn」ヴァルチャー、2018年7月30日 vulture.com/2018/07/guardians-of-the-galaxy-cast-fully-support-james-gunn.html.

12 デボプリヤー・ダッタ（Debopriyaa Dutta）「Zoe Saldana Says Playing Gamora In Guardians Of The Galaxy Vol.3 Was 'Bittersweet'」スラッシュフィルム、2022年2月15日 slashfilm.com/767048/zoe-saldana-says-playing-gamora-in-guardians-of-the-galaxy-vol-3-was-bittersweet.

13 デイヴィッド・イツコフ（Dave Itzkoff）「James Gunn Nearly Blew Up His Career. Now He's Back with 'The Suicide Squad'」ニューヨーク・タイムズ紙、2021年7月14日

14 著者による2020年のケヴィン・ファイギへのインタビューより引用

15 ボリス・キット（Borys Kit）「DC Slate Unveiled: New Batman, Supergirl Movies, a Green Lantern TV Show, and More From James Gunn, Peter Safran」ハリウッド・リポーター誌、2023年1月31日 hollywood reporter.com/movies/movie-features/james-gunn-unveils-dc-slate-batman-superman-1235314176.

16 同前

17 著者による2017年のケヴィン・ファイギへのインタビューより引用

18 ベンジャミン・ヘインズ（Benjamin Haynes）「Transcript for the CDC Telebriefing Update on COVID-19」2020年2月26日 cdc.gov/media/releases/2020/t0225-

cdc-telebriefng-covid-19.html.

19 ボリス・キット (Borys Kit)「Marvel's 'Shang-Chi' Temporarily Suspends Production as Director Self-Isolates (Exclusive)」Hollywood Reporter, 2020年3月12日

20「Disney Investor Day 2020—Full Presentation」TV ClipsによるYouTube動画、2020年12月15日 https://www.youtube.com/watch?v=CRdYiquh8Bg.

21 アダム・B・ヴァリー (Adam B. Vary)「Marvel's Kevin Feige on 'WandaVision,' 'Star Wars' and How the Pandemic Is Like 'Thanos' Blip'」ヴァラエティ誌、2021年1月11日

22 パメラ・マクリントック、エリック・ガードナー (Pamela McClintock and Eriq Gardner)「Scarlett Johansson Files Lawsuit Against Disney Over 'Black Widow' Release」ハリウッド・リポーター誌、2021年7月29日

23 マシュー・ベローニ (Matthew Belloni) What I'm Hearing newsletter、2021年7月30日

24 ダニー・セヴァロス (Danny Cevallos)「Disney Co.'s Covid excuse in Scarlett Johansson lawsuit is darkly comical and clearly flawed」NBCニュース、2021年8月10日 nbcnews.com/think/opinion/disney-co-s-covid-excuse-scarlett-johansson-lawsuit-darkly-comical-ncna1275840.

CHAPTER 27 なんでもできます課

1 著者による2020年のマーク・チュウへのインタビューより引用

2 著者による2017年のケヴィン・ファイギへのインタビューより引用

3 エリック・アイゼンバーグ (Eric Eisenberg)「Avengers: Infinity War Has A Crazy Small Number Of Shots Without Visual Effects」シネマブレンド、2019年2月7日 cinemablend.com/news/2466549/avengers-infinity-war-has-a-crazy-small-number-of-shots-without-visual-effects.

4「Life After Pi, directed by Scott Leberecht (Hollywood Ending, 2014)」Hollywood Ending MovieによるYouTube動画2014年2月26日 youtu.be/9lcB9u-9mVE.

5 同前

6 著者による2020年のトレント・クラウスへのインタビューより引用

7『キャプテン・アメリカ/ザ・ファースト・アベンジャー』Blu-ray、パラマウント、2011

8 著者による2020年のトレント・クラウスへのインタビューより引用

9 同前

10 同前

11 ベン・ピアソン (Ben Pearson)「10 Things We Learned At The 'Guardians Of The Galaxy Vol. 2' Press Junket」スラッシュフィルム、2017年4月25日 slashfilm.com/550527/10-things-we-learned-at-the-guardians-of-the-galaxy-vol-2-press-junket.

12 著者による2020年のトレント・クラウスへのインタビューより引用

13「ILM: Behind the Magic of the Hulk in Marvel Studios' The Avengers (Part 1)」Industrial Light & MagicによるYouTube動画、2013年1月14日 youtube.com/watch?v=fB_3r4b-CAU.

14 著者による2020年のマーク・チュウへのインタビューより引用

15 著者による2020年のギー・ダシルバ＝グリーンへのインタビューより引用

16 著者による2017年のロバート・ダウニー・ジュニアへのインタビューより引用

17 著者による2020年のギー・ダシルバ＝グリーンへのインタビューより引用

18 著者による2019年のダン・デリーウへのインタビューより引用

19 同前

20 著者による2017年のロバート・ダウニー・ジュニアへのインタビューより引用

21 著者による2019年のカレン・ギランへのインタビューより引用

22 著者による2020年のジョナサン・ハーブへのインタビューより引用

23 著者による2019年のダン・デリーウへのインタビューより引用

24 ジェームズ・ヒバード (James Hibberd)「'She-Hulk' Producers Respond to CGI Criticisms」ハリウッド・リポーター誌、2022年8月2日

25「Victoria Alonso, Executive Producer/EVP, Marvel」The Close-Up, episode 2, Advanced Imaging SocietyによるYouTube動画、2015年9月16日 youtube.com/watch?v=sZuOxj5IWXc.

26 リンダ・コデガ (Linda Codega)「Abuse of VFX Artists Is Ruining the Movies」ギズモード、2022年8月9日 gizmodo.com/disney-marvel-movies-vfx-industry-nightmare-1849385834.

27 クリス・リー (Chris Lee)「'Honestly, I Equate It to Human Greed'」Vulture、20

２３年2月22日 https://www.vulture.com/2023/02/marvel-vfx-workers-on-ant-man-and-the-wasp-quantumania.html.

28 ナターシャ・ジョーキック (Natasha Jokic)「The 'She-Hulk' Creators Discussed The Show's Questionable CGI, And They Made A Good Point」バズフィード、２０２２年８月４日 buzzfeed.com/natashajokic1/the-she-hulk-team-addressed-criticism-of-the-shows-cgi.

29 ジェームズ・ヒバード (James Hibberd)「'She-Hulk' Producers Respond to CGI Criticisms」ハリウッド・リポーター誌、２０２２年8月2日

30 マシュー・ベローニ (Matthew Belloni)「The Secret of Marvel's Magic」The Town with Matthew Belloni, podcast、２０２２年11月16日

31 著者による２０２３年の匿名インタビューより引用

CHAPTER 28 K. E. V. I. N.

1 著者による２０１７年のケヴィン・ファイギへのインタビューより引用

2 同前

3 著者による２０１７年のボブ・アイガーへのインタビューより引用。映画の冒頭に現れるマーベル・スタジオのロゴは何年もの間は捲れていくコミックスのページだった（特定のヒーローが描かれているわけではなかったと、そのロゴを制作したイマジナリー・フォーシズのピーター・フランクフルトが２０２０年本書のインタビューに応じて言っている。「特定のキャラクターではなくてマーベル・コミックスという象徴性を持ったロゴだったんです」）。２０１６年の『ドクター・ストレンジ』以降、ロゴにはＭＣＵのスターが登場し、たとえば盾を投げるクリス・エヴァンス扮するキャプテン・アメリカなど、アクションを一瞬見せるようになった。そこには原作となっているコミックスを読む人よりも映画を観る人の数が多いという理解があった。また、元々は無音だったロゴは２０１３年にはブライアン・タイラーが作曲したファンファーレが鳴るようになった。ケヴィン・ファイギは２０１６年に「他のスタジオのロゴには最高のファンファーレがついてますから、うちも欲しいですよ。でも最初はなかったんです」とMarvel.comで語っている。２０１６年にはマイケル・ジアッチーノが新しいファンファーレを作曲した。マーベル・スタジオのロゴは定期的に内容を入れ替え、たとえばヘイリー・スタインフェルドが演じるケイト・ビショップといった新しいヒーローがロバート・ダウニー・ジュニア扮するトニー・スタークの隣に出るようにした。

4 マット・フォウラー (Matt Fowler)「William Hurt Teases a 'Much Different' General Ross for Captain America: Civil War」ＩＧＮ、２０１５年６月24日 ign.com/articles/2015/06/24/william-hurt-talks-a-much-different-general-ross-for-captain-america-civil-war.

5 著者による２０１７年のクリス・ヘムズワースへのインタビューより引用

6 著者による２０１７年のケヴィン・ファイギへのインタビューより引用

7 The Late Late Show with James Corden, CBS, ２０２２年3月1日

8 ヴァネッサ・ディアズ (Vanessa Diaz)「Chatting with the Cast & Filmmakers of Thor Ragnarok!」Brite & Bubbly, 11月 1,2017, briteandbubbly.com/chatting-cast-filmmakers-thor-ragnarok.

9 著者による２０１９年のステファニー・フォルソムへのインタビューより引用

10 同前

11 著者による２０１７年のマーク・ラファロへのインタビューより引用

12 同前

13 著者による２０１９年のステファニー・フォルサムへのインタビューより引用

14 ジャネット・A・リー (Janet A. Leigh)「Marvel's James D'Arcy teases possible return after Avengers: Endgame」Digital Spy、２０２２年4月7日 digitalspy.com/tv/ustv/a39662624/ marvel-james-darcy-possible-return-avengers-endgame.

15 著者による２０１９年のクリストファー・ヨストへのインタビューより引用

16 著者による２０２１年のトニー・レオンへのインタビューより引用

17 シドニー・バックスバウム (Sydney Bucksbaum)「Tim Roth talks return-ing to Marvel as Abomination for She-Hulk: 'I love my career being chaos'」エンターテインメント・ウィークリー誌、２０２２年９月１日 ew.com/tv/tim-roth-talks-returning-to-marvel-as-abomination-for-she-hulk-attorney-at-law.

18 同前

19「Full Marvel Cinematic Universe Phase 4 Panel at Hall H」San Diego Comic-Con 2019」Beyond FandomによるYouTube動画、２０１９年7月26日 youtube.com/watch?v=it9ObhXBZiE.

20 ジェレミー・ブラム (Jeremy Blum)「Marvel Paid a 'Heavy Price' to Use X-Men:

TAS' Iconic Theme Song for the Reboot」ＣＢＲ、２０２２年９月２日 cbr.com/marvel-paid-heavy-price-x-men-tas-theme-song.
21 アダム・Ｂ・ヴァリー（Adam B. Vary）「Patrick Stewart on Playing Charles Xavier Again in 'Doctor Strange 2': 'I Was a Little Unsure at First'」ヴァラエティ誌、２０２２年５月６日
22 ライアン・ブリット（Ryan Britt）「Anson Mount Sets a High Bar」エスクワイア、２０２２年７月７日
23 アダム・Ｂ・ヴァリー（Adam B. Vary）「Patrick Stewart on Playing Charles Xavier Again in 'Doctor Strange 2': 'I Was a Little Unsure at First'」ヴァラエティ誌、２０２２年５月６日
24『ドクター・ストレンジ／マルチバース・オブ・マッドネス』コメンタリー、２０２２年６月22日

CHAPTER 29 クローン・サーガ

1 著者による２０２１年のダン・ハーモンへのインタビューより引用
2 マット・プレスベルグ（Matt Pressberg）「'Spider-Man: Homecoming' Producer Hints at End of Sony-Marvel Collaboration After Next Movie」The Wrap、２０１７年３月28日 thewrap.com/sony-marvel-collaboration-after-spider-man-homecoming.
3 ヨハナ・デスタ（Yohana Desta）「Sony Responds to Spider-Man Fallout: 'We Are Disappointed, but Respect Disney's Decision'」ヴァニティ・フェア、２０１９年８月 21 日 vanityfair.com/hollywood/2019/08/sony-pictures-spider-man-marvel-kevin-feige-response.
4 デヴァン・コガン（Devan Coggan）「Tom Holland opens up about Spider-Man's future in wake of Disney-Sony rift」エンターテインメント・ウィークリー誌、２０１９年８月24日 ew.com/movies/2019/08/24/tom-holland-spider-man-future-disney-sony.
5 ウィル・ソーン（Will Thorne）「Sony Pictures Chief on Spider-Man Split: 'For the Moment the Door Is Closed'」ヴァラエティ誌、２０１９年９月５日
6 ジェイミー・ロベット（Jamie Lovett）「Tom Holland Says Next Spider-Man Movie Will Be Very Different After Marvel Split」ComicBook.com、２０１９年８月25日 comicbook.com/marvel/news/spider-man-3-tom-holland-different-special-marvel-sony.
7「Jimmy Kimmel Live」ＡＢＣ、２０１９年12月４日
8 同前
9 マイク・フレミング・ジュニア（Mike Fleming Jr.）「Kevin Feige Back in 'SpiderMan Homecoming' for One More Film」デッドライン、２０１９年９月27日 deadline.com/2019/09/spider-man-kevin-feige-back-sony-pictures-1202746503.
10 アダム・チットウッド、ドリュー・テイラー（Adam Chitwood and Drew Taylor）「Kevin Feige Suggested Turning a Fun Tag Scene into the Main Plot of 'Spider-Man: No Way Home'」The Wrap, ２０２２年１月３日 thewrap .com/spider-man-no-way-home-villains-plot-kevin-feige.
11 同前
12 同前
13 同前
14 デイヴィッド・イツコフ（Dave Itzkoff）「The Devils You Know: Three 'Spider-Man' Villains Return in 'No Way Home'」ニューヨーク・タイムズ紙、２０２２年１月５日
15「SPIDER-MAN: NO WAY HOME—Villains Panel」Spider-ManによるYouTube動画、２０２１年12月４日 youtube.com/watch?v=oKzWmAehB0c.
16「Tom Holland on 'Cherry,' COVID protocols, if Spider-Man's mask counts as PPE (FULL)」USA Today EntertainmentによるYouTube動画、２０２１年３月12日 youtube.com/ watch?v=zFMRFB5Z5KU.
17 スティーヴ・ポンド（Steve Pond）「Andrew Garfield Says Lying about 'Spider-Man' Role Was 'Weirdly Enjoyable'」The Wrap、２０２２年１月９日 thewrap.com/andrew-garfield-spider-man-no-way-home-lying.
18 デイヴィッド・イツコフ（Dave Itzkoff）「The Devils You Know: Three 'Spider-Man' Villains Return in 'No Way Home'」ニューヨーク・タイムズ紙、２０２２年１月５日
19「Tom Holland, Zendaya and Jacob Batalon on Spider-Man: No Way Home and Fight Scene With Green Goblin」Collider InterviewsによるYouTube動画、２０２１年12月９日 youtube.com/watch?v=Z5ag0hn1-bQ.
20 The Tonight Show Starring Jimmy Fallon、ＮＢＣ、２０２１年２月23日放送

21 ブルックス・バーンズ「Kevin Feige and Amy Pascal on the Future of 'Spider-Man' and the M.C.U.」ニューヨーク・タイムズ紙、2021年12月17日

22 同前

CHAPTER 30 マルチバースへ

1 著者による2021年のキャスリン・ハーンへのインタビューより引用

2 著者による2021年のポール・ベタニーへのインタビューより引用

3 著者による2021年のネイト・ムーアへのインタビューより引用

4 マット・ドネリー「Meet the Executive Avengers Who Help Kevin Feige Make Marvel Magic」ヴァラエティ誌、2019年4月17日

5 スコット・キャンベル（Scott Campbell）「Marvel Producer Reveals How The Studio Decides On Disney Plus Projects」We Got This Covered、2021年9月7日 wegotthiscovered.com/tv/marvel-producer-reveals-how-the-studio-decides-on-disney-plus-projects.

6 著者による2021年のネイト・ムーアへのインタビューより引用

7 「Captain America: Civil War–European Press Conference in Full」Digital SpyによるYouTube動画、2016年4月26日youtube.com/watch?v=yc9AYSKWTkk.

8 同前

9 著者による2021年のネイト・ムーアへのインタビューより引用

10 同前

11 著者による2021年のケヴィン・ファイギへのインタビューより引用

12 ブライアン・ハイアット（Brian Hiatt）「The Oral History of 'WandaVision'」ローリング・ストーン、2021年6月1日

13 著者による2021年のジャック・シェイファーへのインタビューより引用

14 アーロン・カウチ（Aaron Couch）「Marvel's Movie Math: Comic Creators Claim It's 'Bait and Switch' on Payments」ハリウッド・リポーター誌、2022年7月20日 hollywoodreporter.com/movies/movie-features/ marvel-movie-math-comic-creators-1235183158.

15 ジム・スターリンによるFacebook投稿、2017年1月24日 facebook.com/396963960387829/posts/1232284023522481.

16 エイブラハム・ジョセフィン・リースマン（Abraham Josephine Riesman）「The Creator of Avengers: Endgame Villain Thanos Has Beef With Marvel」ヴァルチャー、2019年4月24日 vulture.com/2019/04/jim-starlin-creator-of-infinity-war-thanos-hates-marvel.html.

17 エド・ブルベイカー（Ed Brubaker）のニュースレター（Desk of Ed Brubaker）「And now the full cover reveal...」、2021年3月19日

18 「Falcon and Winter Soldier Episode 4 Review! *SPOILERS* FMB Live for 4/12/2021!」Kevin SmithによるYouTube動画、2021年4月12日 youtube.com/watch?v=uG7VFaatjEE.

19 ケイト・ハチェット（Keisha Hatchett）「The Falcon and the Winter Soldier's Malcolm Spellman Is Ready to Deliver an Undeniably Black Superhero Story」TVLine、2021年2月16日 tvline.com/2021/02/16/ falcon-and-the-winter-soldier-malcolm-spellman-black-history-month.

20 著者による2021年のネイト・ムーアへのインタビューより引用

21 同前

22 著者による2021年のダン・ハーモンへのインタビューより引用

23 著者による2021年のケヴィン・ファイギへのインタビューより引用

24 著者による2021年のマルコム・スペルマンへのインタビューより引用

25 著者による2021年のケイト・ヘロンへのインタビューより引用

26 デイヴィッド・イツコフ(Dave Itzkoff)「Marvel's Latest Frontier? In 'WandaVision,' It's the Suburbs」ニューヨーク・タイムズ紙、2021年1月8日

27 ブライアン・デイヴィス（Brian Davids）「'Hawkeye' EP Trinh Tran on Casting Hailee Steinfeld and the Influence of 'Better Call Saul'」ハリウッド・リポーター誌、2021年11月19日

28 著者による2021年のジャック・シェイファーへのインタビューより引用

29 著者による2021年のマイケル・ウォルドロンへのインタビューより引用

30 マイク・レイズ（Mike Reyes）「Doctor Strange 2: Why Scott Derrickson And C. Robert Cargill Left The Marvel Sequel」Cinemablend、2021年5月25日 https://www.cinemablend.com/news/2568025/doctor-strange-2-why-scott-derrickson-and-c-robert-cargill-left-marvel-sequel-mcu.

31 著者による2021年のマイケル・ウォルドロンへのインタビューより引用

32 「Iman Vellani on mcu 616 Ms. Marvel」Marvel EntanglementによるYouTube動画、

２０２２年６月３日
33 Iman Vellani「What's up r/marvelstudios, I'm Iman Vellani—AKA the one and only Kamala Khan, AKA Ms. Marvel! AMA!」Reddit、２０２２年７月14日 reddit.com/r/marvelstudios/comments/vz1hfa/whats_up_rmarvelstudios_im_iman_vellaniaka_the.
34『アッセンブル ドクター・ストレンジ マルチバース・オブ・マッドネスの裏側』Disney Plus、２０２２年７月８日
35 著者による２０２１年のマイケル・ウォルドロンへのインタビューより引用
36「Kevin Feige on 'Black Widow'」D23 Inside Disney Podcast, episode 96、２０２１年７月15日
37 著者による２０１７年のケヴィン・ファイギへのインタビューより引用
38 アンソニー・ブレズニカン（Anthony Breznican）「Chris Hemsworth Changed His Life After an Ominous Health Warning」ヴァニティ・フェア、２０２２年11月17日 vanityfair.com/hollywood/2022/11/chris-hemsworth-exclusive-interview-alzheimers-limitless.
39 キャメロン・ボノモロ（Cameron Bonomolo）「Marvel's Kevin Feige on Rumors Secret Wars Is the Next Major MCU Crossover (Exclusive)」ComicBook.com、２０２１年11月８日 comicbook.com/mov-ies/news/marvel-studios-kevin-feige-secret-wars-movie-rumors-exclusive-interview-shang-chi.
40 著者による２０１７年のジョー・ルッソへのインタビューより引用
41 著者による２０１７年のケヴィン・ファイギへのインタビューより引用
42 著者による２０１７年のボブ・アイガーへのインタビューより引用
43 ディヴァン・コガン（Devan Coggan）「Kevin Feige opens up about Phase 5, Kang, and the future of the MCU」エンターテインメント・ウィークリー誌、２０２３年２月14日 ew.com/movies/kevin-feige-marvel-phase-5-exclusive-interview.

EPILOGUE まだ残っているもの

1 レイチェル・ペイジ（Rachel Paige）「'She-Hulk': Introducing Marvel Studios' K.E.V.I.N.」マーベル、２０２２年10月13日 marvel.com/articles/tv-shows/she-hulk-finale-kevin.
2 著者による２０１７年のケヴィン・ファイギへのインタビューより引用
3 同前
4 同前（１９７６年に登場したウッドゴッドは、科学の力が生み出したヒーロー。マーベルの中でも極めてマイナーなキャラクター）

CHAPTER 31 緑でいるのは楽じゃない

1 特殊視覚効果業界用語。撮影現場の余分な要素、つまりワイヤー、モーションキャプチャー・スーツ、俳優たちが写っていない映像。後でVFXアーティストがCG（この場合ハルク）の要素を邪魔のない（クリーンな）画面に合成できるように撮っておく。
2 著者による２０２０年のマーク・チュウへのインタビューより引用
3 同前
4 エミリー・スミス（Emily Smith）「LI bouncer and male stripper did CGI work as the Hulk in 'The Avengers'」ニューヨーク・ポスト紙、２０１２年５月４日 nypost.com/2012/05/04/li-bouncer-and-male-stripper-did-cgi-work-as-the-hulk-in-the-avengers.
5 著者による２０２０年のマーク・チュウへのインタビューより引用
6 ジョー・デッケルマイアー（Joe Deckelmeier）「She-Hulk On-Set Reference Malia Arrayah Shares MCU Secrets」Screen Rant、２０２２年10月20日 screenrant.com/she-hulk-finale-interview-malia-arrayah

サ・タ・ナ

ハ・マ

ヤ・ラ・ワ

英数

英数

企業・団体名

ア・カ

マ

ヤ・ラ・ワ

ナ・ハ

タ

サ

カ

英数

映像作品・書籍・コミックス名

ア

マ

ヤ・ラ・ワ

タ・ナ

ハ

カ

サ

キャラクター・チーム名

ア

ヤ・ラ・ワ

マ

ナ

ハ

タ

サ

カ

索引

人名

ア

著——ジョアンナ・ロビンソン　Joanna Robinson

リンガー・ポッドキャストのポッドキャスター兼カルチャー批評家、The Ringer-Verse、Trial By Content、The Prestige TVなどの番組に出演。2014年から2021年までシニア・ライターとしてヴァニティ・フェア誌に在籍し、A Storm of Spoilers、A Cast of Kingsの共同司会者でもある。ポップカルチャーに関する業績をサンフランシスコ・クロニクル紙、インディワイヤー誌、レコードメディア（Recode Media）・ポッドキャストに紹介された。『ゲーム・オブ・スローンズ』という21世紀の一大イベントについて記事を書き続けたロビンソンに対して2019年サイファイ・チャンネルは「ゲーム・オブ・スローンズの女王」の称号を授けた。「The Unbeatable Squirrel Girl」［スクイレル・ガール］第1号でマーベルに恋に落ち、それ以来木の実を頬張りながら悪と戦っている。趣味は太平洋の波のリズムを聞くことと、ヘリキャリアの縁につかまるクリス・エヴァンスを観ること。@jowrotethisを探せば大体どこのSNSでも見つけられる。本人のウェブサイトは jowrotethis.com

デイヴ・ゴンザレス　Dave Gonzales

コロラド州デンバー在住のライター、プロデューサー、ポッドキャスター。映画やポップカルチャーについて、ニューヨークタイムズ紙、ガーディアン紙、Forbes.com、TVGuide.com、VanityFair.com、Thrillist.com、Polygon.com、Geek.comに寄稿し、さらにLatinoReview.comに2013年から2017年の間毎週マーベルに関する記事を掲載していた。ニューヨーク大学在籍中にFighting In The War Roomというポッドキャストの共同創立メンバーとなり、タイム誌が選ぶ2021年最高の10のポッドキャストに選ばれた。コロラドに戻ってからは、リンガー・ポッドキャストのためにThe Storm: A Lost Rewatch PodcastとTrial By Contentを制作した。1995年に「スペクタキュラー・スパイダーマン」第226号を買ったゴンザレスは、ベン・ライリーが本当はピーター・パーカーだと信じていた。2009年以来、MTVのTeen Momシリーズのアニメーション・プロデューサーでもある。ツイッター［X］（@da7e）とインスタグラム（@grumpyda7e）のアカウントを持っている。

ギャヴィン・エドワーズ　Gavin Edwards

執筆した書籍のうち13本はニューヨークタイムズのベストセラー・リストに載っている。「Kindness and Wonder: Why Mister Rogers Matters Now More Than Ever」、「Bad Motherfucker: The Life and Movies of Samuel L. Jackson, the Coolest Man in Hollywood」、「The Beautiful Book of Exquisite Corpses」、「The Tao of Bill Murray: Real-Life Stories of Joy, Enlightenment, and Party Crashing」などがその13本に含まれる。ニューヨークタイムズ紙、ローリング・ストーン誌、ディテール誌等の雑誌や新聞にも頻繁に記事を寄せ、現在はゲームの「マジック：ザ・ギャザリング」に関する「Chaos Orb」という書籍を執筆中。人生最初に読んだマーベル・コミックスはミュータントたちがダンテの地獄を訪れる「X-MEN」アニュアル第4号。ニューヨーク、ロンドン、ロサンゼルスと渡り歩いたエドワーズは現在ノースカロライナ州シャーロットに家族と一緒に住んでいる。ツイッター［X］とインスタグラムにそれぞれ@mrgavinedwardsのアカウントを持っている。本人のウェブサイトは rulefortytwo.com

翻訳――――――**島内哲朗**　しまうち・てつろう

映像翻訳者。字幕翻訳を手がけた劇映画は『ぼくが生きてる、ふたつの世界』、『ほかげ』、『レジェンド&バタフライ』、『青春ジャック 止められるか、俺たちを2』、『市子』、『岸田露伴ルーブルに行く』、『流浪の月』、『海辺の映画館 キネマの玉手箱』、『ザ・ファブル』、『ムービー・オージー』（国立映画アーカイブ上映）など多数。翻訳した書籍には、カール・イグレシアス『「感情」から書く脚本術 心を奪って釘づけにする物語の書き方』、ロッド・ジャドキンス『「クリエイティブ」の処方箋』、イアン・ネイサン『ウェス・アンダーソン 旅する優雅な空想家』（以上、フィルムアート社）などがある。

監修――――――**吉川悠**　よしかわ・ゆう

10代でアメリカン・ヒーロー・コミックスに出会い、趣味が高じてコミックスおよびゲーム翻訳・関連記事執筆に携わる。訳書に『スーパーマン・スマッシュ・ザ・クラン』『キャプテン・アメリカ：トゥルース』など多数。共訳書に『マーベル・エンサイクロペディア』（以上、Shopro Books）など。

MCU
比類なき映画スタジオの驚異(マーベル)的な逆転物語

2024年7月30日　初版発行

著者——ジョアンナ・ロビンソン
デイヴ・ゴンザレス
ギャヴィン・エドワーズ
訳者——島内哲朗
監修——吉川悠
日本語版編集——沼倉康介
発行者——上原哲郎
発行所——株式会社 フィルムアート社

〒150-0022
東京都渋谷区恵比寿南1-20-6　プレファス恵比寿南
tel 03-5725-2001　fax 03-5725-2626
https://www.filmart.co.jp/

装丁——加藤賢策（LABORATORIES）
印刷・製本——シナノ印刷株式会社

ISBN978-4-8459-2328-1　C0074